에듀윌과 함께하면 꿈은 현실이 됩니다
기적에서 전설로

에듀윌과 함께 시작하면,
당신도 합격할 수 있습니다!

대학 진학 후 진로를 고민하다 1년 만에
서울시 행정직 9급, 7급에 모두 합격한 대학생

다니던 직장을 그만두고
어릴 적 꿈이었던 경찰공무원에 합격한 30세 퇴직자

용기를 내 계리직공무원에 도전해
4개월 만에 합격한 40대 주부

직장생활과 병행하며 7개월간 공부해
국가공무원 세무직에 당당히 합격한 51세 직장인까지

누구나 합격할 수 있습니다.
시작하겠다는 '다짐' 하나면 충분합니다.

마지막 페이지를 덮으면,

에듀윌과 함께
공무원 합격이 시작됩니다.

에듀윌
합격자 모임
6년간 아무도 깨지 못한 기록
합격자 수 1위
에듀윌
기적에서 전설로
합격자 모임 실제 현장 (서울 강남 코엑스)

KRI 한국기록원 2016, 2017, 2019년 공인중개사 최다 합격자 배출 공식 인증
(2022년 현재까지 업계 최고 기록)

에듀윌
합격자 모임
기적에서 전설로
합격자 수가
선택의 기준!
OPEN

합격자 수 1,800%* 수직 상승! 매년 놀라운 성장

에듀윌 공무원은 '합격자 수'라는 확실한 결과로 증명하며
지금도 기록을 만들어 가고 있습니다.

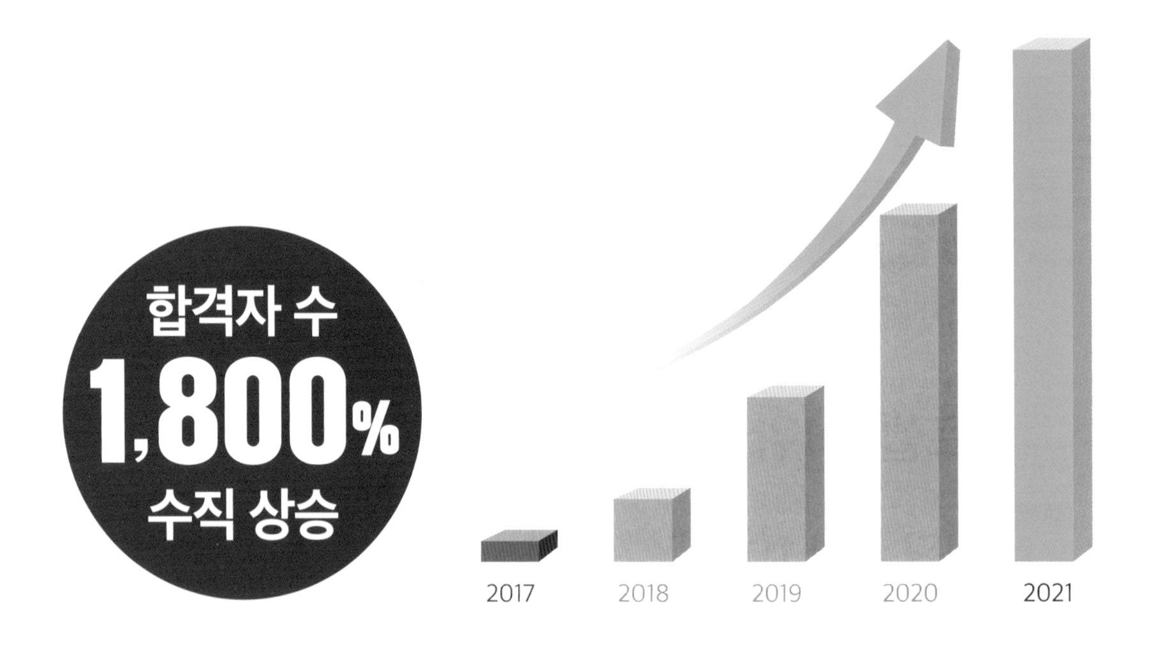

합격자 수를 폭발적으로 증가시킨 독한 소방 평생패스

합격 시 0원 최대 100% 환급	+	합격할 때까지 전 강좌 무제한 수강	+	전문 학습매니저의 1:1 코칭 시스템

※ 환급내용은 상품페이지 참고. 상품은 변경될 수 있음.

상품 페이지

* 2017/2021 에듀윌 공무원 과정 최종 환급자 수 기준

누적 판매량 235만 부* 돌파!
47개월* 베스트셀러 1위 교재

합격비법이 담겨있는 교재!
합격의 차이를 직접 경험해 보세요

에듀윌 공무원 교재 라인업

9급공무원

7급공무원

경찰공무원

소방공무원

계리직공무원

군무원

* 에듀윌 공무원 교재 누적 판매량 합산 기준 (2012년 5월 14일~2022년 9월 30일)
* YES24 수험서 자격증 공무원 베스트셀러 1위 (2017년 3월, 2018년 4월~6월, 8월, 2019년 4월, 6월~12월, 2020년 1월~12월, 2021년 1월~12월, 2022년 1월~10월 월별 베스트, 매월 1위 교재는 다름)
* YES24 국내도서 해당분야 월별, 주별 베스트 기준 (좌측부터 순서대로 2022년 10월, 2021년 12월 3주, 2022년 10월)

강의 만족도 99%*
명품 강의

에듀윌 공무원 전문 교수진!
합격의 차이를 직접 경험해 보세요

합격자 수 1,800%* 수직 상승으로 증명된 합격 커리큘럼

독한 시작		독한 회독		독한 기출요약		독한 문풀		독한 파이널
기초 + 기본이론	▶	심화이론 완성	▶	핵심요약 + 기출문제 파악	▶	단원별 문제풀이	▶	동형모의고사 + 파이널

* 2017/2021 에듀윌 공무원 과정 최종 환급자 수 기준
* 7·9급공무원 대표 교수진 2021년 7월 강의 만족도 평균 (배영표/성정혜/신형철/윤세훈/강성민)
* 경찰공무원 대표 교수진 2020년 11월 강의 만족도 평균
* 소방공무원 대표 교수진 2020년 12월 강의 만족도 평균
* 계리직공무원 대표 교수진 2021년 9월~11월 강의 만족도 평균

2021 공무원 수석 합격자* 배출!
합격생들의 진짜 합격스토리

에듀윌 강의·교재·학습시스템의 우수성을
2021년도에도 입증하였습니다!

에듀윌 커리큘럼을 따라가며 기출 분석을 반복한 결과 7.5개월 만에 합격

권○혁 지방직 9급 일반행정직 최종 합격

샘플 강의를 듣고 맘에 들었는데, 가성비도 좋아 에듀윌을 선택하게 되었습니다. 특히, 공부에 집중하기 좋은 깔끔한 시설과 교수님께 바로 질문할 수 있는 환경이 좋았습니다. 학원을 다니면서 에듀윌에서 무료로 제공하는 온라인 강의를 많이 활용했습니다. 늦게 시작했기 때문에 처음에는 진도를 따라가기 위해서 활용했고, 그 후에는 기출 분석을 복습하기 위해 활용했습니다. 마지막에 반복했던 기출 분석은 합격에 중요한 영향을 미쳤던 것 같습니다.

고민없이 에듀윌을 선택, 온라인 강의 반복 수강으로 합격 완성

박○은 국가직 9급 일반농업직 최종 합격

공무원 시험은 빨리 준비할수록 더 좋다고 생각해서 상담 후 바로 고민 없이 에듀윌을 선택했습니다. 과목별 교재가 동일하기 때문에 한 과목당 세 교수님의 강의를 모두 들었습니다. 심지어 전년도 강의까지 포함하여 강의를 무제한으로 들었습니다. 덕분에 중요한 부분을 알게 되었고 그 부분을 집중적으로 먼저 외우며 공부할 수 있었습니다. 우울할 때에는 내용을 아는 활기찬 드라마를 틀어놓고 공부하며 위로를 받았는데 집중도 잘되어 좋았습니다.

체계가 잘 짜여진 에듀윌은 합격으로 가는 최고의 동반자

김○욱 국가직 9급 출입국관리직 최종 합격

에듀윌은 체계가 굉장히 잘 짜여져 있습니다. 만약, 공무원이 되고 싶은데 아무것도 모르는 초시생이라면 묻지 말고 에듀윌을 선택하시면 됩니다. 에듀윌은 기초·기본이론부터 심화이론, 기출문제, 단원별 문제, 모의고사, 그리고 면접까지 다 챙겨주는, 시작부터 필기합격 후 끝까지 전부 관리해 주는 최고의 동반자입니다. 저는 체계적인 에듀윌의 커리큘럼과 하루에 한 페이지라도 집중해서 디테일을 외우려고 노력하는 습관 덕분에 합격할 수 있었습니다.

다음 합격의 주인공은 당신입니다!

* 2021 국가직 7급 검찰직 수석 합격

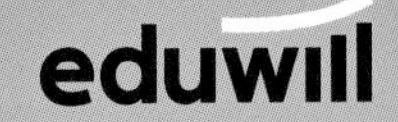

1초 합격예측
모바일 성적분석표

1초 안에 '클릭' 한 번으로 성적을 확인하실 수 있습니다!

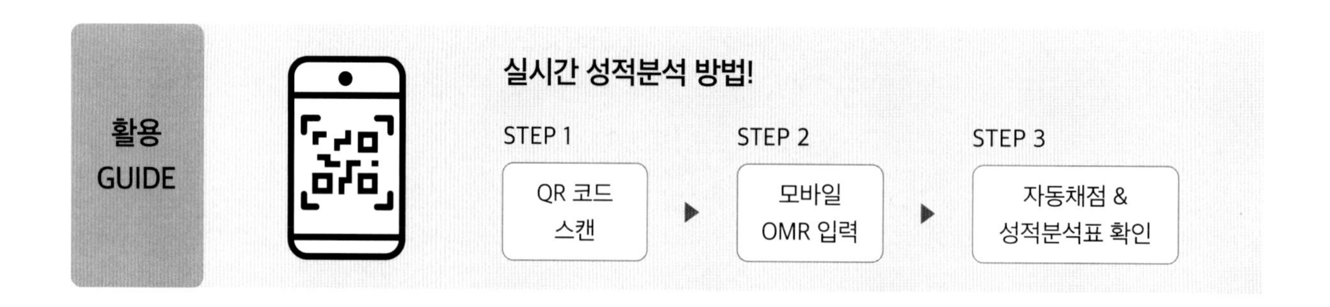

STEP 1

QR 코드 스캔

- 교재의 QR 코드를 모바일로 스캔 후 에듀윌 회원 로그인
- QR 코드 하단의 바로가기 주소로도 접속 가능

STEP 2

모바일 OMR 입력

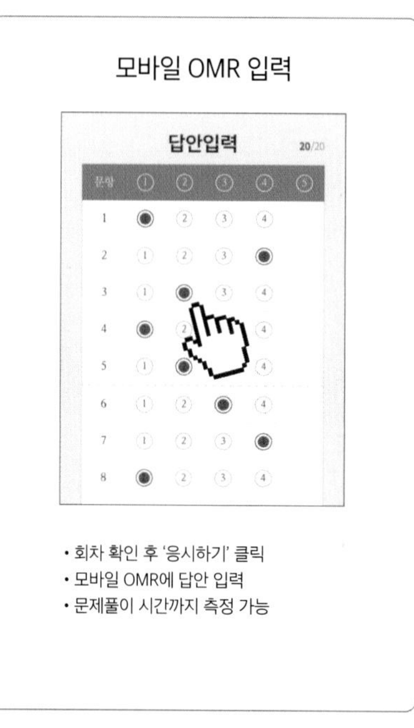

- 회차 확인 후 '응시하기' 클릭
- 모바일 OMR에 답안 입력
- 문제풀이 시간까지 측정 가능

STEP 3

자동채점 & 성적분석표 확인

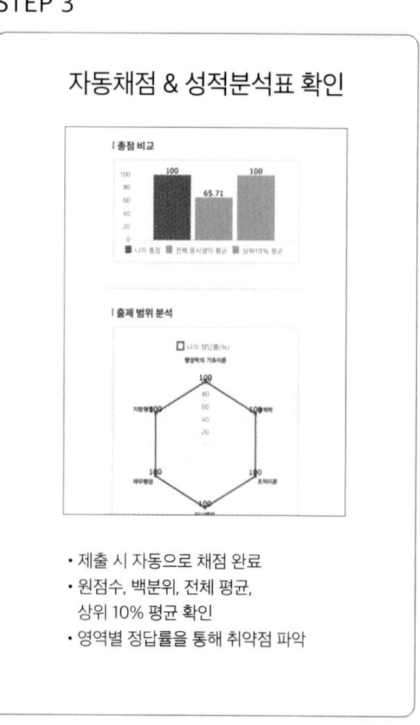

- 제출 시 자동으로 채점 완료
- 원점수, 백분위, 전체 평균, 상위 10% 평균 확인
- 영역별 정답률을 통해 취약점 파악

※ 본 서비스는 에듀윌 공무원 교재(연도별, 회차별 문항이 수록된 교재)를 구입하는 분에게 제공됨.

기출 회독 이렇게 하세요!

7회독, 7주 완성

합격생의 기출 회독법

2022 소방 공채 소방관계법규

「소방기본법」상 "소방대장"에 대한 용어의 뜻으로 옳은 것은?

√ ① 소방대상물의 소유자·관리자 또는 점유자

√√ ② 소방본부장 또는 소방서장 등 화재, 재난·재해, 그 밖의 위급한 상황이 발생한 현장에서 소방대를 지휘하는 사람

③ 화재를 진압하고 화재, 재난·재해, 그 밖의 위급한 상황에서 구조·구급 활동 등을 하기 위하여 소방공무원, 의무소방원, 자위소방대원으로 구성된 조직체

(√√) ④ 특별시·광역시·특별자치시·도 또는 특별자치도에서 화재의 예방·경계·진압·조사 및 구조·구급 등의 업무를 담당하는 부서의 장

1회독 [1주 완성]

감(感) 잡기

어떤 개념이 출제되었는지를 빠르게 확인하며 머릿속으로 기출 범위를 확정

2회독 [2주 완성]

아는 것과 모르는 것 구분하기

본격적으로 문제를 풀이하면서 헷갈리거나 모르는 선지의 앞에 '√' 표기(빨간색자)

3회독 [2주 완성]

학습 양 줄이기

'√' 표기한 선지를 집중 확인하고 그래도 헷갈리거나 모르는 선지의 앞에 '√' 표기(파란색자)

4회독 [1주 완성]

지독한 선지들 골라내기

2~3회독 시 모두 표기한 '√√' 선지를 집중 확인하고 그래도 헷갈리거나 모르는 선지의 '√√'에 동그라미→(√√)

5회독 [3일 완성]

나만의 암기노트 만들기

4회독 시 표기한 '(√√)' 선지를 따로 선별하여 노트에 정리하고 수시로 암기하기

6회독 [3일 완성]

돌다리도 두들겨 보기

기출문제 전체를 빠르게 훑으며 헷갈리거나 모르는 선지 발견 시 암기노트에 추가하기

7회독 [1일 완성]

시험장용 단권화 작업하기

시험 직전까지 확인해야 하는 선지들에 별(☆) 표시하고 수시로 암기하기

합격생의 기출 회독 플랜을 그대로 반영한

7회독, 7주 완성 합격 플래너

구분		학습 진도						
1회독	1주 완성	월 일	월 일	월 일	월 일	월 일	월 일	월 일
		쪽	쪽	쪽	쪽	쪽	쪽	쪽
2회독	2주 완성	월 일	월 일	월 일	월 일	월 일	월 일	월 일
		쪽	쪽	쪽	쪽	쪽	쪽	쪽
		월 일	월 일	월 일	월 일	월 일	월 일	월 일
		쪽	쪽	쪽	쪽	쪽	쪽	쪽
3회독	2주 완성	월 일	월 일	월 일	월 일	월 일	월 일	월 일
		쪽	쪽	쪽	쪽	쪽	쪽	쪽
		월 일	월 일	월 일	월 일	월 일	월 일	월 일
		쪽	쪽	쪽	쪽	쪽	쪽	쪽
4회독	1주 완성	월 일	월 일	월 일	월 일	월 일	월 일	월 일
		쪽	쪽	쪽	쪽	쪽	쪽	쪽
5회독	3일 완성	월 일	월 일	월 일				
		쪽	쪽	쪽				
6회독	3일 완성	월 일	월 일	월 일				
		쪽	쪽	쪽				
7회독	1일 완성	월 일						

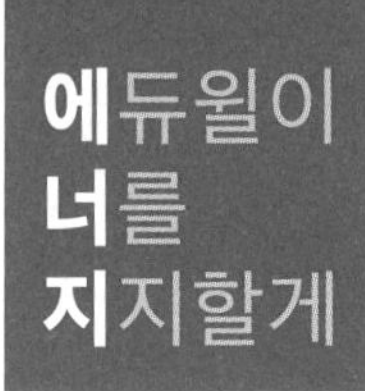

ENERGY

세상을 움직이려면
먼저 나 자신을 움직여야 한다.

– 소크라테스(Socrates)

기출OX APP 시작하기

에듀윌 합격앱 접속하기

QR코드 스캔하기

또는

에듀윌 합격앱 다운받기

기출OX 퀴즈 무료로 이용하기

하단 딱풀 메뉴에서 기출OX 선택

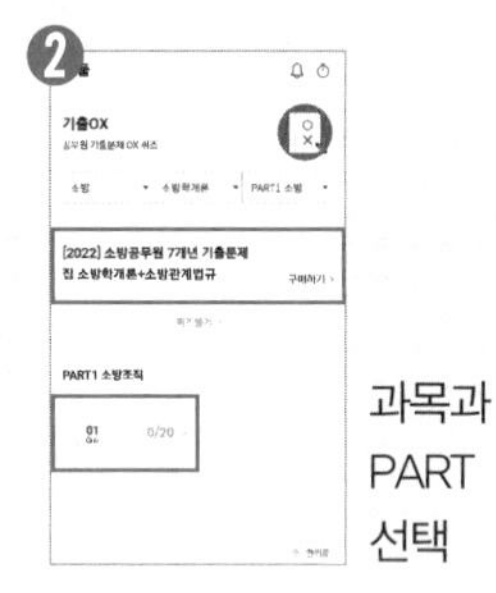

과목과 PART 선택

퀴즈 풀기

※틀린 문제는 기출오답노트(기출 OX)에서 다시 확인할 수 있습니다.

교재 구매 인증하기

- 무료이용 후 7일이 지나면 교재 구매 인증을 해야 합니다(최초 1회 인증 필요).
- 교재 구매 인증화면에서 정답을 입력하면 기간 제한 없이 기출OX 퀴즈를 무료로 이용할 수 있습니다(정답은 교재에서 찾을 수 있음).

※에듀윌 합격앱 어플에서 회원 가입 후 이용하실 수 있는 서비스입니다.
※스마트폰에서만 이용 가능하며, 일부 단말기에서는 서비스가 지원되지 않을 수 있습니다.
※해당 서비스는 추후 다른 서비스로 변경될 수 있습니다.

2023

에듀윌 소방공무원

단원별 기출문제집

소방관계법규 600제

저자의 말

"불꽃처럼 빛나는 여러분의 수험생활을 응원합니다."

수험생 여러분 많이 힘들지요?
소방공무원이라는 꿈을 위해 시작했지만, 생각보다 어렵고 방대한 분량으로 어려움이 많을 것을 잘 압니다.

특히 최근 소방관계법규가 필수과목으로 지정되고, 아래와 같이 문항 수도 기존 20문항 대비 25문항, 법령도 4법에서 화재조사를 포함한 6법으로 확대되어 많이 혼란스럽고 어려운 상황입니다.

■ 필기시험

구분		시험과목	능력검정	시험시간
공채		소방학개론, 소방관계법규, 행정법총론	한국사 영어	1:15(75분)
경채	일반	소방학개론, 소방관계법규		1:05(65분)
	구급	소방학개론, 응급처치학개론		
	화학	소방학개론, 화학개론		
	정보통신	소방학개론, 컴퓨터일반		

■ 문항 수

구분	소방학개론	행정법총론	소방관계법규	직무(경채)	계
공채	25문항	25문항	25문항	–	75문항
경채	25문항	–	40문항		65문항

이토록 어려운 상황을 해결하는 데 도움이 될 수 있도록 교재를 다음과 같이 구성하였습니다.

1. 중요 기출 개념을 요약하여 담았습니다.

자주 출제되는 기출개념을 정리하여 수록하였습니다. 중요하지만 자칫 놓치고 있던 내용을 짧고 간결하게 확인함으로써 기출문제를 쉽게 풀이할 수 있으며, 최종 마무리용으로도 활용할 수 있습니다.

2. 합격에 필요한 문제의 유형을 모두 담았습니다.

최신 소방 공채와 경채 시험은 물론이고, 최근 자주 출제되는 유형과 유사한 시험의 문제들을 추려내어 꼭 풀어봐야 하는 600문제를 수록하였습니다. 또한 가장 대표적이고 필수적인 문항과 유사한 유형의 문제를 함께 묶어 수록함으로써 기출개념과 문제풀이 스킬을 자연스럽게 익힐 수 있습니다.

3. 소방 시험에 꼭 필요한 필수 해설을 실었습니다.

대표기출문제에서는 문제 해설뿐만 아니라 심화 해설까지 덧붙여 관련 개념 전반을 이해할 수 있도록 하였습니다. 이후 중복되는 해설을 간략하게 수록하되, 낯선 개념이나 꼭 필요한 부분은 상세한 해설을 수록하여 부족한 개념을 보충할 수 있도록 하였습니다.

4. 새롭게 시험범위에 추가된 「소방의 화재조사에 관한 법률」에 대비할 수 있는 추록을 제공합니다.

2023년 필기시험부터 새롭게 시험범위에 추가된 「소방의 화재조사에 관한 법률」 추록을 제공합니다. 에듀윌 도서몰 〉 도서자료실 〉 부가학습자료에서 다운받을 수 있습니다.

소방관계법규 과목은 마치 화재성장곡선의 화재초기와 성장기 사이의 특징과 유사한 과목입니다. 화재초기와 성장기 사이의 불은 아주 느리고 천천히 자랍니다. 내용도 많고 단어도 낯선 과목 특성상 처음 공부할 때에는 내 실력이 전혀 늘지 않는 것처럼 보일 수 있습니다. 하지만 그 시간을 견디다보면 성장기의 화재처럼 폭발적으로 실력이 늘어납니다. 물론 산소가 유입되어 불씨가 커지듯, 성실하고 좋은 학습습관이 유입되어야 하겠지요.

실력의 불씨를 키워나가기 위해서는 우선 첫째로 다양한 해설과 풍성한 해설을 담은 기출문제집을 통해 출제의 감을 잡고 학습 방향성을 잡아야 합니다. 둘째, 어설픈 예습보다는 철저한 복습으로 어렴풋이 잡힌 감을 확실히 내 것으로 만드세요. 셋째, 중요한 문제와 자주 틀리는 유형은 꼭 오답노트를 만들어 반복하여 학습하세요. 마지막으로 가장 중요한 것은 매일 조금씩이라도 공부하는 습관입니다. 티끌 모아 태산이 되듯, 매일 조금씩 노력한 결과는 결코 배신하지 않습니다.

끝으로 이 책이 수험생 여러분의 합격에 큰 도움이 되기를 바라며 빠르고 뜨겁게 타오르는 불꽃처럼 빛나는 여러분의 수험생활을 응원합니다.

2022년 10월, 이중희

구성과 특징

❶ 표와 그림으로 정리한 핵심이론

문제 해결에 필요한 이론을 상기하기 위해 기본서를 별도로 챙겨볼 필요 없도록 핵심이론을 표와 그림으로 압축 정리하였습니다.

❷ 불꽃암기

빠른 문제풀이를 도와줄 두문자 암기TIP을 수록하여, 문제 풀이 시 바로 적용할 수 있도록 하였습니다.

❸ 선생님 코멘트

문제 출제의 방향과 문제 풀이 시 주의해야 할 사항 등 선생님의 풀이 포인트를 그대로 담아, 강의를 듣는 듯한 생동감을 느낄 수 있습니다.

❹ 119 암기카드

불꽃암기 키워드를 별도의 카드 형태로 구성하여 언제, 어디서나 편리하게 학습할 수 있습니다.

※ 에듀윌 도서몰에서도 다운로드 가능

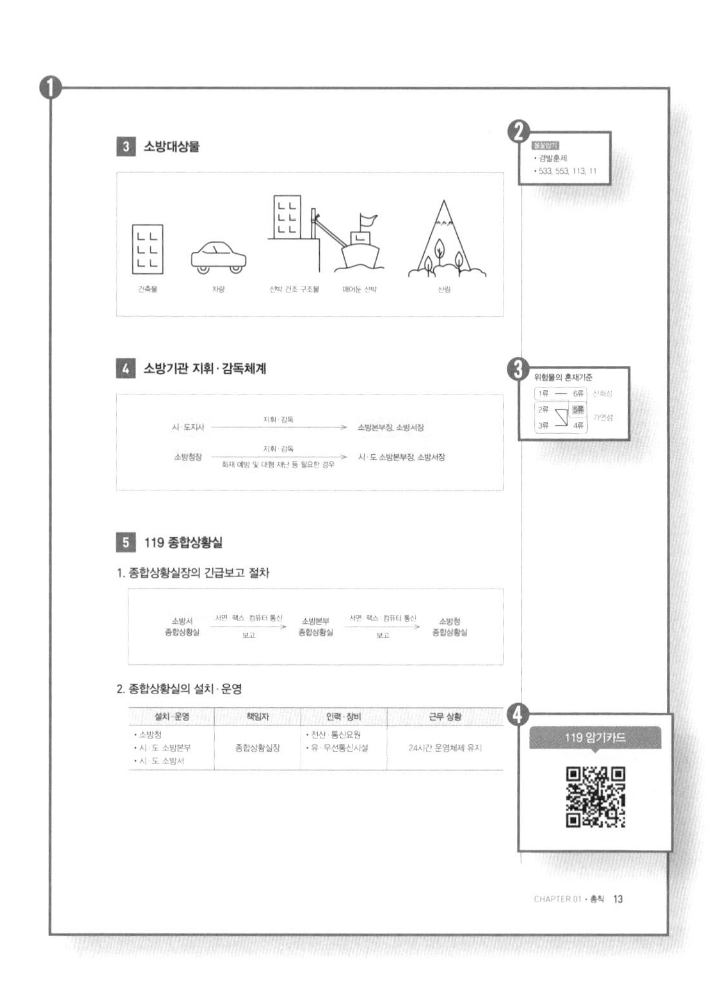
3 소방대상물

건축물 / 차량 / 선박 건조 구조물 / 매어둔 선박 / 산림

4 소방기관 지휘·감독체계

시·도지사 —지휘·감독→ 소방본부장, 소방서장

소방청장 —지휘·감독 (화재 예방 및 대형 재난 등 필요한 경우)→ 시·도 소방본부장, 소방서장

5 119 종합상황실

1. 종합상황실장의 긴급보고 절차

소방서 종합상황실 —서면·팩스·컴퓨터 통신 보고→ 소방본부 종합상황실 —서면·팩스·컴퓨터 통신 보고→ 소방청 종합상황실

2. 종합상황실의 설치·운영

설치·운영	책임자	인력·장비	근무 상황
• 소방청 • 시·도 소방본부 • 시·도 소방서	종합상황실장	• 전산·통신요원 • 유·무선통신시설	24시간 운영체제 유지

불꽃암기
• 경발훈제
• 533, 553, 113, 11

위험물의 혼재기준
1류 — 6류 산화성
2류, 5류, 3류, 4류 가연성

119 암기카드

CHAPTER 01 • 총칙 13

무료 합격팩

기출OX APP

에듀윌 합격앱에 접속하여 편리하게 기출지문 O× 학습이 가능합니다.

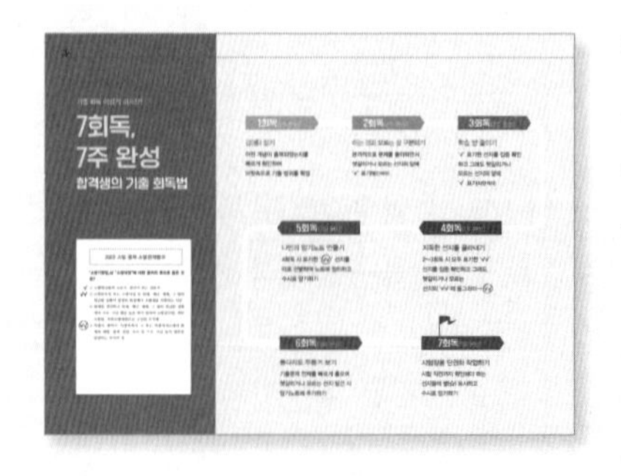

합격 플래너

합격생의 기출 회독법을 그대로 반영한 7회독, 7주 완성 합격 플래너를 학습에 활용해보세요!

※ 교재 내 수록

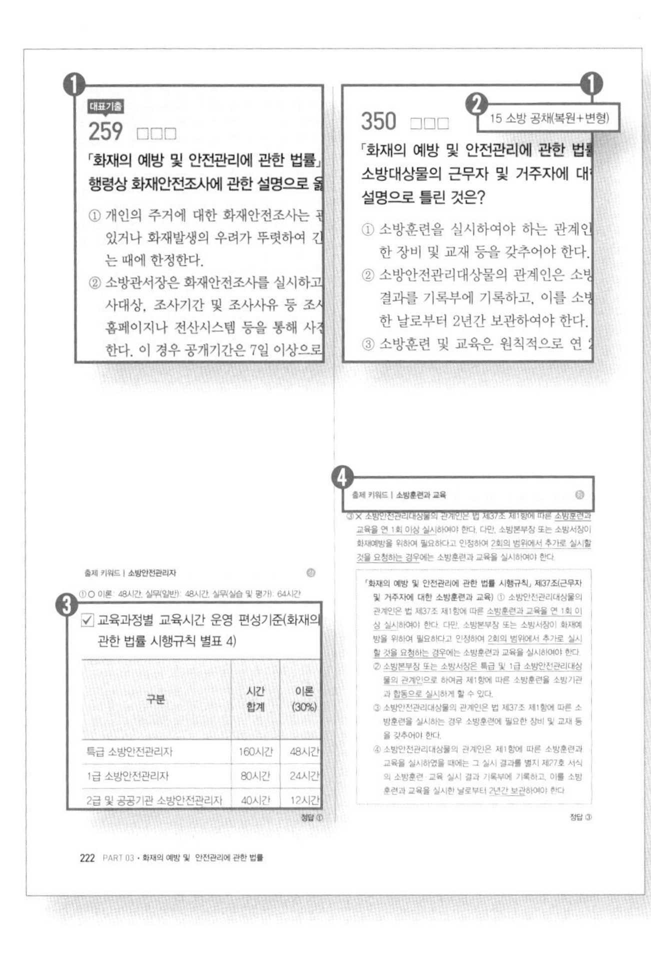

❶ 대표기출과 유사기출

출제포인트별 대표기출을 수록하고 유사기출을 배열하여, 기출 풀이 훈련이 가능하도록 하도록 구성하였습니다.

❷ 시험 대비에 적합한 문항 수록

법령 개정에 따른 변형 문제를 표시하여, 2023년 시험 대비에 적합하도록 하였습니다.

❸ 보충이론 설명

문제 풀이 시 같이 봐야 하는 보충이론을 수록하여 출제개념을 정확히 학습할 수 있습니다.

❹ 출제키워드

풀이 과정에서 학습이 부족한 개념이나 헷갈리는 개념은 출제 키워드를 통해 빠른 이론 연계학습이 가능합니다.

전 범위 모의고사 3회분 PDF

이것만 기억해도 적중!
3과목 3회분 최빈출 기출 재구성 모의고사로
지문암기 테스트를 진행해보세요.
틀린 문제는 옳은지문 워크북을
통해 숙달하시기 바랍니다.

※ 에듀윌 도서몰에서도 다운로드 가능

CONTENTS

이 책의 차례

PART

01 소방기본법

PART

02 소방시설 설치 및 관리에 관한 법률

PART

03 화재의 예방 및 안전관리에 관한 법률

PART

04 소방시설공사업법

PART

05 위험물안전관리법

PART

01

소방기본법

01 총칙
02 소방장비 및 소방용수시설 등
03 소방활동 등
04 소방산업의 육성·진흥 및 지원 등
05 한국소방안전원
06 보칙
07 벌칙

빈출도&키워드

※소방공무원 공채 5개년(2022~2018 하) 기출 분석

01 총칙	7문항	목적, 용어의 정의, 소방대의 구성원, 소방기관의 설치, 119종합상황실, 상급기관 보고 사유, 소방기술민원센터, 소방박물관, 종합계획
02 소방장비 및 소방용수시설 등	6문항	소방력의 기준, 국고보조 대상사업, 소방용수시설 설치기준, 저수조 설치기준, 소방 관련 시설 설립의 법적 근거, 소방용수표지 기준, 응원, 소방력의 동원
03 소방활동 등	6문항	소방지원활동, 생활안전활동, 소방교육·훈련, 소방안전교육사, 소방안전교육사의 결격사유, 소방신호, 소방자동차의 우선 통행, 소방자동차 전용구역, 소방대의 긴급통행, 소방활동구역 설정, 소방활동 종사 명령, 강제처분, 소방대장의 권한
04 소방산업의 육성·진흥 및 지원 등	0문항	소방산업 육성·진흥 및 지원
05 한국소방안전원	1문항	한국소방안전원의 업무, 한국소방안전원의 정관
06 보칙	2문항	손실보상
07 벌칙	0문항	벌칙, 과태료

CHAPTER

01 총칙

1 5개 분법의 목적 정리

종별	내용	궁극적인 목적
「소방기본법」	• 화재를 예방·경계하거나 진압 • 화재, 재난·재해, 그 밖의 위급한 상황에서의 구조·구급 활동 등을 통하여 국민의 생명·신체 및 재산을 보호	공공의 안녕 및 질서 유지와 복리 증진
「소방시설법」	• 특정소방대상물 등에 설치하여야 하는 소방시설등의 설치·관리와 소방용품 성능관리에 필요한 사항을 규정 • 국민의 생명·신체 및 재산을 보호	공공의 안전과 복리 증진
「화재예방법」	• 화재의 예방과 안전관리에 필요한 사항을 규정 • 화재로부터 국민의 생명·신체 및 재산을 보호	공공의 안전과 복리 증진
「소방시설공사업법」	• 소방시설공사 및 소방기술의 관리에 필요한 사항을 규정 • 소방시설업을 건전하게 발전시키고 소방기술을 진흥	화재로부터 공공의 안전을 확보하고 국민경제에 이바지
「위험물관리법」	• 위험물 저장·취급 및 운반과 안전관리에 관한 사항을 규정 • 위험물로 인한 위해를 방지	공공의 안전을 확보

2 5개 분법 용어 정의

종별	내용	비고
「소방기본법」	소방대상물, 관계지역, 관계인, 소방본부장, 소방대, 소방대장	
「소방시설법」	소방시설, 소방시설등, 특정소방대상물, 화재안전성능, 성능위주설계, 화재안전기준, 소방용품	밑줄: 대통령령으로 정함
「화재예방법」	예방, 안전관리, 화재안전조사, 화재예방강화지구, 화재예방안전진단	
「소방시설공사업법」	소방시설업, 소방시설업자, 감리원, 소방기술자, 발주자	
「위험물관리법」	위험물, 지정수량, 제조소, 저장소, 취급소, 제조소등	밑줄: 대통령령으로 정함

3 소방대상물

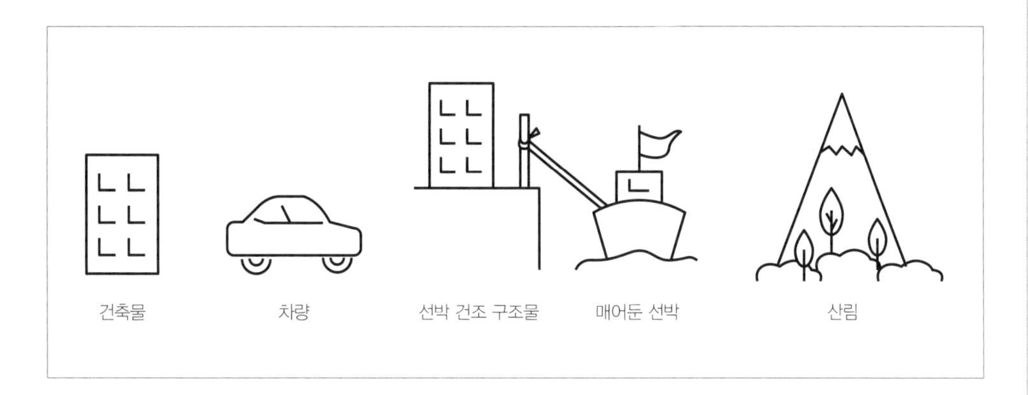

4 소방기관 지휘 · 감독체계

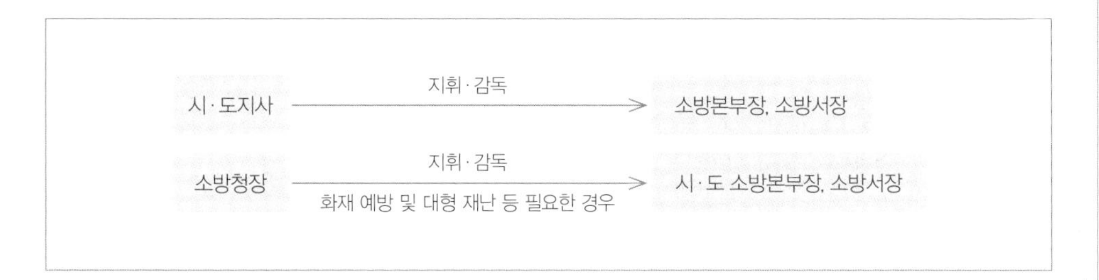

5 119 종합상황실

1. 종합상황실장의 긴급보고 절차

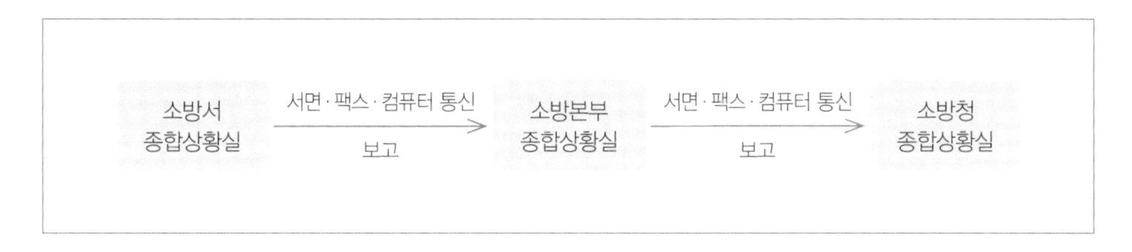

2. 종합상황실의 설치 · 운영

설치 · 운영	책임자	인력 · 장비	근무 상황
• 소방청 • 시 · 도 소방본부 • 시 · 도 소방서	종합상황실장	• 전산 · 통신요원 • 유 · 무선통신시설	24시간 운영체제 유지

6 재난상황 또는 긴급상황으로 보고되어야 할 화재

구분	재난상황	긴급상황	
근거법	「소방기본법 시행규칙」 제3조	「화재조사 및 보고규정」 제45조	
보고 절차	종합상황실의 실장이 소방본부의 종합상황실에, 소방본부의 종합상황실의 경우는 소방청의 종합상황실에 각각 보고	조사활동 중 본부장 또는 서장이 소방청장에게 긴급상황을 보고	
대상❶	• 사망자가 5인 이상 발생하거나 사상자가 10인 이상 발생한 화재 • 재산피해액이 50억 원 이상 발생한 화재	대형 화재	• 인명피해: 사망 5명 이상이거나 사상자 10명 이상 발생화재 • 재산피해: 50억 원 이상 추정되는 화재
	• 이재민이 100인 이상 발생한 화재 • 관공서 · 학교 · 정부미노정공징 · 문화재 · 지하철 또는 지하구의 화재 • 관광호텔, 지하상가, 시장, 백화점 • 층수(건축법 규정에 의하여 산정한 층수)가 11층 이상인 건축물 • 지정수량의 3천 배 이상의 위험물의 제조소 · 저장소 · 취급소 • 층수가 5층 이상이거나 객실이 30실 이상인 숙박시설 • 층수가 5층 이상이거나 병상이 30개 이상인 종합병원 · 정신병원 · 한방병원 · 요양소	중요 화재	• 이재민 100명 이상 발생 화재 • 관공서, 학교, 정부미 도정공장, 문화재, 지하철, 지하구 등 공공 건물 및 시설의 화재 • 관광호텔, 고층건물, 지하상가, 시장, 백화점, 대량위험물을 제조 · 저장 · 취급하는 장소, 중점관리대상 및 화재예방강화지구
	• 철도차량, 항구에 매어둔 총 톤수가 1천 톤 이상인 선박, 항공기, 발전소 또는 변전소에서 발생한 화재 • 가스 및 화약류의 폭발에 의한 화재 • 다중이용업소의 화재 • 「긴급구조대응활동 및 현장지휘에 관한 규칙」에 의한 통제단장의 현장지휘가 필요한 재난 상황 • 연면적 1만5천m^2 이상인 공장 • 화재예방강화지구에서 발생한 화재 • 언론에 보도된 재난상황 • 그 밖에 소방청장이 정하는 재난상황	특수 화재	• 철도, 항구에 매어둔 외항선, 항공기, 발전소 및 변전소의 화재 • 특수사고, 방화 등 화재원인이 특이하다고 인정되는 화재 • 외국공관 및 그 사택 • 그 밖에 대상이 특수하여 사회적 이목이 집중될 것으로 예상되는 화재

❶
상부기관 보고 공통대상

사망자
5인 이상

사상자
10인 이상

돈 피해액
50억 원 이상

이재민
100인 이상

7 종합계획의 절차

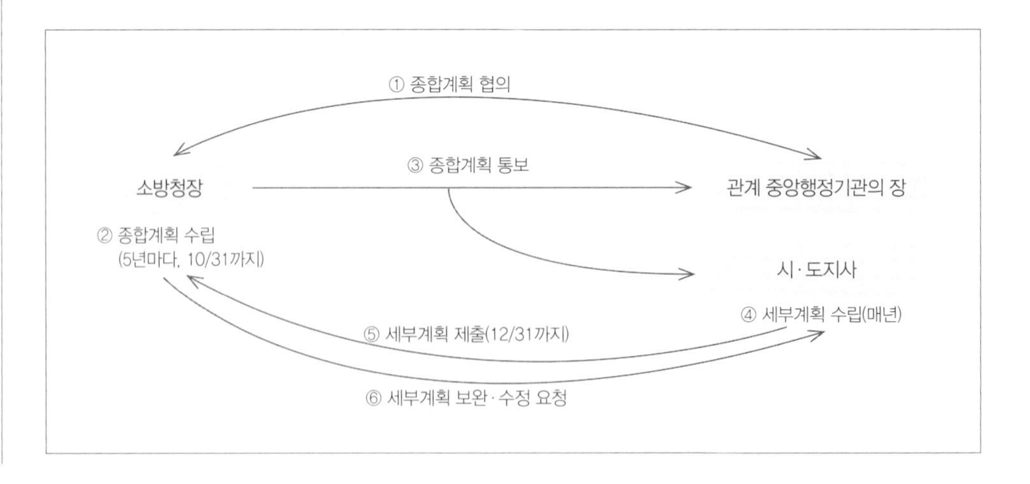

8 소방업무 종합계획과 화재의 예방 및 안전관리 기본계획 비교

구분	소방업무에 관한 종합계획	화재의 예방 및 안전관리 기본계획
목적	화재, 재난·재해, 그 밖의 위급한 상황으로부터 국민의 생명·신체 및 재산을 보호	화재예방정책을 체계적·효율적으로 추진하고 이에 필요한 기반 확충
근거법	「소방기본법」 제6조	「화재예방법」 제4조
수립 및 시행 주체	소방청장이 수립 및 시행	소방청장이 관계 중앙행정기관의 장과 협의하여 수립 및 시행
수립 일정	• 5년마다 수립 • 계획 시행 전년도 10월 31일까지 수립	• 5년마다 수립 • 계획 시행 전년도 8월 31일까지 관계 중앙행정기관의 장과 협의 • 계획 시행 전년도 9월 30일까지 수립
포함 내용	• 소방서비스의 질 향상을 위한 정책의 기본방향 • 소방업무에 필요한 체계의 구축, 소방기술의 연구·개발 및 보급 • 소방업무에 필요한 장비의 구비 • 소방전문인력 양성	• 화재예방정책의 기본목표 및 추진방향 • 화재의 예방과 안전관리를 위한 법령·제도의 마련 등 기반 조성 • 화재의 예방과 안전관리를 위한 대국민 교육·홍보
	• 소방업무에 필요한 기반 조성 • 소방업무의 교육 및 홍보 • 재난·재해 환경 변화에 따른 소방업무에 필요한 대응 체계 마련 • 장애인, 노인, 임산부, 영유아 및 어린이 등 이동이 어려운 사람을 대상으로 한 소방활동에 필요한 조치	• 화재의 예방과 안전관리 관련 기술의 개발·보급 • 화재의 예방과 안전관리 관련 전문인력의 육성·지원 및 관리 • 화재의 예방과 안전관리 관련 산업의 국제경쟁력 향상 • 화재현황에 관한 사항 • 소방대상물의 환경 및 화재위험특성 변화 추세 등 화재예방정책의 여건 변화에 관한 사항 • 소방시설의 설치·유지 및 화재안전기준의 개선에 관한 사항
통보	소방청장 → 관계 중앙행정기관의 장, 시·도지사	소방청장 → 관계 중앙행정기관의 장, 시·도지사 (전년도 10월 31일까지)
하위 계획	**세부 계획** • 종합계획의 시행에 필요 • 시·도지사가 매년 계획 시행 전년도 12월 31일까지 수립하여 소방청장에게 제출 • 소방청장은 시·도지사에게 세부계획 보완 또는 수정 요청 가능	**시행 계획** • 기본계획 시행에 필요 • 매년 계획 시행 전년도 10월 31일까지 수립 **세부 시행 계획** • 소관 사무의 특성 반영 • 관계 중앙행정기관의 장, 시·도지사가 매년 계획 시행 전년도 11월 30일까지 수립

119 암기카드

1분 1초를 9하는
소방 암기카드!
QR코드를 스캔하여
확인해보세요.

※ 에듀윌 도서몰에서도
다운로드 가능합니다.

01 제1조 목적

대표기출

001 □□□ 16 소방 경채(복원)

「소방기본법」의 총칙에 포함되지 않는 것은?

ㄱ. 소방기관의 설치 등
ㄴ. 소방업무에 관한 종합계획의 수립·시행 등
ㄷ. 소방의 날 제정과 운영 등
ㄹ. 소방력의 기준 등
ㅁ. 화재의 예방과 경계(警戒)

① ㄱ, ㄷ
② ㄷ, ㄹ
③ ㄴ, ㄷ
④ ㄹ, ㅁ

출제 키워드 | 목적 중

ㄹ. O 소방력의 기준 등은 「소방기본법」 제8조의 내용으로, 제2장 소방장비 및 소방용수시설 등에 포함되어 있다.

ㅁ. O 화재의 예방과 경계(警戒)는 「소방기본법」 제3장 장 제목으로, 해당 장을 구성하고 있는 제12조~제15조 내용은 「화재의 예방 및 안전관리에 관한 법률」로 옮겨졌다.

☑ 제1장 총칙

- 제1조 목적
- 제2조 정의
- 제2조의2 국가와 지방자치단체의 책무
- 제3조 소방기관의 설치 등
- 제3조의2 소방공무원의 배치
- 제3조의3 다른 법률과의 관계
- 제4조 119종합상황실의 설치와 운영
- 제4조의2 소방기술민원센터의 설치·운영
- 제5조 소방박물관 등의 설립과 운영
- 제6조 소방업무에 관한 종합계획의 수립·시행 등
- 제7조 소방의 날 제정과 운영 등

정답 ④

002 □□□ 21 소방설비기사

소방기본법 제1장 총칙에서 정하는 목적의 내용으로 거리가 먼 것은?

① 구조, 구급 활동 등을 통하여 공공의 안녕 및 질서 유지
② 풍수해의 예방, 경계, 진압에 관한 계획, 예산 지원 활동
③ 구조, 구급 활동 등을 통하여 국민의 생명, 신체, 재산 보호
④ 화재, 재난, 재해, 그 밖의 위급한 상황에서의 구조, 구급 활동

출제 키워드 | 목적 중

② X 풍수해의 예방, 경계, 진압에 관한 계획, 예산 지원 활동은 「소방기본법」 목적에 해당하지 않는다.

정답 ②

02 제2조 정의

대표기출

003 □□□ 19 소방 경채

「소방기본법」상 용어의 정의로 옳지 않은 것은?

① "소방대상물"이란 건축물, 차량, 선박(선박법 제1조의2 제1항에 따른 선박으로서 항구에 매어둔 선박만 해당한다), 선박 건조 구조물, 산림, 그 밖의 인공 구조물 또는 물건을 말한다.

② "관계지역"이란 소방대상물이 있는 장소 및 그 이웃 지역으로서 화재의 예방·경계·진압, 구조·구급 등의 활동에 필요한 지역을 말한다.

③ "소방본부장"이란 특별시·광역시·특별자치시·도 또는 특별자치도에서 화재의 예방·경계·진압·조사 및 구조·구급 등의 업무를 담당하는 부서의 장을 말한다.

④ "소방대"란 화재를 진압하고 화재, 재난·재해, 그 밖의 위급한 상황에서 구조·구급 활동 등을 하기 위하여 소방공무원, 의무소방원, 자위소방대원으로 구성된 조직체를 말한다.

출제 키워드 | 용어의 정의 하

① O "소방대상물"이란 건축물, 차량, 선박(선박법 제1조의2 제1항에 따른 선박으로서 항구에 매어둔 선박만 해당한다), 선박 건조 구조물, 산림, 그 밖의 인공 구조물 또는 물건을 말한다.

② O "관계지역"이란 소방대상물이 있는 장소 및 그 이웃 지역으로서 화재의 예방·경계·진압, 구조·구급 등의 활동에 필요한 지역을 말한다.

③ O "소방본부장"이란 특별시·광역시·특별자치시·도 또는 특별자치도에서 화재의 예방·경계·진압·조사 및 구조·구급 등의 업무를 담당하는 부서의 장을 말한다.

④ X "소방대"란 화재를 진압하고 화재, 재난·재해, 그 밖의 위급한 상황에서 구조·구급 활동 등을 하기 위하여 소방공무원, 의무소방원, 의용소방대원으로 구성된 조직체를 말한다.

「소방기본법」 제2조(정의) 이 법에서 사용하는 용어의 뜻은 다음과 같다.

1. "소방대상물"이란 건축물, 차량, 선박(선박법 제1조의2 제1항에 따른 선박으로서 항구에 매어둔 선박만 해당한다), 선박 건조 구조물, 산림, 그 밖의 인공 구조물 또는 물건을 말한다.
2. "관계지역"이란 소방대상물이 있는 장소 및 그 이웃 지역으로서 화재의 예방·경계·진압, 구조·구급 등의 활동에 필요한 지역을 말한다.
3. "관계인"이란 소방대상물의 소유자·관리자 또는 점유자를 말한다.
4. "소방본부장"이란 특별시·광역시·특별자치시·도 또는 특별자치도(이하 "시·도")에서 화재의 예방·경계·진압·조사 및 구조·구급 등의 업무를 담당하는 부서의 장을 말한다.
5. "소방대"란 화재를 진압하고 화재, 재난·재해, 그 밖의 위급한 상황에서 구조·구급 활동 등을 하기 위하여 다음 각 목의 사람으로 구성된 조직체를 말한다.
   가. 「소방공무원법」에 따른 소방공무원
   나. 「의무소방대설치법」 제3조에 따라 임용된 의무소방원
   다. 「의용소방대 설치 및 운영에 관한 법률」에 따른 의용소방대원

정답 ④

004 □□□

18 하반기 소방 경채

「소방기본법」상 규정하는 용어의 정의를 옳게 연결한 것은?

> 가. (㉠)이란 건축물, 차량, 선박(선박법 제1조의2 제1항에 따른 선박으로서 항구에 매어둔 선박만 해당한다), 선박 건조 구조물, 산림, 그 밖의 인공 구조물 또는 물건을 말한다.
> 나. (㉡)이란 소방대상물이 있는 장소 및 그 이웃 지역으로서 화재의 예방·경계·진압, 구조·구급 등의 활동에 필요한 지역을 말한다.
> 다. (㉢)이란 소방대상물의 소유자·관리자 또는 점유자를 말한다.
> 라. (㉣)이란 특별시·광역시·특별자치시·도 또는 특별자치도에서 화재의 예방·경계·진압·조사 및 구조·구급 등의 업무를 담당하는 부서의 장을 말한다.
> 마. (㉤)란 화재를 진압하고 화재, 재난·재해, 그 밖의 위급한 상황에서 구조·구급 활동 등을 하기 위하여 소방공무원, 의무소방원, 의용소방대원으로 구성된 조직체를 말한다.
> 바. (㉥)이란 소방본부장 또는 소방서장 등 화재, 재난·재해, 그 밖의 위급한 상황이 발생한 현장에서 소방대를 지휘하는 사람을 말한다.

	㉠	㉡	㉢	㉣	㉤	㉥
①	소방대상물	관계지역	관계인	소방본부장	소방대	소방조장
②	방호대상물	경계지역	입회인	소방서장	지역대	소방대장
③	방호대상물	경계지역	입회인	소방서장	지역대	소방조장
④	소방대상물	관계지역	관계인	소방본부장	소방대	소방대장

출제 키워드 | 용어의 정의 중

④ O ㉠ 소방대상물, ㉡ 관계지역, ㉢ 관계인, ㉣ 소방본부장, ㉤ 소방대, ㉥ 소방대장

> 가. 소방대상물이란 건축물, 차량, 선박(선박법 제1조의2 제1항에 따른 선박으로서 항구에 매어둔 선박만 해당한다), 선박 건조 구조물, 산림, 그 밖의 인공 구조물 또는 물건을 말한다.
> 나. 관계지역이란 소방대상물이 있는 장소 및 그 이웃 지역으로서 화재의 예방·경계·진압, 구조·구급 등의 활동에 필요한 지역을 말한다.
> 다. 관계인이란 소방대상물의 소유자·관리자 또는 점유자를 말한다.
> 라. 소방본부장이란 특별시·광역시·특별자치시·도 또는 특별자치도에서 화재의 예방·경계·진압·조사 및 구조·구급 등의 업무를 담당하는 부서의 장을 말한다.
> 마. 소방대란 화재를 진압하고 화재, 재난·재해, 그 밖의 위급한 상황에서 구조·구급 활동 등을 하기 위하여 소방공무원, 의무소방원, 의용소방대원으로 구성된 조직체를 말한다.
> 바. 소방대장이란 소방본부장 또는 소방서장 등 화재, 재난·재해, 그 밖의 위급한 상황이 발생한 현장에서 소방대를 지휘하는 사람을 말한다.

정답 ④

005 □□□

18 하반기 소방 공채

「소방기본법」상 용어에 대한 설명으로 옳은 것은?

① '관계인'이란 소방대상물의 소유자·관리자 또는 점유자를 말한다.
② '소방대상물'이란 건축물, 차량, 항공에 매어둔 선박, 선박 건조 구조물, 산림, 그 밖의 인공 구조물 또는 물건을 말한다.
③ '관계지역'이란 소방대상물이 있는 장소만을 말한다.
④ '소방대장'이란 소방본부장 또는 소방서장만을 말한다

출제 키워드 | 용어의 정의 하

① O '관계인'이란 소방대상물의 소유자·관리자 또는 점유자를 말한다(소방기본법 제2조 제3호).

② X '소방대상물'에는 항공이 아니라, '항구'에 매어둔 선박이 포함된다(동조 제1호).

③ X '관계지역'이란 소방대상물이 있는 장소만을 말하는 것이 아니라 그 이웃 지역으로서 화재의 예방·경계·진압, 구조·구급 등의 활동에 필요한 지역도 해당된다(동조 제2호).

④ X '소방대장'이란 소방본부장 또는 소방서장만을 말하는 것이 아니라 화재, 재난·재해, 그 밖의 위급한 상황이 발생한 현장에서 소방대를 지휘하는 사람을 말한다(동조 제6호).

정답 ①

006 □□□

15 소방 공채(복원)

「소방기본법」상 용어의 정의에 대한 설명으로 옳지 않은 것은?

① '특정소방대상물'이란 건축물, 차량, 항구에 매어둔 선박, 선박 건조 구조물, 산림, 그 밖의 인공 구조물 또는 물건을 말한다.
② '관계인'이란 소방대상물의 소유자·관리자 또는 점유자를 말한다.
③ '관계지역'이란 소방대상물이 있는 장소 및 그 이웃 지역으로서 화재의 예방·경계·진압, 구조·구급 등의 활동에 필요한 지역을 말한다.
④ '소방대장'이란 소방본부장 또는 소방서장 등 화재, 재난·재해, 그 밖의 위급한 상황이 발생한 현장에서 소방대를 지휘하는 사람을 말한다.

출제 키워드 | 용어의 정의 하

① X 「소방시설법」상 '특별소방대상물'이란 건축물 등의 규모·용도 및 수용인원 등을 고려하여 소방시설을 설치하여야 하는 소방대상물로서 대통령령으로 정하는 것을 말한다. '소방대상물'이란 건축물, 차량, 선박(선박법 제1조의2 제1항에 따른 선박으로서 항구에 매어둔 선박만 해당), 선박 건조 구조물, 산림, 그 밖의 인공 구조물 또는 물건을 말한다.

② O 관계인'이란 소방대상물의 소유자·관리자 또는 점유자를 말한다.

③ O 관계지역'이란 소방대상물이 있는 장소 및 그 이웃 지역으로서 화재의 예방·경계·진압, 구조·구급 등의 활동에 필요한 지역을 말한다.

④ O 소방대장'이란 소방본부장 또는 소방서장 등 화재, 재난·재해, 그 밖의 위급한 상황이 발생한 현장에서 소방대를 지휘하는 사람을 말한다.

정답 ①

007 □□□

16 소방 공채(복원)

「소방기본법」상 용어의 정의에 관한 내용 중 다음 (　　) 안에 들어갈 사항으로 옳은 것은?

> (　　)이란 건축물, 차량, 선박(항구에 매어둔 선박만 해당한다), 선박 건조 구조물, 산림, 그 밖의 인공 구조물 또는 물건을 말한다.

① 특정소방대상물
② 소방대상물
③ 방염대상물
④ 특별소방대상물

출제 키워드 | 용어의 정의 중

② O 소방대상물이란 건축물, 차량, 선박(항구에 매어둔 선박만 해당한다), 선박 건조 구조물, 산림, 그 밖의 인공 구조물 또는 물건을 말한다(소방기본법 제2조 제1호). 하늘에 운항 중인 비행기, 바다를 항해하는 선박, 그리고 사람과 동물은 제외된다. 정답 ②

008 □□□

20 소방 경채

「소방기본법」상 "소방대장"에 대한 용어의 뜻으로 옳은 것은?

① 소방대상물의 소유자·관리자 또는 점유자
② 소방본부장 또는 소방서장 등 화재, 재난·재해, 그 밖의 위급한 상황이 발생한 현장에서 소방대를 지휘하는 사람
③ 화재를 진압하고 화재, 재난·재해, 그 밖의 위급한 상황에서 구조·구급 활동 등을 하기 위하여 소방공무원, 의무소방원, 자위소방대원으로 구성된 조직체
④ 특별시·광역시·특별자치시·도 또는 특별자치도에서 화재의 예방·경계·진압·조사 및 구조·구급 등의 업무를 담당하는 부서의 장

출제 키워드 | 용어의 정의 하

① X 관계인에 대한 설명이다.
③ X 화재를 진압하고 화재, 재난·재해, 그 밖의 위급한 상황에서 구조·구급 활동 등을 하기 위하여 소방공무원, 의무소방원, 의용소방대원으로 구성된 조직체는 소방대이다.
④ X 소방본부장에 대한 설명이다. 정답 ②

009 □□□

16 소방 경채(복원)

다음 중 건축물, 차량, 선박(항구에 매어둔 선박만 해당한다), 선박 건조 구조물, 산림 그 밖의 인공 구조물 또는 물건을 무엇이라고 하는가?

① 관계대상물　② 소방대상물
③ 특정소방대상물　④ 소방구조물

010 □□□

19 소방시설관리사

소방기본법령상 용어의 정의에 관한 설명으로 옳지 않은 것은?

① "관계인"이란 소방대상물의 소유자·관리자 또는 점유자를 말한다.
② "관계지역"이란 소방대상물이 있는 장소 및 그 이웃 지역으로서 화재의 예방·경계·진압, 구조·구급 등의 활동에 필요한 지역을 말한다.
③ "소방대(消防隊)"란 화재를 진압하고 화재, 재난·재해, 그 밖의 위급한 상황에서 구조·구급 활동 등을 하기 위하여 소방공무원, 의무소방원, 의용소방대원, 사회복무요원으로 구성된 조직체를 말한다.
④ "소방본부장"이란 특별시·광역시·특별자치시·도 또는 특별자치도(이하 "시·도"라 한다)에서 화재의 예방·경계·진압·조사 및 구조·구급 등의 업무를 담당하는 부서의 장을 말한다.

출제 키워드 | 용어의 정의　하

② O "소방대상물"이란 건축물, 차량, 선박(선박법 제1조의2 제1항에 따른 선박으로서 항구에 매어둔 선박만 해당한다), 선박 건조 구조물, 산림, 그 밖의 인공 구조물 또는 물건을 말한다.

정답 ②

출제 키워드 | 용어의 정의　하

① O "관계인"이란 소방대상물의 소유자·관리자 또는 점유자를 말한다.
② O "관계지역"이란 소방대상물이 있는 장소 및 그 이웃 지역으로서 화재의 예방·경계·진압, 구조·구급 등의 활동에 필요한 지역을 말한다.
③ X "소방대(消防隊)"란 화재를 진압하고 화재, 재난·재해, 그 밖의 위급한 상황에서 구조·구급 활동 등을 하기 위하여 소방공무원, 의무소방원, 의용소방대원으로 구성된 조직체를 말한다. 사회복무요원은 해당하지 않는다.
④ O "소방본부장"이란 특별시·광역시·특별자치시·도 또는 특별자치도(이하 "시·도"라 한다)에서 화재의 예방·경계·진압·조사 및 구조·구급 등의 업무를 담당하는 부서의 장을 말한다.

정답 ③

011 □□□

20 소방 공채

「소방기본법」상 소방대의 구성원으로 옳은 것은?

㉠ 소방안전관리자	㉡ 의무소방원
㉢ 자체소방대원	㉣ 의용소방대원
㉤ 자위소방대원	

① ㉠, ㉢
② ㉡, ㉣
③ ㉡, ㉤
④ ㉢, ㉤

출제 키워드 | 소방대의 구성원 하

② O 「소방기본법」상 소방대의 구성원으로 옳은 것은 ㉡ 의무소방원, ㉣ 의용소방대원이다(소방기본법 제2조 제5호). 정답 ②

012 □□□

16 소방 경채(복원)

화재를 진압하고 화재, 재난·재해, 그 밖의 위급한 상황에서 구조·구급 활동 등을 하기 위하여 조직된 소방대(消防隊)의 구성원이 될 수 있는 사람은?

① 의무소방원
② 자위소방대
③ 위험물안전관리자
④ 소방안선관리자

출제 키워드 | 소방대의 구성원 하

① O 「소방기본법」상 소방대의 구성원은 소방공무원, 의무소방원, 의용소방대원이다. 정답 ①

03 제3조 소방기관의 설치 등

대표기출

013 □□□

21 소방 경채

「소방기본법」상 소방기관의 설치에 대한 내용으로 옳지 않은 것은?

① 시·도에서 소방업무를 수행하기 위하여 시·도지사 직속으로 소방본부를 둔다.
② 시·도의 소방업무를 수행하는 소방기관의 설치에 필요한 사항은 행정안전부령으로 정한다.
③ 소방업무를 수행하는 소방본부장 또는 소방서장은 그 소재지를 관할하는 시·도지사의 지휘와 감독을 받는다.
④ 소방청장은 화재 예방 및 대형 재난 등 필요한 경우 시·도 소방본부장 및 소방서장을 지휘·감독할 수 있다.

출제 키워드 | 소방기관의 설치 중

① O 시·도에서 소방업무를 수행하기 위하여 시·도지사 직속으로 소방본부를 둔다.
② X 시·도의 소방업무를 수행하는 소방기관의 설치에 필요한 사항은 대통령령으로 정한다.
③ O 소방업무를 수행하는 소방본부장 또는 소방서장은 그 소재지를 관할하는 시·도지사의 지휘와 감독을 받는다.
④ O 소방청장은 화재 예방 및 대형 재난 등 필요한 경우 시·도 소방본부장 및 소방서장을 지휘·감독할 수 있다.

> 「소방기본법」 제3조(소방기관의 설치 등) ① 시·도의 화재 예방·경계·진압 및 조사, 소방안전교육·홍보와 화재, 재난·재해, 그 밖의 위급한 상황에서의 구조·구급 등의 업무(이하 "소방업무")를 수행하는 소방기관의 설치에 필요한 사항은 대통령령으로 정한다. → 대통령령: 「지방소방기관 설치에 관한 규정」
> ② 소방업무를 수행하는 소방본부장 또는 소방서장은 그 소재지를 관할하는 특별시장·광역시장·특별자치시장·도지사 또는 특별자치도지사(이하 "시·도지사")의 지휘와 감독을 받는다.
> ③ 제2항에도 불구하고 소방청장은 화재 예방 및 대형 재난 등 필요한 경우 시·도 소방본부장 및 소방서장을 지휘·감독할 수 있다.
> ④ 시·도에서 소방업무를 수행하기 위하여 시·도지사 직속으로 소방본부를 둔다.

정답 ②

014 □□□

22 소방 경채

「소방기본법」 제3조 소방기관의 설치 등에 대한 내용이다. (   ) 안에 들어갈 말로 옳은 것은?

> 시·도의 화재 예방·경계·진압 및 조사, 소방안전 교육·홍보와 화재, 재난·재해, 그 밖의 위급한 상황에서의 구조·구급 등의 업무를 수행하는 소방기관의 설치에 필요한 사항은 (   )(으)로 정한다.

① 대통령령
② 행정안전부령
③ 시·도의 조례
④ 소방청훈령

출제 키워드 | 소방기관의 설치 하

① O 대통령령

> 시·도의 화재 예방·경계·진압 및 조사, 소방안전 교육·홍보와 화재, 재난·재해, 그 밖의 위급한 상황에서의 구조·구급 등의 업무를 수행하는 소방기관의 설치에 필요한 사항은 대통령령으로 정한다.

정답 ①

015 □□□

13 소방시설관리사

소방기본법령상의 소방기관·종합상황실·박물관 등의 설치·운영에 관한 설명으로 옳지 않은 것은?

① 시·도의 소방기관의 설치에 필요한 사항은 대통령령으로 한다.
② 종합상황실의 설치·운영에 필요한 사항은 행정안전부령으로 한다.
③ 소방박물관의 설립과 운영에 필요한 사항은 행정안전부령으로 한다.
④ 소방체험관의 설립과 운영에 필요한 사항은 행정안전부령으로 한다.

출제 키워드 | 소방기관의 설치 하

④ × 소방박물관의 설립과 운영에 필요한 사항은 행정안전부령으로 정하고, 소방체험관의 설립과 운영에 필요한 사항은 행정안전부령으로 정하는 기준에 따라 시·도의 조례로 정한다.

정답 ④

04 제4조 119종합상황실의 설치와 운영

대표기출

016 □□□

21 소방 공채

「소방기본법」상 119종합상황실의 설치 및 운영목적에 대한 내용으로 옳지 않은 것은?

① 상황관리
② 대응계획 실행 및 평가
③ 현장 지휘 및 조정·통제
④ 정보의 수집·분석과 판단·전파

출제 키워드 | 119종합상황실 중

② × 대응계획 실행 및 평가는 119종합상황실의 설치 및 운영목적에 해당되지 않는다.

> 「소방기본법」 제4조(119종합상황실의 설치와 운영) ① 소방청장, 소방본부장 및 소방서장은 화재, 재난·재해, 그 밖에 구조·구급이 필요한 상황이 발생하였을 때에 신속한 소방활동(소방업무를 위한 모든 활동을 말한다. 이하 같다)을 위한 정보의 수집·분석과 판단·전파, 상황관리, 현장 지휘 및 조정·통제 등의 업무를 수행하기 위하여 119종합상황실을 설치·운영하여야 한다.
> ② 제1항에 따른 119종합상황실의 설치·운영에 필요한 사항은 행정안전부령으로 정한다.

정답 ②

대표기출

017 □□□

17 하반기 소방 공채(복원)

「소방기본법 시행규칙」상 종합상황실의 실장이 상급기관에 보고하여야 하는 사유가 아닌 것은?

① 사망자가 5인 이상 발생한 화재
② 이재민이 100인 이상 발생한 화재
③ 재산피해액이 10억 원 이상 발생한 화재
④ 사상자가 10인 이상 발생한 화재

출제 키워드 | 상급기관 보고 사유 

③ ✕ 재산피해액이 '50억 원' 이상 발생한 화재가 보고의 대상이 된다(소방기본법 시행규칙 제3조 제2항).

「소방기본법 시행규칙」 제3조(종합상황실의 실장의 업무 등) ① 종합상황실의 실장[종합상황실에 근무하는 자 중 최고직위에 있는 자(최고직위에 있는 자가 2인 이상인 경우 선임자)를 말한다]은 다음 각 호의 업무를 행하고, 그에 관한 내용을 기록·관리해야 한다.
1. 화재, 재난·재해 그 밖에 구조·구급이 필요한 상황(이하 "재난상황")의 발생의 신고 접수
2. 접수된 재난상황을 검토하여 가까운 소방서에 인력 및 장비의 동원을 요청하는 등의 사고 수습
3. 하급소방기관에 대한 출동지령 또는 동급 이상의 소방기관 및 유관기관에 대한 지원 요청
4. 재난상황의 전파 및 보고
5. 재난상황이 발생한 현장에 대한 지휘 및 피해 현황의 파악
6. 재난상황의 수습에 필요한 정보 수집 및 제공

② 종합상황실의 실장은 다음 각 호의 어느 하나에 해당하는 상황이 발생하는 때에는 그 사실을 지체 없이 별지 제1호서식에 따라 서면·팩스 또는 컴퓨터통신 등으로 소방서의 종합상황실의 경우는 소방본부의 종합상황실에, 소방본부의 종합상황실의 경우는 소방청의 종합상황실에 각각 보고해야 한다.
1. 다음 각 목의 1에 해당하는 화재
가. 사망자가 5인 이상 발생하거나 사상자가 10인 이상 발생한 화재
나. 이재민이 100인 이상 발생한 화재
다. 재산피해액이 50억 원 이상 발생한 화재
라. 관공서·학교·정부미도정공장·문화재·지하철 또는 지하구의 화재
마. 관광호텔, 층수(건축법 시행령 제119조 제1항 제9호의 규정에 의하여 산정한 층수)가 11층 이상인 건축물, 지하상가, 시장, 백화점, 「위험물안전관리법」 제2조 제2항의 규정에 의한 지정수량의 3천 배 이상의 위험물의 제조소·저장소·취급소, 층수가 5층 이상이거나 객실이 30실 이상인 숙박시설, 층수가 5층 이상이거나 병상이 30개 이상인 종합병원·정신병원·한방병원·요양소, 연면적 1만 5천m^2 이상인 공장 또는 「화재의 예방 및 안전관리에 관한 법률」 제18조 제1항 각 목에 따른 화재예방강화지구에서 발생한 화재
바. 철도차량, 항구에 매어둔 총 톤수가 1천 톤 이상인 선박, 항공기, 발전소 또는 변전소에서 발생한 화재
사. 가스 및 화약류의 폭발에 의한 화재
아. 「다중이용업소의 안전관리에 관한 특별법」 제2조에 따른 다중이용업소의 화재
2. 「긴급구조대응활동 및 현장지휘에 관한 규칙」에 의한 통제단장의 현장지휘가 필요한 재난상황
3. 언론에 보도된 재난상황
4. 그 밖에 소방청장이 정하는 재난상황

③ 종합상황실 근무자의 근무방법 등 종합상황실의 운영에 관하여 필요한 사항은 종합상황실을 설치하는 소방청장, 소방본부장 또는 소방서장이 각각 정한다.

정답 ③

018 □□□

20 소방시설관리사

소방기본법령상 소방본부의 종합상황실 실장이 소방청의 종합상황실에 보고하여야 하는 화재가 아닌 것은?

① 사상자가 10인 이상 발생한 화재
② 재산피해액이 30억 원 이상 발생한 화재
③ 연면적 1만 5천 제곱미터 이상인 공장에서 발생한 화재
④ 항구에 매어둔 총 톤수가 1천 톤 이상인 선박에서 발생한 화재

출제 키워드 | 상급기관 보고 사유 

② × 재산피해액이 50억 원 이상 발생한 화재가 보고 대상이다. 정답 ②

019 □□□

19 소방설비기사

소방기본법령상 소방본부 종합상황실 실장이 소방청의 종합상황실에 서면·팩스 또는 컴퓨터통신 등으로 보고하여야 하는 화재의 기준에 해당하지 않는 것은?

① 항구에 매어둔 총 톤수가 1,000톤 이상인 선박에서 발생한 화재
② 연면적 15,000m^2 이상인 공장 또는 화재예방강화지구에서 발생한 화재
③ 지정수량의 1,000배 이상의 위험물의 제조소·저장소·취급소에서 발생한 화재
④ 층수가 5층 이상이거나 병상이 30개 이상인 종합병원·정신병원·한방병원·요양소에서 발생한 화재

출제 키워드 | 상급기관 보고 사유 중

③ × 지정수량의 3천 배 이상의 위험물의 제조소·저장소·취급소에서 발생한 화재가 소방본부 종합상황실 실장이 소방청의 종합상황실에 서면·팩스 또는 컴퓨터통신 등으로 보고하여야 하는 화재의 기준에 해당한다.
정답 ③

05 제4조의2 소방기술민원센터의 설치·운영

대표기출

020 □□□ 22 소방 경채

「소방기본법」 및 같은 법 시행령상 소방기술민원센터에 대한 내용으로 옳지 않은 것은?

① 소방기술민원센터는 센터장을 포함하여 18명 이내로 구성한다.

② 소방기술민원센터는 소방기술민원과 관련된 업무로서 소방청장 또는 소방본부장이 필요하다고 인정하여 지시하는 업무를 수행한다.

③ 소방기술민원센터장은 소방기술민원센터의 업무수행을 위하여 필요하다고 인정하는 경우에는 관계 기관의 장에게 소속 공무원 또는 직원의 파견을 요청할 수 있다.

④ 소방청장은 소방시설, 소방공사 및 위험물안전관리 등과 관련된 법령해석 등의 민원을 종합적으로 접수하여 처리할 수 있는 소방기술민원센터를 설치·운영할 수 있다.

출제 키워드 | 소방기술민원센터 중

① O 소방기술민원센터는 센터장을 포함하여 18명 이내로 구성한다.

② O 소방기술민원센터는 소방기술민원과 관련된 업무로서 소방청장 또는 소방본부장이 필요하다고 인정하여 지시하는 업무를 수행한다.

③ X 소방청장 또는 소방본부장은 소방기술민원센터의 업무수행을 위하여 필요하다고 인정하는 경우에는 관계 기관의 장에게 소속 공무원 또는 직원의 파견을 요청할 수 있다.

④ O 소방청장은 소방시설, 소방공사 및 위험물안전관리 등과 관련된 법령해석 등의 민원을 종합적으로 접수하여 처리할 수 있는 소방기술민원센터를 설치·운영할 수 있다.

「소방기본법 시행령」 제1조의2(소방기술민원센터의 설치·운영)

① 소방청장 또는 소방본부장은 「소방기본법」(이하 "법") 제4조의2 제1항에 따른 소방기술민원센터(이하 "소방기술민원센터")를 소방청 또는 소방본부에 각각 설치·운영한다.

② 소방기술민원센터는 센터장을 포함하여 18명 이내로 구성한다.

③ 소방기술민원센터는 다음 각 호의 업무를 수행한다.

1. 소방시설, 소방공사와 위험물안전관리 등과 관련된 법령해석 등의 민원(이하 "소방기술민원")의 처리
2. 소방기술민원과 관련된 질의회신집 및 해설서 발간
3. 소방기술민원과 관련된 정보시스템의 운영·관리
4. 소방기술민원과 관련된 현장 확인 및 처리
5. 그 밖에 소방기술민원과 관련된 업무로서 소방청장 또는 소방본부장이 필요하다고 인정하여 지시하는 업무

④ 소방청장 또는 소방본부장은 소방기술민원센터의 업무수행을 위하여 필요하다고 인정하는 경우에는 관계 기관의 장에게 소속 공무원 또는 직원의 파견을 요청할 수 있다.

⑤ 제1항부터 제4항까지에서 규정한 사항 외에 소방기술민원센터의 설치·운영에 필요한 사항은 소방청에 설치하는 경우에는 소방청장이 정하고, 소방본부에 설치하는 경우에는 해당 특별시·광역시·특별자치시·도 또는 특별자치도(이하 "시·도")의 규칙으로 정한다.

정답 ③

021 □□□

22 소방 공채

「소방기본법 시행령」상 소방기술민원센터의 설치·운영 기준으로 옳지 않은 것은?

① 소방청장 및 본부장은 각 소방서에 소방기술민원센터를 설치·운영한다.
② 소방기술민원센터는 소방기술민원과 관련된 현장 확인 및 처리업무를 수행한다.
③ 소방기술민원센터는 소방기술민원과 관련된 질의회신집 및 발간의 업무를 수행한다.
④ 소방기술민원센터는 소방시설, 소방공사와 위험물안전관리 등과 관련된 법령해석 등의 민원을 처리한다.

출제 키워드 | 소방기술민원센터 상

① × 소방청장 및 소방본부장은 소방기술민원센터를 소방청 또는 소방본부에 각각 설치·운영한다.

② O 소방기술민원센터는 소방기술민원과 관련된 현장 확인 및 처리업무를 수행한다.

③ O 소방기술민원센터는 소방기술민원과 관련된 질의회신집 및 발간의 업무를 수행한다.

④ O 소방기술민원센터는 소방시설, 소방공사와 위험물안전관리 등과 관련된 법령해석 등의 민원을 처리한다.

> 「소방기본법 시행령」 제1조의2(소방기술민원센터의 설치·운영) ① 소방청장 또는 소방본부장은 「소방기본법」(이하 "법") 제4조의2 제1항에 따른 소방기술민원센터(이하 "소방기술민원센터")를 소방청 또는 소방본부에 각각 설치·운영한다.
> ② 소방기술민원센터는 센터장을 포함하여 18명 이내로 구성한다.
> ③ 소방기술민원센터는 다음 각 호의 업무를 수행한다.
> 1. 소방시설, 소방공사와 위험물안전관리 등과 관련된 법령해석 등의 민원(이하 "소방기술민원")의 처리
> 2. 소방기술민원과 관련된 질의회신집 및 해설서 발간
> 3. 소방기술민원과 관련된 정보시스템의 운영·관리
> 4. 소방기술민원과 관련된 현장 확인 및 처리
> 5. 그 밖에 소방기술민원과 관련된 업무로서 소방청장 또는 소방본부장이 필요하다고 인정하여 지시하는 업무
>
> ④ 소방청장 또는 소방본부장은 소방기술민원센터의 업무수행을 위하여 필요하다고 인정하는 경우에는 관계 기관의 장에게 소속 공무원 또는 직원의 파견을 요청할 수 있다.

정답 ①

022 □□□

16 소방 경채(복원+변형)

다음의 해당 조치에 대한 실시권자가 다른 하나는?

① 소방기술민원센터 설치·운영
② 소방교육·훈련
③ 소방지원활동
④ 어린이집 영유아에 대한 소방교육·훈련

출제 키워드 | 소방기술민원센터 

① × 소방기술민원센터 설립·운영 조치의 실시권자는 소방청장 또는 소방본부장이다.

②③④는 소방청장, 소방본부장 또는 소방서장이 실시권자이다.

> 「소방기본법」 제4조의2(소방기술민원센터의 설치·운영) ① 소방청장 또는 소방본부장은 소방시설, 소방공사 및 위험물안전관리 등과 관련된 법령해석 등의 민원을 종합적으로 접수하여 처리할 수 있는 기구(이하 "소방기술민원센터")를 설치·운영할 수 있다.
> ② 소방기술민원센터의 설치·운영 등에 필요한 사항은 대통령령으로 정한다.

정답 ①

06 제5조 소방박물관 등의 설립과 운영

대표기출

023 □□□ 17 소방 경채(복원)

다음 중 소방박물관, 소방체험관의 설립 운영자는?

① 소방청장, 시·도지사
② 문화재청장, 소방박물관
③ 문화재청장, 소방청장
④ 시·도지사, 소방청장

출제 키워드 | 소방박물관 하

① O 소방청장, 시·도지사

> 「소방기본법」 제5조(소방박물관 등의 설립과 운영) ① 소방의 역사와 안전문화를 발전시키고 국민의 안전의식을 높이기 위하여 소방청장은 소방박물관을, 시·도지사는 소방체험관(화재 현장에서의 피난 등을 체험할 수 있는 체험관)을 설립하여 운영할 수 있다.
> ② 제1항에 따른 소방박물관의 설립과 운영에 필요한 사항은 행정안전부령으로 정하고, 소방체험관의 설립과 운영에 필요한 사항은 행정안전부령으로 정하는 기준에 따라 시·도의 조례로 정한다.

정답 ①

024 □□□ 19 소방 경채

「소방기본법」상 소방박물관 등의 설립과 운영에 관한 설명이다. (   ) 안의 내용으로 옳은 것은?

> 소방의 역사와 안전문화를 발전시키고 국민의 안전의식을 높이기 위하여 (가)은/는 소방박물관을, (나)은/는 소방체험관(화재 현장에서의 피난 등을 체험할 수 있는 체험관을 말한다)을 설립하여 운영할 수 있다.

	(가)	(나)
①	소방청장	시·도지사
②	소방청장	소방본부장
③	시·도지사	소방본부장
④	시·도지사	소방청장

출제 키워드 | 소방박물관 하

① O (가) 소방청장, (나) 시·도지사

> 소방의 역사와 안전문화를 발전시키고 국민의 안전의식을 높이기 위하여 소방청장은 소방박물관을, 시·도지사는 소방체험관(화재 현장에서의 피난 등을 체험할 수 있는 체험관을 말한다)을 설립하여 운영할 수 있다.

정답 ①

025 □□□

15 소방시설관리사

소방기본법령상의 내용으로 (   )에 들어갈 말로 순서대로 바르게 나열한 것은?

> 소방의 역사와 안전문화를 발전시키고 국민의 안전의식을 높이기 위하여 소방청장은 (   )을, 시·도지사는 (   )을 설립하여 운영할 수 있다.

① 소방체험관 – 소방박물관
② 소방체험관 – 소방과학관
③ 소방박물관 – 소방체험관
④ 소방박물관 – 소방과학관

출제 키워드 | 소방박물관 하

③ O 소방박물관 – 소방체험관

> 소방의 역사와 안전문화를 발전시키고 국민의 안전의식을 높이기 위하여 소방청장은 소방박물관을, 시·도지사는 소방체험관을 설립하여 운영할 수 있다.

정답 ③

07 제6조 소방업무에 관한 종합계획의 수립·시행 등

대표기출

026 □□□

17 소방 경채(복원+변형)

소방업무에 관한 종합계획 및 세부계획의 수립·시행에 대하여 틀린 것은?

① 소방청장은 소방업무에 관한 종합계획을 관계 중앙행정기관의 장과의 협의를 거쳐 계획 시행 전년도 10월 31일까지 수립하여야 한다.
② 재난·재해 환경 변화에 따른 소방업무에 필요한 대응체계를 마련하여야 한다.
③ 장애인, 노인, 임산부, 영유아 및 어린이 등 이동이 어려운 사람을 대상으로 소방활동에 필요한 조치를 한다.
④ 시·도지사와 시군구청장은 종합계획의 시행에 필요한 세부계획을 수립하여 소방청장에게 제출하여야 한다.

출제 키워드 | 종합계획 중

④ X 시·도지사는 종합계획의 시행에 필요한 세부계획을 계획 시행 전년도 12월 31일까지 수립하여 소방청장에게 제출해야 한다.

> 「소방기본법」 제6조(소방업무에 관한 종합계획의 수립·시행 등) ① 소방청장은 화재, 재난·재해, 그 밖의 위급한 상황으로부터 국민의 생명·신체 및 재산을 보호하기 위하여 소방업무에 관한 종합계획(이하 이 조에서 "종합계획"이라 한다)을 5년마다 수립·시행해야 하고, 이에 필요한 재원을 확보하도록 노력해야 한다.
> ② 종합계획에는 다음 각 호의 사항이 포함되어야 한다.
> 1. 소방서비스의 질 향상을 위한 정책의 기본방향
> 2. 소방업무에 필요한 체계의 구축, 소방기술의 연구·개발 및 보급
> 3. 소방업무에 필요한 장비의 구비
> 4. 소방전문인력 양성
> 5. 소방업무에 필요한 기반 조성
> 6. 소방업무의 교육 및 홍보(제21조에 따른 소방자동차의 우선 통행 등에 관한 홍보를 포함한다)
> 7. 그 밖에 소방업무의 효율적 수행을 위하여 필요한 사항으로서 대통령령으로 정하는 사항

③ 소방청장은 제1항에 따라 수립한 종합계획을 관계 중앙행정기관의 장, 시·도지사에게 통보해야 한다.
④ 시·도지사는 관할 지역의 특성을 고려하여 종합계획의 시행에 필요한 세부계획(이하 "세부계획")을 매년 수립하여 소방청장에게 제출해야 하며, 세부계획에 따른 소방업무를 성실히 수행해야 한다.
⑤ 소방청장은 소방업무의 체계적 수행을 위하여 필요한 경우 제4항에 따라 시·도지사가 제출한 세부계획의 보완 또는 수정을 요청할 수 있다.
⑥ 그 밖에 종합계획 및 세부계획의 수립·시행에 필요한 사항은 대통령령으로 정한다.

「소방기본법 시행령」 제1조의3(소방업무에 관한 종합계획 및 세부계획의 수립·시행) ① 소방청장은 법 제6조 제1항에 따른 소방업무에 관한 종합계획을 관계 중앙행정기관의 장과의 협의를 거쳐 계획 시행 전년도 10월 31일까지 수립해야 한다.
② 법 제6조 제2항 제7호에서 "대통령령으로 정하는 사항"이란 다음 각 호의 사항을 말한다.
1. 재난·재해 환경 변화에 따른 소방업무에 필요한 대응 체계 마련
2. 장애인, 노인, 임산부, 영유아 및 어린이 등 이동이 어려운 사람을 대상으로 한 소방활동에 필요한 조치

③ 특별시장·광역시장·특별자치시장·도지사 또는 특별자치도지사(이하 "시·도지사")는 법 제6조 제4항에 따른 종합계획의 시행에 필요한 세부계획을 계획 시행 전년도 12월 31일까지 수립하여 소방청장에게 제출해야 한다.

정답 ④

027 □□□

22 소방 경채

「소방기본법」 및 같은 법 시행령상 소방업무에 관한 종합계획의 수립·시행 등의 내용으로 옳지 않은 것은?

① 소방청장은 수립한 종합계획을 관계 중앙행정기관의 장, 시·도지사에게 통보하여야 한다.
② 시·도지사는 관할 지역의 특성을 고려하여 종합계획의 시행에 필요한 세부계획을 매년 수립하여 행정안전부장관에게 제출하여야 한다.
③ 종합계획에는 소방업무에 필요한 체계의 구축, 소방기술의 연구·개발 및 보급, 소방전문인력 양성에 대한 사항이 포함되어야 한다.
④ 소방청장은 소방업무에 관한 종합계획을 관계 중앙행정기관의 장과의 협의를 거쳐 계획 시행 전년도 10월 31일까지 수립하여야 한다.

출제 키워드 | 종합계획 

① O 소방청장은 수립한 종합계획을 관계 중앙행정기관의 장, 시·도지사에게 통보하여야 한다.
② X 시·도지사는 관할 지역의 특성을 고려하여 종합계획의 시행에 필요한 세부계획(이하 "세부계획")을 매년 수립하여 소방청장에게 제출해야 하며, 세부계획에 따른 소방업무를 성실히 수행해야 한다.
③ O 종합계획에는 소방업무에 필요한 체계의 구축, 소방기술의 연구·개발 및 보급, 소방전문인력 양성에 대한 사항이 포함되어야 한다.
④ O 소방청장은 소방업무에 관한 종합계획을 관계 중앙행정기관의 장과의 협의를 거쳐 계획 시행 전년도 10월 31일까지 수립하여야 한다.

정답 ②

CHAPTER 02

소방장비 및 소방용수시설 등

1 소방장비의 국고보조

1. 국가: 경비의 일부를 보조

2. 대통령령: 대상범위와 기준보조율을 정함

3. 대상사업의 범위: 소방자동차, 소방헬리콥터, 소방정, 소방전용통신설비 및 전산설비, 방화복, 청사의 건축

2 소방용수시설의 설치 및 관리

종류	소화전, 급수탑, 저수조	
설치·유지관리자	• 시·도지사 • 「수도법」에 따라 일반수도사업자가 설치한 소화전은 일반수도사업자가 유지·관리(관할 소방서장과 사전협의)	
소방대상물과의 수평거리	• 주거, 상업, 공업지역: 100m 이하 • 기타: 140m 이하	
시설별 설치기준	소화전	• 상수도와 연결하여 지하식 또는 지상식 구조 • 연결금속구 구경 65mm
	급수탑❶	• 급수배관 구경 100mm 이상 • 개폐밸브 지상에서 1.5m~1.7m 위치에 설치
	저수조	• 지면으로부터 낙차 4.5m 이하 • 흡수 부분 수심 0.5m 이상 • 소방펌프자동차 접근 용이 • 토사 및 쓰레기 제거 설비 갖출 것 • 사각 투입구는 한 변의 길이 60cm 이상, 원형 투입구는 지름 60cm 이상 • 상수도 자동 급수

❶ 급수탑

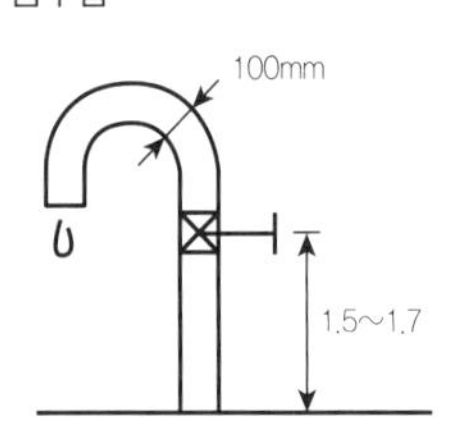

3 응원과 동원

1. 응원 요청

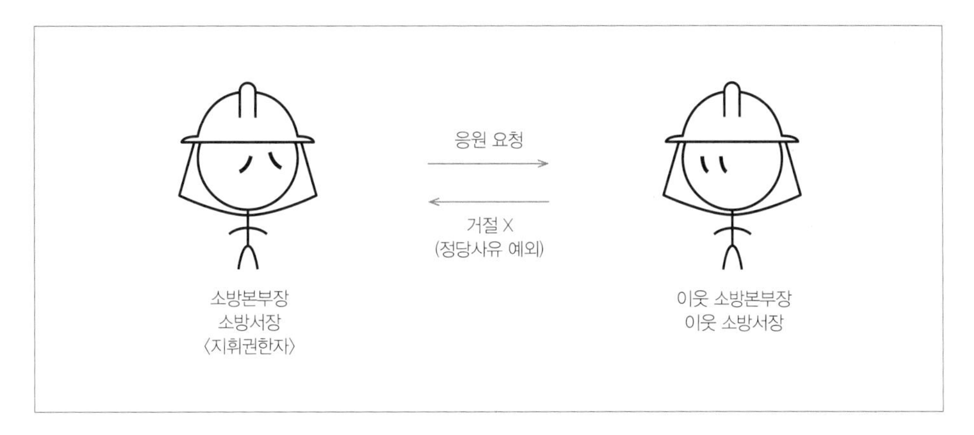

2. 소방업무의 상호응원협정

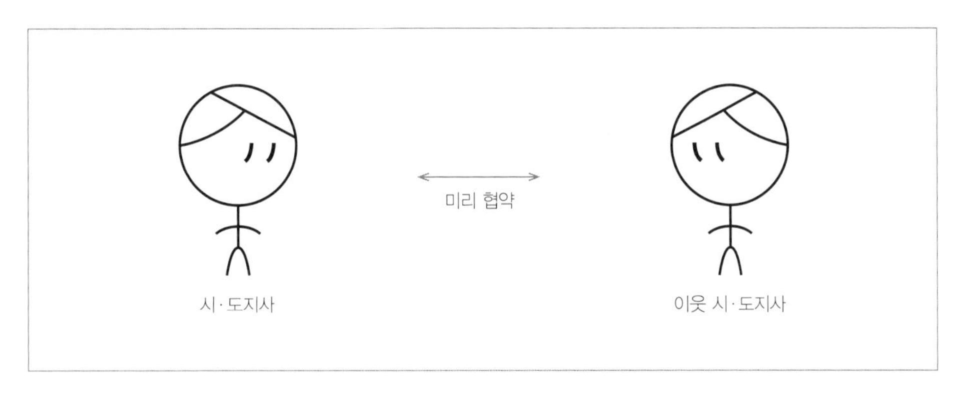

3. 소방력의 동원

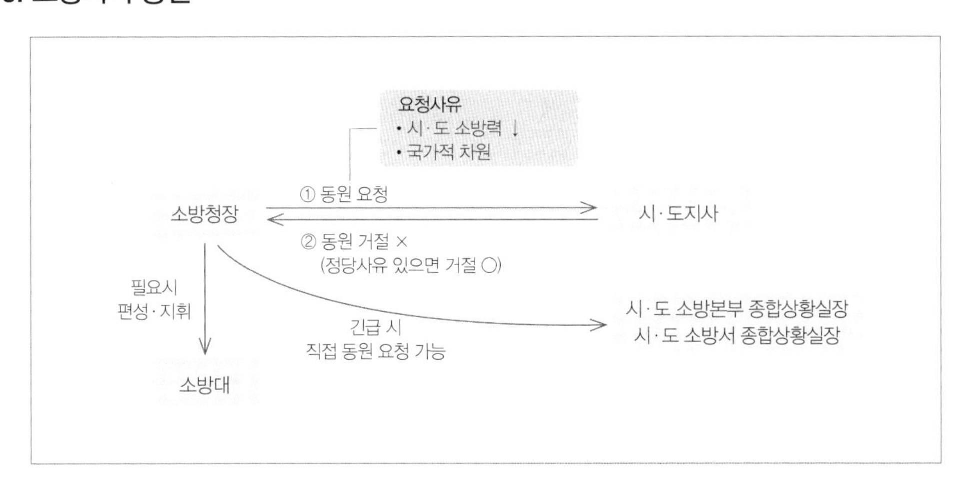

119 암기카드

1분 1초를 9하는
소방 암기카드!
QR코드를 스캔하여
확인해보세요.

※ 에듀윌 도서몰에서도
다운로드 가능합니다.

01 제8조 소방력의 기준 등

대표기출

028 □□□ 19 소방 경채

「소방기본법」상 소방력의 기준 등에 관한 설명으로 옳은 것은?

① 소방업무를 수행하는 데에 필요한 소방력에 관한 기준은 대통령령으로 정한다.
② 소방청장은 소방력의 기준에 따라 관할구역의 소방력을 확충하기 위하여 필요한 계획을 수립하여 시행하여야 한다.
③ 소방자동차 등 소방장비의 분류·표준화와 그 관리 등에 필요한 사항은 따로 법률에서 정한다.
④ 국가는 소방장비의 구입 등 시·도의 소방업무에 필요한 경비의 일부를 보조하고, 보조 대상사업의 범위와 기준보조율은 행정안전부령으로 정한다.

출제 키워드 | 소방력의 기준 (중)

① × 소방업무를 수행하는 데에 필요한 소방력에 관한 기준은 행정안전부령으로 정한다.
② × 시·도지사는 소방력의 기준에 따라 관할구역의 소방력을 확충하기 위하여 필요한 계획을 수립하여 시행하여야 한다.
③ ○ 소방자동차 등 소방장비의 분류·표준화와 그 관리 등에 필요한 사항은 따로 법률에서 정한다.
④ × 국가는 소방장비의 구입 등 시·도의 소방업무에 필요한 경비의 일부를 보조하고, 보조 대상사업의 범위와 기준보조율은 대통령령으로 정한다.

> 「소방기본법」 제8조(소방력의 기준 등) ① 소방기관이 소방업무를 수행하는 데에 필요한 인력과 장비 등(이하 "소방력")에 관한 기준은 행정안전부령으로 정한다. → 행정안전부령: 「소방력 기준에 관한 규칙」
> ② 시·도지사는 제1항에 따른 소방력의 기준에 따라 관할구역의 소방력을 확충하기 위하여 필요한 계획을 수립하여 시행해야 한다.
> ③ 소방자동차 등 소방장비의 분류·표준화와 그 관리 등에 필요한 사항은 따로 법률에서 정한다. → 따로 법률: 「소방장비관리법」

정답 ③

02 제9조 소방장비 등에 대한 국고보조

대표기출

029 □□□ 20 소방 경채

「소방기본법 시행령」상 소방장비 등 국고보조 대상사업의 범위에 해당하지 않는 것은?

① 소방자동차 구입
② 소방용수시설 설치
③ 소방헬리콥터 및 소방정 구입
④ 소방전용통신설비 및 전산설비 설치

출제 키워드 | 국고보조 대상사업 (하)

② × 소방용수시설 설치는 국고보조 대상사업의 범위가 아니다.

> 「소방기본법 시행령」 제2조(국고보조 대상사업의 범위와 기준보조율) ① 법 제9조 제2항에 따른 국고보조 대상사업의 범위는 다음 각 호와 같다.
> 1. 다음 각 목의 소방활동장비와 설비의 구입 및 설치
> 가. 소방자동차
> 나. 소방헬리콥터 및 소방정
> 다. 소방전용통신설비 및 전산설비
> 라. 그 밖에 방화복 등 소방활동에 필요한 소방장비
> 2. 소방관서용 청사의 건축(건축법 제2조 제1항 제8호에 따른 건축)
> ② 제1항 제1호에 따른 소방활동장비 및 설비의 종류와 규격은 행정안전부령으로 정한다.
> ③ 제1항에 따른 국고보조 대상사업의 기준보조율은 「보조금 관리에 관한 법률 시행령」에서 정하는 바에 따른다.

정답 ②

030 □□□

17 소방 경채(복원+변형)

소방력의 기준 및 소방장비의 국고보조에 대한 설명 중 옳은 것은?

① 시·도지사는 관할구역의 소방력을 확충하기 위하여 필요한 계획을 수립하여 시행한다.
② 소방장비의 분류, 표준화와 그 관리 등에 필요한 사항은 대통령령으로 정한다.
③ 국고보조 대상사업의 기준보조율은 행정안전부령으로 정한다.
④ 소방활동장비 및 설비의 종류와 규격은 대통령령으로 정한다.

출제 키워드 | 국고보조 대상사업 중

① O 시·도지사는 소방력의 기준에 따라 관할구역의 소방력을 확충하기 위하여 필요한 계획을 수립하여 시행해야 한다.
② X 소방자동차 등 소방장비의 분류·표준화와 그 관리 등에 필요한 사항은 따로 법률에서 정한다.
③ X 국고보조 대상사업의 기준보조율은 대통령령으로 정한다.
④ X 소방활동장비 및 설비의 종류와 규격은 행정안전부령으로 정한다.

정답 ①

031 □□□

17 소방 경채(복원)

다음 중 국고보조 대상사업의 범위로 틀린 것은?

① 소방관서용 청사의 건축
② 소방헬리콥터 및 소방정
③ 소방전용통신설비 및 전산설비
④ 특정소방대상물의 소방시설

출제 키워드 | 국고보조 대상사업 하

④ X 국고보조 대상사업의 범위가 아니다.

정답 ④

032 □□□

18 소방시설관리사

소방기본법령상 국고보조 대상사업의 범위와 기준보조율에 관한 설명으로 옳은 것은?

① 국고보조 대상사업의 범위에 따른 소방활동장비 및 설비의 종류와 규격은 대통령령으로 정한다.
② 방화복 등 소방활동에 필요한 소방장비의 구입 및 설치는 국고보조 대상사업의 범위에 해당한다.
③ 소방헬리콥터 및 소방정의 구입 및 설치는 국고보조 대상사업의 범위에 해당하지 않는다.
④ 국고보조 대상사업의 기준보조율은 「보조금 관리에 관한 법률 시행규칙」에서 정하는 바에 따른다.

출제 키워드 | 국고보조 대상사업 

① X 소방활동장비 및 설비의 종류와 규격은 행정안전부령으로 정한다.
③ X 소방헬리콥터 및 소방정의 구입 및 설치는 국고보조 대상사업의 범위에 포함된다.
④ X 국고보조 대상사업의 기준보조율은 「보조금 관리에 관한 법률 시행령」에서 정하는 바에 따른다.

정답 ②

03 제10조 소방용수시설의 설치 및 관리 등

대표기출

033 □□□ 19 소방 공채(변형)

「소방기본법」 및 같은 법 시행규칙상 소방용수시설 설치기준 등에 대한 설명으로 옳지 않은 것은?

① 시·도지사는 소방활동에 필요한 소방용수시설을 설치하고 유지·관리하여야 하고, 「수도법」 제45조에 따라 소화전을 설치하는 일반수도사업자는 관할 소방서장과 사전협의를 거친 후 소화선을 설치하여야 하며, 설치 사실을 관할 소방서장에게 통지하고, 그 소화전은 소방서장이 유지·관리하여야 한다.

② 정당한 사유 없이 소방용수시설 또는 비상소화장치를 사용하거나 소방용수시설 또는 비상소화장치의 효용을 해치거나 그 정당한 사용을 방해한 사람에 대해서는 5년 이하의 징역 또는 5천만 원 이하의 벌금에 처한다.

③ 소방본부장 또는 소방서장은 원활한 소방활동을 위하여 소방용수시설에 대한 조사, 소방대상물에 인접한 도로의 폭·교통상황, 도로주변의 토지의 고저·건축물의 개황 그 밖의 소방활동에 필요한 지리에 대한 조사를 월 1회 이상 실시하여야 하며, 조사결과는 2년간 보관하여야 한다.

④ 소화전은 상수도와 연결하여 지하식 또는 지상식의 구조로 하고 소방용호스와 연결하는 소화전의 연결금속구의 구경은 65밀리미터로 하여야 하며, 급수탑은 급수배관의 구경을 100밀리미터 이상으로 하고 개폐밸브는 지상에서 1.5미터 이상 1.7미터 이하의 높이에 설치하여야 한다.

출제 키워드 | 소방용수시설 설치기준 상

① X 「수도법」 제45조에 따른 소화전의 유지·관리는 소방서장이 하는 것이 아니라 '일반수도사업자'가 한다. 즉, 일반수도사업자는 관할 소방서장과 사전협의를 거친 후 소화전을 설치하여야 하며, 설치 사실을 관할 소방서장에게 통지하고, 그 소화전을 유지·관리하여야 한다(소방기본법 제10조 제1항). → "할 수 있다"와 "하여야 한다" 구별 주의!

> 「소방기본법」 제10조(소방용수시설의 설치 및 관리 등) ① 시·도지사는 소방활동에 필요한 소화전(消火栓)·급수탑(給水塔)·저수조(貯水槽)(이하 "소방용수시설")를 설치하고 유지·관리하여야 한다. 다만, 「수도법」 제45조에 따라 소화전을 설치하는 일반수도사업자는 관할 소방서장과 사전협의를 거친 후 소화전을 설치하여야 하며, 설치 사실을 관할 소방서장에게 통지하고, 그 소화전을 유지·관리하여야 한다.

② O 정당한 사유 없이 소방용수시설 또는 비상소화장치를 사용하거나 소방용수시설 또는 비상소화장치의 효용을 해치거나 그 정당한 사용을 방해한 사람에 대해서는 5년 이하의 징역 또는 5천만 원 이하의 벌금에 처한다.

③ O 소방본부장 또는 소방서장은 원활한 소방활동을 위하여 소방용수시설에 대한 조사, 소방대상물에 인접한 도로의 폭·교통상황, 도로주변의 토지의 고저·건축물의 개황 그 밖의 소방활동에 필요한 지리에 대한 조사를 월 1회 이상 실시하여야 하며, 조사결과는 2년간 보관하여야 한다.

④ O 소화전은 상수도와 연결하여 지하식 또는 지상식의 구조로 하고 소방용호스와 연결하는 소화전의 연결금속구의 구경은 65밀리미터로 하여야 하며, 급수탑은 급수배관의 구경을 100밀리미터 이상으로 하고 개폐밸브는 지상에서 1.5미터 이상 1.7미터 이하의 높이에 설치하여야 한다.

> 「소방기본법 시행규칙」 별표 3(소방용수시설의 설치기준)
> 1. 공통기준
>   가. 「국토의 계획 및 이용에 관한 법률」 제36조 제1항 제1호의 규정에 의한 주거지역·상업지역 및 공업지역에 설치하는 경우: 소방대상물과의 수평거리를 100미터 이하가 되도록 할 것
>   나. 가목 외의 지역에 설치하는 경우: 소방대상물과의 수평거리를 140미터 이하가 되도록 할 것
> 2. 소방용수시설별 설치기준
>   가. 소화전의 설치기준: 상수도와 연결하여 지하식 또는 지상식의 구조로 하고, 소방용호스와 연결하는 소화전의 연결금속구의 구경은 65밀리미터로 할 것
>   나. 급수탑의 설치기준: 급수배관의 구경은 100밀리미터 이상으로 하고, 개폐밸브는 지상에서 1.5미터 이상 1.7미터 이하의 위치에 설치하도록 할 것
>   다. 저수조의 설치기준
>   (1) 지면으로부터의 낙차가 4.5미터 이하일 것
>   (2) 흡수 부분의 수심이 0.5미터 이상일 것
>   (3) 소방펌프자동차가 쉽게 접근할 수 있도록 할 것
>   (4) 흡수에 지장이 없도록 토사 및 쓰레기 등을 제거할 수 있는 설비를 갖출 것
>   (5) 흡수관의 투입구가 사각형의 경우에는 한 변의 길이가 60센티미터 이상, 원형의 경우에는 지름이 60센티미터 이상일 것
>   (6) 저수조에 물을 공급하는 방법은 상수도에 연결하여 자동으로 급수되는 구조일 것

정답 ①

034 □□□

21 소방 공채

「소방기본법 시행규칙」상 소방용수시설의 설치기준으로 옳은 것은?

① 소방용호스와 연결하는 소화전의 연결금속구의 구경은 40밀리미터로 할 것
② 공업지역인 경우 소방대상물과 수평거리를 100미터 이하가 되도록 할 것
③ 저수조에 물을 공급하는 방법은 상수도에 연결하여 수동으로 급수되는 구조일 것
④ 급수탑의 개폐밸브는 지상에서 0.8미터 이상 1.5미터 이하의 위치에 설치하도록 할 것

출제 키워드 | 소방용수시설 설치기준 중

① × 소방용호스와 연결하는 소화전의 연결금속구의 구경은 65밀리미터로 할 것
② ○ 주거지역, 상업지역 및 공업지역에 설치하는 경우엔 소방대상물과의 수평거리를 100미터 이하가 되도록 할 것
③ × 저수조에 물을 공급하는 방법은 상수도에 연결하여 자동으로 급수되는 구조일 것
④ × 급수배관의 구경은 100밀리미터 이상으로 하고, 개폐밸브는 지상에서 1.5미터 이상 1.7미터 이하의 위치에 설치하도록 할 것

정답 ②

035 □□□

22 소방 공채

「소방기본법 시행규칙」상 소방용수시설 및 비상소화장치의 설치기준으로 옳지 않은 것은?

① 비상소화장치의 설치기준에 관한 세부 사항은 소방청장이 정한다.
② 소방청장은 설치된 소방용수시설에 대하여 소방용수표지를 보기 쉬운 곳에 설치하여야 한다.
③ 소방호스 및 관창은 소방청장이 정하여 고시하는 형식승인 및 제품검사의 기술기준에 적합한 것으로 설치한다.
④ 비상소화장치함은 소방청장이 정하여 고시하는 성능인증 및 제품검사의 기술기준에 적합한 것으로 설치한다.

출제 키워드 | 소방용수시설 설치기준 중

① ○ 비상소화장치의 설치기준에 관한 세부 사항은 소방청장이 정한다.
② × 시·도지사는 설치된 소방용수시설에 대하여 소방용수표지를 보기 쉬운 곳에 설치하여야 한다.

> 「소방기본법 시행규칙」 제6조(소방용수시설 및 비상소화장치의 설치기준) ① 특별시장·광역시장·특별자치시장·도지사 또는 특별자치도지사(이하 "시·도지사"는 법 제10조 제1항의 규정에 의하여 설치된 소방용수시설에 대하여 별표 2의 소방용수표지를 보기 쉬운 곳에 설치하여야 한다.

③ ○ 소방호스 및 관창은 소방청장이 정하여 고시하는 형식승인 및 제품검사의 기술기준에 적합한 것으로 설치한다.
④ ○ 비상소화장치함은 소방청장이 정하여 고시하는 성능인증 및 제품검사의 기술기준에 적합한 것으로 설치한다.

정답 ②

036 □□□

20 소방 공채

「소방기본법」상 시·도지사가 소방활동에 필요하여 설치하고 유지·관리하는 소방용수시설로 옳지 않은 것은?

① 소화전
② 저수조
③ 급수탑
④ 상수도소화용수설비

출제 키워드 | 소방용수시설 설치기준 (하)

④ ✕ 「소방기본법」상 시·도지사가 소방활동에 필요하여 설치하고 유지·관리하는 소방용수시설로 옳지 않은 것은 상수도소화용수설비이다(소방기본법 제10조 제1항). 상수도소화용수설비는 소화용수설비에 해당한다.

정답 ④

037 □□□

22 소방 경채

「소방기본법」 및 같은 법 시행령상 비상소화장치 설치대상 지역을 있는 대로 모두 고른 것은?

> ㄱ. 위험물의 저장 및 처리 시설이 밀집한 지역
> ㄴ. 석유화학제품을 생산하는 공장이 있는 지역
> ㄷ. 소방시설·소방용수시설 또는 소방출동로가 없는 지역
> ㄹ. 시·도지사가 비상소화장치의 설치가 필요하다고 인정하는 지역

① ㄱ, ㄴ
② ㄷ, ㄹ
③ ㄱ, ㄴ, ㄷ
④ ㄱ, ㄴ, ㄷ, ㄹ

출제 키워드 | 소방용수시설 설치기준 (중)

ㄱ. O 위험물의 저장 및 처리 시설이 밀집한 지역
ㄴ. O 석유화학제품을 생산하는 공장이 있는 지역
ㄷ. O 소방시설·소방용수시설 또는 소방출동로가 없는 지역
ㄹ. O 시·도지사가 비상소화장치의 설치가 필요하다고 인정하는 지역

> 「소방기본법 시행령」 제2조의2(비상소화장치의 설치대상 지역) 법 제10조 제2항에서 "대통령령으로 정하는 지역"이란 다음 각 호의 어느 하나에 해당하는 지역을 말한다.
> 1. 「화재의 예방 및 안전관리에 관한 법률」 제18조에 따른 화재예방강화지구
> 2. 시·도지사가 법 제10조 제2항에 따른 비상소화장치의 설치가 필요하다고 인정하는 지역
>
> 「화재의 예방 및 안전관리에 관한 법률」 제18조(화재예방강화지구의 지정 등) ① 시·도지사는 다음 각 호의 어느 하나에 해당하는 지역을 화재예방강화지구로 지정하여 관리할 수 있다.
> 1. 시장지역
> 2. 공장·창고가 밀집한 지역
> 3. 목조건물이 밀집한 지역
> 4. 노후·불량건축물이 밀집한 지역
> 5. 위험물의 저장 및 처리 시설이 밀집한 지역
> 6. 석유화학제품을 생산하는 공장이 있는 지역
> 7. 「산업입지 및 개발에 관한 법률」 제2조 제8호에 따른 산업단지
> 8. 소방시설·소방용수시설 또는 소방출동로가 없는 지역
> 9. 그 밖에 제1호부터 제8호까지에 준하는 지역으로서 소방관서장이 화재예방강화지구로 지정할 필요가 있다고 인정하는 지역

정답 ④

038 □□□

17 소방 경채(복원)

소방용수시설의 설치기준으로 틀린 것은?

① 주거지역, 상업지역 및 공업지역에 설치하는 경우 소방대상물과의 수평거리를 100m 이하가 되도록 할 것
② 급수배관의 구경은 100mm 이상으로 하고, 개폐밸브는 지상에서 1.5m 이상 1.8m 이하의 위치에 설치하도록 할 것
③ 주거지역, 상업지역 및 공업지역 외에 설치하는 경우 소방대상물과의 수평거리를 140m 이하가 되도록 할 것
④ 상수도와 연결하여 지하식 또는 지상식의 구조로 하고, 소방용호스와 연결하는 소화전의 연결금속구의 구경은 65mm로 할 것

출제 키워드 | 소방용수시설 설치기준 중

②✕ 급수배관의 구경은 100mm 이상으로 하고, 개폐밸브는 지상에서 1.5m 이상 1.7m 이하의 위치에 설치하도록 할 것

정답 ②

039 □□□

17 소방시설관리사

소방기본법령상 소방활동에 필요한 소방용수시설을 설치하고 유지·관리하여야 하는 자는? (단, 권한의 위임 등 기타 사항은 고려하지 않음)

① 소방본부장·소방서장
② 시장·군수
③ 시·도지사
④ 소방청장

출제 키워드 | 소방용수시설 설치기준 중

③○ 시·도지사는 소방기본법령상 소방활동에 필요한 소방용수시설을 설치하고 유지·관리하여야 한다.

정답 ③

040 □□□

18 하반기 소방 공채

「소방기본법 시행규칙」상 저수조의 설치기준으로 옳지 않은 것은?

① 지면으로부터의 낙차가 10미터 이하일 것
② 흡수 부분의 수심이 0.5미터 이상일 것
③ 흡수관의 투입구가 사각형의 경우에는 한 변의 길이가 60센티미터 이상, 원형의 경우에는 지름이 60센티미터 이상일 것
④ 저수조에 물을 공급하는 방법은 상수도에 연결하여 자동으로 급수되는 구조일 것

출제 키워드 | 저수조 설치기준 중

① X 지면으로부터의 낙차가 '4.5미터' 이하이어야 한다(소방기본법 시행규칙 별표 3 제2호 다목).

정답 ①

041 □□□

16 소방시설관리사

소방기본법령상 소방용수시설 중 저수조의 설치기준으로 옳지 않은 것은?

① 지면으로부터의 낙차가 4.5미터 이하일 것
② 흡수 부분의 수심이 0.5미터 이상일 것
③ 흡수관의 투입구가 원형의 경우에는 지름이 50센티미터 이상일 것
④ 저수조에 물을 공급하는 방법은 상수도에 연결하여 자동으로 급수되는 구조일 것

출제 키워드 | 저수조 설치기준 중

① O 지면으로부터의 낙차가 4.5미터 이하일 것
② O 흡수 부분의 수심이 0.5미터 이상일 것
③ X 흡수관의 투입구가 사각형의 경우에는 한 변의 길이가 60센티미터 이상, 원형의 경우에는 지름이 60센티미터 이상일 것
④ O 저수조에 물을 공급하는 방법은 상수도에 연결하여 자동으로 급수되는 구조일 것

정답 ③

042 □□□

21 소방시설관리사

소방기본법령상 소방용수시설 중 저수조의 설치기준으로 옳지 않은 것은?

① 소방펌프자동차가 쉽게 접근할 수 있도록 할 것
② 흡수에 지장이 없도록 토사 및 쓰레기 등을 제거할 수 있는 설비를 갖출 것
③ 흡수 부분의 수심이 0.5미터 이상일 것
④ 지면으로부터의 낙차가 5.5미터 이하일 것

출제 키워드 | 저수조 설치기준 중

④ X 지면으로부터의 낙차가 4.5미터 이하일 것

정답 ④

043 □□□

21 소방 경채

「소방기본법」상 소방 관련 시설 등의 설립 또는 설치에 관한 법적 근거로 옳은 것은?

① 소방체험관: 대통령령
② 119종합상황실: 대통령령
③ 소방박물관: 행정안전부령
④ 비상소화장치: 시·도 조례

출제 키워드 | 소방 관련 시설 설립의 법적 근거 

① X 소방체험관의 설립 또는 설치에 관한 법적 근거는 행정안전부령으로 정하는 기준에 따라 시·도의 조례이다.

② X 119종합상황실의 설립 또는 설치에 관한 법적 근거는 행정안전부령이다.

③ O 소방박물관의 설립 또는 설치에 관한 법적 근거는 행정안전부령이다.

④ X 비상소화장치는 대통령령으로 정하는 지역에 설치, 설치기준은 행정안전부령으로 정한다.

> 「소방기본법」 제10조(소방용수시설의 설치 및 관리 등) ② 시·도지사는 제21조 제1항에 따른 소방자동차의 진입이 곤란한 지역 등 화재발생 시에 초기 대응이 필요한 지역으로서 대통령령으로 정하는 지역에 소방호스 또는 호스 릴 등을 소방용수시설에 연결하여 화재를 진압하는 시설이나 장치(이하 "비상소화장치")를 설치하고 유지·관리할 수 있다.

정답 ③

044 □□□

18 하반기 소방 공채

「소방기본법 시행규칙」상 급수탑 및 지상에 설치하는 소화전·저수조의 소방용수표지 기준으로 옳은 것은?

	안쪽 문자	안쪽 바탕	바깥쪽 문자	바깥쪽 바탕
①	흰색	붉은색	노란색	파란색
②	붉은색	흰색	파란색	노란색
③	노란색	파란색	흰색	붉은색
④	파란색	노란색	붉은색	흰색

출제 키워드 | 소방용수표지 기준 하

① O 지상에 설치하는 소화전, 저수조 및 급수탑의 경우 소방용수표지의 안쪽 문자는 흰색, 안쪽 바탕은 붉은색, 바깥쪽 문자는 노란색, 바탕은 파란색으로 하고 반사재료를 사용해야 한다(소방기본법 시행규칙 별표 2 제2호 나목).

정답 ①

04 제11조 소방업무의 응원

대표기출

045 □□□ 21 소방 경채

「소방기본법」상 소방업무의 응원에 대한 내용으로 옳지 않은 것은?

① 소방업무의 응원을 위하여 파견된 소방대원은 응원을 요청한 소방본부장 또는 소방서장의 지휘에 따라야 한다.

② 소방업무의 응원 요청을 받은 소방본부장 또는 소방서장은 정당한 사유 없이 그 요청을 거절하여서는 아니 된다.

③ 소방본부장이나 소방서장은 소방활동을 할 때에 긴급한 경우에는 이웃한 소방본부장 또는 소방서장에게 소방업무의 응원(應援)을 요청할 수 있다.

④ 소방청장은 소방업무의 응원을 요청하는 경우를 대비하여 출동 대상지역 및 규모와 필요한 경비의 부담 등에 관하여 필요한 사항을 행정안전부령으로 정하는 바에 따라 시·도지사와 협의하여 미리 규약(規約)으로 정하여야 한다.

출제 키워드 | 응원 중

① O 소방업무의 응원을 위하여 파견된 소방대원은 응원을 요청한 소방본부장 또는 소방서장의 지휘에 따라야 한다.

② O 소방업무의 응원 요청을 받은 소방본부장 또는 소방서장은 정당한 사유 없이 그 요청을 거절하여서는 아니 된다.

③ O 소방본부장이나 소방서장은 소방활동을 할 때에 긴급한 경우에는 이웃한 소방본부장 또는 소방서장에게 소방업무의 응원(應援)을 요청할 수 있다.

④ X 시·도지사는 제1항에 따라 소방업무의 응원을 요청하는 경우를 대비하여 출동 대상지역 및 규모와 필요한 경비의 부담 등에 관하여 필요한 사항을 행정안전부령으로 정하는 바에 따라 이웃하는 시·도지사와 협의하여 미리 규약으로 정해야 한다.

「소방기본법」 제11조(소방업무의 응원) ① 소방본부장이나 소방서장은 소방활동을 할 때에 긴급한 경우에는 이웃한 소방본부장 또는 소방서장에게 소방업무의 응원을 요청할 수 있다.

② 제1항에 따라 소방업무의 응원 요청을 받은 소방본부장 또는 소방서장은 정당한 사유 없이 그 요청을 거절하여서는 아니 된다.

③ 제1항에 따라 소방업무의 응원을 위하여 파견된 소방대원은 응원을 요청한 소방본부장 또는 소방서장의 지휘에 따라야 한다.

④ 시·도지사는 제1항에 따라 소방업무의 응원을 요청하는 경우를 대비하여 출동 대상지역 및 규모와 필요한 경비의 부담 등에 관하여 필요한 사항을 행정안전부령으로 정하는 바에 따라 이웃하는 시·도지사와 협의하여 미리 규약으로 정해야 한다.

정답 ④

046 □□□

17 하반기 소방 공채(복원)

「소방기본법」상 소방업무의 응원에 대한 설명으로 옳지 않은 것은?

① 소방본부장이나 소방서장은 소방활동을 할 때에 긴급한 경우에는 이웃한 소방본부장 또는 소방서장에게 소방업무의 응원(應援)을 요청할 수 있다.
② 소방업무의 응원 요청을 받은 소방본부장 또는 소방서장은 정당한 사유 없이 그 요청을 거절하여서는 아니 된다.
③ 소방업무의 응원을 위하여 파견된 소방대원은 응원을 요청받은 소방본부장 또는 소방서장의 지휘에 따라야 한다.
④ 시·도지사는 소방업무의 응원을 요청하는 경우를 대비하여 출동 대상지역 및 규모와 필요한 경비의 부담 등에 관하여 필요한 사항을 행정안전부령으로 정하는 바에 따라 이웃하는 시·도지사와 협의하여 미리 규약(規約)으로 정하여야 한다.

출제 키워드 | 응원 중

① O 소방본부장이나 소방서장은 소방활동을 할 때에 긴급한 경우에는 이웃한 소방본부장 또는 소방서장에게 소방업무의 응원(應援)을 요청할 수 있다.

② O 소방업무의 응원 요청을 받은 소방본부장 또는 소방서장은 정당한 사유 없이 그 요청을 거절하여서는 아니 된다.

③ X '응원을 요청받은'이 아니라 '응원을 요청한'이 옳은 설명이다. 즉, 소방업무의 응원요청이 있으면, 요청에 따라 소방업무의 응원을 위하여 파견된 소방대원은 응원을 요청한 소방본부장 또는 소방서장의 지휘에 따라야 한다(소방기본법 제11조 제3항).

④ O 시·도지사는 소방업무의 응원을 요청하는 경우를 대비하여 출동 대상지역 및 규모와 필요한 경비의 부담 등에 관하여 필요한 사항을 행정안전부령으로 정하는 바에 따라 이웃하는 시·도지사와 협의하여 미리 규약(規約)으로 정하여야 한다.

정답 ③

047 □□□

21 소방시설관리사

소방기본법령상 소방업무의 응원에 관한 설명으로 옳은 것은?

① 소방청장은 소방활동을 할 때에 필요한 경우에는 시·도지사에게 소방업무의 응원을 요청해야 한다.
② 소방업무의 응원을 위하여 파견된 소방대원은 응원을 요청한 소방본부장 또는 소방서장의 지휘에 따라야 한다.
③ 소방업무의 응원 요청을 받은 소방서장은 정당한 사유가 있어도 그 요청을 거절할 수 없다.
④ 소방서장은 소방업무의 응원을 요청하는 경우를 대비하여 출동 대상지역 및 규모와 필요한 경비의 부담 등에 관하여 필요한 사항을 대통령령으로 정하는 바에 따라 이수하는 소방서장과 협의하여 미리 규약으로 정하여야 한다.

출제 키워드 | 응원 

① X 소방본부장이나 소방서장은 소방활동을 할 때에 긴급한 경우에는 이웃한 소방본부장 또는 소방서장에게 소방업무의 응원을 요청할 수 있다.

② O 소방업무의 응원을 위하여 파견된 소방대원은 응원을 요청한 소방본부장 또는 소방서장의 지휘에 따라야 한다.

③ X 소방업무의 응원 요청을 받은 소방본부장 또는 소방서장은 정당한 사유 없이 그 요청을 거절하여서는 아니 된다.

④ X 시·도지사는 제1항에 따라 소방업무의 응원을 요청하는 경우를 대비하여 출동 대상지역 및 규모와 필요한 경비의 부담 등에 관하여 필요한 사항을 행정안전부령으로 정하는 바에 따라 이웃하는 시·도지사와 협의하여 미리 규약으로 정해야 한다.

정답 ②

048 □□□ 19 소방설비기사

소방기본법령상 인접하고 있는 시·도 간 소방업무의 상호 응원협정을 체결하고자 할 때, 포함되어야 하는 사항으로 틀린 것은?

① 소방교육·훈련의 종류에 관한 사항
② 화재의 경계·진압활동에 관한 사항
③ 출동대원의 수당·식사 및 피복의 수선의 소요경비의 부담에 관한 사항
④ 화재조사활동에 관한 사항

출제 키워드 | 응원 중

① × 응원출동 훈련 및 평가에 관한 사항이 포함되어야 한다.

「소방기본법 시행규칙」 제8조(소방업무의 상호응원협정) 법 제11조 제4항에 따라 시·도지사는 이웃하는 다른 시·도지사와 소방업무에 관하여 상호응원협정을 체결하고자 하는 때에는 다음 각 호의 사항이 포함되도록 해야 한다.
1. 다음 각 목의 소방활동에 관한 사항
   가. 화재의 경계·진압활동
   나. 구조·구급업무의 지원
   다. 화재조사활동
2. 응원출동 대상지역 및 규모
3. 다음 각 목의 소요경비의 부담에 관한 사항
   가. 출동대원의 수당·식사 및 의복의 수선
   나. 소방장비 및 기구의 정비와 연료의 보급
   다. 그 밖의 경비
4. 응원출동의 요청방법
5. 응원출동 훈련 및 평가

정답 ①

049 □□□ 22 소방설비기사

소방기본법령상 이웃하는 다른 시·도지사와 소방업무에 관하여 시·도지사가 체결할 상호응원협정 사항이 아닌 것은?

① 화재조사활동
② 응원출동의 요청방법
③ 소방교육 및 응원출동훈련
④ 응원출동 대상지역 및 규모

출제 키워드 | 응원 중

③ × 응원출동 훈련 및 평가는 상호응원협정 사항이 아니다.

정답 ③

05 제11조의2 소방력의 동원

대표기출

050 □□□

20 소방 경채

「소방기본법」상 소방력의 동원에 대한 설명이다. (　　) 안에 들어갈 용어로 옳은 것은?

> (가)은/는 해당 시·도의 소방력만으로는 소방활동을 효율적으로 수행하기 어려운 화재, 재난·재해, 그 밖의 구조·구급이 필요한 상황이 발생하거나 특별히 국가적 차원에서 소방활동을 수행할 필요가 인정될 때에는 각 (나)에게 행정안전부령으로 정하는 바에 따라 소방력을 동원할 것을 요청할 수 있다.

	(가)	(나)
①	소방청장	시·도지사
②	소방청장	소방본부장
③	시·도지사	시·도지사
④	시·도지사	소방본부장

출제 키워드 | 소방력의 동원 하

① O (가) 소방청장, (나) 시·도지사

> 소방청장은 해당 시·도의 소방력만으로는 소방활동을 효율적으로 수행하기 어려운 화재, 재난·재해, 그 밖의 구조·구급이 필요한 상황이 발생하거나 특별히 국가적 차원에서 소방활동을 수행할 필요가 인정될 때에는 각 시·도지사에게 행정안전부령으로 정하는 바에 따라 소방력을 동원할 것을 요청할 수 있다.

정답 ①

051 □□□

17 소방설비기사(변형)

「소방기본법」상 소방대장의 권한이 아닌 것은?

① 시·도의 소방력만으로는 소방활동을 효율적으로 수행하기 어려운 화재, 재난·재해, 그 밖의 구조·구급이 필요한 상황이 발생하거나 특별히 국가적 차원에서 소방활동을 수행할 필요가 인정될 때에는 각 시·도지사에게 행정안전부령으로 정하는 바에 따라 소방력을 동원할 것을 요청
② 화재, 재난·재해, 그 밖의 위급한 상황이 발생한 현장에 소방활동구역을 정하여 소방활동에 필요한 사람으로서 대통령령으로 정하는 사람 외에는 그 구역에 출입하는 것을 제한
③ 사람을 구출하거나 불이 번지는 것을 막기 위하여 필요할 때에는 화재가 발생하거나 불이 번질 우려가 있는 소방대상물 및 토지를 일시적으로 사용하거나 그 사용의 제한 또는 소방활동에 필요한 처분
④ 화재 진압 등 소방활동을 위하여 필요할 때에는 소방용수 외에 댐·저수지 또는 수영장 등의 물을 사용하거나 수도의 개폐장치 등을 조작

출제 키워드 | 소방대장의 권한 중

① X 소방청장은 해당 시·도의 소방력만으로는 소방활동을 효율적으로 수행하기 어려운 화재, 재난·재해, 그 밖의 구조·구급이 필요한 상황이 발생하거나 특별히 국가적 차원에서 소방활동을 수행할 필요가 인정될 때에는 각 시·도지사에게 행정안전부령으로 정하는 바에 따라 소방력을 동원할 것을 요청할 수 있다(소방기본법 제11조의2 제1항).

정답 ①

CHAPTER

03 소방활동 등

1 소방지원활동과 생활안전활동

구분	소방지원활동(제16조의2)	생활안전활동(제16조의3)
권한자	소방청장 · 소방본부장 또는 소방서장	소방청장 · 소방본부장 또는 소방서장
목적	공공의 안녕질서 유지 또는 복리 증진을 위하여 필요한 경우	• 신고가 접수된 생활안전 및 위험 제거 활동에 대응 • 제외: 화재, 재난 · 재해, 그 밖의 위급한 상황에 해당하는 것(소방활동)
활동	• 산불에 대한 예방 · 진압 등 지원 활동 • 자연재해에 따른 급수 · 배수 및 제설 등 지원활동 • 집회 · 공연 등 각종 행사 시 사고에 대비한 근접 대기 등 지원활동 • 화재, 재난 · 재해로 인한 피해복구 지원활동 • 군 · 경찰 등 유관기관에서 실시하는 훈련지원 활동 • 소방시설 오작동 신고에 따른 조치활동 • 방송제작 또는 촬영 관련 지원활동	• 붕괴, 낙하 등이 우려되는 고드름, 나무, 위험 구조물 등의 제거 활동 • 위해동물, 벌 등의 포획 및 퇴치활동 • 끼임, 고립 등에 따른 위험 제거 및 구출활동 • 단전사고 시 비상전원 또는 조명의 공급 • 그 밖에 방치하면 급박해질 우려가 있는 위험을 예방하기 위한 활동
비고	손실보상 ×	누구든지 정당한 사유 없이 소방대의 생활안전활동을 방해 불가(벌금 100만 원 이하)

2 소방대원에게 실시할 교육 · 훈련의 종류 등

1. 교육 · 훈련의 종류 및 교육 · 훈련을 받아야 할 대상자

종류	교육 · 훈련을 받아야 할 대상자
화재진압훈련	• 화재진압업무를 담당하는 소방공무원 • 「의무소방대설치법 시행령」 제20조 제1항 제1호에 따른 임무를 수행하는 의무소방원 • 「의용소방대 설치 및 운영에 관한 법률」 제3조에 따라 임명된 의용소방대원
인명구조훈련	• 구조업무를 담당하는 소방공무원 • 「의무소방대설치법 시행령」 제20조 제1항 제1호에 따른 임무를 수행하는 의무소방원 • 「의용소방대 설치 및 운영에 관한 법률」 제3조에 따라 임명된 의용소방대원
응급처치훈련	• 구급업무를 담당하는 소방공무원 • 「의무소방대설치법」 제3조에 따라 임용된 의무소방원 • 「의용소방대 설치 및 운영에 관한 법률」 제3조에 따라 임명된 의용소방대원
인명대피훈련	• 소방공무원 • 「의무소방대설치법」 제3조에 따라 임용된 의무소방원 • 「의용소방대 설치 및 운영에 관한 법률」 제3조에 따라 임명된 의용소방대원
현장지휘훈련	소방공무원 중 다음의 계급에 있는 사람 • 지방소방정 • 지방소방령 • 지방소방경 • 지방소방위

2. 교육 · 훈련 횟수 및 기간

횟수	기간
2년마다 1회	2주 이상

3 소방교육 · 훈련

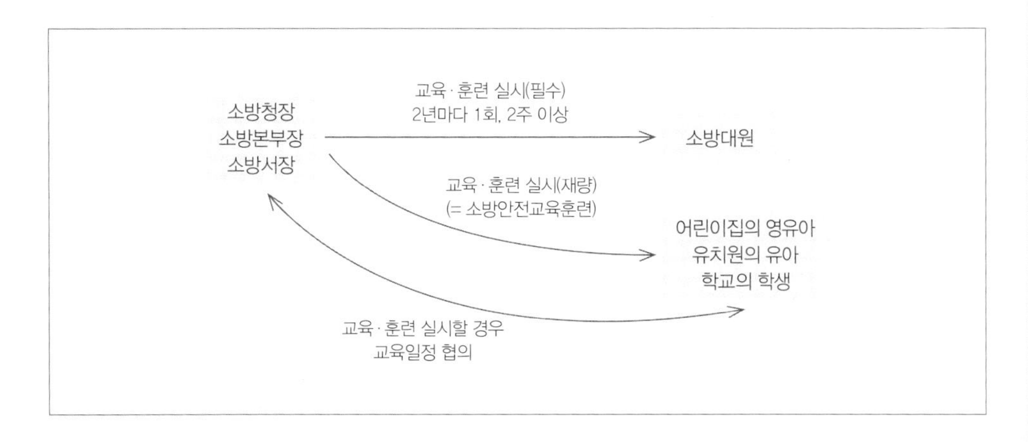

4 결격사유 정리

(○: 결격사유에 해당)

구분	소방안전 교육사	소방시설 관리사	소방시설 관리업	소방시설업	탱크시험자
피성년후견인	○	○	○	○	○
금고 이상 실형을 선고받고, 집행이 끝나거나 집행 면제일부터 2년 지나지 ×	○	○	○	○	○
금고 이상 집행유예를 선고받고 유예기간 중	○	○	○	○	○
법원 판결, 다른 법률에 따라 자격정지, 상실	○	자격취소 후 2년 지나지 X	등록취소 후 2년 지나지 X	등록취소 후 2년 지나지 X	등록취소 후 2년 지나지 X
추가사항			상기 사항의 법인 임원	• 상기 사항의 법인 대표자 • 상기 사항의 법인 임원(피성년후견인은 제외)	상기 사항의 법인 대표자
근거 법령	「소방기본법」 제17조의3	「소방시설법」 제27조	「소방시설법」 제30조	「소방시설 공사업법」 제5조	「위험물 관리법」 제16조

5 소방안전교육사

업무	교수·평가·분석·진행·기획
배치	• 2명 이상: 소방청, 소방본부, 안전원 본회, 기술원 • 1명 이상: 소방서, 안전원 시·도 지부
응시 자격	• 기술사, 관리사, 기능장, 교원, 원장(어린이집), 특급 소방안전관리자 • 교육 이수자: 소방안전교육 교과목 6학점 이상 이수자, 소방학교에서 전문교육 2주 이상 이수한 소방공무원 • 1년 이상 경력자: 기사, 간호사, 1급 응급구조사, 1급 소방안전관리자 • 3년 이상 경력자: 소방공무원, 산업기사, 보육교사, 2급 응급구조사, 2급 소방안전관리자 • 5년 이상 경력자: 의용소방대원
결격 사유	• 피성년후견인 • 금고 이상의 실형을 선고받고 그 집행이 끝나거나(집행이 끝난 것으로 보는 경우) 집행이 면제된 날부터 2년이 지나지 아니한 사람 • 금고 이상의 형의 집행유예를 선고받고 그 유예기간 중에 있는 사람 • 법원의 판결 또는 다른 법률에 따라 자격이 정지되거나 상실된 사람

6 소방신호의 방법

신호방법 / 종별	타종신호	사이렌신호	그 밖의 신호
경계신호	1타와 연2타를 반복	5초 간격을 두고 30초씩 3회	적색 / 백색 [통풍대] 화재경보발령중 [게시판] 적색 / 백색 [기]
발화신호	난타	5초 간격을 두고 5초씩 3회	
훈련신호	연3타 반복	10초 간격을 두고 1분씩 3회	
해제신호	상당한 간격을 두고 1타씩 반복	1분간 1회	

[비고]
1. 소방신호의 방법은 그 전부 또는 일부를 함께 사용할 수 있다.
2. 게시판을 철거하거나 통풍대 또는 기를 내리는 것으로 소방활동이 해제되었음을 알린다.
3. 소방대의 비상소집을 하는 경우에는 훈련신호를 사용할 수 있다.

불꽃암기
• 경발훈제
• 533, 553, 113, 11

7 화재 등의 통지와 화재예방강화지구의 지정 지역 비교

구분	화재 등의 통지	화재예방강화지구의 지정
근거법	「소방기본법」 제19조	「화재예방법」 제18조
개념	화재로 오인할 만한 우려가 있는 불을 피우거나 연막 소독을 하려는 자는 시·도의 조례로 정하는 바에 따라 관할 소방본부장 또는 소방서장에게 신고	화재가 발생할 우려가 크거나 화재가 발생할 경우 피해가 클 것으로 예상되는 지역을 화재예방강화지구로 지정

지역	• 시장지역 • 공장·창고가 밀집한 지역 • 목조건물이 밀집한 지역 • 위험물의 저장 및 처리 시설이 밀집한 지역 • 석유화학제품을 생산하는 공장이 있는 지역	
	• 다중이용업소의 영업장 • 건축물의 공사현장 • 산림인접지역의 논과 밭 주변 • 비닐하우스 밀집지역 • 산림 안에 있는 종교시설 및 이와 유사한 시설 • 주택	• 노후·불량 건축물이 밀집한 지역 • 산업단지 • 소방시설·소방용수시설 또는 소방출동로가 없는 지역 • 그 밖에 위 기준에 준하는 지역으로서 소방관서장이 화재예방강화지구로 지정할 필요가 있다고 인정하는 지역

8 소방대 강제 권한

권한 주체	소방본부장, 소방서장, 소방대장		
소방활동 종사 명령	언제	소방활동을 위해 필요 시	
	누구에게	그 관할구역에 사는 사람, 그 현장에 있는 사람	
	무엇을	사람 구출, 불을 끄거나 불이 번지지 않도록 하는 일	
	벌칙	방해 시 징역 5년 이하 또는 벌금 5천만 원 이하	
	비용 지급자	시·도지사	
	비용 지급 예외	• 소방대상물에 화재, 재난·재해, 그 밖의 위급한 상황이 발생한 경우 그 관계인 • 고의 또는 과실로 화재 또는 구조·구급 활동이 필요한 상황을 발생시킨 사람 • 화재 또는 구조·구급 현장에서 물건을 가져간 사람	
강제처분	시기	대상 및 벌칙	처분 내용
	필요 시	• 소방대상물·토지 참 방해·불응 시 징역 3년 이하 또는 벌금 3천만 원 이하	일시적 사용, 제한, 처분
	긴급 시	• 필요 시에 지정한 것 외의 소방대상물·토지 참 방해·불응 시 벌금 300만 원 이하	
	긴급출동 시	• 방해가 되는 주정차 차량·물건 참 방해·불응 시 벌금 300만 원 이하	제거 또는 이동
	비용 지급: 시·도지사가 견인차량과 인력 등 지원자에게 지급		
피난 명령	• 위험할 것으로 인정될 때 일정 구역 지정 → 구역 밖으로 피난명령 • 방해 시 벌금 100만 원 이하		
위험시설 등 긴급조치	소방활동을 위해 필요한 때	• 소방용수 외에 댐·저수지 또는 수영장 등 물을 사용 또는 수도 개폐장치 등 조작 • 방해 시 벌금 100만 원 이하	
	화재 확대 방지	• 가스·전기 또는 유류 등 시설 위험물질 공급 차단 등 조치 • 방해 시 벌금 100만 원 이하	

불꽃암기

소방활동 종사 명령 비용 지급 예외

건물주, 방화범, 도둑놈

119 암기카드

1분 1초를 9하는 소방 암기카드! QR코드를 스캔하여 확인해보세요.

※ 에듀윌 도서몰에서도 다운로드 가능합니다.

01 제16조의2 소방지원활동

대표기출

052 □□□

20 소방 경채

「소방기본법」상 소방지원활동으로 옳지 않은 것은?

① 붕괴, 낙하 등이 우려되는 고드름 등의 제거 활동
② 화재, 재난·재해로 인한 피해복구 지원활동
③ 자연재해에 따른 급수·배수 및 제설 등 지원활동
④ 집회·공연 등 각종 행사 시 사고에 대비한 근접대기 등 지원활동

출제 키워드 | 소방지원활동 중

① × 붕괴, 낙하 등이 우려되는 고드름 등의 제거 활동은 생활안전활동사항이다.

> 「소방기본법」 제16조의2(소방지원활동) ① 소방청장·소방본부장 또는 소방서장은 공공의 안녕질서 유지 또는 복리증진을 위하여 필요한 경우 소방활동 외에 다음 각 호의 활동(이하 "소방지원활동"))을 하게 할 수 있다.
> 1. 산불에 대한 예방·진압 등 지원활동
> 2. 자연재해에 따른 급수·배수 및 제설 등 지원활동
> 3. 집회·공연 등 각종 행사 시 사고에 대비한 근접대기 등 지원활동
> 4. 화재, 재난·재해로 인한 피해복구 지원활동
> 5. 삭제 〈2015. 7. 24.〉
> 6. 그 밖에 행정안전부령으로 정하는 활동
>
> ② 소방지원활동은 제16조의 소방활동 수행에 지장을 주지 아니하는 범위에서 할 수 있다.
> ③ 유관기관·단체 등의 요청에 따른 소방지원활동에 드는 비용은 지원 요청을 한 유관기관·단체 등에게 부담하게 할 수 있다. 다만, 부담금액 및 부담방법에 관하여는 지원 요청을 한 유관기관·단체 등과 협의하여 결정한다.
>
> 「소방기본법 시행규칙」 제8조의4(소방지원활동) 법 제16조의2 제1항 제6호에서 "그 밖에 행정안전부령으로 정하는 활동"이란 다음 각 호의 어느 하나에 해당하는 활동을 말한다.
> 1. 군·경찰 등 유관기관에서 실시하는 훈련지원활동
> 2. 소방시설 오작동 신고에 따른 조치활동
> 3. 방송제작 또는 촬영 관련 지원활동

정답 ①

053 □□□

18 하반기 소방 공채

「소방기본법」 및 같은 법 시행규칙상 소방지원활동으로 옳지 않은 것은?

① 집회·공연 등 각종 행사 시 사고에 대비한 근접대기 등 지원활동
② 소방시설 오작동 신고에 따른 조치활동
③ 방송제작 또는 촬영 관련 지원활동
④ 위해동물, 벌 등의 포획 및 퇴치 활동

출제 키워드 | 소방지원활동 중

④ × 위해동물, 벌 등의 포획 및 퇴치 활동은 생활안전활동에 해당한다(소방기본법 제16조의3 제1항).

정답 ④

054 □□□

17 상반기 소방 공채(복원)

「소방기본법」상 소방지원활동 등에 대한 설명으로 옳지 않은 것은?

① 소방지원활동에는 화재·재난·재해로 인한 피해복구 지원활동이 있다.
② 소방지원활동에는 단전사고 시 비상전원 또는 조명의 공급이 있다.
③ 소방지원활동은 소방활동 수행에 지장을 주지 아니하는 범위에서 할 수 있다.
④ 유관기관·단체 등의 요청에 따른 소방지원활동에 드는 비용은 지원 요청을 한 유관기관·단체 등에게 부담하게 할 수 있다.

출제 키워드 | 소방지원활동 

② × 생활안전활동에 대한 설명이다(소방기본법 제16조의3 제1항 제4호).

정답 ②

055 □□□

15 소방 공채(복원)

「소방기본법」상 소방지원활동의 내용으로 옳지 않은 것은?

① 자연재해에 따른 급수·배수 및 제설 등 지원활동
② 집회·공연 등 각종 행사 시 사고에 대비한 근접대기 등 지원활동
③ 화재, 재난·재해로 인한 피해복구 지원활동
④ 화재, 재난·재해 그 밖의 위급한 상황에서의 구조·구급 지원활동

출제 키워드 | 소방지원활동 중

④ × 화재, 재난·재해 그 밖의 위급한 상황에서의 구조·구급 지원활동이 아니라 '화재, 재난·재해로 인한 피해복구 지원활동'이 옳은 설명이다. 소방 본연의 의무 외에 다른 기관이나 단체 등에서 지원 요청이 있는 경우에는 ①, ②, ③ 등의 지원활동을 하고 있다.

정답 ④

056 □□□

16 소방 경채(복원)

다음 중 소방지원활동에 속하지 않는 것은?

① 산불에 대한 예방·진압 등 지원활동
② 군·경찰 등 유관기관에서 실시하는 훈련지원활동
③ 집회·공연 등 각종 행사 시 사고에 대비한 근접대기 등 지원활동
④ 단전사고 시 비상전원 또는 조명의 공급

출제 키워드 | 소방지원활동 중

④ × 단전사고 시 비상전원 또는 조명의 공급은 생활안전활동 사항이다.

정답 ④

057 □□□

22 소방시설관리사

소방기본법령상 소방지원활동으로 명시되지 않은 것은?

① 산불에 대한 예방·진압 등 지원
② 단전사고 시 비상전원 또는 조명의 공급 지원
③ 자연재해에 따른 급수·배수 및 제설 등 지원
④ 집회·공연 등 각종 행사 시 사고에 대비한 근접대기 등 지원

출제 키워드 | 소방지원활동 중

② × 단전사고 시 비상전원 또는 조명의 공급은 생활안전활동 사항이다.

정답 ②

02 제16조의3 생활안전활동

대표기출

058 □□□

22 소방 공채

「소방기본법」상 소방대의 생활안전활동으로 옳지 않은 것은?

① 단전사고 시 비상전원 또는 조명 공급
② 소방시설 오작동 신고에 따른 조치활동
③ 위해동물, 벌 등의 포획 및 퇴치 활동
④ 끼임, 고립 등에 따른 위험 제거 및 구출 활동

출제 키워드 | 생활안전활동 중

② X 소방시설 오작동 신고에 따른 조치활동은 소방대의 소방지원활동에 해당한다(소방기본법 제16조의2 제1항).

> 「소방기본법」 제16조의3(생활안전활동) ① 소방청장·소방본부장 또는 소방서장은 신고가 접수된 생활안전 및 위험 제거 활동(화재, 재난·재해, 그 밖의 위급한 상황에 해당하는 활동)에 대응하기 위하여 소방대를 출동시켜 다음 각 호의 활동(이하 "생활안전활동"이라 한다)을 하게 하여야 한다.
> 1. 붕괴, 낙하 등이 우려되는 고드름, 나무, 위험 구조물 등의 제거 활동
> 2. 위해동물, 벌 등의 포획 및 퇴치 활동
> 3. 끼임, 고립 등에 따른 위험 제거 및 구출 활동
> 4. 단전사고 시 비상전원 또는 조명의 공급
> 5. 그 밖에 방치하면 급박해질 우려가 있는 위험을 예방하기 위한 활동

정답 ②

059 □□□

22 소방 경채

「소방기본법」 제16조의3에서 규정한 소방대의 생활안전활동으로 옳지 않은 것은?

① 위해동물, 벌 등의 포획 및 퇴치 활동
② 단전사고 시 비상전원 또는 조명의 공급
③ 자연재해에 따른 급수·배수 및 제설 등 지원활동
④ 붕괴, 낙하 등이 우려되는 고드름, 나무, 위험 구조물 등의 제거 활동

출제 키워드 | 생활안전활동 중

③ X 자연재해에 따른 급수·배수 및 제설 등 지원활동은 소방지원활동 사항이다.

정답 ③

060 □□□

18 소방 경채

「소방기본법」상 규정하는 소방지원활동과 생활안전활동을 옳게 연결한 것은?

> 가. 산불에 대한 예방·진압 등 지원활동
> 나. 자연재해에 따른 급수·배수 및 제설 등 지원활동
> 다. 집회·공연 등 각종 행사 시 사고에 대비한 근접대기 등 지원활동
> 라. 화재, 재난·재해로 인한 피해복구 지원활동
> 마. 붕괴, 낙하 등이 우려되는 고드름, 나무, 위험 구조물 등의 제거 활동
> 바. 위해동물, 벌 등의 포획 및 퇴치 활동
> 사. 끼임, 고립 등에 따른 위험 제거 및 구출 활동
> 아. 단전사고 시 비상전원 또는 조명의 공급

	소방지원활동	생활안전활동
①	가－나－다－라	마－바－사－아
②	가－라－마－사	나－다－바－아
③	마－바－사－아	가－나－다－라
④	나－다－바－아	가－라－마－사

출제 키워드 | 생활안전활동 중

① O 소방지원활동은 가, 나, 다, 라, 생활안전활동은 마, 바, 사, 아이다.

정답 ①

061 □□□

19 소방 공채

소방기본법령상 소방대의 생활안전활동에 해당하지 않는 것은?

① 붕괴, 낙하 등이 우려되는 고드름, 나무, 위험 구조물 등의 제거 활동
② 위해동물, 벌 등의 포획 및 퇴치 활동
③ 단전사고 시 비상전원 또는 조명의 공급
④ 집회·공연 등 각종 행상 시 사고에 대비한 근접대기 등 지원활동

출제 키워드 | 생활안전활동 

④ × 집회·공연 등 각종 행상 시 사고에 대비한 근접대기 등 지원활동은 소방지원활동사항이다.

정답 ④

03 제17조 소방교육·훈련

대표기출

062 □□□

22 소방 경채

「소방기본법」 제17조 제2항에 따르면 소방청장, 소방본부장 또는 소방서장은 화재를 예방하고 화재 발생 시 인명과 재산피해를 최소화하기 위하여 행정안전부령으로 정하는 바에 따라 소방안전에 관한 교육과 훈련을 실시할 수 있다. 그 대상으로 옳지 않은 것은?

① 「장애인복지법」 제2조에 따른 장애인
② 「유아교육법」 제2조에 따른 유치원의 유아
③ 「초·중등교육법」 제2조에 따른 학교의 학생
④ 「영유아보육법」 제2조에 따른 어린이집의 영유아

출제 키워드 | 소방교육·훈련 (하)

① × 「장애인복지법」 제2조에 따른 장애인은 해당 사항이 없다.

> 「소방기본법」 제17조(소방교육·훈련) ① 소방청장, 소방본부장 또는 소방서장은 소방업무를 전문적이고 효과적으로 수행하기 위하여 소방대원에게 필요한 교육·훈련을 실시해야 한다.
> ② 소방청장, 소방본부장 또는 소방서장은 화재를 예방하고 화재 발생 시 인명과 재산피해를 최소화하기 위하여 다음 각 호에 해당하는 사람을 대상으로 행정안전부령으로 정하는 바에 따라 소방안전에 관한 교육과 훈련을 실시할 수 있다. 이 경우 소방청장, 소방본부장 또는 소방서장은 해당 어린이집·유치원·학교의 장과 교육일정 등에 관하여 협의해야 한다.
> 1. 「영유아보육법」 제2조에 따른 어린이집의 영유아
> 2. 「유아교육법」 제2조에 따른 유치원의 유아
> 3. 「초·중등교육법」 제2조에 따른 학교의 학생
>
> ③ 소방청장, 소방본부장 또는 소방서장은 국민의 안전의식을 높이기 위하여 화재 발생 시 피난 및 행동 방법 등을 홍보해야 한다.
> ④ 제1항에 따른 교육·훈련의 종류 및 대상자, 그 밖에 교육·훈련의 실시에 필요한 사항은 행정안전부령으로 정한다.

정답 ①

063 □□□

18 소방설비기사

소방기본법령에 따른 소방대원에게 실시할 교육·훈련 횟수 및 기간의 기준 중 다음 ( ) 안에 알맞은 것은?

횟수	기간
(㉠)년마다 1회	(㉡)주 이상

① ㉠ 2, ㉡ 2　② ㉠ 2, ㉡ 4
③ ㉠ 1, ㉡ 2　④ ㉠ 1, ㉡ 4

출제 키워드 | 소방교육·훈련　하

① O ㉠ 2, ㉡ 2

횟수	기간
2년마다 1회	2주 이상

정답 ①

04 제17조의2 소방안전교육사

대표기출

064 □□□

19 소방 공채

「소방기본법 시행령」상 소방안전교육사시험 응시자격에 대한 설명으로 옳은 것은?

㉠ 「영유아보육법」 제21조에 따라 보육교사 자격을 취득한 후 2년 이상의 보육업무 경력이 있는 사람
㉡ 「국가기술자격법」 제2조 제3호에 따른 국가기술자격의 직무분야 중 안전관리 분야의 산업기사 자격을 취득한 후 안전관리 분야에 3년 이상 종사한 사람
㉢ 「의료법」 제7조에 따라 간호조무사 자격을 취득한 후 간호업무 분야에 2년 이상 종사한 사람
㉣ 「응급의료에 관한 법률」 제36조 제3항에 따라 2급 응급구조사 자격을 취득한 후 응급의료 업무 분야에 3년 이상 종사한 사람
㉤ 「소방공무원법」 제2조에 따른 소방공무원으로 2년 이상 근무한 경력이 있는 사람
㉥ 「의용소방대 설치 및 운영에 관한 법률」 제3조에 따라 의용소방대원으로 임명된 후 5년 이상 의용소방대 활동을 한 경력이 있는 사람

① ㉠, ㉢, ㉤　② ㉡, ㉣, ㉥
③ ㉢, ㉣, ㉤　④ ㉣, ㉤, ㉥

출제 키워드 | 소방안전교육사　상

㉠ X 2년 이상이 아니라 3년 이상의 보육업무 경력이 있어야 한다.
㉢ X 간호사 면허를 취득한 후 간호업무 분야에 1년 이상 종사한 사람이어야 한다.
㉤ X 2년 이상이 아니라 3년 이상 근무한 경력이 있어야 한다.

「소방기본법 시행령」 별표 2의2(소방안전교육사시험의 응시자격)
1. 소방공무원으로서 다음 각 목의 어느 하나에 해당하는 사람
 가. 소방공무원으로 3년 이상 근무한 경력이 있는 사람
 나. 중앙소방학교 또는 지방소방학교에서 2주 이상의 소방안전교육사 관련 전문교육과정을 이수한 사람
2. 「초·중등교육법」 제21조에 따라 교원의 자격을 취득한 사람
3. 「유아교육법」 제22조에 따라 교원의 자격을 취득한 사람
4. 「영유아보육법」 제21조에 따라 어린이집의 원장 또는 보육교사의 자격을 취득한 사람(보육교사 자격을 취득한 사람은 보육교사 자격을 취득한 후 3년 이상의 보육업무 경력이 있는 사람만 해당)

5. 다음 각 목의 어느 하나에 해당하는 기관에서 소방안전교육 관련 교과목(응급구조학과, 교육학과 또는 제15조 제2호에 따라 소방청장이 정하여 고시하는 소방 관련 학과에 개설된 전공과목)을 총 6학점 이상 이수한 사람
   가. 「고등교육법」 제2조 제1호부터 제6호까지의 규정의 어느 하나에 해당하는 학교
   나. 「학점인정 등에 관한 법률」 제3조에 따라 학습과정의 평가인정을 받은 교육훈련기관
6. 「국가기술자격법」 제2조 제3호에 따른 국가기술자격의 직무분야 중 안전관리 분야(국가기술자격의 직무분야 및 국가기술자격의 종목 중 직무분야의 안전관리)의 기술사 자격을 취득한 사람
7. 「소방시설 설치 및 관리에 관한 법률」 제25조에 따른 소방시설관리사 자격을 취득한 사람
8. 「국가기술자격법」 제2조 제3호에 따른 국가기술자격의 직무분야 중 안전관리 분야의 기사 자격을 취득한 후 안전관리 분야에 1년 이상 종사한 사람
9. 「국가기술자격법」 제2조 제3호에 따른 국가기술자격의 직무분야 중 안전관리 분야의 산업기사 자격을 취득한 후 안전관리 분야에 3년 이상 종사한 사람
10. 「의료법」 제7조에 따라 간호사 면허를 취득한 후 간호업무 분야에 1년 이상 종사한 사람
11. 「응급의료에 관한 법률」 제36조 제2항에 따라 1급 응급구조사 자격을 취득한 후 응급의료 업무 분야에 1년 이상 종사한 사람
12. 「응급의료에 관한 법률」 제36조 제3항에 따라 2급 응급구조사 자격을 취득한 후 응급의료 업무 분야에 3년 이상 종사한 사람
13. 「화재의 예방 및 안전관리에 관한 법률 시행령」 별표 4 제1호 나목(특급 소방안전관리자)의 어느 하나에 해당하는 사람
14. 「화재의 예방 및 안전관리에 관한 법률 시행령」 별표 4 제2호 나목(1급 소방안전관리자)의 어느 하나에 해당하는 자격을 갖춘 후 소방안전관리대상물의 소방안전관리에 관한 실무경력이 1년 이상 있는 사람
15. 「화재의 예방 및 안전관리에 관한 법률 시행령」 별표 4 제3호 나목(2급 소방안전관리자)의 어느 하나에 해당하는 자격을 갖춘 후 소방안전관리대상물의 소방안전관리에 관한 실무경력이 3년 이상 있는 사람
16. 「의용소방대 설치 및 운영에 관한 법률」 제3조에 따라 의용소방대원으로 임명된 후 5년 이상 의용소방대 활동을 한 경력이 있는 사람
17. 「국가기술자격법」 제2조 제3호에 따른 국가기술자격의 직무분야 중 위험물 중 직무분야의 기능장 자격을 취득한 사람

정답 ②

065 □□□

20 소방 경채

「소방기본법」 및 같은 법 시행령상 소방안전교육사와 관련된 규정의 내용으로 옳지 않은 것은?

① 소방안전교육사는 소방안전교육의 기획 · 진행 · 분석 · 평가 및 교수업무를 수행한다.

② 금고 이상의 형의 집행유예를 선고받고 그 유예기간 중에 있는 사람은 소방안전교육사가 될 수 없다.

③ 초등학교 등 교육기관에는 소방안전교육사를 1명 이상 배치하여야 한다.

④ 「유아교육법」에 따라 교원의 자격을 취득한 사람은 소방안전교육사 시험에 응시할 수 있다.

출제 키워드 | 소방안전교육사 (상)

① O 소방안전교육사는 소방안전교육의 기획·진행·분석·평가 및 교수업무를 수행한다.

② O 금고 이상의 형의 집행유예를 선고받고 그 유예기간 중에 있는 사람은 소방안전교육사가 될 수 없다.

③ X 초등학교 등 교육기관에는 소방안전교육사를 1명 이상 배치하여야 하는 기준은 없다.

④ O 「유아교육법」에 따라 교원의 자격을 취득한 사람은 소방안전교육사 시험에 응시할 수 있다.

☑ 소방안전교육사의 배치대상별 배치기준(소방기본법 시행령 별표 2의3)

배치대상	배치기준(단위: 명)
1. 소방청	2 이상
2. 소방본부	2 이상
3. 소방서	1 이상
4. 한국소방안전원	본회: 2 이상, 시·도지부: 1 이상
5. 한국소방산업기술원	2 이상

정답 ③

066 □□□

19 소방 경채

「소방기본법 시행령」상 소방안전교육사의 배치대상별 배치기준에 관한 설명이다. ( ) 안의 내용으로 옳은 것은?

> 소방안전교육사의 배치대상별 배치기준에 따르면 소방청 (가)명 이상, 소방본부 (나)명 이상, 소방서 (다)명 이상이다.

	(가)	(나)	(다)
①	1	1	1
②	1	2	2
③	2	1	2
④	2	2	1

출제 키워드 | 소방안전교육사 하

④ O (가) 2, (나) 2, (다) 1

> 소방안전교육사의 배치대상별 배치기준에 따르면 소방청 2명 이상, 소방본부 2명 이상, 소방서 1명 이상이다.

정답 ④

067 □□□

20 소방설비기사

소방기본법령상 소방안전교육사의 배치대상별 배치기준으로 틀린 것은?

① 소방청: 2명 이상 배치
② 소방서: 1명 이상 배치
③ 소방본부: 2명 이상 배치
④ 한국소방안전원(본회): 1명 이상 배치

출제 키워드 | 소방안전교육사 하

④ X 한국소방안전원(본회): 2명 이상 배치

정답 ④

05 제17조의3 소방안전교육사의 결격사유

대표기출

068 □□□ 16 소방 경채(복원)

소방안전교육사의 결격사유에 해당하지 않은 것은?

① 피성년후견인
② 금고 이상의 형의 집행유예를 선고받고 그 유예기간 중에 있는 자
③ 법원의 판결 또는 다른 법률에 의하여 자격이 정지 또는 상실된 자
④ 금고 이상의 형의 집행유예를 선고받고 그 유예기간이 지난 사람

출제 키워드 | 소방안전교육사의 결격사유 중

④ × 금고 이상의 형의 집행유예를 선고받고 그 유예기간이 지난 사람은 소방안전교육사의 결격사유에 해당하지 않는다. 즉, 소방안전교육사가 될 수 있다.

> 「소방기본법」 제17조의3(소방안전교육사의 결격사유) 다음 각 호의 어느 하나에 해당하는 사람은 소방안전교육사가 될 수 없다.
> 1. 피성년후견인
> 2. 금고 이상의 실형을 선고받고 그 집행이 끝나거나(집행이 끝난 것으로 보는 경우를 포함한다) 집행이 면제된 날부터 2년이 지나지 아니한 사람
> 3. 금고 이상의 형의 집행유예를 선고받고 그 유예기간 중에 있는 사람
> 4. 법원의 판결 또는 다른 법률에 따라 자격이 정지되거나 상실된 사람

✔ 결격사유 (○: 결격사유에 해당)

구분	소방안전 교육사	소방시설 관리사	소방시설 관리업	소방시설업	탱크시험자
피성년후견인	○	○	○	○	○
금고 이상 실형을 선고받고, 집행이 끝나거나 집행 면제일부터 2년이 지나지 ×	○	○	○	○	○
금고 이상 집행유예를 선고받고, 유예기간 중	○	○	○	○	○
법원 판결, 다른 법률에 따라 자격정지, 상실	○	자격취소 후 2년 지나지 ×	등록취소 후 2년 지나지 ×	등록취소 후 2년 지나지 ×	등록취소 후 2년 지나지 ×
추가사항			상기 사항의 법인 임원	• 상기 사항의 법인 대표자 • 상기 사항의 법인 임원(피성년후견인 제외)	상기 사항의 법인 대표자
근거 법령	「소방기본법」 제17조의3	「소방시설법」 제27조	「소방시설법」 제30조	「소방시설 공사업법」 제5조	「위험물 관리법」 제16조

정답 ④

06 제18조 소방신호

대표기출

069 □□□

18 상반기 소방 공채(복원)

「소방기본법 시행규칙」상 소방신호에 대한 설명이 옳게 연결된 것은?

종류	타종신호	사이렌 신호
① 경계신호	1타와 연2타를 반복	5초 간격을 두고 30초씩 3회
② 발화신호	연3타를 반복 후 난타	5초 간격을 두고 5초씩 3회
③ 해제신호	연2타 반복	1분간 1회
④ 훈련신호	연3타 반복	5초 간격을 두고 1분씩 3회

출제 키워드 | 소방신호 중

② × 타종신호를 '연3타를 반복 후 난타'하는 것이 아니라, '난타'하는 것이 옳다.

③ × 타종신호를 '연2타를 반복'하는 것이 아니라, '상당한 간격을 두고 1타씩 반복'하는 것이 옳다.

④ × 사이렌 신호를 '5초 간격을 두고 1분씩 3회'하는 것이 아니라, '10초 간격을 두고 1분씩 3회'하는 것이 옳다.

☑ 소방신호의 방법(소방기본법 시행규칙 별표 4)

신호방법 종별	타종신호	사이렌신호	그 밖의 신호
경계신호	1타와 연2타를 반복	5초 간격을 두고 30초씩 3회	[통풍대] 적색, 백색 / [게시판] 화재경보발령중 / [기] 적색, 백색
발화신호	난타	5초 간격을 두고 5초씩 3회	
훈련신호	연3타 반복	10초 간격을 두고 1분씩 3회	
해제신호	상당한 간격을 두고 1타씩 반복	1분간 1회	

[비고]

1. 소방신호의 방법은 그 전부 또는 일부를 함께 사용할 수 있다.
2. 게시판을 철거하거나 통풍대 또는 기를 내리는 것으로 소방활동이 해제되었음을 알린다.
3. 소방대의 비상소집을 하는 경우에는 훈련신호를 사용할 수 있다.

정답 ①

070 □□□

22 소방시설관리사

소방기본법령상 화재 예방, 소방활동 또는 소방훈련을 위하여 사용되는 소방신호의 종류로 명시되지 않은 것은?

① 발화신호
② 위기신호
③ 해제신호
④ 훈련신호

출제 키워드 | 소방신호 하

② × 위기신호는 소방신호가 아니다. 경계신호가 옳다.

정답 ②

071 □□□

13 소방시설관리사

소방기본법령상 소방신호에 관한 설명으로 옳지 않은 것은?

① 화재 예방, 소방활동 또는 소방훈련을 위하여 사용한다.
② 예방신호는 화재예방상 필요하다고 인정하거나 화재위험 경보 시 발령한다.
③ 발화신호의 방법은 타종신호는 난타, 사이렌신호는 5초 간격을 두고 5초씩 3회 울린다.
④ 해제 및 훈련신호도 소방신호에 해당한다.

출제 키워드 | 소방신호 중

① O 화재 예방, 소방활동 또는 소방훈련을 위하여 사용한다.
② X 경계신호는 화재 예방상 필요하다고 인정하거나 화재위험경보 시 발령한다.
③ O 발화신호의 방법은 타종신호는 난타, 사이렌신호는 5초 간격을 두고 5초씩 3회 울린다.
④ O 해제 및 훈련신호도 소방신호에 해당한다.

> 「소방기본법 시행규칙」 제10조(소방신호의 종류 및 방법) ① 법 제18조의 규정에 의한 소방신호의 종류는 다음 각 호와 같다.
> 1. 경계신호: 화재 예방상 필요하다고 인정되거나 법 제14조의 규정에 의한 화재위험경보시 발령
> 2. 발화신호: 화재가 발생한 때 발령
> 3. 훈련신호: 훈련상 필요하다고 인정되는 때 발령
> 4. 해제신호: 소화활동이 필요없다고 인정되는 때 발령
>
> ② 제1항의 규정에 의한 소방신호의 종류별 소방신호의 방법은 별표 4와 같다.

정답 ②

072 □□□

16 소방 공채(복원)

「소방기본법 시행규칙」상 소방신호의 종류와 방법 중 사이렌 신호에 관한 설명으로 옳지 않은 것은?

① 경계신호: 5초 간격을 두고 30초씩 3회
② 발화신호: 5초 간격을 두고 5초씩 3회
③ 해제신호: 1분간 1회
④ 훈련신호: 1분 간격을 두고 1분씩 3회

출제 키워드 | 소방신호 중

④ X '10초 간격을 두고 1분씩 3회'가 바람직하다(소방기본법 시행규칙 별표 4).

정답 ④

073 □□□

15 소방 공채(복원)

「소방기본법 시행규칙」상 소방신호의 종류 및 방법에 대한 설명으로 옳지 않은 것은?

① 경계신호: 1타와 연2타를 반복
② 발화신호: 난타
③ 해제신호: 상당한 간격을 두고 1타씩 반복
④ 소방대의 비상소집을 하는 경우에는 훈련신호를 사용할 수 없다.

출제 키워드 | 소방신호 중

④ X 소방대의 비상소집을 하는 경우에는 훈련신호를 사용할 수 있다(소방기본법 시행규칙 별표 4).

정답 ④

074 □□□

16 소방시설관리사

소방기본법령상 소방신호의 종류별 신호방법에 관한 설명으로 옳은 것은?

① 경계신호의 타종신호는 1타와 연2타를 반복하며, 사이렌신호는 5초 간격을 두고 10초씩 3회이다.
② 발화신호의 타종신호는 난타이며, 사이렌신호는 5초 간격을 두고 5초씩 3회이다.
③ 해제신호의 타종신호는 상당한 간격을 두고 1타씩 반복하며, 사이렌신호는 30초간 1회이다.
④ 훈련신호의 타종신호는 연3타 반복이며, 사이렌신호는 30초 간격을 두고 1분씩 3회이다.

출제 키워드 | 소방신호

① ✕ 경계신호의 타종신호는 1타와 연2타를 반복하며, 사이렌신호는 5초 간격을 두고 30초씩 3회이다.
② ○ 발화신호의 타종신호는 난타이며, 사이렌신호는 5초 간격을 두고 5초씩 3회이다.
③ ✕ 해제신호의 타종신호는 상당한 간격을 두고 1타씩 반복하며, 사이렌신호는 1분간 1회이다.
④ ✕ 훈련신호의 타종신호는 연3타 반복이며, 사이렌신호는 10초 간격을 두고 1분씩 3회이다.

정답 ②

07 제21조 소방자동차의 우선 통행 등

대표기출

075 □□□

20 소방 경채

「소방기본법」상 소방자동차가 화재진압을 위하여 출동하는 경우 소방자동차의 우선 통행에 관한 내용으로 옳지 않은 것은?

① 모든 차와 사람은 소방자동차가 화재진압을 위하여 출동을 할 때에는 이를 방해하여서는 아니 된다.
② 소방자동차가 화재진압을 위하여 출동하거나 훈련을 위하여 필요할 때에는 사이렌을 사용할 수 있다.
③ 모든 차와 사람은 소방자동차가 화재진압을 위하여 사이렌을 사용하여 출동하는 경우에는 소방자동차에 진로를 양보하지 아니하는 행위를 하여서는 아니 된다.
④ 모든 차와 사람은 소방자동차가 화재진압을 위하여 사이렌을 사용하여 출동하는 경우 소방자동차의 우선 통행에 관하여는 「교통안전법」에서 정하는 바에 따른다.

출제 키워드 | 소방자동차의 우선 통행

① ○ 모든 차와 사람은 소방자동차가 화재진압을 위하여 출동을 할 때에는 이를 방해하여서는 아니 된다.
② ○ 소방자동차가 화재진압을 위하여 출동하거나 훈련을 위하여 필요할 때에는 사이렌을 사용할 수 있다.
③ ○ 모든 차와 사람은 소방자동차가 화재진압을 위하여 사이렌을 사용하여 출동하는 경우에는 소방자동차에 진로를 양보하지 아니하는 행위를 하여서는 아니 된다.
④ ✕ 모든 차와 사람은 소방자동차(지휘를 위한 자동차와 구조·구급차를 포함)가 화재진압 및 구조·구급 활동을 위하여 출동을 할 때에는 이를 방해하여서는 아니 된다. 소방자동차의 우선 통행에 관하여는 「도로교통법」에서 정하는 바에 따른다.

「소방기본법」 제21조(소방자동차의 우선 통행 등) ① 모든 차와 사람은 소방자동차(지휘를 위한 자동차와 구조·구급차를 포함한다)가 화재진압 및 구조·구급 활동을 위하여 출동을 할 때에는 이를 방해하여서는 아니 된다. → 위반 시 5년 이하의 징역 또는 5천만 원 이하의 벌금

② 소방자동차가 화재진압 및 구조·구급 활동을 위하여 출동하거나 훈련을 위하여 필요할 때에는 사이렌을 사용할 수 있다.

③ 모든 차와 사람은 소방자동차가 화재진압 및 구조·구급 활동을 위하여 제2항에 따라 사이렌을 사용하여 출동하는 경우에는 다음 각 호의 행위를 하여서는 아니 된다. → 위반 시 200만 원 이하의 과태료

1. 소방자동차에 진로를 양보하지 아니하는 행위
2. 소방자동차 앞에 끼어들거나 소방자동차를 가로막는 행위
3. 그 밖에 소방자동차의 출동에 지장을 주는 행위

④ 제3항의 경우를 제외하고 소방자동차의 우선 통행에 관하여는 「도로교통법」에서 정하는 바에 따른다.

정답 ④

076 □□□

19 소방 경채

「소방기본법」상 규정하고 있는 소방자동차의 우선 통행 등에 대한 설명으로 옳지 않은 것은?

① 모든 차와 사람은 소방자동차가 화재진압 및 구조·구급 활동을 위하여 출동을 할 때에는 이를 방해하여서는 아니 된다.

② 소방자동차의 우선 통행에 관하여는 「자동차 관리법」에서 정하는 바에 따른다.

③ 소방자동차는 화재진압 및 구조·구급 활동을 위하여 출동하거나 훈련을 위하여 필요할 때에는 사이렌을 사용할 수 있다.

④ 소방자동차의 화재진압 출동을 고의로 방해한 자는 5년 이하의 징역 또는 5천만 원 이하의 벌금에 처한다.

출제 키워드 | 소방자동차의 우선 통행 중

① O 모든 차와 사람은 소방자동차가 화재진압 및 구조·구급 활동을 위하여 출동을 할 때에는 이를 방해하여서는 아니 된다.

② X 「소방기본법」 제21조 제3항의 경우는 제외하고 소방자동차의 우선 통행에 관하여는 「도로교통법」에서 정하는 바에 따른다.

③ O 소방자동차는 화재진압 및 구조·구급 활동을 위하여 출동하거나 훈련을 위하여 필요할 때에는 사이렌을 사용할 수 있다.

④ O 소방자동차의 화재진압 출동을 고의로 방해한 자는 5년 이하의 징역 또는 5천만 원 이하의 벌금에 처한다.

정답 ②

077 □□□

13 소방시설관리사

소방기본법령에 관한 설명으로 옳지 않은 것은?

① 소방자동차의 우선 통행에 관하여는 「소방기본법」이 정하는 바에 따른다.

② 소방활동에 필요한 사람으로서 취재인력 등 보도업무에 종사하는 사람은 소방대장이 출입을 제한할 수 없다.

③ 소방대상물에 화재가 발생한 경우 그 관계인은 소방활동에 종사하여도 소방활동의 비용을 지급받을 수 없다.

④ 소방활동구역을 정하는 자는 소방대장이다.

출제 키워드 | 소방자동차의 우선 통행 중

① X 「소방기본법」 제21조 제3항의 경우를 제외하고 소방자동차의 우선 통행에 관하여는 「도로교통법」에서 정하는 바에 따른다.

② O 소방활동에 필요한 사람으로서 취재인력 등 보도업무에 종사하는 사람은 소방대장이 출입을 제한할 수 없다.

③ O 소방대상물에 화재가 발생한 경우 그 관계인은 소방활동에 종사하여도 소방활동의 비용을 지급받을 수 없다.

④ O 소방활동구역을 정하는 자는 소방대장이다.

정답 ①

08 제21조의2 소방자동차 전용구역 등

대표기출

078 □□□ 22 소방 공채

「소방기본법」 및 같은 법 시행령상 소방자동차 전용구역 등에 대한 내용으로 옳지 않은 것은?

① 소방자동차 전용구역의 설치 기준·방법, 방해행위의 기준, 그 밖에 필요한 사항은 대통령령으로 정한다.

② 전용구역에 주차하거나 전용구역에의 진입을 가로막는 등의 방해행위를 한 자에게는 200만 원 이하의 과태료를 부과한다.

③ 「건축법 시행령」 별표 1 제2호 가목의 아파트 중 세대수가 100세대 이상인 아파트의 건축주는 소방활동의 원활한 수행을 위하여 공동주택에 소방자동차 전용구역을 설치하여야 한다.

④ 「건축법 시행령」 별표 1 제2호 라목의 기숙사 중 3층인 기숙사가 하나의 대지에 하나의 동(棟)으로 구성되고, 「도로교통법」 제32조 또는 제33조에 따라 정차 또는 주차가 금지된 편도 2차선 이상의 도로에 직접 접하여 소방자동차가 도로에서 직접 소방활동이 가능한 경우 소방자동차 전용구역 설치대상에서 제외한다.

출제 키워드 | 소방자동차 전용구역 중

① O 소방자동차 전용구역의 설치 기준·방법, 방해행위의 기준, 그 밖에 필요한 사항은 대통령령으로 정한다.

② X 전용구역에 주차하거나 전용구역에의 진입을 가로막는 등의 방해행위를 한 자에게는 100만 원 이하의 과태료를 부과한다.

③ O 「건축법 시행령」 별표 1 제2호 가목의 아파트 중 세대수가 100세대 이상인 아파트의 건축주는 소방활동의 원활한 수행을 위하여 공동주택에 소방자동차 전용구역을 설치하여야 한다.

④ O 「건축법 시행령」 별표 1 제2호 라목의 기숙사 중 3층인 기숙사가 하나의 대지에 하나의 동(棟)으로 구성되고, 「도로교통법」 제32조 또는 제33조에 따라 정차 또는 주차가 금지된 편도 2차선 이상의 도로에 직접 접하여 소방자동차가 도로에서 직접 소방활동이 가능한 경우 소방자동차 전용구역 설치대상에서 제외한다.

「소방기본법」 제21조의2(소방자동차 전용구역 등) ① 「건축법」 제2조 제2항 제2호에 따른 공동주택 중 대통령령으로 정하는 공동주택의 건축주는 제16조 제1항에 따른 소방활동의 원활한 수행을 위하여 공동주택에 소방자동차 전용구역(이하 "전용구역"）을 설치해야 한다.

② 누구든지 전용구역에 차를 주차하거나 전용구역에의 진입을 가로막는 등의 방해행위를 하여서는 아니 된다. → 위반 시 100만 이하의 과태료

③ 전용구역의 설치 기준·방법, 제2항에 따른 방해행위의 기준, 그 밖의 필요한 사항은 대통령령으로 정한다.

「소방기본법 시행령」 제7조의12(소방자동차 전용구역 설치 대상) 법 제21조의2 제1항에서 "대통령령으로 정하는 공동주택"이란 다음 각 호의 주택을 말한다. 다만, 하나의 대지에 하나의 동으로 구성되고 「도로교통법」 제32조 또는 제33조에 따라 정차 또는 주차가 금지된 편도 2차선 이상의 도로에 직접 접하여 소방자동차가 도로에서 직접 소방활동이 가능한 공동주택은 제외한다.

1. 「건축법 시행령」 별표 1 제2호 가목의 아파트 중 세대수가 100세대 이상인 아파트
2. 「건축법 시행령」 별표 1 제2호 라목의 기숙사 중 3층 이상의 기숙사

정답 ②

079 □□□

19 소방 경채

「소방기본법」 및 같은 법 시행령상 소방자동차 전용구역의 설치 등에 관한 설명으로 옳지 않은 것은?

① 세대수가 100세대 이상인 아파트에는 소방자동차 전용구역을 설치하여야 한다.
② 소방본부장 또는 소방서장은 소방자동차가 접근하기 쉽고 소방활동이 원활하게 수행될 수 있도록 공동주택의 각 동별 전면 또는 후면에 소방자동차 전용구역을 1개소 이상 설치하여야 한다.
③ 전용구역 노면표지 도료의 색채는 황색을 기본으로 하되, 문자(P, 소방차 전용)는 백색으로 표시한다.
④ 소방자동차 전용구역에 차를 주차하거나 전용구역에의 진입을 가로막는 등의 방해행위를 한 자에게는 100만 원 이하의 과태료를 부과한다.

출제 키워드 | 소방자동차 전용구역 중

① O 세대수가 100세대 이상인 아파트에는 소방자동차 전용구역을 설치하여야 한다.
② X 공동주택의 건축주는 소방자동차가 접근하기 쉽고 소방활동이 원활하게 수행될 수 있도록 각 동별 전면 또는 후면에 소방자동차 전용구역(이하 "전용구역")을 1개소 이상 설치해야 한다. 다만, 하나의 전용구역에서 여러 동에 접근하여 소방활동이 가능한 경우로서 소방청장이 정하는 경우에는 각 동별로 설치하지 않을 수 있다.
③ O 전용구역 노면표지 도료의 색채는 황색을 기본으로 하되, 문자(P, 소방차 전용)는 백색으로 표시한다.
④ O 소방자동차 전용구역에 차를 주차하거나 전용구역에의 진입을 가로막는 등의 방해행위를 한 자에게는 100만 원 이하의 과태료를 부과한다.

정답 ②

080 □□□

19 소방 경채

「소방기본법 시행령」상 규정하는 소방자동차 전용구역 방해행위 기준으로 옳지 않은 것은?

① 전용구역에 물건 등을 쌓거나 주차하는 행위
② 「주차장법」 제19조에 따른 부설주차장의 주차구획 내에 주차하는 행위
③ 전용구역 진입로에 물건 등을 쌓거나 주차하여 전용구역으로의 진입을 가로막는 행위
④ 전용구역 노면표지를 지우거나 훼손하는 행위

출제 키워드 | 소방자동차 전용구역 중

② X 「주차장법」 제19조에 따른 부설주차장의 주차구획 내에 주차하는 경우는 제외한다.

> **「소방기본법 시행령」 제7조의14(전용구역 방해행위의 기준)** 법 제21조의2 제2항에 따른 방해행위의 기준은 다음 각 호와 같다.
> 1. 전용구역에 물건 등을 쌓거나 주차하는 행위
> 2. 전용구역의 앞면, 뒷면 또는 양 측면에 물건 등을 쌓거나 주차하는 행위. 다만, 「주차장법」 제19조에 따른 부설주차장의 주차구획 내에 주차하는 경우는 제외한다.
> 3. 전용구역 진입로에 물건 등을 쌓거나 주차하여 전용구역으로의 진입을 가로막는 행위
> 4. 전용구역 노면표지를 지우거나 훼손하는 행위
> 5. 그 밖의 방법으로 소방자동차가 전용구역에 주차하는 것을 방해하거나 전용구역으로 진입하는 것을 방해하는 행위

정답 ②

081 □□□

19 소방 공채

「소방기본법」상 소방자동차 전용구역에 관한 설명으로 옳지 않은 것은?

① 세대수가 100세대 이상인 아파트의 건축주는 소방자동차 전용구역을 설치하여야 한다.
② 소방자동차 전용구역 노면표지 도료의 색채는 황색을 기본으로 하되, 문자(P, 소방차 전용)는 백색으로 표시한다.
③ 소방자동차 전용구역에 물건 등을 쌓거나 주차하는 등의 방해행위를 하여서는 아니 된다.
④ 전용구역 방해행위를 한 자는 100만 원 이하의 벌금에 처한다.

출제 키워드 | 소방자동차 전용구역 

① O 세대수가 100세대 이상인 아파트의 건축주는 소방자동차 전용구역을 설치하여야 한다.
② O 소방자동차 전용구역 노면표지 도료의 색채는 황색을 기본으로 하되, 문자(P, 소방차 전용)는 백색으로 표시한다.
③ O 소방자동차 전용구역에 물건 등을 쌓거나 주차하는 등의 방해행위를 하여서는 아니 된다.
④ X 전용구역 방해행위를 한 자는 100만 원 이하의 과태료 처분을 받는다.

정답 ④

082 □□□

21 소방 경채

「소방기본법 시행령」상 소방자동차 전용구역에 대한 내용으로 옳은 것은?

① 「건축법 시행령」상의 모든 아파트는 소방자동차 전용구역 설치 대상이다.
② 「주차장법」 제19조에 따른 부설주차장의 주차구획 내에 주차하는 것은 전용구역 방해행위에 해당한다.
③ 전용구역 노면표지 도료의 색채는 황색을 기본으로 하되, 문자(P, 소방차 전용)는 백색으로 표시한다.
④ 소방자동차 전용구역 설치 대상인 공동주택의 건축주는 각 동별 전면과 후면에 소방자동차 전용구역을 각 1개소 이상 예외 없이 설치하여야 한다.

출제 키워드 | 소방자동차 전용구역 

① X 아파트 중 세대수가 100세대 이상인 아파트가 소방자동차 전용구역 설치 대상이다.
② X 「주차장법」 제19조에 따른 부설주차장의 주차구획 내에 주차하는 경우는 제외한다.
③ O 전용구역 노면표지 도료의 색채는 황색을 기본으로 하되, 문자(P, 소방차 전용)는 백색으로 표시한다.
④ X 하나의 전용구역에서 여러 동에 접근하여 소방활동이 가능한 경우로서 소방청장이 정하는 경우에는 각 동별로 설치하지 않을 수 있다.

정답 ③

083 □□□

22 소방시설관리사

소방기본법령상 소방자동차 전용구역에 관한 설명으로 옳은 것은?

① 소방자동차 전용구역 노면표지 도료의 색채는 백색을 기본으로 하되, 문자(P, 소방차 전용)는 황색으로 표시한다.
② 세대수가 80세대인 아파트의 건축주는 소방자동차 전용구역을 설치하여야 한다.
③ 전용구역 노면표지의 외곽선은 빗금무늬로 표시하되, 빗금은 두께를 30센티미터로 하여 50센티미터 간격으로 표시한다.
④ 전용구역에 차를 주차하거나 전용구역에의 진입을 가로막는 등의 방해행위를 한 자에게는 200만 원 이하의 과태료를 부과한다.

출제 키워드 | 소방자동차 전용구역 중

① ✕ 소방자동차 전용구역 노면표지 도료의 색채는 황색을 기본으로 하되, 문자(P, 소방차 전용)는 백색으로 표시한다.
② ✕ 아파트 중 세대수가 100세대 이상인 아파트의 건축주는 소방자동차 전용구역을 설치하여야 한다.
③ O 전용구역 노면표지의 외곽선은 빗금무늬로 표시하되, 빗금은 두께를 30센티미터로 하여 50센티미터 간격으로 표시한다.
④ ✕ 전용구역에 차를 주차하거나 전용구역에의 진입을 가로막는 등의 방해행위를 한 자에게는 100만 원 이하의 과태료를 부과한다.

정답 ③

09 제22조 소방대의 긴급통행

대표기출

084 □□□

14 소방시설관리사

소방기본법령상 소방자동차의 우선 통행 등과 소방대의 긴급통행에 관한 설명으로 옳지 않은 것은?

① 소방자동차의 우선 통행에 관해서는 소방기본법시행령에 정한 바에 따른다.
② 모든 차와 사람은 소방자동차가 화재진압을 위해 출동할 때에는 이를 방해하여서는 아니 된다.
③ 소방자동차가 훈련을 위하여 필요한 때에는 사이렌을 사용할 수 있다.
④ 소방대는 화재현장에 신속하게 출동하기 위하여 긴급할 때에는 일반적인 통행에 쓰이지 아니하는 도로·빈터 또는 물 위로 통행할 수 있다.

출제 키워드 | 소방대의 긴급통행 중

① ✕ 「소방기본법」 제21조 제3항의 경우를 제외하고 소방자동차의 우선 통행에 관하여는 「도로교통법」에서 정하는 바에 따른다.
② O 모든 차와 사람은 소방자동차가 화재진압을 위해 출동할 때에는 이를 방해하여서는 아니 된다.
③ O 소방자동차가 훈련을 위하여 필요한 때에는 사이렌을 사용할 수 있다.
④ O 소방대는 화재현장에 신속하게 출동하기 위하여 긴급할 때에는 일반적인 통행에 쓰이지 아니하는 도로·빈터 또는 물 위로 통행할 수 있다.

정답 ①

10 제23조 소방활동구역의 설정

085 □□□

19 소방 경채

「소방기본법 시행령」상 소방활동구역의 출입자로 옳지 않은 것은?

① 소방활동구역 안에 있는 소방대상물의 관계인
② 구조 · 구급업무에 종사하는 사람
③ 수사업무에 종사하는 사람
④ 시 · 도지사가 출입을 허가한 사람

출제 키워드 | 소방활동구역 설정 중

④ × 소방대장이 소방활동을 위하여 출입을 허가한 사람

「소방기본법 시행령」 제8조(소방활동구역의 출입자) 법 제23조 제1항에서 "대통령령으로 정하는 사람"이란 다음 각 호의 사람을 말한다.
1. 소방활동구역 안에 있는 소방대상물의 소유자·관리자 또는 점유자
2. 전기·가스·수도·통신·교통의 업무에 종사하는 사람으로서 원활한 소방활동을 위하여 필요한 사람
3. 의사·간호사 그 밖의 구조·구급업무에 종사하는 사람
4. 취재인력 등 보도업무에 종사하는 사람
5. 수사업무에 종사하는 사람
6. 그 밖에 소방대장이 소방활동을 위하여 출입을 허가한 사람

정답 ④

086 □□□

21 소방시설관리사

소방기본법령상 소방대장이 화재 현장에 소방활동구역을 정하여 출입을 제한하는 경우, 소방활동에 필요한 사람으로서 그 구역에 출입이 가능하지 않은 자는?

① 소방활동구역 안에 있는 소방대상물의 소유자
② 전기업무에 종사하는 사람으로서 원활한 소방활동을 위하여 필요한 사람
③ 구조 · 구급업무에 종사하는 사람
④ 시 · 도지사가 소방활동을 위하여 출입을 허가한 사람

출제 키워드 | 소방활동구역 설정 중

④ × 소방대장이 소방활동을 위하여 출입을 허가한 사람

정답 ④

11 제24조 소방활동 종사 명령

대표기출

087 □□□

21 소방 공채

「소방기본법」상 소방활동 종사 명령에 대한 설명으로 옳지 않은 것은?

① 소방본부장 또는 소방서장은 화재현장에서 소방활동 종사 명령을 할 수 있다.
② 소방활동 종사 명령은 관할구역에 사는 사람 또는 그 현장에 있는 사람을 대상으로 할 수 있다.
③ 소방활동에 종사한 사람은 소방본부장 또는 소방서장으로부터 소방활동의 비용을 지급받을 수 있다.
④ 소방본부장 또는 소방서장은 소방활동에 필요한 보호장구를 지급하는 등 안전을 위한 조치를 하여야 한다.

출제 키워드 | 소방활동 종사 명령 중

① O 소방본부장 또는 소방서장은 화재현장에서 소방활동 종사 명령을 할 수 있다.
② O 소방활동 종사 명령은 관할구역에 사는 사람 또는 그 현장에 있는 사람을 대상으로 할 수 있다.
③ X 비용 지급은 소방본부장 또는 소방서장이 아니라 '시·도지사'가 한다.
④ O 소방본부장 또는 소방서장은 소방활동에 필요한 보호장구를 지급하는 등 안전을 위한 조치를 하여야 한다.

「소방기본법」 제24조(소방활동 종사 명령) ① 소방본부장, 소방서장 또는 소방대장은 화재, 재난·재해, 그 밖의 위급한 상황이 발생한 현장에서 소방활동을 위하여 필요할 때에는 그 관할구역에 사는 사람 또는 그 현장에 있는 사람으로 하여금 사람을 구출하는 일 또는 불을 끄거나 불이 번지지 아니하도록 하는 일을 하게 할 수 있다. 이 경우 소방본부장, 소방서장 또는 소방대장은 소방활동에 필요한 보호장구를 지급하는 등 안전을 위한 조치를 하여야 한다. → 위반 시 5년 이하의 징역 또는 5천만 원 이하의 벌금
② 삭제 〈2017. 12. 26.〉
③ 제1항에 따른 명령에 따라 소방활동에 종사한 사람은 시·도지사로부터 소방활동의 비용을 지급받을 수 있다. 다만, 다음 각 호의 어느 하나에 해당하는 사람의 경우에는 그러하지 아니하다.
1. 소방대상물에 화재, 재난·재해, 그 밖의 위급한 상황이 발생한 경우 그 관계인
2. 고의 또는 과실로 화재 또는 구조·구급 활동이 필요한 상황을 발생시킨 사람
3. 화재 또는 구조·구급 현장에서 물건을 가져간 사람

정답 ③

088 □□□

17 상반기 소방 공채(복원)

「소방기본법」상 소방활동 종사 명령 등에 대한 설명으로 옳은 것은?

① 소방서장은 인근 사람에게 인명구출, 화재진압, 화재조사 등을 명령할 수 있다.
② 소방활동 종사 명령을 한 소방본부장, 소방서장 또는 소방대장은 소방활동에 필요한 보호장구를 지급하지 않아도 된다.
③ 소방활동에 종사한 사람은 시·도지사로부터 소방종사 활동의 비용을 지급받을 수 있다.
④ 소방활동 종사 명령에 따라 사람을 구출하는 일을 방해한 사람은 5년 이하의 징역 또는 3천만 원 이하의 벌금에 처한다.

출제 키워드 | 소방활동 종사 명령 

① X 소방본부장, 소방서장 또는 소방대장은 화재, 재난·재해, 그 밖의 위급한 상황이 발생한 현장에서 소방활동을 위하여 필요할 때에는 그 관할구역에 사는 사람 또는 그 현장에 있는 사람으로 하여금 사람을 구출하는 일 또는 불을 끄거나 불이 번지지 아니하도록 하는 일을 하게 할 수 있다(소방기본법 제24조 제1항). 화재조사는 명령할 수 없다.
② X 소방활동 종사 명령을 한 소방본부장, 소방서장 또는 소방대장은 소방활동에 필요한 보호장구를 지급하는 등 안전을 위한 조치를 하여야 한다(소방기본법 제24조 제1항).
③ O 제1항에 따른 명령에 따라 소방활동에 종사한 사람은 시·도지사로부터 소방활동의 비용을 지급받을 수 있다(소방기본법 제24조 제3항).
④ X 소방활동 종사 명령에 따라 사람을 구출하는 일을 방해한 사람은 5년 이하의 징역 또는 '5천만 원' 이하의 벌금에 처한다(소방기본법 제50조).

정답 ③

089 □□□

21 소방 경채

「소방기본법」상 소방활동 종사 명령에 따라 소방활동에 종사한 사람은 시·도지사로부터 소방활동 비용을 지급받을 수 있다. 소방활동 비용을 지급받을 수 있는 사람으로 옳은 것은?

① 과실로 화재를 발생시킨 사람
② 화재 현장에서 물건을 가져간 사람
③ 소방대상물에 화재가 발생한 경우 그 관계인
④ 화재 현장에서 불이 번지지 아니하도록 하는 일을 명령받은 사람

출제 키워드 | 소방활동 종사 명령 

① X ② X ③ X 소방대상물에 화재, 재난·재해, 그 밖의 위급한 상황이 발생한 경우 그 관계인, 고의 또는 과실로 화재 또는 구조·구급 활동이 필요한 상황을 발생시킨 사람, 화재 또는 구조·구급 현장에서 물건을 가져간 사람은 소방활동의 비용을 지급받을 수 없다. 정답 ④

090 □□□

16 소방시설관리사

소방기본법령상 소방활동 종사 명령에 관한 설명으로 옳지 않은 것은?

① 소방서장은 소방활동 종사 명령을 받은 자에게 소방활동에 필요한 보호장구를 지급하는 등 안전을 위한 조치를 하여야 한다.
② 소방대장은 화재 등 위급한 상황이 발생한 현장에서 소방활동을 위하여 필요할 때에는 그 현장에 있는 지에게 소방활동 종사 명령을 할 수 있다.
③ 소방대상물에 화재 등 위급한 상황이 발생한 경우 소방활동에 종사한 소방대상물의 점유자는 소방활동 비용을 지급받을 수 있다.
④ 시·도지사는 소방활동 종사 명령에 따라 소방활동에 종사한 자가 그로 인하여 사망하거나 부상을 입은 경우에는 보상하여야 한다.

출제 키워드 | 소방활동 종사 명령 

① O 소방서장은 소방활동 종사 명령을 받은 자에게 소방활동에 필요한 보호장구를 지급하는 등 안전을 위한 조치를 하여야 한다.
② O 소방대장은 화재 등 위급한 상황이 발생한 현장에서 소방활동을 위하여 필요할 때에는 그 현장에 있는 자에게 소방활동 종사 명령을 할 수 있다.
③ X 소방대상물의 점유자는 소방활동 비용을 지급받을 수 없다.
④ O 시·도지사는 소방활동 종사 명령에 따라 소방활동에 종사한 자가 그로 인하여 사망하거나 부상을 입은 경우에는 보상하여야 한다. 정답 ③

091 □□□

20 소방설비기사

「소방기본법」에 따라 화재 등 그 밖의 위급한 상황이 발생한 현장에서 소방활동을 위하여 필요한 때에는 그 관할구역에 사는 사람 또는 그 현장에 있는 사람으로 하여금 사람을 구출하는 일 또는 불을 끄는 등의 일을 하도록 명령할 수 있는 권한이 없는 사람은?

① 소방서장
② 소방대장
③ 시·도지사
④ 소방본부장

출제 키워드 | 소방활동 종사 명령 중

③ ✕ 시·도지사는 「소방기본법」에 따라 화재 등 그 밖의 위급한 상황이 발생한 현장에서 소방활동을 위하여 필요한 때에는 그 관할구역에 사는 사람 또는 그 현장에 있는 사람으로 하여금 사람을 구출하는 일 또는 불을 끄는 등의 일을 하도록 명령할 수 있는 권한이 없다.

정답 ③

12 제25조 강제처분 등

092 □□□

22 소방 경채

「소방기본법」 제25조 제1항에 대한 내용이다. ( ) 안에 들어갈 말로 옳지 않은 것은?

> ( ), ( ) 또는 ( )은 사람을 구출하거나 불이 번지는 것을 막기 위하여 필요할 때에는 화재가 발생하거나 불이 번질 우려가 있는 소방대상물 및 토지를 일시적으로 사용하거나 그 사용의 제한 또는 소방활동에 필요한 처분을 할 수 있다.

① 소방청장
② 소방본부장
③ 소방서장
④ 소방대장

출제 키워드 | 강제처분 하

① ✕ 소방청장

> 소방본부장, 소방서장 또는 소방대장은 사람을 구출하거나 불이 번지는 것을 막기 위하여 필요할 때에는 화재가 발생하거나 불이 번질 우려가 있는 소방대상물 및 토지를 일시적으로 사용하거나 그 사용의 제한 또는 소방활동에 필요한 처분을 할 수 있다.

정답 ①

093 □□□

19 소방 공채

「소방기본법」상 소방활동에 필요한 처분(강제처분 등)을 할 수 있는 처분권자로 옳은 것은?

㉠ 소방서장	㉡ 소방본부장
㉢ 소방대장	㉣ 소방청장
㉤ 시·도지사	

① ㉠, ㉡, ㉢　　② ㉠, ㉡, ㉣
③ ㉠, ㉢, ㉤　　④ ㉠, ㉣, ㉤

출제 키워드 | 강제처분 (하)

① O 소방활동에 필요한 처분을 할 수 있는 처분권자는 ㉠ 소방서장, ㉡ 소방본부장, ㉢ 소방대장이다(소방기본법 제25조 제1항).

정답 ①

13 제27조 위험시설 등에 대한 긴급조치

대표기출

094 □□□

20 소방설비기사

「소방기본법」상 소방대장의 권한이 아닌 것은?

① 소방활동을 할 때에 긴급한 경우에는 이웃한 소방본부장 또는 소방서장에게 소방업무의 응원을 요청할 수 있다.
② 화재, 재난·재해, 그 밖의 위급한 상황이 발생한 현장에서 소방활동을 위하여 필요할 때에는 그 관할구역에 사는 사람 또는 그 현장에 있는 사람으로 하여금 사람을 구출하는 일 또는 불을 끄거나 불이 번지지 아니하도록 하는 일을 하게 할 수 있다.
③ 사람을 구출하거나 불이 번지는 것을 막기 위하여 필요할 때에는 화재가 발생하거나 불이 번질 우려가 있는 소방대상물 및 토지를 일시적으로 사용하거나 그 사용의 제한 또는 소방활동에 필요한 처분을 할 수 있다.
④ 소방활동을 위하여 긴급하게 출동할 때에는 소방자동차의 통행과 소방활동에 방해가 되는 주차 또는 정차된 차량 및 물건 등을 제거하거나 이동시킬 수 있다.

출제 키워드 | 소방대장의 권한 (중)

① X 소방본부장이나 소방서장은 소방활동을 할 때에 긴급한 경우에는 이웃한 소방본부장 또는 소방서장에게 소방업무의 응원을 요청할 수 있다
② O 화재, 재난·재해, 그 밖의 위급한 상황이 발생한 현장에서 소방활동을 위하여 필요할 때에는 그 관할구역에 사는 사람 또는 그 현장에 있는 사람으로 하여금 사람을 구출하는 일 또는 불을 끄거나 불이 번지지 아니하도록 하는 일을 하게 할 수 있다.
③ O 사람을 구출하거나 불이 번지는 것을 막기 위하여 필요할 때에는 화재가 발생하거나 불이 번질 우려가 있는 소방대상물 및 토지를 일시적으로 사용하거나 그 사용의 제한 또는 소방활동에 필요한 처분을 할 수 있다.
④ O 소방활동을 위하여 긴급하게 출동할 때에는 소방자동차의 통행과 소방활동에 방해가 되는 주차 또는 정차된 차량 및 물건 등을 제거하거나 이동시킬 수 있다.

「소방기본법」 제24조(소방활동 종사 명령) ① 소방본부장, 소방서장 또는 소방대장은 화재, 재난·재해, 그 밖의 위급한 상황이 발생한 현장에서 소방활동을 위하여 필요할 때에는 그 관할구역에 사는 사람 또는 그 현장에 있는 사람으로 하여금 사람을 구출하는 일 또는 불을 끄거나 불이 번지지 아니하도록 하는 일을 하게 할 수 있다. → 위반 시 5년 이하의 징역 또는 5천만 원 이하의 벌금
이 경우 소방본부장, 소방서장 또는 소방대장은 소방활동에 필요한 보호장구를 지급하는 등 안전을 위한 조치를 해야 한다.
② 삭제 〈2017. 12. 26.〉

③ 제1항에 따른 명령에 따라 소방활동에 종사한 사람은 시 · 도지사로부터 소방활동의 비용을 지급받을 수 있다. 다만, 다음 각 호의 어느 하나에 해당하는 사람의 경우에는 그러하지 아니하다.
1. 소방대상물에 화재, 재난 · 재해, 그 밖의 위급한 상황이 발생한 경우 그 관계인
2. 고의 또는 과실로 화재 또는 구조 · 구급 활동이 필요한 상황을 발생시킨 사람
3. 화재 또는 구조 · 구급 현장에서 물건을 가져간 사람

「소방기본법」 제25조(강제처분 등) ① 소방본부장, 소방서장 또는 소방대장은 사람을 구출하거나 불이 번지는 것을 막기 위하여 필요할 때에는 화재가 발생하거나 불이 번질 우려가 있는 소방대상물 및 토지를 일시적으로 사용하거나 그 사용의 제한 또는 소방활동에 필요한 처분을 할 수 있다. → 위반 시 3년 이하의 징역 또는 3천만 원 이하의 벌금
② 소방본부장, 소방서장 또는 소방대장은 사람을 구출하거나 불이 번지는 것을 막기 위하여 긴급하다고 인정할 때에는 제1항에 따른 소방대상물 또는 토지 외의 소방대상물과 토지에 대하여 제1항에 따른 처분을 할 수 있다. → 위반 시 300만 원 이하의 벌금
③ 소방본부장, 소방서장 또는 소방대장은 소방활동을 위하여 긴급하게 출동할 때에는 소방자동차의 통행과 소방활동에 방해가 되는 주차 또는 정차된 차량 및 물건 등을 제거하거나 이동시킬 수 있다. → 위반 시 300만 원 이하의 벌금
④ 소방본부장, 소방서장 또는 소방대장은 제3항에 따른 소방활동에 방해가 되는 주차 또는 정차된 차량의 제거나 이동을 위하여 관할 지방자치단체 등 관련 기관에 견인차량과 인력 등에 대한 지원을 요청할 수 있고, 요청을 받은 관련 기관의 장은 정당한 사유가 없으면 이에 협조해야 한다.
⑤ 시 · 도지사는 제4항에 따라 견인차량과 인력 등을 지원한 자에게 시 · 도의 조례로 정하는 바에 따라 비용을 지급할 수 있다.

「소방기본법」 제26조(피난 명령) ① 소방본부장, 소방서장 또는 소방대장은 화재, 재난 · 재해, 그 밖의 위급한 상황이 발생하여 사람의 생명을 위험하게 할 것으로 인정할 때에는 일정한 구역을 지정하여 그 구역에 있는 사람에게 그 구역 밖으로 피난할 것을 명할 수 있다. → 위반 시 100만 원 이하의 벌금
② 소방본부장, 소방서장 또는 소방대장은 제1항에 따른 명령을 할 때 필요하면 관할 경찰서장 또는 자치경찰단장에게 협조를 요청할 수 있다.

「소방기본법」 제27조(위험시설 등에 대한 긴급조치) ① 소방본부장, 소방서장 또는 소방대장은 화재 진압 등 소방활동을 위하여 필요할 때에는 소방용수 외에 댐 · 저수지 또는 수영장 등의 물을 사용하거나 수도의 개폐장치 등을 조작할 수 있다. → 위반 시 100만 원 이하의 벌금
② 소방본부장, 소방서장 또는 소방대장은 화재 발생을 막거나 폭발 등으로 화재가 확대되는 것을 막기 위하여 가스 · 전기 또는 유류 등의 시설에 대하여 위험물질의 공급을 차단하는 등 필요한 조치를 할 수 있다. → 위반 시 100만 원 이하의 벌금

정답 ①

095 □□□

19 소방설비기사(변형)

「소방기본법」상 명령권자가 소방본부장, 소방서장 또는 소방대장에게 있는 사항이 아닌 것은?

① 소방활동을 할 때에 긴급한 경우에는 이웃한 소방본부장 또는 소방서장에게 소방 업무의 응원을 요청할 수 있다.
② 화재, 재난·재해, 그 밖의 위급한 상황이 발생한 현장에서 소방활동을 위하여 필요할 때에는 그 관할구역에 사는 사람 또는 그 현장에 있는 사람으로 하여금 사람을 구출하는 일 또는 불을 끄거나 불이 번지지 아니하도록 하는 일을 하게 할 수 있다.
③ 화재, 재난·재해, 그 밖의 위급한 상황이 발생하여 사람의 생명을 위험하게 할 것으로 인정할 때에는 일정한 구역을 지정하여 그 구역에 있는 사람에게 그 구역 밖으로 피난할 것을 명할 수 있다.
④ 화재 진압 등 소방활동을 위하여 필요할 때에는 소방용수 외에 댐·저수지 또는 수영장 등의 물을 사용하거나 수도의 개폐장치 등을 조작할 수 있다.

출제 키워드 | 소방대장의 권한 

① × 소방본부장이나 소방서장은 소방활동을 할 때에 긴급한 경우에는 이웃한 소방본부장 또는 소방서장에게 소방업무의 응원을 요청할 수 있다. 소방대장은 할 수 없다.
② ○ 화재, 재난·재해, 그 밖의 위급한 상황이 발생한 현장에서 소방활동을 위하여 필요할 때에는 그 관할구역에 사는 사람 또는 그 현장에 있는 사람으로 하여금 사람을 구출하는 일 또는 불을 끄거나 불이 번지지 아니하도록 하는 일을 하게 할 수 있다.
③ ○ 화재, 재난·재해, 그 밖의 위급한 상황이 발생하여 사람의 생명을 위험하게 할 것으로 인정할 때에는 일정한 구역을 지정하여 그 구역에 있는 사람에게 그 구역 밖으로 피난할 것을 명할 수 있다.
④ ○ 화재 진압 등 소방활동을 위하여 필요할 때에는 소방용수 외에 댐·저수지 또는 수영장 등의 물을 사용하거나 수도의 개폐장치 등을 조작할 수 있다.

정답 ①

096 □□□

22 소방 경채

「소방기본법」상 소방대장의 권한으로 옳지 않은 것은?

① 소방활동에 필요한 소화전(消火栓) · 급수탑(給水塔) · 저수조(貯水槽)를 설치하고 유지 · 관리하여야 한다.

② 소방활동을 위하여 긴급하게 출동할 때에는 소방자동차의 통행과 소방활동에 방해가 되는 주차 또는 정차된 차량 및 물건 등을 제거하거나 이동시킬 수 있다.

③ 화재 발생을 막거나 폭발 등으로 화재가 확대되는 것을 막기 위하여 가스 · 전기 또는 유류 등의 시설에 대하여 위험물질의 공급을 차단하는 등 필요한 조치를 할 수 있다.

④ 화재, 재난 · 재해, 그 밖의 위급한 상황이 발생한 현장에서 소방활동을 위하여 필요할 때에는 그 관할구역에 사는 사람 또는 그 현장에 있는 사람으로 하여금 사람을 구출하는 일 또는 불을 끄거나 불이 번지지 아니하도록 하는 일을 하게 할 수 있다.

출제 키워드 | 소방대장의 권한 상

① X 시 · 도지사는 소방활동에 필요한 소화전 · 급수탑 · 저수조(이하 "소방용수시설")를 설치하고 유지 · 관리해야 한다. 다만, 「수도법」 제45조에 따라 소화전을 설치하는 일반수도사업자는 관할 소방서장과 사전협의를 거친 후 소화전을 설치해야 하며, 설치 사실을 관할 소방서장에게 통지하고, 그 소화전을 유지 · 관리해야 한다.

② O 소방활동을 위하여 긴급하게 출동할 때에는 소방자동차의 통행과 소방활동에 방해가 되는 주차 또는 정차된 차량 및 물건 등을 제거하거나 이동시킬 수 있다.

③ O 화재 발생을 막거나 폭발 등으로 화재가 확대되는 것을 막기 위하여 가스 · 전기 또는 유류 등의 시설에 대하여 위험물질의 공급을 차단하는 등 필요한 조치를 할 수 있다.

④ O 화재, 재난 · 재해, 그 밖의 위급한 상황이 발생한 현장에서 소방활동을 위하여 필요할 때에는 그 관할구역에 사는 사람 또는 그 현장에 있는 사람으로 하여금 사람을 구출하는 일 또는 불을 끄거나 불이 번지지 아니하도록 하는 일을 하게 할 수 있다.

정답 ①

097 □□□

20 소방 경채

「소방기본법」상 강제처분과 위험시설 등에 대한 긴급조치에 관한 내용으로 옳지 않은 것은?

① 소방본부장, 소방서장 또는 소방대장은 사람을 구출하거나 불이 번지는 것을 막기 위하여 필요할 때에는 화재가 발생하거나 불이 번질 우려가 있는 소방대상물 및 토지를 일시적으로 사용하거나 그 사용의 제한 또는 소방활동에 필요한 처분을 할 수 있다.

② 소방본부장, 소방서장 또는 소방대장은 화재 진압 등 소방활동을 위하여 필요할 때에는 소방용수 외에 댐 · 저수지 또는 수영장 등의 물을 사용하거나 수도(水道)의 개폐장치 등을 조작할 수 있다.

③ 시 · 도지사는 소방활동에 방해가 되는 주차 또는 정차된 차량의 제거나 이동을 위하여 견인차량과 인력 등을 지원한 자에게 시 · 도의 조례로 정하는 바에 따라 비용을 지급할 수 있다.

④ 시 · 도지사는 화재 발생을 막거나 폭발 등으로 화재가 확대되는 것을 막기 위하여 가스 · 전기 또는 유류 등의 시설에 대하여 위험물질의 공급을 차단하는 등 필요한 조치를 할 수 있다.

출제 키워드 | 긴급조치 

① O 소방본부장, 소방서장 또는 소방대장은 사람을 구출하거나 불이 번지는 것을 막기 위하여 필요할 때에는 화재가 발생하거나 불이 번질 우려가 있는 소방대상물 및 토지를 일시적으로 사용하거나 그 사용의 제한 또는 소방활동에 필요한 처분을 할 수 있다.

② O 소방본부장, 소방서장 또는 소방대장은 화재 진압 등 소방활동을 위하여 필요할 때에는 소방용수 외에 댐 · 저수지 또는 수영장 등의 물을 사용하거나 수도(水道)의 개폐장치 등을 조작할 수 있다.

③ O 시 · 도지사는 소방활동에 방해가 되는 주차 또는 정차된 차량의 제거나 이동을 위하여 견인차량과 인력 등을 지원한 자에게 시 · 도의 조례로 정하는 바에 따라 비용을 지급할 수 있다.

④ X 소방본부장, 소방서장 또는 소방대장은 화재 발생을 막거나 폭발 등으로 화재가 확대되는 것을 막기 위하여 가스 · 전기 또는 유류 등의 시설에 대하여 위험물질의 공급을 차단하는 등 필요한 조치를 할 수 있다.

정답 ④

CHAPTER

04 소방산업의 육성·진흥 및 지원 등

1 소방기술 및 소방산업의 국제화사업

소방청장은 소방기술 및 소방산업의 국제경쟁력과 국제적 통용성을 높이기 위하여 다음 각 호의 사업을 추진하여야 한다.

① 소방기술 및 소방산업의 국제 협력을 위한 조사·연구

② 소방기술 및 소방산업에 관한 국제 전시회, 국제 학술회의 개최 등 국제 교류

③ 소방기술 및 소방산업의 국외시장 개척

④ 그 밖에 소방기술 및 소방산업의 국제경쟁력과 국제적 통용성을 높이기 위하여 필요하다고 인정하는 사업

2 소방기술의 연구·개발사업 수행

국가는 국민의 생명과 재산을 보호하기 위하여 다음 각 호의 어느 하나에 해당하는 기관이나 단체로 하여금 소방기술의 연구·개발사업을 수행하게 할 수 있다.

① 국공립 연구기관

② 「과학기술분야 정부출연연구기관 등의 설립·운영 및 육성에 관한 법률」에 따라 설립된 연구기관

③ 「특정연구기관 육성법」 제2조에 따른 특정연구기관

④ 「고등교육법」에 따른 대학·산업대학·전문대학 및 기술대학

⑤ 「민법」이나 다른 법률에 따라 설립된 소방기술 분야의 법인인 연구기관 또는 법인 부설 연구소

⑥ 「기초연구진흥 및 기술개발지원에 관한 법률」 제14조의2 제1항에 따라 인정받은 기업부설연구소

⑦ 「소방산업의 진흥에 관한 법률」 제14조에 따른 한국소방산업기술원

⑧ 그 밖에 대통령령[하위 법령 없음]으로 정하는 소방에 관한 기술개발 및 연구를 수행하는 기관·협회

119 암기카드

1분 1초를 9하는
소방 암기카드!
QR코드를 스캔하여
확인해보세요.

※ 에듀윌 도서몰에서도
다운로드 가능합니다.

01 제1조 목적

098 □□□

13 소방시설관리사(변형)

소방기본법령상 소방산업의 육성·진흥 및 지원 등에 관한 설명으로 옳지 않은 것은?

① 국가는 소방산업의 육성·진흥을 위하여 행정상·재정상의 지원시책을 마련하여야 한다.

② 국가는 소방산업과 관련된 기술(이하 "소방기술")의 개발을 촉진하기 위하여 기술개발을 실시하는 자에게 그 기술개발에 드는 자금의 전부나 일부를 출연하거나 보조할 수 있다.

③ 국가는 「고등교육법」에 따른 전문대학에 소방기술의 연구·개발사업을 수행하게 할 수 있다.

④ 국가는 소방기술 및 소방산업의 국외시장 개척을 위한 사업을 추진하여야 한다.

출제 키워드 | 소방산업 육성·진흥 및 지원 

① O 국가는 소방산업의 육성·진흥을 위하여 행정상·재정상의 지원시책을 마련하여야 한다.

② O 국가는 소방산업과 관련된 기술(이하 "소방기술")의 개발을 촉진하기 위하여 기술개발을 실시하는 자에게 그 기술개발에 드는 자금의 전부나 일부를 출연하거나 보조할 수 있다.

③ O 국가는 「고등교육법」에 따른 전문대학에 소방기술의 연구·개발사업을 수행하게 할 수 있다.

④ X 소방청장은 소방기술 및 소방산업의 국외시장 개척을 위한 사업을 추진하여야 한다.

> 「소방기본법」 제39조의7(소방기술 및 소방산업의 국제화사업) ① 국가는 소방기술 및 소방산업의 국제경쟁력과 국제적 통용성을 높이는 데에 필요한 기반 조성을 촉진하기 위한 시책을 마련해야 한다.
> ② 소방청장은 소방기술 및 소방산업의 국제경쟁력과 국제적 통용성을 높이기 위하여 다음 각 호의 사업을 추진해야 한다.
> 1. 소방기술 및 소방산업의 국제 협력을 위한 조사·연구
> 2. 소방기술 및 소방산업에 관한 국제 전시회, 국제 학술회의 개최 등 국제 교류
> 3. 소방기술 및 소방산업의 국외시장 개척
> 4. 그 밖에 소방기술 및 소방산업의 국제경쟁력과 국제적 통용성을 높이기 위하여 필요하다고 인정하는 사업

정답 ④

CHAPTER

05 한국소방안전원

1 안전원의 업무

안전원은 다음 각 호의 업무를 수행한다.

① 소방기술과 안전관리에 관한 교육 및 조사·연구

② 소방기술과 안전관리에 관한 각종 간행물 발간

③ 화재 예방과 안전관리의식 고취를 위한 대국민 홍보

④ 소방업무에 관하여 행정기관이 위탁하는 업무

⑤ 소방안전에 관한 국제협력

⑥ 그 밖에 회원에 대한 기술지원 등 정관으로 정하는 사항

2 회원의 관리

안전원은 소방기술과 안전관리 역량의 향상을 위하여 다음 각 호의 사람을 회원으로 관리할 수 있다.

① 「소방시설 설치 및 관리에 관한 법률」, 「소방시설공사업법」 또는 「위험물안전관리법」에 따라 등록을 하거나 허가를 받은 사람으로서 회원이 되려는 사람

② 「화재의 예방 및 안전관리에 관한 법률」, 「소방시설공사업법」 또는 「위험물안전관리법」에 따라 소방안전관리자, 소방기술자 또는 위험물안전관리자로 선임되거나 채용된 사람으로서 회원이 되려는 사람

③ 그 밖에 소방 분야에 관심이 있거나 학식과 경험이 풍부한 사람으로서 회원이 되려는 사람

119 암기카드

1분 1초를 9하는
소방 암기카드!
QR코드를 스캔하여
확인해보세요.
※ 에듀윌 도서몰에서도
다운로드 가능합니다.

01 제41조 안전원의 업무

대표기출

099 □□□ 21 소방 공채

「소방기본법」상 한국소방안전원이 수행하는 업무에 대한 내용으로 옳지 않은 것은?

① 소방기술과 안전관리에 관한 인허가 업무
② 소방기술과 안전관리에 관한 각종 간행물 발간
③ 소방기술과 안전관리에 관한 교육 및 조사·연구
④ 화재예방과 안전관리의식 고취를 위한 대국민 홍보

출제 키워드 | 한국소방안전원의 업무 (중)

① × 인허가 업무는 한국소방안전원이 수행하는 업무의 내용이 아니다. 소방서 본연의 업무이다.
② ○ 소방기술과 안전관리에 관한 각종 간행물 발간
③ ○ 소방기술과 안전관리에 관한 교육 및 조사·연구
④ ○ 화재예방과 안전관리의식 고취를 위한 대국민 홍보

「소방기본법」 제41조(안전원의 업무) 안전원은 다음 각 호의 업무를 수행한다.
1. 소방기술과 안전관리에 관한 교육 및 조사·연구
2. 소방기술과 안전관리에 관한 각종 간행물 발간
3. 화재예방과 안전관리의식 고취를 위한 대국민 홍보
4. 소방업무에 관하여 행정기관이 위탁하는 업무
5. 소방안전에 관한 국제협력
6. 그 밖에 회원에 대한 기술지원 등 정관으로 정하는 사항

정답 ①

100 □□□ 22 소방 경채

「소방기본법」 제41조에서 정한 한국소방안전원의 업무로 옳지 않은 것은?

① 소방안전에 관한 국제협력
② 소방기술과 안전관리에 관한 교육 및 조사·연구
③ 화재 예방과 안전관리의식 고취를 위한 대국민 홍보
④ 소방장비의 품질 확보, 품질 인증 및 신기술·신제품에 관한 인증 업무

출제 키워드 | 한국소방안전원의 업무 (중)

④ × 한국소방안전원의 업무가 아니다.
→ 안전원 업무의 기본은 교육, 연구, 발간, 홍보 등이 있다.

정답 ④

02 제42조 회원의 관리

대표기출

101 □□□

16 소방 공채(복원)

「소방기본법」상 안전원의 정관에 기재하여야 하는 사항이 아닌 것은?

① 주된 사무소의 소재지
② 회원과 임원 및 직원에 관한 사항
③ 재정 및 회계에 관한 사항
④ 대표자의 성명

출제 키워드 | 한국소방안전원의 정관 중

④ X 대표자의 성명은 정관에 기재하여야 하는 사항이 아니다(소방기본법 제43조 제1항).

> 「소방기본법」 제43조(안전원의 정관) ① 안전원의 정관에는 다음 각 호의 사항이 포함되어야 한다.
> 1. 목적
> 2. 명칭
> 3. 주된 사무소의 소재지
> 4. 사업에 관한 사항
> 5. 이사회에 관한 사항
> 6. 회원과 임원 및 직원에 관한 사항
> 7. 재정 및 회계에 관한 사항
> 8. 정관의 변경에 관한 사항
>
> ② 안전원은 정관을 변경하려면 소방청장의 인가를 받아야 한다.

정답 ④

102 □□□

17 소방 경채(복원)

다음 중 한국소방안전원에 대하여 옳지 않은 것은?

① 한국소방안전원은 법인으로 한다.
② 소방안전관리자 또는 소방기술자로 선임된 사람도 회원이 될 수 있다.
③ 안전원의 운영 경비는 국가 보조금으로 충당한다.
④ 안전원이 정관을 변경하려면 소방청장의 인가를 받아야 한다.

출제 키워드 | 한국소방안전원 중

① O 한국소방안전원은 법인으로 한다.
② O 소방안전관리자 또는 소방기술자로 선임된 사람도 회원이 될 수 있다.
③ X 업무 수행에 따른 수입금, 회원의 회비, 자산운영수익금 등으로 운영한다.

> 「소방기본법」 제44조(안전원의 운영 경비) 안전원의 운영 및 사업에 소요되는 경비는 다음 각 호의 재원으로 충당한다.
> 1. 제41조 제1호 및 제4호의 업무 수행에 따른 수입금
> 2. 제42조에 따른 회원의 회비
> 3. 자산운영수익금
> 4. 그 밖의 부대수입

④ O 안전원이 정관을 변경하려면 소방청장의 인가를 받아야 한다.

정답 ③

CHAPTER

06 보칙

1 손실보상

보상권자	소방청장, 시·도지사
보상대상	• 생활안전활동: 손실 입은 자 • 소방활동 종사(명령): 사망 또는 부상 입은 자 • 강제처분(법령 위반 제외): 손실 입은 자 • 위험시설 등 긴급조치: 손실 입은 자 • 적법 소방업무: 손실 입은 자
시효	• 손실 안 날 + 3년 • 발생날 + 5년
손실보상위원회	위원장 포함 5～7명

불꽃암기
시효
안3발5

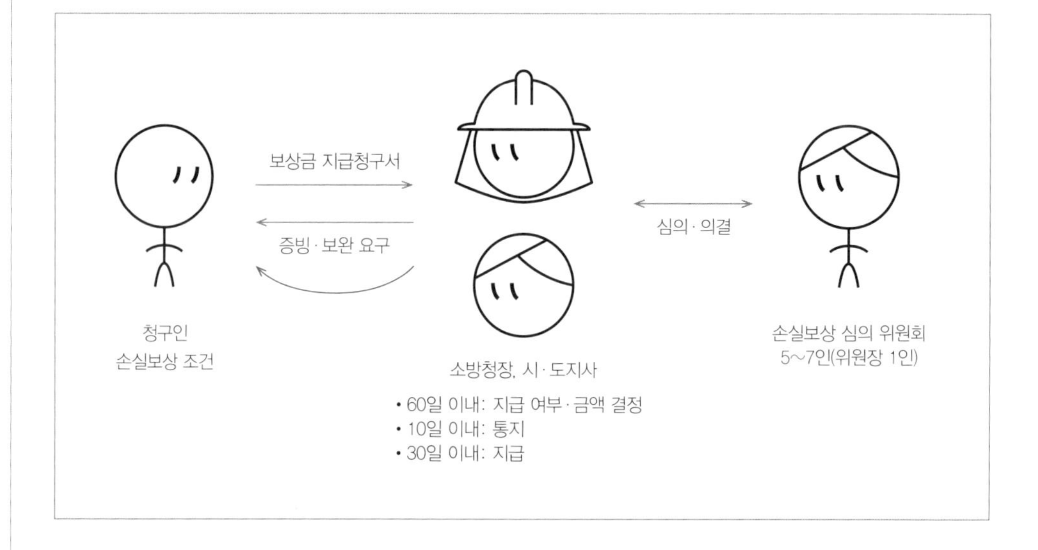

119 암기카드

1분 1초를 9하는
소방 암기카드!
QR코드를 스캔하여
확인해보세요.
※ 에듀윌 도서몰에서도
다운로드 가능합니다.

01 제49조의2 손실보상

대표기출

103 □□□

19 소방 공채

「소방기본법」 및 같은 법 시행령상 손실보상에 관한 설명 중 (　　) 안에 들어갈 숫자로 옳은 것은?

- 손실보상을 청구할 수 있는 권리는 손실이 있음을 안 날부터 (가)년, 손실이 발생한 날부터 (나)년간 행사하지 아니하면 시효의 완성으로 소멸한다.
- 소방청장등은 손실보상심의위원회의 심사·의결을 거쳐 특별한 사유가 없으면 보상금 지급 청구서를 받은 날부터 (다)일 이내에 보상금 지급 여부 및 보상금액을 결정하여야 한다.
- 소방청장등은 결정일부터 (라)일 이내에 행정안전부령으로 정하는 바에 따라 결정 내용을 청구인에게 통지하고, 보상금을 지급하기로 결정한 경우에는 특별한 사유가 없으면 통지한 날부터 (마)일 이내에 보상금을 지급하여야 한다.

	(가)	(나)	(다)	(라)	(마)
①	3	5	60	10	30
②	5	3	60	12	20
③	3	5	50	12	30
④	5	3	50	10	20

출제 키워드 | 손실보상 중

① O (가) 3, (나) 5, (다) 60, (라) 10, (마) 30

- 손실보상을 청구할 수 있는 권리는 손실이 있음을 안 날부터 3년, 손실이 발생한 날부터 5년간 행사하지 아니하면 시효의 완성으로 소멸한다(소방기본법 제49조의2 제2항).
- 소방청장등은 손실보상심의위원회의 심사·의결을 거쳐 특별한 사유가 없으면 보상금 지급 청구서를 받은 날부터 60일 이내에 보상금 지급 여부 및 보상금액을 결정하여야 한다(소방기본법 시행령 제12조 제2항).
- 소방청장등은 결정일부터 10일 이내에 행정안전부령으로 정하는 바에 따라 결정 내용을 청구인에게 통지하고, 보상금을 지급하기로 결정한 경우에는 특별한 사유가 없으면 통지한 날부터 30일 이내에 보상금을 지급하여야 한다(소방기본법 시행령 제12조 제4항).

정답 ①

104 □□□

21 소방 경채

「소방기본법 시행령」상 손실보상에 대한 내용으로 옳지 않은 것은?

① 손실보상심의위원회 위원의 임기는 2년으로 하며, 한 차례만 연임할 수 있다.
② 손실보상심의위원회는 위원장 1명을 포함하여 7명 이상 9명 이하의 위원으로 구성한다.
③ 소방청장등은 보상금을 지급하기로 결정한 경우에는 특별한 사유가 없으면 통지한 날부터 30일 이내에 보상금을 지급하여야 한다.
④ 소방청장등은 손실보상심의위원회의 심사·의결을 거쳐 특별한 사유가 없으면 보상금 지급 청구서를 받은 날부터 60일 이내에 보상금 지급 여부 및 보상금액을 결정하여야 한다.

출제 키워드 | 손실보상 중

① O 손실보상심의위원회 위원의 임기는 2년으로 하며, 한 차례만 연임할 수 있다.

② X 보상위원회는 위원장 1명을 포함하여 5명 이상 7명 이하의 위원으로 구성한다.

③ O 소방청장등은 보상금을 지급하기로 결정한 경우에는 특별한 사유가 없으면 통지한 날부터 30일 이내에 보상금을 지급하여야 한다.

④ O 소방청장등은 손실보상심의위원회의 심사·의결을 거쳐 특별한 사유가 없으면 보상금 지급 청구서를 받은 날부터 60일 이내에 보상금 지급 여부 및 보상금액을 결정하여야 한다.

정답 ②

105 □□□

18 하반기 소방 공채

「소방기본법」상 소방청장 또는 시·도지사가 손실보상심의위원회의 심사·의결에 따라 정당한 손실보상을 하여야 하는 대상으로 옳지 않은 것은?

① 생활안전활동에 따른 조치로 인하여 손실을 입은 자
② 화재가 확대되는 것을 막기 위하여 가스·전기 또는 유류 등의 시설에 대하여 위험물실의 공급을 차단하는 등의 조치로 인하여 손실을 입은 자
③ 소방활동 종사 명령으로 인하여 사망하거나 부상을 입은 자
④ 소방활동에 방해가 되는 불법 주차 차량을 제거하거나 이동시키는 처분으로 인하여 손실을 입은 자

출제 키워드 | 손실보상 중

④ X 법령을 위반하여 소방활동에 방해가 된 경우에는 손실보상의 대상에서 제외한다. 따라서 불법 주차 차량을 제거하거나 이동시키는 처분으로 인하여 손실을 입은 자는 손실보상의 대상이 아니다(소방기본법 제49조의2 제1항 제3호).

> 「소방기본법」 제49조의2(손실보상) ① 소방청장 또는 시·도지사는 다음 각 호의 어느 하나에 해당하는 자에게 제3항의 손실보상심의위원회의 심사·의결에 따라 정당한 보상을 해야 한다.
> 1. 제16조의3 제1항(생활안전활동)에 따른 조치로 인하여 손실을 입은 자
> 2. 제24조 제1항 전단에 따른 소방활동 종사(명령)로 인하여 사망하거나 부상을 입은 자
> 3. 제25조 제2항 또는 제3항에 따른 (강제)처분으로 인하여 손실을 입은 자. 다만, 같은 조 제3항에 해당하는 경우로서 법령을 위반하여 소방자동차의 통행과 소방활동에 방해가 된 경우는 제외한다.
> 4. 제27조 제1항 또는 제2항에 따른 (위험시설 등에 대한) 조치로 인하여 손실을 입은 자
> 5. 그 밖에 소방기관 또는 소방대의 적법한 소방업무 또는 소방활동으로 인하여 손실을 입은 자
>
> ② 제1항에 따라 손실보상을 청구할 수 있는 권리는 손실이 있음을 안 날부터 3년, 손실이 발생한 날부터 5년간 행사하지 아니하면 시효의 완성으로 소멸한다.
> ③ 제1항에 따른 손실보상청구 사건을 심사·의결하기 위하여 손실보상심의위원회를 둘 수 있다.
> ④ 제1항에 따른 손실보상의 기준, 보상금액, 지급절차 및 방법, 제3항에 따른 손실보상심의위원회의 구성 및 운영, 그 밖에 필요한 사항은 대통령령으로 정한다.

정답 ④

106 □□□

19 소방시설관리사

소방기본법령상 보상 제도에 관한 설명이다. (　　)에 들어갈 말을 순서대로 바르게 나열한 것은?

> 소방청장 또는 시·도지사는 「소방기본법」 제16조의3 제1항에 따른 조치로 인하여 손실을 입은 자 등에게 (　　)의 심사·의결에 따라 정당한 보상을 하여야 한다. 이러한 보상을 청구할 수 있는 권리는 손실이 있음을 안 날로부터 (　　), 손실이 발생한 날부터 (　　)간 행사하지 아니하면 시효의 완성으로 소멸된다.

① 손해보상심의위원회 – 3년 – 5년
② 손실보상심의위원회 – 3년 – 5년
③ 손해보상심의위원회 – 5년 – 10년
④ 손실보상심의위원회 – 5년 – 10년

출제 키워드 | 손실보상 중

② O 손실보상심의위원회 – 3년 – 5년

> 소방청장 또는 시·도지사는 「소방기본법」 제16조의3 제1항에 따른 조치로 인하여 손실을 입은 자 등에게 손실보상심의위원회의 심사·의결에 따라 정당한 보상을 하여야 한다. 이러한 보상을 청구할 수 있는 권리는 손실이 있음을 안 날로부터 3년, 손실이 발생한 날부터 5년간 행사하지 아니하면 시효의 완성으로 소멸된다.

정답 ②

107 □□□

19 소방 경채(변형)

「소방기본법」 및 같은 법 시행령상 손실보상에 관한 내용 중 소방청장 또는 시·도지사가 '손실보상심의위원회'의 심사·의결에 따라 정당한 보상을 하여야 하는 대상으로 옳지 않은 것은?

① 생활안전활동에 따른 조치로 인하여 손실을 입은 자
② 소방활동 종사 명령에 따른 소방활동 종사로 인하여 사망하거나 부상을 입은 자
③ 소방지원활동에 따른 조치로 인하여 손실을 입은 자
④ 소방기관 또는 소방대의 적법한 소방업무 또는 소방활동으로 인하여 손실을 입은 자

출제 키워드 | 손실보상 

③ X 소방지원활동에 따른 조치로 인하여 손실을 입은 자는 손실보상 대상이 아니다.

정답 ③

CHAPTER

07 벌칙

벌칙	내용
징역 5년 이하 또는 벌금 5천만 원 이하	• 소방대의 화재진압·인명구조 또는 구급활동을 방해하는 행위 • 소방대가 화재진압·인명구조 또는 구급활동을 위하여 현장에 출동하거나 현장에 출입하는 것을 고의로 방해하는 행위 • 출동한 소방대원에게 폭행 또는 협박을 행사하여 화재진압·인명구조 또는 구급활동을 방해하는 행위 • 출동한 소방대의 소방장비를 파손하거나 그 효용을 해하여 화재진압·인명구조 또는 구급활동을 방해하는 행위 • 소방자동차의 출동을 방해한 사람 • 소방활동을 방해한 사람 • 정당한 사유 없이 소방용수시설 또는 비상소화장치를 사용하거나 그 효용을 해치거나 정당한 사용을 방해한 사람
징역 3년 이하 또는 벌금 3천만 원 이하	화재 위험이 있는 소방대상물 및 토지의 일시적 사용 또는 사용의 제한, 소방활동에 필요한 처분을 방해한 자 또는 그 처분에 따르지 않은 자
벌금 300만 원 이하	• 사람을 구출하거나 불이 번지는 것을 막기 위하여 필요할 때에는 화재가 발생하거나 불이 번질 우려가 있는 소방대상물 및 토지를 일시적으로 사용하거나 그 사용의 제한 또는 소방활동에 필요한 처분에 따르지 아니한 자 • 소방활동을 위하여 긴급 출동할 때 소방자동차의 통행과 소방활동에 방해가 되는 주정차 차량 및 물건을 제거하거나 이동하는 처분을 방해한 자 또는 정당한 사유 없이 그 처분에 따르지 않은 자
벌금 100만 원 이하	• 정당한 사유 없이 소방대의 생활안전활동을 방해한 자 • 정당한 사유 없이 소방대가 현장에 도착할 때까지 사람을 구출하는 조치 또는 불을 끄거나 불이 번지지 않도록 하는 조치를 하지 않은 사람 • 피난 명령을 위반한 사람 • 정당한 사유 없이 물의 사용이나 수도의 개폐장치의 사용 또는 조작을 하지 못하게 하거나 방해한 자 • 화재 예방을 위해 가스·전기 또는 유류 등의 시설에 대하여 위험물질의 공급을 차단하는 조치를 정당한 사유 없이 방해한 자

119 암기카드

1분 1초를 9하는
소방 암기카드!
QR코드를 스캔하여
확인해보세요.

※ 에듀윌 도서몰에서도
다운로드 가능합니다.

01 벌칙

108 □□□

17 하반기 소방 공채(복원)

「소방기본법」상 위력(威力)을 사용하여 출동한 소방대의 화재진압·인명구조 또는 구급활동을 방해하는 행위를 한 경우, 벌칙 규정으로 옳은 것은?

① 5년 이하의 징역 또는 5천만 원 이하의 벌금
② 5년 이하의 징역 또는 3천만 원 이하의 벌금
③ 3년 이하의 징역 또는 5천만 원 이하의 벌금
④ 3년 이하의 징역 또는 3천만 원 이하의 벌금

출제 키워드 | 벌칙 중

① O 위력(威力)을 사용하여 출동한 소방대의 화재진압·인명구조 또는 구급활동을 방해하는 행위를 한 사람은 5년 이하의 징역 또는 5천만 원 이하의 벌금에 처한다(소방기본법 제50조).

정답 ①

109 □□□

22 소방 경채(변형)

「소방기본법」 벌칙 기준으로 옳지 않은 것은?

① 정당한 사유 없이 물의 사용이나 수도의 개폐장치의 사용 또는 조작을 하지 못하게 하거나 방해한 자: 100만 원 이하의 벌금
② 정당한 사유 없이 소방대가 현장에 도착할 때까지 사람을 구출하는 조치 또는 불을 끄거나 불이 번지지 아니하도록 하는 조치를 하지 아니한 사람: 100만 원 이하의 벌금
③ 화재 발생을 막거나 폭발 등으로 화재가 확대되는 것을 막기 위하여 가스·전기 또는 유류 등의 시설에 대하여 위험물질의 공급을 차단하는 등 필요한 조치를 방해한 자: 100만 원 이하의 벌금
④ 화재, 재난·재해, 그 밖의 위급한 상황이 발생하여 사람의 생명을 위험하게 할 것으로 인정할 때에는 일정한 구역을 지정하여 그 구역에 있는 사람에게 그 구역 밖으로 피난할 것에 대한 명령을 위반한 사람: 200만 원 이하의 벌금

출제 키워드 | 벌칙 중

④ X 화재, 재난·재해, 그 밖의 위급한 상황이 발생하여 사람의 생명을 위험하게 할 것으로 인정할 때에는 일정한 구역을 지정하여 그 구역에 있는 사람에게 그 구역 밖으로 피난할 것에 대한 명령을 위반한 사람: 100만 원 이하의 벌금

정답 ④

110 □□□

17 소방 경채(복원)

5년 이하의 징역 또는 5천만 원 이하의 벌금이 아닌 것은?

① 정당한 사유 없이 소방대가 현장에 도착할 때까지 사람을 구출하는 조치 또는 불을 끄거나 불이 번지지 아니하도록 하는 조치를 하지 아니한 사람
② 위력을 사용하여 출동한 소방대의 화재진압·인명구조 또는 구급활동을 방해하는 행위
③ 사람을 구출하는 일 또는 불을 끄거나 불이 번지지 아니하도록 하는 일을 방해한 사람
④ 출동한 소방대원에게 폭행 또는 협박을 행사하여 화재진압·인명구조 또는 구급활동을 방해하는 행위

출제 키워드 | 벌칙 

① ✕ 정당한 사유 없이 소방대가 현장에 도착할 때까지 사람을 구출하는 조치 또는 불을 끄거나 불이 번지지 아니하도록 하는 조치를 하지 아니한 사람은 100만 원 이하의 벌금에 처한다. **정답 ①**

111 □□□

16 소방 경채(복원)

5년 이하의 징역 또는 5천만 원 이하의 벌금에 해당하지 않는 것은?

① 소방자동차의 출동을 방해한 사람
② 사람을 구출하는 일 또는 불을 끄거나 불이 번지지 아니하도록 하는 일을 방해한 사람
③ 사람을 구출하거나 불이 번지는 것을 막기 위하여 필요할 때에는 화재가 발생하거나 불이 번질 우려가 있는 소방대상물 및 토지를 일시적으로 사용하거나 그 사용의 제한 또는 소방활동에 필요한 처분을 방해한 자 또는 정당한 사유 없이 그 처분에 따르지 아니한 자
④ 위력(威力)을 사용하여 출동한 소방대의 화재진압, 인명구조 또는 구급활동을 방해하는 행위

출제 키워드 | 벌칙 중

③ ✕ 강제처분을 방해한 자 또는 정당한 사유 없이 그 처분에 따르지 아니한 자는 3년 이하의 징역 또는 3천만 원 이하의 벌금에 처한다. **정답 ③**

112 □□□

16 소방 경채(복원+변형)

정당한 사유 없이 소방용수시설을 사용하거나 소방용수시설의 효용을 해치거나 그 정당한 사용을 방해한 사람에 대한 벌칙은?

① 5년 이하의 징역 또는 5천만 원 이하의 벌금
② 3년 이하의 징역 또는 3천만 원 이하의 벌금
③ 300만 원 이하의 벌금
④ 200만 원 이하의 벌금

출제 키워드 | 벌칙 

① ✕ 정당한 사유 없이 소방용수시설을 사용하거나 소방용수시설의 효용을 해치거나 그 정당한 사용을 방해한 사람은 5년 이하의 징역 또는 5천만 원 이하의 벌금에 처한다. **정답 ①**

113 □□□

22 소방시설관리사

소방기본법령상 벌칙에 관한 설명이다. (   )에 들어갈 내용으로 옳은 것은?

> 정당한 사유 없이 출동한 소방대원에게 폭행 또는 협박을 행사하여 화재진압 · 인명구조 또는 구급활동을 방해하는 행위를 한 사람은 (ㄱ)년 이하의 징역 또는 (ㄴ)천만 원 이하의 벌금에 처한다.

① ㄱ: 3, ㄴ: 3　　② ㄱ: 3, ㄴ: 5
③ ㄱ: 5, ㄴ: 3　　④ ㄱ: 5, ㄴ: 5

출제 키워드 | 벌칙 중

④ O ㄱ: 5, ㄴ: 5

> 정당한 사유 없이 출동한 소방대원에게 폭행 또는 협박을 행사하여 화재진압 · 인명구조 또는 구급활동을 방해하는 행위를 한 사람은 5년 이하의 징역 또는 5천만 원 이하의 벌금에 처한다.

정답 ④

114 □□□

20 소방시설관리사

소방기본법령상 소방대상물에 화재가 발생한 경우, 정당한 사유 없이 소방대가 현장에 도착할 때까지 사람을 구출하는 조치를 하지 않은 관계인에게 처할 수 있는 벌칙으로 옳은 것은?

① 100만 원 이하의 벌금
② 200만 원 이하의 벌금
③ 300만 원 이하의 벌금
④ 400만 원 이하의 벌금

출제 키워드 | 벌칙 

① O 소방대상물에 화재가 발생한 경우, 정당한 사유 없이 소방대가 현장에 도착할 때까지 사람을 구출하는 조치를 하지 않은 관계인에게는 100만 원 이하의 벌금이 처해진다.

정답 ①

115 □□□

18 소방시설관리사(변형)

소방기본법령상 300만 원의 벌금에 처해질 수 있는 자는?

① 사람을 구출하거나 불이 번지는 것을 막기 위하여 긴급하다고 인정할 때에는 제1항에 따른 소방대상물 또는 토지 외의 소방대상물과 토지에 대하여 처분을 방해한 자 또는 정당한 사유없이 그 처분을 따르지 아니한 자
② 정당한 사유 없이 소방대의 생활안전활동을 방해한 자
③ 정당한 사유 없이 소방대가 현장에 도착할 때까지 사람을 구출하는 조치 또는 불을 끄거나 불이 번지지 아니하도록 하는 조치를 하지 아니한 사람
④ 정당한 사유 없이 물의 사용을 방해한 자

출제 키워드 | 벌칙 

② X 정당한 사유 없이 소방대의 생활안전활동을 방해한 자는 100만 원 이하의 벌금에 처한다.

③ X 정당한 사유 없이 소방대가 현장에 도착할 때까지 사람을 구출하는 조치 또는 불을 끄거나 불이 번지지 아니하도록 하는 조치를 하지 아니한 사람은 100만 원 이하의 벌금에 처한다.

④ X 정당한 사유 없이 물의 사용을 방해한 자는 100만 원 이하의 벌금에 처한다.

정답 ①

116 □□□

16 소방시설관리사

소방기본법령상 5년 이하의 징역 또는 5천만 원 이하의 벌금에 처하는 사람이 아닌 것은?

① 화재진압 및 구조·구급활동을 위하여 출동하는 소방자동차의 출동을 방해한 사람
② 정당한 사유 없이 소방용수시설을 사용하거나 소방용수시설의 효용을 해치거나 그 정당한 사용을 방해한 사람
③ 출동한 소방대원에게 폭행 또는 협박을 행사하여 화재진압·인명구조 또는 구급활동을 방해한 사람
④ 소방자동차에 진로를 양보하지 아니하는 행위를 하여 소방자동차의 출동에 지장을 준 자

출제 키워드 | 벌칙 중

④ ✕ 소방자동차에 진로를 양보하지 아니하는 행위를 하여 소방자동차의 출동에 지장을 준 자는 200만 원 이하의 과태료를 부과한다. 정답 ④

117 □□□

18 소방설비기사

소방기본법에 따른 벌칙의 기준이 다른 것은?

① 소방차전용구역에 차를 주차하거나 전용구역에의 진입을 가로막는 등의 방해행위를 한 자
② 소방 활동 종사 명령에 따른 사람을 구출하는 일 또는 불을 끄거나 번지지 아니하도록 하는 일을 방해한 사람
③ 정당한 사유 없이 소방용수시설 또는 비상소화장치를 사용하거나 소방용수시설 또는 비상소화장치의 효용을 해치거나 그 정당한 사용을 방해한 사람
④ 출동한 소방대의 소방장비를 파손하거나 그 효용을 해하여 화재진압·인명구조 또는 구급활동을 방해하는 행위를 한 사람

출제 키워드 | 벌칙 중

① ✕ 소방차전용구역에 차를 주차하거나 전용구역에의 진입을 가로막는 등의 방해행위를 한 자는 100만 원 이하의 과태료를 부과한다.
② ○ ③ ○ ④ ○ 5년 이하의 징역 또는 5천만 원 이하의 벌금에 처한다.
정답 ①

118 □□□

16 소방설비기사(변형)

소방기본법상의 벌칙으로 5년 이하의 징역 또는 5천만 원 이하의 벌금에 해당하지 않는 것은?

① 소방자동차가 화재진압 및 구조·구급활동을 위하여 출동할 때 그 출동을 방해한 자
② 사람을 구출하거나 불이 번지는 것을 막기 위하여 불이 번질 우려가 있는 소방대상물의 사용제한의 강제처분을 방해한 자
③ 출동한 소방대의 소방장비를 파손하거나 그 효용을 해하며 화재진압·인명구조 또는 구급활동을 방해한 자
④ 정당한 사유 없이 소방용수시설의 효용을 해치거나 그 정당한 사용을 방해한 자

출제 키워드 | 벌칙 중

② ✕ 사람을 구출하거나 불이 번지는 것을 막기 위하여 불이 번질 우려가 있는 소방대상물의 사용제한의 강제처분을 방해한 자는 3년 이하의 징역 또는 3천만 원 이하의 벌금에 처한다. 정답 ②

02 과태료

대표기출

119 □□□

19 소방 경채(변형)

「소방기본법」상 과태료 부과대상으로 옳은 것은?

① 화재 또는 구조·구급이 필요한 상황을 거짓으로 알린 사람
② 화재예방강화지구 안의 소방대상물에 대한 화재안전조사를 거부·방해 또는 기피한 자
③ 소방자동차가 화재진압 및 구조활동을 위하여 출동할 때, 소방자동차의 출동을 방해한 사람
④ 소방활동 종사 명령에 따라 사람을 구출하는 일 또는 불을 끄거나 불이 번지지 아니하도록 하는 일을 방해한 사람

출제 키워드 | 과태료 

① O 화재 또는 구조·구급이 필요한 상황을 거짓으로 알린 사람은 500만 원 이하의 과태료에 처한다.
② X 「화재예방법」상 화재예방강화지구 안의 소방대상물에 대한 화재안전조사를 거부·방해 또는 기피한 자는 300만 원 이하의 벌금에 처한다(화재예방법 제50조 제3항 제1호).
③ X 소방자동차가 화재진압 및 구조활동을 위하여 출동할 때, 소방자동차의 출동을 방해한 사람은 5년 이하의 징역 또는 5천만 원 이하의 벌금에 처한다.
④ X 소방활동 종사 명령에 따라 사람을 구출하는 일 또는 불을 끄거나 불이 번지지 아니하도록 하는 일을 방해한 사람은 5년 이하의 징역 또는 5천만 원 이하의 벌금에 처한다.

정답 ①

120 □□□

21 소방시설관리사(변형)

소방기본법령상 벌칙 기준에 관한 설명으로 옳지 않은 것은?

① 정당한 사유 없이 화재, 재난·재해, 그 밖의 위급한 상황을 소방본부, 소방서 또는 관계 행정기관에 알리지 아니한 관계인은 500만 원 이하의 벌금에 처한다.
② 위력을 사용하여 출동한 소방대의 화재진압·인명구조 또는 구급활동을 방해하는 행위를 한 사람은 5년 이하의 징역 또는 5천만 원 이하의 벌금에 처한다.
③ 소방활동구역을 무단 출입한 사람는 200만 원 이하의 과태료에 처한다.
④ 피난 명령을 위반한 사람은 100만 원 이하의 벌금에 처한다.

출제 키워드 | 과태료 중

① X 500만 원 이하의 과태료에 처한다.

정답 ①

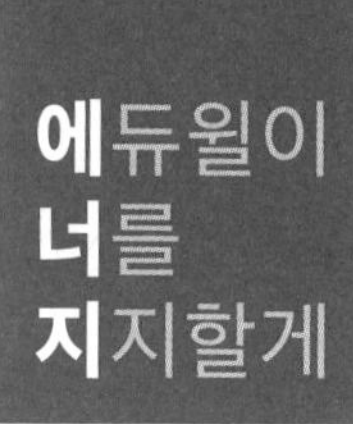

ENERGY

내를 건너서 숲으로
고개를 넘어서 마을로

어제도 가고 오늘도 갈
나의 길 새로운 길

– 윤동주, '새로운 길'

PART

02

소방시설 설치 및 관리에 관한 법률

빈출도&키워드

※소방공무원 공채 5개년(2022~2018 하) 기출 분석

단원	빈출도	키워드
01 총칙	3문항	소화활동설비, 피난구조설비, 경보설비, 소화설비, 근린생활시설, 특정소방대상물의 연결된 경우, 특정소방대상물, 방염성능기준 이상의 실내장식물 등을 설치하여야 하는 특정소방대상물
02 소방시설 등의 설치·관리 및 방염	10문항	건축허가등의 동의대상물, 무창층, 내진설계기준, 성능위주설계, 주택용 소방시설, 수용인원 산정방법, 특정소방대상물의 규모·용도 및 수용인원 등을 고려하여 갖추어야 하는 소방시설, 소방시설기준 적용의 특례, 소방시설을 설치하지 아니할 수 있는 특정소방대상물, 특정소방대상물의 설치 면제기준, 특정소방대상물별로 설치해야 하는 소방시설의 정비 등, 임시소방시설, 내용연수, 소방기술심의위원회, 방염성능기준
03 소방시설등의 자체점검	2문항	소방시설등의 자체점검
04 소방시설관리사 및 소방시설관리업	1문항	소방시설관리사, 소방시설관리업의 등록, 등록의 취소와 영업정지
05 소방용품의 품질관리	0문항	소방용품의 형식승인
06 보칙	0문항	전문기관의 지정취소, 청문, 위탁
07 벌칙	0문항	벌칙, 과태료

CHAPTER

01 총칙

1 용어의 정의

① **소방시설**: 소화설비, 경보설비, 피난구조설비, 소화용수설비, 소화활동설비

② **소방시설 등**: 소방시설, 비상구, 방화문 및 방화셔터, 방염대상물품

③ **특정소방대상물**: 소방시설을 설치하여야 하는 소방대상물로서 대통령령으로 정하는 것

④ **화재안전성능**: 화재를 예방하고 화재발생 시 피해를 최소화하기 위하여 소방대상물의 재료, 공간 및 설비 등에 요구되는 안전성능

⑤ **성능위주설계**: 건축물 등의 재료, 공간, 이용자, 화재 특성 등을 종합적으로 고려하여 공학적 방법으로 화재 위험성을 평가하고 그 결과에 따라 화재안전성능이 확보될 수 있도록 특정소방대상물을 설계하는 것

⑥ **화재안전기준**

성능기준	화재안전 확보를 위하여 재료, 공간 및 설비 등에 요구되는 안전성능으로서 소방청장이 고시로 정하는 기준
기술기준	성능기준을 충족하는 상세한 규격, 특정한 수치 및 시험방법 등에 관한 기준으로서 행정안전부령으로 정하는 절차에 따라 소방청장의 승인을 받은 기준

⑦ **소방용품**: 소방시설 등을 구성하거나 소방용으로 사용되는 제품 또는 기기로서 대통령령으로 정하는 것

소화설비 구성 제품 또는 기기	• 소화기구(소화약제 외의 것을 이용한 간이소화용구 제외) • 자동소화장치(6종류): 주거용, 상업용, 캐비닛형, 가스, 분말, 고체에어로졸 • 소화전, 관창, 소방호스, 스프링클러헤드, 기동용 수압개폐장치, 유수제어밸브 및 가스관선택밸브
소화약제	• 자동소화장치: 상업용, 캐비닛형 • 물분무등 소화설비: 포, 이산화탄소, 할론, 할로겐화합물 및 불활성기체, 분말, 강화액, 고체에어로졸 • 방염제(방염액·방염도료 및 방염성물질)
경보설비 구성 제품 또는 기기	• 누전경보기 및 가스누설경보기 • 발신기, 수신기, 중계기, 감지기 및 음향장치(경종만 해당)
피난구조설비 구성 제품 또는 기기	• 피난사다리, 구조대, 완강기(간이완강기 및 지지대 포함) • 공기호흡기(충전기 포함) • 피난구유도등, 통로유도등, 객석유도등 • 예비 전원이 내장된 비상조명등

2 무창층과 피난층

1. 무창층

① 개념: 지상층 중 개구부 면적 합이 해당 층 바닥면적의 합 1/30 이하인 층

② 조건

- 크기: 지름 50cm 이상의 원의 내접
- 해당 층 바닥면에서 개구부 밑 높이가 바닥에서 1.2m 이내
- 도로 또는 차량 진입이 가능한 공지에 접할 것
- 내부 또는 외부에서 쉽게 파괴 또는 개방 가능 구조
- 화재 시 건축물로부터 쉽게 피난 가능하게 창살, 장애물이 없을 것

불꽃암기
무창층 조건
512 공개창

2. 피난층: 곧바로 지상으로 갈 수 있는 출입구 있는 층

3 소방시설등

설비	기계 및 기구
소화	• 소화기, 간이소화용구, 자동확산소화기, 옥내소화전설비, 스프링클러설비등 • 자동소화장치(6종) • 물분무등 소화설비: 물분무, 미분무, 포, 이산화탄소, 할론, 할로겐화합물 및 불활성기체, 분말, 강화액, 고체에어로졸
경보	• 단독경보형감지기, 시각경보기 • 비상경보설비(비상벨, 자동식사이렌) • 자동화재탐지설비, 비상방송설비 • 자동화재속보설비 • 통합감시시설, 누전경보기, 가스누설경보기
피난구조	• 피난기구: 피난사다리, 구조대, 완강기, 화재안전기준 사항 • 인명구조기구: 방열복, 방화복(안전모, 보호장갑 및 안전화 포함), 공기호흡기, 인공소생기 • 유도등: 피난유도선, 피난구유도등, 통로유도등, 객석유도등, 유도표지 • 비상조명등 및 휴대용비상조명등
소화활동	연결송수관설비, 연결살수설비, 연소방지설비, 무선통신보조설비, 제연설비, 비상콘센트설비

불꽃암기
물분무등 소화설비
물미포 이할할분강고

불꽃암기
소화활동설비
송살방 무제비

4 특정소방대상물

1. 근린생활시설

구분	바닥합계 (미만)	(이상 시) 용도
• 의원, 치과의원, 한의원, 침술원, 접골원, 조산원, 산후조리원 및 안마원 • 휴게음식점, 제과점, 일반음식점, 기원, 노래연습장 • 사진관, 표구점, 독서실, 장의사, 동물병원, 총포판매사 • 이용원, 미용원, 목욕장 및 세탁소	무관	없음
단란주점	150	위락시설
공연장	300	문화 및 집회시설
종교집회장	300	종교시설
탁구장, 테니스장, 체육도장, 체력단련장, 에어로빅장, 볼링장, 당구장, 실내낚시터, 골프연습장, 물놀이형 시설 등	500	운동시설
금융업소, 사무소	500	업무시설
청소년게임제공업 및 일반게임제공업의 시설, 인터넷컴퓨터게임시설제공업의 시설 및 복합유통게임제공업의 시설	500	판매시설 중 상점
학원(자동차학원 및 무도학원 제외) 참 자동차학원은 항공기 및 자동차관련시설, 무도학원은 위락시설임	500	교육연구 시설
고시원	500	숙박시설
슈퍼마켓과 일용품(식품, 잡화, 의류, 완구, 서적, 건축자재, 의약품, 의료기기 등) 등의 소매점	1,000	판매시설 중 상점

불꽃암기
바닥합계 300 미만
종교공연 3백

2. 용도별 구분

용도	종류	
문화 및 집회 시설	공연장	근린생활시설 아닌 것(바닥면적 300m² 이상)
	집회장	예식장, 공회당, 회의장, 마권 장외 발매소, 마권 전화투표소 중 근린생활시설 아닌 것
	관람장	• 경마장, 경륜장, 경정장, 자동차 경기장 등 • 체육관 및 운동장으로서 관람석의 바닥면적의 합계가 1천m² 이상 참 1천m² 미만은 운동시설임
	전시장	박물관, 미술관, 과학관, 문화관, 체험관, 기념관, 산업전시장, 박람회장, 견본주택 등
	동·식물원	동물원, 식물원, 수족관 등
종교 시설	• 종교집회장: 근린생활시설 아닌 것(바닥면적 300m² 이상) • 봉안당: 종교집회장에 설치(내부)	
판매 시설	• 도매시장, 소매시장, 전통시장 • 상점: 게임제공업 500m² 이상, 슈퍼마켓 등 1천 m² 이상	
운수 시설	• 여객자동차터미널 • 철도 및 도시철도 시설(정비창 등 관련 시설 포함) • 공항시설(항공관제탑 포함) 참 항공기격납고(항공기 및 자동차 관련 시설)와 구분 • 항만시설 및 종합여객시설	

의료 시설	• 병원: 종합병원, 병원, 치과병원, 한방병원, 요양병원 • 격리병원: 전염병원, 마약진료소 • 정신의료기관 참 정신질환자 관련시설(노유자시설)과 구분 • 장애인 의료재활시설 참 장애인 관련시설(노유자시설)과 구분
교육 시설	• 초등학교, 중학교, 고등학교, 특수학교, 이에 준하는 학교(병설유치원 제외): 체육관, 급식시설, 합숙소) • 대학, 대학교, 각종 학교: 교사 및 합숙소 • 교육원(연수원 등) • 직업훈련소, 연구소(연구소에 준하는 시험소와 계량계측소 포함) • 학원(자동차운전학원 · 정비학원 및 무도학원 제외) • 도서관 참 공공도서관(업무시설)과 구분
노유자 시설	• 노인 관련 시설: 노인주거복지시설, 노인의료복지시설, 노인여가복지시설, 재가노인복지시설(재가장기요양기관 포함), 노인보호전문기관, 노인일자리지원기관, 학대피해노인 전용쉼터 등 • 아동 관련 시설: 아동복지시설, 어린이집, 유치원(학교 병설유치원 포함) 등 • 장애인 관련 시설: 장애인 거주시설, 장애인 지역사회재활시설(장애인 심부름센터, 한국수어통역센터, 점자도서 및 녹음서 출판시설 등 장애인이 직접 그 시설 자체를 이용하는 것을 주된 목적으로 하지 않는 시설 제외), 장애인 직업재활시설 등 • 정신질환자 관련 시설: 정신재활시설(생산품판매시설 제외), 정신요양시설 등 • 노숙인 관련 시설: 노숙인복지시설(노숙인일시보호시설, 노숙인자활시설, 노숙인재활시설, 노숙인요양시설 및 쪽방삼당소만 해당), 노숙인종합지원센터 등 • 사회복지시설 중 결핵환자 또는 한센인 요양시설 등 다른 용도로 분류되지 않는 것
항공기 및 자동차 관련 시설	• 항공기격납고 • 차고, 주차용 건축물, 철골 조립식 주차시설(바닥면이 조립식이 아닌 것을 포함) 및 기계장치에 의한 주차시설 • 세차장, 폐차장, 자동차 검사장, 자동차 매매장 • 자동차 정비공장, 운전학원 · 정비학원
지하구	• 전력 · 통신용의 전선이나 가스 · 냉난방용의 배관 또는 이와 비슷한 것을 집합수용하기 위하여 설치한 지하 인공구조물로서 사람이 점검 또는 보수를 하기 위하여 출입이 가능한 것 중 다음의 어느 하나에 해당하는 것 – 전력 또는 통신사업용 지하 인공구조물로서 전력구(케이블 접속부가 없는 경우 제외) 또는 통신구 방식으로 설치된 것 – 이외(가스 · 냉난방용의 배관 또는 이와 비슷한 것)의 지하 인공구조물로서 폭이 1.8m 이상이고 높이가 2m 이상이며 길이가 50m 이상인 것 • 공동구
둘 이상의 소방대상물을 하나로 보는 경우(복도, 통로 연결)	• 내화구조가 아닌 연결통로로 연결된 경우 • 내화구조로 된 연결통로로 아래 조건인 경우 – 벽이 없는 구조(벽 높이가 바닥 ~ 천장 높이의 1/2 미만) – 길이가 6m 이하인 경우 – 벽이 있는 구조(벽 높이가 바닥 ~ 천장 높이의 1/2 이상) – 길이가 10m 이하인 경우 • 컨베이어로 연결되거나 플랜트설비의 배관 등으로 연결되어 있는 경우 • 자동방화셔터 또는 갑종방화문이 설치되지 아니한 피트로 연결된 경우 • 지하보도, 지하상가, 지하가로 연결된 경우 • 지하구로 연결된 경우

119 암기카드

1분 1초를 9하는
소방 암기카드!
QR코드를 스캔하여
확인해보세요.

※ 에듀윌 도서몰에서도
다운로드 가능합니다.

01 제2조 정의

대표기출

121 □□□

22 소방 공채(변형)

「소방시설 설치 및 관리에 관한 법률 시행령」상 소방시설 중 소화활동설비로 옳지 않은 것은?

① 제연설비, 연결송수관설비
② 비상콘센트설비, 연결살수설비
③ 무선통신보조설비, 연소방지설비
④ 연결송수관설비, 비상조명등설비

출제 키워드 | 소화활동설비 하

④ X 비상조명등설비는 피난구조설비이다.

> 「소방시설 설치 및 관리에 관한 법률 시행령」 별표 1(소방시설)
> 5. 소화활동설비: 화재를 진압하거나 인명구조활동을 위하여 사용하는 설비로서 다음 각 목의 것
> 가. 연결송수관설비
> 나. 연결살수설비
> 다. 연소방지설비
> 라. 무선통신보조설비
> 마. 제연설비
> 바. 비상콘센트설비

불꽃암기 송살방 무제비는 진압구조용

정답 ④

122 □□□

16 소방시설관리사(변형)

소방시설 설치 및 관리에 관한 법령상 소화활동설비에 해당하지 않는 것은?

① 상수도소화용수설비
② 무선통신보조설비
③ 비상콘센트설비
④ 연결살수설비

출제 키워드 | 소화활동설비 하

① X 상수도소화용수설비는 소화용수설비이다.

정답 ①

대표기출

123 □□□

20 소방 공채(변형)

「소방시설 설치 및 관리에 관한 법률 시행령」상 피난구조설비로 옳지 않은 것은?

① 구조대
② 방열복
③ 시각경보기
④ 비상조명등

출제 키워드 | 피난구조설비 하

③ × 시각경보기는 피난구조설비가 아니라 경보설비에 해당한다.

> 「소방시설 설치 및 관리에 관한 법률 시행령」 별표 1(소방시설)
> 3. 피난구조설비: 화재가 발생할 경우 피난하기 위하여 사용하는 기구 또는 설비로서 다음 각 목의 것
> 가. 피난기구
> 1) 피난사다리
> 2) 구조대
> 3) 완강기
> 4) 그 밖에 법 제9조 제1항에 따라 소방청장이 정하여 고시하는 화재안전기준(이하 "화재안전기준"이라 한다)으로 정하는 것
> 나. 인명구조기구
> 1) 방열복, 방화복(안전헬멧, 보호장갑 및 안전화를 포함한다)
> 2) 공기호흡기
> 3) 인공소생기
> 다. 유도등
> 1) 피난유도선
> 2) 피난구유도등
> 3) 통로유도등
> 4) 객석유도등
> 5) 유도표지
> 라. 비상조명등 및 휴대용비상조명등

정답 ③

124 □□□

19 소방 경채(변형)

「소방시설 설치 및 관리에 관한 법률 시행령」상 피난구조설비 중 인명구조기구로 옳지 않은 것은?

① 구조대
② 방열복
③ 공기호흡기
④ 인공소생기

출제 키워드 | 피난구조설비 중

① × 구조대는 피난구조설비에서 피난기구에 속한다.

정답 ①

125 □□□

17 소방 경채(복원+변형)

다음 중 피난구조설비에 속하는 것은?

① 공기호흡기
② 통합감시시설
③ 무선통신보조설비
④ 연결살수설비

출제 키워드 | 피난구조설비 하

② × 통합감시시설는 경보설비이다.
③ × 무선통신보조설비는 소화활동설비이다.
④ × 연결살수설비는 소화활동설비이다.

정답 ①

126 □□□

21 소방 공채(변형)

「소방시설 설치 및 관리에 관한 법률 시행령」상 소방용품 중 경보설비를 구성하는 제품 또는 기기로 옳지 않은 것은?

① 수신기
② 감지기
③ 누전차단기
④ 가스누설경보기

출제 키워드 | 경보설비 하

③ × 누전차단기가 아니라 누전경보기가 경보설비를 구성하는 기기에 해당한다.

☑ 경보설비

- 단독경보형감지기
- 비상경보설비
  - 비상벨설비
  - 자동식사이렌설비
- 시각경보기
- 자동화재탐지설비(수신기)
- 비상방송설비
- 자동화재속보설비
- 통합감시시설
- 누전경보기(누전차단기 ×)
- 가스누설경보기

정답 ③

127 □□□

15 소방 공채(복원+변형)

「소방시설 설치 및 관리에 관한 법률 시행령」상 소화설비에 해당되지 않는 것은?

① 고체에어로졸 자동소화장치
② 주거용 주방자동소화장치
③ 분말 소화설비
④ 연소방시설비

출제 키워드 | 소화설비 중

① ○ ② ○ 자동소화장치로서 소화설비에 해당한다.

③ ○ 물분무 등 소화설비 또한 소화설비에 해당한다.

④ × 연소방지설비는 소화설비가 아니라 소화활동설비에 해당한다. 정답 ④

128 □□□

21 소방 경채(변형)

「소방시설 설치 및 관리에 관한 법률 시행령」상 특정소방대상물 중 근린생활시설로 옳지 않은 것은?

① 같은 건축물에 금융업소로 쓰는 바닥면적의 합계가 200제곱미터인 것
② 같은 건축물에 단란주점으로 쓰는 바닥면적의 합계가 300제곱미터인 것
③ 같은 건축물에 골프연습장으로 쓰는 바닥면적의 합계가 450제곱미터인 것
④ 같은 건축물에 미용원으로 쓰는 바닥면적의 합계가 800제곱미터인 것

출제 키워드 | 근린생활시설 상

② × 단란주점은 같은 건축물에 해당 용도로 쓰는 바닥면적의 합계가 150m^2 미만인 것만 근린생활시설에 해당한다. 따라서 바닥면적 합계가 300m^2인 것은 위락시설에 해당한다.

「소방시설 설치 및 관리에 관한 법률 시행령」 별표 2(특정소방대상물)

14. 위락시설
    가. 단란주점으로서 근린생활시설에 해당하지 않는 것
    나. 유흥주점, 그 밖에 이와 비슷한 것
    다. 「관광진흥법」에 따른 유원시설업의 시설, 그 밖에 이와 비슷한 시설(근린생활시설에 해당하는 것은 제외한다)
    라. 무도장 및 무도학원
    마. 카지노영업소

정답 ②

129 □□□

15 소방 공채(복원+변형)

「소방시설 설치 및 관리에 관한 법률 시행령」상 2 이상의 특정소방대상물이 복도 또는 통로로 연결된 경우 하나의 소방대상물로 보지 않는 것은?

① 방화셔터 또는 갑종 방화문이 설치되지 않은 피트로 연결된 경우
② 연결통로 또는 지하구와 소방대상물 양쪽에 화재 시 자동으로 방수되는 방식의 드렌처 설비 또는 개방형 스프링클러헤드가 설치된 경우
③ 컨베이어로 연결되거나 플랜트 설비의 배관 등으로 연결되어 있는 경우
④ 지하구로 연결된 경우

출제 키워드 | 특정소방대상물이 연결된 경우 중

② ✕ 연결통로 또는 지하구와 소방대상물의 양쪽에 화재 시 자동으로 방수되는 방식의 드렌처 설비 또는 개방형 스프링클러헤드가 설치된 경우에는 각각 별개의 소방대상물로 본다.

> 「소방시설 설치 및 관리에 관한 법률」 별표 2(특정소방대상물)
> 비고
> 1. 내화구조로 된 하나의 특정소방대상물이 개구부(건축물에서 채광·환기·통풍·출입 등을 위하여 만든 창이나 출입구를 말한다)가 없는 내화구조의 바닥과 벽으로 구획되어 있는 경우에는 그 구획된 부분을 각각 별개의 특정소방대상물로 본다(다만, 법 제8조에 따른 성능위주설계를 적용할 때는 하나의 소방대상물로 본다).
> 2. 둘 이상의 특정소방대상물이 다음 각 목의 어느 하나에 해당되는 구조의 복도 또는 통로(이하 이 표에서 "연결통로"로 연결된 경우에는 이를 하나의 소방대상물로 본다.
>   가. 내화구조로 된 연결통로가 다음의 어느 하나에 해당되는 경우
>   1) 벽이 없는 구조로서 그 길이가 6m 이하인 경우
>   2) 벽이 있는 구조로서 그 길이가 10m 이하인 경우. 다만, 벽 높이가 바닥에서 천장까지의 높이의 2분의 1 이상인 경우에는 벽이 있는 구조로 보고, 벽 높이가 바닥에서 천장까지의 높이의 2분의 1 미만인 경우에는 벽이 없는 구조로 본다.
>   나. 내화구조가 아닌 연결통로로 연결된 경우
>   다. 컨베이어로 연결되거나 플랜트설비의 배관 등으로 연결되어 있는 경우
>   라. 지하보도, 지하상가, 지하가로 연결된 경우
>   마. 자동방화셔터 또는 60분+ 방화문이 설치되지 않은 피트로 연결된 경우
>   바. 지하구로 연결된 경우
> 3. 제2호에도 불구하고 연결통로 또는 지하구와 소방대상물의 양쪽에 다음 각 목의 어느 하나에 적합한 경우에는 각각 별개의 소방대상물로 본다.
>   나. 화재 시 자동으로 방수되는 방식의 드렌처설비 또는 개방형 스프링클러헤드가 설치된 경우
> 4. 위 제1호부터 제30호까지의 특정소방대상물의 지하층이 지하가와 연결되어 있는 경우 해당 지하층의 부분을 지하가로 본다. 다만, 다음 지하가와 연결되는 지하층에 지하층 또는 지하가에 설치된 60분+ 방화문(자동방화셔터를 포함)이 화재 시 경보설비 또는 자동 소화설비의 작동과 연동하여 자동으로 닫히는 구조이거나 그 윗부분에 드렌처설비가 설치된 경우에는 지하가로 보지 않는다.

정답 ②

130 □□□

21 소방 경채(변형)

「소방시설 설치 및 관리에 관한 법률 시행령」상 〈보기〉는 둘 이상의 특정소방대상물이 내화구조로 된 연결통로로 연결된 경우 이를 하나의 소방대상물로 보는 기준에 대한 설명이다. (　　) 안에 들어갈 내용으로 옳은 것은?

> 보기
> • 벽이 없는 구조로서 그 길이가 (가) 이하인 경우
> • 벽이 있는 구조로서 그 길이가 (나) 이하인 경우. 다만, 벽 높이가 바닥에서 천장까지의 높이의 (다) 이상인 경우에는 벽이 있는 구조로 보고, 벽 높이가 바닥에서 천장까지의 높이의 (다) 미만인 경우에는 벽이 없는 구조로 본다.

	(가)	(나)	(다)
①	6m	10m	2분의 1
②	7m	12m	3분의 1
③	8m	10m	2분의 1
④	9m	12m	3분의 1

출제 키워드 | 특정소방대상물이 연결된 경우 중

① (가) 6m, (나) 10m, (다) 2분의 1

> • 벽이 없는 구조로서 그 길이가 6m 이하인 경우
> • 벽이 있는 구조로서 그 길이가 10m 이하인 경우. 다만, 벽 높이가 바닥에서 천장까지의 높이의 2분의 1 이상인 경우에는 벽이 있는 구조로 보고, 벽 높이가 바닥에서 천장까지의 높이의 2분의 1 미만인 경우에는 벽이 없는 구조로 본다.

정답 ①

대표기출

131 □□□

20 소방 공채(변형)

「소방시설 설치 및 관리에 관한 법률 시행령」상 의료시설에 해당되는 특정소방대상물을 모두 고른 것은?

> ㉠ 노인의료복지시설
> ㉡ 정신의료기관
> ㉢ 마약진료소
> ㉣ 한의원

① ㉠, ㉢
② ㉠, ㉣
③ ㉡, ㉢
④ ㉢, ㉣

출제 키워드 | 특정소방대상물 중

㉠ X 노인의료복지시설은 노유자시설에 해당한다.

㉡ O ㉢ O 의료시설에 해당되는 특정소방대상물은 정신의료기관, 마약진료소이다.

> 「소방시설 설치 및 관리에 관한 법률 시행령」 별표 2(특정소방대상물)
> 7. 의료시설
> 가. 병원: 종합병원, 병원, 치과병원, 한방병원, 요양병원
> 나. 격리병원: 전염병원, 마약진료소, 그 밖에 이와 비슷한 것
> 다. 정신의료기관
> 라. 「장애인복지법」 제58조 제1항 제4호에 따른 장애인 의료재활시설

㉣ X 한의원은 근린생활시설에 해당한다.

정답 ③

132 □□□

18 하반기 소방 경채(변형)

「소방시설 설치 및 관리에 관한 법률 시행령」상 특정소방대상물의 분류로 옳지 않은 것은?

① 근린생활시설 – 한의원, 치과의원
② 문화 및 집회시설 – 동물원, 식물원
③ 항공기 및 자동차 관련 시설 – 항공기격납고
④ 숙박시설 – 「청소년활동 진흥법」에 따른 유스호스텔

출제 키워드 | 특정소방대상물 중

④ X 수련시설 – 「청소년활동 진흥법」에 따른 유스호스텔

> 「소방시설 설치 및 관리에 관한 법률 시행령」 별표 2(특정소방대상물)
> 10. 수련시설
> 가. 생활권 수련시설: 「청소년활동 진흥법」에 따른 청소년수련관, 청소년문화의집, 청소년특화시설, 그 밖에 이와 비슷한 것
> 나. 자연권 수련시설: 「청소년활동 진흥법」에 따른 청소년수련원, 청소년야영장, 그 밖에 이와 비슷한 것
> 다. 「청소년활동 진흥법」에 따른 유스호스텔

정답 ④

133 □□□

18 소방시설관리사(변형)

소방시설 설치 및 관리에 관한 법령상 특정소방대상물의 설명으로 옳지 않은 것은?

① 의원은 근린생활시설이다.
② 보건소는 업무시설이다.
③ 요양병원은 의료시설이다.
④ 동물원은 동물 및 식물 관련 시설이다.

출제 키워드 | 특정소방대상물 중

④ × 동물원은 문화 및 집회시설이다.

> 「소방시설 설치 및 관리에 관한 법률 시행령」 별표 2(특정소방대상물)
> 3. 문화 및 집회시설
> 가. 공연장으로서 근린생활시설에 해당하지 않는 것
> 나. 집회장: 예식장, 공회당, 회의장, 마권 장외 발매소, 마권 전화투표소, 그 밖에 이와 비슷한 것으로서 근린생활시설에 해당하지 않는 것
> 다. 관람장: 경마장, 경륜장, 경정장, 자동차 경기장, 그 밖에 이와 비슷한 것과 체육관 및 운동장으로서 관람석의 바닥면적의 합계가 1천m^2 이상인 것
> 라. 전시장: 박물관, 미술관, 과학관, 문화관, 체험관, 기념관, 산업전시장, 박람회장, 견본주택, 그 밖에 이와 비슷한 것
> 마. 동·식물원: 동물원, 식물원, 수족관, 그 밖에 이와 비슷한 것

정답 ④

134 □□□

18 하반기 소방 공채(변형)

특정소방대상물의 구분으로 옳은 것은?

① 운동시설 – 관람석의 바닥면적의 합계가 1,000제곱미터 이상인 체육관
② 관광 휴게시설 – 어린이회관
③ 교육연구시설 – 자동차운전학원
④ 동물 및 식물 관련 시설 – 식물원

출제 키워드 | 특정소방대상물 상

① × 운동시설 – 관람석의 바닥면적이 1,000제곱미터 미만인 체육관
③ × 항공기 및 자동차 관련 시설(건설기계 관련 시설을 포함) – 자동차운전학원
④ × 문화 및 집회시설 – 식물원

정답 ②

135 □□□

20 소방 경채(변형)

「소방시설 설치 및 관리에 관한 법률」 및 같은 법 시행령상 특정소방대상물에 관한 내용으로 옳은 것은?

① "특정소방대상물"이란 소방시설을 설치하여야 하는 소방대상물로서 행정안전부령으로 정하는 것을 말한다.
② 전력용의 전선배관을 집합수용하기 위하여 설치한 지하 인공구조물로서 사람이 점검 또는 보수를 하기 위하여 출입이 가능한 것 중 전력 또는 통신사업용 지하 인공구조물로서 폭 1.5m, 높이 1.8m, 길이 300m인 것은 지하구에 해당한다.
③ 하나의 건축물이 근린생활시설, 판매시설, 업무시설, 숙박시설 또는 위락시설의 용도와 주택의 용도로 함께 사용되는 것은 복합건축물에 해당한다.
④ 다중이용업 중 고시원업의 시설로서 독립된 주거의 형태를 갖추지 않은 것으로서 같은 건축물에 해당 용도로 쓰는 바닥면적의 합계가 450m^2인 고시원은 숙박시설에 해당한다.

출제 키워드 | 특정소방대상물 상

① × "특정소방대상물"이란 소방시설을 설치하여야 하는 소방대상물로서 대통령령으로 정하는 것을 말한다.
② × 전력용의 전선배관을 집합수용하기 위하여 설치한 지하 인공구조물로서 사람이 점검 또는 보수를 하기 위하여 출입이 가능한 것 중 지하 인공구조물로서 폭 1.8m 이상, 높이 2m 이상, 길이 50m 이상인 것이 지하구에 해당한다.

> 「소방시설 설치 및 관리에 관한 법률 시행령」 별표 2(특정소방대상물)
> 28. 지하구
> 가. 전력·통신용의 전선이나 가스·냉난방용의 배관 또는 이와 비슷한 것을 집합수용하기 위하여 설치한 지하 인공구조물로서 사람이 점검 또는 보수를 하기 위하여 출입이 가능한 것 중 다음의 어느 하나에 해당하는 것
> 1) 전력 또는 통신사업용 지하 인공구조물로서 전력구(케이블 접속부가 없는 경우에는 제외한다) 또는 통신구 방식으로 설치된 것
> 2) 1) 외의 지하 인공구조물로서 폭이 1.8m 이상이고 높이가 2m 이상이며 길이가 50m 이상인 것
> 나. 「국토의 계획 및 이용에 관한 법률」 제2조 제9호에 따른 공동구

④ × 다중이용업 중 고시원업의 시설로서 독립된 주거의 형태를 갖추지 않은 것으로서 같은 건축물에 해당 용도로 쓰는 바닥면적의 합계가 500m^2인 고시원은 숙박시설에 해당한다.

정답 ③

136 □□□

19 소방 경채(변형)

「소방시설 설치 및 관리에 관한 법률 시행령」상 특정소방대상물 중 지하구에 관한 설명이다. (　　) 안의 내용으로 옳은 것은?

> • 전력·통신용의 전선이나 가스·냉난방용의 배관 또는 이와 비슷한 것을 집합수용하기 위하여 설치한 지하 인공구조물로서 사람이 점검 또는 보수를 하기 위하여 출입이 가능한 것 중 다음의 어느 하나에 해당하는 것
> 1) 전력 또는 통신사업용 지하 인공구조물로서 전력구(케이블 접속부가 없는 경우에는 제외) 또는 통신구 방식으로 설치된 것
> 2) 1) 외의 지하 인공구조물로서 폭 (가) 이상이고 높이가 (나) 이상이며 길이가 (다) 이상인 것
>
> • 「국토의 계획 및 이용에 관한 법률」 제2조 제9호에 따른 (라)

	(가)	(나)	(다)	(라)
①	1.5m	2m	50m	공동구
②	1.5m	1.8m	30m	지하가
③	1.8m	2m	50m	공동구
④	1.8m	1.8m	50m	지하가

출제 키워드 | 특정소방대상물 중

③ O (가) 1.8m, (나) 2m, (다) 50m, (라) 공동구

> • 전력·통신용의 전선이나 가스·냉난방용의 배관 또는 이와 비슷한 것을 집합수용하기 위하여 설치한 지하 인공구조물로서 사람이 점검 또는 보수를 하기 위하여 출입이 가능한 것 중 다음의 어느 하나에 해당하는 것
> 1) 전력 또는 통신사업용 지하 인공구조물로서 전력구(케이블 접속부가 없는 경우에는 제외) 또는 통신구 방식으로 설치된 것
> 2) 1) 외의 지하 인공구조물로서 폭 1.8m 이상이고 높이가 2m 이상이며 길이가 50m 이상인 것
>
> • 「국토의 계획 및 이용에 관한 법률」 제2조 제9호에 따른 공동구

정답 ③

137 □□□

22 소방시설관리사(변형)

소방시설 설치 및 관리에 관한 법령상 특정소방대상물 중 업무시설이 아닌 것은?

① 마을회관　② 우체국
③ 보건소　④ 소년분류심사원

출제 키워드 | 특정소방대상물 중

④ X 소년분류심사원은 교정 및 군사시설이다.

> 「소방시설 설치 및 관리에 관한 법률 시행령」 별표 2(특정소방대상물)
> 21. 교정 및 군사시설
> 가. 보호감호소, 교도소, 구치소 및 그 지소
> 나. 보호관찰소, 갱생보호시설, 그 밖에 범죄자의 갱생·보호·교육·보건 등의 용도로 쓰는 시설
> 다. 치료감호시설
> 라. 소년원 및 소년분류심사원
> 마. 「출입국관리법」 제52조 제2항에 따른 보호시설
> 바. 「경찰관 직무집행법」 제9조에 따른 유치장
> 사. 국방·군사시설(국방·군사시설 사업에 관한 법률 제2조 제1호 가목부터 마목까지의 시설)

정답 ④

138 □□□

18 소방 공채(변형)

다음 중 특정소방대상물의 종류가 옳은 것은?

① 교육연구시설: 도서관, 직업훈련소
② 의료시설: 치과의원, 격리병원, 요양병원
③ 운수시설: 자동차검사장, 여객자동차터미널
④ 묘지 관련 시설: 장례식장, 봉안당

출제 키워드 | 특정소방대상물 상

① O 교육연구시설: 도서관, 직업훈련소
② X 치과의원은 근린생활시설이다.
③ X 자동차검사장은 항공기 및 자동차 관련 시설이다.
④ X 장례식장은 장례시설이다.

> 「소방시설 설치 및 관리에 관한 법률 시행령」 별표 2(특정소방대상물)
> 7. 의료시설
> 가. 병원: 종합병원, 병원, 치과병원, 한방병원, 요양병원
> 나. 격리병원: 전염병원, 마약진료소, 그 밖에 이와 비슷한 것
> 다. 정신의료기관
> 라. 「장애인복지법」 제58조 제1항 제4호에 따른 장애인 의료재활시설
> 18. 항공기 및 자동차 관련 시설(건설기계 관련 시설을 포함)
> 가. 항공기격납고
> 나. 차고, 주차용 건축물, 철골 조립식 주차시설(바닥면이 조립식이 아닌 것을 포함한다) 및 기계장치에 의한 주차시설
> 다. 세차장
> 라. 폐차장
> 마. 자동차검사장
> 바. 자동차 매매장
> 사. 자동차 정비공장
> 아. 운전학원 · 정비학원
> 자. 「여객자동차 운수사업법」, 「화물자동차 운수사업법」 및 「건설기계관리법」에 따른 차고 및 주기장
> 26. 장례시설
> 가. 장례식장[의료시설의 부수시설(의료법 제36조 제1호에 따른 의료기관의 종류에 따른 시설)은 제외]
> 나. 동물 전용의 장례식장

정답 ①

대표기출

139 □□□

19 소방시설관리사(변형)

소방시설 설치 및 관리에 관한 법령상 방염성능기준 이상의 실내장식물 등을 설치하여야 하는 특정소방대상물이 아닌 것은?

① 공항시설
② 숙박시설
③ 의료시설 중 종합병원
④ 노유자시설

출제 키워드 | 방염성능기준 이상의 실내장식물 등을 설치하여야 하는 특정소방대상물 중

① X 공항시설은 방염성능기준 이상의 실내장식물 등을 설치하여야 하는 특정소방대상물이 아니다.

> 「소방시설 설치 및 관리에 관한 법률 시행령」 별표 9(방염대상물품을 사용하여야 하는 특정소방대상물
> 1. 근린생활시설 중 의원, 조산원, 산후조리원, 체력단련장, 공연장, 종교집회장
> 2. 건축물의 옥내에 있는 문화 및 집회시설, 종교시설, 운동시설
> 3. 의료시설
> 4. 교육연구시설 중 합숙소
> 5. 노유자시설
> 6. 숙박이 가능한 수련시설
> 7. 숙박시설
> 8. 방송통신시설 중 방송국 및 촬영소
> 9. 장례시설 중 장례식장
> 10. 「다중이용업소의 안전관리에 관한 특별법 시행령」 제2조 제1호 나목 및 같은 조 제6호에 따른 단란주점영업, 유흥주점영업, 노래연습장업의 영업장
> 11. 제10호 외의 다중이용업소
> 12. 제1호부터 제11호까지의 시설에 해당하지 않는 것으로서 층수가 11층 이상인 것(아파트 제외)

정답 ①

140 □□□

19 소방 공채(변형)

「소방시설 설치 및 관리에 관한 법률 시행령」상 방염성능 기준 이상의 실내장식물 등을 설치하여야 하는 특정소방대상물로 옳지 않은 것은?

① 숙박시설
② 의료시설
③ 노유자시설
④ 운동시설 중 수영장

출제 키워드 | 방염성능기준 이상의 실내장식물 등을 설치하여야 하는 특정소방대상물 중

④ X 운동시설 중 '수영장'은 방염성능기준 이상의 실내장식물 등을 설치하여야 하는 특정소방대상물이 아니다. 정답 ④

141 □□□

22 소방시설관리사(변형)

「소방시설 설치 및 관리에 관한 법률 시행령」상 방염성능기준 이상의 실내장식물 등을 설치하여야 하는 특정소방대상물로 해당하지 않는 것은? (단, 11층 미만 특정소방대상물임)

① 교육연구시설 중 합숙소
② 건축물의 옥내에 있는 수영장
③ 근린생활시설 중 종교집회장
④ 방송통신시설 중 촬영소

출제 키워드 | 방염성능기준 이상의 실내장식물 등을 설치하여야 하는 특정소방대상물 중

② X 운동시설 중 '수영장'은 방염성능기준 이상의 실내장식물 등을 설치하여야 하는 특정소방대상물에서 제외한다. 정답 ②

142 □□□

18 소방 공채(변형)

방염성능기준 이상의 실내장식물 등을 설치하여야 하는 특정소방대상물이 아닌 것은?

① 문화 및 집회시설
② 종합병원
③ 노유자 시설
④ 운동시설(수영장)

출제 키워드 | 방염성능기준 이상의 실내장식물 등을 설치하여야 하는 특정소방대상물 중

④ X 운동시설 중 '수영장'은 방염성능기준 이상의 실내장식물 등을 설치하여야 하는 특정소방대상물에서 제외한다. 정답 ④

143 □□□

20 소방 경채(변형)

「소방시설 설치 및 관리에 관한 법률 시행령」상 방염성능기준 이상의 실내장식물 등을 설치하여야 하는 특정소방대상물을 모두 고른 것은?

ㄱ. 근린생활시설 중 의원
ㄴ. 방송통신시설 중 방송국 및 촬영소
ㄷ. 근린생활시설 중 체력단련장

① ㄱ
② ㄱ, ㄴ
③ ㄴ, ㄷ
④ ㄱ, ㄴ, ㄷ

출제 키워드 | 방염성능기준 이상의 실내장식물 등을 설치하여야 하는 특정소방대상물 중

④ O ㄱ, ㄴ, ㄷ 모두 방염대상물품을 사용해야 한다. 정답 ④

CHAPTER

02 소방시설등의 설치·관리 및 방염

1 건축허가 등의 동의

1. 동의대상물

구분	특정소방대상물 규모	비고
층수	6층 이상	
면적	• 연면적 400m² 이상 건축물 • 정신의료기관, 장애인 의료재활시설 300m² 이상 • 학교 100m² 이상	
	바닥면적 150m²(공연장 100 m²) 이상인 층	지하층, 무창층
	• 차고 및 주차장 바닥면적 200m² 이상의 층이 있는 건축물이나 주차시설 • 승강기 등 기계장치에 의한 주차시설로 자동차 20대 이상 주차 시설	차고, 주차장, 주차용도
용도	항공기격납고, 관망탑, 항공관제탑, 방송용 송수신탑	
	• 조산원, 산후조리원, 의원(입원실이 있는 것), 전통시장, 목조건축물(보물, 국보) • 위험물 저장 및 처리 시설, 지하구 • 발전시설 중 전기저장시설, 풍력발전소 • 노유자시설 • 숙박시설이 있는 수련시설(수용인원 100인 이상) • 공장 또는 창고시설 + 750배 이상 특수가연물 저장취급 • 가스시설 + 노출 탱크(저장용량 합 100톤 이상) • 옥내작업장(50명 이상 근로자 작업)	
	요양병원(정신병원과 의료재활시설 제외)	
	• 노인주거복지시설·노인의료복지시설 및 재가노인복지시설 • 학대피해노인 전용쉼터	노유자시설
	아동복지시설(상담소 등 제외), 장애인 거주시설, 정신질환자 관련 시설(24시간 주거 제공 제외), 노숙인자활시설, 노숙인재활시설 및 노숙인 요양시설	
	결핵환자나 한센인이 24시간 생활 노유자시설	
제외	• 소화기구, 자동소화장치, 누전경보기, 단독경보형감지기, 시각경보기, 가스누설경보기, 피난구조설비(비상조명등 제외) • 건축물의 증축 또는 용도변경으로 인하여 해당 특정소방대상물에 추가로 소방시설이 설치되지 아니하는 경우	특정소방대상물

2. 동의 절차

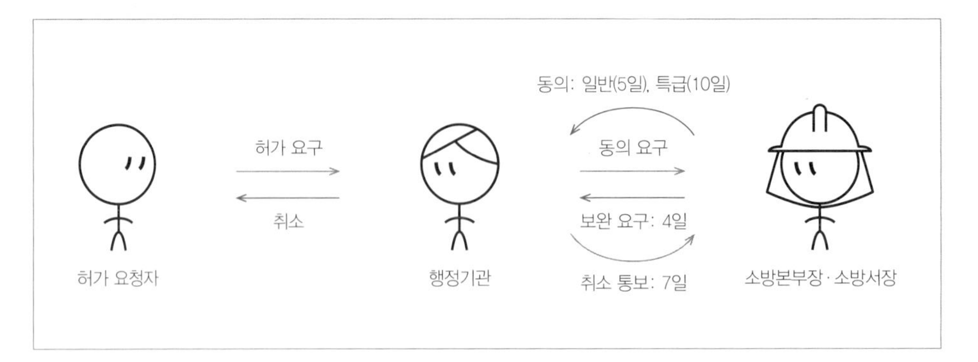

2 성능위주설계

1. 대상

① 50층 이상(지하층 제외), 지상으로부터 높이가 200m 이상인 아파트 등

② 30층 이상(지하층 포함), 지상으로부터 높이가 120m 이상인 특정소방대상물(아파트 등 제외)

③ 연면적 20만m^2 이상인 특정소방대상물[단, 공동주택 중 주택 층수가 5층 이상인 주택(아파트 등) 제외]

④ 연면적 10만m^2 이상이거나 지하 2층 이하이고 지하층의 바닥면적의 합이 3만m^2 이상인 창고시설

⑤ 연면적 3만m^2 이상인 철도 및 도시철도시설, 공항시설

⑥ 한 건축물에 영화상영관이 10개 이상인 특정소방대상물

⑦ 터널 중 수저 터널 또는 길이가 5천m 이상인 것

⑧「초고층재난관리법」 지하연계 복합건축물에 해당하는 특정소방대상물

2. 소방시설을 설치하려는 자가 성능위주설계를 한 경우

건축허가를 신청하기 전에 해당 특정소방대상물의 시공지 또는 소재지를 관할하는 소방서장에게 신고(변경하려는 경우 동일)

3 특정소방대상물의 수용인원 산정

구분	산정	
숙박시설이 있는 특정소방대상물	침대 ○	종사자 수 + 침대 수(2인용은 2개로 산정)
	침대 ×	종사자 수 + (바닥합계/3m²)
기타	강의실, 상담실, 실습실, 휴게실, 교무실	바닥합계/1.9m²
	문화집회, 운동, 종교시설, 강당	• 바닥합계/4.6m² • 관람석 ○: 의자 수(고정식), 정면너비/0.45m(긴 의자)
	그 외	바닥합계/3m²

바닥면적: 복도(준불연재 이상), 계단, 화장실 제외

불꽃암기
수용인원
• (코로나)19 강의상실 휴교
• 문운종 강당 사육

4 특정소방대상물에 갖추어야 하는 소방시설

1. 스프링클러설비

용도	규모	대상
• 문화 및 집회시설(동·식물원 제외) • 종교시설(주요구조부 목조 제외) • 운동시설(물놀이형 제외)	• 수용인원이 100명 이상 • 영화상영관: 바닥면적이 지하층, 무창층인 경우 500m² 이상, 그 외 1천m² 이상 • 무대부 – 지하층·무창층 또는 4층 이상: 무대부 면적 300m² 이상 – 1~3층: 500m² 이상인 것	모든 층
판매, 운수, 물류터미널	• 바닥면적 합계 5천m² 이상 • 수용인원 500명 이상	
6층 이상인 특정소방대상물	• 제외: 리모델링한 아파트 등 연면적 및 층높이 변경 × • 스프링클러설비가 없는 기존 대상물 용도변경(예외 있음)	
바닥면적 합계가 600m² 이상	• 정신의료기관 • 종합병원, 병원, 치과병원, 한방병원 및 요양병원(정신병원 제외) • 노유자시설, 숙박시설, 숙박이 가능한 수련시설	
그 외	• 지하가: 연면적 1천m² 이상인 것(터널 제외) • 발전시설 중 전기저장시설	

2. 간이스프링클러설비

용도	규모
근린생활시설	• 바닥합계 1천m² 이상인 경우 모든 층 • 입원실이 있는 의원, 치과의원 및 한의원 • 조산원, 산후조리원으로 연면적 600m² 이상
합숙소	교육연구시설 내 연면적 100m² 이상인 경우 모든 층

의료시설	• 병원 + 바닥합계 600m² 미만인 시설 • 정신의료기관·의료재활시설 + 바닥합계 300m² 이상 600m² 미만 시설 • 정신의료기관, 의료재활시설 + 바닥합계 300m² 미만 + 창살(철재·플라스틱 또는 목재 등으로 사람의 탈출 등을 막기 위하여 설치한 것을 말하며, 화재 시 자동으로 열리는 구조로 되어 있는 창살 제외)이 설치된 시설
숙박시설	바닥면적 합계 300m² 이상 600m² 미만
복합건축물	연 1천m² 이상인 것은 모든 층

3. 인명구조기구

불꽃암기
인명구조기구
• 지포7광 5병
• 방방인공

특정소방대상물	인명구조기구
• 지하층 포함 7층 이상인 관광호텔 • 지하층 포함 5층 이상인 병원	방열복 또는 방화복(안전헬멧, 보호장갑, 안전화), 공기호흡기, 인공소생기(병원제외)
• 문화 및 집회시설 중 수용인원 100명 이상의 영화상영관 • 판매시설 중 대규모점포 • 운수시설 중 지하역사 • 지하가 중 지하상가	공기호흡기
이산화탄소 소화설비를 설치해야 하는 특정소방대상물(호스릴 제외)	공기호흡기

5 소방시설기준의 적용 특례

구분	적용
소방시설	소화기구, 비상경보설비, 자동화재탐지설비, 자동화재속보설비, 피난구조설비
공동구, 지하구 (전력, 통신사업용)	소화기, 자동소화장치, 자동화재탐지설비, 통합감시시설, 유도등, 연소방지설비
노유자 시설	간이스프링클러, 자동화재탐지설비, 단독경보형 감지기
의료시설	스프링클러, 간이스프링클러, 자동화재탐지설비, 자동화재속보설비

6 특정소방대상물의 증축 또는 용도변경 시의 소방시설기준 적용의 특례

구분		적용
증축	원칙	기존 부분 포함한 전체에 증축 당시의 기준법 적용
	예외	• 기존 부분과 증축 부분이 내화구조로 된 바닥과 벽으로 구획된 경우 • 기존 부분과 증축 부분이 60분 + 방화문 또는 자동방화셔터로 구획되어 있는 경우 • 증축되는 범위가 경미하여 관할 소방본부장 또는 소방서장이 화재 위험도가 낮다고 인정하는 경우
용도변경	원칙	용도변경되는 그 부분만 용도변경 당시 법 적용
	예외	• 특정소방대상물의 구조·설비가 화재연소 확대 요인이 적어지거나 피난 또는 화재진압활동이 쉬워지도록 변경되는 경우 • 용도변경으로 인하여 천장·바닥·벽 등에 고정되어 있는 가연성 물질의 양이 줄어드는 경우

7 방염성능

1. 방염대상

① 근린생활시설 중 공연장 및 종교집회장, 체력단련장, 의원, 조산원, 산후조리원
② 건축물의 옥내에 있는 시설로 운동시설(수영장 제외), 종교시설, 문화 및 집회시설
③ 교육연구시설 중 합숙소, 의료시설
④ 기타 층수가 11층 이상인 것(아파트 제외)
⑤ 다중이용업소, 숙박이 가능한 수련시설
⑥ 노유자시설
⑦ 숙박시설
⑧ 방송통신시설 중 방송국 및 촬영소

불꽃암기
방염대상
공종체의 조산 문종운합의 11 다수 노숙 방송, 촬영

2. 대상물품

제조 또는 가공 공정에서 방염처리	• 창문에 설치하는 커튼류(블라인드 포함) • 카펫, 두께가 2mm 미만인 벽지류(종이벽지 제외) • 전시용 합판 또는 섬유판, 무대용 합판 또는 섬유판 • 암막·무대막(영화상영관의 스크린, 가상체험체육시설업의 스크린 포함) • 섬유류 또는 합성수지류 등을 원료로 하여 제작된 쇼파, 의자(단란주점영업, 유흥주점영업 및 노래연습장업의 영업장에 설치하는 것만) • 붙박이 가구류 • 침구류 소파 및 의자: 권장
현장에서 방염처리 가능한 방염대상물품	• 종이류(두께 2mm 이상), 합성수지류 또는 섬유류 • 합판 또는 목재 • 공간 구획용 간이칸막이(접이식 등 이동 벽체, 천장 또는 반자까지 구획되지 않은 벽체) • 흡음 및 방음을 위하여 설치하는 흡음제 또는 방음제(흡음, 방음용 커튼 포함) • 제외: 가구류(옷장, 찬장, 식탁, 식탁용 의자, 사무용 책상, 사무용 의자, 계산대 및 그 밖 비슷한 것)와 너비 10cm 이하인 반자돌림대 등과 내부마감재료는 제외

불꽃암기
방염대상 물품
• 카커벽판막쇼
• 종합공간음제외

3. 방염성능 기준

① 잔염시간: 20초 이내
→ 불꽃 제거한 때부터 불꽃이 그칠 때까지 시간(버너의 불꽃을 제거한 때부터 불꽃을 올리며 연소하는 상태가 그칠 때까지 시간)
② 잔신시간: 30초 이내
→ 불꽃 제거한 때부터 연소하는 상태가 그칠 때까지 시간(버너의 불꽃을 제거한 때부터 불꽃을 올리지 않고 연소하는 상태가 그칠 때까지 시간)
③ 탄화면적 50cm^2 이내, 탄화길이 20cm 이내
→ 탄화면적은 CAD로 면적산출, 탄화길이는 긴 직선길이
④ 접염횟수: 3회 이상(불꽃에 의하여 완전히 녹을 때까지 불꽃의 접촉 횟수)
⑤ 발연량: 최대연기밀도 400 이하

불꽃암기
방염성능 기준
염신적길수도
235234

119 암기카드

1분 1초를 9하는
소방 암기카드!
QR코드를 스캔하여
확인해보세요.
※ 에듀윌 도서몰에서도
다운로드 가능합니다.

01 제6조 건축허가등의 동의 등

대표기출

144 □□□ 18 하반기 소방 공채(변형)

「소방시설 설치 및 관리에 관한 법률 시행령」상 건축허가 등을 할 때 미리 소방본부장 또는 소방서장의 동의를 받아야 하는 건축물 등의 범위로 옳지 않은 것은?

① 숙박시설이 있는 수련시설로서 수용인원 50인 이상인 것

② 지하층 또는 무창층이 있는 건축물로서 바닥면적이 150제곱미터(공연장의 경우에는 100제곱미터) 이상인 층이 있는 것

③ 차고·주차장으로 사용되는 바닥면적이 200제곱미터 이상인 층이 있는 건축물이나 주차시설

④ 결핵환자나 한센인이 24시간 생활하는 노유자시설(단독주택 또는 공동주택에 설치되는 시설은 제외)

출제 키워드 | 건축허가등의 동의대상물 중

① ✕ 숙박시설이 있는 수련시설로서 수용인원 100인 이상인 것

「소방시설 설치 및 관리에 관한 법률 시행령」 제7조(건축허가등의 동의대상물의 범위 등) ① 법 제6조 제1항에 따라 건축물 등의 신축·증축·개축·재축·이전·용도변경 또는 대수선의 허가·협의 및 사용승인(이하 "건축허가등")을 할 때 미리 소방본부장 또는 소방서장의 동의를 받아야 하는 건축물 등의 범위는 다음 각 호와 같다.

1. 연면적(건축법 시행령 제119조 제1항 제4호에 따라 산정된 면적)이 400m² 이상인 건축물이나 시설. 다만, 다음 각 목의 어느 하나에 해당하는 경우에는 해당 목에서 정한 기준 이상인 건축물이나 시설로 한다.
   가. 「학교시설사업 촉진법」 제5조의2 제1항에 따라 건축등을 하려는 학교시설: 100m²
   나. 지하층 또는 무창층이 있는 건축물로서 바닥면적이 150m²(공연장의 경우에는 100m²) 이상인 층이 있는 것
2. 차고·주차장 또는 주차 용도로 사용되는 시설로서 다음 각 목의 어느 하나에 해당하는 것
   가. 차고·주차장으로 사용되는 바닥면적이 200m² 이상인 층이 있는 건축물이나 주차시설
   나. 승강기 등 기계장치에 의한 주차시설로서 자동차 20대 이상을 주차할 수 있는 시설
3. 「정신건강증진 및 정신질환자 복지서비스 지원에 관한 법률」 제3조 제5호에 따른 정신의료기관(입원실이 없는 정신건강의학과 의원은 제외하며, 이하 "정신의료기관"): 300m² 이상
4. 「장애인복지법」제58조 제1항 제4호에 따른 장애인 의료재활시설(이하 이 조에서 "장애인 의료재활시설"): 300m² 이상
5. 층수(건축법 시행령 제119조 제1항 제9호에 따라 산정된 층수)가 6층 이상인 건축물
6. 항공기격납고, 관망탑, 항공관제탑, 방송용 송수신탑
7. 위험물 저장 및 처리 시설, 지하구
8. 발전시설 중 전기저장시설, 풍력발전소
9. 별표 2의 특정소방대상물 중 조산원, 산후조리원, 의원(입원실이 있는 것), 판매시설 중 전통시장
10. 제1호에 해당하지 않는 노유자시설 중 다음 각 목의 어느 하나에 해당하는 시설(다만, 가목 2) 및 나목부터 바목까지의 시설 중「건축법 시행령」 별표 1의 단독주택 또는 공동주택에 설치되는 시설은 제외한다.
   가. 별표 2 제9호 가목에 따른 노인 관련 시설 중 다음의 어느 하나에 해당하는 시설
      1) 「노인복지법」 제31조 제1호·제2호 및 제4호에 따른 노인주거복지시설·노인의료복지시설 및 재가노인복지시설
      2) 「노인복지법」 제31조 제7호에 따른 학대피해노인 전용쉼터
   나. 「아동복지법」 제52조에 따른 아동복지시설(아동상담소, 아동전용시설 및 지역아동센터는 제외한다)
   다. 「장애인복지법」 제58조 제1항 제1호에 따른 장애인 거주시설
   라. 정신질환자 관련 시설(정신건강증진 및 정신질환자 복지서비스 지원에 관한 법률 제27조 제1항 제2호에 따른 공동생활가정을 제외한 재활훈련시설과 같은 법 시행령 제16조 제3호에 따른 종합시설 중 24시간 주거를 제공하지 아니하는 시설은 제외한다)
   마. 별표 2 제9호 마목에 따른 노숙인 관련 시설 중 노숙인자활시설, 노숙인재활시설 및 노숙인요양시설
   바. 결핵환자나 한센인이 24시간 생활하는 노유자시설
11. 「의료법」 제3조 제2항 제3호 라목에 따른 요양병원(이하 "요양병원"). 다만, 정신의료기관 중 정신병원(이하 "정신병원")과 의료재활시설은 제외한다.
12. 「문화재보호법」 제23조에 따라 보물 또는 국보로 지정된 목조건축물
13. 제1호부터 제10호까지 해당하지 아니한 것 중 다음의 어느 하나에 해당하는 것
   가. 노유자시설
   나. 숙박시설이 있는 수련시설로서 수용인원 100인 이상인 것
   다. 공장 또는 창고시설로서 「화재의 예방 및 안전관리에 관한 법률 시행령」 별표 2에서 정하는 수량의 750배 이상의 특수가연물을 저장·취급하는 것
   라. 가스시설로서 지상에 노출된 탱크의 저장용량의 합계가 100톤 이상인 것
   마. 50명 이상의 근로자가 작업하는 옥내작업장

정답 ①

145 □□□

22 소방시설관리사(변형)

소방시설 설치 및 관리에 관한 법령상 건축허가등의 동의대상물에 해당하는 것은?

① 숙박시설이 있는 수련시설로서 수용인원 100인 이상인 건축물

② 「정신건강증진 및 정신질환자 복지서비스 지원에 관한 법률」에 따른 정신의료기관으로서 연면적이 200제곱미터인 건축물

③ 「장애인복지법」에 따른 장애인 의료재활시설로서 연면적이 200제곱미터인 건축물

④ 승강기 등 기계장치에 의한 주차시설로서 자동차 10대 이하를 주차할 수 있는 시설

출제 키워드 | 건축허가등의 동의대상물 

② ✕ 「정신건강증진 및 정신질환자 복지서비스 지원에 관한 법률」 제3조 제5호에 따른 정신의료기관(입원실이 없는 정신건강의학과 의원은 제외하며, 이하 "정신의료기관"): 300m² 이상

③ ✕ 「장애인복지법」 제58조 제1항 제4호에 따른 장애인 의료재활시설(이하 이 조에서 "장애인 의료재활시설"): 300m² 이상

④ ✕ 승강기 등 기계장치에 의한 주차시설로서 자동차 20대 이상을 주차할 수 있는 시설

정답 ①

146 □□□

20 소방시설관리사(변형)

「소방시설 설치 및 관리에 관한 법률」 및 같은 법 시행령상 건축허가등을 할 때 미리 소방본부장 또는 소방서장의 동의를 받아야 하는 건축물은?

① 층수가 5층인 건축물

② 주차장으로 사용되는 바닥면적이 200제곱미터인 층이 있는 주차시설

③ 승강기 등 기계장치에 의한 주차시설로서 자동차 15대 이상을 주차할 수 있는 시설

④ 연면적 150제곱미터인 장애인 의료재활시설

출제 키워드 | 건축허가등의 동의대상물 

① ✕ 층수가 6층인 건축물

③ ✕ 승강기 등 기계장치에 의한 주차시설로서 자동차 20대 이상을 주차할 수 있는 시설

④ ✕ 장애인 의료재활시설: 300m² 이상

정답 ②

147 □□□

15 소방시설관리사(변형)

소방시설 설치 및 관리에 관한 법령상 건축허가등의 동의대상물이 아닌 것은?

① 연면적이 100제곱미터인 수련시설

② 차고·주차장 또는 주차용도로 사용되는 시설로서 차고·주차장으로 사용되는 층 중 바닥면적이 300제곱미터인 층이 있는 시설

③ 관망탑

④ 항공기격납고

출제 키워드 | 건축허가등의 동의대상물 

① ✕ 숙박시설이 있는 수련시설로서 수용인원 100인 이상인 건축물

정답 ①

148 □□□

19 소방 경채(변형)

「소방시설 설치 및 관리에 관한 법률 시행령」상 건축허가등의 동의대상물의 범위에 해당되는 것으로 옳은 것은?

> ㄱ. 항공기격납고, 관망탑, 방송용 송수신탑
> ㄴ. 「학교시설사업 촉진법」 제5조의2 제1항에 따라 건축등을 하려는 학교시설은 100제곱미터 이상인 건축물
> ㄷ. 차고·주차장으로 사용되는 바닥면적이 150제곱미터 이상인 층이 있는 건축물이나 주차시설
> ㄹ. 숙박시설이 있는 수련시설로서 수용인원 100인 이상인 건축물

① ㄱ, ㄴ, ㄷ　　② ㄱ, ㄴ, ㄹ
③ ㄱ, ㄷ, ㄹ　　④ ㄴ, ㄷ, ㄹ

출제 키워드 | 건축허가등의 동의대상물 

ㄷ. ✕ 차고·주차장으로 사용되는 바닥면적이 200m² 이상인 층이 있는 건축물이나 주차시설

정답 ②

149 □□□

17 소방시설관리사(변형)

소방시설 설치 및 관리에 관한 법령상 소방본부장이나 소방서장에게 건축허가 동의를 받아야 하는 건축물은?

① 숙박시설이 있는 수련시설로서 수용인원 80인 이상인 건축물
② 주차장으로 사용되는 바닥면적이 150m²인 층이 있는 주차시설
③ 연면적 50m²인 위험물 저장 및 처리시설
④ 연면적 250m²인 장애인 의료재활시설

출제 키워드 | 건축허가등의 동의대상물 

① X 숙박시설이 있는 수련시설로서 수용인원 100인 이상인 건축물
② X 차고·주차장으로 사용되는 바닥면적이 200m² 이상인 층이 있는 건축물이나 주차시설
④ X 장애인 의료재활시설: 300m² 이상

정답 ③

150 □□□

16 소방시설관리사(변형)

소방시설 설치 및 관리에 관한 법령상 건축허가등을 할 때 미리 소방본부장 또는 소방서장의 동의를 받아야 하는 건축물의 범위로 옳지 않은 것은?

① 지하층 또는 무창층이 있는 공연장으로서 바닥면적이 100제곱미터 이상인 층이 있는것
② 숙박시설이 있는 수련시설로서 수용인원 100인 이상인 건축물
③ 연면적이 300제곱미터 이상인 장애인 의료재활시설
④ 주차용도로 사용되는 시설로 승강기 등 기계장치에 의한 주차시설로서 자동차 10대 이상을 주차할 수 있는 시설

출제 키워드 | 건축허가등의 동의대상물 

④ X 승강기 등 기계장치에 의한 주차시설로서 자동차 20대 이상을 주차할 수 있는 시설

정답 ④

151 □□□

20 소방 경채(변형)

「소방시설 설치 및 관리에 관한 법률」 및 같은 법 시행령상 건축허가등의 동의 등에 대한 설명으로 옳지 않은 것은?

① 건축허가등의 권한이 있는 행정기관은 건축허가등을 할 때 미리 그 건축물 등의 시공지 또는 소재지를 관할하는 소방본부장이나 소방서장의 동의를 받아야 한다.
② 건축허가등을 할 때에 소방본부장이나 소방서장의 동의를 받아야 하는 건축물 등의 범위는 행정안전부령으로 정한다.
③ 건축물의 증축 또는 용도변경으로 인하여 해당 특정소방대상물에 추가로 소방시설이 설치되지 아니하는 경우 그 특정소방대상물은 소방본부장 또는 소방서장의 건축허가등의 동의대상에서 제외된다.
④ 관할 소방본부장이나 소방서장에게 건축허가등을 하거나 신고를 수리할 때 건축물의 내부구조를 알 수 있는 설계도면을 제출하여야 한다.

출제 키워드 | 건축허가등의 동의대상물 

② X 건축허가등을 할 때 소방본부장이나 소방서장의 동의를 받아야 하는 건축물 등의 범위는 대통령령으로 정한다.

정답 ②

152 □□□

16 소방시설관리사(변형)

소방시설 설치 및 관리에 관한 법령상 건축허가등의 동의 요구에 대한 조문의 내용이다. (　　) 안에 들어갈 숫자가 바르게 나열된 것은?

> 소방본부장 또는 소방서장은 건축허가등의 동의요구서류를 접수한 날부터 (ㄱ)일(허가를 신청한 건축물 등이 영 제22조 제1항 제1호 각 목의 어느 하나에 해당하는 경우에는 10일) 이내에 건축허가등의 동의여부를 회신하여야 하고, 동의요구서 및 첨부서류의 보완이 필요한 경우에는 (ㄴ)일 이내의 기간을 정하여 보완을 요구할수 있다. 건축허가등의 동의를 요구한 기관이 그 건축허가등을 취소하였을 때에는 취소한 날부터 (ㄷ)일 이내에 건축물 등의 시공지 또는 소재지를 관할하는 소방본부장 또는 소방서장에게 그 사실을 통보하여야 한다.

① ㄱ: 5, ㄴ: 4, ㄷ: 7
② ㄱ: 5, ㄴ: 5, ㄷ: 7
③ ㄱ: 7, ㄴ: 3, ㄷ: 7
④ ㄱ: 7, ㄴ: 4, ㄷ: 5

출제 키워드 | 건축허가등의 동의대상물 중

① O ㄱ: 5, ㄴ: 4, ㄷ: 7

> 소방본부장 또는 소방서장은 건축허가등의 동의요구서류를 접수한 날부터 5일(허가를 신청한 건축물 등이 영 제22조 제1항 제1호 각 목의 어느 하나에 해당하는 경우에는 10일) 이내에 건축허가등의 동의여부를 회신하여야 하고, 동의 요구서 및 첨부서류의 보완이 필요한 경우에는 4일 이내의 기간을 정하여 보완을 요구할 수 있다. 건축허가등의 동의를 요구한 기관이 그 건축허가등을 취소하였을 때에는 취소한 날부터 7일 이내에 건축물 등의 시공지 또는 소재지를 관할하는 소방본부장 또는 소방서장에게 그 사실을 통보하여야 한다.

정답 ①

153 □□□

17 하반기 소방 공채(복원+변형)

「소방시설 설치 및 관리에 관한 법률 시행령」상 건축허가등을 할 때 미리 소방본부장이나 소방서장의 동의를 받아야 하는 건축물 등의 범위로 옳은 것은?

① 차고·주차장은 바닥면적이 250제곱미터 이상인 층이 있는 건축물이나 주차시설이어야 한다.
② 숙박시설이 있는 수련시설은 수용인원이 100인 이상이어야 한다.
③ 지하층·무창층이 있는 건물은 바닥면적이 100제곱미터 이상(단, 공연장은 150제곱미터 이상)인 층이 있는 것이어야 한다.
④ 정신의료기관(입원실이 없는 정신건강의학과의원은 제외)은 200제곱미터 이상이어야 한다.

출제 키워드 | 건축허가등의 동의대상물 

① X 차고, 주차장으로 사용되는 바닥면적이 '200제곱미터' 이상인 층이 있는 건축물이나 주차시설이어야 한다.
③ X 지하층·무창층이 있는 건축물의 바닥면적은 '150제곱미터'(공연장의 경우에는 '100제곱미터') 이상인 층이 있는 것이어야 한다.
④ X 정신의료기관(입원실이 없는 정신건강의학과 의원은 제외)은 '300제곱미터' 이상이어야 한다.

정답 ②

154 □□□

19 소방 경채(변형)

「소방시설 설치 및 관리에 관한 법률 시행령」상 무창층이 되기 위한 개구부의 요건 중 일부를 나타낸 것이다. (   ) 안의 내용으로 옳은 것은?

> • 크기는 지름 (가)센티미터 이상의 원이 (나)할 수 있는 크기일 것
> • 해당 층의 바닥면으로부터 개구부 (다)까지의 높이가 (라)미터 이내일 것

	(가)	(나)	(다)	(라)
①	50	내접	윗부분	1.2
②	50	내접	밑부분	1.2
③	50	외접	밑부분	1.5
④	60	내접	밑부분	1.2

출제 키워드 | 무창층 중

② O (가) 50, (나) 내접, (다) 밑부분, (라) 1.2

> • 크기는 지름 50센티미터 이상의 원이 내접할 수 있는 크기일 것
> • 해당 층의 바닥면으로부터 개구부 밑부분까지의 높이가 1.2미터 이내일 것

정답 ②

02 제7조 소방시설의 내진설계기준

대표기출

155 □□□

18 하반기 소방 공채(변형)

특정소방대상물에 소방시설을 설치하려는 자는 지진이 발생할 경우 소방시설이 정상적으로 작동될 수 있도록 소방청장이 정하는 내진설계기준에 맞게 소방시설을 설치하여야 한다. 이에 해당되는 소방시설로 옳은 것은?

① 자동화재탐지설비, 옥외소화전설비, 스프링클러설비
② 자동화재탐지설비, 옥내소화전설비, 스프링클러설비
③ 옥내소화전설비, 옥외소화전설비, 물분무등소화설비
④ 옥내소화전설비, 스프링클러설비, 물분무등소화설비

출제 키워드 | 내진설계기준 하

④ O 내진설계기준에 맞게 설치해야 하는 소방시설은 옥내소화전설비, 스프링클러설비, 물분무 등 소화설비이다(소방시설 설치 및 관리에 관한 법률 시행령 제8조).

> 「소방시설 설치 및 관리에 관한 법률 시행령」 제8조(소방시설의 내진설계) ① 법 제7조에서 "대통령령으로 정하는 특정소방대상물"이란 「건축법」 제2조 제1항 제2호에 따른 건축물로서 「지진·화산재해대책법 시행령」 제10조 제1항 각 호에 해당하는 시설을 말한다.
> ② 법 제7조에서 "대통령령으로 정하는 소방시설"이란 소방시설 중 옥내소화전설비, 스프링클러설비, 물분무등소화설비를 말한다.

정답 ④

156 □□□

18 하반기 소방 경채(변형)

다음 중 내진설계 대상이 아닌 것은?

① 옥내소화전
② 옥외소화전
③ 스프링클러설비
④ 물분무소화설비

출제 키워드 | 내진설계기준 하

② ✕ 내진설계기준에 맞게 설치해야 하는 소방시설은 옥내소화전설비, 스프링클러설비, 물분무 등 소화설비이다(소방시설 설치 및 관리에 관한 법률 시행령 제8조).

정답 ②

157 □□□

16 소방시설관리사(변형)

소방시설 설치 및 관리에 관한 법령상 소방청장이 정하는 내진설계기준에 맞게 설치하여야 하는 소방시설은? (단, 내진설계기준을 적용하여야 하는 소방시설을 설치하여야 하는 특정소방대상물의 경우에 한함)

① 자동화재탐지설비
② 옥외소화전설비
③ 물분무등소화설비
④ 비상경보설비

출제 키워드 | 내진설계기준 하

③ O 내진설계기준에 맞게 설치해야 하는 소방시설은 옥내소화전설비, 스프링클러설비, 물분무등소화설비이다(소방시설 설치 및 관리에 관한 법률 시행령 제8조).

정답 ③

158 □□□

22 소방 경채(변형)

「소방시설 설치 및 관리에 관한 법률 시행령」 제15조의2에 따라 특정소방대상물에 지진이 발생할 경우 소방시설이 정상적으로 작동될 수 있도록 소방청장이 정하는 내진설계기준에 맞게 설치하여야 하는 소방시설의 종류로 옳지 않은 것은?

① 물분무등소화설비
② 스프링클러설비
③ 옥내소화전설비
④ 연결송수관설비

출제 키워드 | 내진설계기준 하

④ ✕ 내진설계기준에 맞게 설치해야 하는 소방시설은 옥내소화전설비, 스프링클러설비, 물분무등소화설비를 말한다. 따라서 연결송수관설비는 해당하지 않는다.

정답 ④

159 □□□

17 하반기 소방 공채(복원+변형)

「소방시설 설치 및 관리에 관한 법」상 특정소방대상물의 내진설계 대상으로서 '대통령령으로 정하는 소방시설'로 옳은 것은?

① 스프링클러설비
② 옥외소화전설비
③ 소화용수설비
④ 제연설비

출제 키워드 | 내진설계기준 

① O 대통령령으로 정하는 소방시설이란 옥내소화전설비, 스프링클러설비, 물분무 등 소화설비를 말한다.

정답 ①

03 제8조 성능위주설계

대표기출

160 □□□ 21 소방 경채(변형)

「소방시설 설치 및 관리에 관한 법률 시행령」상 성능위주설계를 하여야 하는 특정소방대상물로 옳은 것은? (단, 신축하는 것만 해당한다.)

① 높이 120미터인 아파트
② 연면적 2만 제곱미터인 철도역사
③ 연면적 10만 제곱미터인 특정소방대상물(단, 아파트등은 제외)
④ 하나의 건축물에 「영화 및 비디오물의 진흥에 관한 법률」 제2조 제10호에 따른 영화상영관이 10개인 특정소방대상물

출제 키워드 | 성능위주설계 중

① × 50층 이상(지하층은 제외)이거나 지상으로부터 높이가 200m 이상인 아파트등
② × 연면적 3만m^2 이상인 특정소방대상물로서 철도 및 도시철도 시설에 해당하는 특정소방대상물
③ × 연면적 20만m^2 이상인 특정소방대상물. 다만, 별표 2 제1호에 따른 공동주택 중 주택으로 쓰이는 층수가 5층 이상인 주택(이하 "아파트등")은 제외

「소방시설 설치 및 관리에 관한 법률 시행령」 제9조(성능위주설계를 하여야 하는 특정소방대상물의 범위) 법 제8조 제1항에서 "대통령령으로 정하는 특정소방대상물"이란 다음 각 호의 어느 하나에 해당하는 특정소방대상물(신축하는 것만 해당)을 말한다.
1. 연면적 20만m^2 이상인 특정소방대상물. 다만, 별표 2 제1호에 따른 공동주택 중 주택으로 쓰이는 층수가 5층 이상인 주택(이하 "아파트등")은 제외한다.
2. 50층 이상(지하층은 제외한다)이거나 지상으로부터 높이가 200m 이상인 아파트등
3. 30층 이상(지하층을 포함한다)이거나 지상으로부터 높이가 120m 이상인 특정소방대상물(아파트등은 제외한다)
4. 연면적 3만m^2 이상인 특정소방대상물로서 다음 각 목의 어느 하나에 해당하는 특정소방대상물
   가. 철도 및 도시철도 시설
   나. 공항시설
5. 연면적 10만m^2 이상이거나 지하 2층 이하이고 지하층의 바닥면적의 합이 3만m^2 이상인 창고시설
6. 하나의 건축물에 「영화 및 비디오물의 진흥에 관한 법률」 제2조 제10호에 따른 영화상영관이 10개 이상인 특정소방대상물
7. 「초고층 및 지하연계 복합건축물 재난관리에 관한 특별법」 제2조 제2호 따른 지하연계 복합건축물에 해당하는 특정소방대상물
8. 별표 2 제27호 나목의 터널 중 수저(水底)터널 또는 길이가 5천m 이상인 것

정답 ④

161 □□□

19 소방 경채(변형)

「소방시설 설치 및 관리에 관한 법률 시행령」상 신축건축물로서 성능위주설계를 해야 할 특정소방대상물의 범위로 옳은 것은?

① 연면적 10만 제곱미터 이상인 특정소방대상물로서 기숙사
② 건축물의 높이가 100미터 이상인 특정소방대상물로서 아파트
③ 지하층을 포함한 층수가 20층 이상인 특정소방대상물로서 복합건축물
④ 연면적 3만 제곱미터 이상인 특정소방대상물로서 공항시설

162 □□□

20 소방 경채(변형)

「소방시설 설치 및 관리에 관한 법률」상 성능위주설계를 하여야 하는 특정소방대상물의 범위에 해당되는 것은? (단, 신축하는 것만 해당한다)

① 연면적 30만 제곱미터의 아파트
② 연면적 2만 5천 제곱미터의 철도시설
③ 지하층을 포함한 층수가 30층인 복합건축물
④ 연면적 3만 제곱미터, 높이 90미터, 지하층 포함 25층인 종합병원

출제 키워드 | 성능위주설계 중

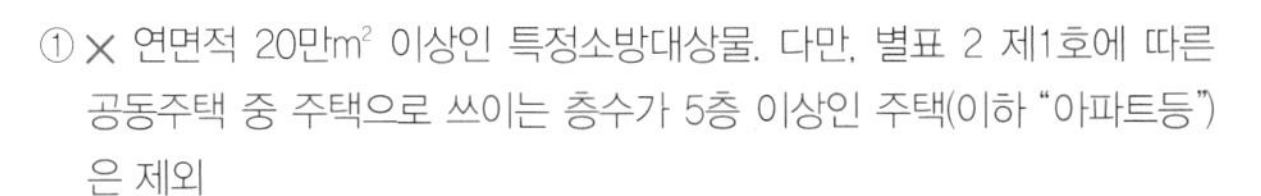

① × 연면적 20만m² 이상인 특정소방대상물. 다만, 별표 2 제1호에 따른 공동주택 중 주택으로 쓰이는 층수가 5층 이상인 주택(이하 "아파트등")은 제외
② × 50층 이상(지하층은 제외)이거나 지상으로부터 높이가 200m 이상인 아파트등
③ × 30층 이상(지하층을 포함)이거나 지상으로부터 높이가 120m 이상인 특정소방대상물(아파트등은 제외)

정답 ④

출제 키워드 | 성능위주설계 

① × 50층 이상(지하층은 제외)이거나 지상으로부터 높이가 200m 이상인 아파트등
② × 연면적 3만m² 이상인 특정소방대상물로서 철도 및 도시철도 시설에 해당하는 특정소방대상물
④ × 30층 이상(지하층을 포함)이거나 지상으로부터 높이가 120m 이상인 특정소방대상물(아파트등은 제외)

정답 ③

163 □□□

22 소방 공채(변형)

「소방시설 설치 및 관리에 관한 법률 시행령」상 성능위주설계를 해야 하는 특정소방대상물의 범위로 옳지 않은 것은?

① 연면적 3만 제곱미터 이상인 공항시설에 해당하는 특정소방대상물
② 하나의 건축물에 「영화 및 비디오물의 진흥에 관한 법률」 제2조 제10호에 따른 영화상영관이 10개 이상인 특정소방대상물
③ 50층 이상(지하층은 제외한다)이거나 지상으로부터 높이가 200미터 이상인 아파트등
④ 30층 이상(지하층을 포함한다)이거나 지상으로부터 높이가 100미터 이상인 특정소방대상물(아파트등은 제외한다)

출제 키워드 | 성능위주설계 중

④ × 30층 이상(지하층은 포함)이거나 지상으로부터 높이가 120m 이상인 특정소방대상물(아파트등은 제외)

정답 ④

164 □□□

17 소방 공채(복원+변형)

소방시설 설치 및 관리에 관한 법령상 신축하는 특정소방대상물 중 성능위주설계를 하여야 하는 장소에 해당하지 않는 것은?

① 높이가 125m인 업무시설
② 연면적 23만m^2인 아파트
③ 지하 5층이며 지상 29층인 의료시설
④ 연면적 4만m^2인 공항시설

출제 키워드 | 성능위주설계 중

② × 연면적 20만m^2 이상인 특정소방대상물. 다만, 별표 2 제1호에 따른 공동주택 중 주택으로 쓰이는 층수가 5층 이상인 주택(이하 "아파트등")은 제외한다.

정답 ②

165 □□□

17 하반기 소방 공채(복원+변형)

「소방시설 설치 및 관리에 관한 법률 시행령」상 성능위주설계를 해야 하는 특정소방대상물의 범위로 옳은 것은?

① 연면적이 10만 제곱미터인 특정소방대상물
② 하나의 건축물에 영화상영관이 5개인 특정소방대상물
③ 연면적이 3만 제곱미터인 철도 및 도시철도시설
④ 건축물의 높이가 120미터 이상인 아파트

출제 키워드 | 성능위주설계 

① × 연면적 '20만 제곱미터 이상'인 특정소방대상물
② × 하나의 건축물에 영화상영관이 '10개 이상'인 특정소방대상물
④ × 건축물의 높이가 100미터 이상인 특정소방대상물 중 아파트는 제외한다.

정답 ③

166 □□□

15 소방 공채(복원+변형)

「소방시설 설치 및 관리에 관한 법률 시행령」상 성능위주의 설계를 해야 하는 특정소방대상물의 범위에 해당하지 않는 것은?

① 연면적 20만 제곱미터 이상인 특정소방대상물. 다만, 아파트는 제외한다.
② 건축물의 높이가 100미터 이상이거나 지하층을 제외한 층수가 30층 이상인 특정소방대상물
③ 연면적 3만 제곱미터 이상인 특정소방대상물로서 철도 및 도시철도시설
④ 하나의 건축물에 영화상영관이 10개 이상인 특정소방대상물

출제 키워드 | 성능위주설계 하

② × 건축물의 높이가 120미터 이상이거나 지하층을 '포함한' 층수가 30층 이상인 특정소방대상물(아파트등은 제외)이 성능위주설계를 해야 하는 특정소방대상물에 해당한다.

정답 ②

04 제10조 주택에 설치하는 소방시설

대표기출

167 □□□

18 하반기 소방 공채(변형)

「소방시설 설치 및 관리에 관한 법률」 및 같은 법 시행령상 단독주택이나 공동주택(아파트 및 기숙사는 제외한다)의 소유자가 의무적으로 설치하여야 하는 소방시설로 옳은 것을 <보기>에서 있는 대로 고른 것은?

보기

㉠ 소화기
㉡ 주거용 주방자동소화장치
㉢ 가스자동소화장치
㉣ 단독경보형감지기
㉤ 가스누설경보기

① ㉠, ㉣　　② ㉡, ㉤
③ ㉠, ㉡, ㉣　　④ ㉡, ㉢, ㉤

출제 키워드 | 주택용 소방시설 중

① ○ 단독주택이나 공동주택(아파트 및 기숙사는 제외)의 소유자는 소화기 및 단독경보형감지기를 의무적으로 설치하여야 한다(소방시설 설치 및 관리에 관한 법률 제10조).

> 「소방시설 설치 및 관리에 관한 법률」 제10조(주택에 설치하는 소방시설) ① 다음 각 호의 주택의 소유자는 소화기 등 대통령령으로 정하는 소방시설(이하 "주택용소방시설")을 설치해야 한다.
> 1. 「건축법」 제2조 제2항 제1호의 단독주택
> 2. 「건축법」 제2조 제2항 제2호의 공동주택(아파트 및 기숙사는 제외)
>
> ② 국가 및 지방자치단체는 주택용소방시설의 설치 및 국민의 자율적인 안전관리를 촉진하기 위하여 필요한 시책을 마련해야 한다.
>
> ③ 주택용소방시설의 설치기준 및 자율적인 안전관리 등에 관한 사항은 특별시·광역시·특별자치시·도 또는 특별자치도(이하 "시·도")의 조례로 정한다.
>
> 「소방시설 설치 및 관리에 관한 법률 시행령」 제10조(주택용 소방시설) 법 제10조 제1항 각 호 외의 부분에서 "대통령령으로 정하는 소방시설"이란 소화기 및 단독경보형감지기를 말한다.

정답 ①

168 □□□

18 소방 경채(변형)

「소방시설 설치 및 관리에 관한 법률」 및 같은 법 시행령상 다음에서 설명하는 '대통령령으로 정하는 소방시설'로 옳은 것은?

> 제10조(주택에 설치하는 소방시설) 다음 각 호의 주택의 소유자는 대통령령으로 정하는 소방시설을 설치하여야 한다.
> 1. 「건축법」 제2조 제2항 제1호의 단독주택
> 2. 「건축법」 제2조 제2항 제2호의 공동주택(아파트 및 기숙사는 제외한다)

① 소화기 및 시각경보기
② 소화기 및 간이소화용구
③ 소화기 및 자동확산소화기
④ 소화기 및 단독경보형감지기

출제 키워드 | 주택용 소방시설 하

④ ○ 단독주택이나 공동주택(아파트 및 기숙사는 제외)의 소유자는 소화기 및 단독경보형감지기를 의무적으로 설치하여야 한다(소방시설 설치 및 관리에 관한 법률 제10조).

정답 ④

169 □□□

18 소방시설관리사(변형)

소방시설 설치 및 관리에 관한 법령상 주택용 소방시설을 설치하여야 하는 대상을 모두 고른 것은?

ㄱ. 다중주택	ㄴ. 다가구주택
ㄷ. 연립주택	ㄹ. 기숙사

① ㄱ, ㄹ　　② ㄴ, ㄹ
③ ㄱ, ㄴ, ㄷ　　④ ㄴ, ㄷ, ㄹ

출제 키워드 | 주택용 소방시설 하

③ ○ 단독주택이나 공동주택(아파트 및 기숙사는 제외)의 소유자는 소화기 및 단독경보형감지기를 의무적으로 설치하여야 한다(소방시설 설치 및 관리에 관한 법률 제10조).

정답 ③

05 제12조 특정소방대상물에 설치하는 소방시설의 관리 등

대표기출

170 □□□ 22 소방 경채(변형)

「소방시설 설치 및 관리에 관한 법률 시행령」상 수용인원의 산정방법에 따라 다음의 특정소방대상물에 대한 수용인원을 옳게 산정한 것은?

> 바닥면적이 95m²인 강의실(단, 바닥면적을 산정할 때에는 복도(건축법 시행령 제2조 제11호에 따른 준불연재료 이상의 것을 사용하여 바닥에서 천장까지 벽으로 구획한 것을 말한다), 계단 및 화장실의 바닥면적을 포함하지 않으며, 계산 결과 소수점 이하의 수는 반올림한다.)

① 21명 ② 32명
③ 50명 ④ 60명

출제 키워드 | 수용인원 산정방법 중

③ O 강의실·교무실·상담실·실습실·휴게실 용도로 쓰이는 특정소방대상물: 해당 용도로 사용하는 바닥면적의 합계를 1.9m²로 나누어 얻은 수

수용인원$=\frac{95}{1.9}=$50명

> 「소방시설 설치 및 관리에 관한 법률 시행령」 별표 4(수용인원의 산정 방법)
> 1. 숙박시설이 있는 특정소방대상물
>   가. 침대가 있는 숙박시설: 해당 특정소방물의 종사자 수에 침대 수(2인용 침대는 2개로 산정)를 합한 수
>   나. 침대가 없는 숙박시설: 해당 특정소방대상물의 종사자 수에 숙박시설 바닥면적의 합계를 3m²로 나누어 얻은 수를 합한 수
> 2. 제1호 외의 특정소방대상물
>   가. 강의실·교무실·상담실·실습실·휴게실 용도로 쓰이는 특정소방대상물: 해당 용도로 사용하는 바닥면적의 합계를 1.9m²로 나누어 얻은 수
>   나. 강당, 문화 및 집회시설, 운동시설, 종교시설: 해당 용도로 사용하는 바닥면적의 합계를 4.6m²로 나누어 얻은 수(관람석이 있는 경우 고정식 의자를 설치한 부분은 그 부분의 의자 수로 하고, 긴 의자의 경우에는 의자의 정면너비를 0.45m로 나누어 얻은 수로 한다)
>   다. 그 밖의 특정소방대상물: 해당 용도로 사용하는 바닥면적의 합계를 3m²로 나누어 얻은 수
>
> [비고]
> 1. 위 표에서 바닥면적을 산정할 때에는 복도(건축법 시행령 제2조 제11호에 따른 준불연재료 이상의 것을 사용하여 바닥에서 천장까지 벽으로 구획한 것을 말한다), 계단 및 화장실의 바닥면적을 포함하지 않는다.
> 2. 계산 결과 소수점 이하의 수는 반올림한다.

정답 ③

171 □□□ 19 소방 공채(변형)

「소방시설 설치 및 관리에 관한 법률 시행령」상 수용인원 산정방법으로 옳지 않은 것은?

① 침대가 있는 숙박시설은 해당 특정소방물의 종사자 수에 침대 수(2인용 침대는 2개로 산정)를 합한 수로 한다.
② 침대가 없는 숙박시설은 해당 특정소방대상물의 종사자 수에 바닥면적의 합계를 3제곱미터로 나누어 얻은 수를 합한 수로 한다.
③ 강의실 용도로 쓰이는 특정소방대상물은 해당 용도로 사용하는 바닥면적의 합계를 1.9제곱미터로 나누어 얻은 수로 한다.
④ 문화 및 집회시설은 해당 용도로 사용하는 바닥면적의 합계를 3제곱미터로 나누어 얻은 수로 한다.

출제 키워드 | 수용인원 산정방법 

④ X 바닥면적의 합계를 3제곱미터로 나누어 얻은 수가 아니라 4.6제곱미터로 나누어 얻은 수로 한다.

정답 ④

172 □□□

20 소방시설관리사(변형)

「소방시설 설치 및 관리에 관한 법률 시행령」상 특정소방대상물의 관계인이 특정소방대상물의 규모·용도 및 수용인원 등을 고려하여 갖추어야 하는 소방시설에 관한 설명으로 옳은 것은?

① 아파트등 및 오피스텔의 모든 층에는 상업용 주방자동소화장치를 설치하여야 한다.

② 창고시설(물류터미널은 포함한다)로서 바닥면적 합계가 5천 제곱미터 이상인 경우에는 모든 층에 스프링클러설비를 설치하여야 한다.

③ 기계장치에 의한 주차시설을 이용하여 15대 이상의 차량을 주차할 수 있는 것은 물분무등소화설비를 설치하여야 한다.

④ 의료시설(정신의료기관 또는 요양병원은 제외)로서 연면적 600제곱미터 이상인 것은 자동화재탐지설비를 설치하여야 한다.

출제 키워드 | 수용인원 산정방법 (상)

① ✕ 아파트등 및 오피스텔의 모든 층에는 주거용 주방자동소화장치를 설치하여야 한다.

② ✕ 창고시설(물류터미널은 제외한다)로서 바닥면적 합계가 5천 제곱미터 이상인 경우에는 모든 층에 스프링클러설비를 설치하여야 한다.

③ ✕ 기계장치에 의한 주차시설을 이용하여 20대 이상의 차량을 주차할 수 있는 시설은 물분무등소화설비를 설치하여야 한다.

정답 ④

대표기출

173 □□□

21 소방 공채(변형)

「소방시설 설치 및 관리에 관한 법률 시행령」상 간이스프링클러설비를 설치하여야 하는 특정소방대상물로 옳지 않은 것은?

① 교육연구시설 내에 합숙소로서 연면적 $100m^2$ 이상인 것

② 근린생활시설 중 의원, 치과의원 및 한의원으로서 입원실이 있는 시설

③ 근린생활시설 중 근린생활시설로 사용하는 부분의 바닥면적 합계가 1천m^2 이상인 것은 모든 층

④ 숙박시설 중 생활형 숙박시설로서 해당 용도로 사용되는 바닥면적의 합계가 $600m^2$ 이상인 것

출제 키워드 | 특정소방대상물의 규모·용도 및 수용인원 등을 고려하여 갖추어야 하는 소방시설 (중)

④ ✕ 바닥면적의 합계가 $300m^2$ 이상 $600m^2$ 미만인 것이다.

「소방시설 설치 및 관리에 관한 법률 시행령」 별표 5(특정소방대상물의 관계인이 특정소방대상물의 규모·용도 및 수용인원 등을 고려하여 갖추어야 하는 소방시설의 종류)

마. 간이스프링클러설비를 설치하여야 하는 특정소방대상물은 다음의 어느 하나와 같다.

1) 공동주택 중 연립주택 및 다세대주택
2) 근린생활시설 중 다음의 어느 하나에 해당하는 것
   가) 근린생활시설로 사용하는 부분의 바닥면적 합계가 1천m^2 이상인 것은 모든 층
   나) 의원, 치과의원 및 한의원으로서 입원실이 있는 시설
   다) 조산원 및 산후조리원으로서 연면적 $600m^2$ 미만인 시설
3) 의료시설 중 다음의 어느 하나에 해당하는 시설
   가) 종합병원, 병원, 치과병원, 한방병원 및 요양병원(정신병원과 의료재활시설은 제외한다)으로 사용되는 바닥면적의 합계가 $600m^2$ 미만인 시설
   나) 정신의료기관 또는 의료재활시설로 사용되는 바닥면적의 합계가 $300m^2$ 이상 $600m^2$ 미만인 시설
   다) 정신의료기관 또는 의료재활시설로 사용되는 바닥면적의 합계가 $300m^2$ 미만이고, 창살(철재·플라스틱 또는 목재 등으로 사람의 탈출 등을 막기 위하여 설치한 것을 말하며, 화재 시 자동으로 열리는 구조로 되어 있는 창살은 제외한다)이 설치된 시설
4) 교육연구시설 내에 합숙소로서 연면적 $100m^2$ 이상인 경우에는 모든 층

5) 노유자시설로서 다음의 어느 하나에 해당하는 시설
  가) 제12조 제1항 제6호 각 목에 따른 시설(제12조 제1항 제6호 가목 2) 및 같은 호 나목부터 바목까지의 시설 중 단독주택 또는 공동주택에 설치되는 시설은 제외하며, 이하 "노유자 생활시설")
  나) 가)에 해당하지 않는 노유자시설로 해당 시설로 사용하는 바닥면적의 합계가 300m² 이상 600m² 미만인 시설
  다) 가)에 해당하지 않는 노유자시설로 해당 시설로 사용하는 바닥면적의 합계가 300m² 미만이고, 창살(철재·플라스틱 또는 목재 등으로 사람의 탈출 등을 막기 위하여 설치한 것을 말하며, 화재 시 자동으로 열리는 구조로 되어 있는 창살은 제외한다)이 설치된 시설
6) 숙박시설로 사용되는 바닥면적의 합계가 300m² 이상 600m² 미만인 시설
7) 건물을 임차하여 「출입국관리법」 제52조 제2항에 따른 보호시설로 사용하는 부분
8) 복합건축물(별표 2 제30호 나목의 복합건축물만 해당한다)로서 연면적 1천m² 이상인 것은 모든 층

정답 ④

대표기출

174 □□□

22 소방 공채(변형)

「소방시설 설치 및 관리에 관한 법률 시행령」상 특정소방대상물의 관계인이 특정소방대상물의 규모·용도 및 수용인원 등을 고려하여 갖추어야 하는 소방시설의 기준에 대한 내용으로 옳은 것은?

① 지하가 중 터널로서 길이가 500m인 터널에는 옥내소화전설비를 설치하여야 한다.
② 아파트등 및 오피스텔의 모든 층에는 주거용 주방자동소화장치를 설치하여야 한다.
③ 물류터미널을 제외한 창고시설로 바닥면적 합계가 3천m²인 경우에는 모든 층에 스프링클러설비를 설치하여야한다.
④ 근린생활시설 중 조산원 및 산후조리원으로서 연면적 500m² 이상인 시설은 간이스프링클러설비를 설치하여야 한다.

출제 키워드 | 특정소방대상물의 규모·용도 및 수용인원 등을 고려하여 갖추어야 하는 소방시설 (상)

① × 지하가 중 터널로서 길이가 1,000m 이상인 터널에는 옥내소화전설비를 설치하여야 한다.
③ × 물류터미널을 제외한 창고시설로 바닥면적 합계가 5천m²인 경우에는 모든 층에 스프링클러설비를 설치하여야 한다.
④ × 근린생활시설 중 조산원 및 산후조리원으로서 연면적 600m² 미만인 시설은 간이스프링클러설비를 설치하여야 한다.

「소방시설 설치 및 관리에 관한 법률 시행령」 별표 5(특정소방대상물의 관계인이 특정소방대상물의 규모·용도 및 수용인원 등을 고려하여 갖추어야 하는 소방시설의 종류)
  다. 옥내소화전설비를 설치하여야 하는 특정소방대상물(위험물 저장 및 처리 시설 중 가스시설, 지하구 및 방재실 등에서 스프링클러설비 또는 물분무등소화설비를 원격으로 조정할 수 있는 업무시설 중 무인변전소는 제외한다)은 다음의 어느 하나와 같다.
    4) 지하가 중 터널로서 다음에 해당하는 터널
      가) 길이가 1천m 이상인 터널
  라. 스프링클러설비를 설치하여야 하는 특정소방대상물(위험물 저장 및 처리 시설 중 가스시설 또는 지하구는 제외한다)은 다음의 어느 하나와 같다.
    4) 판매시설, 운수시설 및 창고시설(물류터미널에 한정한다)로서 바닥면적의 합계가 5천m² 이상이거나 수용인원이 500명 이상인 경우에는 모든 층

마. 간이스프링클러설비를 설치하여야 하는 특정소방대상물은 다음의 어느 하나와 같다.
2) 근린생활시설 중 다음의 어느 하나에 해당하는 것
다) 조산원 및 산후조리원으로서 연면적 600m² 미만인 시설

☑ 터널에 적용하는 소방시설(규모별)

- 규모 제한 없음: 소화기구, 유도등
- 500m 이상: 비상조명등설비, 비상경보설비, 비상콘센트설비, 무선통신보조설비
- 1,000m 이상: 옥내소화전설비, 연결송수관설비, 자동화재탐지설비
- 예상교통량, 경사도 등 터널의 특성을 고려하여 총리령으로 정하는 터널 → 시험 적용하기 어려움
  - 옥내소화전: 1,000m 이상
  - 제연설비: 모든 등급(기존 1,000m 이상)
  - 물분무설비: 3,000m 이상

정답 ②

175 □□□

21 소방 경채(변형)

「소방시설 설치 및 관리에 관한 법률 시행령」상 간이스프링클러를 설치하여야 하는 특정소방대상물로 옳지 않은 것은?

① 한의원으로서 입원실이 있는 시설
② 교육연구시설 내에 합숙소로서 연면적 100m² 이상인 것
③ 숙박시설로 사용되는 바닥면적의 합계가 300m² 이상인 것
④ 건물을 임차하여「출입국관리법」제52조 제2항에 따른 보호시설로 사용하는 부분

출제 키워드 | 특정소방대상물의 규모·용도 및 수용인원 등을 고려하여 갖추어야 하는 소방시설 중

③ ✕ 숙박시설로서 해당 용도로 사용되는 바닥면적의 합계가 300m² 이상 600m² 미만인 것

정답 ③

176 □□□

15 소방시설관리사(변형)

소방시설 설치 및 관리에 관한 법령상 특정소방대상물의 관계인이 특정소방대상물의 규모·용도 및 수용인원 등을 고려하여 갖추어야 하는 소방시설에 관한 설명으로 옳지 않은 것은?

① 지하가 중 터널로서 길이가 1천m 이상인 터널에는 옥내소화전설비를 설치하여야한다.
② 판매시설로서 바닥면적의 합계가 5천m² 이상인 경우에는 모든 층에 스프링클러설비를 설치하여야 한다.
③ 위락시설로서 연면적 600m² 이상인 경우 자동화재탐지설비를 설치하여야 한다.
④ 지하층을 포함하는 층수가 5층 이상인 관광호텔에는 방열복, 인공소생기 및 공기호흡기를 설치하여야 한다.

출제 키워드 | 특정소방대상물의 규모·용도 및 수용인원 등을 고려하여 갖추어야 하는 소방시설 상

④ ✕ 지하층을 포함하는 층수가 7층 이상인 것 중 관광호텔 용도로 사용하는 층에는 방열복 또는 방화복(안전모, 보호장갑 및 안전화를 포함), 인공소생기 및 공기호흡기를 설치한다.

정답 ④

177 □□□

19 소방시설관리사(변형)

소방시설 설치 및 관리에 관한 법령상 소방시설에 대한 설명으로 옳은 것은?

① 수용인원 50명인 문화 및 집회시설 중 영화상영관은 공기호흡기를 설치하여야 한다.
② 비상경보설비는 소방시설의 내진설계기준에 맞게 설치하여야 한다.
③ 분말형태의 소화약제를 사용하는 소화기의 내용연수는 5년으로 한다.
④ 불연성물품을 저장하는 창고는 옥외소화전 및 연결살수설비를 설치하지 아니할 수 있다.

출제 키워드 | 특정소방대상물의 규모·용도 및 수용인원 등을 고려하여 갖추어야 하는 소방시설 상

① ✕ 수용인원 100명 이상인 문화 및 집회시설 중 영화상영관은 공기호흡기를 설치하여야 한다.
② ✕ 소방시설 중 옥내소화전설비, 스프링클러설비, 물분무등소화설비는 소방시설의 내진설계기준에 맞게 설치하여야 한다.
③ ✕ 분말형태의 소화약제를 사용하는 소화기의 내용연수는 10년으로 한다.

정답 ④

178 □□□

21 소방시설관리사(변형)

「소방시설 설치 및 관리에 관한 법률 시행령」상 옥외소화전설비에 관한 내용이다. (   )에 들어갈 내용으로 옳게 나열한 것은?

> 사. 옥외소화전설비를 설치하여야 하는 특정소방대상물(아파트등, 위험물 저장 및 처리 시설 중 가스시설, 지하구 또는 지하가 중 터널은 제외)은 다음의 어느 하나와 같다.
> 1) 지상 1층 및 2층의 바닥면적의 합계가 (ㄱ)m^2 이상인 것. 이 경우 같은 구(區) 내의 둘 이상의 특정소방대상물이 행정안전부령으로 정하는 (ㄴ)인 경우에는 이를 하나의 특정소방대상물로 본다.
> 2) 「문화재보호법」 제23조에 따라 보물 또는 국보로 지정된 목조건축물
> 3) 1)에 해당하지 않는 공장 또는 창고시설로서 「화재의 예방 및 안전관리에 관한 법률 시행령」 별표 2에서 정하는 수량의 (ㄷ)배 이상의 특수가연물을 저장·취급하는 것

① ㄱ: 6천, ㄴ: 연소 우려가 있는 개구부, ㄷ: 650
② ㄱ: 7천, ㄴ: 연소 우려가 있는 구조, ㄷ: 650
③ ㄱ: 8천, ㄴ: 연소 우려가 있는 구조, ㄷ: 750
④ ㄱ: 9천, ㄴ: 연소 우려가 있는 개구부, ㄷ: 750

출제 키워드 | 특정소방대상물의 규모·용도 및 수용인원 등을 고려하여 갖추어야 하는 소방시설 (중)

④ ○ ㄱ: 9천, ㄴ: 연소 우려가 있는 개구부, ㄷ: 750

> 사. 옥외소화전설비를 설치하여야 하는 특정소방대상물(아파트등, 위험물 저장 및 처리 시설 중 가스시설, 지하구 또는 지하가 중 터널은 제외)은 다음의 어느 하나와 같다.
> 1) 지상 1층 및 2층의 바닥면적의 합계가 9천m^2 이상인 것. 이 경우 같은 구(區) 내의 둘 이상의 특정소방대상물이 행정안전부령으로 정하는 연소 우려가 있는 개구부 구조인 경우에는 이를 하나의 특정소방대상물로 본다.
> 2) 「문화재보호법」 제23조에 따라 보물 또는 국보로 지정된 목조건축물
> 3) 1)에 해당하지 않는 공장 또는 창고시설로서 「화재의 예방 및 안전관리에 관한 법률 시행령」 별표 2에서 정하는 수량의 750배 이상의 특수가연물을 저장·취급하는 것

정답 ④

179 □□□

18 소방 경채(변형)

「소방시설 설치 및 관리에 관한 법률 시행령」상 물분무등소화설비를 설치하여야 하는 특정소방대상물로 옳지 않은 것은?

① 항공기격납고
② 연면적 600m^2 이상인 주차용 건축물
③ 특정소방대상물에 설치된 바닥면적 300m^2 이상인 전산실
④ 20대 이상의 차량을 주차할 수 있는 기계장치에 의한 주차시설

출제 키워드 | 특정소방대상물의 규모·용도 및 수용인원 등을 고려하여 갖추어야 하는 소방시설 (중)

② ✕ 차고, 주차용 건축물 또는 철골 조립식 주차시설. 이 경우 연면적 800m^2 이상인 것만 해당한다.

정답 ②

180 □□□

17 소방 경채(변형)

다음 중 판매시설에 스프링클러설비를 하여야 하는 것은?

① 연면적 5천 제곱미터 이상 수용인원 300인 이상의 모든 층
② 바닥면적 5천 제곱미터 이상 수용인원 500인 이상의 모든 층
③ 연면적 1천 제곱미터 이상 수용인원 100인 이상의 모든 층
④ 바닥면적 1천 제곱미터 이상 수용인원 100인 이상의 모든 층

출제 키워드 | 특정소방대상물의 규모·용도 및 수용인원 등을 고려하여 갖추어야 하는 소방시설 (중)

② ○ 바닥면적의 합계가 5천m^2 이상이거나 수용인원이 500명 이상인 경우에는 모든 층에 스프링클러설비를 설치하여야 한다.

> 「소방시설 설치 및 관리에 관한 법률 시행령」 별표 5(특정소방대상물의 관계인이 특정소방대상물의 규모·용도 및 수용인원 등을 고려하여 갖추어야 하는 소방시설의 종류)
> 라. 스프링클러설비를 설치하여야 하는 특정소방대상물(위험물 저장 및 처리 시설 중 가스시설 또는 지하구는 제외)은 다음의 어느 하나와 같다.
> 4) 판매시설, 운수시설 및 창고시설(물류터미널에 한정)로서 바닥면적의 합계가 5천m^2 이상이거나 수용인원이 500명 이상인 경우에는 모든 층

정답 ②

181 □□□

21 소방 경채(변형)

「소방시설 설치 및 관리에 관한 법률 시행령」상 피난구조설비 중 공기호흡기를 설치하여야 하는 특정소방대상물로 옳지 않은 것은?

① 지하가 중 지하상가
② 운수시설 중 지하역사
③ 판매시설 중 대규모점포
④ 호스릴이산화탄소소화설비를 설치하여야 하는 특정소방대상물

출제 키워드 |특정소방대상물의 규모·용도 및 수용인원 등을 고려하여 갖추어야 하는 소방시설 중

④ X 화재안전기준에 따라 이산화탄소소화설비(호스릴이산화탄소소화설비는 제외)를 설치하여야 하는 특정소방대상물에는 공기호흡기를 설치해야 한다.

정답 ④

182 □□□

19 소방 공채(변형)

「소방시설 설치 및 관리에 관한 법률 시행령」상 특정소방대상물의 관계인이 특정소방대상물의 규모·용도 및 수용인원 등을 고려하여 갖추어야 하는 소방시설의 종류 중 단독경보형 감지기를 설치하여야 하는 특정소방대상물로 옳은 것은?

① 연면적 400m² 미만의 유치원
② 교육연구시설 내에 있는 합숙소 또는 기숙사로서 연면적 2천m² 이상인 것
③ 수련시설 내에 있는 합숙소 또는 기숙사로서 연면적 2천m² 이상인 것
④ 동물 및 식물 관련 시설(기둥과 지붕만으로 구성되어 외부와 기류가 통하는 장소는 제외)로서 연면적 2천m² 이상인 경우

출제 키워드 |특정소방대상물의 규모·용도 및 수용인원 등을 고려하여 갖추어야 하는 소방시설 중

② X 교육연구시설 내에 있는 합숙소 또는 기숙사로서 연면적 2천m² 미만인 것

③ X 수련시설 내에 있는 합숙소 또는 기숙사로서 연면적 2천m² 미만인 것

④ X 동물 및 식물 관련 시설(기둥과 지붕만으로 구성되어 외부와 기류가 통하는 장소는 제외)로서 연면적 2천m² 이상인 경우 제외

「소방시설 설치 및 관리에 관한 법률 시행령」 별표 5(특정소방대상물의 관계인이 특정소방대상물의 규모·용도 및 수용인원 등을 고려하여 갖추어야 하는 소방시설의 종류)

2. 경보설비
   라. 자동화재탐지설비를 설치하여야 하는 특정소방대상물은 다음의 어느 하나와 같다.
      5) 교육연구시설(교육시설 내에 있는 기숙사 및 합숙소를 포함), 수련시설(수련시설 내에 있는 기숙사 및 합숙소를 포함하며, 숙박시설이 있는 수련시설은 제외), 동물 및 식물 관련 시설(기둥과 지붕만으로 구성되어 외부와 기류가 통하는 장소는 제외), 분뇨 및 쓰레기 처리시설, 교정 및 군사시설(국방·군사시설은 제외) 또는 묘지 관련 시설로서 연면적 2천m² 이상인 경우에는 모든 층
   사. 단독경보형 감지기를 설치하여야 하는 특정소방대상물은 다음의 어느 하나와 같다.
      1) 교육연구시설 또는 수련시설 내에 있는 합숙소 또는 기숙사로서 연면적 2천m² 미만인 것
      2) 라목 5)에 해당하지 않는 수련시설(숙박시설이 있는 것만 해당)
      3) 연면적 400m² 미만의 유치원

정답 ①

183 □□□ 18 소방시설관리사(변형)

소방시설 설치 및 관리에 관한 법령상 무선통신보조설비를 설치하여야 하는 특정소방대상물에 해당하지 않는 것은? (단, 위험물 저장 및 처리 시설 중 가스시설은 제외함)

① 공동구
② 지하가(터널은 제외)로서 연면적 1천m^2 이상인 것
③ 층수가 30층 이상인 것으로서 11층 이상 부분의 모든 층
④ 지하층의 층수가 3층 이상이고, 지하층의 바닥면적의 합계가 1천m^2 이상인 것은 지하층의 모든 층

출제 키워드 | 특정소방대상물의 규모·용도 및 수용인원 등을 고려하여 갖추어야 하는 소방시설 중

③ X 층수가 30층 이상인 것으로서 16층 이상 부분의 모든 층

「소방시설 설치 및 관리에 관한 법률 시행령」 별표 5(특정소방대상물의 관계인이 특정소방대상물의 규모·용도 및 수용인원 등을 고려하여 갖추어야 하는 소방시설의 종류)
5. 소화활동설비
마. 무선통신보조설비를 설치하여야 하는 특정소방대상물(위험물 저장 및 처리 시설 중 가스시설은 제외한다)은 다음의 어느 하나와 같다.
1) 지하가(터널은 제외)로서 연면적 1천m^2 이상인 것
2) 지하층의 바닥면적의 합계가 3천m^2 이상인 것 또는 지하층의 층수가 3층 이상이고 지하층의 바닥면적의 합계가 1천m^2 이상인 것은 지하층의 모든 층
3) 지하가 중 터널로서 길이가 500m 이상인 것
4) 「국토의 계획 및 이용에 관한 법률」 제2조 제9호에 따른 공동구
5) 층수가 30층 이상인 것으로서 16층 이상 부분의 모든 층

정답 ③

06 제13조 소방시설기준 적용의 특례

대표기출

184 □□□ 18 상반기 소방 공채(변형)

소방시설 설치 및 관리에 관한 법령상 소방서장이 화재안전기준의 변경으로 강화된 기준을 적용하여야 하는 소방시설을 모두 고른 것은?

㉠ 소화기구
㉡ 피난구조설비
㉢ 자동화재탐지설비
㉣ 노유자시설에 설치하는 스프링클러설비, 자동화재탐지설비
㉤ 의료시설에 설치하는 간이스프링클러설비, 자동화재속보설비

① ㉠, ㉡ ② ㉡, ㉣
③ ㉠, ㉡, ㉢, ㉤ ④ ㉢, ㉣, ㉤

출제 키워드 | 소방시설기준 적용의 특례 중

③ O 강화된 기준을 적용하여야 하는 소방시설은 소화기구, 피난구조설비, 자동화재탐지설비, 의료시설에 설치하는 간이스프링클러설비와 자동화재속보설비이다(소방시설 설치 및 관리에 관한 법률 제11조 제1항, 동법 시행령 제15조의6).

「소방시설 설치 및 관리에 관한 법률」 제13조(소방시설기준 적용의 특례) ① 소방본부장이나 소방서장은 제12조 제1항 전단에 따른 대통령령 또는 화재안전기준이 변경되어 그 기준이 강화되는 경우 기존의 특정소방대상물(건축물의 신축·개축·재축·이전 및 대수선 중인 특정소방대상물을 포함한다)의 소방시설에 대하여는 변경 전의 대통령령 또는 화재안전기준을 적용한다. 다만, 다음 각 호의 어느 하나에 해당하는 소방시설의 경우에는 대통령령 또는 화재안전기준의 변경으로 강화된 기준을 적용할 수 있다.
1. 다음 각 목의 소방시설 중 대통령령 또는 화재안전기준으로 정하는 것
가. 소화기구
나. 비상경보설비
다. 자동화재탐지설비
라. 자동화재속보설비
마. 피난구조설비

2. 다음 각 목의 특정소방대상물에 설치하는 소방시설 중 대통령령 또는 화재안전기준으로 정하는 것
가. 「국토의 계획 및 이용에 관한 법률」 제2조 제9호에 따른 공동구
나. 전력 및 통신사업용 지하구
다. 노유자 시설
라. 의료시설
② 소방본부장이나 소방서장은 특정소방대상물에 설치해야 하는 소방시설 가운데 기능과 성능이 유사한 스프링클러설비, 물분무등소화설비, 비상경보설비 및 비상방송설비 등의 소방시설의 경우에는 대통령령으로 정하는 바에 따라 유사한 소방시설의 설치를 면제할 수 있다.

「소방시설 설치 및 관리에 관한 법률 시행령」 제13조(강화된 소방시설기준의 적용대상) 법 제13조 제1항 제2호에서 "대통령령으로 정하는 것"이란 다음 각 호의 어느 하나에 해당하는 설비를 말한다.
1. 「국토의 계획 및 이용에 관한 법률」 제2조 제9호에 따른 공동구에 설치하는 소화기, 자동소화장치, 자동화재탐지설비, 통합감시시설, 유도등 및 연소방지설비
2. 전력 및 통신사업용 지하구에 설치하는 소화기, 자동소화장치, 자동화재탐지설비, 통합감시시설, 유도등 및 연소방지설비
3. 노유자시설에 설치하는 간이스프링클러설비, 자동화재탐지설비 및 단독경보형 감지기
4. 의료시설에 설치하는 스프링클러설비, 간이스프링클러설비, 자동화재탐지설비 및 자동화재속보설비

정답 ③

185 □□□

22 소방 경채(변형)

「소방시설 설치 및 관리에 관한 법률 시행령」 제15조 특정소방대상물의 증축 또는 용도변경 시의 소방시설기준 적용의 특례에 관한 설명으로 옳지 않은 것은?

① 기존 부분과 증축 부분이 「건축법 시행령」 제64조 제1항 제1호에 따른 60분+ 방화문으로 구획되어 있는 경우, 기존 부분에 대해서는 증축 당시의 소방시설의 설치에 관한 대통령령 또는 화재안전기준을 적용하지 않는다.
② 증축되는 범위가 경미하여 관할 소방본부장 또는 소방서장이 화재 위험도가 낮다고 인정하는 경우, 기존 부분에 대해서는 증축 당시의 소방시설의 설치에 관한 대통령령 또는 화재안전기준을 적용하지 않는다.
③ 특정소방대상물의 구조·설비가 화재연소 확대 요인이 적어지거나 피난 또는 화재진압활동이 쉬워지도록 변경되는 경우에는 특정소방대상물 전체에 대하여 용도변경 전에 해당 특정소방대상물에 적용되던 소방시설의 설치에 관한 대통령령 또는 화재안전기준을 적용한다.
④ 문화 및 집회시설 중 공연장·집회장·관람장, 판매시설, 운수시설, 창고시설 중 물류터미널이 불특정 다수인이 이용하는 것이 아닌 일정한 근무자가 이용하는 용도로 변경되는 경우에는 용도변경되는 부분에 대해서만 용도변경 당시의 소방시설의 설치에 관한 대통령령 또는 화재안전기준을 적용한다.

출제 키워드 | 소방시설기준 적용의 특례 중

④ × 특정소방대상물의 구조·설비가 화재연소 확대 요인이 적어지거나 피난 또는 화재진압활동이 쉬워지도록 변경되는 경우 특정소방대상물 전체에 대하여 용도변경 전에 해당 특정소방대상물에 적용되던 소방시설의 설치에 관한 대통령령 또는 화재안전기준을 적용한다. 정답 ④

186 □□□

19 소방 경채(변형)

「소방시설 설치 및 관리에 관한 법」 및 같은 법 시행령상 노유자시설 및 의료시설의 경우 강화된 소방시설기준의 적용대상이다. 이에 해당하는 소방설비의 연결이 옳지 않은 것은?

① 노유자시설에 설치하는 간이스프링클러설비
② 노유자시설에 설치하는 비상방송설비
③ 의료시설에 설치하는 스프링클러설비
④ 의료시설에 설치하는 자동화재탐지설비

출제 키워드 | 소방시설기준 적용의 특례

② X 노유자시설에 설치하는 간이스프링클러설비, 자동화재탐지설비 및 단독경보형 감지기가 강화된 소방시설기준의 적용대상이다.

정답 ②

187 □□□

22 소방 경채(변형)

「소방시설 설치 및 관리에 관한 법률 시행령」 제15조 별표 5의 소방시설 중 제연설비를 설치해야하는 특정소방대상물에 대한 내용이다. (   ) 안에 들어갈 숫자로 옳은 것은?

> 가. 지하가(터널은 제외한다)로서 연면적 (ㄱ)m^2 이상인 것
> 나. 문화 및 집회시설, 종교시설, 운동시설로서 무대부의 바닥면적이 (ㄴ)m^2 이상 또는 문화 및 집회시설 중 영화상영관으로서 수용인원 (ㄷ)명 이상인 것

	ㄱ	ㄴ	ㄷ
①	1,000	200	100
②	1,000	400	100
③	2,000	200	50
④	2,000	400	50

출제 키워드 | 소방시설기준 적용의 특례

① O ㄱ: 1,000, ㄴ: 200, ㄷ: 100

> 가. 지하가(터널은 제외한다)로서 연면적 1,000m^2 이상인 것
> 나. 문화 및 집회시설, 종교시설, 운동시설로서 무대부의 바닥면적이 200m^2 이상 또는 문화 및 집회시설 중 영화상영관으로서 수용인원 100명 이상인 것

정답 ①

188 □□□

20 소방 공채(변형)

「소방시설 설치 및 관리에 관한 법률 시행령」상 특정소방대상물이 증축되는 경우, 원칙적으로 소방시설기준 적용에 관한 설명으로 옳은 것은?

① 기존 부분을 포함한 특정소방대상물의 전체에 대하여 증축 전 소방시설의 설치에 관한 대통령령 또는 화재안전기준을 적용하여야 한다.
② 기존 부분은 증축 전에 적용되던 소방시설의 설치에 관한 대통령령 또는 화재안전기준을 적용하고 증축 부분은 증축 당시의 소방시설의 설치에 관한 대통령령 또는 화재안전기준을 적용하여야 한다.
③ 증축 부분은 증축 전에 적용되던 소방시설의 설치에 관한 대통령령 또는 화재안전기준을 적용하고 기존 부분은 증축 당시의 소방시설의 설치에 관한 대통령령 또는 화재안전기준을 적용하여야 한다.
④ 기존 부분을 포함한 특정소방대상물의 전체에 대하여 증축 당시의 소방시설의 설치에 관한 대통령령 또는 화재안전기준을 적용하여야 한다.

출제 키워드 | 소방시설기준 적용의 특례

④ O 기존 부분을 포함한 특정소방대상물의 전체에 대하여 증축 당시의 소방시설의 설치에 관한 대통령령 또는 화재안전기준을 적용하여야 한다.

> 「소방시설 설치 및 관리에 관한 법률 시행령」 제15조(특정소방대상물의 증축 또는 용도변경 시의 소방시설기준 적용의 특례)
> ① 소방본부장 또는 소방서장은 특정소방대상물이 증축되는 경우에는 기존 부분을 포함한 특정소방대상물의 전체에 대하여 증축 당시의 소방시설의 설치에 관한 대통령령 또는 화재안전기준을 적용해야 한다.

정답 ④

189 □□□

17 하반기 소방 공채(복원+변형)

「소방시설 설치 및 관리에 관한 법률 시행령」상 소방시설을 설치하지 아니할 수 있는 특정소방대상물의 범위로 옳지 않은 것은?

① 불연성 물품을 저장하는 창고 – 화재 위험도가 낮은 특정소방대상물
② 어류양식용 시설 – 화재안전기준을 적용하기 어려운 특정소방대상물
③ 핵폐기물처리시설 – 화재안전기준을 달리 적용하여야 하는 특수한 용도 또는 구조를 가진 특정소방대상물
④ 음료수 공장의 세정 작업 – 화재 위험도가 낮은 특정소방대상물

출제 키워드 | 소방시설을 설치하지 아니할 수 있는 특정소방대상물 중

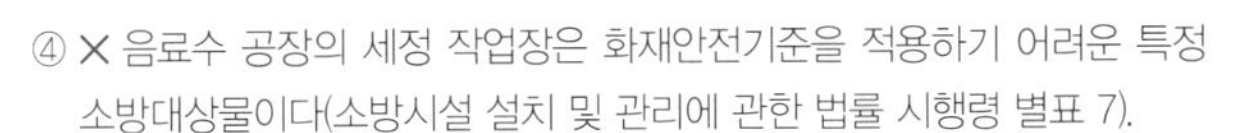

④ X 음료수 공장의 세정 작업장은 화재안전기준을 적용하기 어려운 특정소방대상물이다(소방시설 설치 및 관리에 관한 법률 시행령 별표 7).

정답 ④

190 □□□

18 소방시설관리사(변형)

소방시설 설치 및 관리에 관한 법령상 특정소방대상물이 증축되는 경우에 기존 부분에 대해서는 증축 당시의 소방시설의 설치에 관한 대통령령 또는 화재안전기준을 적용하지 아니하는 경우가 있다. 이 경우에 해당하지 않는 것은?

① 기존 부분과 증축 부분이 60+방화문으로 구획되어 있는 경우
② 기존 부분과 증축 부분이 국토교통부장관이 정하는 기준에 적합한 자동방화셔터로 구획되어 있는 경우
③ 자동차 생산공장 내부에 연면적 50제곱미터의 직원 휴게실을 증축하는 경우
④ 증축되는 범위가 경미하여 관할 소방본부장 또는 소방서장이 화재 위험도가 낮다고 인정하는 경우

출제 키워드 | 소방시설기준 적용의 특례 중

③ X 자동차 생산공장 내부에 연면적 50제곱미터의 직원 휴게실을 증축하는 경우는 법 개정으로 삭제된 조항이다.

정답 ③

191 □□□

19 소방 경채(변형)

「소방시설 설치 및 관리에 관한 법률 시행령」상 밑줄 친 각 호에 해당되지 않는 것은?

> 소방본부장 또는 소방서장은 특정소방대상물이 증축되는 경우에는 기존 부분을 포함한 특정소방대상물의 전체에 대하여 증축 당시의 소방시설의 설치에 관한 대통령령 또는 화재안전기준을 적용해야 한다. 다만, 다음 <u>각 호</u>의 어느 하나에 해당하는 경우에는 기존 부분에 대해서는 증축 당시의 소방시설의 설치에 관한 대통령령 또는 화재안전기준을 적용하지 않는다.

① 기존 부분과 증축 부분이 내화구조로 된 바닥과 벽으로 구획된 경우
② 기존 부분과 증축 부분이 「건축법 시행령」 제64조에 따른 60+방화문(국토교통부장관이 정하는 기준에 적합한 자동방화셔터를 포함한다)으로 구획되어 있는 경우
③ 특정소방대상물의 구조·설비가 화재연소 확대 요인이 적어지거나 피난 또는 화재진압활동이 쉬워지도록 변경되는 경우
④ 증축되는 범위가 경미하여 관할 소방본부장 또는 소방서장이 화재 위험도가 낮다고 인정하는 경우

출제 키워드 | 소방시설기준 적용의 특례 

③ X 특정소방대상물의 구조·설비가 화재연소 확대 요인이 적어지거나 피난 또는 화재진압활동이 쉬워지도록 변경되는 경우는 용도변경의 규정 사항이다.

정답 ③

192 □□□

21 소방시설관리사(변형)

소방시설 설치 및 관리에 관한 법령상 소방서장이 화재안전기준 또는 대통령령이 변경되어 그 기준이 강화되는 경우 기존의 특정소방대상물의 소방시설에 대하여 강화된 기준을 적용하는 소방시설로 옳지 않은 것은?

① 소화기구
② 노유자시설에 설치하는 스프링클러설비, 자동화재탐지설비
③ 의료시설에 설치하는 간이스프링클러설비, 자동화재속보설비
④ 「국토의 계획 및 이용에 관한 법률」에 따른 공동구에 설치하여야 하는 소방시설

출제 키워드 | 소방시설기준 적용의 특례 중

② X 노유자시설에 설치하는 간이스프링클러설비, 자동화재탐지설비, 단독경보형 감지기

정답 ②

193 □□□

15 소방 공채(복원+변형)

「소방시설 설치 및 관리에 관한 법률 시행령」상 소방시설을 설치하지 아니할 수 있는 특정소방대상물 및 소방시설의 범위에 관한 설명으로 옳지 않은 것은?

① 불연성 물품을 저장하는 창고는 옥외소화전 및 연결살수설비를 설치하지 아니할 수 있다.
② 음료수 공장의 세정 또는 충전을 하는 작업장은 화재 위험도가 낮은 특정소방대상물에 해당된다.
③ 정수장은 자동화재탐지설비를 설치하지 아니할 수 있다.
④ 원자력발전소는 연결송수관설비 및 연결살수설비를 설치하지 아니할 수 있다.

출제 키워드 | 소방시설을 설치하지 아니하는 특정소방대상물 중

② X 음료수 공장의 세정 또는 충전을 하는 작업장은 화재안전기준을 적용하기 어려운 특정소방대상물이다.

정답 ②

194 □□□

20 소방 경채(변형)

「소방시설 설치 및 관리에 관한 법률 시행령」상 특정소방대상물의 소방시설 설치면제기준으로 옳지 않은 것은?

① 간이스프링클러설비를 설치하여야 하는 특정소방대상물에 분말소화설비를 화재안전기준에 적합하게 설치한 경우에는 그 설비의 유효범위에서 설치가 면제된다.
② 비상경보설비를 설치하여야 할 특정소방대상물에 단독경보형 감지기를 2개 이상의 단독경보형 감지기와 연동하여 설치하는 경우에는 그 설비의 유효범위에서 설치가 면제된다.
③ 비상조명등을 설치하여야 하는 특정소방대상물에 피난구유도등 또는 통로유도등을 화재안전기준에 적합하게 설치한 경우에는 그 유도등의 유효범위에서 설치가 면제된다.
④ 누전경보기를 설치하여야 하는 특정소방대상물 또는 그 부분에 아크경보기 또는 전기 관련 법령에 따른 지락차단장치를 설치한 경우에는 그 설비의 유효범위에서 설치가 면제된다.

출제 키워드 | 특정소방대상물의 설치 면제기준 중

① X 간이스프링클러설비를 설치하여야 하는 특정소방대상물에 스프링클러설비, 물분무소화설비 또는 미분무소화설비를 화재안전기준에 적합하게 설치한 경우에는 그 설비의 유효범위에서 설치가 면제된다.

정답 ①

195 □□□

18 하반기 소방 경채(변형)

「소방시설 설치 및 관리에 관한 법률 시행령」상 '유사한 소방시설의 설치 면제의 기준'에 대한 설명이다. (   ) 안의 내용으로 옳게 연결된 것은?

> 간이스프링클러를 설치하여야 하는 특정소방대상물에 (㉠), (㉡), 또는 미분무소화설비를 화재안전기준에 적합하게 설치한 경우에는 그 설비의 유효범위에서 설치가 면제된다.

	㉠	㉡
①	스프링클러설비	옥내소화전설비
②	포소화설비	물분무소화설비
③	스프링클러설비	물분무소화설비
④	포소화설비	옥내소화전설비

출제 키워드 | 특정소방대상물의 설치 면제기준 중

③ O ㉠ 스프링클러설비, ㉡ 물분무소화설비

> 간이스프링클러를 설치하여야 하는 특정소방대상물에 스프링클러설비, 물분무소화설비, 또는 미분무소화설비를 화재안전기준에 적합하게 설치한 경우에는 그 설비의 유효범위에서 설치가 면제된다.

정답 ③

07 특정소방대상물별로 설치해야 하는 소방시설의 정비 등

196 □□□

21 소방 경채(변형)

「소방시설 설치 및 관리에 관한 법률」상 특정소방대상물별로 설치하여야 하는 소방시설의 정비 등에 대한 설명이다. (   ) 안에 들어갈 내용으로 옳은 것은?

> - 제12조 제1항에 따라 대통령령으로 소방시설을 정할 때에는 특정소방대상물의 (가) 등을 고려하여야 한다.
> - 소방청장은 건축 환경 및 화재위험특성 변화사항을 효과적으로 반영할 수 있도록 소방시설 규정을 (나) 이상 정비하여야 한다.

	(가)	(나)
①	규모 · 용도 · 수용인원 및 이용자 특성	3년에 1회
②	위치 · 구조 · 수용인원 및 이용자 특성	4년에 1회
③	규모 · 용도 및 가연물의 종류 및 양	5년에 1회
④	위치 · 구조 및 가연물의 종류 및 양	10년에 1회

출제 키워드 | 특정소방대상물별로 설치해야 하는 소방시설의 정비 등 중

① O (가) 규모 · 용도 · 수용인원 및 이용자 특성, (나) 3년에 1회

> 「소방시설 설치 및 관리에 관한 법률」 제14조(특정소방대상물별로 설치해야 하는 소방시설의 정비 등) ① 제12조 제1항에 따라 대통령령으로 소방시설을 정할 때에는 특정소방대상물의 규모 · 용도 · 수용인원 및 이용자 특성 등을 고려하여야 한다.
> ② 소방청장은 건축 환경 및 화재위험특성 변화사항을 효과적으로 반영할 수 있도록 소방시설 규정을 3년에 1회 이상 정비하여야 한다.

정답 ①

08 제15조 건설현장의 임시소방시설

대표기출

197 □□□ 18 상반기 소방 공채(복원+변형)

「소방시설 설치 및 관리에 관한 법률 시행령」상 임시소방시설의 종류가 아닌 것은?

① 소화기
② 스프링클러설비
③ 비상경보장치
④ 간이피난유도선

출제 키워드 | 임시소방시설 중

② X 임시소방시설의 종류로 소화기, 간이소화장치, 비상경보장치, 가스누설경보기, 간이피난유도선, 비상조명등, 방화포가 있다. 스프링클러설비는 임시소방시설에 해당하지 않는다.

> 「소방시설 설치 및 관리에 관한 법률 시행령」 별표 8(임시소방시설의 종류와 설치기준 등)
> 1. 임시소방시설의 종류
> 가. 소화기
> 나. 간이소화장치: 물을 방사하여 화재를 진화할 수 있는 장치로서 소방청장이 정하는 성능을 갖추고 있을 것
> 다. 비상경보장치: 화재가 발생한 경우 주변에 있는 작업자에게 화재사실을 알릴 수 있는 장치로서 소방청장이 정하는 성능을 갖추고 있을 것
> 라. 가스누설경보기: 가연성 가스가 누설 또는 발생된 경우 탐지하여 경보하는 장치로서 소방청장이 실시하는 형식승인 및 제품검사를 받은 것
> 마. 간이피난유도선: 화재가 발생한 경우 피난구 방향을 안내할 수 있는 장치로서 소방청장이 정하는 성능을 갖추고 있을 것
> 바. 비상조명등: 화재발생 시 안전하고 원활한 피난활동을 할 수 있도록 거실 및 피난통로 등에 설치하여 자동 점등되는 조명장치로서 소방청장이 정하는 성능을 갖추고 있을 것
> 사. 방화포: 용접·용단 등 작업 시 발생하는 금속성 불티로부터 가연물이 점화되는 것을 방지해주는 천 또는 불연성 물품으로서 소방청장이 정하는 성능을 갖추고 있을 것

→ 가스누설경보기, 비상조명등, 방화포는 23년 7월 1일 시행 예정 정답 ②

198 □□□ 18 소방시설관리사(변형)

소방시설 설치 및 관리에 관한 법령상 임시소방시설에 해당하지 않는 것은?

① 비상경보장치
② 간이완강기
③ 간이소화장치
④ 간이피난유도선

출제 키워드 | 임시소방시설 

② X 임시소방시설의 종류로 소화기, 간이소화장치, 비상경보장치, 간이피난유도선이 있다. 간이완강기는 임시소방시설에 해당하지 않는다.

→ 가스누설경보기, 비상조명등, 방화포는 23년 7월 1일 시행 예정 정답 ②

199 □□□ 22 소방시설관리사(변형)

소방시설 설치 및 관리에 관한 법령상 임시소방시설에 해당하는 것은?

① 간이완강기
② 공기호흡기
③ 간이피난유도선
④ 비상콘센트설비

출제 키워드 | 임시소방시설 

③ O 임시소방시설의 종류로 소화기, 간이소화장치, 비상경보장치, 가스누설경보기, 간이피난유도선, 비상조명등, 방화포가 있다.

→ 가스누설경보기, 비상조명등, 방화포는 23년 7월 1일 시행 예정 정답 ③

200 □□□

20 소방 경채(변형)

「소방시설 설치 및 관리에 관한 법률」 및 같은 법 시행령상 임시소방시설을 설치하여야 하는 공사와 임시소방시설의 설치기준으로 옳지 않은 것은?

① 특정소방대상물의 용도변경을 위한 공사를 시공하는 자는 공사 현장에서 인화성(引火性) 물품을 취급하는 작업을 하기 전에 설치 및 철거가 쉬운 임시소방시설을 설치하고 유지·관리하여야 한다.
② 옥내소화전이 설치된 특정소방대상물의 용도변경을 위한 내부 인테리어 변경공사를 시공하는 자는 간이소화장치를 설치해야만 한다
③ 무창층으로서 바닥면적 150m²의 증축 작업현장에는 간이피난유도선을 설치해야 한다.
④ 소방서장은 용접·용단 등 불꽃을 발생시키거나 화기(火氣)를 취급하는 작업현장에 임시소방시설 또는 소방시설이 설치 또는 유지·관리되지 아니할 때에는 해당 시공자에게 필요한 조치를 하도록 명할 수 있다.

출제 키워드 | 임시소방시설 중

②× 간이소화장치를 설치한 것으로 보는 소방시설: 옥내소화전 설비를 설치한 경우 또는 연결송수관설비와 연결송수관설비의 방수구 인근에 소방청장이 정하여 고시하는 기준에 맞는 소화기를 설치한 경우 정답 ②

201 □□□

17 소방 경채(복원+변형)

다음 중 임시소방시설이 아닌 것은?

① 간이소화장치
② 소화기
③ 비상경보장치
④ 호스릴 옥내소화전

출제 키워드 | 임시소방시설 

④× 임시소방시설의 종류로 소화기, 간이소화장치, 비상경보장치, 간이피난유도선이 있다. 호스릴 옥내소화전은 임시소방시설에 해당하지 않는다.
→ 가스누설경보기, 비상조명등, 방화포는 23년 7월 1일 시행 예정 정답 ④

202 □□□

18 상반기 소방 공채(복원+변형)

연면적 2,500m²인 신축공사 작업현장의 바닥면적 200m²인 지하층에서 용접작업을 하려고 한다. 「소방시설 설치 및 관리에 관한 법률 시행령」상 해당 작업현장에 설치하여야 할 임시소방시설로 옳지 않은 것은?

① 소화기
② 간이소화장치
③ 비상경보장치
④ 간이피난유도선

출제 키워드 | 임시소방시설 

②× 간이소화장치는 연면적 3천m² 이상, 지하층·무창층 또는 4층 이상의 층(이 경우 해당 층의 바닥면적이 600m² 이상인 경우)의 작업현장에 설치해야 한다.

> 「소방시설 설치 및 관리에 관한 법률 시행령」 별표 8(임시소방시설의 종류와 설치기준 등)
> 2. 임시소방시설을 설치하여야 하는 공사의 종류와 규모
> 가. 소화기: 제7조 제1항에 따라 건축허가등을 할 때 소방본부장 또는 소방서장의 동의를 받아야 하는 특정소방대상물의 건축·대수선·용도변경 또는 설치 등을 위한 공사 중 제17조 각 호에 따른 작업을 하는 현장(이하 "작업현장")에 설치한다.
> 나. 간이소화장치: 다음의 어느 하나에 해당하는 공사의 작업현장에 설치한다.
> 1) 연면적 3천m² 이상
> 2) 지하층, 무창층 또는 4층 이상의 층. 이 경우 해당 층의 바닥면적이 600m² 이상인 경우만 해당한다.
> 다. 비상경보장치: 다음의 어느 하나에 해당하는 공사의 작업현장에 설치한다.
> 1) 연면적 400m² 이상
> 2) 지하층 또는 무창층. 이 경우 해당 층의 바닥면적이 150m² 이상인 경우만 해당한다.
> 라. 가스누설경보기: 바닥면적이 150m² 이상인 지하층 또는 무창층의 작업현장에 설치한다.
> 마. 간이피난유도선: 바닥면적이 150m² 이상인 지하층 또는 무창층의 작업현장에 설치한다.
> 바. 비상조명등: 바닥면적이 150m² 이상인 지하층 또는 무창층의 작업현장에 설치한다.
> 사. 방화포: 용접·용단 작업이 진행되는 모든 작업장에 설치한다.

정답 ②

203 □□□

18 하반기 소방 경채(변형)

「소방시설 설치 및 관리에 관한 법률 시행령」상 건축허가등의 동의대상물 중 화재위험작업 공사현장에 설치하여야 하는 임시소방시설의 종류와 설치기준으로 옳지 않은 것은?

① 가연성 가스를 발생시키는 화재위험작업현장에는 소화기를 설치하여야 한다.
② 바닥면적 150m² 이상인 지하층 또는 무창층의 화재위험작업현장에는 간이소화장치를 설치하여야 한다.
③ 바닥면적 150m² 이상인 지하층 또는 무창층의 화재위험작업현장에는 비상경보장치를 설치하여야 한다.
④ 바닥면적 150m² 이상인 지하층 또는 무창층의 화재위험작업현장에는 간이피난유도선을 설치하여야 한다.

출제 키워드 | 임시소방시설 (중)

②✕ 지하층, 무창층 또는 4층 이상의 층. 이 경우 해당 층의 바닥면적이 600m² 이상인 경우만 해당한다.

정답 ②

09 제17조 소방용품의 내용연수 등

대표기출

204 □□□

18 하반기 소방 공채(변형)

「소방시설 설치 및 관리에 관한 법률 시행령」상 소방용품인 분말형태의 소화약제를 사용하는 소화기의 내용연수로 옳은 것은?

① 10년
② 15년
③ 20년
④ 25년

출제 키워드 | 내용연수 (하)

①○ 분말형태의 소화약제를 사용하는 소화기의 내용연수는 10년이다(소방시설 설치 및 관리에 관한 법률 시행령 제17조 제2항).

> 「소방시설 설치 및 관리에 관한 법률」 제17조(소방용품의 내용연수 등) ① 특정소방대상물의 관계인은 내용연수가 경과한 소방용품을 교체해야 한다. 이 경우 내용연수를 설정해야 하는 소방용품의 종류 및 그 내용연수 연한에 필요한 사항은 대통령령으로 정한다.
> ② 제1항에도 불구하고 행정안전부령으로 정하는 절차 및 방법 등에 따라 소방용품의 성능을 확인받은 경우에는 그 사용기한을 연장할 수 있다.
>
> 「소방시설 설치 및 관리에 관한 법률 시행령」 제18조(내용연수 설정 대상 소방용품) ① 법 제17조 제1항 후단에 따라 내용연수를 설정하여야 하는 소방용품은 분말형태의 소화약제를 사용하는 소화기로 한다.
> ② 제1항에 따른 소방용품의 내용연수는 10년으로 한다.

정답 ①

205 □□□

18 소방 경채(변형)

「소방시설 설치 및 관리에 관한 법률 시행령」상 '분말형태의 소화약제를 사용하는 소화기'의 내용연수로 옳은 것은?

① 10년 ② 15년
③ 20년 ④ 25년

출제 키워드 | 내용연수 

① ○ 분말형태의 소화약제를 사용하는 소화기의 내용연수는 10년이다.

정답 ①

10 제18조 소방기술심의위원회 등

대표기출

206 □□□

19 소방 경채(변형)

「소방시설 설치 및 관리에 관한 법」 및 같은 법 시행령상 지방소방기술심의위원회의 심의사항으로 옳은 것은?

① 화재안전기준에 관한 사항
② 소방시설의 구조 및 원리 등에서 공법이 특수한 설계 및 시공에 관한 사항
③ 소방시설의 설계 및 공사감리의 방법에 관한 사항
④ 연면적 10만 제곱미터 미만의 특정소방대상물에 설치된 소방시설의 설계·시공·감리의 하자 유무에 관한 사항

출제 키워드 | 소방기술심의위원회 중

①× ②× ③× 중앙소방기술심의위원회 심의사항이다.

> 「소방시설 설치 및 관리에 관한 법률 시행령」 제19조(소방기술심의위원회의 심의사항) ① 법 제18조 제1항 제6호에서 "대통령령으로 정하는 사항"이란 다음 각 호의 사항을 말한다.
> 1. 연면적 10만m^2 이상의 특정소방대상물에 설치된 소방시설의 설계·시공·감리의 하자 유무에 관한 사항
> 2. 새로운 소방시설과 소방용품 등의 도입 여부에 관한 사항
> 3. 그 밖에 소방기술과 관련하여 소방청장이 심의에 부치는 사항
>
> ② 법 제18조 제2항 제2호에서 "대통령령으로 정하는 사항"이란 다음 각 호의 사항을 말한다.
> 1. 연면적 10만m^2 미만의 특정소방대상물에 설치된 소방시설의 설계·시공·감리의 하자 유무에 관한 사항
> 2. 소방본부장 또는 소방서장이 화재안전기준 또는 위험물 제조소등(위험물안전관리법 제2조 제1항 제6호에 따른 제조소등)의 시설기준의 적용에 관하여 기술검토를 요청하는 사항
> 3. 그 밖에 소방기술과 관련하여 시·도지사가 심의에 부치는 사항

정답 ④

207 □□□

22 소방시설관리사(변형)

소방시설 설치 및 관리에 관한 법령상 소방기술심의위원회에 관한 설명으로 옳은 것은?

① 중앙위원회는 성별을 고려하여 위원장을 포함한 21명 이내의 위원으로 구성한다.
② 중앙위원회 위원 중 위촉위원의 임기는 3년으로 한다.
③ 지방위원회의 위원 중 위촉위원의 임기는 2년으로 하되, 연임할 수 없다.
④ 지방위원회는 위원장을 포함하여 5명 이상 9명 이하의 위원으로 구성한다.

출제 키워드 | 소방기술심의위원회 

①✕ 중앙위원회는 성별을 고려하여 위원장을 포함한 60명 이내의 위원으로 구성한다.
②✕ 중앙위원회 위원 중 위촉위원의 임기는 2년으로 한다.
③✕ 중앙위원회 및 지방위원회의 위원 중 위촉위원의 임기는 2년으로 하되, 1회에 한하여 연임할 수 있다.

> **「소방시설 설치 및 관리에 관한 법률 시행령」 제20조(소방기술심의위원회의 구성 등)** ① 법 제18조 제1항에 따른 중앙소방기술심의위원회(이하 "중앙위원회")는 성별을 고려하여 위원장을 포함한 60명 이내의 위원으로 구성한다.
> ② 법 제18조 제2항에 따른 지방소방기술심의위원회(이하 "지방위원회")는 위원장을 포함하여 5명 이상 9명 이하의 위원으로 구성한다.
> ③ 중앙위원회의 회의는 위원장과 위원장이 회의마다 지정하는 6명 이상 12명 이하의 위원으로 구성하고, 중앙위원회는 분야별 소위원회를 구성·운영할 수 있다.
>
> **「소방시설 설치 및 관리에 관한 법률 시행령」 제21조(위원의 임명·위촉)** ① 중앙위원회의 위원은 과장급 직위 이상의 소방공무원과 다음 각 호의 어느 하나에 해당하는 사람 중에서 소방청장이 임명하거나 성별을 고려하여 위촉한다.
> 1. 소방기술사
> 2. 석사 이상의 소방 관련 학위를 소지한 사람
> 3. 소방시설관리사
> 4. 소방 관련 법인·단체에서 소방 관련 업무에 5년 이상 종사한 사람
> 5. 소방공무원 교육기관, 대학교 또는 연구소에서 소방과 관련된 교육이나 연구에 5년 이상 종사한 사람
>
> ② 지방위원회의 위원은 해당 시·도 소속 소방공무원과 제1항 각 호의 어느 하나에 해당하는 사람 중에서 시·도지사가 임명하거나 성별을 고려하여 위촉한다.
> ③ 중앙위원회의 위원장은 소방청장이 해당 위원 중에서 위촉하고, 지방위원회의 위원장은 시·도지사가 해당 위원 중에서 위촉한다.
> ④ 중앙위원회 및 지방위원회의 위원 중 위촉위원의 임기는 2년으로 하되, 1회에 한하여 연임할 수 있다.

정답 ④

208 □□□

17 소방 경채(복원+변형)

다음 중 중앙소방기술위원회 내용으로 틀린 것은?

① 화재안전기준에 관한 사항
② 소방시설의 구조 및 원리 등에서 공법이 특수한 설계 및 시공에 관한 사항
③ 소방시설의 설계 및 공사감리의 방법에 관한 사항
④ 소방시설에 하자가 있는지의 판단에 관한 사항

출제 키워드 | 소방기술심의위원회 

④✕ 지방소방기술심의위원회의 심의사항이다.

정답 ④

11 제20조 특정소방대상물의 방염 등

209 □□□

22 소방 공채(변형)

「소방시설 설치 및 관리에 관한 법률 시행령」상 방염성능 기준으로 옳지 않은 것은?

① 불꽃에 의하여 완전히 녹을 때까지 불꽃의 접촉 횟수는 3회 이상일 것
② 탄화(炭化)한 면적은 50제곱센티미터 이내, 탄화한 길이는 20센티미터 이내일 것
③ 소방청장이 정하여 고시한 방법으로 발연량(發煙量)을 측정하는 경우 최대 연기밀도는 500 이하일 것
④ 버너의 불꽃을 제거한 때부터 불꽃을 올리며 연소하는 상태가 그칠 때까지 시간은 20초 이내이며, 버너의 불꽃을 제거한 때부터 불꽃을 올리지 아니하고 연소하는 상태가 그칠 때까지 시간은 30초 이내일 것

출제 키워드 | 방염성능기준 (중)

③ ✕ 소방청장이 정하여 고시한 방법으로 발연량(發煙量)을 측정하는 경우 최대 연기밀도는 400 이하일 것

> 「소방시설 설치 및 관리에 관한 법률 시행령」 제30조(방염성능 기준) 법 제20조 제3항에 따른 방염성능기준은 다음 각 호의 기준에 따르되, 제1항에 따른 방염대상물품의 종류에 따른 구체적인 방염성능기준은 다음 각 호의 기준의 범위에서 소방청장이 정하여 고시하는 바에 따른다.
> 1. 버너의 불꽃을 제거한 때부터 불꽃을 올리며 연소하는 상태가 그칠 때까지 시간은 20초 이내일 것
> 2. 버너의 불꽃을 제거한 때부터 불꽃을 올리지 아니하고 연소하는 상태가 그칠 때까지 시간은 30초 이내일 것
> 3. 탄화한 면적은 50cm² 이내, 탄화한 길이는 20cm 이내일 것
> 4. 불꽃에 의하여 완전히 녹을 때까지 불꽃의 접촉 횟수는 3회 이상일 것
> 5. 소방청장이 정하여 고시한 방법으로 발연량을 측정하는 경우 최대 연기밀도는 400 이하일 것

✓ 최대 연기밀도 400의 개념

> 광선투과율 T = 0.1%, 즉 암흑도가 99.9%를 의미
>
> $T = \frac{I(\text{연기 있을 때 밝기})}{I_0(\text{연기 없을 때 밝기})}$

정답 ③

210 □□□

18 상반기 소방 공채(복원+변형)

「소방시설 설치 및 관리에 관한 법률 시행령」상 방염성능 기준에 대한 설명 중 빈칸에 들어갈 내용을 알맞게 나열한 것은?

> ㉠ 버너의 불꽃을 제거한 때부터 불꽃을 올리며 연소하는 상태가 그칠 때까지 시간은 (　　)초 이내일 것
> ㉡ 버너의 불꽃을 제거한 때부터 불꽃을 올리지 아니하고 연소하는 상태가 그칠 때까지 시간은 (　　)초 이내일 것
> ㉢ 탄화(炭化)한 면적은 (　　)제곱센티미터 이내, 탄화한 길이는 (　　)센티미터 이내일 것
> ㉣ 불꽃에 의하여 완전히 녹을 때까지 불꽃의 접촉 횟수는 (　　)회 이상일 것
> ㉤ 소방청장이 정하여 고시한 방법으로 발연량(發煙量)을 측정하는 경우 최대 연기밀도는 (　　) 이하일 것

① 30, 20, 20, 50, 3, 400
② 20, 30, 50, 20, 3, 400
③ 20, 30, 50, 50, 3, 400
④ 30, 20, 20, 50, 2, 300

출제 키워드 | 방염성능기준 (중)

② O 20, 30, 50, 20, 3, 400

> ㉠ 버너의 불꽃을 제거한 때부터 불꽃을 올리며 연소하는 상태가 그칠 때까지 시간은 20초 이내일 것
> ㉡ 버너의 불꽃을 제거한 때부터 불꽃을 올리지 아니하고 연소하는 상태가 그칠 때까지 시간은 30초 이내일 것
> ㉢ 탄화(炭化)한 면적은 50제곱센티미터 이내, 탄화한 길이는 20센티미터 이내일 것
> ㉣ 불꽃에 의하여 완전히 녹을 때까지 불꽃의 접촉 횟수는 3회 이상일 것
> ㉤ 소방청장이 정하여 고시한 방법으로 발연량(發煙量)을 측정하는 경우 최대 연기밀도는 400 이하일 것

정답 ②

211 □□□

20 소방시설관리사(변형)

소방시설 설치 및 관리에 관한 법령상 특정소방대상물에 설치 또는 부착하는 방염대상물품의 방염성능기준으로 옳지 않은 것은? (단, 고시는 제외함)

① 버너의 불꽃을 제거한 때부터 불꽃을 올리며 연소하는 상태가 그칠 때까지 시간은 20초 이내일 것
② 버너의 불꽃을 제거한 때부터 불꽃을 올리지 아니하고 연소하는 상태가 그칠 때까지 시간은 30초 이내일 것
③ 탄화한 면적은 50제곱센티미터 이내, 탄화한 길이는 30센티미터 이내일 것
④ 불꽃에 의하여 완전히 녹을 때까지 불꽃의 접촉 횟수는 3회 이상일 것

출제 키워드 | 방염성능기준 ㊥

③ ✕ 탄화한 면적은 $50cm^2$ 이내, 탄화한 길이는 20cm 이내일 것

정답 ③

212 □□□

20 소방 경채(변형)

「소방시설 설치 및 관리에 관한 법률 시행령」상 방염성능기준에 대한 설명이다. ( ) 안에 들어갈 숫자로 옳은 것은?

- 버너의 불꽃을 제거한 때부터 불꽃을 올리며 연소하는 상태가 그칠 때까지 시간은 (가)초 이내일 것
- 버너의 불꽃을 제거한 때부터 불꽃을 올리지 아니하고 연소하는 상태가 그칠 때까지 시간은 (나)초 이내일 것

	(가)	(나)
①	10	30
②	10	50
③	20	30
④	20	50

출제 키워드 | 방염성능기준 ㊦

③ ○ (가) 20, (나) 30

- 버너의 불꽃을 제거한 때부터 불꽃을 올리며 연소하는 상태가 그칠 때까지 시간은 20초 이내일 것
- 버너의 불꽃을 제거한 때부터 불꽃을 올리지 아니하고 연소하는 상태가 그칠 때까지 시간은 30초 이내일 것

정답 ③

213 □□□

17 소방시설관리사(변형)

소방시설 설치 및 관리에 관한 법령상 방염성능검사 결과가 방염성능기준에 부합하지 않는 것은?

① 탄화한 길이는 22cm이었다.
② 버너의 불꽃을 제거한 때부터 불꽃을 올리며 연소하는 상태가 그칠 때까지 시간이 18초이었다.
③ 버너의 불꽃을 제거한 때부터 불꽃을 올리지 아니하고 연소하는 상태가 그칠 때까지 시간이 27초이었다.
④ 탄화한 면적은 45cm²이었다.

출제 키워드 | 방염성능기준 

① × 탄화한 길이는 20cm 이내이어야 한다.
② ○ 버너의 불꽃을 제거한 때부터 불꽃을 올리며 연소하는 상태가 그칠 때까지 시간이 20초 이내이므로 적정하다.
③ ○ 버너의 불꽃을 제거한 때부터 불꽃을 올리지 아니하고 연소하는 상태가 그칠 때까지 시간이 30초 이내이므로 적정하다.
④ ○ 탄화(炭化)한 면적이 50cm² 이내이므로 적정하다.

정답 ①

214 □□□

16 소방시설관리사(변형)

소방시설 설치 및 관리에 관한 법령상 방염대상물품에 대한 방염성능기준으로 옳은 것은? (단, 고시는 고려하지 않음)

① 버너의 불꽃을 제거한 때부터 불꽃을 올리며 연소하는 상태가 그칠 때까지 시간은 30초 이내일 것
② 탄화(炭化)한 면적은 100제곱센티미터 이내, 탄화한 길이는 30센티미터 이내일 것
③ 불꽃에 의하여 완전히 녹을 때까지 불꽃의 접촉 횟수는 2회 이상일 것
④ 버너의 불꽃을 제거한 때부터 불꽃을 올리지 아니하고 연소하는 상태가 그칠 때까지 시간은 30초 이내일 것

출제 키워드 | 방염성능기준 

① × 버너의 불꽃을 제거한 때부터 불꽃을 올리며 연소하는 상태가 그칠 때까지 시간은 '20초' 이내일 것
② × 탄화(炭化)한 면적은 '50제곱센티미터' 이내, 탄화한 길이는 '20센티미터' 이내일 것
③ × 불꽃에 의하여 완전히 녹을 때까지 불꽃의 접촉 횟수는 '3회' 이상일 것

정답 ④

215 □□□

19 소방시설관리사(변형)

소방시설 설치 및 관리에 관한 법령상 방염대상물품이 아닌 것은?

① 철재를 원료로 제작된 의자
② 카펫
③ 전시용 합판
④ 창문에 설치하는 커튼류

출제 키워드 | 방염성능기준 중

① × 철재를 원료로 제작된 의자는 방염대상물품이 아니다. 철재는 불연성 재질이다.

정답 ①

216 □□□

15 소방시설관리사(변형)

소방시설 설치 및 관리에 관한 법령상 방염대상물품이 아닌 것은?

① 창문에 설치하는 블라인드
② 카펫
③ 전시용 합판
④ 두께가 2밀리미터 미만인 종이벽지

출제 키워드 | 방염성능기준 중

④ × 두께가 2mm 미만인 벽지류 중 종이벽지는 제외한다.

정답 ④

217 □□□

16 소방시설관리사(변형)

소방시설 설치 및 관리에 관한 법령상 방염성능기준 이상의 실내장식물 등을 설치하여야 하는 특정소방대상물에 해당하는 것은?

① 옥외에 설치된 문화 및 집회시설
② 건축물의 옥내에 있는 종교시설
③ 3층 건축물의 옥내에 있는 수영장
④ 층수가 10층 이상인 아파트

출제 키워드 | 방염성능기준 중

① × 옥내에 설치된 문화 및 집회시설
③ × 건축물의 옥내에 있는 운동시설의 경우 수영장은 제외한다.
④ × 층수가 11층 이상인 아파트

정답 ②

218 □□□

17 하반기 소방 공채(복원+변형)

「소방시설 설치 및 관리에 관한 법률 시행령」상 방염성능 기준으로 옳지 않은 것은?

① 버너의 불꽃을 제거한 때부터 불꽃을 올리며 연소하는 상태가 그칠 때까지 시간은 20초 이내일 것
② 버너의 불꽃을 제거한 때부터 불꽃을 올리지 아니하고 연소하는 상태가 그칠 때까지 시간은 30초 이내일 것
③ 탄화(炭化)한 면적은 50제곱센티미터 이내, 탄화한 길이는 30센티미터 이내일 것
④ 불꽃에 의하여 완전히 녹을 때까지 불꽃의 접촉 횟수는 3회 이상일 것

출제 키워드 | 방염성능기준 중

③ × '탄화(炭化)한 면적은 50제곱센티미터 이내, 탄화한 길이는 '20센티미터' 이내이어야 한다.

정답 ③

CHAPTER

03 소방시설등의 자체점검

1 점검 횟수 및 대상

구분	내용
점검 횟수	• 최초점검: 건축물의 사용승인을 받은 날 또는 소방시설 완공검사증명서(일반용)를 받은 날로부터 60일 이내 • 작동점검: 인위적 조작 → 정상작동점검 – 연 1회 이상, 사용승인달(신축 다음 해) – 종합점검 받은 달부터 6개월 되는 달 실시 • 종합점검: 작동기능 + 기준 적합 여부 – 사용승인일이 속하는 달, 연 1회 이상 – 특급 대상물: 반기에 1회 이상(연 2회)
점검 대상	• 스프링클러설비 • 물분무등 소화설비(호스릴 방식 제외) + 연 5천m^2 이상(위험물 제조소 등 제외) • 다중이용업의 영업장 + 연 2천m^2 이상 • 공공기관(터널·지하구: 길이 × 평균폭 계산 값) 연 1천m^2 이상 + 옥내소화전설비 또는 자동화재탐지설비가 설치된 것. 다만, 소방대가 근무하는 공공기관 제외 • 제연설비가 설치된 터널

불꽃암기

자체점검 횟수
• 작동은 연1회
• 종합은 연1회
• 특급 종합은 연2회

불꽃암기

자체점검 대상
스물5 다2 공천제

2 점검 배치기준

점검	구분	점검인력 1단위 하루 점검량	보조인력 1단위 하루 점검량
종합점검	일반	8,000m^2	2,000m^2
	APT	250세대	60세대
작동점검	일반	10,000m^2	2,500m^2
	APT	250세대	60세대

3 점검인력 배치기준

구분	주된 인력	보조인력
50층 이상 또는 성능위주설계한 특정소방대상물	소방시설관리사 경력 5년 이상 1명	고급점검자 1명 이상 중급점검자 1명 이상
특급 소방안전관리대상물	소방시설관리사 경력 3년 이상 1명	고급점검자 1명 이상 초급점검자 1명 이상
1급 또는 2급 소방안전관리대상물	소방시설관리사 1명	중급점검자 1명 이상 초급점검자 1명 이상
3급 소방안전관리대상물	소방시설관리사 또는 특급점검자 1명	초급점검자 2명 이상

119 암기카드

1분 1초를 9하는
소방 암기카드!
QR코드를 스캔하여
확인해보세요.

※ 에듀윌 도서몰에서도
다운로드 가능합니다.

대표기출

219 □□□

16 소방 공채(복원+변형)

「소방시설 설치 및 관리에 관한 법률 시행규칙」상 작동점검에 대한 사항 중 점검인력 1단위가 하루 동안 점검할 수 있는 특정소방대상물의 연면적으로 옳은 것은?

① 6,000m²
② 10,000m²
③ 12,000m²
④ 15,000m²

출제 키워드 | 소방시설등의 자체점검 중

② O 작동점검은 10,000m²이고 종합점검은 8,000m²이다.

> 「소방시설 설치 및 관리에 관한 법률 시행규칙」 별표 5(소방시설등의 자체점검 시 점검인력 배치기준)
> 2. 점검인력 1단위가 하루 동안 점검할 수 있는 특정소방대상물의 연면적(이하 "점검한도 면적")은 다음 각 목과 같다.
> 가. 종합점검: 8,000m²
> 나. 작동점검: 10,000m²
> 3. 점검인력 1단위에 보조인력을 1명씩 추가할 때마다 종합점검의 경우에는 2,000m², 작동점검의 경우에는 2,500m²씩을 점검한도 면적에 더한다. 다만, 하루에 2개 이상의 특정소방대상물을 점검할 경우 투입된 점검인력에 따른 점검한도 면적의 평균값으로 적용하여 계산한다.

정답 ②

220 □□□

21 소방 공채(변형)

「소방시설 설치 및 관리에 관한 법률 시행규칙」상 종합점검에 대한 설명으로 옳은 것은?

① 소방시설관리업자만 할 수 있다.
② 소방시설 등의 작동점검은 포함하지 않는다.
③ 건축물의 사용승인일이 속하는 다음 달에 실시한다.
④ 스프링클러설비가 설치된 특정소방대상물은 종합점검을 받아야 한다.

출제 키워드 | 소방시설등의 자체점검 중

① X 소방시설관리업자 또는 소방안전관리자로 선임된 소방시설관리사 및 소방기술사가 종합점검을 실시할 수 있다.
② X 소방시설 등의 작동점검을 포함하여 실시한다.
③ X 종합점검은 건축물의 사용승인일이 속하는 달의 말일까지 실시한다.

정답 ④

221 □□□

18 상반기 소방 공채(복원+변형)

「소방시설 설치 및 관리에 관한 법률 시행규칙」상 종합점검의 대상으로 옳은 것은?

① 물분무등소화설비가 설치된 연면적이 4,000m²인 특정소방대상물
② 다중이용업의 영업장이 설치된 특정소방대상물로서 연면적이 1,000m² 이상인 것
③ 제연설비가 설치된 터널
④ 공공기관 중 연면적이 600m² 이상이고 자동화재탐지설비가 설치된 것

출제 키워드 | 소방시설등의 자체점검 중

① X 물분무등소화설비가 설치된 연면적이 5,000m² 이상인 특정소방대상물이 종합점검의 대상이다.
② X 다중이용업 영업장 연면적이 2,000m² 이상인 것이 종합점검의 대상이다.
④ X 공공기관 중 연면적이 1,000m² 이상이고 자동화재탐지설비가 설치된 것이 종합점검의 대상이다.

정답 ③

대표기출

222 □□□

20 소방시설관리사(변형)

소방시설 설치 및 관리에 관한 법령상 소방시설등의 자체점검 시 점검인력 배치기준 중 작동점검에서 점검인력 1단위가 하루 동안 점검할 수 있는 특정소방대상물의 연면적(점검한도 면적) 기준은?

① 5,000제곱미터
② 8,000제곱미터
③ 10,000제곱미터
④ 12,000제곱미터

출제 키워드 | 소방시설등의 자체점검 중

③ O 10,000제곱미터

> 「소방시설 설치 및 관리에 관한 법률 시행규칙」 별표 5(소방시설등 자체점검 시 점검인력 배치기준)
> 2. 점검인력 1단위가 하루 동안 점검할 수 있는 특정소방대상물의 연면적(이하 "점검한도 면적")은 다음 각 목과 같다.
> 가. 종합점검: 8,000m^2
> 나. 작동점검: 10,000m^2

정답 ③

223 □□□

18 소방시설관리사(변형)

소방시설 설치 및 관리에 관한 법령상 소방시설 등의 자체점검 시 점검인력 배치기준 중 종합점검에서 점검인력 1단위가 하루 동안 점검할 수 있는 특정소방대상물의 연면적(m^2) 기준은?

① 7,000
② 8,000
③ 9,000
④ 10,000

출제 키워드 | 소방시설등의 자체점검 중

② O 작동점검은 10,000m^2이고 종합점검은 8,000m^2이다.

정답 ②

224 □□□

16 소방 공채(복원+변형)

「소방시설 설치 및 관리에 관한 법률 시행규칙」상 소방시설 등의 자체점검에 대한 설명으로 옳지 않은 것은?

① 작동점검은 소방안전관리자, 소방시설관리업자, 소방시설공사업자가 점검할 수 있다.
② 종합점검은 연 1회 이상 또는 반기별 1회 이상 실시할 수 있으며, 소방본부장 또는 소방서장은 소방청장이 소방안전관리가 우수하다고 인정한 특정소방대상물에 대해서는 3년의 범위에서 소방청장이 고시하거나 정한 기간 동안 면제할 수 있다.
③ 종합점검의 대상으로서 다중이용업소는 연면적이 2,000제곱미터 이상이어야 한다.
④ 종합점검의 대상으로서 공공기관은 연면적이 1,000제곱미터 이상인 것으로서 옥내소화전설비 또는 자동화재탐지설비가 설치된 것이어야 한다.

출제 키워드 | 소방시설등의 자체점검 

① X 작동점검은 해당 특정소방대상물의 관계인, 소방안전관리자 또는 소방시설관리업자가 점검할 수 있다. 즉, 소방시설공사업자는 작동점검을 할 수 없다.

정답 ①

225 □□□
22 소방시설관리사(변형)

소방시설 설치 및 관리에 관한 법령상 소방시설등의 자체점검에 관한 설명이다. (　　)에 들어갈 내용으로 옳은 것은?

> • 작동점검을 실시해야 하는 종합점검 대상물의 작동점검은 연 1회 이상 실시해야 하며, 종합점검을 받은 달부터 (ㄱ) 개월이 되는 달에 실시한다.
> • 법 제20조 제2항 전단에 따른 소방안전관리대상물의 관계인 및 「공공기관의 소방안전관리에 관한 규정」 제5조에 따라 소방안전관리자를 선임해야 하는 공공기관의 장은 점검을 실시한 경우 (ㄴ)일 이내에 자체점검 실시결과보고서를 소방본부장 또는 소방서장에게 제출해야 하며, 그 점검결과를 (ㄷ)년간 자체 보관해야 한다.

① ㄱ: 3, ㄴ: 14, ㄷ: 1
② ㄱ: 6, ㄴ: 7, ㄷ: 1
③ ㄱ: 6, ㄴ: 7, ㄷ: 2
④ ㄱ: 6, ㄴ: 14, ㄷ: 2

출제 키워드 | 소방시설등의 자체점검 중

③ O ㄱ: 6, ㄴ: 7, ㄷ: 2

> • 작동점검을 실시해야 하는 종합점검 대상물의 작동점검은 연 1회 이상 실시해야 하며, 종합점검을 받은 달부터 6개월이 되는 달에 실시한다.
> • 법 제20조 제2항 전단에 따른 소방안전관리대상물의 관계인 및 「공공기관의 소방안전관리에 관한 규정」 제5조에 따라 소방안전관리자를 선임해야 하는 공공기관의 장은 점검을 실시한 경우 7일 이내에 자체점검 실시결과보고서를 소방본부장 또는 소방서장에게 제출해야 하며, 그 점검결과를 2년간 자체 보관해야 한다.

정답 ③

226 □□□
15 소방시설관리사(변형)

소방시설 설치 및 관리에 관한 법령상 소방시설등의 자체점검에 관한 설명으로 옳지 않은 것은?

① 작동점검 대상인 특정소방대상물의 관계인·소방안전관리자 또는 소방시설관리업자가 작동점검을 할 수 있다.
② 제연설비가 설치된 터널은 종합점검 대상이다.
③ 특급 소방안전관리대상물의 종합점검은 반기에 1회 이상 실시한다.
④ 종합점검 대상인 특정소방대상물의 작동점검은 종합점검을 받은 달부터 3개월이 되는 달에 실시한다.

출제 키워드 | 소방시설등의 자체점검 중

④ X 종합점검 대상인 특정소방대상물의 작동점검은 종합점검을 받은 달부터 6개월이 되는 달에 실시한다.

정답 ④

227 □□□
15 소방시설관리사(변형)

소방시설 설치 및 관리에 관한 법령상 소방시설관리업에 관한 설명으로 옳은 것은?

① 기술인력, 장비 등 소방시설관리업의 등록기준에 관하여 필요한 사항은 총리령으로 정한다.
② 소방시설관리업의 등록신청과 등록증·등록수첩의 발급·재발급 신청, 그 밖에 소방시설관리업의 등록에 필요한 사항은 대통령령으로 정한다.
③ 「소방기본법」에 따른 금고 이상의 실형을 선고받고 그 집행이 면제된 날부터 3년이 지난 사람은 소방시설관리업의 등록을 할 수 없다.
④ 시·도지사는 소방시설관리업의 등록신청을 위하여 제출된 서류를 심사한 결과 신청서 및 첨부서류의 기재내용이 명확하지 아니한 때에는 10일 이내의 기간을 정하여 이를 보완하게 할 수 있다.

출제 키워드 | 소방시설등의 자체점검 중

① X 기술인력, 장비 등 소방시설관리업의 등록기준에 관하여 필요한 사항은 대통령령으로 정한다.
② X 소방시설관리업의 등록신청과 등록증·등록수첩의 발급·재발급 신청, 그 밖에 소방시설관리업의 등록에 필요한 사항은 행정안전부령으로 정한다.
③ X 「소방기본법」에 따른 금고 이상의 실형을 선고받고 그 집행이 면제된 날부터 3년이 지난 사람은 소방시설관리업의 등록을 할 수 있다(2년이 지난 사람).

정답 ④

CHAPTER

04 소방시설관리사 및 소방시설관리업

1 자격 및 등록취소 사유

구분	관리사	관리업자	시설업자
거짓, 부정	○	○	○
결격사유	○	○	○
대여	○ (관리사증)	○ (관리사증)	
이중취업	○		
기타			영업정지 중 시설공사
권한자	소방청장	시·도지사	시·도지사
근거 조문	「소방시설법」 제28조	「소방시설법」 제35조	「소방시설공사업법」 제9조

2 소방시설관리업의 업종별 등록기준 및 영업범위

항목 업종별	기술인력	기술등급	영업범위
전문 소방시설 관리업	가. 주된 기술인력: 소방시설관리사 3명 이상	가. 주된 기술인력 1) 소방시설관리사 자격을 취득한 후 소방 관련 실무경력이 5년 이상인 사람 1명 이상 2) 소방시설관리사 자격을 취득한 후 소방 관련 실무 경력이 3년 이상인 사람 1명 이상 3) 소방시설관리사 자격 취득자	모든 특정소방대상물
	나. 보조기술인력: 6명 이상	나. 보조기술인력 1) 고급점검자: 2명 이상 2) 중급점검자: 2명 이상 3) 초급점검자: 2명 이상	
일반 소방시설 관리업	가. 주된 기술인력: 소방시설관리사 1명 이상	가. 주된 기술인력: 소방시설관리사 자격증 취득 후 소방 관련 실무 경력이 1년 이상인 사람	「화재의 예방 및 안전관리에 관한 법률」 제24조 및 같은 법 시행령 별표 4에 해당하는 1급, 2급, 3급 소방안전관리대상물
	나. 보조기술인력: 2명 이상	나. 보조기술인력 1) 중급점검자: 1명 이상 2) 초급점검자 각 1명 이상	

비고
1. "보조기술인력"이란 「소방시설공사업법」 제28조에 따라 소방기술 경력 등의 인정을 받은 기술자 중 같은 법 시행규칙 별표 4의2 제3호 다목에 해당하는 기술자를 말한다.
2. 법 제22조 제1항 및 「화재의 예방 및 안전관리에 관한 법률」 제25조 제1항에 따라 소방시설등 자체점검 업무와 소방안전관리자 업무대행 업무를 함께 하려는 경우에는 업종별 등록기준의 보조기술인력을 1명 이상 추가해야 한다.

119 암기카드

1분 1초를 9하는 소방 암기카드! QR코드를 스캔하여 확인해보세요.

※ 에듀윌 도서몰에서도 다운로드 가능합니다.

01 제25조 소방시설관리사

대표기출

228 □□□

19 소방 공채

「소방시설 설치 및 관리에 관한 법률」상 소방시설관리사의 자격의 취소 · 정지 사유로 옳지 않은 것은?

① 동시에 둘 이상의 업체에 취업한 경우
② 등록사항의 변경신고를 하지 아니한 경우
③ 소방시설관리사증을 다른 자에게 빌려준 경우
④ 소방안전관리 업무를 하지 아니하거나 거짓으로 한 경우

출제 키워드 | 소방시설관리사 중

② × 등록사항의 변경신고를 하지 아니한 경우는 소방시설관리사의 자격의 취소 · 정지 사유가 아니다.

> 「소방시설 설치 및 관리에 관한 법률」 제28조(자격의 취소 · 정지)
> 소방청장은 관리사가 다음 각 호의 어느 하나에 해당할 때에는 행정안전부령으로 정하는 바에 따라 그 자격을 취소하거나 1년 이내의 기간을 정하여 그 자격의 정지를 명할 수 있다. 다만, 제1호, 제4호, 제5호 또는 제7호에 해당하면 그 자격을 취소해야 한다.
> → 정지기간 중 업무 시 1년 이하의 징역 또는 1천만 원 이하의 벌금
> 1. 거짓이나 그 밖의 부정한 방법으로 시험에 합격한 경우
> 2. 「화재의 예방 및 안전관리에 관한 법률」 제25조 제2항에 따른 대행인력의 배치기준 · 자격 · 방법 등 준수사항을 지키지 아니한 경우
> 3. 제22조에 따른 점검을 하지 아니하거나 거짓으로 한 경우
> 4. 제25조 제7항을 위반하여 소방시설관리사증을 다른 사람에게 빌려준 경우
> 5. 제25조 제8항을 위반하여 동시에 둘 이상의 업체에 취업한 경우
> 6. 제25조 제9항을 위반하여 성실하게 자체점검 업무를 수행하지 아니한 경우
> 7. 제27조 각 호의 어느 하나에 따른 결격사유에 해당하게 된 경우

정답 ②

229 □□□

20 소방시설관리사(변형)

「소방시설 설치 및 관리에 관한 법」상 소방시설관리사시험에 응시할 수 없는 사람은?

① 건축사
② 소방안전 관련학(소방학 및 소방방재학을 포함한다) 또는 소방안전공학(소방방재공학 및 안전공학을 포함한다) 분야에서 석사학위 이상을 취득한 사람
③ 소방청장이 정하여 고시하는 소방에 관한 실무경력이 3년 이상인 사람
④ 소방설비산업기사 취득한 사람

출제 키워드 | 소방시설관리사 중

④ × 소방설비기사 취득한 사람이 시험에 응시할 수 있다.

> 「소방시설 설치 및 관리에 관한 법률 시행령」 제36조(소방시설관리사시험의 응시자격) 법 제25조 제1항에 따른 소방시설관리사 시험(이하 "관리사시험")에 응시할 수 있는 사람은 다음 각 호와 같다.
> 1. 소방기술사 · 건축사 · 건축기계설비기술사 · 건축전기설비기술사 또는 공조냉동기계기술사
> 2. 위험물기능장
> 3. 소방설비기사
> 4. 「국가과학기술 경쟁력 강화를 위한 이공계지원 특별법」 제2조에 따른 이공계 분야를 전공하고 박사학위를 취득한 사람
> 5. 소방안전 관련학(소방학 및 소방방재학을 포함한다) 또는 소방안전공학(소방방재공학 및 안전공학을 포함한다) 분야에서 석사학위 이상을 취득한 사람
> 6. 소방청장이 정하여 고시하는 소방에 관한 실무경력이 3년 이상인 사람

정답 ④

230 □□□

15 소방시설관리사(변형)

소방시설 설치 및 관리에 관한 법령상 소방시설관리사시험에 응시할 수 없는 사람은?

① 15년의 소방실무경력이 있는 사람
② 소방설비산업기사 자격을 취득한 후 2년의 소방실무경력이 있는 사람
③ 위험물기능사 자격을 취득한 후 3년의 소방실무경력이 있는 사람
④ 위험물기능장

출제 키워드 | 소방시설관리사 중

② ✕ 소방설비기사 자격을 취득하거나 소방청장이 정하여 고시하는 소방에 관한 실무경력이 3년 이상인 사람

정답 ②

231 □□□

20 소방시설관리사(변형)

소방시설 설치 및 관리에 관한 법령상 소방용품의 품질관리 등에 관한 설명으로 옳지 않은 것은?

① 연구개발 목적으로 제조하거나 수입하는 소방용품은 소방청장의 형식승인을 받아야 한다.
② 누구든지 형식승인을 받지 아니한 소방용품을 판매하거나 판매 목적으로 진열하거나 소방시설공사에 사용할 수 없다.
③ 소방청장은 제조자 또는 수입자 등의 요청이 있는 경우 소방용품에 대하여 성능인증을 할 수 있다.
④ 소방청장은 소방용품의 품질관리를 위하여 필요하다고 인정할 때에는 유통 중인 소방용품을 수집하여 검사할 수 있다.

출제 키워드 | 소방시설관리사 

① ✕ 대통령령으로 정하는 소방용품을 제조하거나 수입하려는 자는 소방청장의 형식승인을 받아야 한다. 다만, 연구개발 목적으로 제조하거나 수입하는 소방용품은 그러하지 아니하다. → 위반 시 3년 이하의 징역 또는 3천만 원 이하의 벌금

> 「소방시설 설치 및 관리에 관한 법률」 제37조(소방용품의 형식승인 등) ① 대통령령으로 정하는 소방용품을 제조하거나 수입하려는 자는 소방청장의 형식승인을 받아야 한다. 다만, 연구개발 목적으로 제조하거나 수입하는 소방용품은 그러하지 아니하다.

정답 ①

02 제29조 소방시설관리업의 등록 등

232 □□□

17 소방시설관리사(변형)

소방시설 설치 및 관리에 관한 법령상 소방시설관리업의 등록기준으로 옳지 않은 것은?

① 소방설비산업기사는 보조 기술인력 자격이 없다.
② 보조 기술인력은 소방설비기사 2명 이상이다.
③ 소방공무원으로 3년 이상 근무하고 소방기술 인정 자격수첩을 발급받은 사람은 보조 기술인력이 될 수 있다.
④ 주된 기술인력은 소방시설관리사 1명 이상이다.

출제 키워드 | 소방시설관리업의 등록 

① ✕ 소방설비산업기사는 보조 기술인력 자격이 있다.
→ 소방시설관리법의 보조인력기준은 아직 미정이다.

정답 ①

03 제35조 등록의 취소와 영업정지 등

대표기출

233 □□□

21 소방 경채(변형)

「소방시설 설치 및 관리에 관한 법률」상 소방시설관리업의 등록을 반드시 취소하여야 하는 사유로 옳지 않은 것은?

① 자체점검 등을 하지 아니한 경우
② 소방시설관리업자가 피성년후견인인 경우
③ 거짓이나 그 밖의 부정한 방법으로 등록한 경우
④ 다른 자에게 등록증이나 등록수첩을 빌려준 경우

출제 키워드 | 등록의 취소와 영업정지 중

① × 점검을 하지 아니하거나 거짓으로 한 경우 6개월 이내의 기간을 정하여 이의 시정이나 그 영업의 정지를 명할 수 있다.

> 「소방시설 설치 및 관리에 관한 법률」 제35조(등록의 취소와 영업정지 등) ① 시·도지사는 관리업자가 다음 각 호의 어느 하나에 해당하는 경우에는 행정안전부령으로 정하는 바에 따라 그 등록을 취소하거나 6개월 이내의 기간을 정하여 이의 시정이나 그 영업의 정지를 명할 수 있다. 다만, 제1호·제4호 또는 제5호에 해당할 때에는 등록을 취소해야 한다. → 위반 시 1년 이하의 징역 또는 1천만 원 이하의 벌금
> 1. 거짓이나 그 밖의 부정한 방법으로 등록을 한 경우
> 2. 제22조에 따른 점검을 하지 아니하거나 거짓으로 한 경우
> 3. 제29조 제2항에 따른 등록기준에 미달하게 된 경우
> 4. 제30조 각 호의 어느 하나에 해당하게 된 경우. 다만, 제30조 제5호에 해당하는 법인으로서 결격사유에 해당하게 된 날부터 2개월 이내에 그 임원을 결격사유가 없는 임원으로 바꾸어 선임한 경우는 제외한다.
> 5. 제33조 제2항을 위반하여 등록증 또는 등록수첩을 빌려준 경우
> 6. 제34조 제1항에 따른 점검능력 평가를 받지 아니하고 자체점검을 한 경우

정답 ①

234 □□□

19 소방시설관리사(변형)

소방시설 설치 및 관리에 관한 법령상 시·도지사가 소방시설관리업 등록을 반드시 취소하여야 하는 사유로 옳은 것은 모두 고른 것은?

> ㄱ. 소방시설관리업자가 거짓이나 그 밖의 부정한 방법으로 등록을 한 경우
> ㄴ. 소방시설관리업자가 소방시설등의 자체점검 결과를 거짓으로 보고한 경우
> ㄷ. 소방시설관리업자가 등록기준에 미달하게 된 경우
> ㄹ. 소방시설관리업자가 관리업의 등록증을 다른 자에게 빌려준 경우

① ㄱ, ㄴ
② ㄱ, ㄹ
③ ㄴ, ㄷ
④ ㄷ, ㄹ

출제 키워드 | 등록의 취소와 영업정지 

ㄴ. × 6개월 이내의 기간을 정하여 이의 시정이나 그 영업의 정지를 명할 수 있는 사항
ㄷ. × 6개월 이내의 기간을 정하여 이의 시정이나 그 영업의 정지를 명할 수 있는 사항

정답 ②

235 □□□

16 소방시설관리사(변형)

소방시설 설치 및 관리에 관한 법령상 시·도지사가 소방시설관리업 등록을 반드시 취소하여야 하는 사유가 아닌 것은?

① 소방시설관리업자가 거짓이나 그 밖의 부정한 방법으로 등록을 한 경우
② 소방시설관리업자가 소방시설등의 자체점검 결과를 거짓으로 보고한 경우
③ 소방시설관리업자가 피성년후견인이 된 경우
④ 소방시설관리업자가 관리업의 등록증을 다른 자에게 빌려준 경우

출제 키워드 | 등록의 취소와 영업정지 중

② ✕ 소방시설관리업 등록을 반드시 취소하여야 하는 사유가 아니다.

정답 ②

236 □□□

17 하반기 소방 공채(복원+변형)

「소방시설 설치 및 관리에 관한 법률」상 소방시설관리사 또는 소방시설관리업에 대한 설명으로 옳지 않은 것은?

① 소방시설관리사가 되려는 사람은 소방청장이 실시하는 관리사시험에 합격하여야 한다.
② 관리사시험의 응시자격, 시험방법, 시험과목, 시험위원, 그 밖에 관리사시험에 필요한 사항은 대통령령으로 정한다.
③ 기술 인력, 장비 등 관리업의 등록기준에 관하여 필요한 사항은 대통령령으로 정한다.
④ 관리업의 등록이 취소된 날부터 1년이 경과한 경우는 관리업을 등록할 수 있다.

출제 키워드 | 등록의 취소와 영업정지 중

④ ✕ 취소된 날부터 '2년'이 경과하여야 한다. 즉, 관리업의 등록이 취소된 날부터 2년이 지나지 아니한 자는 관리업의 등록을 할 수 없다.

정답 ④

CHAPTER

05 소방용품의 품질관리

1 소방용품 형식승인 등

구분	내용	절차 규정
형식 승인	• 제조, 수입하려는 자 – 소방청장의 형식승인(연구개발 목적 예외) – 판매, 진열, 공사 사용 × 참 징역 3년 이하, 벌금 3천만 원 이하 – 형식승인 ×, 형상 등 임의 변경 – 제품검사 ×, 합격표지 ×	행정안전부령
제품 검사	• 형식승인 받은 자 – 소방청장의 제품검사 받아야 함 – 제품검사 합격표지 위변조 참 징역 1년 이하, 벌금 1천만 원 이하	
형식승인변경	• 형식승인 받은 자: 형상 등 일부 변경 – 소방청장의 변경승인 참 징역 1년 이하, 벌금 1천만 원 이하	
승인 취소	• 거짓, 부정한 방법 – 형식승인, 제품검사, 변경승인	소방청장
중지	• 시험시설의 시설기준 미달 • 제품검사 시 기술기준 미달	

119 암기카드

1분 1초를 9하는
소방 암기카드!
QR코드를 스캔하여
확인해보세요.

※ 에듀윌 도서몰에서도
다운로드 가능합니다.

01 제37조 소방용품의 형식승인 등

대표기출

237 □□□ 17 하반기 소방 공채(복원+변형)

「소방시설 설치 및 관리에 관한 법률」상 소방용품의 형식승인에 대한 설명 중 빈칸에 들어갈 단어를 올바르게 나열한 것은?

> 누구든지 형식승인을 받지 아니한 소방용품을 (가)하거나 (나) 목적으로 (다)하거나 소방시설공사에 (라) 할 수 없다.

	(가)	(나)	(다)	(라)
①	제조	제조	수입	사용
②	판매	판매	진열	사용
③	사용	사용	수입	설치
④	판매	제조	수입	설치

출제 키워드 | 소방용품의 형식승인 중

② O (가) 판매, (나) 판매, (다) 진열, (라) 사용

> 「소방시설 설치 및 관리에 관한 법」 제37조(소방용품의 형식승인 등) ⑥ 누구든지 다음 각 호의 어느 하나에 해당하는 소방용품을 판매하거나 판매 목적으로 진열하거나 소방시설공사에 사용할 수 없다.
> 1. 형식승인을 받지 아니한 것
> 2. 형상 등을 임의로 변경한 것
> 3. 제품검사를 받지 아니하거나 합격표시를 하지 아니한 것

정답 ②

238 □□□ 17 소방시설관리사(변형)

소방시설 설치 및 관리에 관한 법령상 소방용품 중 형식승인을 받지 않아도 되는 것은? (단, 연구개발 목적의 용도로 제조하거나 수입하는 것은 제외함)

① 방염제
② 공기호흡기
③ 유도표지
④ 누전경보기

출제 키워드 | 소방용품의 형식승인 중

③ X 피난구조설비를 구성하는 제품 또는 기기 중 피난구유도등, 통로유도등, 객석유도등 및 예비 전원이 내장된 비상조명등이 형식승인 대상이다.

정답 ③

02 제44조 우수품질인증 소방용품에 대한 지원 등

239 □□□

22 소방시설관리사(변형)

「소방시설 설치 및 관리에 관한 법」상 건축물의 신축·증축 및 개축 등으로 소방용품을 변경 또는 신규 비치해야 하는 경우 우수품질인증 소방용품을 우선 구매·사용하도록 노력해야 하는 기관 및 단체를 모두 고른 것은?

> ㄱ. 지방자치단체
> ㄴ. 「공공기관의 운영에 관한 법률」 제4조에 따른 공공기관
> ㄷ. 지방자치단체 출자·출연 기관의 운영에 관한 법률」에 따른 출자·출연기관

① ㄱ, ㄴ
② ㄱ, ㄷ
③ ㄴ, ㄷ
④ ㄱ, ㄴ, ㄷ

출제 키워드 | 우수품질인증 소방용품 지원 중

④ O ㄱ, ㄴ, ㄷ 모두 해당된다.

> 「소방시설 설치 및 관리에 관한 법률」 제44조(우수품질인증 소방용품에 대한 지원 등) 다음 각 호의 어느 하나에 해당하는 기관 및 단체는 건축물의 신축·증축 및 개축 등으로 소방용품을 변경 또는 신규 비치해야 하는 경우 우수품질인증 소방용품을 우선 구매·사용하도록 노력해야 한다.
> 1. 중앙행정기관
> 2. 지방자치단체
> 3. 「공공기관의 운영에 관한 법률」 제4조에 따른 공공기관(이하 "공공기관")
> 4. 그 밖에 대통령령으로 정하는 기관
>
> 「소방시설 설치 및 관리에 관한 법률 시행령」 제46조(우수품질인증 소방용품 우선 구매·사용 기관) 법 제44조 제4호에서 "대통령령으로 정하는 기관"이란 다음 각 호의 어느 하나에 해당하는 기관을 말한다.
> 1. 「지방공기업법」 제49조에 따라 설립된 지방공사 및 같은 법 제76조에 따라 설립된 지방공단
> 2. 「지방자치단체 출자·출연 기관의 운영에 관한 법률」 제2조에 따른 출자·출연기관

정답 ④

240 □□□

18 소방시설관리사(변형)

소방시설 설치 및 관리에 관한 법령상 우수품질 제품에 대한 인증 및 지원에 관한 설명으로 옳은 것은?

① 우수품질인증을 받으려는 자는 대통령령으로 정하는 바에 따라 시·도지사에게 신청하여야 한다.
② 우수품질인증을 받은 소방용품에는 KS인증 표시를 한다.
③ 우수품질인증의 유효기간은 5년의 범위에서 행정안전부령으로 정한다.
④ 중앙행정기관은 건축물의 신축으로 신규 비치하여야 하는 경우 우수품질인증 소방용품을 반드시 구매·사용해야 한다.

출제 키워드 | 우수품질인증 소방용품 지원 

① X 우수품질인증을 받으려는 자는 행정안전부령으로 정하는 바에 따라 소방청장에게 신청해야 한다.

② X 우수품질인증을 받은 소방용품에는 우수품질인증 표시를 할 수 있다.

④ X 중앙행정기관은 건축물의 신축·증축 및 개축 등으로 소방용품을 변경 또는 신규 비치해야 하는 경우 우수품질인증 소방용품을 우선 구매·사용하도록 노력해야 한다.

정답 ③

CHAPTER

06 보칙

1 전문기관의 지정취소 등

소방청장은 전문기관이 다음 각 호의 어느 하나에 해당할 때에는 그 지정을 취소하거나 6개월 이내의 기간을 정하여 그 업무의 정지를 명할 수 있다. 다만, ①에 해당할 때에는 그 지정을 취소해야 한다.

① 거짓이나 그 밖의 부정한 방법으로 지정을 받은 경우

② 정당한 사유 없이 1년 이상 계속하여 제품검사 또는 실무교육 등 지정받은 업무를 수행하지 아니한 경우

③ 제46조 제1항 각 호의 요건을 갖추지 못하거나 제46조 제3항에 따른 조건을 위반한 경우

④ 제52조 제1항 제7호에 따른 감독 결과 이 법이나 다른 법령을 위반하여 전문기관으로서의 업무를 수행하는 것이 부적당하다고 인정되는 경우

2 청문의 비교

「소방시설법」	「소방시설공사업법」
• 관리사 자격의 취소 및 정지 • 관리업의 등록취소 및 영업정지 • 형식승인 취소 및 제품검사 중지 • 성능인증의 취소 • 전문기관의 지정취소 및 업무정지 • 우수품질인증 취소	• 소방시설업 등록취소 또는 영업정지 • 소방기술 인정 자격취소

불꽃암기

「소방시설법」 청문 대상

사업형성전우

3 한국소방산업기술원 위탁 가능 업무

① 방염성능검사 중 대통령령으로 정하는 검사

② 「소방시설 설치 및 관리에 관한 법률」 규정에 따른 소방용품의 형식승인

③ 형식승인의 변경승인

④ 형식승인의 취소

⑤ 「소방시설 설치 및 관리에 관한 법률」에 따른 성능인증 및 성능인증의 취소

⑥ 「소방시설 설치 및 관리에 관한 법률」에 따른 성능인증의 변경인증

⑦ 「소방시설 설치 및 관리에 관한 법률」에 따른 우수품질인증 및 그 취소

119 암기카드

1분 1초를 9하는
소방 암기카드!
QR코드를 스캔하여
확인해보세요.

※ 에듀윌 도서몰에서도
다운로드 가능합니다.

01 제46조 제품검사 전문기관 지정 등

241 □□□ 20 소방시설관리사(변형)

소방시설 설치 및 관리에 관한 법령상 제품검사 전문기관의 지정 등에 관한 설명으로 옳지 않은 것은?

① 소방청장은 제품검사 전문 기관이 거짓으로 지정을 받은 경우 6개월 이내에 기간을 정하여 그 업무의 정지를 명할 수 있다.
② 소방청장은 제품검사 전문 기관이 정당한 사유 없이 1년 이상 계속하여 제품검사 등 지정받은 업무를 수행하지 아니한 경우 그 지정을 취소할 수 있다.
③ 소방청장 또는 시·도지사는 전문기관의 지정취소 및 업무정지 처분을 하려면 청문을 하여야 한다.
④ 전문기관은 제품검사 실시 현황을 소방청장에게 보고하여야 한다.

출제 키워드 | 전문기관의 지정취소 중

① × 소방청장은 제품검사 전문 기관이 거짓이나 그 밖의 부정한 방법으로 지정을 받은 경우 지정을 취소해야 한다.

> 「소방시설 설치 및 관리에 관한 법률」 제47조(전문기관의 지정취소 등) 소방청장은 전문기관이 다음 각 호의 어느 하나에 해당할 때에는 그 지정을 취소하거나 6개월 이내의 기간을 정하여 그 업무의 정지를 명할 수 있다. 다만, 제1호에 해당할 때에는 그 지정을 취소해야 한다.
> 1. 거짓이나 그 밖의 부정한 방법으로 지정을 받은 경우
> 2. 정당한 사유 없이 1년 이상 계속하여 제품검사 또는 실무교육 등 지정받은 업무를 수행하지 아니한 경우
> 3. 제46조 제1항 각 호의 요건을 갖추지 못하거나 제46조 제3항에 따른 조건을 위반한 경우
> 4. 제52조 제1항 제7호에 따른 감독 결과 이 법이나 다른 법령을 위반하여 전문기관으로서의 업무를 수행하는 것이 부적당하다고 인정되는 경우

정답 ①

02 제49조 청문

대표기출

242 □□□ 21 소방 경채(변형)

「소방시설 설치 및 관리에 관한 법률」상 청문 사유로 옳지 않은 것은?

① 성능인증의 취소
② 전문기관의 지정취소 및 업무정지
③ 소방용품의 형식승인 취소 및 제품검사 중지
④ 소방시설 설계업 및 방염업의 등록취소 및 영업정지

출제 키워드 | 청문 중

④ × 소방시설 설계업 및 방염업이 아니라 관리업의 등록취소 및 영업정지가 청문 사유에 해당한다.

> 「소방시설 설치 및 관리에 관한 법률」 제49조(청문) 소방청장 또는 시·도지사는 다음 각 호의 어느 하나에 해당하는 처분을 하려면 청문을 하여야 한다.
> 1. 제28조에 따른 관리사 자격의 취소 및 정지
> 2. 제35조 제1항에 따른 관리업의 등록취소 및 영업정지
> 3. 제39조에 따른 소방용품의 형식승인 취소 및 제품검사 중지
> 4. 제42조의3에 따른 성능인증의 취소
> 5. 제43조 제5항에 따른 우수품질인증의 취소
> 6. 제47조에 따른 전문기관의 지정취소 및 업무정지

정답 ④

243 □□□

16 소방 공채(복원+변형)

「소방시설 설치 및 관리에 관한 법률」상 소방청장이 청문을 실시하여야 하는 처분이 아닌 것은?

① 관리업의 등록취소 및 영업정지
② 소방용품의 형식승인 취소 및 제품검사 중지
③ 우수품질인증의 취소
④ 방염성능검사 중지

출제 키워드 | 청문 중

④ × 방염성능검사의 중지는 청문을 실시하여야 하는 처분에 해당하지 않는다.

정답 ④

03 제50조 권한 또는 업무의 위임·위탁 등

244 □□□

16 소방시설관리사(변형)

소방시설 설치 및 관리에 관한 법령상 소방청장이 한국소방산업기술원에 위탁할 수 있는 것은?

① 합판·목재를 설치하는 현장에서 방염처리한 경우의 방염성능검사
② 소방용품에 대한 형식승인의 변경승인
③ 소방안전관리에 대한 교육 업무
④ 소방용품에 대한 교체 등의 명령에 대한 권한

출제 키워드 | 위탁 중

① × 합판·목재를 설치하는 현장에서 방염처리한 경우의 방염성능검사는 위탁사항이 아니다.

③ × 한국소방안전원에 위탁하는 사항이다.

④ × 소방용품에 대한 교체 등의 명령에 대한 권한은 위탁사항 아니다.

> 「소방시설 설치 및 관리에 관한 법률 시행령」 제47조(권한 또는 업무의 위임·위탁 등) ② 법 제50조 제2항에 따라 소방청장은 다음 각 호의 업무를 기술원에 위탁한다.
> 1. 법 제21조에 따른 방염성능검사 업무(합판·목재를 설치하는 현장에서 방염처리한 경우의 방염성능검사는 제외한다)
> 2. 법 제37조 제1항·제2항 및 제8항부터 제10항까지에 따른 형식승인(시험시설의 심사를 포함한다)
> 3. 법 제38조에 따른 형식승인의 변경승인
> 4. 법 제39조 제1항에 따른 형식승인의 취소(법 제49조 제3호에 따른 청문을 포함한다)
> 5. 법 제40조 제1항 및 제6항에 따른 성능인증
> 6. 법 제41조에 따른 성능인증의 변경인증
> 7. 법 제42조에 따른 성능인증의 취소(법 제49조 제4호에 따른 청문을 포함한다)
> 8. 법 제43조에 따른 우수품질인증 및 그 취소(법 제49조 제5호에 따른 청문을 포함한다)

정답 ②

CHAPTER

07 벌칙

벌칙	내용
징역 10년 이하 또는 벌금 1억 원 이하	소방시설에 폐쇄·차단 등의 행위의 죄를 범하여 사람을 사망에 이르게 한 때
징역 7년 이하 또는 벌금 7천만 원 이하	소방시설에 폐쇄·차단 등의 행위의 죄를 범하여 사람을 상해에 이르게 한 때
징역 5년 이하 또는 벌금 5천만 원 이하	소방시설의 기능과 성능에 지장을 초래하도록 소방시설에 폐쇄·차단 등의 행위를 한 자
징역 3년 이하 또는 벌금 3천만 원 이하	• 명령을 정당한 사유 없이 위반한 자 – 소방시설이 화재안전기준에 따라 설치·관리되고 있지 아니할 때에는 해당 특정소방대상물의 관계인에게 필요한 조치 명령 위반 – 임시소방시설 또는 소방시설이 설치 및 관리되지 아니할 때에는 해당 공사시공자에게 필요한 조치 명령 위반 – 특정소방대상물의 관계인이 피난시설, 방화구획 및 방화시설을 폐쇄, 훼손하거나 주위에 장애물 설치 또는 용도에 장애를 주거나 소방활동에 지장을 주는 행위를 하여 조치 명령한 경우 조치 명령 위반 – 방염대상물품이 방염성능기준에 미치지 못하거나 방염성능검사를 받지 않아 특정소방대상물의 관계인에게 방염대상물품을 제거하도록 하거나 방염성능검사를 받도록 하는 등 필요한 조치 명령 위반 – 형식승인 ×, 형상등 임의 변경, 제품검사 ×, 합격표시 ×인 소방용품에 대하여는 그 제조자·수입자·판매자 또는 시공자에게 수거·폐기 또는 교체 등 조치 명령 위반 – 소방용품 제품검사 후 수집검사 결과 중대한 결함이 있다고 인정되는 소방용품에 대하여 그 제조자 및 수입자에게 회수·교환·폐기 또는 판매중지 명령 위반 • 관리업의 등록을 하지 아니하고 영업을 한 자 • 소방용품의 형식승인을 받지 아니하고 소방용품을 제조하거나 수입한 자 또는 거짓이나 그 밖의 부정한 방법으로 형식승인을 받은 자 • 소방용품을 판매·진열하거나 소방시설공사에 사용한 자 • 거짓이나 그 밖의 부정한 방법으로 성능인증 또는 제품검사를 받은 자 • 제품검사를 받지 않거나 합격표시를 하지 아니한 소방용품을 판매·진열하거나 소방시설공사에 사용한 자 • 구매자에게 명령을 받은 사실을 알리지 않거나 필요한 조치를 하지
징역 1년 이하 또는 벌금 1천만 원 이하	• 관계인의 정당한 업무를 방해하거나 출입·검사 업무를 수행하면서 알게 된 비밀을 다른 사람에게 누설한 자 • 소방시설등에 대한 자체점검을 하지 아니하거나 관리업자 등으로 하여금 정기적으로 점검하게 하지 아니한 자 • 관리업의 등록증이나 등록수첩을 다른 자에게 빌려준 자 • 소방시설관리사증을 다른 자에게 빌려주거나 동시에 둘 이상의 업체에 취업한 사람 • 영업정지처분을 받고 그 영업정지기간 중에 관리업의 업무를 한 자
	• 제품검사에 합격하지 아니한 제품에 합격표시를 하거나 합격표시를 위조 또는 변조하여 사용한 자 • 형식승인, 성능인증의 변경승인을 받지 아니한 자 • 성능인증 표시, 합격 표시, 우수품질인증 표시를 위조하거나 변조 사용한 자

벌금 300만 원 이하	• 업무를 수행하면서 알게 된 비밀을 목적 외의 용도로 사용하거나 다른 사람 또는 기관에 제공하거나 누설한 자 • 방염성능검사에 합격하지 아니한 물품에 합격표시를 하거나 합격표시를 위조하거나 변조하여 사용한 자 • 소방시설·피난시설·방화시설 거짓 시료를 제출한 자 및 방화구획 등이 법령에 위반된 것을 발견하였음에도 필요한 조치를 할 것을 요구하지 아니한 소방안전관리자

119 암기카드

1분 1초를 9하는
소방 암기카드!
QR코드를 스캔하여
확인해보세요.

※ 에듀윌 도서몰에서도
다운로드 가능합니다.

01 벌칙

245 □□□

18 상반기 소방 공채(복원+변형)

「소방시설 설치 및 관리에 관한 법률 시행규칙」상 소방시설업의 행정처분에 대한 설명 중 빈칸에 들어갈 단어로 옳은 것은?

> 위반행위의 차수에 따른 행정처분기준은 최근 ( )간 같은 위반행위로 행정처분을 받은 경우에 적용한다. 이 경우 기간의 계산은 위반행위에 대한 ( )과 그 처분 후 다시 같은 위반행위를 하여 적발한 날을 기준으로 한다.

① 6개월, 행위일
② 6개월, 행정처분을 받은 날
③ 1년, 행정처분을 받은 날
④ 1년, 행위일

출제 키워드 | 소방시설업의 행정처분 중

③ O 1년, 행정처분을 받은 날

> 「소방시설 설치 및 관리에 관한 법률 시행규칙」 별표 9(행정처분 기준)
> 1. 일반기준
> 다. 위반행위의 차수에 따른 행정처분의 가중된 처분기준은 최근 1년간 같은 위반행위로 행정처분을 받은 경우에 적용한다. 이 경우 기간의 계산은 위반행위에 대한 행정처분을 받은 날과 그 처분 후 다시 같은 위반행위를 하여 적발한 날을 기준으로 한다.

정답 ③

246 □□□

20 소방 경채(변형)

「소방시설 설치 및 관리에 관한 법률」상 방염성능검사에 합격하지 아니한 물품에 합격표시를 하거나 합격표시를 위조하거나 변조하여 사용한 자에 대한 벌칙의 기준으로 옳은 것은?

① 300만 원 이하의 벌금
② 1천만 원 이하의 벌금
③ 1년 이하의 징역 또는 1천만 원 이하의 벌금
④ 3년 이하의 징역 또는 3천만 원 이하의 벌금

출제 키워드 | 벌칙 

① O 방염성능검사에 합격하지 아니한 물품에 합격표시를 하거나 합격표시를 위조하거나 변조하여 사용한 자는 300만 원 이하의 벌금에 처한다.

정답 ①

247 □□□

22 소방시설관리사(변형)

소방시설 설치 및 관리에 관한 법령상 1차 위반행위를 한 경우 소방청장이 소방시설관리사의 자격을 취소하여야 하는 사항은?

① 동시에 둘 이상의 업체에 취업한 경우
② 성실하게 자체점검 업무를 수행하지 아니한 경우
③ 소방안전관리 업무를 하지 아니한 경우
④ 소방안전관리 업무를 거짓으로 한 경우

출제 키워드 | 벌칙 

② X 성실하게 자체점검 업무를 수행하지 아니한 경우 경고에 해당한다.
③ X 소방안전관리 업무를 하지 아니한 경우 자격정지 1월에 해당한다.
④ X 소방안전관리 업무를 거짓으로 한 경우 경고에 해당한다.

정답 ①

248 □□□

22 소방시설관리사(변형)

소방시설 설치 및 관리에 관한 법령상 벌칙에 관한 설명으로 옳지 않은 것은?

① 관리업의 등록을 하지 아니하고 영업을 한 자는 3년 이하의 징역 또는 3천만 원 이하의 벌금에 처한다.
② 합격표시를 하지 아니한 소방용품을 판매·진열하거나 소방시설공사에 사용한 자는 3년 이하의 징역 또는 3천만 원 이하의 벌금에 처한다.
③ 관리업의 등록증이나 등록수첩을 다른 자에게 빌려준 자는 1년 이하의 징역 또는 1천만 원 이하의 벌금에 처한다.
④ 화재안전조사를 정당한 사유 없이 거부·방해 또는 기피한 자는 500만 원 이하의 벌금에 처한다.

출제 키워드 | 벌칙 중

④ ✕ 300만 원 이하의 벌금에 처한다.

정답 ④

249 □□□

20 소방시설관리사(변형)

「소방시설 설치 및 관리에 관한 법률」 상 벌칙에 관한 설명으로 옳지 않은 것은?

① 소방시설관리업의 등록을 하지 아니하고 영업을 한 자는 2년 이하의 징역 또는 2천만 원 이하의 벌금에 처한다.
② 특정소방대상물의 관계인이 소방시설을 설치·관리할 때 소방시설의 기능과 성능에 지장을 줄 수 있는 폐쇄(잠금을 포함)·차단 등의 행위를 한 경우 5년 이하의 징역 또는 5천만 원 이하의 벌금에 처한다.
③ 특정소방대상물의 관계인이 소방시설을 설치·관리할 때 소방시설의 기능과 성능에 지장을 줄 수 있는 폐쇄(잠금을 포함)·차단 등의 행위를 하여 사람을 상해에 이르게 한 때에는 7년 이하의 징역 또는 7천만 원 이하의 벌금에 처한다.
④ 특정소방대상물의 관계인이 소방시설을 설치·관리할 때 소방시설의 기능과 성능에 지장을 줄 수 있는 폐쇄(잠금을 포함)·차단 등의 행위를 하여 사람을 사망에 이르게 한 때에는 10년 이하의 징역 또는 1억 원 이하의 벌금에 처한다.

출제 키워드 | 벌칙 중

① ✕ 3년 이하의 징역 또는 3천만 원 이하의 벌금에 처한다.

> 「소방시설 설치 및 관리에 관한 법률」 제56조(벌칙) ① 제12조 제3항 본문을 위반하여 소방시설에 폐쇄·차단 등의 행위를 한 자는 5년 이하의 징역 또는 5천만 원 이하의 벌금에 처한다.
> ② 제1항의 죄를 범하여 사람을 상해에 이르게 한 때에는 7년 이하의 징역 또는 7천만 원 이하의 벌금에 처하며, 사망에 이르게 한 때에는 10년 이하의 징역 또는 1억 원 이하의 벌금에 처한다.

정답 ①

250 □□□

16 소방시설관리사(변형)

소방시설 설치 및 관리에 관한 법령상 소방용품의 성능인증등을 위반하여 합격표시를 하지 아니한 소방용품을 판매한 경우의 벌칙 기준은?

① 200만 원 이하의 과태료
② 300만 원 이하의 벌금
③ 1년 이하의 징역 또는 1천만 원 이하의 벌금
④ 3년 이하의 징역 또는 3천만 원 이하의 벌금

출제 키워드 | 벌칙 중

④ O 소방용품의 성능인증등을 위반하여 합격표시를 하지 아니한 소방용품을 판매한 경우 3년 이하의 징역 또는 3천만 원 이하의 벌금에 처한다.

정답 ④

251 □□□

17 소방시설관리사(변형)

소방시설 설치 및 관리에 관한 법령상 1년 이하의 징역 또는 1천만 원 이하의 벌금에 처할 수 있는 것은?

① 화재안전조사를 정당한 사유 없이 거부·방해한 자
② 관리업의 등록증을 다른 자에게 빌려준 관리업자
③ 소방안전관리자를 선임하여야 하는 관계자가 소방안전관리자를 선임하지 아니한 자
④ 점검기록표를 기록하지 아니하거나 특정소방대상물의 출입자가 쉽게 볼 수 있는 장소에 게시하지 아니한 관계인

출제 키워드 | 벌칙 중

① X 300만 원 이하의 벌금에 처한다.
③ X 소방안전관리자, 총괄소방안전관리자 또는 소방안전관리보조자를 선임하지 아니한 자는 300만 원 이하의 벌금에 처한다.
④ X 300만 원 이하의 과태료를 부과한다.

정답 ②

02 과태료

대표기출

252 □□□

19 소방 경채(변형)

「소방시설 설치 및 관리에 관한 법률」상 과태료 부과 대상으로 옳은 것은?

① 소방시설·피난시설 등이 법령에 위반된 것을 발견하였음에도 필요한 조치를 할 것을 요구하지 아니한 소방안전관리자
② 특정소방대상물에 소방안전관리자 또는 소방안전관리보조자를 선임하지 아니한 자
③ 특정소방대상물에 화재안전기준을 위반하여 소방시설을 설치 또는 유지·관리한 자
④ 방염성능검사에 합격하지 아니한 물품에 합격표시를 하거나 합격표시를 위조하거나 변조하여 사용한 자

출제 키워드 | 과태료 중

①× ②× ④× 300만 원 이하의 벌금을 부과한다.

정답 ③

253 □□□

19 소방시설관리사(변형)

소방시설 설치 및 관리에 관한 법령상 과태료 처분에 해당하는 경우는?

① 형식승인의 변경승인을 받지 아니한 자
② 화재안전기준을 위반하여 소방시설을 설치 또는 유지·관리한 자
③ 영업정지처분을 받고 그 영업정지기간 중에 관리업의 업무를 한 자
④ 소방시설등에 대한 자체점검을 하지 아니하거나 관리업자 등으로 하여금 정기적으로 점검하게 하지 아니한 자

출제 키워드 | 과태료 중

①× ③× ④× 1년 이하의 징역 또는 1천만 원 이하의 벌금에 처한다.

정답 ②

254 □□□

22 소방 경채(변형)

「소방시설 설치 및 관리에 관한 법률 시행령」 별표 11의 과태료 부과 개별기준으로 옳은 것은?

① 소방시설을 설치하지 않은 경우: 과태료 200만 원
② 법 제15조 제1항을 위반하여 임시소방시설을 설치·유지·관리하지 않은 경우: 과태료 200만 원
③ 수신반, 동력(감시)제어반 또는 소방시설용 비상전원을 차단하거나, 고장 난 상태로 방치하거나, 임의로 조작하여 자동으로 작동이 되지 않도록 한 경우: 과태료 200만 원
④ 소방시설이 작동하는 경우 소화배관을 통하여 소화수가 방수되지 않는 상태 또는 소화약제가 방출되지 않는 상태로 방치한 경우: 과태료 300만 원

출제 키워드 | 과태료 중

①× 소방시설을 설치하지 않은 경우: 과태료 300만 원

②× 법 제15조 제1항을 위반하여 임시소방시설을 설치·유지·관리하지 않은 경우: 과태료 300만 원

④× 소방시설이 작동하는 경우 소화배관을 통하여 소화수가 방수되지 않는 상태 또는 소화약제가 방출되지 않는 상태로 방치한 경우: 과태료 200만 원

정답 ③

10분 뒤와
10년 후의
자신의 모습을
동시에 생각하라.

– 피터 드러커(Peter Ferdinand Drucker)

PART 03

화재의 예방 및 안전관리에 관한 법률

빈출도&키워드

※소방공무원 공채 5개년(2022~2018 하) 기출 분석

단원	빈출도	키워드
01 화재의 예방 및 안전관리 기본계획의 수립 · 시행	1문항	기본계획
02 화재안전조사	2문항	화재안전조사, 화재안전조사단, 화재안전조사위원회, 손실보상
03 화재의 예방조치 등	5문항	옮긴 물건의 보관기간 등, 불을 사용하는 설비의 관리기준, 특수가연물, 화재의 예방조치명령, 소방관서장의 업무, 불을 사용하는 설비의 관리기준, 특수가연물의 저자 및 취급기준, 화재예방강화지구
04 소방대상물의 소방안전관리	4문항	소방안전관리보조자, 소방훈련과 교육, 관리 권원의 분리 대상물, 피난유도 안내정보, 소방안전관리대상물, 소방안전관리자
05 특별관리시설물의 소방안전관리	0문항	소방안전 특별관리시설물, 소방안전 특별관리기본계획
06 보칙	0문항	수수료
07 벌칙	1문항	벌칙, 과태료

CHAPTER

01 화재의 예방 및 안전관리 기본계획의 수립·시행

1 화재의 예방 및 안전관리 기본계획 등의 수립·시행

소방청장		관계 중앙행정기관의 장 시·도지사
① 기본계획 수립(9/30까지) ② 시행계획 수립(10/31까지)	→ ③ 기본계획, 시행계획 통보(10/31까지) ← ⑤ 세부시행계획 제출(12/31까지)	④ 세부시행계획 수립(11/30까지)

2 실태조사

소방청장은 기본계획 및 시행계획의 수립·시행에 필요한 기초자료를 확보하기 위하여 다음 각 호의 사항에 대하여 실태조사를 할 수 있다. 이 경우 관계 중앙행정기관의 장의 요청이 있는 때에는 합동으로 실태조사를 할 수 있다.

① 소방대상물의 용도별·규모별 현황

② 소방대상물의 화재의 예방 및 안전관리 현황

③ 소방대상물의 소방시설등 설치·관리 현황

④ 그 밖에 기본계획 및 시행계획의 수립·시행을 위하여 필요한 사항

대표기출

255 □□□ 19 소방 공채(변형)

「화재의 예방 및 안전관리에 관한 법률」상 화재의 예방 및 안전관리 기본계획 등의 수립 및 시행에 관한 내용으로 옳은 것은?

① 기본계획에는 화재의 예방과 안전관리 관련 산업의 국제경쟁력 향상에 관한 사항이 포함되어야 한다.

② 소방본부장은 기본계획을 시행하기 위하여 5년마다 시행계획을 수립·시행하여야 한다.

③ 기본계획은 행정안전부령으로 정하는 바에 따라 소방본부장이 관계 중앙행정기관의 장과 협의하여 수립한다.

④ 국가는 화재안전 기반 확충을 위하여 화재의 예방 및 안전관리 기본계획을 10년마다 수립·시행하여야 한다.

출제 키워드 | 기본계획 

② × '소방청장'은 기본계획을 시행하기 위하여 매년 시행계획을 수립·시행하여야 한다.

③ × 기본계획은 대통령령으로 정하는 바에 따라 소방청장이 관계 중앙행정기관의 장과 협의하여 수립한다.

④ × 소방청장은 화재안전 기반 확충을 위하여 화재의 예방 및 안전관리 기본계획을 5년마다 수립·시행하여야 한다.

→ 기본계획의 수립 주체가 국가에서 소방청장으로 변경되었다.

「화재의 예방 및 안전관리에 관한 법률」 제4조(화재의 예방 및 안전관리 기본계획 등의 수립·시행) ① 소방청장은 화재예방정책을 체계적·효율적으로 추진하고 이에 필요한 기반 확충을 위하여 화재의 예방 및 안전관리에 관한 기본계획(이하 "기본계획")을 5년마다 수립·시행하여야 한다.

② 기본계획은 대통령령으로 정하는 바에 따라 소방청장이 관계 중앙행정기관의 장과 협의하여 수립한다.

③ 기본계획에는 다음 각 호의 사항이 포함되어야 한다.

1. 화재예방정책의 기본목표 및 추진방향
2. 화재의 예방과 안전관리를 위한 법령·제도의 마련 등 기반 조성
3. 화재의 예방과 안전관리를 위한 대국민 교육·홍보
4. 화재의 예방과 안전관리 관련 기술의 개발·보급
5. 화재의 예방과 안전관리 관련 전문인력의 육성·지원 및 관리
6. 화재의 예방과 안전관리 관련 산업의 국제경쟁력 향상
7. 그 밖에 대통령령으로 정하는 화재의 예방과 안전관리에 필요한 사항

④ 소방청장은 기본계획을 시행하기 위하여 매년 시행계획을 수립·시행하여야 한다.

「화재의 예방 및 안전관리에 관한 법률 시행령」 제2조(화재의 예방 및 안전관리 기본계획의 협의 및 수립) 소방청장은 「화재의 예방 및 안전관리에 관한 법률」(이하 "법") 제4조에 따른 화재의 예방 및 안전관리에 관한 기본계획(이하 "기본계획")을 계획 시행 전년도 8월 31일까지 관계 중앙행정기관의 장과 협의를 마친 후 계획 시행 전년도 9월 30일까지 수립하여야 한다.

「화재의 예방 및 안전관리에 관한 법률 시행령」 제3조(기본계획의 내용) 법 제4조 제3항 제7호에서 "대통령령으로 정하는 화재의 예방과 안전관리에 필요한 사항"이란 다음 각 호의 사항을 말한다.

1. 화재발생현황에 관한 사항
2. 소방대상물의 환경 및 화재위험특성 변화 추세 등 화재예방정책의 여건 변화에 관한 사항
3. 소방시설의 설치·관리 및 화재안전기준의 개선에 관한 사항
4. 화재안전 중점관리대상(특정소방대상물 중 다수의 인명피해 발생이 우려되는 시설로 화재예방 및 대응이 필요하여 소방본부장 또는 소방서장이 지정하는 대상)의 선정 및 관리 등에 관한 사항
5. 계절별·시기별·소방대상물별 화재예방대책의 추진 및 평가·인증 등에 관한 사항
6. 그 밖에 화재의 예방과 안전관리 관련하여 소방청장이 필요하다고 인정하는 사항

정답 ①

256 □□□

17 하반기 소방 공채(복원+변형)

「화재의 예방 및 안전관리에 관한 법률」상 화재의 예방 및 안전관리 기본계획 등의 수립·시행 등에 대한 설명으로 옳지 않은 것은?

① 소방청장은 화재안전 기반 확충을 위하여 화재의 예방 및 안전관리 기본계획을 5년마다 수립·시행하여야 한다.
② 기본계획은 대통령령으로 정하는 바에 따라 소방청장이 관계 중앙행정기관의 장과 협의하여 수립한다.
③ 기본계획에는 화재안전정책의 기본목표 및 추진방향, 화재의 예방과 안전관리 관련 전문인력의 육성·지원 및 관리에 관한 사항이 포함된다.
④ 기본계획, 시행계획 및 세부시행계획 등의 수립·시행에 관하여 필요한 사항은 행정안전부령으로 정한다.

출제 키워드 | 기본계획 중

④ × 기본계획, 시행계획 및 세부시행계획 등의 수립·시행에 관하여 필요한 사항은 대통령령으로 정한다(화재의 예방 및 안전관리에 관한 법률 제4조 제8항).

정답 ④

257 □□□

22 소방시설관리사(변형)

「화재의 예방 및 안전관리에 관한 법률」상 화재의 예방 및 안전관리 기본계획 등의 수립·시행 등에 대한 설명으로 옳지 않은 것은?

① 소방청장은 화재안전 기반 확충을 위하여 화재의 예방 및 안전관리 기본계획을 5년마다 수립·시행하여야 한다.
② 기본계획은 대통령령으로 정하는 바에 따라 소방청장이 관계 중앙행정기관의 장과 협의하여 수립한다.
③ 기본계획에는 화재의 예방과 안전관리 관련 산업의 국제경쟁력 향상에 관한 사항이 포함되어야 한다.
④ 소방청장은 기본계획을 시행하기 위하여 2년마다 시행계획을 수립·시행하여야 한다.

출제 키워드 | 기본계획 

④ × 소방청장은 기본계획을 시행하기 위하여 매년 시행계획을 수립·시행하여야 한다.

정답 ④

258 □□□

22 소방 경채(변형)

「화재의 예방 및 안전관리에 관한 법률」상 화재의 예방 및 안전관리 기본계획 등의 수립·시행에 대한 내용으로 옳지 않은 것은?

① 소방청장은 화재안전 기반 확충을 위하여 화재의 예방 및 안전관리 기본계획을 10년마다 수립·시행하여야 한다.
② 소방청장은 기본계획을 시행하기 위하여 매년 시행계획을 수립·시행하여야 한다.
③ 기본계획, 시행계획 및 세부시행계획 등의 수립·시행에 관하여 필요한 사항은 대통령령으로 정한다.
④ 소방청장은 기본계획 및 시행계획을 수립하기 위하여 필요한 경우에는 관계 중앙행정기관의 장 또는 시·도지사에게 관련 자료의 제출을 요청할 수 있다.

출제 키워드 | 기본계획 중

① × 소방청장은 화재안전 기반 확충을 위하여 화재의 예방 및 안전관리 기본계획을 5년마다 수립·시행하여야 한다.

정답 ①

CHAPTER

02 화재안전조사

구분	내용
권한 및 개념	• 실시자: 소방청장, 소방본부장 또는 소방서장(소방관서장) • 다만, 개인의 주거(실제 주거용도로 사용되는 경우에 한정)에 대하여는 관계인의 승낙이 있거나 화재 발생의 우려가 뚜렷하여 긴급한 필요가 있는 때에 한정
실시 대상	• 자체점검이 불성실하거나 불완전하다고 인정되는 경우 • 화재예방강화지구 등 법령에서 화재안전조사를 하도록 규정되어 있는 경우 • 화재예방안전진단이 불성실하거나 불완전하다고 인정되는 경우 • 국가적 행사 등 주요 행사가 개최되는 장소 및 그 주변의 관계 지역에 대하여 소방안전관리 실태를 점검할 필요가 있는 경우 • 화재가 자주 발생하였거나 발생할 우려가 뚜렷한 곳에 대한 조사가 필요한 경우 • 재난예측정보 기상예보 등을 분석한 결과 소방대상물에 화재 재난 재해의 발생 위험이 높다고 판단되는 경우 • 화재 재난 재해 그 밖의 긴급한 상황이 발생할 경우 인명 또는 재산 피해의 우려가 현저하다고 판단되는 경우
조사 항목	• 화재의 예방조치 등에 관한 사항 • 소방안전관리업무 수행에 관한 사항 • 소방훈련 및 교육에 관한 사항 • 소방자동차 전용구역 등에 관한 사항 • 소방기술자 및 감리원 배치 등에 관한 사항 • 소방시설의 설치 및 관리 등에 관한 사항 • 건설현장의 임시소방시설의 설치 및 관리에 관한 사항 • 피난시설, 방화구획 및 방화시설의 관리에 관한 사항 • 방염에 관한 사항 • 자체점검에 관한 사항 • 안전관리에 관한 사항 • 초고층 및 지하연계 복합건축물의 안전관리에 관한 사항 • 화재안전조사의 목적을 달성하기 위하여 필요하다고 인정하는 사항
절차 내용	• 화재안전조사의 항목 전체에 대하여 종합적으로 실시하거나 특정 항목에 한정하여 실시 • 화재안전조사를 실시하고자 하는 경우 – 관계인에게 조사대상, 조사기간 및 조사사유 등을 우편, 전화, 전자메일 또는 문자전송을 통하여 통지 – 인터넷 홈페이지나 전산시스템 등을 통해 사전에 공개(7일 이상) • 예외 – 화재가 발생할 우려가 뚜렷, 긴급하게 조사 필요 – 화재안전조사의 실시를 사전에 통지하거나 공개하면 조사목적을 달성할 수 없다고 인정되는 경우(관계인에게 조사사유 및 조사범위 등을 현장에서 설명) • 화재안전조사는 관계인의 승낙 없이 소방대상물의 공개시간 또는 근무시간 이외에는 불가
연기	• 관계인은 천재지변이나 그 밖에 대통령령으로 정하는 사유로 화재안전조사를 받기 곤란한 경우 화재안전조사를 통지한 소방관서장에게 화재안전조사를 연기하여 줄 것을 신청할 수 있다. • 연기사유 – 재난이 발생하여 소방대상물의 관리 또는 화재안전조사의 실시가 어려운 경우 – 감염병이 발생하여 소방대상물의 관리 또는 화재안전조사의 실시가 어려운 경우 – 경매 등의 사유로 소유권이 변동 중이거나 변동되어서 화재안전조사 실시가 어려운 경우 – 관계인이 질병, 사고, 장기출장 등으로 화재안전조사에 참여할 수 없는 경우

	– 권한 있는 기관에 자체점검기록부, 교육·훈련일지 등 화재안전조사에 필요한 장부·서류 등이 압수되거나 영치되어 있는 경우 – 소방관서장이 화재안전조사의 연기가 필요하다고 인정하는 경우 • 연기기간이 끝나기 전에 연기사유가 없어졌거나 긴급히 조사를 하여야 할 사유가 발생하였을 때에는 관계인에게 통보하고 화재안전조사를 할 수 있다.
조사단 편성	• 소방청: 중앙화재안전조사단 • 소방본부 및 소방서: 지방화재안전조사단 • 중앙화재안전조사단 및 지방화재안전조사단은 단장을 포함하여 50명 이내의 단원으로 성별을 고려하여 구성 • 소방관서장이 임명 또는 위촉 – 조사단 단원 – 단원 중에서 단장
화재 안전 조사 위원회	• 선정: 소방관서장 • 구성 – 소방관서장(위원장) – 인원: 7명 이내(위원장 1명 포함, 성별 고려) – 위원: 과장 이상 공무원, 소방기술사, 관리사, 관련 분야 석사, 5년 경력자 및 연구원 중에서 소방관서장이 임명·위촉 – 임기: 2년(1차례 연임)
증표 및 의무	• 자격을 표시하는 증표를 관계인에게 보여줘야 함 • 관계인의 정당한 업무를 방해 × • 비밀을 다른 사람 또는 기관에 제공 또는 누설하거나 목적 외의 용도로 사용하여서는 안 됨 참 징역 1년 이하, 벌금 1천만 원 이하
결과 통보	• 소방관서장은 조사 결과를 관계인에게 서면으로 통지 • 다만, 화재안전조사의 현장에서 관계인에게 조사의 결과를 설명하고 화재안전조사 결과서의 부본을 교부한 경우에는 그러하지 아니하다.
조치 명령	• 관계인에게 소방대상물의 개수·이전·제거, 사용의 금지 또는 제한, 사용폐쇄, 공사의 정지 또는 중지, 그 밖의 필요한 조치 참 징역 3년 이하, 벌금 3천만 원 이하 • 소방대상물이 법령을 위반하여 건축 또는 설비 • 소방시설 등, 피난시설·방화구획, 방화시설 등이 법령에 적합하게 설치·유지·관리되고 있지 아니한 경우 → 관계인에게 조치를 명하거나 관계 행정기관의 장에게 필요한 조치를 하여 줄 것을 요청 참 징역 3년 이하, 벌금 3천만 원 이하
손실 보상	• 보상권자: 소방청장, 시·도지사 • 시가보상, 협의 → 불만족: 지급 또는 공탁 + 30일 이내 토지수용위원회 재결 신청

01 제7조 화재안전조사

대표기출

259 □□□

18 소방 경채(변형)

「화재의 예방 및 안전관리에 관한 법률」 및 같은 법 시행령상 화재안전조사에 관한 설명으로 옳지 않은 것은?

① 개인의 주거에 대한 화재안전조사는 관계인의 승낙이 있거나 화재발생의 우려가 뚜렷하여 긴급한 필요가 있는 때에 한정한다.
② 소방관서장은 화재안전조사를 실시하고자 하는 경우 조사대상, 조사기간 및 조사사유 등 조사계획을 인터넷 홈페이지나 전산시스템 등을 통해 사전에 공개하여야 한다. 이 경우 공개기간은 7일 이상으로 한다.
③ 시·도지사는 화재안전조사의 대상을 객관적이고 공정하게 선정하기 위하여 필요한 경우 화재안전조사위원회를 구성하여 화재안전조사 대상을 선정할 수 있다.
④ 화재안전조사위원회는 위원장 1명을 포함한 7명 이내의 위원으로 성별을 고려하여 구성한다.

출제 키워드 | 화재안전조사 ㊥

③ × 소방관서장은 화재안전조사의 대상을 객관적이고 공정하게 선정하기 위하여 필요하면 화재안전조사위원회를 구성하여 화재안전조사 대상을 선정할 수 있다.

정답 ③

260 □□□

18 하반기 소방 공채(변형)

화재안전조사에 관한 설명으로 옳지 않은 것은?

① 소방관서장은 화재안전조사를 실시하고자 하는 경우 조사대상, 조사기간 및 조사사유 등 조사계획을 인터넷 홈페이지나 전산시스템 등을 통해 사전에 공개하여야 한다. 이 경우 공개기간은 10일 이상으로 한다.
② 화재안전조사는 관계인의 승낙 없이 소방대상물의 공개시간 또는 근무시간 이외에는 할 수 없다.
③ 화재안전조사 결과에 따른 조치명령으로 인한 손실을 보상하는 경우에는 시가(時價)로 보상하여야 한다.
④ 화재안전조사업무를 수행하면서 취득한 자료나 알게 된 비밀을 다른 사람 또는 기관에 제공 또는 누설하거나 목적 외의 용도로 사용한 자는 1년 이하의 징역 또는 1천만 원 이하의 벌금에 처한다.

출제 키워드 | 화재안전조사 

① × 소방관서장은 화재안전조사를 실시하고자 하는 경우 조사대상, 조사기간 및 조사사유 등 조사계획을 인터넷 홈페이지나 전산시스템 등을 통해 사전에 공개하여야 한다. 이 경우 공개기간은 7일 이상으로 한다.

② O 화재안전조사는 관계인의 승낙 없이 소방대상물의 공개시간 또는 근무시간 이외에는 할 수 없다.

> 「화재의 예방 및 안전관리에 관한 법률」 제8조(화재안전조사의 방법·절차 등) ③ 화재안전조사는 관계인의 승낙 없이 소방대상물의 공개시간 또는 근무시간 이외에는 할 수 없다. 다만, 제2항 제1호에 해당하는 경우에는 그러하지 아니하다.

③ O 화재안전조사 결과에 따른 조치명령으로 인한 손실을 보상하는 경우에는 시가(時價)로 보상하여야 한다.

> 「화재의 예방 및 안전관리에 관한 법률 시행령」 제13조(손실보상) ① 법 제15조에 따라 소방청장 또는 시·도지사가 손실을 보상하는 경우에는 시가(時價)로 보상하여야 한다.

④ O 화재안전조사업무를 수행하면서 취득한 자료나 알게 된 비밀을 다른 사람 또는 기관에 제공 또는 누설하거나 목적 외의 용도로 사용한 자는 1년 이하의 징역 또는 1천만 원 이하의 벌금에 처한다.

> 「화재의 예방 및 안전관리에 관한 법률」 제12조(증표의 제시 및 비밀유지 의무 등) ② 화재안전조사 업무를 수행하는 관계 공무원 및 관계 전문가는 관계인의 정당한 업무를 방해하여서는 아니 되며, 조사업무를 수행하면서 취득한 자료나 알게 된 비밀을 다른 사람 또는 기관에 제공 또는 누설하거나 목적 외의 용도로 사용하여서는 아니 된다.

정답 ①

261 □□□

15 소방시설관리사(변형)

화재의 예방 및 안전관리에 관한 법령상 화재안전조사의 연기를 신청할 수 있는 사유가 아닌 것은?

① 화재안전조사의 실시를 사전에 통지하면 조사목적을 달성할 수 없다고 인정되는 경우
② 태풍, 홍수 등 재난이 발생하여 소방대상물을 관리하기가 매우 어려운 경우
③ 관계인이 질병, 장기출장 등으로 화재안전조사에 참여할 수 없는 경우
④ 권한 있는 기관에 자체점검기록부, 교육·훈련일시 등 화재안전조사에 필요한 장부·서류 등이 압수되거나 영치되어 있는 경우

출제 키워드 | 화재안전조사

① ✕ 화재안전조사의 실시를 사전에 통지하면 조사목적을 달성할 수 없다고 인정되는 경우는 소방관서장이 화재안전조사를 실시하려는 경우 사전에 관계인에게 통지하지 않아도 되는 경우에 해당한다.

> 「화재의 예방 및 안전관리에 관한 법률 시행령」 제9조(화재안전조사의 연기) ① 법 제8조 제4항에서 "대통령령으로 정하는 사유"란 다음 각 호의 어느 하나에 해당하는 사유를 말한다.
> 1. 「재난 및 안전관리 기본법」 제3조 제1호에 해당하는 재난이 발생하여 소방대상물의 관리 또는 화재안전조사의 실시가 어려운 경우
> 2. 「감염병의 예방 및 관리에 관한 법률」 제2조 제1호에 해당하는 감염병이 발생하여 소방대상물의 관리 또는 화재안전조사의 실시가 어려운 경우
> 3. 경매 등의 사유로 소유권이 변동 중이거나 변동되어서 화재안전조사 실시가 어려운 경우
> 4. 관계인이 질병, 사고, 장기출장 등으로 화재안전조사에 참여할 수 없는 경우
> 5. 권한 있는 기관에 자체점검기록부, 교육·훈련일지 등 화재안전조사에 필요한 장부·서류 등이 압수되거나 영치(領置)되어 있는 경우
> 6. 제1호부터 제5호까지의 규정에 준하는 사항으로 소방관서장이 화재안전조사의 연기가 필요하다고 인정하는 경우
>
> ② 법 제8조 제4항에 따라 화재안전조사의 연기를 신청하려는 관계인은 행정안전부령으로 정하는 바에 따라 연기신청서에 연기의 사유 및 기간 등을 기재하여 소방관서장에게 제출하여야 한다.
>
> ③ 소방관서장은 법 제8조 제4항에 따라 화재안전조사의 연기를 승인한 경우라도 연기기간이 끝나기 전에 연기사유가 없어졌거나 긴급히 조사를 하여야 할 사유가 발생하였을 때에는 관계인에게 통보하고 화재안전조사를 할 수 있다.

정답 ①

262 □□□

15 소방 경채(복원+변형)

화재안전조사에 대한 설명 중 가장 옳지 않은 것은?

① 소방관서장은 화재안전조사를 마친 때에는 그 조사 결과를 관계인에게 서면으로 통지해야 한다. 다만, 화재안전조사의 현장에서 관계인에게 조사의 결과를 설명하고 화재안전조사 결과서의 부본을 교부한 경우에는 그러하지 아니하다.
② 화재가 자주 발생하였거나 발생할 우려가 뚜렷한 곳에 대한 조사가 필요한 경우 화재안전조사를 실시할 수 있다.
③ 화재예방강화지구 등 법령에서 화재안전조사를 하도록 규정되어 있는 경우 화재안전조사를 실시할 수 있다.
④ 소방관서장은 화재안전조사를 실시하고자 하는 경우 조사대상, 조사기간 및 조사사유 등 조사계획을 인터넷 홈페이지나 전산시스템 등을 통해 사전에 공개하여야 한다. 이 경우 공개기간은 10일 이상으로 한다.

출제 키워드 | 화재안전조사 

④ ✕ 소방관서장은 화재안전조사를 실시하고자 하는 경우 조사대상, 조사기간 및 조사사유 등 조사계획을 인터넷 홈페이지나 전산시스템 등을 통해 사전에 공개하여야 한다. 이 경우 공개기간은 7일 이상으로 한다.

정답 ④

263 □□□

13 소방 공채(복원+변형)

다음 중 화재안전조사를 실시할 수 있는 경우에 해당하지 않는 것은?

① 「소방시설 설치 및 관리에 관한 법률」 제22조에 따른 자체점검이 불성실하거나 불완전하다고 인정되는 경우
② 국가적 행사 등 주요 행사가 개최되는 장소 및 그 주변의 관계 지역에 대하여 소방안전관리 실태를 조사할 필요가 있는 경우
③ 화재가 자주 발생하였거나 발생할 우려가 뚜렷한 곳에 대한 조사가 필요한 경우
④ 자연재난이 발생하여 소방대상물의 관리가 어려운 경우

출제 키워드 | 화재안전조사 중

④ × 자연재난이 발생하여 소방대상물의 관리가 어려운 경우는 화재안전조사를 실시할 수 있는 경우에 해당하지 않는다. 정답 ④

264 □□□

13 소방 경채(복원+변형)

다음 중 화재안전조사에 대한 설명으로 옳지 않은 것은?

① 화재안전조사위원회는 위원장 1명을 포함한 10명 이내의 위원으로 성별을 고려하여 구성하고, 위원장은 소방관서장이 된다.
② 개인의 주거(실제 주거용도로 사용되는 경우에 한정)에 대한 화재안전조사는 관계인의 승낙이 있거나 화재발생의 우려가 뚜렷하여 긴급한 필요가 있는 때에 한정한다.
③ 자체점검이 불성실하거나 불완전하다고 인정되는 경우 실시한다.
④ 조사에 참여하는 외부 전문가에게는 예산의 범위에서 수당, 여비, 그 밖에 필요한 경비를 지급할 수 있다.

출제 키워드 | 화재안전조사 중

① × 화재안전조사위원회는 위원장 1명을 포함한 7명 이내의 위원으로 성별을 고려하여 구성하고, 위원장은 소방관서장이 된다. 정답 ①

265 □□□

11 소방 공채(복원+변형)

다음 중 화재안전조사에 대한 설명으로 옳지 않은 것은?

① 소방관서장은 화재가 자주 발생하였거나 발생할 우려가 뚜렷한 곳에 대한 조사가 필요한 경우 등에 화재안전조사를 실시할 수 있다. 다만, 개인의 주거(실제 주거용도로 사용되는 경우에 한정)에 대한 화재안전조사는 관계인의 승낙이 있거나 화재발생의 우려가 뚜렷하여 긴급한 필요가 있는 때에 한정한다.
② 화재안전조사는 관할구역의 소방대상물이나 관계지역에 대해서는 공개시긴 이외에도 실시힐 수 있다.
③ 화재가 자주 발생하였거나 발생할 우려가 뚜렷한 곳에 대한 조사가 필요한 경우에 실시한다.
④ 소방관서장은 화재안전조사의 연기를 승인한 경우라도 연기기간이 끝나기 전에 연기사유가 없어졌거나 긴급히 조사를 하여야 할 사유가 발생하였을 때에는 관계인에게 통보하고 화재안전조사를 할 수 있다.

출제 키워드 | 화재안전조사 (중)

② ✕ 화재안전조사는 관계인의 승낙 없이 소방대상물의 공개시간 또는 근무시간 이외에는 할 수 없다.

정답 ②

266 □□□

13 소방 경채(복원+변형)

다음 중 화재안전조사를 실시할 수 있는 경우에 해당하지 않는 것은?

① 화재, 그 밖의 긴급한 상황이 발생할 경우 인명 또는 재산 피해의 우려가 현저하다고 판단되는 경우
② 재난예측정보, 기상예보 등을 분석한 결과 소방대상물에 화재의 발생 위험이 크다고 판단되는 경우
③ 화재예방안전진단이 불성실하거나 불완전하다고 인정되는 경우
④ 화새가 사주 발생하였거나 발생할 우려가 뚜렷하다고 민원이 있는 경우

출제 키워드 | 화재안전조사 (중)

④ ✕ 화재가 자주 발생하였거나 발생할 우려가 뚜렷한 곳에 대한 조사가 필요한 경우 실시할 수 있다.

정답 ④

267 □□□

11 소방 공채(복원+변형)

화재, 그 밖의 긴급한 상황이 발생할 경우 인명 또는 재산 피해의 우려가 현저하다고 판단되는 경우에 화재안전조사를 실시할 수 있다. 다만, 개인의 주거(실제 주거용도로 사용되는 경우에 한정)에 대한 화재안전조사는 관계인의 승낙이 있거나 화재발생의 우려가 뚜렷하여 긴급한 필요가 있는 때에 한정한다. 화재안전조사를 하게 할 수 있는 자는?

① 시·군·구청장
② 행정안전부장관
③ 시·도지사
④ 소방관서장

출제 키워드 | 화재안전조사 중

④ O 소방관서장은 화재, 그 밖의 긴급한 상황이 발생할 경우 인명 또는 재산 피해의 우려가 현저하다고 판단되는 경우에 화재안전조사를 실시할 수 있다. 다만, 개인의 주거(실제 주거용도로 사용되는 경우에 한정)에 대한 화재안전조사는 관계인의 승낙이 있거나 화재발생의 우려가 뚜렷하여 긴급한 필요가 있는 때에 한정한다.

정답 ④

268 □□□

10 소방 공채(복원+변형)

다음 중 화재안전조사에 관한 법률적 설명으로 옳지 않은 것은?

① 화재안전조사는 관계인의 승낙 없이 소방대상물의 공개시간 또는 근무시간 이외에는 할 수 없다.
② 개인의 주거(실제 주거용도로 사용되는 경우에 한정)에 대한 화재안전조사는 관계인의 승낙이 있는 경우에만 할 수 있다.
③ 화재안전조사의 실시를 사전에 통지하거나 공개하면 조사목적을 달성할 수 없다고 인정되는 경우 관계인에게 통지하지 않고 할 수 있다.
④ 화재안전조사 업무를 수행하는 관계 공무원 및 관계 전문가는 그 권한 또는 자격을 표시하는 증표를 지니고 이를 관계인에게 내보여야 한다.

출제 키워드 | 화재안전조사 중

② X 개인의 주거(실제 주거용도로 사용되는 경우에 한정)에 대한 화재안전조사는 관계인의 승낙이 있거나 화재발생의 우려가 뚜렷하여 긴급한 필요가 있는 때에 한정한다.

정답 ②

269 □□□

10 소방 공채(복원+변형)

다음 중 화재안전조사의 항목이 아닌 것은?

① 소방안전관리 업무 수행에 관한 사항
② 화재의 예방조치 등에 관한 사항
③ 소방시설의 공사 등에 관한 사항
④ 소방시설등의 자체점검에 관한 사항

출제 키워드 | 화재안전조사 중

③ ✕ 소방시설의 설치 및 관리 등에 관한 사항이 화재안전조사의 항목에 해당한다.

정답 ③

270 □□□

10 소방 공채(복원+변형)

다음 중 화재안전조사에 대한 설명으로 옳지 않은 것은?

① 화재안전조사의 권한자는 소방관서장이다.
② 소방관서장은 화재안전조사를 실시하고자 하는 경우 조사대상, 조사기간 및 조사사유 등 조사계획을 인터넷 홈페이지나 전산시스템 등을 통해 사전에 공개하여야 한다. 이 경우 공개기간은 7일 이상으로 한다.
③ 소방관서장은 화재안전조사를 효율적으로 실시하기 위하여 필요한 경우 한국소방안전원의 장과 합동으로 조사단을 편성할 수 있다.
④ 화재안전조사의 연기를 신청하려는 관계인은 화재안전조사 시작 7일 전까지 화재안전조사 연기신청서(전자문서로 된 신청서를 포함)에 화재안전조사를 받기가 곤란함을 증명할 수 있는 서류(전자문서로 된 서류를 포함한다)를 첨부하여 소방청장, 소방본부장 또는 소방서장에게 제출하여야 한다.

출제 키워드 | 화재안전조사 중

④ ✕ 화재안전조사의 연기를 신청하려는 관계인은 화재안전조사 시작 3일 전까지 화재안전조사 연기신청서(전자문서로 된 신청서를 포함)에 화재안전조사를 받기가 곤란함을 증명할 수 있는 서류(전자문서로 된 서류를 포함한다)를 첨부하여 소방청장, 소방본부장 또는 소방서장에게 제출하여야 한다.

정답 ④

02 제8조 화재안전조사의 방법·절차 등

대표기출

271 □□□ 22 소방 공채(변형)

「화재의 예방 및 안전관리에 관한 법률」 및 같은 법 시행령, 시행규칙상 화재안전조사의 방법·절차 등에 대한 설명으로 옳지 않은 것은?

① 소방관서장은 화재안전조사를 마친 때에는 그 조사결과를 관계인에게 서면 또는 구두로 통지할 수 있다.

② 소방관서장은 화재안전조사를 실시하고자 하는 경우 조사대상, 조사기간 및 조사사유 등 조사계획을 인터넷 홈페이지나 전산시스템 등을 통해 사전에 공개하여야 한다. 이 경우 공개기간은 7일 이상으로 한다.

③ 화재안전조사의 연기를 승인한 경우라도 연기기간이 끝나기 전에 연기사유가 없어졌거나 긴급히 조사를 하여야 할 사유가 발생하였을 때에는 관계인에게 통보하고 화재안전조사를 할 수 있다.

④ 화재안전조사의 연기를 신청하려는 관계인은 화재안전조사 시작 3일 전까지 연기신청서에 화재안전조사를 받기가 곤란함을 증명할 수 있는 서류를 첨부하여 소방관서장에게 제출하여야 한다.

출제 키워드 | 화재안전조사의 방법·절차 중

① X 소방관서장은 화재안전조사를 마친 때에는 그 조사 결과를 관계인에게 서면으로 통지해야 한다. 다만, 화재안전조사의 현장에서 관계인에게 조사의 결과를 설명하고 화재안전조사 결과서의 부본을 교부한 경우에는 그러하지 아니하다.

「화재의 예방 및 안전관리에 관한 법률」 제8조(화재안전조사의 방법·절차 등) ① 소방관서장은 화재안전조사를 조사의 목적에 따라 제7조 제2항에 따른 화재안전조사의 항목 전체에 대하여 종합적으로 실시하거나 특정 항목에 한정하여 실시할 수 있다.

② 소방관서장은 화재안전조사를 실시하려는 경우 사전에 관계인에게 조사대상, 조사기간 및 조사사유 등을 우편, 전화, 전자메일 또는 문자전송 등을 통하여 통지하고 이를 대통령령으로 정하는 바에 따라 인터넷 홈페이지나 제16조 제3항의 전산시스템 등을 통하여 공개해야 한다. 다만, 다음 각 호의 어느 하나에 해당하는 경우에는 그러하지 아니하다.

1. 화재가 발생할 우려가 뚜렷하여 긴급하게 조사할 필요가 있는 경우
2. 제1호 외에 화재안전조사의 실시를 사전에 통지하거나 공개하면 조사목적을 달성할 수 없다고 인정되는 경우

③ 화재안전조사는 관계인의 승낙 없이 소방대상물의 공개시간 또는 근무시간 이외에는 할 수 없다. 다만, 제2항 제1호에 해당하는 경우에는 그러하지 아니하다.

④ 제2항에 따른 통지를 받은 관계인은 천재지변이나 그 밖에 대통령령으로 정하는 사유로 화재안전조사를 받기 곤란한 경우에는 화재안전조사를 통지한 소방관서장에게 대통령령으로 정하는 바에 따라 화재안전조사를 연기하여 줄 것을 신청할 수 있다. 이 경우 소방관서장은 연기신청 승인 여부를 결정하고 그 결과를 조사 시작 전까지 관계인에게 알려 주어야 한다.

「화재의 예방 및 안전관리에 관한 법률」 제13조(화재안전조사 결과 통보) 소방관서장은 화재안전조사를 마친 때에는 그 조사 결과를 관계인에게 서면으로 통지해야 한다. 다만, 화재안전조사의 현장에서 관계인에게 조사의 결과를 설명하고 화재안전조사 결과서의 부본을 교부한 경우에는 그러하지 아니하다.

「화재의 예방 및 안전관리에 관한 법률 시행령」 제8조(화재안전조사의 방법·절차 등) ① 소방관서장은 화재안전조사의 목적에 따라 다음 각 호의 방법으로 화재안전조사를 실시할 수 있다.

1. 종합조사: 제7조의 조사 항목 전체에 대해 실시하는 조사
2. 부분조사: 소방대상물의 층·용도·시설 등 특정 부분을 선택하여 제7조의 조사 항목 중 특정 항목 또는 특정 항목의 일부분에 한정하여 실시하는 조사

② 소방관서장은 법 제8조 제2항 본문에 따라 화재안전조사를 실시하고자 하는 경우 조사대상, 조사기간 및 조사사유 등 조사계획을 인터넷 홈페이지나 법 제16조 제3항에 따른 전산시스템 등을 통해 사전에 공개하여야 한다. 이 경우 공개기간은 7일 이상으로 한다.

③ 소방관서장은 법 제8조 제2항 단서에 따라 화재안전조사를 실시하는 경우에는 관계인에게 조사사유 및 조사 범위 등을 현장에서 설명하여야 한다.

④ 소방관서장은 법 제8조 제5항에 따라 화재안전조사를 다음 각 호의 방법으로 할 수 있다.

1. 관계인에게 필요한 보고를 하도록 하거나 자료의 제시·제출 요청
2. 소방대상물의 위치·구조·설비 또는 관리 상황에 대한 현장 조사 및 관계인에 대한 질문 등

정답 ①

272 □□□

17 소방시설관리사(변형)

화재의 예방 및 안전관리에 관한 법령상 화재안전조사에 관한 설명으로 옳은 것은?

① 화재안전조사의 연기를 신청하려는 자는 화재안전조사 시작 1일 전까지 전화로 연기 신청을 할 수 있다.
② 화재안전조사를 하는 관계 공무원은 관계인에게 필요한 자료제출을 명할 수 있지만 필요한 보고를 하도록 할 수는 없다.
③ 관계인이 장기출장으로 화재안전조사에 참여할 수 없는 경우에는 연기신청을 할 수 없다.
④ 소방서장은 연기신청 결과 통지서를 연기신청자에게 통지하여야 하고, 연기기간이 종료하면 지체 없이 조사를 시작하여야 한다.

출제 키워드 | 화재안전조사의 방법·절차 중

① × 화재안전조사의 연기를 신청하려는 관계인은 화재안전조사 시작 3일 전까지 화재안전조사 연기신청서(전자문서로 된 신청서를 포함)에 화재안전조사를 받기가 곤란함을 증명할 수 있는 서류(전자문서로 된 서류를 포함한다)를 첨부하여 소방청장, 소방본부장 또는 소방서장(이하 "소방관서장")에게 제출하여야 한다.

② × 화재안전조사를 하는 관계 공무원은 관계인에게 필요한 보고를 하도록 할 수 있다.

③ × 관계인이 질병, 사고, 장기출장 등으로 화재안전조사에 참여할 수 없는 경우에는 연기신청을 할 수 있다.

정답 ④

273 □□□

17 상반기 소방 공채(복원+변형)

「화재의 예방 및 안전관리에 관한 법률」상 화재안전조사에 대한 설명으로 옳지 않은 것은?

① 소방관서장은 필요하면 소방기술사, 소방시설관리사, 그 밖에 화재안전 분야에 전문지식을 갖춘 사람을 화재안전조사에 참여하게 할 수 있다.
② 소방관서장은 화재안전조사를 실시하고자 하는 경우 조사대상, 조사기간 및 조사사유 등 조사계획을 인터넷 홈페이지나 전산시스템 등을 통해 사전에 공개하여야 한다. 이 경우 공개기간은 7일 이상으로 한다.
③ 화재안전조사의 연기를 신청하려는 자는 화재안전조사 시작 5일 전까지 소방청장, 소방본부장 또는 소방서장에게 연기를 신청할 수 있다.
④ 관계인이 질병, 장기출장 등으로 화재안전조사에 참여할 수 없는 경우 소방청장, 소방본부장 또는 소방서장에게 화재안전조사의 연기를 신청할 수 있다.

출제 키워드 | 화재안전조사의 방법·절차 중

③ × 화재안전조사의 연기를 신청하려는 관계인은 화재안전조사 시작 3일 전까지 화재안전조사 연기신청서(전자문서로 된 신청서를 포함)에 화재안전조사를 받기가 곤란함을 증명할 수 있는 서류(전자문서로 된 서류를 포함한다)를 첨부하여 소방청장, 소방본부장 또는 소방서장(이하 "소방관서장")에게 제출하여야 한다.

> **「화재의 예방 및 안전관리에 관한 법률 시행규칙」 제4조(화재안전조사의 연기신청 등)** ① 「화재의 예방 및 안전관리에 관한 법률 시행령」(이하 "영") 제9조 제2항에 따라 화재안전조사의 연기를 신청하려는 관계인은 화재안전조사 시작 3일 전까지 별지 제1호서식의 화재안전조사 연기신청서(전자문서로 된 신청서를 포함)에 화재안전조사를 받기가 곤란함을 증명할 수 있는 서류(전자문서로 된 서류를 포함한다)를 첨부하여 소방청장, 소방본부장 또는 소방서장(이하 "소방관서장")에게 제출하여야 한다.
> ② 제1항에 따른 신청서를 제출받은 소방관서장은 연기신청의 승인 여부를 결정한 때에는 별지 제2호서식의 화재안전조사 연기신청 결과 통지서를 연기신청을 한 자에게 통지하여야 하고, 연기기간이 종료하면 지체 없이 화재안전조사를 시작하여야 한다.

정답 ③

274 □□□

14 소방 경채(복원+변형)

화재안전조사의 방법 및 절차에 대한 설명 중 옳지 않은 것은?

① 소방관서장은 화재안전조사를 실시하고자 하는 경우 조사대상, 조사기간 및 조사사유 등 조사계획을 인터넷 홈페이지나 전산시스템 등을 통해 사전에 공개하여야 한다. 이 경우 공개기간은 7일 이상으로 한다.
② 통지를 받은 관계인은 천재지변이나 그 밖에 대통령령으로 정하는 사유로 화재안전조사를 받기 곤란한 경우에는 화재안전조사를 통지한 소방관서장에게 대통령령으로 정하는 바에 따라 화재안전조사를 연기하여 줄 것을 신청할 수 있다.
③ 소방관서장은 법 제8조 제4항에 따라 화재안전조사의 연기를 승인한 경우라도 연기기간이 끝나기 전에 연기사유가 없어졌거나 긴급히 조사를 하여야 할 사유가 발생하였을 때에는 관계인에게 통보하고 화재안전조사를 할 수 있다.
④ 소방관서장은 화재안전조사를 마친 때에는 그 조사 결과를 관계인에게 서면으로 통지해야 한다. 다만, 화재안전조사의 현장에서 관계인에게 조사의 결과를 설명하고 화재안전조사 결과서의 부본을 교부한 경우에도 같다.

출제 키워드 | 화재안전조사의 방법·절차 (상)

④ ✕ 소방관서장은 화재안전조사를 마친 때에는 그 조사 결과를 관계인에게 서면으로 통지해야 한다. 다만, 화재안전조사의 현장에서 관계인에게 조사의 결과를 설명하고 화재안전조사 결과서의 부본을 교부한 경우에는 그러하지 아니하다.

정답 ④

275 □□□

14 소방 공채(복원+변형)

다음 중 소방관서장의 권한과 관계가 없는 것은?

① 화재안전조사 결과 통보
② 화재안전조사 결과에 따른 조치명령
③ 화재안전조사 결과에 따른 조치명령에 의한 손실보상
④ 화재안전조사 결과 공개

출제 키워드 | 화재안전조사 권한 (중)

③ ✕ 소방청장 또는 시·도지사는 명령으로 인하여 손실을 입은 자가 있는 경우에는 대통령령으로 정하는 바에 따라 보상해야 한다.

정답 ③

276 □□□

10 소방 공채(복원+변형)

다음은 화재안전조사의 방법 및 절차에 대한 설명이다. 옳지 않은 것은?

① 개인의 주거(실제 주거용도로 사용되는 경우에 한정)에 대한 화재안전조사는 관계인의 승낙이 있거나 화재발생의 우려가 뚜렷하여 긴급한 필요가 있는 때에 한정한다.
② 소방관서장은 필요한 경우에는 소방기술사, 소방시설관리사, 그 밖에 화재안전 분야에 전문지식을 갖춘 사람을 화재안전조사에 참여하게 할 수 있다.
③ 소방관서장은 국가적 행사 등 주요 행사가 개최되는 장소 및 그 주변의 관계 지역에 대하여 소방안전관리 실태를 조사할 필요가 있는 경우에 화재안전조사를 실시할 수 있다.
④ 소방관서장은 화재안전조사를 실시하려는 경우 화재안전조사 실시 중에 관계인에게 조사대상, 조사기간 및 조사사유 등을 구두, 우편, 전화, 전자메일 또는 문자전송 등을 통하여 통지한다.

출제 키워드 | 화재안전조사의 방법·절차 (중)

④ ✕ 소방관서장은 화재안전조사를 실시하려는 경우 사전에 관계인에게 조사대상, 조사기간 및 조사사유 등을 우편, 전화, 전자메일 또는 문자전송 등을 통하여 통지하고 이를 대통령령으로 정하는 바에 따라 인터넷 홈페이지나 전산시스템 등을 통하여 공개해야 한다.

정답 ④

277 □□□

10 소방 공채(복원+변형)

다음은 화재안전조사의 방법에 대한 설명으로 옳지 않은 것은?

① 소방관서장은 화재안전조사를 실시하려는 경우 사전에 관계인에게 조사대상, 조사기간 및 조사사유 등을 우편, 전화, 전자메일 또는 문자전송 등을 통하여 통지하고 이를 대통령령으로 정하는 바에 따라 인터넷 홈페이지나 전산시스템 등을 통하여 공개해야 한다.

② 소방관서장은 화재예방안전진단이 불성실하거나 불완전하다고 인정되는 경우 화재안전조사를 실시할 수 있다.

③ 조사에 참여하는 외부 전문가에게는 예산의 범위에서 수당, 여비, 그 밖에 필요한 경비를 지급할 수 있다.

④ 소방관서장은 화재안전조사를 효율적으로 실시하기 위하여 필요한 경우 화재보험회사와 합동조사반을 편성하여 할 수 있다.

출제 키워드 | 화재안전조사 ㊥

④ X 소방관서장은 화재안전조사를 효율적으로 실시하기 위하여 필요한 경우 한국화재보험협회 기관의 장과 합동으로 조사단을 편성할 수 있다.

정답 ④

03 제9조 화재안전조사단 편성·운영

대표기출

278 □□□

22 소방 경채(변형)

「화재의 예방 및 안전관리에 관한 법률」 및 같은 법 시행령상 중앙화재안전조사단의 편성·운영 등에 관한 설명으로 옳지 않은 것은?

① 중앙화재안전조사단은 단장을 포함하여 50명 이내의 단원으로 성별을 고려하여 구성한다.

② 소방관서장은 소방청에는 중앙화재안전조사단을, 소방본부 및 소방서에는 지방화재안전조사단을 편성하여 운영할 수 있다.

③ 중앙화재안전조사단의 단장은 단원 중에서 소방청장이 임명 또는 위촉한다.

④ 소방공무원은 중앙화재안전조사단의 단원으로 임명 또는 위촉될 수 있다.

출제 키워드 | 화재안전조사단 ㊥

③ X 조사단의 단원은 소방공무원 등에 해당하는 사람 중에서 소방관서장이 임명 또는 위촉하고, 단장은 단원 중에서 소방관서장이 임명 또는 위촉한다.

> **「화재의 예방 및 안전관리에 관한 법률 시행령」 제10조(화재안전조사단 편성·운영)** ① 법 제9조 제1항에 따른 중앙화재안전조사단 및 지방화재안전조사단은 단장을 포함하여 50명 이내의 단원으로 성별을 고려하여 구성한다.
> ② 조사단의 단원은 다음 각 호의 어느 하나에 해당하는 사람 중에서 소방관서장이 임명 또는 위촉하고, 단장은 단원 중에서 소방관서장이 임명 또는 위촉한다.
> 1. 소방공무원
> 2. 소방업무와 관련된 단체 또는 연구기관 등의 임직원
> 3. 대학 또는 공인된 연구기관에서 소방 관련 분야 등을 5년 이상 연구한 사람
> 4. 소방 관련 분야에서 전문적인 지식이나 경험이 풍부한 사람으로서 소방관서장이 인정하는 사람

정답 ③

279 □□□

19 소방시설관리사(변형)

화재의 예방 및 안전관리에 관한 법령상 중앙화재안전조사단의 조사단원이 될 수 있는 사람을 모두 고른 것은?

> ㄱ. 소방공무원
> ㄴ. 소방업무와 관련된 단체의 임직원
> ㄷ. 소방업무와 관련된 연구기관 등의 임직원

① ㄱ
② ㄱ, ㄴ
③ ㄴ, ㄷ
④ ㄱ, ㄴ, ㄷ

출제 키워드 | 화재안전조사단 중

④ ㄱ O ㄴ O ㄷ O 조사단의 단원은 소방공무원, 소방업무와 관련된 단체 또는 연구기관 등의 임직원, 대학 또는 공인된 연구기관에서 소방 관련 분야 등을 5년 이상 연구한 사람, 소방 관련 분야에서 전문적인 지식이나 경험이 풍부한 사람으로서 소방관서장이 인정하는 사람 중에서 임명한다.

정답 ④

280 □□□

13 소방 공채(복원+변형)

다음 중 화재안전조사에 대한 설명으로 옳지 않은 것은?

① 소방관서장은 화재예방강화지구 등 법령에서 화재안전조사를 하도록 규정되어 있는 경우 등에 화재안전조사를 실시할 수 있다. 다만, 개인의 주거(실제 주거용도로 사용되는 경우에 한정)에 대한 화재안전조사는 관계인의 승낙이 있거나 화재발생의 우려가 뚜렷하여 긴급한 필요가 있는 때에 한정한다.
② 소방관서장은 화재안전조사를 효율적으로 수행하기 위하여 대통령령으로 정하는 바에 따라 소방청에는 중앙화재안전조사단을, 소방본부 및 소방서에는 지방화재안전조사단을 편성하여 운영할 수 있다.
③ 소방관서장은 필요한 경우에는 소방기술사, 소방시설관리사, 그 밖에 화재안전 분야에 전문지식을 갖춘 사람을 화재안전조사에 참여하게 할 수 있다.
④ 중앙화재안전조사단 및 지방화재안전조사단은 단장을 포함하여 30명 이내의 단원으로 성별을 고려하여 구성한다.

출제 키워드 | 화재안전조사단 

④ X 중앙화재안전조사단 및 지방화재안전조사단은 단장을 포함하여 50명 이내의 단원으로 성별을 고려하여 구성한다.

정답 ④

04 제10조 화재안전조사위원회 구성·운영

대표기출

281 □□□

18 소방 경채(변형)

화재의 예방 및 안전관리에 관한 법령상 소방본부장이 화재안전조사위원회의 위원으로 임명하거나 위촉할 수 없는 사람은?

① 소방기술사
② 소방 관련 분야의 석사학위 이상을 취득한 사람
③ 과장급 직위 이상의 소방공무원
④ 소방공무원 교육기관에서 소방과 관련한 연구에 3년 이상 종사한 사람

출제 키워드 | 화재안전조사위원회 (중)

④ × 소방 관련 법인 또는 단체에서 소방 관련 업무에 5년 이상 종사한 사람이어야 한다.

「화재의 예방 및 안전관리에 관한 법률 시행령」 제11조(화재안전조사위원회의 구성·운영 등) ① 법 제10조에 따른 화재안전조사위원회(이하 "위원회")는 위원장 1명을 포함한 7명 이내의 위원으로 성별을 고려하여 구성하고, 위원장은 소방관서장이 된다.
② 위원회의 위원은 다음 각 호의 어느 하나에 해당하는 사람 중에서 소방관서장이 임명하거나 위촉한다.
1. 과장급 직위 이상의 소방공무원
2. 소방기술사
3. 소방시설관리사
4. 소방 관련 분야의 석사학위 이상을 취득한 사람
5. 소방 관련 법인 또는 단체에서 소방 관련 업무에 5년 이상 종사한 사람
6. 「소방공무원 교육훈련규정」 제3조 제2항에 따른 소방공무원 교육훈련기관, 「고등교육법」 제2조의 학교 또는 연구소에서 소방과 관련한 교육 또는 연구에 5년 이상 종사한 사람
③ 위촉위원의 임기는 2년으로 하고, 한 차례만 연임할 수 있다.
④ 위원회에 출석한 위원에게는 예산의 범위에서 수당, 여비, 그 밖에 필요한 경비를 지급할 수 있다. 다만, 공무원인 위원이 그 소관 업무와 관련하여 위원회에 출석하는 경우는 그러하지 아니하다.

정답 ④

282 □□□

19 소방 경채(변형)

「화재의 예방 및 안전관리에 관한 법률」 및 같은 법 시행령상 화재안전조사에 관한 설명으로 옳지 않은 것은?

① 소방관서장은 화재가 자주 발생하였거나 발생할 우려가 뚜렷한 곳에 대한 조사가 필요한 경우 화재안전조사를 실시할 수 있다.
② 개인의 주거에 대하여는 관계인의 승낙이 있거나 화재 발생의 우려가 뚜렷하여 긴급한 필요가 있는 때에 한정하여 화재안전조사를 실시할 수 있다.
③ 국가적 행사 등 주요 행사가 개최되는 장소 및 그 주변의 관계 지역에 대하여 소방안전관리 실태를 점검할 필요가 있는 경우 화재안전조사를 실시할 수 있다.
④ 화재안전조사위원회는 위원장 1명을 제외한 7명 이내의 위원으로 성별을 고려하여 구성한다.

출제 키워드 | 화재안전조사위원회 (중)

④ × 화재안전조사위원회는 위원장 1명을 포함한 7명 이내의 위원으로 성별을 고려하여 구성하고, 위원장은 소방관서장이 된다.

정답 ④

283 □□□

17 소방 경채(복원+변형)

화재안전조사에 대하여 틀린 것은?

① 소방관서장은 화재안전조사를 실시하고자 하는 경우 조사대상, 조사기간 및 조사사유 등 조사계획을 인터넷 홈페이지나 전산시스템 등을 통해 사전에 공개하여야 한다. 이 경우 공개기간은 7일 이상으로 한다.
② 소방관서장은 자체점검이 불성실하거나 불완전하다고 인정되는 경우 화재안전조사를 실시할 수 있다.
③ 소방관서장은 화재안전조사의 대상을 객관적이고 공정하게 선정하기 위하여 필요한 경우 화재안전조사단를 구성하여 화재안전조사의 대상을 선정할 수 있다.
④ 개인의 주거(실제 주거용도로 사용되는 경우에 한정)에 대한 화재안전조사는 관계인의 승낙이 있거나 화재발생의 우려가 뚜렷하여 긴급한 필요가 있는 때에 한정한다.

출제 키워드 | 화재안전조사 중

③ × 소방관서장은 화재안전조사의 대상을 객관적이고 공정하게 선정하기 위하여 필요한 경우 화재안전조사위원회를 구성하여 화재안전조사의 대상을 선정할 수 있다.

> 「화재의 예방 및 안전관리에 관한 법률」 제10조(화재안전조사위원회 구성·운영) ① 소방관서장은 화재안전조사의 대상을 객관적이고 공정하게 선정하기 위하여 필요한 경우 화재안전조사위원회를 구성하여 화재안전조사의 대상을 선정할 수 있다.
> ② 화재안전조사위원회의 구성·운영 등에 필요한 사항은 대통령령으로 정한다.

정답 ③

284 □□□

22 소방 경채(변형)

「화재의 예방 및 안전관리에 관한 법률」 제10조에 대한 내용이다. (　　) 안에 들어갈 말로 옳은 것은?

> (　　)은/는 화재안전조사의 대상을 객관적이고 공정하게 선정하기 위하여 필요한 경우 화재안전조사위원회를 구성하여 화재안전조사의 대상을 선정할 수 있다.

① 소방청장
② 시·도지사
③ 소방관서장
④ 소방서장

출제 키워드 | 화재안전조사 중

③ ○ 소방관서장

> 「화재의 예방 및 안전관리에 관한 법률」 제10조(화재안전조사위원회 구성·운영) ① 소방관서장은 화재안전조사의 대상을 객관적이고 공정하게 선정하기 위하여 필요한 경우 화재안전조사위원회를 구성하여 화재안전조사의 대상을 선정할 수 있다.

정답 ③

285 □□□

15 소방 경채(복원+변형)

소방관서장은 화재안전조사의 대상을 객관적이고 공정하게 선정하기 위하여 필요한 경우 화재안전조사위원회를 구성하여 화재안전조사의 대상을 선정할 수 있는데 화재안전조사위원회의 위원이 아닌 사람은?

① 과장급 직위 이상의 소방공무원
② 소방시설관리사
③ 소방설비기사 자격을 갖추고 소방 관련 업무에 5년 이상 종사한 사람
④ 소방공무원 교육훈련기관, 학교 또는 연구소에서 소방과 관련한 교육 또는 연구에 5년 이상 종사한 사람

출제 키워드 | 화재안전조사위원회 중

③ X 소방설비기사 자격을 갖추고 소방 관련 업무에 5년 이상 종사한 사람은 화재안전조사위원회의 위원이 아니다. 정답 ③

286 □□□

13 소방 경채(복원+변형)

다음 중 화재안전조사위원회의 위원장은 누구인가?

① 시·도지사
② 과장급 직위 이상의 소방공무원
③ 소방관서장
④ 행정안전부장관

출제 키워드 | 화재안전조사위원회 중

③ O 법 제10조에 따른 화재안전조사위원회는 위원장 1명을 포함한 7명 이내의 위원으로 성별을 고려하여 구성하고, 위원장은 소방관서장이 된다. 정답 ③

287 □□□

13 소방 경채(복원+변형)

다음 중 화재안전조사에 대한 설명으로 옳지 않은 것은?

① 화재안전조사 업무를 수행하는 관계 공무원 및 관계 전문가는 그 권한 또는 자격을 표시하는 증표를 지니고 이를 관계인에게 내보여야 한다.
② 화재안전조사는 관계인의 승낙 없이 소방대상물의 공개시간 또는 근무시간 이외에는 할 수 없다.
③ 소방관서장은 화재안전조사의 대상을 객관적이고 공정하게 선정하기 위하여 필요한 경우 화재안전조사위원회를 구성하여 화재안전조사의 대상을 선정할 수 있다.
④ 화재안전조사위원회는 위원장 1명을 포함한 7명 이내의 위원으로 성별을 고려하여 구성하고, 위원장은 소방청장 또는 시·도지사가 된다.

출제 키워드 | 화재안전조사위원회 중

④ X 화재안전조사위원회는 위원장 1명을 포함한 7명 이내의 위원으로 성별을 고려하여 구성하고, 위원장은 소방관서장이 된다.

정답 ④

05 제14조 화재안전조사 결과에 따른 조치명령

288 □□□

11 소방 공채(복원+변형)

화재안전조사 결과에 따른 조치를 명할 수 있는 사람이 아닌 것은?

① 소방청장
② 소방본부장
③ 소방서장
④ 소방대장

출제 키워드 | 화재안전조사 결과 하

④ X 화재안전조사 결과에 따른 조치를 명할 수 있는 사람은 소방관서장이며, 소방관서장은 소방청장, 소방본부장 또는 소방서장을 총칭하는 말이다. 따라서 소방대장은 화재안전조사 결과에 따른 조치를 명할 수 없다.

> 「화재의 예방 및 안전관리에 관한 법률」 제14조(화재안전조사 결과에 따른 조치명령) ① 소방관서장은 화재안전조사 결과에 따른 소방대상물의 위치·구조·설비 또는 관리의 상황이 화재예방을 위하여 보완될 필요가 있거나 화재가 발생하면 인명 또는 재산의 피해가 클 것으로 예상되는 때에는 행정안전부령으로 정하는 바에 따라 관계인에게 그 소방대상물의 개수·이전·제거, 사용의 금지 또는 제한, 사용폐쇄, 공사의 정지 또는 중지, 그 밖에 필요한 조치를 명할 수 있다.

정답 ④

289 □□□

10 소방 공채(복원+변형)

다음 중 화재안전조사 결과에 따른 조치명령사항과 관계가 없는 것은?

① 개수·이전·제거
② 소방대상물의 증축 및 용도변경
③ 사용의 금지 또는 제한·사용폐쇄
④ 공사의 정지 또는 중지

출제 키워드 | 화재안전조사 결과 중

② ✕ 소방관서장은 화재안전조사 결과에 따른 소방대상물의 위치·구조·설비 또는 관리의 상황이 화재예방을 위하여 보완될 필요가 있거나 화재가 발생하면 인명 또는 재산의 피해가 클 것으로 예상되는 때에는 행정안전부령으로 정하는 바에 따라 관계인에게 그 소방대상물의 개수·이전·제거, 사용의 금지 또는 제한, 사용폐쇄, 공사의 정지 또는 중지, 그 밖에 필요한 조치를 명할 수 있다.

정답 ②

06 제15조 손실보상

290 □□□

19 소방 경채(변형)

「화재의 예방 및 안전관리에 관한 법률」 및 같은 법 시행령상 화재안전조사 결과에 따른 조치명령과 손실보상에 관한 설명으로 옳지 않은 것은?

① 시·도지사가 손실을 보상하는 경우에는 원가로 보상하여야 한다.
② 손실보상에 관하여는 소방청장, 시·도지사와 손실을 입은 자가 협의하여야 한다.
③ 보상금액에 관한 협의가 성립되지 아니한 경우에는 시·도지사는 그 보상금액을 지급하거나 공탁하고 이를 상대방에게 알려야 한다.
④ 보상금의 지급 또는 공탁의 통지에 불복하는 자는 지급 또는 공탁의 통지를 받은 날부터 30일 이내에 중앙토지수용위원회 또는 관할 지방토지수용위원회에 재결을 신청할 수 있다.

출제 키워드 | 손실보상 중

① ✕ 소방청장 또는 시·도지사가 손실을 보상하는 경우에는 시가(時價)로 보상하여야 한다.

「화재의 예방 및 안전관리에 관한 법률 시행령」 제13조(손실보상) ① 법 제15조에 따라 소방청장 또는 시·도지사가 손실을 보상하는 경우에는 시가(時價)로 보상하여야 한다.
② 제1항에 따른 손실 보상에 관하여는 소방청장, 시·도지사와 손실을 입은 자가 협의하여야 한다.
③ 제2항에 따른 보상금액에 관한 협의가 성립되지 아니한 경우에는 소방청장 또는 시·도지사는 그 보상금액을 지급하거나 공탁하고 이를 상대방에게 알려야 한다.
④ 제3항에 따른 보상금의 지급 또는 공탁의 통지에 불복하는 자는 지급 또는 공탁의 통지를 받은 날부터 30일 이내에 「공익사업을 위한 토지 등의 취득 및 보상에 관한 법률」 제49조에 따라 설치된 중앙토지수용위원회 또는 관할 지방토지수용위원회에 재결을 신청할 수 있다.
⑤ 제1항부터 제4항까지의 규정 외에 법 제15조에 따른 손실보상에 관하여는 「공익사업을 위한 토지 등의 취득 및 보상에 관한 법률」에 따른다.

정답 ①

291 □□□

13 소방 공채(복원+변형)

화재안전조사 따른 명령으로 인하여 손실을 입은 자가 있는 경우에는 대통령령으로 정하는 바에 따라 보상해야 하는 자는?

① 대통령
② 국무총리
③ 소방청장 또는 시·도지사
④ 소방대장

출제 키워드 | 손실보상 하

③ O 소방청장 또는 시·도지사는 화재안전조사 명령으로 인하여 손실을 입은 자가 있는 경우에는 대통령령으로 정하는 바에 따라 보상해야 한다.

> 「화재의 예방 및 안전관리에 관한 법률」 제15조(손실보상) 소방청장 또는 시·도지사는 제14조 제1항에 따른 명령으로 인하여 손실을 입은 자가 있는 경우에는 대통령령으로 정하는 바에 따라 보상해야 한다.

정답 ③

292 □□□

11 소방 공채(복원+변형)

화재안전조사 결과에 따른 조치명령을 받아 손실을 입었을 경우 대통령령으로 정하는 바에 따라 보상을 하여야 하는데, 이에 대한 설명으로 옳은 것은?

① 소방청장 또는 시·도지사가 손실을 보상하는 경우에는 실비로 보상하여야 한다.
② 손실 보상에 관하여는 소방대장과 손실을 입은 자가 협의하여야 한다.
③ 보상금액에 관한 협의가 성립되지 아니한 경우에는 소방청장 또는 시·도지사는 그 보상금액을 지급하거나 공탁하고 이를 상대방에게 알려야 한다.
④ 보상금의 지급 또는 공탁의 통지에 불복하는 자는 지급 또는 공탁의 통지를 받은 날부터 60일 이내에 중앙토지수용위원회 또는 관할 지방토지수용위원회에 재결을 신청할 수 있다.

출제 키워드 | 손실보상 중

① X 소방청장 또는 시·도지사가 손실을 보상하는 경우에는 시가(時價)로 보상하여야 한다.

② X 손실보상에 관하여는 소방청장, 시·도지사와 손실을 입은 자가 협의하여야 한다.

④ X 보상금의 지급 또는 공탁의 통지에 불복하는 자는 지급 또는 공탁의 통지를 받은 날부터 30일 이내에 중앙토지수용위원회 또는 관할 지방토지수용위원회에 재결을 신청할 수 있다.

정답 ③

07 제16조 화재안전조사 결과 공개

293 □□□

15 소방시설관리사(변형)

화재의 예방 및 안전관리에 관한 법령상 화재안전조사에 관한 설명으로 옳지 않은 것은?

① 소방관서장은 화재안전조사를 실시하고자 하는 경우 조사대상, 조사기간 및 조사사유 등 조사계획을 인터넷 홈페이지나 전산시스템 등을 통해 사전에 공개하여야 한다. 이 경우 공개기간은 7일 이상으로 한다.
② 소방관서장은 화재안전조사를 마친 때에는 그 조사 결과를 관계인에게 서면으로 통지해야 한다.
③ 화재안전조사위원회는 위원장 1명을 포함한 7명 이내의 위원으로 성별을 고려하여 구성하고, 위원장은 소방관서장이 된다.
④ 소방대상물의 관계인은 화재안전조사 결과 공개에 대한 공개내용을 통보받은 날부터 7일 이내에 관할 소방관서장에게 이의신청을 할 수 있다.

출제 키워드 | 화재안전조사 (중)

④ × 소방대상물의 관계인은 화재안전조사 결과 공개에 대한 공개내용을 통보받은 날부터 10일 이내에 관할 소방관서장에게 이의신청을 할 수 있다.

정답 ④

294 □□□

08 소방 공채(복원+변형)

화재안전조사의 항목은 대통령령으로 정한다. 이 경우 화재안전조사의 항목에는 화재의 예방조치 상황, 소방시설등의 관리 상황 및 소방대상물의 화재 등의 발생 위험과 관련된 사항이 포함되어야 한다. 화재안전조사 항목으로 옳지 않은 것은?

① 소방대상물의 용도별·규모별 현황의 실태조사 사항
② 피난시설, 방화구획 및 방화시설의 관리에 관한 사항
③ 소방시설의 설치 및 관리 등에 관한 사항
④ 소방안전관리 업무 수행에 관한 사항

출제 키워드 | 화재안전조사 (중)

① × 소방대상물의 용도별·규모별 현황의 실태조사 사항은 화재안전조사 사항이 아니다.

정답 ①

CHAPTER

03 화재의 예방조치 등

1 화재의 예방조치 등

1. 행위금지 및 안전조치

누구든지 화재예방강화지구 등 장소에 다음 행위금지. 단, 안전조치 시 예외

행위 금지 장소	• 화재예방강화지구 • 제조소 등이 있는 장소 • 저장소가 있는 장소 • 액화석유가스의 제조소 · 저장소 · 판매소가 있는 장소 • 수소연료공급시설 및 수소연료사용시설이 있는 장소 • 화약류를 저장하는 장소
금지 행위	• 화재발생 위험이 있는 가연성 · 폭발성 물질을 안전조치 없이 방치하는 행위 • 모닥불, 흡연 등 화기의 취급 • 풍등 등 소형열기구 날리기 • 용접 · 용단 등 불꽃 발생 행위
안전 조치	• 지정된 장소에서 화기 등을 취급하는 경우 • 소화기 등 안전시설을 비치 또는 설치하여 안전조치를 한 장소에서 화기 등을 취급하는 경우 • 화재감시자 등 안전요원이 배치된 장소에서 화기 등을 취급하는 경우 • 그 밖에 소방관서장과 사전 협의하여 안전조치한 경우

2. 화재 예방 명령

주체	소방관서장
대상 및 명령 내용	• 화재 발생 위험이 크거나 소화활동에 지장을 줄 수 있다고 인정되는 행위나 물건에 대하여 행위 당사자나 그 물건의 소유자, 관리자 또는 점유자 – 행위의 금지 또는 제한 – 목재, 플라스틱 등 가연성이 큰 물건의 제거, 이격, 적재 금지 등 – 소방차량의 통행이나 소화활동에 지장을 줄 수 있는 물건의 이동 • 대상을 알 수 없는 경우 소속 공무원으로 하여금 그 물건을 옮기거나 보관하는 등 필요한 조치 – 목재, 플라스틱 등 가연성이 큰 물건의 제거, 이격, 적재 금지 등 – 소방차량의 통행이나 소화활동에 지장을 줄 수 있는 물건의 이동 참 벌금 300만 원 이하
절차	• 옮긴 물건을 보관하는 경우 그날부터 14일 동안 소방관서 인터넷 홈페이지 또는 게시판에 그 사실을 공고 • 옮긴 물건 등에 대한 보관기간 : 공고 종료일 다음 날부터 7일 • 종료되는 때에는 보관하고 있는 옮긴 물건을 매각(세입조치) 또는 폐기 • 소유자가 보상을 요구하는 경우 소유자와 협의를 거쳐 이를 보상

2 특수가연물 품명 및 수량

품명		수량
면화류		200kg 이상
나무껍질 및 대팻밥		400kg 이상
넝마 및 종이부스러기		1,000kg 이상
사류(絲類)		1,000kg 이상
볏짚류		1,000kg 이상
재생자원연료		1,000kg 이상
가연성고체류		3,000kg 이상
석탄 · 목탄류		10,000kg 이상
가연성액체류		$2m^3$ 이상
목재가공품 및 나무부스러기		$10m^3$ 이상
플라스틱류 (합성수지류 포함)	발포시킨 것	$20m^3$ 이상
	그 밖의 것	3,000kg 이상

3 특수가연물의 저장, 취급 기준

1. 쌓는 높이, 바닥면적, 체적

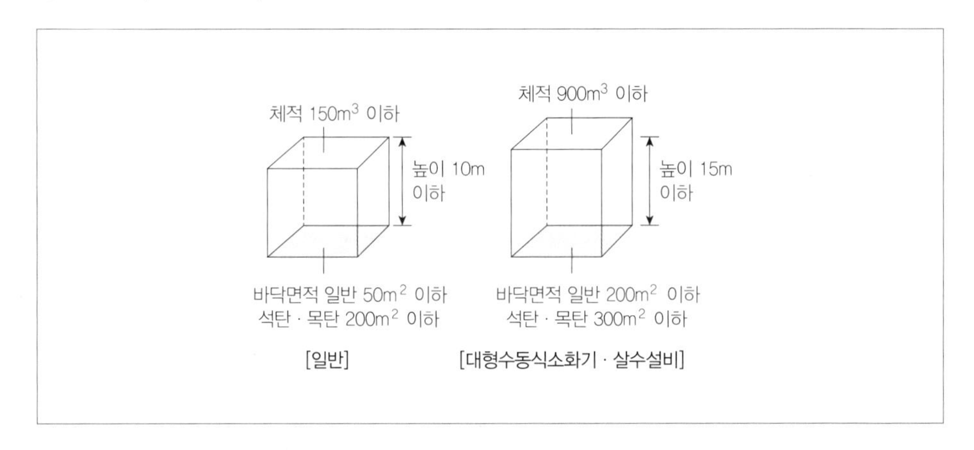

구분		일반	대형수동식소화기, 살수설비 설치
높이		10m 이하	15m 이하
바닥면적	일반	$50m^2$ 이하	$200m^2$ 이하
	석탄 · 목탄	$200m^2$ 이하	$300m^2$ 이하
체적		$150m^3$ 이하	$900m^3$ 이하

2. 실내외 저장

구분	저장 기준
실외	• 쌓는 부분과 대지경계선 또는 도로, 인접건축물 사이 최소 6m 이상 • 쌓은 높이보다 0.9m 이상 높은 내화구조 벽체 설치 시 제외
실내	• 주요구조부가 내화구조의 건축물이면서 불연재료 • 인접건축물과 최소 3m 이상 이격 • 다른 종류의 특수가연물과 동일 공간 내에서의 보관 불가(내화구조의 벽으로 분리 시 제외)

3. 바닥면적 사이

구분	이격 기준
실외	3m 또는 쌓는 높이 중 큰 값
실내	1.2m 또는 쌓는 높이의 1/2 중 큰 값

4 화재예방강화지구

지정 및 관리권자	시·도지사	
지정 지역	• 시장지역 • 공장·창고가 밀집한 지역 • 목조건물이 밀집한 지역 • 노후·불량건축물이 밀집한 지역 • 위험물의 저장 및 처리 시설이 밀집한 지역 • 석유화학제품을 생산하는 공장이 있는 지역 • 산업단지 • 소방시설·소방용수시설 또는 소방출동로가 없는 지역 • 소방관서장이 화재예방강화지구로 지정할 필요가 있다고 인정하는 지역	
지정 요청	소방청장 → 해당 시·도지사	
관리 조치	소방관서장	• 화재안전조사 연 1회 이상 • 소방 훈련 및 교육 실시(훈련·교육 10일 전 통보) • 소방기구, 소방용수시설 등(소방설비 등)의 설치(보수, 보강)를 명할 수 있음
	시·도지사	화재예방강화지구 관리대장에 작성하고 관리(매년 작성·관리)

119 암기카드

1분 1초를 9하는
소방 암기카드!
QR코드를 스캔하여
확인해보세요.

※ 에듀윌 도서몰에서도
다운로드 가능합니다.

01 제17조 화재의 예방조치 등

대표기출

295 □□□ 21 소방 공채(변형)

「화재의 예방 및 안전관리에 관한 법률」 및 같은 법 시행령상 화재의 예방조치 등으로 옳지 않은 것은?

① 소방관서장은 보관기간이 종료되는 때에는 보관하고 있는 옮긴 물건을 매각하여야 한다.
② 옮긴 물선의 보관기간은 소방본부 또는 소방서의 게시판에 공고하는 기간의 종료일 다음 날부터 7일로 한다.
③ 옮긴 물건을 보관하는 경우에는 그날부터 14일 동안 소방청, 소방본부 또는 소방서의 게시판에 그 사실을 공고하여야 한다.
④ 시·도지사는 폐기된 옮긴 물건의 소유자가 보상을 요구하는 경우에는 보상금액에 대하여 소유자와 협의를 거쳐 이를 보상하여야 한다.

출제 키워드 | 옮긴 물건의 보관기간 등 중

④ X 소방관서장은 폐기된 옮긴 물건의 소유자가 보상을 요구하는 경우에는 보상금액에 대하여 소유자와 협의를 거쳐 이를 보상하여야 한다(화재의 예방 및 안전관리에 관한 법률 시행령 제17조 제5항).

「화재의 예방 및 안전관리에 관한 법률 시행령」 제17조(옮긴 물건의 보관기간 및 보관기간 경과 후 처리 등)
① 소방관서장은 법 제17조 제2항에 따라 옮긴 물건(이하 "옮긴 물건")을 보관하는 경우에는 그 날부터 14일 동안 소방청, 소방본부 또는 소방서(이하 "소방관서")의 인터넷 홈페이지 또는 게시판에 그 사실을 공고하여야 한다.
② 법 제17조 제3항에 따라 옮긴 물건 등에 대한 보관기간은 제1항에 따라 소방관서 홈페이지 또는 게시판에 공고하는 기간의 종료일 다음 날부터 7일로 한다.
③ 소방관서장은 제2항에 따른 보관기간이 종료되는 때에는 보관하고 있는 옮긴 물건을 매각해야 한다. 다만, 보관하고 있는 옮긴 물건이 부패·파손 또는 이와 유사한 사유로 정해진 용도에 계속 사용할 수 없는 경우에는 제2항의 보관기간 종료 이전에 매각 또는 폐기할 수 있다.
④ 소방관서장은 보관하던 옮긴 물건을 제3항에 따라 매각한 경우에는 지체 없이 「국가재정법」에 따라 세입조치를 하여야 한다.
⑤ 소방관서장은 제3항에 따라 매각되거나 폐기된 옮긴 물건의 소유자가 보상을 요구하는 경우에는 보상금액에 대하여 소유자와 협의를 거쳐 이를 보상하여야 한다.
⑥ 제5항의 손실보상의 방법 및 절차 등에 관하여는 제13조를 준용한다.

정답 ④

296 □□□

18 소방 경채(변형)

「화재의 예방 및 안전관리에 관한 법률 시행령」상 화재의 예방조치 등에 대한 설명이다. (   ) 안의 내용으로 옳은 것은? (순서대로)

> • 소방관서장은 옮긴 물건을 보관하는 경우에는 그날부터 (   )일 동안 소방청, 소방본부 또는 소방서의 인터넷 홈페이지 또는 게시판에 그 사실을 공고하여야 한다.
> • 옮긴 물건 등에 대한 보관기간은 소방관서 홈페이지 또는 게시판에 공고하는 기간의 종료일 다음 날부터 (   )일로 한다.

① 7, 14　② 10, 14
③ 12, 20　④ 14, 7

출제 키워드 | 옮긴 물건의 보관기간 등 하

④ O 14, 7

> 「화재의 예방 및 안전관리에 관한 법률 시행령」 제17조(화재의 예방조치 등) ① 소방관서장은 옮긴 물건을 보관하는 경우에는 그 날부터 14일 동안 소방청, 소방본부 또는 소방서의 인터넷 홈페이지 또는 게시판에 그 사실을 공고하여야 한다.
> ② 옮긴 물건 등에 대한 보관기간은 소방관서 홈페이지 또는 게시판에 공고하는 기간의 종료일 다음 날부터 7일로 한다.

정답 ④

대표기출

297 □□□

21 소방 경채(변형)

「화재의 예방 및 안전관리에 관한 법률 시행령」상 보일러 등의 위치·구조 및 관리와 화재예방을 위하여 불의 사용에 있어서 지켜야 하는 사항으로 옳은 것은?

① 보일러에서 화목 등 고체연료를 사용하는 경우 연통은 천장으로부터 0.5m 이상, 건물 밖으로 0.5m 이상 나오도록 설치하여야 한다.
② 「공연법」 제2조 제4호의 규정에 의한 공연장에서 이동식 난로는 절대 사용하여서는 아니 된다.
③ 보일러를 실내에 설치하는 경우에는 콘크리트바닥 또는 금속 외의 난연재료로 된 바닥 위에 설치하여야 한다.
④ 음식조리를 위하여 설치하는 설비에서는 주방설비에 부속된 배출덕트(공기 배출통로)는 0.5mm 이상의 아연도금강판 또는 이와 동등 이상의 내식성 불연재료로 설치하여야 한다.

출제 키워드 | 불을 사용하는 설비의 관리기준 중

① X 보일러에서 화목 등 고체연료를 사용하는 경우 연통은 천장으로부터 0.6m 이상, 건물 밖으로 0.6m 이상 나오도록 설치하여야 한다.
② X 난로가 쓰러지지 아니하도록 받침대를 두어 고정시키거나 쓰러지는 경우 즉시 소화되고 연료의 누출을 차단할 수 있는 장치가 부착된 경우에는 그러하지 아니하다.
③ X 보일러를 실내에 설치하는 경우에는 콘크리트바닥 또는 금속 외의 불연재료로 된 바닥 위에 설치하여야 한다.
→ 전기시설, 수소가스를 넣는 기구의 기준이 삭제되었다.

☑ 난로

> • 연통은 천장으로부터 0.6m 이상 떨어지고, 건물 밖으로 0.6m 이상 나오게 설치하여야 한다.
> • 가연성 벽·바닥 또는 천장과 접촉하는 연통의 부분은 규조토 등 난연성 단열재로 덮어씌워야 한다.
> • 이동식 난로는 다중이용업의 영업소, 학원, 독서실, 숙박업·목욕장업·세탁업의 영업장, 병원, 의원 등에서 사용하여서는 아니 된다. 다만, 난로가 쓰러지지 아니하도록 받침대를 두어 고정시키거나 쓰러지는 경우 즉시 소화되고 연료의 누출을 차단할 수 있는 장치가 부착된 경우에는 그러하지 아니하다.

정답 ④

298 □□□

21 소방 경채(변형)

「화재의 예방 및 안전관리에 관한 법률 시행령」상 보일러 등의 위치·구조 및 관리와 화재예방을 위하여 불의 사용에 있어서 지켜야 하는 사항 중 '난로'에 대한 설명이다. (   ) 안의 내용으로 옳게 연결된 것은?

> 연통은 천장으로부터 (㉠)m 이상 떨어지고, 건물 밖으로 (㉡)m 이상 나오게 설치하여야 한다.

	㉠	㉡
①	0.5	0.6
②	0.6	0.6
③	0.5	0.5
④	0.6	0.5

출제 키워드 | 불을 사용하는 설비의 관리기준 (중)

② O ㉠ 0.6, ㉡ 0.6

> 연통은 천장으로부터 0.6m 이상 떨어지고, 건물 밖으로 0.6m 이상 나오게 설치하여야 한다.

정답 ②

299 □□□

18 소방 경채(변형)

「화재의 예방 및 안전관리에 관한 법률 시행령」상 보일러 등의 위치·구조 및 관리와 화재예방을 위하여 불의 사용에 있어서 지켜야 하는 사항 중 '난로'에 대한 설명이다. (   ) 안의 내용으로 옳게 연결된 것은?

> • 연통은 천장으로부터 (㉠)m 이상 떨어지고, 건물 밖으로 (㉡)m 이상 나오게 설치하여야 한다.
> • 가연성 벽·바닥 또는 천장과 접촉하는 연통의 부분은 규조토 등 (㉢)로 덮어씌워야 한다.

	㉠	㉡	㉢
①	0.5	0.6	난연성 단열재
②	0.6	0.6	난연성 단열재
③	0.5	0.5	불연성 단열재
④	0.6	0.5	가연성 단열재

출제 키워드 | 불을 사용하는 설비의 관리기준 (중)

② O 0.6, 0.6, 난연성 단열재

> • 연통은 천장으로부터 0.6m 이상 떨어지고, 건물 밖으로 0.6m 이상 나오게 설치하여야 한다.
> • 가연성 벽·바닥 또는 천장과 접촉하는 연통의 부분은 규조토 등 난연성 단열재로 덮어씌워야 한다.

정답 ②

300 □□□

19 소방 경채(변형)

「화재의 예방 및 안전관리에 관한 법률 시행령」상 보일러 등의 위치·구조 및 관리와 화재예방을 위하여 불의 사용에 있어서 지켜야 하는 사항으로 옳지 않은 것은?

① '보일러'와 벽·천장 사이의 거리는 0.6미터 이상 되도록 하여야 한다.

② '난로' 연통은 천장으로부터 0.6미터 이상 떨어지고, 건물 밖으로 0.6미터 이상 나오게 설치하여야 한다.

③ '건조설비'와 벽·천장 사이의 거리는 0.5미터 이상 되도록 하여야 한다.

④ '불꽃을 사용하는 용접·용단기구' 작업장에서는 용접 또는 용단 작업자로부터 반경 10미터 이내에 소화기를 갖추어야 한다.

출제 키워드 | 불을 사용하는 설비의 관리기준 (중)

④ X '불꽃을 사용하는 용접·용단기구' 작업장에서는 용접 또는 용단 작업자로부터 반경 5미터 이내에 소화기를 갖추어 두어야 한다. 정답 ④

301 □□□

20 소방 경채(변형)

「화재의 예방 및 안전관리에 관한 법률 시행령」상 일반음식점에서 조리를 위하여 불을 사용하는 설비를 설치할 때 지켜야 할 사항으로 옳지 않은 것은?

① 주방시설에는 동물 또는 식물의 기름을 제거할 수 있는 필터 등을 설치할 것

② 열을 발생하는 조리기구는 반자 또는 선반으로부터 0.5미터 이상 떨어지게 할 것

③ 주방설비에 부속된 배출덕트는 0.5밀리미터 이상의 아연도금강판 또는 이와 동등 이상의 내식성 불연재료로 설치할 것

④ 열을 발생하는 조리기구로부터 0.15미터 이내의 거리에 있는 가연성 주요구조부는 단열성이 있는 불연재료로 덮어씌울 것

출제 키워드 | 불을 사용하는 설비의 관리기준 (중)

② X 열을 발생하는 조리기구는 반자 또는 선반으로부터 0.6m 이상 떨어지게 할 것 정답 ②

대표기출

302 □□□

20 소방 경채(변형)

「화재의 예방 및 안전관리에 관한 법률 시행령」상 규정하고 있는 특수가연물의 품명과 기준수량의 연결이 옳지 않은 것은?

① 면화류: 1,000kg 이상
② 사류: 1,000kg 이상
③ 볏짚류: 1,000kg 이상
④ 넝마 및 종이부스러기: 1,000kg 이상

출제 키워드 | 특수가연물 하

① X 면화류: 200kg 이상

☑ 특수가연물

품명		수량
면화류		200kg 이상
나무껍질 및 대팻밥		400kg 이상
넝마 및 종이부스러기		1,000kg 이상
사류(絲類)		1,000kg 이상
볏짚류		1,000kg 이상
재생자원연료		1,000kg 이상
가연성고체류		3,000kg 이상
석탄·목탄류		10,000kg 이상
가연성액체류		$2m^3$ 이상
목재가공품 및 나무부스러기		$10m^3$ 이상
플라스틱류 (합성수지류 포함)	발포시킨 것	$20m^3$ 이상
	그 밖의 것	3,000kg 이상

[비고]
1. "면화류"라 함은 불연성 또는 난연성이 아닌 면상 또는 팽이모양의 섬유와 마사(麻絲) 원료를 말한다.
2. 넝마 및 종이부스러기는 불연성 또는 난연성이 아닌 것(동식물유가 깊이 스며들어 있는 옷감·종이 및 이들의 제품을 포함한다)에 한한다.
3. "사류"라 함은 불연성 또는 난연성이 아닌 실(실부스러기와 솜털을 포함한다)과 누에고치를 말한다.
4. "볏짚류"라 함은 마른 볏짚·북더기와 이들의 제품 및 건초를 말한다. 다만, 축산용도로 사용하는 것은 제외한다
5. "재생자원연료"는 고형폐기물원료와 같이 재생자원을 원재료로 하는 원료를 말한다.
6. "가연성고체류"라 함은 고체로서 다음 각 목의 것을 말한다.
   가. 인화점이 섭씨 40℃ 이상 100℃ 미만인 것
   나. 인화점이 섭씨 100℃ 이상 200℃ 미만이고, 연소열량이 1g당 8킬로칼로리(Kcal) 이상인 것
   다. 인화점이 섭씨 200℃ 이상이고 연소열량이 1g당 8킬로칼로리(Kcal) 이상인 것으로서 융점이 100℃ 미만인 것
   라. 1기압과 섭씨 20도 초과 40도 이하에서 액상인 것으로서 인화점이 섭씨 70℃ 이상 섭씨 200℃ 미만이거나 나목 또는 다목에 해당하는 것
7. 석탄·목탄류에는 코크스, 석탄가루를 물에 갠 것, 마세크탄, 연탄, 석유코크스, 활성탄 및 이와 유사한 것을 포함한다.
8. "가연성액체류"라 함은 다음 각 목의 것을 말한다.
   가. 1기압과 섭씨 20℃ 이하에서 액상인 것으로서 가연성 액체량이 40중량퍼센트(wt%) 이하이면서 인화점이 섭씨 40℃ 이상 섭씨 70℃ 미만이고 연소점이 섭씨 60℃ 이상인 물품
   나. 1기압과 섭씨 20도에서 액상인 것으로서 가연성 액체량이 40중량퍼센트(wt%) 이하이고 인화점이 섭씨 70℃ 이상 섭씨 250℃ 미만인 물품
   다. 동물의 기름기와 살코기 또는 식물의 씨나 과일의 살로부터 추출한 것으로서 다음의 1에 해당하는 것
      (1) 1기압과 섭씨 20℃에서 액상이고 인화점이 250℃ 미만인 것으로서 「위험물안전관리법」 제20조 제1항의 규정에 의한 용기기준과 수납·저장기준에 적합하고 용기 외부에 물품명·수량 및 "화기엄금" 등의 표시를 한 것
      (2) 1기압과 섭씨 20℃에서 액상이고 인화점이 섭씨 250℃ 이상인 것
9. "플라스틱류(합성수지류 포함)"라 함은 불연성 또는 난연성이 아닌 고체의 합성수지제품, 합성수지반제품, 원료합성수지 및 합성수지 부스러기(불연성 또는 난연성이 아닌 고무제품, 고무반제품, 원료고무 및 고무 부스러기를 포함한다)를 말한다. 다만, 합성수지의 섬유·옷감·종이 및 실과 이들의 넝마와 부스러기를 제외한다.

정답 ①

303 □□□

18 소방 경채(변형)

「화재의 예방 및 안전관리에 관한 법률 시행령」상 규정하고 있는 특수가연물의 품명과 기준수량의 연결이 옳지 않은 것은?

① 재생자원연료: 400kg 이상
② 사류: 1,000kg 이상
③ 볏짚류: 1,000kg 이상
④ 넝마 및 종이부스러기: 1,000kg 이상

출제 키워드 | 특수가연물 하

① × 재생자원연료: 1,000kg 이상 정답 ①

304 □□□

16 소방 경채

다음 중 특수가연물의 수량이 옳게 연결된 것은?

① 사류 – 200킬로그램 이상
② 종이부스러기 – 1,000킬로그램 이상
③ 가연성고체류 – 1,000킬로그램 이상
④ 면화류 – 3,000킬로그램 이상

출제 키워드 | 특수가연물 하

① × 사류 – 1,000킬로그램 이상
③ × 가연성고체류 – 3,000킬로그램 이상
④ × 면화류 – 200킬로그램 이상 정답 ②

305 □□□

21 소방 경채(변형)

「화재의 예방 및 안전관리에 관한 법률 시행령」상 특수가연물의 품명과 수량으로 옳지 않은 것은?

① 넝마 및 종이부스러기: 400킬로그램 이상
② 가연성고체류: 3,000킬로그램 이상
③ 석탄·목탄류: 10,000킬로그램 이상
④ 가연성액체류: 2세제곱미터 이상

출제 키워드 | 특수가연물 하

① × 넝마 및 종이부스러기: 1,000kg(킬로그램) 이상 정답 ①

306 □□□

21 소방시설관리사(변형)

「화재의 예방 및 안전관리에 관한 법률 시행령」상 특수가연물의 품명과 수량이 잘못 연결된 것은?

① 볏짚류: 500킬로그램
② 면화류: 200킬로그램
③ 사류: 1,000킬로그램
④ 넝마 및 종이부스러기: 1,000킬로그램

출제 키워드 | 특수가연물 

① × 볏짚류: 1,000킬로그램 정답 ①

307 □□□

20 소방 경채(변형)

「화재의 예방 및 안전관리에 관한 법률 시행령」상 화재가 발생하는 경우 불길이 빠르게 번지는 고무류·면화류 등 대통령령으로 정하는 특수가연물의 저장 및 취급기준 중 다음 (　　) 안에 들어갈 숫자로 옳은 것은? (단, 석탄·목탄류의 경우는 제외한다.)

> 살수설비를 설치하거나, 방사능력 범위에 해당 특수가연물이 포함되도록 대형수동식소화기를 설치하는 경우에는 쌓는 높이를 (가)미터 이하, 쌓는 부분의 바닥면적을 (나)제곱미터 이하가 되도록 하되, 쌓는 최대 체적은 (다)세제곱미터 이하가 되도록 할 것

	(가)	(나)	(다)
①	10	200	150
②	10	300	150
③	15	200	900
④	15	300	900

출제 키워드 | 특수가연물　중

③ O (가) 15, (나) 200, (다) 900

> 살수설비를 설치하거나, 방사능력 범위에 해당 특수가연물이 포함되도록 대형수동식소화기를 설치하는 경우에는 쌓는 높이를 15미터 이하, 쌓는 부분의 바닥면적을 200제곱미터 이하가 되도록 하되, 쌓는 최대 체적은 900세제곱미터 이하가 되도록 할 것

특수가연물의 저장 및 취급기준(화재예방 및 안전관리에 관한 법률 시행령 별표 3)

1. 특수가연물의 저장·취급 기준
   가. 특수가연물을 저장 또는 취급하는 장소에는 품명·최대수량·단위체적당 질량(또는 단위질량당 체적)·관리책임자 성명·직책, 연락처 및 화기취급의 금지표시가 포함된 특수가연물 표지를 설치할 것
   나. 다음 각 목의 기준에 따라 쌓아 저장할 것. 다만, 석탄·목탄류를 발전(發電)용으로 저장하는 경우에는 그러하지 아니하다.
      1) 품명별로 구분하여 쌓을 것
      2) 쌓는 높이는 10m 이하가 되도록 하고, 쌓는 부분의 바닥면적은 50m^2(석탄·목탄류의 경우에는 200m^2) 이하가 되도록 하되, 쌓는 최대 체적은 150m^3 이하가 되도록 할 것. 다만, 살수설비를 설치하거나, 방사능력 범위에 해당 특수가연물이 포함되도록 대형수동식소화기를 설치하는 경우에는 쌓는 높이를 15m 이하, 쌓는 부분의 바닥면적을 200m^2(석탄·목탄류의 경우에는 300m^2) 이하, 쌓는 최대 체적 900m^3 이하로 할 수 있다.
      3) 실외에 쌓아 저장하는 경우 쌓는 부분과 대지경계선 또는 도로, 인접 건축물과 최소 6m 이상 이격하되, 쌓은 높이보다 0.9m 이상 높은 내화구조 벽체 설치 시 그러지 아니할 수 있다.
      4) 실내에 쌓아 저장하는 경우 주요구조부는 내화구조의 건축물이면서 불연재료이어야 한다. 또한, 인접 건축물과는 최소 3m 이상 이격되어야 하며, 다른 종류의 특수가연물과 동일 공간 내에서의 보관은 불가하다. 다만, 내화구조의 벽으로 분리하는 경우 그러하지 아니하다.
      5) 쌓는 부분의 바닥면적 사이는 실내의 경우 1.2m 또는 쌓는 높이의 1/2 중 큰 값 이상으로 이격해야 하며, 실외의 경우 3m 또는 쌓는 높이 중 큰 값 이상으로 이격해야 한다.

정답 ③

308 □□□

16 소방 경채

특수가연물 중 가연성고체류에 해당하지 않는 것은?

① 인화점이 섭씨 40도 이상 100도 미만인 것
② 인화점이 섭씨 100도 이상 200도 미만이고, 연소열량이 1그램당 8킬로칼로리 이상인 것
③ 인화점이 섭씨 200도 이상이고 연소열량이 1그램당 8킬로칼로리 이상인 것으로서 융점이 200도 미만인 것
④ 1기압과 섭씨 20도 초과 40도 이하에서 액상인 것으로서 인화점이 섭씨 70도 이상 섭씨 200도 미만인 것

출제 키워드 | 특수가연물 (상)

③ × 인화점이 섭씨 200℃ 이상이고 연소열량이 1g당 8킬로칼로리(Kcal) 이상인 것으로서 융점이 100℃ 미만인 것

> 특수가연물의 저장 및 취급기준(화재예방 및 안전관리에 관한 법률 시행령 별표 2)
> 6. "가연성고체류"라 함은 고체로서 다음 각 목의 것을 말한다.
> 가. 인화점이 섭씨 40℃ 이상 100℃ 미만인 것
> 나. 인화점이 섭씨 100℃ 이상 200℃ 미만이고, 연소열량이 1g당 8킬로칼로리(Kcal) 이상인 것
> 다. 인화점이 섭씨 200℃ 이상이고 연소열량이 1g당 8킬로칼로리(Kcal) 이상인 것으로서 융점이 100℃ 미만인 것
> 라. 1기압과 섭씨 20도 초과 40도 이하에서 액상인 것으로서 인화점이 섭씨 70℃ 이상 섭씨 200℃ 미만이거나 나목 또는 다목에 해당하는 것

정답 ③

309 □□□

21 소방시설관리사(변형)

화재의 예방 및 안전관리에 관한 법령상 특수가연물에 해당하지 않는 것은?

① 볏짚류 500킬로그램
② 면화류 200킬로그램
③ 사류 1,000킬로그램
④ 넝마 및 종이부스러기 1,000킬로그램

출제 키워드 | 특수가연물 (하)

① × 볏짚류 1,000킬로그램

정답 ①

310 □□□

17 소방시설관리사(변형)

화재의 예방 및 안전관리에 관한 법령상 특수가연물의 저장 및 취급기준에 관한 설명으로 옳지 않은 것은?

① 살수설비를 설치하는 경우에는 쌓는 높이는 15m 이하가 되도록 할 것
② 발전용으로 저장하는 석탄·목탄류는 품명별로 구분하여 쌓을 것
③ 쌓는 부분의 바닥면적 사이는 실내의 경우 1.2m 또는 쌓는 높이의 1/2 중 큰 값 이상으로 이격해야 하며, 실외의 경우 3m 또는 쌓는 높이 중 큰 값 이상으로 이격해야 한다.
④ 특수가연물을 저장 또는 취급하는 장소에는 품명·최대수량 및 화기취급의 금지표지를 설치할 것

출제 키워드 | 특수가연물 (중)

② × 석탄·목탄류를 발전(發電)용으로 저장하는 경우에는 품명별로 구분하여 쌓을 필요가 없다.

정답 ②

311 □□□

15 소방시설관리사(변형)

화재의 예방 및 안전관리에 관한 법령상 특수가연물에 관한 설명으로 옳은 것은?

① 100킬로그램 이상의 면화류는 특수가연물로 분류된다.

② 800킬로그램 이상의 사류(絲類)는 특수가연물로 분류된다.

③ 특수가연물을 저장 또는 취급하는 장소에는 품명 · 최대수량 및 화기취급의 금지표지를 설치해야 한다.

④ 합성수지류에는 합성수지의 섬유 · 옷감 · 종이 및 실과 이들의 넝마와 부스러기가 포함된다.

출제 키워드 | 특수가연물 

① × 200킬로그램 이상의 면화류는 특수가연물로 분류된다.

② × 1,000킬로그램 이상의 사류(絲類)는 특수가연물로 분류된다.

④ × 합성수지류에는 합성수지의 섬유 · 옷감 · 종이 및 실과 이들의 넝마와 부스러기는 제외된다.

정답 ③

312 □□□

15 소방시설관리사(변형)

화재의 예방 및 안전관리에 관한 법령상 불을 사용하는 설비 등의 관리 기준과 특수가연물의 저장 · 취급기준에 관한 설명으로 옳은 것은?

① 불꽃을 사용하는 용접 또는 용단 작업자로부터 반경 10m 이내에 소화기를 갖추어야 한다.

② 특수가연물을 저장 또는 취급하는 장소에는 품명 · 최대수량 · 단위체적당 질량(또는 단위질량당 체적) · 관리책임자 성명 · 직책, 연락처 및 화기취급의 금지표시가 포함된 특수가연물 표지를 설치히여야 한다.

③ 석탄 · 목탄류를 발전용으로 저장하는 경우에는 반드시 품명별로 구분하여 쌓고, 쌓는 부분의 바닥면적 사이는 1미터 이상이 되도록 하여야 한다.

④ 화재예방을 위하여 불을 사용할 때 지켜야 하는 사항은 소방본부장이 정한다.

출제 키워드 | 특수가연물 

① × 용접 또는 용단 작업자로부터 반경 5m 이내에 소화기를 갖추어 두어야 한다.

③ × 특수가연물은 품명별로 구분하여 쌓으나 석탄 · 목탄류를 발전(發電)용으로 저장하는 경우는 제외한다. 쌓는 부분의 바닥면적 사이는 실내의 경우 1.2m 또는 쌓는 높이의 1/2 중 큰 값 이상으로 이격해야 하며, 실외의 경우 3m 또는 쌓는 높이 중 큰 값 이상으로 이격해야 한다.

④ × 화재예방을 위하여 불을 사용할 때 지켜야 하는 사항은 대통령령으로 정한다.

정답 ②

313 □□□

13 소방 경채(복원+변형)

특수가연물의 저장 및 취급의 기준이 옳지 않은 것은?

① 특수가연물을 저장 또는 취급하는 장소에는 품명·최대수량·단위체적당 질량(또는 단위질량당 체적)·관리책임자 성명·담당업무, 연락처 및 화기취급의 금지표시가 포함된 특수가연물 표지를 설치하여야 한다.

② 품명별로 구분하여 쌓아야 한다.

③ 살수설비를 설치하거나, 방사능력 범위에 해당 특수가연물이 포함되도록 대형수동식소화기를 설치하는 경우에는 쌓는 높이를 15m 이하, 쌓는 부분의 바닥면적을 200㎡(석탄·목탄류의 경우에는 300㎡) 이하, 쌓는 최대 체적 $900m^3$ 이하로 할 수 있다.

④ 쌓는 부분의 바닥면적 사이는 실내의 경우 1.2m 또는 쌓는 높이의 1/2 중 큰 값 이상으로 이격해야 하며, 실외의 경우 3m 또는 쌓는 높이 중 큰 값 이상으로 이격해야 한다.

출제 키워드 | 특수가연물 중

① ✕ 특수가연물을 저장 또는 취급하는 장소에는 품명·최대수량·단위체적당 질량(또는 단위질량당 체적)·관리책임자 성명·직책, 연락처 및 화기취급의 금지표시가 포함된 특수가연물 표지를 설치하여야 한다.

정답 ①

314 □□□

10 소방 공채(복원+변형)

「화재의 예방 및 안전관리에 관한 법률」상 특수가연물이 아닌 것은?

① 가연성 고체류로서 인화점이 섭씨 40℃ 이상 100℃ 미만인 것

② 가연성 액체류로서 1기압과 섭씨 20℃ 이하에서 액상인 것으로서 가연성 액체량이 40중량퍼센트(wt%) 이하이면서 인화점이 섭씨 40℃ 이상 섭씨 70℃ 미만이고 연소점이 섭씨 60℃ 이상인 물품

③ 가연성 기체류로서 1기압과 섭씨 20도에서 액상인 것으로서 가연성 액체량이 40중량퍼센트(wt%) 이하이고 인화점이 섭씨 70℃ 이상 섭씨 250℃ 미만인 물품

④ 합성수지류란 불연성 또는 난연성이 아닌 고체의 합성수지제품, 합성수지반제품, 원료합성수지 및 합성수지 부스러기(불연성 또는 난연성이 아닌 고무제품, 고무반제품, 원료고무 및 고무 부스러기를 포함한다)

출제 키워드 | 특수가연물 상

③ ✕ 가연성 액체류로서 1기압과 섭씨 20도에서 액상인 것으로서 가연성 액체량이 40중량퍼센트(wt%) 이하이고 인화점이 섭씨 70℃ 이상 섭씨 250℃ 미만인 물품이 특수가연물이다.

정답 ③

315 □□□

15 소방 공채(복원+변형)

「화재의 예방 및 안전관리에 관한 법률」상 다음 중 화재의 예방조치명령으로 옳지 않은 것은?

① 소방관서장은 화재 발생 위험이 크거나 소화 활동에 지장을 줄 수 있다고 인정되는 행위나 물건에 대하여 행위 당사자나 그 물건의 소유자, 관리자 또는 점유자에게 목재, 플라스틱 등 가연성이 큰 물건의 제거, 이격, 적재 금지 등의 명령을 할 수 있다.
② 소방관서장은 목재, 플라스틱 등 가연성이 큰 물건의 제거, 이격, 적재 금지 등의 물건의 소유자, 관리자 또는 점유자를 알 수 없는 경우 소속 공무원으로 하여금 그 물건을 옮기거나 보관하는 등 필요한 조치를 하게 할 수 있다.
③ 소방관서장은 옮긴 물건을 보관하는 경우에는 그 날부터 14일 동안 소방청, 소방본부 또는 소방서의 인터넷 홈페이지 또는 게시판에 그 사실을 공고하여야 한다.
④ 소방관서장은 옮긴 물건 등에 대한 보관기간 및 보관기간 경과 후 처리 등에 필요한 사항은 행정안전부령으로 정한다.

출제 키워드 | 화재의 예방조치명령 ㊥

④× 소방관서장은 옮긴 물건 등에 대한 보관기간 및 보관기간 경과 후 처리 등에 필요한 사항은 대통령령으로 정한다.

정답 ④

316 □□□

09 소방 공채(복원+변형)

화재예방강화지구 내에서 소방관서장이 행할 수 있는 행정행위와 관련이 적은 것은?

① 화재예방강화지구 내 관계인에 대한 출입을 제한할 수 있다.
② 화재예방강화지구 안의 소방대상물의 위치·구조 및 설비 등에 대한 화재안전조사를 연 1회 이상 실시하여야 한다.
③ 화재예방강화지구 안의 관계인에 대하여 소방에 필요한 훈련 및 교육을 연 1회 이상 실시할 수 있다.
④ 화재안전조사를 한 결과 화재의 예방강화를 위하여 필요하다고 인정할 때에는 관계인에게 소화기구, 소방용수시설 또는 그 밖에 소방에 필요한 설비의 설치(보수, 보강을 포함)를 명할 수 있다.

출제 키워드 | 화재예방강화지구 ㊥

①× 화재예방강화지구 내 관계인에 대한 출입 제한은 소방관서장의 행정행위에 해당하지 않는다.

정답 ①

317 □□□

13 소방 공채(복원+변형)

보일러, 난로, 건조설비, 가스·전기시설, 그 밖에 화재 발생 우려가 있는 대통령령으로 정하는 설비 또는 기구 등의 위치·구조 및 관리와 화재 예방을 위하여 불을 사용할 때 지켜야 하는 사항은 무엇으로 정하는가?

① 시·도의 조례
② 행정안전부령
③ 국무총리령
④ 대통령령

출제 키워드 | 불을 사용하는 설비의 관리기준 (하)

④ ○ 보일러, 난로, 건조설비, 가스·전기시설, 그 밖에 화재 발생 우려가 있는 대통령령으로 정하는 설비 또는 기구 등의 위치·구조 및 관리와 화재 예방을 위하여 불을 사용할 때 지켜야 하는 사항은 대통령령으로 정한다.

정답 ④

318 □□□

13 소방 공채(복원+변형)

다음 중 보일러 등의 위치·구조 및 관리와 화재예방을 위하여 불의 사용에 있어서 지켜야 하는 사항으로 옳지 않은 것은?

① 연통은 천장으로부터 0.5m 이상 떨어지고, 건물 밖으로 0.5m 이상 나오게 설치하여야 한다.
② 보일러를 실내에 설치하는 경우에는 콘크리트바닥 또는 금속 외의 불연재료로 된 바닥 위에 설치하여야 한다.
③ 건조설비와 벽·천장 사이의 거리는 0.5m 이상 되도록 하여야 한다.
④ 주방설비에 부속된 배출덕트(공기 배출통로)는 0.5mm 이상의 아연도금강판 또는 이와 동등 이상의 내식성 불연재료로 설치하여야 한다.

출제 키워드 | 불을 사용하는 설비의 관리기준 (중)

① ✕ 연통은 천장으로부터 0.6m 이상 떨어지고, 건물 밖으로 0.6m 이상 나오게 설치하여야 한다.

정답 ①

319 □□□

13 소방 공채(복원+변형)

다음 중 보일러 등의 위치·구조 및 관리와 화재예방을 위하여 불의 사용에 있어서 지켜야 하는 사항 중 보일러에 기체연료를 사용하는 경우 지켜야 하는 사항으로 옳지 않은 것은?

① 보일러를 설치하는 장소에는 환기구를 설치하는 등 가연성가스 가 머무르지 아니하도록 할 것
② 연료를 공급하는 배관은 금속관 또는 합성수지관으로 할 것
③ 화재 등 긴급 시 연료를 차단할 수 있는 개폐밸브를 연료용기 등으로부터 0.5m 이내에 설치할 것
④ 보일러가 설치된 장소에는 가스누설경보기를 설치할 것

출제 키워드 | 불을 사용하는 설비의 관리기준 중

② X 연료를 공급하는 배관은 금속관으로 해야 한다.

정답 ②

320 □□□

13 소방 경채(복원+변형)

다음 중 보일러 등의 위치·구조 및 관리와 화재예방을 위하여 불의 사용에 있어서 지켜야 하는 사항 중 보일러에 대한 설명으로 옳지 않은 것은?

① 가연성 벽·바닥 또는 천장과 접촉하는 증기기관 또는 연통의 부분은 규조토 등 난연성 단열재로 덮어씌워야 한다.
② 화목 등 고체연료를 사용하는 경우에는 보일러가 설치된 장소에는 가스누설경보기를 설치할 것
③ 보일러와 벽·천장 사이의 거리는 0.6m 이상 되도록 하여야 한다.
④ 보일러를 실내에 설치하는 경우에는 콘크리트바닥 또는 금속 외의 불연재료로 된 바닥 위에 설치하여야 한다.

출제 키워드 | 불을 사용하는 설비의 관리기준 중

② X 기체연료를 사용하는 경우에는 보일러가 설치된 장소에는 가스누설경보기를 설치해야 한다.

정답 ②

321 □□□

11 소방 공채(복원+변형)

다음 중 보일러 등의 위치·구조 및 관리와 화재예방을 위하여 불의 사용에 있어서 지켜야 하는 사항으로 옳지 않은 것은?

① 경유·등유 등 액체연료를 사용하는 경우에는 연료탱크는 보일러 본체로부터 수평거리 1m 이상의 간격을 두어 설치하여야 한다.

② 건조설비와 벽·천장 사이의 거리는 0.6m 이상 되도록 하여야 한다.

③ 일반음식점 주방에서 조리를 위하여 불을 사용하는 설비를 설치하는 경우에는 열을 발생하는 조리기구는 반자 또는 선반으로부터 0.6m 이상 떨어지게 하여야 한다.

④ 노·화덕설비에서 시간당 열량이 30만킬로칼로리(Kcal) 이상인 노를 설치하는 경우 노 주위에는 1m 이상 공간을 확보하여야 한다.

출제 키워드 | 불을 사용하는 설비의 관리기준 (상)

② ✕ 건조설비와 벽·천장 사이의 거리는 0.5m 이상 되도록 하여야 한다.

정답 ②

322 □□□

08 소방 공채(복원+변형)

보일러 등의 위치·구조 및 관리와 화재예방을 위하여 불의 사용에 있어서 지켜야 하는 사항에서 노·화덕설비의 관리와 지켜야 할 사항에 대한 것으로 옳지 않은 것은?

① 실내에 설치하는 경우에는 흙바닥 또는 금속 외의 불연재료로 된 바닥이나 흙바닥에 설치하여야 한다.

② 노 또는 화덕을 설치하는 장소의 벽·천장은 난연재료로 된 것이어야 한다.

③ 노 또는 화덕의 주위에는 녹는 물질이 확산되지 아니하도록 높이 0.1m 이상의 턱을 설치하여야 한다.

④ 시간당 열량이 30만킬로칼로리(Kcal) 이상인 노를 설치하는 경우에는 주요구조부는 불연재료로 하여야 한다.

출제 키워드 | 불을 사용하는 설비의 관리기준 (중)

② ✕ 노 또는 화덕을 설치하는 장소의 벽·천장은 불연재료로 된 것이어야 한다.

정답 ②

323 □□□

10 소방 공채(복원+변형)

불을 사용하는 설비 중 노 주위에는 1m 이상 공간을 확보해야 하는 노·화덕설비의 방출열량은 시간당 얼마 이상인가?

① 시간당 열량이 30만킬로칼로리(Kcal) 이상인 노
② 시간당 열량이 20만킬로칼로리(Kcal) 이상인 노
③ 시간당 열량이 10만킬로칼로리(Kcal) 이상인 노
④ 시간당 열량이 5만킬로칼로리(Kcal) 이상인 노

출제 키워드 | 불을 사용하는 설비의 관리기준 (중)

① O 시간당 열량이 30만킬로칼로리(Kcal) 이상인 노

> 화재의 예방 및 안전관리에 관한 법률 시행령 별표 1(보일러 등의 위치·구조 및 관리와 화재예방을 위하여 불의 사용에 있어서 지켜야 하는 사항) 시간당 열량이 30만킬로칼로리(Kcal) 이상인 노를 설치하는 경우에는 다음 각목의 사항을 지켜야 한다.
> 가. 주요구조부(건축법 제2조제1항제7호에 따른 것을 말한다. 이하 이 표에서 같다)는 불연재료로 할 것
> 나. 창문과 출입구는 「건축법 시행령」 제64조의 규정에 의한 60+ 방화문 또는 60분 방화문으로 설치할 것
> 다. 노 주위에는 1m 이상 공간을 확보할 것

정답 ①

324 □□□

09 소방 공채(복원+변형)

소방관서장은 화재 발생 위험이 크거나 소화 활동에 지장을 줄 수 있다고 인정되는 행위나 물건에 대하여 행위 당사자나 그 물건의 소유자, 관리자 또는 점유자에게 할 수 있는 명령으로 틀린 것은?

① 모닥불, 흡연 등 화기의 취급 행위의 금지 또는 제한
② 용접·용단 등 불꽃을 발생시키는 행위의 금지 또는 제한
③ 풍등 등 소형열기구 날리기 행위의 금지 또는 제한
④ 가연성·인화성 물질을 안전조치 없이 방치하는 행위의 금지 또는 제한

출제 키워드 | 불을 사용하는 설비의 관리기준 (상)

④ X 가연성·폭발성 물질을 안전조치 없이 방치하는 행위의 금지 또는 제한

정답 ④

325 □□□

14 소방 공채(복원+변형)

다음 중 특수가연물과 수량의 연결이 잘못된 것은?

① 면화류 – 200kg 이상
② 플라스틱류(합성수지류 포함) 발포시킨 것 – 10m^3 이상
③ 가연성고체류 – 3,000kg 이상
④ 목재가공품 및 나무부스러기 – 10m^3 이상

출제 키워드 | 불을 사용하는 설비의 관리기준 (하)

② X 플라스틱류(합성수지류 포함) 발포시킨 것 – 20m^3 이상

정답 ②

326 □□□

14 소방 공채(복원+변형)

「화재의 예방 및 안전관리에 관한 법률」상 특수가연물의 저장 및 취급기준으로 옳은 것은?

① 면화류 저장·취급 시 지정 수량은 150kg 이상이다.
② 특수가연물을 저장 또는 취급하는 장소에는 화기취급의 금지표지만 설치해야 한다.
③ 석탄·목탄류를 발전(發電)용으로 저장하는 경우를 제외하고는 쌓는 부분의 바닥면적 사이는 실내의 경우 1.2m 또는 쌓는 높이의 1/2 중 큰 값 이상으로 이격해야 하며, 실외의 경우 3m 또는 쌓는 높이 중 큰 값 이상으로 이격해야 한다.
④ 쌓는 높이는 모두 10m 이하가 되도록 한다.

출제 키워드 | 특수가연물의 저장 및 취급기준 중

① X 면화류 저장·취급 시 지정 수량은 200kg 이상이다.
② X 특수가연물을 저장 또는 취급하는 장소에는 품명·최대수량·단위체적당 질량(또는 단위질량당 체적)·관리책임자 성명·직책, 연락처 및 화기취급의 금지표시가 포함된 특수가연물 표지를 설치해야 한다.
④ X 쌓는 높이는 10m 이하가 되도록 하고, 다만 살수설비를 설치하거나, 방사능력 범위에 해당 특수가연물이 포함되도록 대형수동식소화기를 설치하는 경우에는 쌓는 높이를 15m 이하로 한다.

정답 ③

327 □□□

14 소방 공채(복원+변형)

다음 중 특수가연물의 저장 및 취급기준으로 옳지 않은 것은?

① 쌓는 높이는 10m 이하가 되도록 한다.
② 석탄·목탄류를 발전(發電)용으로 저장하는 경우에는 품명별로 구분하여 쌓지 않아도 된다.
③ 석탄·목탄류의 경우에는 쌓는 부분의 바닥면적은 $100m^2$ 이하가 되도록 한다.
④ 품명별로 구분하여 쌓아야 하며, 쌓는 부분의 바닥면적 사이는 실내의 경우 1.2m 또는 쌓는 높이의 1/2 중 큰 값 이상으로 이격해야 한다.

출제 키워드 | 특수가연물의 저장 및 취급기준 중

③ X 석탄·목탄류의 경우에는 쌓는 부분의 바닥면적은 $200m^2$ 이하가 되도록 한다.

정답 ③

328 □□□

14 소방 공채(복원+변형)

「화재의 예방 및 안전관리에 관한 법률」상 특수가연물 중 가연성 액체류에 대한 설명으로 옳지 못한 것은 ?

① 1기압과 섭씨 20℃ 이하에서 액상인 것으로서 가연성 액체량이 40중량퍼센트(wt%) 이하이면서 인화점이 섭씨 40℃ 이상 섭씨 1,000℃ 미만이고 연소점이 섭씨 60℃ 이상인 물품

② 1기압과 섭씨 20도에서 액상인 것으로서 가연성 액체량이 40중량퍼센트(wt%) 이하이고 인화점이 섭씨 70℃ 이상 섭씨 250℃ 미만인 물품

③ 동물의 기름기와 살코기 또는 식물의 씨나 과일의 살로부터 추출한 것으로서 1기압과 섭씨 20℃에서 액상이고 인화점이 섭씨 250℃ 이상인 것

④ 동물의 기름기와 살코기 또는 식물의 씨나 과일의 살로부터 추출한 것으로서 「위험물안전관리법」 제20조 제1항의 규정에 의한 용기기준과 수납·저장기준에 적합하고 용기외부에 물품명·수량 및 "화기엄금" 등의 표시를 한 것

출제 키워드 | 특수가연물의 저장 및 취급기준 

① ✕ 1기압과 섭씨 20℃ 이하에서 액상인 것으로서 가연성 액체량이 40중량퍼센트(wt%) 이하이면서 인화점이 섭씨 40℃ 이상 섭씨 70℃ 미만이고 연소점이 섭씨 60℃ 이상인 물품

정답 ①

02 제18조 화재예방강화지구의 지정 등

대표기출

329 □□□

20 소방 경채(변형)

「화재의 예방 및 안전관리에 관한 법률」상 화재예방강화지구로 지정할 수 있는 대상을 모두 고른 것은?

ㄱ. 시장지역
ㄴ. 목조건물이 밀집한 지역
ㄷ. 위험물의 저장 및 처리 시설이 밀집한 지역
ㄹ. 석유화학제품을 생산하는 공장이 있는 지역

① ㄱ, ㄴ
② ㄷ, ㄹ
③ ㄱ, ㄷ, ㄹ
④ ㄱ, ㄴ, ㄷ, ㄹ

출제 키워드 | 화재예방강화지구 하

④ O 모든 지역이 화재예방강화지구로 지정할 수 있는 대상이다.

> **「화재의 예방 및 안전관리에 관한 법률」 제18조(화재예방강화지구의 지정 등)** ① 시 · 도지사는 다음 각 호의 어느 하나에 해당하는 지역을 화재예방강화지구로 지정하여 관리할 수 있다.
> 1. 시장지역
> 2. 공장·창고가 밀집한 지역
> 3. 목조건물이 밀집한 지역
> 4. 노후·불량건축물이 밀집한 지역
> 5. 위험물의 저장 및 처리 시설이 밀집한 지역
> 6. 석유화학제품을 생산하는 공장이 있는 지역
> 7. 「산업입지 및 개발에 관한 법률」 제2조 제8호에 따른 산업단지
> 8. 소방시설·소방용수시설 또는 소방출동로가 없는 지역
> 9. 그 밖에 제1호부터 제8호까지에 준하는 지역으로서 소방관서장이 화재예방강화지구로 지정할 필요가 있다고 인정하는 지역

정답 ④

330 □□□

16 소방 경채(복원+변형)

화재예방강화지구의 지정대상지역에 해당하지 않는 것은?

① 상가지역
② 석유화학제품을 생산하는 공장이 있는 지역
③ 소방시설 · 소방용수시설 또는 소방출동로가 없는 지역
④ 목조건물이 밀집한 지역

출제 키워드 | 화재예방강화지구 하

① ✕ 상가지역은 화재예방강화지구의 지정대상지역에 해당하지 않는다.

정답 ①

331 □□□

17 소방시설관리사(변형)

화재의 예방 및 안전관리에 관한 법령상 명시적으로 규정하고 있는 화재예방강화지구의 지정대상지역에 해당하지 않는 것은?

① 주택이 밀집한 지역
② 공장 · 창고가 밀집한 지역
③ 석유화학제품을 생산하는 공장이 있는 지역
④ 소방시설 · 소방용수시설 또는 소방출동로가 없는 지역

출제 키워드 | 화재예방강화지구 

① ✕ 주택이 밀집한 지역은 화재예방강화지구의 지정대상지역이 아니다.

정답 ①

대표기출

332 □□□

19 소방 경채(변형)

「화재의 예방 및 안전관리에 관한 법률 시행령」상 화재예방강화지구에 관한 설명으로 옳은 것은?

① 시 · 도지사는 화재예방강화지구 안의 소방대상물의 위치 · 구조 및 설비 등에 대한 화재안전조사를 연 1회 이상 실시하여야 한다.
② 소방관서장은 화재예방강화지구 안의 관계인에 대하여 소방상 필요한 훈련 및 교육을 연 1회 이상 실시할 수 있다.
③ 소방관서장은 소방상 필요한 훈련 및 교육을 실시하고자 하는 때에 화재예방강화지구 안의 관계인에게 훈련 또는 교육 30일 전까지 그 사실을 통보하여야 한다.
④ 소방청장은 화재예방강화지구의 지정 현황 등을 화재예방강화지구 관리대장에 작성하고 관리하여야 한다.

출제 키워드 | 화재예방강화지구 

① ✕ 소방관서장은 화재예방강화지구 안의 소방대상물의 위치 · 구조 및 설비 등에 대한 화재안전조사를 연 1회 이상 실시하여야 한다.

③ ✕ 소방관서장은 소방에 필요한 훈련 및 교육을 실시하려는 경우에는 화재예방강화지구 안의 관계인에게 훈련 또는 교육 10일 전까지 그 사실을 통보하여야 한다.

④ ✕ 시 · 도지사는 화재예방강화지구의 지정 현황 등을 화재예방강화지구 관리대장에 작성하고 관리하여야 한다.

「화재의 예방 및 안전관리에 관한 법률 시행령」 제21조(화재예방강화지구의 관리) ① 소방관서장은 법 제18조 제3항에 따라 화재예방강화지구 안의 소방대상물의 위치 · 구조 및 설비 등에 대한 화재안전조사를 연 1회 이상 실시하여야 한다.
② 소방관서장은 법 제18조 제5항에 따라 화재예방강화지구 안의 관계인에 대하여 소방에 필요한 훈련 및 교육을 연 1회 이상 실시할 수 있다.
③ 소방관서장은 제2항에 따른 소방에 필요한 훈련 및 교육을 실시하려는 경우에는 화재예방강화지구 안의 관계인에게 훈련 또는 교육 10일 전까지 그 사실을 통보하여야 한다.
④ 시 · 도지사는 법 제18조 제6항에 따라 다음 각 호의 사항을 행정안전부령으로 정하는 화재예방강화지구 관리대장에 작성하고 관리하여야 한다.
1. 화재예방강화지구의 지정 현황
2. 화재안전조사의 결과
3. 소방설비 등의 설치 명령 현황
4. 소방훈련의 실시 현황
5. 소방교육의 실시 현황
6. 그 밖에 화재예방 강화를 위하여 필요한 사항

정답 ②

333 □□□

21 소방 공채(변형)

「화재의 예방 및 안전관리에 관한 법률 시행령」상 화재예방강화지구의 관리에 대한 설명이다. (   ) 안에 들어갈 내용으로 옳은 것은?

> • 소방관서장은 화재예방강화지구 안의 소방대상물의 위치·구조 및 설비 등에 대한 화재안전조사를 연 (ㄱ)회 이상 실시하여야 한다.
> • 소방관서장은 화재예방강화지구 안의 관계인에 대하여 소방에 필요한 훈련 및 교육을 연 (ㄴ)회 이상 실시할 수 있다.
> • 소방관서장은 소방에 필요한 훈련 및 교육을 실시하고자 하는 때에는 화재예방강화지구 안의 관계인에게 훈련 또는 교육 (ㄷ)일 전까지 그 사실을 통보하여야 한다.

	ㄱ	ㄴ	ㄷ
①	1	1	5
②	1	1	10
③	2	2	5
④	2	2	10

출제 키워드 | 화재예방강화지구 

② O 1, 1, 10

> • 소방관서장은 화재예방강화지구 안의 소방대상물의 위치·구조 및 설비 등에 대한 화재안전조사를 연 1회 이상 실시하여야 한다.
> • 소방관서장은 화재예방강화지구 안의 관계인에 대하여 소방에 필요한 훈련 및 교육을 연 1회 이상 실시할 수 있다.
> • 소방관서장은 소방에 필요한 훈련 및 교육을 실시하고자 하는 때에는 화재예방강화지구 안의 관계인에게 훈련 또는 교육 10일 전까지 그 사실을 통보하여야 한다.

정답 ②

334 □□□

21 소방 경채(변형)

「화재의 예방 및 안전관리에 관한 법률 시행령」상 화재예방강화지구에 대한 내용으로 옳지 않은 것은?

① 시·도지사는 화재안전조사의 결과 등을 대통령령으로 정하는 화재예방강화지구 관리대장에 작성하고 관리하여야 한다.
② 소방관서장은 화재예방강화지구 안의 관계인에 대하여 소방상 필요한 훈련 및 교육을 연 1회 이상 실시할 수 있다.
③ 소방관서장은 화재예방강화지구 안의 소방대상물의 위치·구조 및 설비 등에 대한 화재안전조사를 연 1회 이상 실시하여야 한다.
④ 소방관서장은 소방상 필요한 훈련 및 교육을 실시하고자 하는 때에는 화재예방강화지구 안의 관계인에게 훈련 또는 교육 10일 전까지 그 사실을 통보하여야 한다.

출제 키워드 | 화재예방강화지구 

① X 시·도지사는 화재안전조사의 결과 등을 행정안전부령으로 정하는 화재예방강화지구 관리대장에 작성하고 관리하여야 한다.

정답 ①

335 □□□

18 소방 경채

다음 중 화재예방강화지구 지정에 관한 것으로 옳지 않은 것은?

① 시·도지사가 화재예방강화지구를 지정하지 않으면 소방청장이 지정할 수 있다.
② 소방관서장은 화재예방강화지구 안의 소방대상물의 위치·구조, 설비 등에 대하여 화재안전조사를 하여야 한다.
③ 소방관서장은 화재예방강화지구 안의 관계인에 대하여 대통령령으로 정하는 바에 따라 훈련 및 교육을 실시할 수 있다.
④ 시·도지사는 화재예방강화지구 지정 현황, 화재안전조사의 결과 등 화재예방강화지구에서의 화재예방 및 경계에 필요한 자료를 매년 작성·관리하여야 한다.

출제 키워드 | 화재예방강화지구 중

① X 시·도지사가 화재예방강화지구로 지정할 필요가 있는 지역을 화재예방강화지구로 지정하지 아니하는 경우 소방청장은 해당 시·도지사에게 해당 지역의 화재예방강화지구 지정을 요청할 수 있다(화재의 예방 및 안전관리에 관한 법률 제18조 제2항).

정답 ①

336 □□□

16 소방 경채(복원+변형)

화재예방강화지구의 지정대상지역 등에 대한 설명으로 옳지 않은 것은?

① 소방상 필요한 훈련 및 교육을 실시하고자 하는 때에는 화재예방강화지구 안의 관계인에게 훈련 또는 교육 20일 전까지 그 사실을 통보하여야 한다.
② 화재예방강화지구 안의 소방대상물의 위치·구조 및 설비 등에 대한 화재안전조사를 연 1회 이상 실시하여야 한다.
③ 화재예방강화지구 안의 관계인에 대하여 소방상 필요한 훈련 및 교육을 연 1회 이상 실시할 수 있다.
④ 화재가 발생할 우려가 높거나 화재가 발생하는 경우 그로 인하여 피해가 클 것으로 인정하는 지역을 화재예방강화지구로 지정할 수 있다.

출제 키워드 | 화재예방강화지구 중

① X 소방상 필요한 훈련 및 교육을 실시하고자 하는 때에는 화재예방강화지구 안의 관계인에게 훈련 또는 교육 10일 전까지 그 사실을 통보하여야 한다.

정답 ①

337 □□□

16 소방시설관리사(변형)

화재의 예방 및 안전관리에 관한 법령상 화재예방강화지구의 지정 등에 관한 설명으로 옳지 않은 것은?

① 소방관서장은 화재예방강화지구 안의 관계인에 대하여 대통령령으로 정하는 바에 따라 소방에 필요한 훈련 및 교육을 실시할 수 있다.
② 소방관서장은 소방상 필요한 교육을 실시하고자 하는 때에는 화재예방강화지구 안의 관계인에게 교육 7일 전까지 그 사실을 통보하여야 한다.
③ 소방관서장은 화재가 발생할 우려가 높거나 화재로 인하여 피해가 클 것으로 예상되는 시장지역을 화재예방강화지구로 지정할 수 있다.
④ 소방관서장은 화재안전조사를 한 결과 화재의 예방과 경계를 위하여 필요할 경우 관계인에게 소방설비의 설치를 명할 수 있다.

출제 키워드 | 화재예방강화지구 

② ✕ 소방관서장은 소방상 필요한 교육을 실시하고자 하는 때에는 화재예방강화지구 안의 관계인에게 교육 10일 전까지 그 사실을 통보하여야 한다.

정답 ②

338 □□□

15 소방시설관리사

화재의 예방 및 안전관리에 관한 법령상 화재예방강화지구의 지정에 관한 설명으로 옳지 않은 것은?

① 시·도지사는 도시의 건물 밀집지역 등 화재의 우려가 높거나 화재가 발생하는 경우로 인하여 피해가 클 것으로 예상되는 목조건물이 밀집한 지역을 화재예방강화지구로 지정할 수 있다.
② 시·도지사는 화재예방강화지구 안의 소방대상물의 위치·구조 및 설비 등에 대한 화재안전조사를 분기별 1회 이상 실시하여야 한다.
③ 소방관서장은 화재예방강화지구 안의 관계인에 대하여 소방상 필요한 훈련 및 교육을 연 1회 이상 실시할 수 있다.
④ 소방관서장은 화재안전조사를 한 결과 화재의 예방과 경계를 위하여 필요하다고 인정할 때에는 관계인에게 소방용수시설, 소화기구, 그 밖에 소방에 필요한 설비의 설치를 명할 수 있다.

출제 키워드 | 화재예방강화지구 

② ✕ 소방관서장은 화재예방강화지구 안의 소방대상물의 위치·구조 및 설비 등에 대한 화재안전조사를 연 1회 이상 실시하여야 한다.

정답 ②

339 □□□

21 소방 공채(변형)

화재의 예방 및 안전관리에 관한 법령상 규정하고 있는 설명으로 (   ) 안에 들어갈 숫자를 옳게 연결한 것은?

> 가. 화재예방강화지구에서 소방관서장은 소방상 필요한 훈련 및 교육을 실시하고자 하는 때에는 화재예방강화지구 안의 관계인에게 훈련 또는 교육 (㉠)일 전까지 그 사실을 통보하여야 한다.
> 나. 특수가연물의 쌓는 높이는 (㉡)미터 이하가 되도록 하고, 쌓는 부분의 바닥면적은 50제곱미터(석탄·목탄류의 경우에는 200제곱미터) 이하가 되도록 한다. 다만, 살수설비를 설치하거나, 방사능력 범위에 해당 특수가연물이 포함되도록 대형수동식소화기를 설치하는 경우에는 쌓는 높이를 (㉢)미터 이하, 쌓는 부분의 바닥면적을 200제곱미터(석탄·목탄류의 경우에는 300제곱미터) 이하로할 수 있다.
> 다. 소방청장 등은 손실보상심의위원회의 심사·의결을 거쳐 특별한 사유가 없으면 보상금 지급 청구서를 받은 날부터 (㉣)일 이내에 보상금 지급 여부 및 보상금액을 결정하여야 한다.
> 라. 소방청장 등은 보상금 지급여부 및 보상금액 결정일부터 (㉤)일 이내에 행정안전부령으로 정하는 바에 따라 결정 내용을 청구인에게 통지하고, 보상금을 지급하기로 결정한 경우에는 특별한 사유가 없으면 통지한 날부터 (㉥)일 이내에 보상금을 지급하여야 한다.

	㉠	㉡	㉢	㉣	㉤	㉥
①	7	7	14	40	15	30
②	7	10	15	60	15	20
③	10	7	14	40	10	20
④	10	10	15	60	10	30

출제 키워드 | 화재예방강화지구 (상)

④ O ㉠ 10, ㉡ 10, ㉢ 15, ㉣ 60, ㉤ 10, ㉥ 30

> 가. 화재예방강화지구에서 소방관서장은 소방상 필요한 훈련 및 교육을 실시하고자 하는 때에는 화재예방강화지구 안의 관계인에게 훈련 또는 교육 10일 전까지 그 사실을 통보하여야 한다.
> 나. 특수가연물의 쌓는 높이는 10미터 이하가 되도록 하고, 쌓는 부분의 바닥면적은 50제곱미터(석탄·목탄류의 경우에는 200제곱미터) 이하가 되도록 할 것. 다만, 살수설비를 설치하거나, 방사능력 범위에 해당 특수가연물이 포함되도록 대형수동식소화기를 설치하는 경우에는 쌓는 높이를 15미터 이하, 쌓는 부분의 바닥면적을 200제곱미터(석탄·목탄류의 경우에는 300제곱미터) 이하로할 수 있다.
> 다. 소방청장 등은 손실보상심의위원회의 심사·의결을 거쳐 특별한 사유가 없으면 보상금 지급 청구서를 받은 날부터 60일 이내에 보상금 지급 여부 및 보상금액을 결정하여야 한다.
> 라. 소방청장 등은 보상금 지급여부 및 보상금액 결정일부터 10일 이내에 행정안전부령으로 정하는 바에 따라 결정 내용을 청구인에게 통지하고, 보상금을 지급하기로 결정한 경우에는 특별한 사유가 없으면 통지한 날부터 30일 이내에 보상금을 지급하여야 한다.

정답 ④

340 □□□

10 소방 공채(복원+변형)

다음 중 화재예방강화지구와 관련된 설명 중 옳지 않은 것은?

① 소방관서장은 대통령령으로 정하는 바에 따라 화재예방강화지구 안의 소방대상물의 위치·구조 및 설비 등에 대하여 화재안전조사를 해야 한다.
② 소방시설·소방용수시설 또는 소방출동로가 없는 지역은 화재예방강화지구로 지정하여 관리할 수 있다.
③ 소방관서장은 화재예방강화지구 안의 관계인에 대하여 소방에 필요한 훈련 및 교육을 연 1회 이상 실시할 수 있다.
④ 고층건축물이 밀집한 지역은 화재예방강화지구로 지정하여 관리할 수 있다.

출제 키워드 | 화재예방강화지구 중

④ X 고층건축물이 밀집한 지역은 화재예방강화지구로 지정하지 않는다.

정답 ④

341 □□□

09 소방 공채(복원+변형)

소방관서장의 업무로 옳지 않은 것은?

① 기상현상 및 기상영향에 대한 예보·특보에 따라 화재의 발생 위험이 높다고 분석·판단되는 경우에는 행정안전부령으로 정하는 바에 따라 화재에 관한 위험경보를 발령하고 그에 따른 필요한 조치를 할 수 있다.
② 소방설비 등의 설치를 명하는 경우 해당 관계인에게 소방설비등의 설치에 필요한 지원을 할 수 있다.
③ 화재 발생 위험이 크거나 소화 활동에 지장을 줄 수 있다고 인정되는 행위나 물건에 대하여 행위 당사자나 그 물건의 소유자, 관리자 또는 점유자에게 모닥불, 흡연 등 화기의 취급 행위를 금지 또는 제한한다.
④ 옮긴 물건을 보관하는 경우에는 그 날부터 14일 동안 소방청, 소방본부 또는 소방서의 인터넷 홈페이지 또는 게시판에 그 사실을 공고하여야 한다.

출제 키워드 | 소방관서의 업무 상

② X 소방청장은 소방설비등의 설치를 명하는 경우 해당 관계인에게 소방설비등의 설치에 필요한 지원을 할 수 있다. 소방관서장은 소방청장, 소방본부장, 소방서장을 통칭하는 개념이다.

정답 ②

CHAPTER

04 소방대상물의 소방안전관리

1 소방안전관리자

1. 소방안전관리자 선임

소방안전관리대상물의 관계인은 소방안전관리업무를 수행하기 위하여 소방안전관리자 자격증을 발급받은 사람을 소방안전관리자 선임 및 소방안전관리보조자를 추가로 선임해야 한다. 참 벌금 300만 원 이하

2. 소방안전관리자

구분	급수	내용
소방안전관리자	특급	1. 50층 이상(지하층 제외)이거나 지상으로부터 높이가 200m 이상인 아파트 2. 30층 이상(지하층 포함)이거나 지상으로부터 높이가 120m 이상(아파트 제외) 3. 2.에 해당하지 않는 특정소방대상물로서 연면적이 10만m^2 이상(아파트 제외)
	1급	1. 30층 이상(지하층 제외)이거나 지상으로부터 높이가 120m 이상인 아파트 2. 연면적 15,000m^2 이상(아파트 제외) 3. 2.에 해당하지 않는 특정소방대상물로서 층수가 11층 이상(아파트 제외) 4. 가연성가스 1,000톤 이상 저장·취급 시설
	2급	1. 옥내소화전, 스프링클러, 간이스프링클러 또는 물분무등 소화설비(호스릴 방식 제외) 2. 가스 제조설비를 갖추고 도시가스사업허가를 받아야 하는 시설 또는 가연성가스를 100톤 이상 1,000톤 미만 저장·취급하는 시설 3. 지하구, 공동주택, 보물·국보 지정된 목조건축물
	3급	간이스프링클러설비 또는 자동화재탐지설비를 설치하는 특정소방대상물
소방안전관리보조자	대상물	1. 아파트(300세대 이상 아파트) 2. 연면적이 15,000m^2 이상인 특정소방대상물(1. 아파트 제외) 3. 특정소방대상물(1.과 2. 제외) • 공동주택 중 기숙사, 의료시설, 노유자시설, 수련시설 • 숙박시설(숙박시설 바닥면적 합계 1,500m^2 미만이고 관계인 24시간 근무 시 제외)
	최소 선임 기준	1. 아파트: 1명. 다만, 초과되는 300세대마다 1명 이상 추가 선임 2. 15,000m^2 이상 특정소방대상물: 1명. 다만, 초과되는 연면적 15,000m^2(종합방재실 자위소방대 24시간 상시 근무 + 소방펌프차, 소방물탱크차, 소방화학차, 무인방수차 운용 시 30,000m^2)마다 1명 이상 추가 선임 3. 위 2. 대상물: 1명

특급, 1급 소방안전관리자 제외 대상물: 동·식물원, 철강 등 불연성 물품을 저장·취급하는 창고, 위험물 저장 및 처리 시설 중 위험물 제조소 등, 지하구

불꽃암기
소방안전관리보조자 선임대상물
노숙아기의수 1만5천

불꽃암기
특급, 1급 제외
동창아제

2 소방안전관리자 선임신고 등

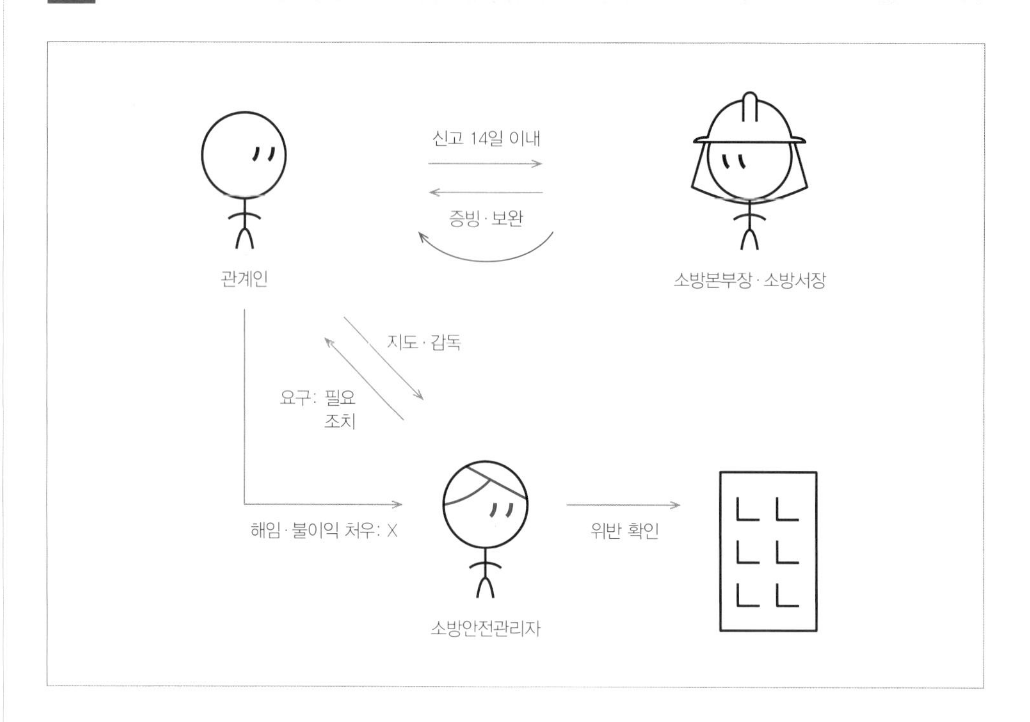

3 건설현장 소방안전관리

선임 신고	대상	• 연면적 1만5천m^2 이상 • 지하 2층 이하이거나 지상 11층 이상인 특정소방대상물로서 연면적 5천m^2 이상 • 냉동 또는 냉장 창고로서 연면적 5천m^2 이상
	조건	신축·증축·개축·재축·이전·용도변경 또는 대수선
	기간	소방시설공사 착공 신고일부터 건축물 사용승인일까지
	신고	소방본부장 또는 소방서장에게 신고
업무	• 건설현장의 소방계획서의 작성 • 임시소방시설의 설치 및 관리에 대한 감독 • 공사진행 단계별 피난안전구역, 피난로 등의 확보와 관리 • 건설현장의 작업자에 대한 소방안전 교육 및 훈련 • 초기대응체계의 구성·운영 및 교육 • 화기취급의 감독, 화재위험작업의 허가 및 관리 • 그 밖에 건설현장의 소방안전관리와 관련하여 소방청장이 고시하는 업무	

4 관리권원이 분리된 특정소방대상물

원칙	관리권원이 분리된 대상물의 경우 권원별 관계인은 권원별 소방안전관리자 선임
예외	권원이 많은 경우 권원 조정(소방본부장, 소방서장)
대상	• 복합건축물(지하층을 제외한 층수가 11층 이상, 연면적 3만m^2 이상인 건축물) • 지하가(지하의 인공구조물 안에 설치된 상점 및 사무실 등 연속하여 지하도에 접하여 설치된 것과 그 지하도를 합한 것) • 판매시설 중 도매시장, 소매시장 및 전통시장
관리권원별 선임기준 조정	• 법령 또는 계약 등에 따라 공동으로 관리: 하나의 관리권원으로 보고 소방안전관리자 1명 선임 • 화재수신반 또는 소방펌프 등이 별도로 설치: 각각 소방안전관리자 선임 • 건축물대장의 건축물현황도에 표시된 대지경계선 안의 지역에 관리의 권원이 분리되어 있으나 하나의 화재수신반 또는 소방펌프 등을 공동으로 사용: 소방안전관리자 1명 선임 • 기타 소방본부장 또는 소방서장이 필요하다고 인정하는 경우

5 소방안전관리대상물 근무자 및 거주자 등의 소방훈련 등

관계인 → 소방본부장·소방서장: 소방훈련 및 교육 결과 제출(30일 이내)

소방본부장·소방서장 → 관계인: 소방훈련 및 교육 지도·감독, 2회 추가 실시 요청가능

관계인:
- 소방훈련 및 교육 연 1회 이상 실시
- 소방훈련 교육 실시 결과 기록부 작성 → 2년간 보관

119 암기카드

1분 1초를 9하는 소방 암기카드! QR코드를 스캔하여 확인해보세요.

※ 에듀윌 도서몰에서도 다운로드 가능합니다.

01 제24조 특정소방대상물의 소방안전관리

대표기출

342 □□□

21 소방 공채(변형)

「화재의 예방 및 안전관리에 관한 법률 시행령」상 소방안전관리보조자를 두어야 하는 특정소방대상물에 대한 설명이다. ( ) 안에 들어갈 용어로 옳은 것은?

> • 「건축법 시행령」 별표 1 제2호 가목에 따른 아파트 [(가)세대 이상인 아파트만 해당한다]
> • 아파트를 제외한 연면적이 (나) 이상인 특정소방대상물

	(가)	(나)
①	150	1만제곱미터
②	150	1만 5천제곱미터
③	300	1만제곱미터
④	300	1만 5천제곱미터

출제 키워드 | 소방안전관리보조자 (중)

④ O (가) 300, (나) 1만 5천제곱미터

> • 「건축법 시행령」 별표 1 제2호 가목에 따른 아파트[300세대 이상인 아파트만 해당한다]
> • 아파트를 제외한 연면적이 1만 5천제곱미터 이상인 특정소방대상물

> 소방안전관리보조자를 두어야 하는 선임대상물, 선임자격 및 선임인원(화재의 예방 및 안전관리에 관한 법률 시행령 별표 5)
> 1. 선임대상물
>   가. 「건축법 시행령」 별표 1 제2호 가목에 따른 아파트(300세대 이상인 아파트만 해당)
>   나. 가목에 따른 아파트를 제외한 연면적이 1만 5천m^2 이상인 특정소방대상물
>   다. 가목 및 나목에 따른 특정소방대상물을 제외한 특정소방대상물 중 다음의 어느 하나에 해당하는 특정소방대상물
>   1) 공동주택 중 기숙사
>   2) 의료시설
>   3) 노유자시설
>   4) 수련시설
>   5) 숙박시설(숙박시설로 사용되는 바닥면적의 합계가 1천500m^2 미만이고 관계인이 24시간 상시 근무하고 있는 숙박시설은 제외)

정답 ④

343 □□□

17 소방시설관리사(변형)

화재의 예방 및 안전관리에 관한 법령상 연면적 126,000m^2의 업무시설인 건축물에서는 소방안전관리보조자를 최소 몇 명을 선임하여야 하는가?

① 5
② 6
③ 8
④ 9

출제 키워드 | 소방안전관리보조자 (중)

최소선임기준은 1명. 다만, 초과되는 15,000m^2마다 1명 이상 추가 선임해야 한다.

$$\frac{\text{연면적} - 15{,}000}{15{,}000}\text{명} = \frac{126{,}000 - 15{,}000}{15{,}000} = 7.4\text{명} \fallingdotseq 8\text{명}$$

> 소방안전관리보조자를 두어야 하는 선임대상물, 선임자격 및 선임인원(화재의 예방 및 안전관리에 관한 법률 시행령 별표 5)
> 3. 선임인원: 선임대상물별 1명을 기본으로 하되 다음 각 목에 따라 추가하여야 한다.
>   가. 제1호 가목의 경우에는 초과되는 300세대마다 1명 이상을 추가로 선임
>   나. 제1호 나목의 경우에는 초과되는 연면적 1만 5천m^2(특정소방대상물의 종합방재실에 자위소방대가 24시간 상시 근무하고 「소방장비관리법 시행령」 별표 1 제1호 가목에 따른 소방자동차 중 소방펌프차, 소방물탱크차, 소방화학차 또는 무인방수차를 운용하는 경우에는 3만m^2로 한다)마다 1명 이상을 추가로 선임
>   다. 제1호 다목의 경우에는 해당 특정소방대상물이 소재하는 지역을 관할하는 소방서장이 야간이나 휴일에 해당 특정소방대상물이 이용되지 아니한다는 것을 확인한 경우에는 소방안전관리보조자를 선임하지 아니할 수 있음

정답 ③

344 □□□

16 소방 경채(복원+변형)

소방안전관리보조자를 두어야 하는 특정소방대상물이 아닌 것은?

① 노유자시설
② 수련시설
③ 아파트 300세대
④ 아파트를 제외한 연면적 1만 제곱미터 미만 특정소방대상물

출제 키워드 | 소방안전관리보조자 중

④ × 아파트를 제외한 연면적이 1만5천m^2 이상인 특정소방대상물이 소방안전관리보조자를 두어야 하는 특정소방대상물이다. 정답 ④

345 □□□

22 소방시설관리사(변형)

화재의 예방 및 안전관리에 관한 법령상 소방안전관리보조자를 두어야 하는 특정소방대상물에 해당하지 않는 것은? (단, 야간과 휴일에 이용되고 있으며 연면적이 1만 5천제곱미터 미만임을 전제함)

① 치료감호시설
② 수련시설
③ 의료시설
④ 노유자시설

출제 키워드 | 소방안전관리보조자 중

① × 치료감호시설은 해당되지 않는다. 정답 ①

346 □□□

22 소방시설관리사(변형)

「화재의 예방 및 안전관리에 관한 법률」상 소방안전관리대상물의 소방계획서에 포함되어야 하는 사항이 아닌 것은?

① 국가화재안전정책의 여건 변화에 관한 사항
② 소방시설 · 피난시설 및 방화시설의 점검 · 정비계획
③ 화재 예방을 위한 자체점검계획 및 진압대책
④ 화기 취급 작업에 대한 사전 안전조치 및 감독 등 공사 중 소방안전관리에 관한 사항

출제 키워드 | 소방계획서 중

① ✕ 국가화재안전정책의 여건 변화에 관한 사항은 소방계획서에 포함되어야 하는 사항이 아니다.

> 「화재의 예방 및 안전관리에 관한 법률 시행령」 제28조(소방안전관리대상물의 소방계획서 작성 등) ① 법 제24조 제5항 제1호에 따른 소방계획서에는 다음 각 호의 사항이 포함되어야 한다.
> 1. 소방안전관리대상물의 위치 · 구조 · 연면적 · 용도 및 수용인원 등 일반 현황
> 2. 소방안전관리대상물에 설치한 소방시설 · 방화시설, 전기시설 · 가스시설 및 위험물시설의 현황
> 3. 화재 예방을 위한 자체점검계획 및 진압대책
> 4. 소방시설 · 피난시설 및 방화시설의 점검 · 정비계획
> 5. 피난층 및 피난시설의 위치와 피난경로의 설정, 화재안전취약자의 피난계획 등을 포함한 피난계획
> 6. 방화구획, 제연구획, 건축물의 내부 마감재료(불연재료 · 준불연재료 또는 난연재료로 사용된 것을 말한다) 및 방염물품의 사용현황과 그 밖의 방화구조 및 설비의 유지 · 관리계획
> 7. 법 제37조에 따른 소방훈련 및 교육에 관한 계획
> 8. 법 제37조를 적용받는 특정소방대상물의 근무자 및 거주자의 자위소방대 조직과 대원의 임무(화재안전취약자의 피난 보조 임무를 포함)에 관한 사항
> 9. 화기 취급 작업에 대한 사전 안전조치 및 감독 등 공사 중 소방안전관리에 관한 사항
> 10. 법 제35조 제1항에 따라 관리의 권원이 분리된 특정소방대상물의 소방안전관리에 관한 사항
> 11. 소화와 연소 방지에 관한 사항
> 12. 위험물의 저장 · 취급에 관한 사항(위험물안전관리법 제17조에 따라 예방규정을 정하는 제조소 등은 제외)
> 13. 소방안전관리에 대한 업무수행에 관한 기록 및 유지에 관한 사항
> 14. 화재발생 시 화재경보, 초기소화 및 피난유도 등 초기대응에 관한 사항
> 15. 그 밖에 소방안전관리를 위하여 소방본부장 또는 소방서장이 소방안전관리대상물의 위치 · 구조 · 설비 또는 관리상황 등을 고려하여 소방안전관리에 필요하여 요청하는 사항
>
> ② 특정소방대상물의 관계인과 소방안전관리대상물의 소방안전관리자는 제1항의 내용이 포함된 소방계획서를 매년 12월 31일까지 작성하고 시행하여야 한다.
> ③ 소방본부장 또는 소방서장은 제2항에 따른 특정소방대상물의 소방계획의 작성 및 실시에 관하여 지도 · 감독한다.

정답 ①

02 제26조 소방안전관리자 선임신고 등

대표기출

347 □□□ 19 소방시설관리사(변형)

화재의 예방 및 안전관리에 관한 법령상 소방안전관리대상물의 관계인이 소방안전관리자를 선임한 경우에 소방안전관리대상물의 출입자가 쉽게 알 수 있도록 게시하여야 하는 사항이 아닌 것은?

① 소방안전관리자의 성명
② 소방안전관리자의 소방관련 경력
③ 소방안전관리자의 연락처
④ 소방안전관리자의 선임일자

출제 키워드 | 소방안전관리자 중

② ✕ 소방안전관리자의 소방관련 경력은 게시하는 사항에 포함되지 않는다.

「화재의 예방 및 안전관리에 관한 법률」 제26조(소방안전관리자 선임신고 등) ① 소방안전관리대상물의 관계인이 제24조에 따라 소방안전관리자 또는 소방안전관리보조자를 선임한 경우에는 행정안전부령으로 정하는 바에 따라 선임한 날부터 14일 이내에 소방본부장 또는 소방서장에게 신고하고, 소방안전관리대상물의 출입자가 쉽게 알 수 있도록 소방안전관리자의 성명과 그 밖에 행정안전부령으로 정하는 사항을 게시하여야 한다.

「화재의 예방 및 안전관리에 관한 법률 시행규칙」 제15조(소방안전관리자 정보의 게시)
① 법 제26조 제1항에 따라 게시하여야 하는 "행정안전부령으로 정하는 사항"이란 다음 각 호를 말한다.
1. 소방안전관리대상물의 명칭
2. 소방안전관리자의 성명 및 선임일자
3. 소방안전관리대상물의 등급
4. 소방안전관리자의 연락처
5. 화재 수신반 또는 종합방재실(일반 건축물의 방재실 등을 포함한다)의 위치

정답 ②

348 □□□ 16 소방 공채(복원+변형)

「화재의 예방 및 안전관리에 관한 법률 시행규칙」상 1급 소방안전관리자 강습과목에 해당하지 않는 것은?

① 소방 관계 법령
② 재난관리 일반 및 관련법령
③ 소방학개론
④ 구조 및 응급처치 이론·실습·평가

출제 키워드 | 소방안전관리자 중

② ✕ 특급 소방안전관리자 교육과목에 해당한다.

「화재의 예방 및 안전관리에 관한 법률 시행규칙」 제28조(강습교육의 과목, 시간 및 운영방법 등) 특급, 1급, 2급 및 3급 소방안전관리대상물의 소방안전관리에 관한 강습교육과 「공공기관의 소방안전관리에 관한 규정」 제5조 제1항 제2호 나목에 따른 공공기관 소방안전관리자에 대한 강습교육의 과목, 시간 및 운영방법 등은 별표 4와 같다.

「화재의 예방 및 안전관리에 관한 법률 시행규칙」 별표 4(강습교육 과목, 시간 및 운영방법 등)
1. 교육과정별 과목 및 시간

구분	교육과목	교육시간
나. 1급 소방안전관리자	소방안전관리자 제도	80시간
	소방관계법령	
	건축관계법령	
	소방학개론	
	화기취급감독 및 화재위험작업 허가·관리	
	공사장 안전관리 계획 및 감독	
	위험물·전기·가스 안전관리	
	종합방재실 운영	
	소방시설의 종류 및 기준	
	소방시설(소화설비, 경보설비, 피난구조설비, 소화용수설비, 소화활동설비)의 구조·점검·실습·평가	
	소방계획 수립 이론·실습·평가	
	자위소방대 및 초기대응체계 구성 등 이론·실습·평가	
	작동기능점검표 작성 실습·평가	
	피난시설, 방화구획 및 방화시설의 관리	
	구조 및 응급처치 이론·실습·평가	
	소방안전 교육 및 훈련 이론·실습·평가	
	화재 시 초기대응 및 피난 실습·평가	
	업무수행기록의 작성·유지 실습·평가	
	형성평가(시험)	

정답 ②

349 □□□

21 소방시설관리사(변형)

「화재의 예방 및 안전관리에 관한 법률 시행규칙」상 특급 소방안전관리대상물의 소방안전관리에 관한 강습교육 과정별 교육시간 운영 편성기준 중 특급 소방안전관리자에 관한 강습교육시간으로 옳은 것은?

① 이론: 48시간, 실무(일반): 48시간, 실무(실습 및 평가): 64시간
② 이론: 24시간, 실무(일반): 48시간, 실무(실습 및 평가): 64시간
③ 이론: 48시간, 실무(일반): 24시간, 실무(실습 및 평가): 32시간
④ 이론: 24시간, 실무(일반): 24시간, 실무(실습 및 평가): 32시간

출제 키워드 | 소방안전관리자 (상)

① O 이론: 48시간, 실무(일반): 48시간, 실무(실습 및 평가): 64시간

✓ 교육과정별 교육시간 운영 편성기준(화재의 예방 및 안전관리에 관한 법률 시행규칙 별표 4)

구분	시간 합계	이론 (30%)	실무(70%)	
			일반 (30%)	실습 및 평가 (40%)
특급 소방안전관리자	160시간	48시간	48시간	64시간
1급 소방안전관리자	80시간	24시간	24시간	32시간
2급 및 공공기관 소방안전관리자	40시간	12시간	12시간	16시간
3급 소방안전관리자	24시간	7시간	7시간	10시간
업무대행감독자	16시간	5시간	5시간	6시간
건설현장 소방안전관리자	24시간	7시간	7시간	10시간

정답 ①

350 □□□

15 소방 공채(복원+변형)

「화재의 예방 및 안전관리에 관한 법률 시행규칙」상 특정소방대상물의 근무자 및 거주자에 대한 소방훈련에 관한 설명으로 틀린 것은?

① 소방훈련을 실시하여야 하는 관계인은 소방훈련에 필요한 장비 및 교재 등을 갖추어야 한다.
② 소방안전관리대상물의 관계인은 소방훈련과 교육의 실시 결과를 기록부에 기록하고, 이를 소방훈련과 교육을 실시한 날로부터 2년간 보관하여야 한다.
③ 소방훈련 및 교육은 원칙적으로 연 2회 이상 실시하여야 한다.
④ 소방서장은 특급 및 1급 소방안전관리대상물의 관계인으로 하여금 소방훈련을 소방기관과 합동으로 실시하게 할 수 있다.

출제 키워드 | 소방훈련과 교육 (중)

③ X 소방안전관리대상물의 관계인은 법 제37조 제1항에 따른 소방훈련과 교육을 연 1회 이상 실시하여야 한다. 다만, 소방본부장 또는 소방서장이 화재예방을 위하여 필요하다고 인정하여 2회의 범위에서 추가로 실시할 것을 요청하는 경우에는 소방훈련과 교육을 실시하여야 한다.

> 「화재의 예방 및 안전관리에 관한 법률 시행규칙」 제37조(근무자 및 거주자에 대한 소방훈련과 교육) ① 소방안전관리대상물의 관계인은 법 제37조 제1항에 따른 소방훈련과 교육을 연 1회 이상 실시하여야 한다. 다만, 소방본부장 또는 소방서장이 화재예방을 위하여 필요하다고 인정하여 2회의 범위에서 추가로 실시할 것을 요청하는 경우에는 소방훈련과 교육을 실시하여야 한다.
> ② 소방본부장 또는 소방서장은 특급 및 1급 소방안전관리대상물의 관계인으로 하여금 제1항에 따른 소방훈련을 소방기관과 합동으로 실시하게 할 수 있다.
> ③ 소방안전관리대상물의 관계인은 법 제37조 제1항에 따른 소방훈련을 실시하는 경우 소방훈련에 필요한 장비 및 교재 등을 갖추어야 한다.
> ④ 소방안전관리대상물의 관계인은 제1항에 따른 소방훈련과 교육을 실시하였을 때에는 그 실시 결과를 별지 제27호 서식의 소방훈련·교육 실시 결과 기록부에 기록하고, 이를 소방훈련과 교육을 실시한 날로부터 2년간 보관하여야 한다.

정답 ③

03 제35조 관리의 권원이 분리된 특정소방대상물의 소방안전관리

대표기출

351 □□□

21 소방 공채(변형)

「화재의 예방 및 안전관리에 관한 법률」 및 같은 법 시행령상 소방본부장 또는 소방서장이 관리권원별 선임기준을 조정할 수 있는 권원이 분리된 특정소방대상물로 옳지 않은 것은?

① 판매시설 중 도매시장 및 소매시장
② 복합건축물로서 지하층을 제외한 층수가 11층 이상인 것
③ 복합건축물로서 연면적 2만 5천제곱미터 이상인 것
④ 지하가

출제 키워드 | 관리 권원의 분리 대상물 (중)

③ × 복합건축물로서 연면적이 3만제곱미터 이상인 것이 관리권원이 분리된 소방안전관리자 선임대상 특정소방물이다.

> 「화재의 예방 및 안전관리에 관한 법률」 제35조(관리의 권원이 분리된 특정소방대상물의 소방안전관리) ① 다음 각 호의 어느 하나에 해당하는 특정소방대상물로서 그 관리의 권원이 분리되어 있는 특정소방대상물의 경우 그 관리의 권원별 관계인은 대통령령으로 정하는 바에 따라 제24조 제1항에 따른 소방안전관리자를 선임해야 한다. 다만, 소방본부장 또는 소방서장은 관리의 권원이 많아 효율적인 소방안전관리가 이루어지지 아니한다고 판단되는 경우 대통령령으로 정하는 바에 따라 관리의 권원을 조정하여 소방안전관리자를 선임하도록 할 수 있다. → 위반 시 300만 원 이하의 벌금
> 1. 복합건축물(지하층을 제외한 층수가 11층 이상 또는 연면적 3만m^2 이상인 건축물)
> 2. 지하가(지하의 인공구조물 안에 설치된 상점 및 사무실, 그 밖에 이와 비슷한 시설이 연속하여 지하도에 접하여 설치된 것과 그 지하도를 합한 것을 말한다)
> 3. 그 밖에 대통령령으로 정하는 특정소방대상물
>
> 「화재의 예방 및 안전관리에 관한 법률 시행령」 제36조(관리의 권원이 분리된 특정소방대상물) 법 제35조 제1항 제3호에서 "대통령령으로 정하는 특정소방대상물"이란 판매시설 중 도매시장, 소매시장 및 전통시장을 말한다.

정답 ③

352 □□□

21 소방 경채(변형)

「화재의 예방 및 안전관리에 관한 법률」 및 같은 법 시행령상 특정소방대상물로서 소방본부장 또는 소방서장이 관리권원별 선임기준을 조정할 수 있는 권원이 분리된 특정소방대상물로 옳지 않은 것은?

① 판매시설 중 전통시장
② 복합건축물로서 연면적이 5천제곱미터 이상인 것
③ 복합건축물(지하층을 제외한 층수가 11층 이상인 건축물만 해당)
④ 지하가(지하의 인공구조물 안에 설치된 상점 및 사무실, 그 밖에 이와 비슷한 시설이 연속하여 지하도에 접하여 설치된 것과 그 지하도를 합한 것을 말함)

출제 키워드 | 관리 권원의 분리 대상물 (중)

② × 복합건축물(지하층을 제외한 층수가 11층 이상 또는 연면적 3만m^2 이상인 건축물)

정답 ②

353 □□□

17 소방 경채(복원+변형)

「화재의 예방 및 안전관리에 관한 법률」 및 같은 법 시행령상 특정소방대상물로서 소방본부장 또는 소방서장이 관리권원별 선임기준을 조정할 수 있는 권원이 분리된 특정소방대상물로 옳지 않은 것은?

① 복합건축물로서 연면적이 3만m^2 이상인 것
② 지하가
③ 지하층을 포함한 층수가 11층 이상인 복합건축물
④ 판매시설 중 도매시장, 소매시장 및 전통시장

출제 키워드 | 관리 권원의 분리 대상물 중

③ X 지하층을 포함한 층수가 11층 이상인 복합건축물은 해당하지 않는다.

정답 ③

354 □□□

18 상반기 소방 공채(변형)

화재의 예방 및 안전관리에 관한 법령상 소방본부장 또는 소방서장이 관리권원별 선임기준을 조정할 수 있는 권원이 분리된 특정소방대상물로 옳지 않은 것은?

① 복합건축물(지하층을 제외하고 13층인 건축물)
② 지하가(지하의 인공구조물 안에 설치된 상점 및 사무실, 그 밖에 이와 비슷한 시설이 연속하여 지하도에 접하여 설치된 것과 그 지하도를 합한 것을 말함)
③ 복합건축물로서 연면적이 4천제곱미터인 것
④ 판매시설 중 도매시장 및 소매시장

출제 키워드 | 관리 권원의 분리 대상물 

③ X 복합건축물로서 연면적 3만m^2 이상인 건축물이 해당한다.

정답 ③

04 제36조 피난계획의 수립 및 시행

355 □□□

21 소방 공채(변형)

「화재의 예방 및 안전관리에 관한 법률 시행규칙」상 소방안전관리대상물의 관계인이 피난시설의 위치, 피난경로 또는 대피요령이 포함된 피난유도안내정보를 근무자 또는 거주자에게 정기적으로 제공해야 하는 방법으로 옳지 않은 것은?

① 연 1회 피난안내교육을 실시하는 방법
② 분기별 1회 이상 피난안내방송을 실시하는 방법
③ 피난안내도를 층마다 보기 쉬운 위치에 게시하는 방법
④ 엘리베이터, 출입구 등 시청이 용이한 지역에 피난안내영상을 제공하는 방법

출제 키워드 | 피난유도 안내정보 (중)

① ✕ 연 2회 피난안내교육을 실시하여야 한다(화재의 예방 및 안전관리에 관한 법률 시행규칙 제36조 제1항 제1호).

> 「화재의 예방 및 안전관리에 관한 법률 시행규칙」 제36조(피난유도 안내정보의 제공)
> ① 법 제36조 제4항에 따른 피난유도 안내정보 제공은 다음 각 호의 어느 하나에 해당하는 방법으로 하여야 한다.
> 1. 연 2회 피난안내교육을 실시하는 방법
> 2. 분기별 1회 이상 피난안내방송을 실시하는 방법
> 3. 피난안내도를 층마다 보기 쉬운 위치에 게시하는 방법
> 4. 엘리베이터, 출입구 등 시청이 용이한 지역에 피난안내영상을 제공하는 방법
>
> ② 제1항에서 규정한 사항 외에 피난유도 안내정보의 제공에 필요한 세부사항은 소방청장이 정한다.

정답 ①

대표기출

356 □□□

19 소방 공채(변형)

「화재의 예방 및 안전관리에 관한 법률 시행령」상 1급 소방안전관리대상물로 옳은 것은?

① 지하구
② 동·식물원
③ 가연성 가스를 1천 톤 이상 저장·취급하는 시설
④ 철강 등 불연성 물품을 저장·취급하는 창고

출제 키워드 | 1급 소방안전관리대상물 (중)

③ O 가연성 가스를 1천 톤 이상 저장·취급하는 시설은 1급 소방안전관리대상물이다.

> 소방안전관리자를 두어야 하는 선임대상물, 선임자격 및 선임인원(화재의 예방 및 안전관리에 관한 법률 시행령 별표 4)
> 2. 1급 소방안전관리대상물
> 가. 선임대상물
> 「소방시설 설치 및 관리에 관한 법률 시행령」 별표 2의 특정소방대상물 중 제1호의 특급 소방안전관리대상물을 제외하고 다음의 어느 하나에 해당하는 것
> 1) 30층 이상(지하층은 제외)이거나 지상으로부터 높이가 120m 이상인 아파트
> 2) 연면적 1만 5천m^2 이상인 특정소방대상물(아파트는 제외)
> 3) 2)에 해당하지 아니하는 특정소방대상물로서 층수가 11층 이상인 특정소방대상물(아파트는 제외)
> 4) 가연성 가스를 1천 톤 이상 저장·취급하는 시설
>
> [비고] 동·식물원, 철강 등 불연성 물품을 저장·취급하는 창고, 위험물 저장 및 처리 시설 중 위험물 제조소 등, 지하구를 제외한다.

정답 ③

357 □□□

18 소방시설관리사(변형)

화재의 예방 및 안전관리에 관한 법령상 1급 소방안전관리대상물에 해당하는 것은? (단, 「공공기관의 소방안전관리에 관한 규정」을 적용받는 특정소방대상물은 제외함)

① 지하구
② 철강 등 불연성 물품을 저장·취급하는 장소
③ 층수가 10층이고 연면적이 1만5천제곱미터인 판매시설
④ 층수가 20층이고 지상으로부터 높이가 60미터인 아파트

출제 키워드 | 1급 소방안전관리대상물 중

① ✕ 지하구는 1급 소방안전관리대상물에서 제외된다.
② ✕ 철강 등 불연성 물품을 저장·취급하는 장소는 1급 소방안전관리대상물에서 제외된다.
④ ✕ 30층 이상(지하층은 제외)이거나 지상으로부터 높이가 120m 이상인 아파트가 1급 소방안전관리대상물에 해당한다.

정답 ③

358 □□□

20 소방시설관리사(변형)

화재의 예방 및 안전관리에 관한 법령상 소방안전관리자를 선임하여야 하는 2급 소방안전관리대상물이 아닌 것은? (단, 「공공기관의 소방안전 관리에 관한 규정」을 적용받는 특정소방대상물은 제외함)

① 가연성 가스를 1천 톤 이상 저장·취급하는 시설
② 지하구
③ 국보로 지정된 목조건축물
④ 가스 제조설비를 갖추고 도시가스사업의 허가를 받아야 하는 시설

출제 키워드 | 2급 소방안전관리사 

① O 가연성 가스를 1천 톤 이상 저장·취급하는 시설은 1급 소방안전관리대상물의 대상이다.
→ 2급 소방안전관리대상물은 가연성 가스를 100톤 이상 1천 톤 미만 저장·취급하는 시설이다.

☑ 2급 소방안전관리대상물

선임대상물	「소방시설 설치 및 관리에 관한 법률 시행령」 별표 2의 특정소방대상물 중 제1호의 특급 소방안전관리대상물 및 제2호의 1급 소방안전관리대상물을 제외한 다음의 어느 하나에 해당하는 것 1) 「소방시설 설치 및 관리에 관한 법률 시행령」 별표 5 제1호 다목부터 바목까지의 규정에 해당하는 특정소방대상물[호스릴(Hose Reel) 방식의 물분무등소화설비만을 설치한 경우는 제외] 2) 가스 제조설비를 갖추고 도시가스사업의 허가를 받아야 하는 시설 또는 가연성 가스를 100톤 이상 1천 톤 미만 저장·취급하는 시설 3) 지하구 4) 「공동주택관리법」 제2조 제1항 제2호의 어느 하나에 해당하는 공동주택 5) 「문화재보호법」 제23조에 따라 보물 또는 국보로 지정된 목조건축물
선임자격	다음 각 호의 어느 하나에 해당하는 사람으로서 2급 소방안전관리자 자격증을 받은 사람 1) 위험물기능장·위험물산업기사 또는 위험물기능사 자격을 가진 사람 2) 소방공무원으로 3년 이상 근무한 경력이 있는 사람 3) 소방청장이 실시하는 2급 소방안전관리대상물의 소방안전관리에 관한 시험에 합격한 사람 4) 제1호 및 제2호에 따라 특급 또는 1급 소방안전관리대상물의 소방안전관리자 자격이 인정되는 사람
선임인원	1명 이상

정답 ①

359 □□□

22 소방 공채(변형)

「화재의 예방 및 안전관리에 관한 법률 시행령」상 특급 소방안전관리대상물의 소방안전관리자로 선임할 수 없는 사람은?

① 소방기술사 또는 소방시설관리사의 자격이 있는 사람
② 소방공무원으로 10년 이상 근무한 경력이 있는 사람
③ 소방설비기사의 자격을 취득한 후 5년 이상 1급 소방안전관리대상물의 소방안전관리자로 근무한 실무경력(소방안전관리자로 선임되어 근무한 경력은 제외)이 있는 사람
④ 소방설비산업기사의 자격을 취득한 후 7년 이상 1급 소방안전관리대상물의 소방안전관리자로 근무한 실무경력이 있는 사람

출제 키워드 | 특급 소방안전관리자 중

② ✕ 소방공무원으로 20년 이상 근무한 경력이 있는 사람이 특급 소방안전관리대상물의 소방안전관리자로 선임 가능하다.

> 소방안전관리자를 두어야 하는 선임대상물, 선임자격 및 선임인원 (화재의 예방 및 안전관리에 관한 법률 시행령 별표 4)
>
> 1. 특급 소방안전관리대상물
>   나. 선임자격
>   다음 각 호의 어느 하나에 해당하는 사람으로서 특급 소방안전관리자 자격증을 받은 사람
>   1) 소방기술사 또는 소방시설관리사의 자격이 있는 사람
>   2) 소방설비기사의 자격을 취득한 후 5년 이상 1급 소방안전관리대상물의 소방안전관리자로 근무한 실무경력(법 제24조 제3항에 따라 소방안전관리자로 선임되어 근무한 경력은 제외. 이하 이 표에서 같음)이 있는 사람
>   3) 소방설비산업기사의 자격을 취득한 후 7년 이상 1급 소방안전관리대상물의 소방안전관리자로 근무한 실무경력이 있는 사람
>   4) 소방공무원으로 20년 이상 근무한 경력이 있는 사람
>   5) 소방청장이 실시하는 특급 소방안전관리대상물의 소방안전관리에 관한 시험에 합격한 사람

정답 ②

360 □□□

15 소방안전관리사(변형)

화재의 예방 및 안전관리에 관한 법령상 특급 소방안전관리대상물의 소방안전관리자로 선임할 수 없는 사람은?

① 소방설비산업기사의 자격을 취득한 후 5년간 1급 소방안전관리대상물의 소방안전관리자로 근무한 실무경력(소방안전관리자로 선임되어 근무한 경력은 제외)이 있는 사람
② 소방공무원으로 25년간 근무한 경력이 있는 사람
③ 소방시설관리사의 자격이 있는 사람
④ 소방기술사의 자격이 있는 사람

출제 키워드 | 1급 소방안전관리자 중

① ✕ 소방설비산업기사의 자격을 취득한 후 7년간 1급 소방안전관리대상물의 소방안전관리자로 근무한 실무경력이 있는 사람이 특급 소방안전관리대상물의 소방안전관리자로 선임 가능하다.

정답 ①

361 □□□

16 소방시설관리사(변형)

화재의 예방 및 안전관리에 관한 법령상 소방안전관리업무 강습교육 시간으로 옳은 것은?

① 특급 소방안전관리자: 120시간
② 1급 소방안전관리자: 80시간
③ 공공기관 소방안전관리자: 30시간
④ 2급 소방안전관리자: 35시간

출제 키워드 | 소방안전관리자 상

① ✕ 특급 소방안전관리자: 160시간
③ ✕ 공공기관 소방안전관리자: 40시간
④ ✕ 2급 소방안전관리자: 40시간

> 「화재의 예방 및 안전관리에 관한 법률 시행규칙」 제28조(강습교육의 과목, 시간 및 운영방법 등) 특급, 1급, 2급 및 3급 소방안전관리대상물의 소방안전관리에 관한 강습교육과 「공공기관의 소방안전관리에 관한 규정」 제5조 제1항 제2호 나목에 따른 공공기관 소방안전관리자에 대한 강습교육의 과목, 시간 및 운영방법 등은 별표 4와 같다.

정답 ②

362 □□□

15 소방 공채(복원+변형)

「화재의 예방 및 안전관리에 관한 법률 시행령」상 소방청장이 실시하는 1급 소방안전관리대상물의 소방안전관리에 관한 시험에 응시할 자격이 없는 사람은?

① 대학에서 소방안전관리학과를 전공하고 졸업한 사람으로서 해당 학과를 졸업한 후 2년 이상 2급 소방안전관리대상물 또는 3급 소방안전관리대상물의 소방안전관리자로 근무한 실무경력이 있는 사람
② 대학에서 소방안전 관련 교과목을 12학점 이상 이수하고 졸업한 사람으로서, 졸업 후 3년 이상 2급 소방안전관리대상물 또는 3급 소방안전관리대상물의 소방안전관리자로 근무한 실무경력이 있는 사람
③ 소방행정학(소방학, 소방방재학을 포함) 분야에서 학사학위 이상을 취득한 사람
④ 소방안전공학(소방방재공학, 안전공학을 포함) 분야에서 석사학위 이상을 취득한 사람

출제 키워드 | 1급 소방안전관리자 

③ ✕ 소방행정학 분야에서 '석사학위 이상'을 취득한 사람이 1급 소방안전관리자시험에 응시할 수 있다(화재의 예방 및 안전관리에 관한 법률 시행령 별표 6).

✓ 소방안전관리자 자격시험 응시자격(화재의 예방 및 안전관리에 관한 법률 시행령 제32조)

법 제32조 제1항에 따라 소방안전관리자 자격시험에 응시할 수 있는 사람의 자격은 별표 6과 같다.

등급	응시자격
2. 1급 소방안전관리자	가. 대학에서 소방안전관리학과를 전공하고 졸업한 사람(법령에 따라 이와 같은 수준의 학력이 있다고 인정되는 사람을 포함)으로서 해당 학과를 졸업한 후 2년 이상 2급 소방안전관리대상물 또는 3급 소방안전관리대상물의 소방안전관리자로 근무한 실무경력이 있는 사람 나. 다음 1)부터 3)까지의 어느 하나에 해당하는 사람으로서 해당 요건을 갖춘 후 3년 이상 2급 소방안전관리대상물 또는 3급 소방안전관리대상물의 소방안전관리자로 근무한 실무경력이 있는 사람 1) 대학에서 소방안전 관련 교과목을 12학점 이상 이수하고 졸업한 사람 2) 법령에 따라 1)에 해당하는 사람과 같은 수준의 학력이 있다고 인정되는 사람으로서 해당 학력 취득 과정에서 소방안전 관련 교과목을 12학점 이상 이수한 사람 3) 대학에서 소방안전 관련 학과를 전공하고 졸업한 사람(법령에 따라 이와 같은 수준의 학력이 있다고 인정되는 사람을 포함) 다. 소방행정학(소방학, 소방방재학을 포함) 또는 소방안전공학(소방방재공학, 안전공학을 포함) 분야에서 석사학위 이상을 취득한 사람 라. 가목 및 나목에 해당하는 경우 외에 5년 이상 2급 소방안전관리대상물의 소방안전관리자로 근무한 실무경력이 있는 사람 마. 법 제34조 제1항 제1호 및 이 영 제34조에 따라 특급 소방안전관리대상물 또는 1급 소방안전관리대상물의 소방안전관리에 대한 강습교육을 수료한 사람 바. 「공공기관의 소방안전관리에 관한 규정」 제5조 제1항 제2호 나목에 따른 강습교육을 수료한 사람 사. 2급 소방안전관리대상물의 소방안전관리자로 선임될 수 있는 자격을 갖춘 후 특급 또는 1급 소방안전관리대상물의 소방안전관리보조자로 5년 이상 근무한 실무경력이 있는 사람 아. 2급 소방안전관리대상물의 소방안전관리자로 선임될 수 있는 자격을 갖춘 후 2급 소방안선관리대상물의 소방안진관리보조자로 7년 이상 근무한 실무경력(특급 또는 1급 소방안전관리대상물의 소방안전관리보조자로 근무한 5년 미만의 실무경력이 있는 경우에는 이를 포함하여 합산)이 있는 사람 자. 산업안전기사 또는 산업안전산업기사의 자격을 취득한 후 2년 이상 2급 소방안전관리대상물 또는 3급 소방안전관리대상물의 소방안전관리자로 근무한 실무경력이 있는 사람 차. 제1호에 따라 특급 소방안전관리대상물의 소방안전관리자 시험 응시 자격이 인정되는 사람

정답 ③

CHAPTER

05 특별관리시설물의 소방안전관리

1 소방안전 특별관리시설물 안전관리

구분	특별관리기본계획	특별관리시행계획
시행자	소방청장 (시·도지사와 협의)	시·도지사
수립, 시행	5년마다 (전년도 10월 31일까지 수립)	매년 (전년도 12월 31일까지 수립)
통보	시·도지사	소방청장
포함 사항	• 화재예방을 위한 중기·장기 안전관리정책 • 화재예방을 위한 교육·홍보 및 점검·진단 • 화재대응을 위한 훈련 • 화재대응 및 사후조치에 관한 역할 및 공조체계 • 그 밖에 화재 등의 안전관리를 위하여 필요한 사항	• 기본계획의 집행을 위하여 필요한 사항 • 시·도에서 화재 등의 안전관리를 위하여 필요한 사항
대상물	• 공항시설, 철도시설, 도시철도시설, 항만시설 • 지정문화재인 시설(시설이 아닌 지정문화재를 보호하거나 소장하고 있는 시설 포함) • 점포가 500개 이상인 전통시장 • 산업기술단지, 산업단지, 천연가스 인수기지 및 공급망, 석유비축시설, 발전사업자가 가동 중인 발전소 • 가스공급시설(도시가스) • 초고층 건축물 및 지하연계 복합건축물, 전력용 및 통신용 지하구 • 영화상영관 중 수용인원 1,000명 이상인 영화상영관 • 물류창고로서 연면적 10만m^2 이상인 것	

불꽃암기

특별관리시설물 안전관리

기본 5년, 시행 매년

2 화재예방안전진단

대상	• 공항시설 중 여객터미널이 있는 공항시설 • 철도시설 중 역 시설 • 도시철도시설 중 역사 및 역 시설 • 항만시설 중 여객이용시설 및 지원시설 • 전력용 및 통신용 지하구 중 「국토의 계획 및 이용에 관한 법률」 공동구 • 석유비축시설 중 「위험물안전관리법」에 따른 제조소 등으로 허가 받은 시설 • 천연가스의 인수기지 및 공급망 중 가스시설 • 발전소 • 가스공급시설
실시시기	• A등급: 6년에 1회 이상 • B, C등급: 5년에 1회 이상 • D, E등급: 4년에 1회 이상

조사 및 평가방법	• 자료수집 및 분석: 준공도면, 시설현황, 소방계획서, 기존 점검실시 결과, 보수이력 및 성적서 등의 확인 • 현장조사 및 점검: 화재위험요인조사 및 소방시설 등의 성능점검 등 • 화재위험성 평가: 정성적, 정량적 방법을 통한 위험성 평가 및 등급 산정 • 비상대응훈련 평가: 불시·무각본에 의한 화재대응훈련 • 위험성 감소대책 수립: 시정·보완 및 권고사항을 포함한 위험성 감소대책 수립
진단범위	• 화재위험요인의 조사에 관한 사항 • 소방계획 및 피난계획 수립에 관한 사항 • 소방시설 등의 유지·관리에 관한 사항 • 비상대응조직 및 교육훈련에 관한 사항 • 화재위험성 평가에 관한 사항 • 화재위험요인의 파악, 시정 및 개선조치에 대한 사항 • 화재 등 비상 시 대응 계획의 수립(매뉴얼 등을 포함) 및 이행 등에 관한 사항 • 소방안전 특별관리시설물 관계인의 책임·역할 및 예산투자 등 안전관리에 관한 사항 • 산불, 지진 등 외부 환경 위험요인에 대한 예방·대비·대응 태세 • 그 밖에 화재위험요인(건축, 전기, 가스, 화공 및 위험물 분야 등)에 대한 안전관리에 관한 사항

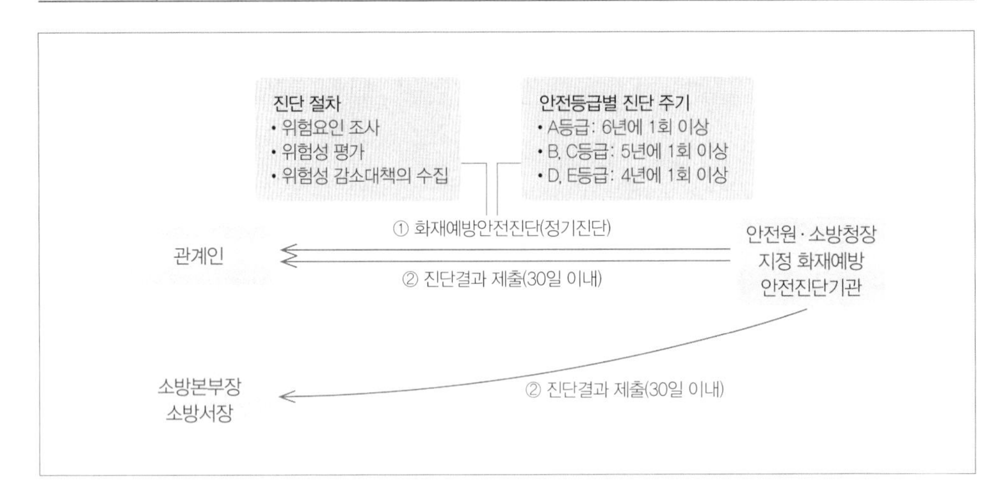

119 암기카드

1분 1초를 9하는 소방 암기카드! QR코드를 스캔하여 확인해보세요.

※ 에듀윌 도서몰에서도 다운로드 가능합니다.

363 □□□

16 소방 공채(복원+변형)

「화재의 예방 및 안전관리에 관한 법률」상 소방안전 특별관리시설물에 해당하지 않는 것은?

① 공항시설, 항만시설
② 지정문화재인 시설
③ 천연가스 인수기지 및 공급망
④ 상영관이 10개 이상인 영화상영관

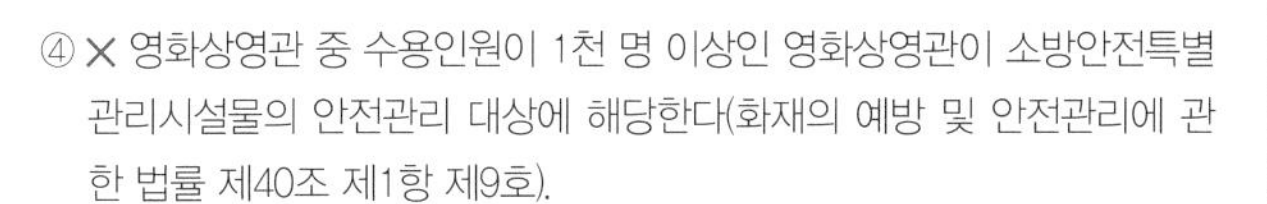
출제 키워드 | 소방안전 특별관리시설물 중

④ × 영화상영관 중 수용인원이 1천 명 이상인 영화상영관이 소방안전특별관리시설물의 안전관리 대상에 해당한다(화재의 예방 및 안전관리에 관한 법률 제40조 제1항 제9호).

「화재의 예방 및 안전관리에 관한 법률」 제40조(소방안전 특별관리시설물의 안전관리) ① 소방청장은 화재 등 재난이 발생할 경우 사회·경제적으로 피해가 큰 다음 각 호의 시설(이하 "소방안전 특별관리시설물"이라 함)에 대하여 소방안전 특별관리를 하여야 한다.

1. 「공항시설법」 제2조 제7호의 공항시설
2. 「철도산업발전기본법」 제3조 제2호의 철도시설
3. 「도시철도법」 제2조 제3호의 도시철도시설
4. 「항만법」 제2조 제5호의 항만시설
5. 「문화재보호법」 제2조 제3항의 지정문화재인 시설(시설이 아닌 지정문화재를 보호하거나 소장하고 있는 시설을 포함)
6. 「산업기술단지 지원에 관한 특례법」 제2조 제1호의 산업기술단지
7. 「산업입지 및 개발에 관한 법률」 제2조 제8호의 산업단지
8. 「초고층 및 지하연계 복합건축물 재난관리에 관한 특별법」 제2조 제1호·제2호의 초고층 건축물 및 지하연계 복합건축물
9. 「영화 및 비디오물의 진흥에 관한 법률」 제2조 제10호의 영화상영관 중 수용인원 1천명 이상인 영화상영관
10. 전력용 및 통신용 지하구
11. 「한국석유공사법」 제10조 제1항 제3호의 석유비축시설
12. 「한국가스공사법」 제11조 제1항 제2호의 천연가스 인수기지 및 공급망
13. 「전통시장 및 상점가 육성을 위한 특별법」 제2조 제1호의 전통시장으로서 대통령령으로 정하는 전통시장
14. 그 밖에 대통령령으로 정하는 시설물

「화재의 예방 및 안전관리에 관한 법률 시행령」 제41조(소방안전 특별관리시설물) ① 법 제40조 제1항 제13호에서 "대통령령으로 정하는 전통시장"이란 점포가 500개 이상인 전통시장을 말한다.

② 법 제40조 제1항 제14호에서 "대통령령으로 정하는 시설물"이란 다음 각 호의 시설물을 말한다.

1. 「전기사업법」 제2조 제4호에 따른 발전사업자가 가동 중인 발전소(발전원의 종류별로 「발전소주변지역 지원에 관한 법률 시행령」 제2조 제2항에 따른 발전소는 제외)
2. 「물류시설의 개발 및 운영에 관한 법률」 제2조 제5의2에 따른 물류창고로서 연면적 10만m^2 이상인 것
3. 「도시가스사업법」 제2조 제5호에 따른 가스공급시설

정답 ④

364 □□□

21 소방 경채(변형)

「화재의 예방 및 안전관리에 관한 법률」상 소방안전 특별관리시설물로 옳지 않은 것은?

① 「위험물안전관리법」 제2조 제1항 제3호의 제조소
② 「전통시장 및 상점가 육성을 위한 특별법」 제2조 제1호의 전통시장으로서 대통령령으로 정하는 전통시장
③ 「영화 및 비디오물의 진흥에 관한 법률」 제2조 제10호의 영화상영관 중 수용인원 1,000명 이상인 영화상영관
④ 「문화재보호법」 제2조 제3항의 지정문화재인 시설(시설이 아닌 지정문화재를 보호하거나 소장하고 있는 시설을 포함)

출제 키워드 | 소방안전 특별관리시설물 (중)

① ✕ 「위험물안전관리법」 제2조 제1항 제3호의 제조소는 소방안전 특별관리시설물 대상이 아니다.

정답 ①

365 □□□

22 소방시설관리사(변형)

화재의 예방 및 안전관리에 관한 법령상 소방안전 특별관리기본계획의 수립·시행에 관한 설명이다. ( )에 들어갈 내용으로 옳은 것은?

> 소방청장은 소방안전 특별관리기본계획을 (ㄱ)년마다 수립·시행하여야 하고, 시·도지사는 특별관리기본계획을 시행하기 위하여 매년 법 제40조 제3항에 따른 소방안전 특별관리시행계획을 수립·시행하며 그 시행 결과를 계획 시행 다음 연도 (ㄴ)까지 소방청장에게 통보하여야 한다.

① ㄱ: 3, ㄴ: 10월 31일 ② ㄱ: 3, ㄴ: 12월 31일
③ ㄱ: 5, ㄴ: 1월 31일 ④ ㄱ: 5, ㄴ: 2월 31일

출제 키워드 | 소방안전 특별관리기본계획 (중)

③ ○ ㄱ: 5, ㄴ: 1월 31일

> 소방청장은 소방안전 특별관리기본계획을 5년마다 수립·시행하여야 하고, 시·도지사는 특별관리기본계획을 시행하기 위하여 매년 법 제40조 제3항에 따른 소방안전 특별관리시행계획(이하 "특별관리시행계획")을 수립·시행하며 그 시행 결과를 계획 시행 다음 연도 1월 31일까지 소방청장에게 통보하여야 한다.

> 「화재의 예방 및 안전관리에 관한 법률 시행령」 제42조(소방안전 특별관리기본계획·시행계획의 수립·시행)
> ① 소방청장은 법 제40조 제2항에 따른 소방안전 특별관리기본계획(이하 "특별관리기본계획")을 5년마다 수립하여 시·도에 통보하여야 한다.
> ② 특별관리기본계획에는 다음 각 호의 사항이 포함되어야 한다.
> 1. 화재예방을 위한 중기·장기 안전관리정책
> 2. 화재예방을 위한 교육·홍보 및 점검·진단
> 3. 화재대응을 위한 훈련
> 4. 화재대응과 사후 조치에 관한 역할 및 공조체계
> 5. 그 밖에 화재 등의 안전관리를 위하여 필요한 사항
> ③ 시·도지사는 특별관리기본계획을 시행하기 위하여 매년 법 제40조 제3항에 따른 소방안전 특별관리시행계획(이하 "특별관리시행계획")을 수립·시행하고, 그 시행 결과를 계획 시행 다음 연도 1월 31일까지 소방청장에게 통보하여야 한다.
> ④ 특별관리시행계획에는 다음 각 호의 사항이 포함되어야 한다.
> 1. 특별관리기본계획의 집행을 위하여 필요한 사항
> 2. 시·도에서 화재 등의 안전관리를 위하여 필요한 사항
> ⑤ 소방청장 및 시·도지사는 특별관리기본계획 및 특별관리시행계획을 수립하는 경우 성별, 연령별, 화재안전취약자별 화재 피해현황 및 실태 등에 관한 사항을 고려하여야 한다.

정답 ③

366 □□□

21 소방시설관리사(변형)

화재의 예방 및 안전관리에 관한 법령상 소방안전 특별관리기본계획의 수립·시행에 관한 설명으로 옳지 않은 것은?

① 소방청장은 소방안전 특별관리기본계획을 5년마다 수립·시행하여야 한다.

② 소방청장은 특별관리를 체계적이고 효율적으로 하기 위하여 관계중앙행정기관의 장과 협의하여 소방안전 특별관리기본계획을 기본계획에 포함하여 수립 및 시행하여야 한다.

③ 시·도지사는 특별관리기본계획을 시행하기 위하여 매년 소방안전 특별관리시행계획을 수립·시행하고, 그 시행 결과를 계획 시행 다음 연도 1월 31일까지 소방청장에게 통보하여야 한다.

④ 소방청장 및 시·도지사는 특별관리기본계획 및 특별관리시행계획을 수립하는 경우 성별, 연령별, 화재안전취약자별 화재피해 현황 및 실태 등에 관한 사항을 고려하여야 한다.

출제 키워드 | 소방안전 특별관리기본계획 

②✕ 소방청장은 특별관리를 체계적이고 효율적으로 하기 위하여 시·도지사와 협의하여 소방안전 특별관리기본계획을 기본계획에 포함하여 수립 및 시행하여야 한다.

정답 ②

CHAPTER

06 보칙

1 소방관서장이 안전원에 위탁하는 업무

① 법 제26조 제1항에 따른 소방안전관리자 또는 소방안전관리보조자 선임신고의 접수

② 법 제26조 제2항에 따른 소방안전관리자 또는 소방안전관리보조자 해임 사실의 확인

③ 법 제29조 제1항에 따른 건설현장 소방안전관리자 선임신고의 접수

④ 법 제30조 제1항 제1호에 따른 소방안전관리자 자격시험

⑤ 법 제30조 제2항 및 제3항에 따른 소방안전관리자 자격증의 발급 및 재발급

⑥ 법 제33조에 따른 소방안전관리 등에 관한 종합정보망의 구축·운영

⑦ 법 제34조에 따른 강습교육 및 실무교육

367 □□□

22 소방시설관리사(변형)

화재의 예방 및 안전관리에 관한 법령상 수수료 또는 교육비 반환에 관한 설명이다. (   )에 들어갈 내용으로 옳은 것은?

> • 시험시행일 또는 교육실시일 (ㄱ)일 전까지 접수를 취소하는 경우: 납입한 수수료 또는 교육비의 전부
> • 시험시행일 또는 교육실시일 (ㄴ)일 전까지 접수를 취소하는 경우: 납입한 수수료 또는 교육비의 100분의 50

① ㄱ: 14, ㄴ: 7　② ㄱ: 20, ㄴ: 10
③ ㄱ: 30, ㄴ: 15　④ ㄱ: 40, ㄴ: 20

출제 키워드 | 수수료 상

② O ㄱ: 20, ㄴ: 10

> • 시험시행일 또는 교육실시일 20일 전까지 접수를 취소하는 경우: 납입한수수료 또는 교육비의 전부
> • 시험시행일 또는 교육실시일 10일 전까지 접수를 취소하는 경우: 납입한수수료 또는 교육비의 100분의 50'

> 「화재의 예방 및 안전관리에 관한 법률 시행규칙」 제49조(수수료 및 교육비) ① 법 제47조에 따른 수수료 및 교육비는 별표 7과 같다.
> ② 별표 7에 따른 수수료 또는 교육비를 반환하는 경우에는 다음 각 호의 구분에 따라 반환하여야 한다.
> 1. 수수료 또는 교육비를 과오납한 경우: 그 과오납한 금액의 전부
> 2. 시험시행기관 또는 교육실시기관의 귀책사유로 시험에 응시하지 못하거나 교육을 받지 못한 경우: 납입한 수수료 또는 교육비의 전부
> 3. 직계가족의 사망, 본인의 사고 또는 질병, 격리가 필요한 감염병 이나 예견할 수 없는 기후상황 등으로 인해 시험에 응시하지 못한 경우: 시험응시수수료의 전부
> 4. 원서접수기간 또는 교육신청기간 내에 접수를 철회한 경우: 납입한 수수료 또는 교육비의 전부
> 5. 시험시행일 또는 교육실시일 20일 전까지 접수를 취소하는 경우: 납입한 수수료 또는 교육비의 전부
> 6. 시험시행일 또는 교육실시일 10일 전까지 접수를 취소하는 경우: 납입한 수수료 또는 교육비의 100분의 50
>
> ③ 법 제47조에 따라 수수료 또는 교육비를 납부하는 경우에는 정보통신망을 이용하여 전자화폐·전자결제 등의 방법으로 할 수 있다.

정답 ②

CHAPTER

07 벌칙

벌칙	내용
징역 3년 이하, 벌금 3천만 원 이하	• 화재안전조사 조치명령을 정당한 사유 없이 위반한 자 • 소방안전관리자 선임명령을 정당한 사유 없이 위반한 자 • 보수·보강 등의 조치명령을 정당한 사유 없이 위반한 자 • 거짓이나 그 밖의 부정한 방법으로 진단기관으로 지정을 받은 자
징역 1년 이하, 벌금 1천만 원 이하	• 관계인의 정당한 업무를 방해하거나, 조사업무를 수행하면서 취득한 자료나 알게 된 비밀을 다른 사람 또는 기관에게 제공 또는 누설하거나 목적 외의 용도로 사용한 자 • 자격증을 다른 사람에게 빌려 주거나 빌리거나 이를 알선한 자 • 진단기관으로부터 화재예방안전진단을 받지 아니한 자
벌금 300만 원 이하	• 화재안전조사를 정당한 사유 없이 거부·방해 또는 기피한 자 • 위험물 또는 물건 행위금지 제한, 물건 이동 등 명령을 정당한 사유 없이 따르지 아니하거나 방해한 자 • 소방안전관리자, 총괄소방안전관리자 또는 소방안전관리보조자를 선임하지 아니한 자 • 소방시설·피난시설·방화시설 및 방화구획 등이 법령에 위반된 것을 발견하였음에도 필요한 조치를 할 것을 요구하지 아니한 소방안전관리자 • 소방안전관리자에게 불이익한 처우를 한 관계인 • 업무를 수행하면서 알게 된 비밀을 이 법에서 정한 목적 외의 용도로 사용하거나 다른 사람 또는 기관에 제공하거나 누설한 자

368 □□□

22 소방 공채(변형)

「화재의 예방 및 안전관리에 관한 법률 시행령」 별표 3의 과태료 부과 개별기준에 대한 내용 중 위반행위의 횟수에 따라 가중된 과태료 부과 처분의 금액으로 옳은 것은?

위반행위	과태료 금액 (만 원)
특수가연물의 저장 및 취급의 기준을 위반한 경우	ㄱ
불을 사용할 때 지켜야 하는 사항을 위반한 경우	ㄴ
소방설비 등의 설치 명령을 정당한 사유 없이 따르지 아니한 경우	ㄷ

	ㄱ	ㄴ	ㄷ
①	200	100	50
②	200	100	100
③	200	200	100
④	200	200	200

출제 키워드 | 벌칙 ㊤

④ O ㄱ 200, ㄴ 200, ㄷ 200

위반행위	과태료 금액(만 원)
특수가연물의 저장 및 취급의 기준을 위반한 경우	200
불을 사용할 때 지켜야 하는 사항을 위반한 경우	200
소방설비등의 설치 명령을 정당한 사유 없이 따르지 아니한 경우	200

정답 ④

369 □□□

15 소방 공채(복원+변형)

다음 중 과태료 처분대상에 해당하는 위반사항으로 옳은 것은?

① 화재의 예방조치명령을 정당한 사유 없이 따르지 아니하거나 방해한 자
② 화재안전조사를 정당한 사유 없이 거부·방해 또는 기피한 자
③ 소방시설·피난시설·방화시설 및 방화구획 등이 법령에 위반된 것을 발견하였음에도 필요한 조치를 할 것을 요구하지 아니한 소방안전관리자
④ 불을 사용할 때 지켜야 하는 사항 및 같은 조 제5항에 따른 특수가연물의 저장 및 취급 기준을 위반한 자

출제 키워드 | 벌칙 ㊥

④ O 불을 사용할 때 지켜야 하는 사항 및 같은 조 제5항에 따른 특수가연물의 저장 및 취급 기준을 위반한 자: 200만 원 이하의 과태료 정답 ④

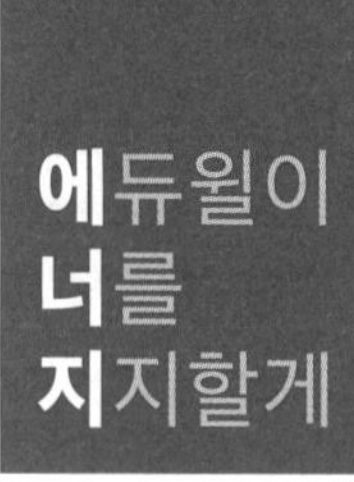
에듀윌이
너를
지지할게
ENERGY

인생은 자전거를 타는 것과 같습니다.
균형을 잡으려면 계속해서 움직여야만 합니다.

– 알버트 아인슈타인(Albert Einstein)

PART 04

소방시설공사업법

빈출도&키워드

※소방공무원 공채 5개년(2022~2018 하) 기출 분석

단원	빈출도	키워드
01 총칙	2문항	목적, 용어의 정의
02 소방시설업	4문항	소방시설업의 등록, 소방시설공사업의 등록기준, 소방시설업의 등록기준 및 영업범위, 방염처리업의 종류, 소방시설업 등록신청, 소방시설업 등록의 결격사유, 소방시설업 등록사항 변경신고, 소방시설업자의 지위승계, 관계인에 대한 통보 의무사항, 소방시설업 등록취소, 소방시설업 영업정지, 과징금
03 소방시설공사등	14문항	소방기술자 배치, 착공신고, 완공검사, 하자보수 보증기간, 감리, 공사감리자의 지정, 감리원의 배치, 일반 공사감리기간, 위반사항에 대한 조치, 공사감리 결과의 통보, 방염처리능력, 도급, 압류의 금지, 하도급계약심사위원회, 도급계약의 해지, 시공능력 평가 및 공시
04 소방기술자	1문항	소방기술자
05 소방시설업자협회	0문항	소방시설업자협회
06 보칙	2문항	청문, 권한의 위임·위탁, 수수료
07 벌칙	1문항	벌칙, 과태료

CHAPTER

01 총칙

1 용어의 정의

구분	내용
소방 시설업	• 시설설계업: 공사계획, 설계도면, 설계 설명서, 기술계산서 등 작성 • 시설공사업: 설계도서 따라 신설, 증설, 개설, 이전 및 정비(시공) • 공사감리업: 발주자 권한 대행, 설계도서와 관련 법령에 적합 시공되는지 확인, 품질, 시공 관리 기술지도 • 방염처리법: 방염대상물품에 방염처리
감리원	공사감리업자에게 소속된 기술자로 소방시설공사를 감리하는 사람
시설 업자	소방시설업 경영 위해 소방시설업을 등록한 자
소방 기술자	• 소방기술 경력 등 인정받은 사람 • 소방시설업과 소방시설관리업의 기술인력으로 등록된 사람 – 소방시설관리사 – 소방기술사, 소방설비기사(산업기사), 위험물기능장(산업기사, 기능사)
발주자	• 소방시설공사 등(설계, 시공, 감리, 방염)을 소방시설업자에게 도급하는 자 • 수급인으로 도급받은 공사를 하도급하는 자 제외

119 암기카드

1분 1초를 9하는
소방 암기카드!
QR코드를 스캔하여
확인해보세요.

※ 에듀윌 도서몰에서도
다운로드 가능합니다.

01 제1조 목적

대표기출

370 □□□ 16 소방 공채(복원+변형)

다음 중 「소방시설공사업법」의 목적에 해당하지 않는 것은?

① 소방시설업을 건전하게 발전시키고 소방기술을 진흥시킴
② 공공의 안전을 확보함
③ 국민경제에 이바지함
④ 소방용품 성능관리에 필요한 사항을 규정

출제 키워드 | 목적 (하)

④ X 소방용품 성능관리에 필요한 사항 규정은 「소방시설공사업법」이 아니라 「소방시설법」의 목적에 해당한다.

> 「소방시설공사업법」 제1조(목적) 이 법은 소방시설공사 및 소방기술의 관리에 필요한 사항을 규정함으로써 소방시설업을 건전하게 발전시키고 소방기술을 진흥시켜 화재로부터 공공의 안전을 확보하고 국민경제에 이바지함을 목적으로 한다.

☑ 5개 분법의 목적 비교

구분	내용	궁극적인 목적
「소방기본법」	• 화재를 예방·경계하거나 진압 • 화재, 재난·재해, 그 밖의 위급한 상황에서의 구조·구급 활동 등을 통해 국민의 생명·신체 및 재산 보호	공공의 안녕 및 질서 유지와 복리 증진
「소방시설법」	특정소방대상물 등에 설치해야 하는 소방시설 등의 설치·관리와 소방용품 성능관리에 필요한 사항을 규정함으로써 국민의 생명·신체 및 재산 보호	공공의 안전과 복리 증진
「화재예방법」	• 화재의 예방과 안전관리에 필요한 사항 규정 • 화재로부터 국민의 생명·신체 및 재산 보호	공공의 안전과 복리 증진
「소방시설공사업법」	• 소방시설공사 및 소방기술의 관리에 필요한 사항 규정 • 소방시설업을 건전하게 발전시키고 소방기술을 진흥시킴	화재로부터 공공의 안전을 확보하고 국민 경제에 이바지
「위험물관리법」	• 위험물 저장·취급 및 운반과 안전관리 사항 규정 • 위험물로 인한 위해 방지	공공의 안전 확보

정답 ④

371 □□□ 15 소방 공채(복원)

다음은 「소방시설공사업법」의 목적이다. ( ) 안에 들어갈 내용으로 옳은 것은?

> 이 법은 소방시설공사 및 소방기술의 관리에 필요한 사항을 규정함으로써 소방시설업을 건전하게 발전시키고 ( )시켜 화재로부터 ( )하고 국민경제에 이바지함을 목적으로 한다.

① 소방기술을 혁신, 공공의 안전을 확보
② 소방기술을 혁신, 국민의 생명·신체를 보호
③ 소방기술을 진흥, 공공의 안전을 확보
④ 소방기술을 진흥, 국민의 생명·신체를 보호

출제 키워드 | 목적 (하)

③ O 소방기술을 진흥, 공공의 안전을 확보

> 「소방시설공사업법」 제1조(목적) 이 법은 소방시설공사 및 소방기술의 관리에 필요한 사항을 규정함으로써 소방시설업을 건전하게 발전시키고 소방기술을 진흥시켜 화재로부터 공공의 안전을 확보하고 국민경제에 이바지함을 목적으로 한다.

정답 ③

02 제2조 정의

대표기출

372 □□□ 22 소방 공채

「소방시설공사업법」에서 규정한 용어의 정의로 옳지 않은 것은?

① "소방시설공사업"이란 설계도서에 따라 소방시설을 신설, 증설, 개설, 이전 및 정비하는 영업을 말한다.

② "소방시설설계업"이란 소방시설공사에 기본이 되는 공사계획, 설계도면, 설계 설명서, 기술계산서 및 이와 관련된 서류를 작성하는 영업을 말한다.

③ "발주자"란 소방시설의 설계, 시공, 감리 및 방염을 소방시설업자에게 도급한 자 및 도급받은 공사를 하도급하는 자를 말한다.

④ "소방공사감리업"이란 소방시설공사에 관한 발주자의 권한을 대행하여 소방시설공사가 설계도서와 관계 법령에 따라 적법하게 시공되는지를 확인하고, 품질·시공 관리에 대한 기술지도를 하는 영업을 말한다.

출제 키워드 | 용어의 정의 

③ × "발주자"란 소방시설의 설계, 시공, 감리 및 방염을 소방시설업자에게 도급하는 자를 말한다. 다만, 수급인으로서 도급받은 공사를 하도급하는 자는 제외한다.

「소방시설공사업법」 제2조(정의) ① 이 법에서 사용하는 용어의 뜻은 다음과 같다.

1. "소방시설업"이란 다음 각 목의 영업을 말한다.
   가. 소방시설설계업: 소방시설공사에 기본이 되는 공사계획, 설계도면, 설계 설명서, 기술계산서 및 이와 관련된 서류(이하 "설계도서")를 작성(이하 "설계")하는 영업
   나. 소방시설공사업: 설계도서에 따라 소방시설을 신설, 증설, 개설, 이전 및 정비(이하 "시공")하는 영업
   다. 소방공사감리업: 소방시설공사에 관한 발주자의 권한을 대행하여 소방시설공사가 설계도서와 관계 법령에 따라 적법하게 시공되는지를 확인하고, 품질·시공 관리에 대한 기술지도를 하는(이하 "감리") 영업
   라. 방염처리업: 「소방시설 설치 및 관리에 관한 법률」 제20조 제1항에 따른 방염대상물품에 대하여 방염처리(이하 "방염")하는 영업
2. "소방시설업자"란 소방시설업을 경영하기 위하여 제4조에 따라 소방시설업을 등록한 자를 말한다.
3. "감리원"이란 소방공사감리업자에 소속된 소방기술자로서 해당 소방시설공사를 감리하는 사람을 말한다.
4. "소방기술자"란 제28조에 따라 소방기술 경력 등을 인정받은 사람과 다음 각 목의 어느 하나에 해당하는 사람으로서 소방시설업과 「소방시설 설치 및 관리에 관한 법률」에 따른 소방시설관리업의 기술인력으로 등록된 사람을 말한다.
   가. 「소방시설 설치 및 관리에 관한 법률」에 따른 소방시설관리사
   나. 국가기술자격 법령에 따른 소방기술사, 소방설비기사, 소방설비산업기사, 위험물기능장, 위험물산업기사, 위험물기능사
5. "발주자"란 소방시설의 설계, 시공, 감리 및 방염(이하 "소방시설공사등")을 소방시설업자에게 도급하는 자를 말한다. 다만, 수급인으로서 도급받은 공사를 하도급하는 자는 제외한다.

정답 ③

373 □□□

18 하반기 소방 공채

「소방시설공사업법」상 '소방시설업'의 영업에 해당하지 않는 것은?

① 소방시설공사에 기본이 되는 공사계획, 설계도면, 설계설명서, 기술계산서 및 이와 관련된 서류를 작성하는 영업
② 설계도서에 따라 소방시설을 신설, 증설, 개설, 이전 및 정비하는 영업
③ 소방안전관리업무의 대행 또는 소방시설 등의 점검 및 유지·관리하는 영업
④ 방염대상물품에 대하여 방염처리하는 영업

출제 키워드 | 용어의 정의 (하)

① O 소방시설공사에 기본이 되는 공사계획, 설계도면, 설계 설명서, 기술계산서 및 이와 관련된 서류를 작성하는 영업은 소방시설설계업이다.
② O 설계도서에 따라 소방시설을 신설, 증설, 개설, 이전 및 정비하는 영업은 소방시설공사업이다.
③ X 소방안전관리업무의 대행 또는 소방시설 등의 점검 및 유지·관리하는 영업은 「화재예방법」에 따른 소방시설관리업에 해당한다. → 소방시설관리업은 「화재예방법」, 소방시설업은 「소방시설공사업법」
④ O 방염대상물품에 대하여 방염처리하는 영업은 방염처리업이다.

관련법규 「소방시설 설치 및 관리에 관한 법률」

제29조(소방시설관리업의 등록 등) ① 소방시설등의 점검 및 관리를 업으로 하려는 자 또는 「화재의 예방 및 안전관리에 관한 법률」 제25조에 따른 소방안전관리업무의 대행을 하려는 자는 대통령령으로 정하는 업종별로 시·도지사에게 소방시설관리업(이하 "관리업") 등록을 해야 한다.

정답 ③

374 □□□

18 상반기 소방 공채(복원)

다음 중 「소방시설공사업법」상 용어에 대한 설명으로 옳지 않은 것은?

① '소방시설공사업'이란 설계도서에 따라 소방시설을 신설, 증설, 개설, 이전 및 정비하는 영업을 말한다.
② '감리원'이란 소방공사감리업자에 소속된 소방기술자로서 해당 소방시설공사를 감리하는 사람을 말한다.
③ '발주자'란 소방시설의 설계, 시공, 감리 및 방염을 소방시설업자에게 도급하는 자를 말한다. 다만, 수급인으로서 도급받은 공사를 하도급하는 자는 제외한다.
④ '소방시설설계업'이란 소방시설공사에 관한 발주자의 권한을 대행하여 소방시설공사가 설계도서와 관계 법령에 따라 적법하게 시공되는지를 확인하는 영업을 말한다.

출제 키워드 | 용어의 정의 (하)

④ X '소방공사감리업'이란 소방시설공사에 관한 발주자의 권한을 대행하여 소방시설공사가 설계도서와 관계 법령에 따라 적법하게 시공되는지를 확인하는 영업을 말한다. → 소방공사감리업과 감리원의 정의 구별이 중요!

정답 ④

375 □□□

19 소방시설관리사

소방시설공사업법령상 용어에 관한 설명으로 옳은 것은?

① 방염처리업은 소방시설업에 포함된다.
② 위험물기능장은 소방기술자 대상에 포함되지 않는다.
③ 소방시설관리업은 소방시설업에 포함된다.
④ 회재감식평가기사는 소방기술자 대상에 포함된다.

출제 키워드 | 용어의 정의 중

① O 방염처리업은 소방시설업에 포함된다.
② X 위험물기능장은 소방기술자 대상에 포함된다.
③ X 소방시설관리업은 소방시설업에 포함되지 않는다.
④ X 화재감식평가기사는 소방기술자 대상에 포함되지 않는다.

✓ 소방시설업과 소방기술자

구분	내용
소방시설업	소방시설설계업, 소방시설공사업, 소방공사감리업, 방염처리업
소방기술자	• 소방기술 경력 등을 인정받은 사람 • 소방시설관리업의 기술인력으로 등록된 사람: 소방시설관리사, 소방기술사, 소방설비기사, 소방설비산업기사, 위험물기능장, 위험물산업기사, 위험물기능사

정답 ①

CHAPTER

02 소방시설업

1 용어의 정의

1. 소방시설설계업

항목 업종별		기술인력	영업범위
전문 소방시설 설계업		가. 주된 기술인력: 소방기술사 1명 이상 나. 보조기술인력: 1명 이상	모든 특정소방대상물에 설치되는 소방시설의 설계
일반 소방시설 설계업	기계분야	가. 주된 기술인력: 소방기술사 또는 기계분야 소방설비기사 1명 이상 나. 보조기술인력: 1명 이상	가. 아파트에 설치되는 기계분야 소방시설(제연설비는 제외)의 설계 나. 연면적 3만m^2(공장의 경우 1만m^2) 미만의 특정소방대상물(제연설비가 설치되는 특정소방대상물은 제외)에 설치되는 기계분야 소방시설의 설계 다. 위험물제조소등에 설치되는 기계분야 소방시설의 설계
	전기분야	가. 주된 기술인력: 소방기술사 또는 전기분야 소방설비기사 1명 이상 나. 보조기술인력: 1명 이상	가. 아파트에 설치되는 전기분야 소방시설의 설계 나. 연면적 3만m^2(공장의 경우 1만m^2) 미만의 특정소방대상물에 설치되는 전기분야 소방시설의 설계 다. 위험물제조소등에 설치되는 전기분야 소방시설의 설계

2. 소방시설공사업

항목 업종별		기술인력	자본금 (자산평가액)	영업범위
전문 소방시설 공사업		가. 주된 기술인력: 소방기술사 또는 기계분야와 전기분야의 소방설비기사 각 1명(기계분야 및 전기분야의 자격을 함께 취득한 사람 1명) 이상 나. 보조기술인력: 2명 이상	가. 법인: 1억 원 이상 나. 개인: 자산평가액 1억 원 이상	특정소방대상물에 설치되는 기계분야 및 전기분야 소방시설의 공사·개설·이전 및 정비
일반 소방시설 공사업	기계분야	가. 주된 기술인력: 소방기술사 또는 기계분야 소방설비기사 1명 이상 나. 보조기술인력: 1명 이상	가. 법인: 1억 원 이상 나. 개인: 자산평가액 1억 원 이상	가. 연면적 1만m^2 미만의 특정소방대상물에 설치되는 기계분야 소방시설의 공사·개설·이전 및 정비 나. 위험물제조소등에 설치되는 기계분야 소방시설의 공사·개설·이전 및 정비

전기분야	가. 주된 기술인력 : 소방기술사 또는 전기분야 소방설비 기사 1명 이상 나. 보조기술인력: 1명 이상	가. 법인: 1억 원 이상 나. 개인: 자산평가액 1억 원 이상	가. 연면적 1만m² 미만의 특정소방대상물에 설치되는 전기분야 소방시설의 공사·개설·이전·정비 나. 위험물제조소등에 설치되는 전기분야 소방시설의 공사·개설·이전·정비

3. 소방공사감리업

업종별 \ 항목		기술인력	영업범위
전문 소방공사 감리업		가. 소방기술사 1명 이상 나. 기계분야 및 전기분야의 특급 감리원 각 1명(기계분야 및 전기분야의 자격을 함께 가지고 있는 사람이 있는 경우에는 그에 해당하는 사람 1명. 이하 다목부터 마목까지에서 같다) 이상 다. 기계분야 및 전기분야의 고급 감리원 이상의 감리원 각 1명 이상 라. 기계분야 및 전기분야의 중급 감리원 이상의 감리원 각 1명 이상 마. 기계분야 및 전기분야의 초급 감리원 이상의 감리원 각 1명 이상	모든 특정소방대상물에 설치되는 소방시설공사 감리
일반 소방 공사 감리업	기계분야	가. 기계분야 특급 감리원 1명 이상 나. 기계분야 고급 감리원 또는 중급 감리원 이상의 감리원 1명 이상 다. 기계분야 초급 감리원 이상의 감리원 1명 이상	가. 연면적 3만m²(공장의 경우 1만m²) 미만의 특정소방대상물(제연설비가 설치되는 특정소방대상물은 제외)에 설치되는 기계분야 소방시설의 감리 나. 아파트에 설치되는 기계분야 소방시설(제연설비는 제외)의 감리 다. 위험물제조소등에 설치되는 기계분야 소방시설의 감리
	전기분야	가. 전기분야 특급 감리원 1명 이상 나. 전기분야 고급 감리원 또는 중급 감리원 이상의 감리원 1명 이상 다. 전기분야 초급 감리원 이상의 감리원 1명 이상	가. 연면적 3만m²(공장의 경우 1만m²) 미만의 특정소방대상물에 설치되는 전기분야 소방시설의 감리 나. 아파트에 설치되는 전기분야 소방시설의 감리 다. 위험물제조소등에 설치되는 전기분야 소방시설의 감리

4. 방염처리업

업종별 \ 항목	실험실	방염처리시설 및 시험기기	영업범위
섬유류 방염업	1개 이상 갖출 것	부표에 따른 섬유류 방염업의 방염처리시설 및 시험기기를 모두 갖추어야 한다.	커튼·카펫 등 섬유류를 주된 원료로 하는 방염대상물품을 제조 또는 가공 공정에서 방염처리
합성수지류 방염업		부표에 따른 합성수지류 방염업의 방염처리시설 및 시험기기를 모두 갖추어야 한다.	합성수지류를 주된 원료로 하는 방염대상물품을 제조 또는 가공 공정에서 방염처리
합판·목재류 방염업		부표에 따른 합판·목재류 방염업의 방염처리시설 및 시험기기를 모두 갖추어야 한다.	합판 또는 목재류를 제조·가공 공정 또는 설치 현장에서 방염처리

2 소방시설업의 등록

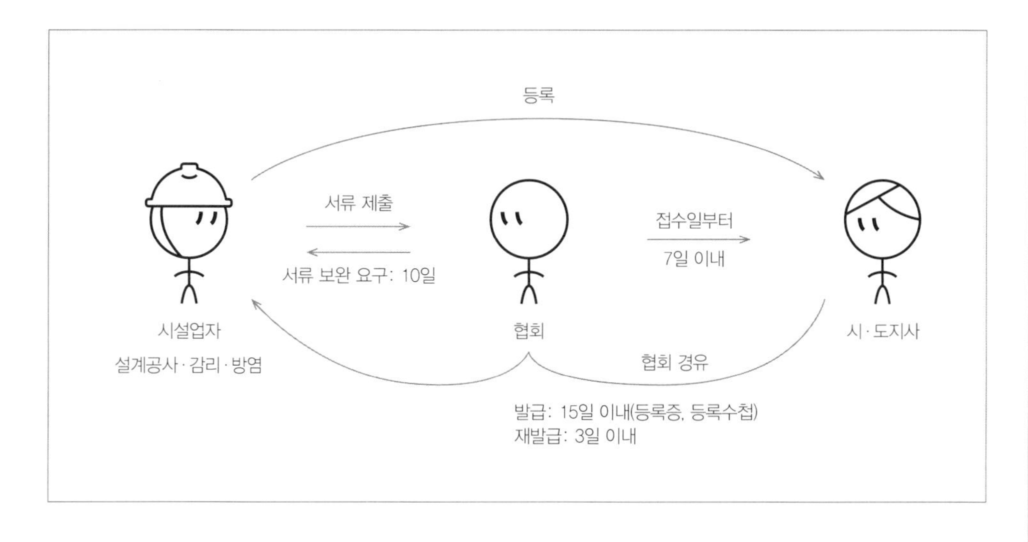

불꽃암기
변경신고 대상
기소대상

3 등록사항 변경신고

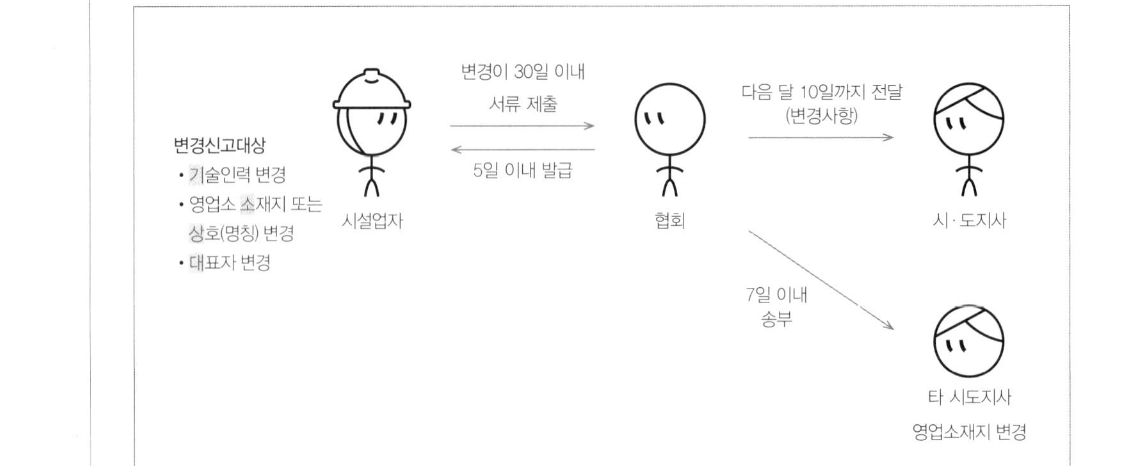

4 휴업·폐업 신고 등

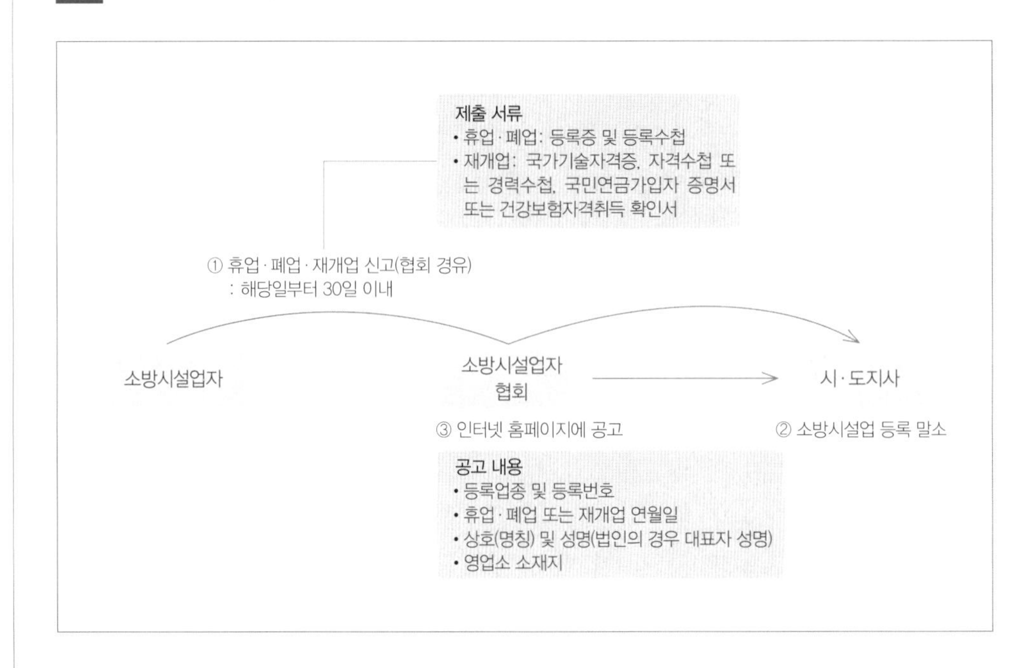

5 소방시설업자의 지위승계

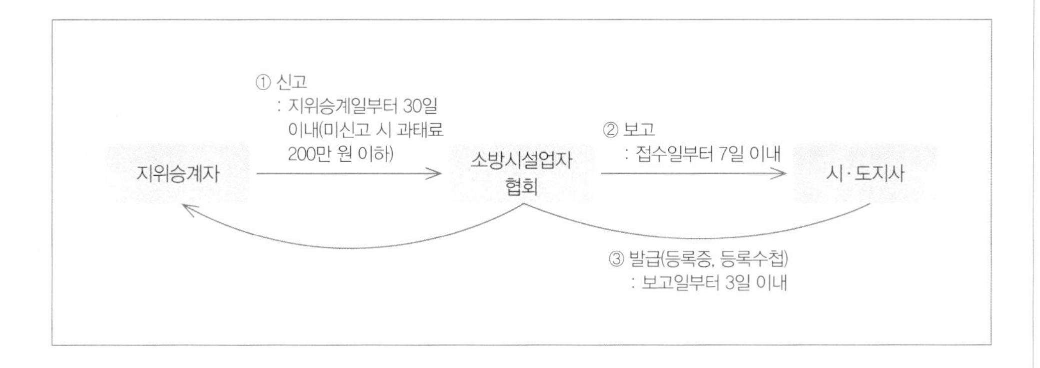

6 '지체 없이' 행동하는 상황 정리

누가	상황	누구에게	행정벌	관련법
소방시설 관리업자	• 등록취소 • 휴업·폐업 • 재발급(다시 찾은 때)	시·도지사에게 등록증, 수첩 반납		「소방시설법 시행규칙」 제34조
	• 지위승계 • 휴업·폐업 • 등록취소 또는 영업정지처분	관계인에게 알림	과태료 300만 원 이하	「소방시설법」 제33조
소방시설 업자	• 지위승계 • 휴업·폐업 • 등록취소 또는 영업정지처분	관계인에게 알림	과태료 200만 원 이하	「소방시설공사업법」 제8조
	• 등록취소 • 재발급(다시 찾은 때)	시·도지사에게(협회 경유) 등록증, 수첩 반납		「소방시설공사업법 시행규칙」 제3조

119 암기카드

1분 1초를 9하는 소방 암기카드! QR코드를 스캔하여 확인해보세요.

※ 에듀윌 도서몰에서도 다운로드 가능합니다.

01 제4조 소방시설업의 등록

대표기출

376 □□□ 22 소방 공채

「소방시설공사업법」상 소방시설업의 등록, 휴·폐업과 소방시설업자의 지위승계에 대한 내용으로 옳지 않은 것은?

① 특정소방대상물의 소방시설공사등을 하려는 자는 업종별로 자본금, 기술인력 등 행정안전부령으로 정하는 요건을 갖추어 시·도지사에게 소방시설업을 등록하여야 한다.

② 소방시설업자가 사망하여 그 상속인이 종전의 소방시설업자의 지위를 승계하려는 경우에는 그 상속일, 양수일 또는 합병일부터 30일 이내에 행정안전부령으로 정하는 바에 따라 그 사실을 시·도지사에게 신고하여야 한다.

③ 소방시설업자는 소방시설업을 폐업하는 때에는 행정안전부령으로 정하는 바에 따라 시·도지사에게 신고하여야 하고 폐업신고를 받은 시·도지사는 소방시설업 등록을 말소하고 그 사실을 행정안전부령으로 정하는 바에 따라 공고하여야 한다.

④ 「민사집행법」에 따른 경매에 따라 소방시설업자의 소방시설의 전부를 인수한 자가 종전의 소방시설업자의 지위를 승계하려는 경우에는 그 인수일부터 30일 이내에 행정안전부령으로 정하는 바에 따라 그 사실을 시·도지사에게 신고하여야 한다.

출제 키워드 | 소방시설업의 등록 

① × 특정소방대상물의 소방시설공사등을 하려는 자는 업종별로 자본금, 기술인력 등 대통령령으로 정하는 요건을 갖추어 시·도지사에게 소방시설업을 등록하여야 한다.

「소방시설공사업법」 제4조(소방시설업의 등록) ① 특정소방대상물의 소방시설공사등을 하려는 자는 업종별로 자본금(개인인 경우에는 자산평가액), 기술인력 등 대통령령으로 정하는 요건을 갖추어 특별시장·광역시장·특별자치시장·도지사 또는 특별자치도지사(이하 "시·도지사")에게 소방시설업을 등록해야 한다.
→ 위반 시 3년 이하의 징역 또는 3천만 원 이하의 벌금

② 제1항에 따른 소방시설업의 업종별 영업범위는 대통령령으로 정한다.

③ 제1항에 따른 소방시설업의 등록신청과 등록증·등록수첩의 발급·재발급 신청, 그 밖에 소방시설업 등록에 필요한 사항은 행정안전부령으로 정한다.

④ 제1항에도 불구하고 「공공기관의 운영에 관한 법률」 제5조에 따른 공기업·준정부기관 및 「지방공기업법」 제49조에 따라 설립된 지방공사나 같은 법 제76조에 따라 설립된 지방공단이 다음 각 호의 요건을 모두 갖춘 경우에는 시·도지사에게 등록을 하지 아니하고 자체 기술인력을 활용하여 설계·감리를 할 수 있다. 이 경우 대통령령으로 정하는 기술인력을 보유해야 한다. → 현재 관련 대통령령 없음

1. 주택의 건설·공급을 목적으로 설립되었을 것
2. 설계·감리 업무를 주요 업무로 규정하고 있을 것

「소방시설공사업법」 제6조의2(휴업·폐업 신고 등) ① 소방시설업자는 소방시설업을 휴업·폐업 또는 재개업하는 때에는 행정안전부령으로 정하는 바에 따라 시·도지사에게 신고해야 한다.

「소방시설공사업법」 제7조(소방시설업자의 지위승계) ① 다음 각 호의 어느 하나에 해당하는 자가 종전의 소방시설업자의 지위를 승계하려는 경우에는 그 상속일, 양수일 또는 합병일부터 30일 이내에 행정안전부령으로 정하는 바에 따라 그 사실을 시·도지사에게 신고해야 한다.

1. 소방시설업자가 사망한 경우 그 상속인
2. 소방시설업자가 그 영업을 양도한 경우 그 양수인
3. 법인인 소방시설업자가 다른 법인과 합병한 경우 합병 후 존속하는 법인이나 합병으로 설립되는 법인

② 다음 각 호의 어느 하나에 해당하는 절차에 따라 소방시설업자의 소방시설의 전부를 인수한 자가 종전의 소방시설업자의 지위를 승계하려는 경우에는 그 인수일부터 30일 이내에 행정안전부령으로 정하는 바에 따라 그 사실을 시·도지사에게 신고해야 한다.

1. 「민사집행법」에 따른 경매
2. 「채무자 회생 및 파산에 관한 법률」에 따른 환가
3. 「국세징수법」, 「관세법」 또는 「지방세징수법」에 따른 압류재산의 매각
4. 그 밖에 제1호부터 제3호까지의 규정에 준하는 절차

정답 ①

대표기출

377 □□□

18 상반기 소방 공채(복원)

「소방시설공사업법 시행령」상 소방시설공사업의 등록 기준으로 옳은 것은?

① 기술인력, 장비, 시설
② 기술인력, 자본금(자산평가액)
③ 기술인력, 장비 도급실적
④ 자본금, 도급실적

출제 키워드 | 소방시설공사업의 등록기준 하

② O 소방시설공사업의 등록기준은 기술인력과 자본금(자산평가액)이다.

✓ 소방시설공사업 등록기준 및 영업범위(소방시설공사업법 시행령 별표 1)

업종별 \ 항목		기술인력	자본금(자산평가액)	영업범위
전문 소방시설 공사업		가. 주된 기술인력: 소방기술사 또는 기계분야와 전기분야의 소방설비기사 각 1명(기계분야 및 전기분야의 자격을 함께 취득한 사람 1명) 이상 나. 보조기술인력: 2명 이상	가. 법인: 1억 원 이상 나. 개인: 자산평가액 1억 원 이상	특정소방대상물에 설치되는 기계분야 및 전기분야 소방시설의 공사·개설·이전 및 정비
일반 소방시설 공사업	기계 분야	가. 주된 기술인력: 소방기술사 또는 기계분야 소방설비기사 1명 이상 나. 보조기술인력: 1명 이상	가. 법인: 1억 원 이상 나. 개인: 자산평가액 1억 원 이상	가. 연면적 1만m^2 미만의 특정소방대상물에 설치되는 기계분야 소방시설의 공사·개설·이전 및 정비 나. 위험물제조소등에 설치되는 기계분야 소방시설의 공사·개설·이전 및 정비
	전기 분야	가. 주된 기술인력 : 소방기술사 또는 전기분야 소방설비기사 1명 이상 나. 보조기술인력: 1명 이상	가. 법인: 1억 원 이상 나. 개인: 자산평가액 1억 원 이상	가. 연면적 1만m^2 미만의 특정소방대상물에 설치되는 전기분야 소방시설의 공사·개설·이전·정비 나. 위험물제조소등에 설치되는 전기분야 소방시설의 공사·개설·이전·정비

정답 ②

378 □□□

21 소방설비기사

소방시설공사업법령상 전문 소방시설공사업의 등록기준 및 영업범위의 기준에 대한 설명으로 틀린 것은?

① 법인인 경우 자본금은 최소 1억 원 이상이다.
② 개인인 경우 자산평가액은 최소 1억 원 이상이다.
③ 주된 기술인력 최소 1명 이상, 보조기술인력 최소 3명 이상을 둔다.
④ 영업범위는 특정소방대상물에 설치되는 기계분야 및 전기분야 소방시설의 공사·개설·이전 및 정비이다.

출제 키워드 | 소방시설공사업의 등록기준 중

③ X 주된 기술인력 최소 1명 이상, 보조기술인력 최소 2명 이상을 둔다.

정답 ③

379 □□□

22 소방설비기사

소방시설공사업법령상 일반 소방시설설계업(기계분야)의 영업범위에 대한 기준 중 (   )에 알맞은 내용은? (단, 공장의 경우는 제외한다.)

> 연면적 (   )m^2 미만의 특정소방대상물(제연설비가 설치되는 특정소방대상물은 제외한다)에 설치되는 기계분야 소방시설의 설계

① 10,000
② 20,000
③ 30,000
④ 50,000

출제 키워드 | 소방시설업의 등록기준 및 영업범위 (하)

③ O 30,000

> 연면적 30,000㎡ 미만의 특정소방대상물(제연설비가 설치되는 특정소방대상물은 제외한다)에 설치되는 기계분야 소방시설의 설계

☑ 소방시설설계업의 등록기준 및 영업범위(소방시설공사업법 시행령 별표 1)

업종별 \ 항목		기술인력	영업범위
전문 소방시설 설계업		가. 주된 기술인력: 소방기술사 1명 이상 나. 보조기술인력: 1명 이상	모든 특정소방대상물에 설치되는 소방시설의 설계
일반 소방 시설 설계업	기계 분야	가. 주된 기술인력: 소방기술사 또는 기계분야 소방설비기사 1명 이상 나. 보조기술인력: 1명 이상	가. 아파트에 설치되는 기계분야 소방시설(제연설비는 제외)의 설계 나. 연면적 3만㎡(공장의 경우 1만㎡) 미만의 특정소방대상물(제연설비가 설치되는 특정소방대상물은 제외)에 설치되는 기계분야 소방시설의 설계 다. 위험물제조소등에 설치되는 기계분야 소방시설의 설계
	전기 분야	가. 주된 기술인력: 소방기술사 또는 전기분야 소방설비기사 1명 이상 나. 보조기술인력: 1명 이상	가. 아파트에 설치되는 전기분야 소방시설의 설계 나. 연면적 3만㎡(공장의 경우 1만㎡) 미만의 특정소방대상물에 설치되는 전기분야 소방시설의 설계 다. 위험물제조소등에 설치되는 전기분야 소방시설의 설계

정답 ③

380 □□□

13 소방 공채(복원)

다음 중 소방시설설계업에서 전기분야에 해당하는 소방시설은?

① 피난기구
② 연결살수설비
③ 통합감시시설
④ 연소방지설비

출제 키워드 | 소방시설업의 등록기준 및 영업범위 (하)

① ✕ 피난기구: 기계분야

② ✕ 연결살수설비: 기계분야

④ ✕ 연소방지설비: 기계분야

> 「소방시설공사업법 시행령」 별표 1(소방시설업의 업종별 등록기준 및 영업범위)
> 1. 소방시설설계업
> 1. 위 표의 일반 소방시설설계업에서 기계분야 및 전기분야의 대상이 되는 소방시설의 범위는 다음 각 목과 같다.
> 가. 기계분야
> 1) 소화기구, 자동소화장치, 옥내소화전설비, 스프링클러설비등, 물분무등소화설비, 옥외소화전설비, 피난기구, 인명구조기구, 상수도소화용수설비, 소화수조·저수조, 그 밖의 소화용수설비, 제연설비, 연결송수관설비, 연결살수설비 및 연소방지설비
> 2) 기계분야 소방시설에 부설되는 전기시설. 다만, 비상전원, 동력회로, 제어회로, 기계분야 소방시설을 작동하기 위하여 설치하는 화재감지기에 의한 화재감지장치 및 전기신호에 의한 소방시설의 작동장치는 제외한다.
> 나. 전기분야
> 1) 단독경보형감지기, 비상경보설비, 비상방송설비, 누전경보기, 자동화재탐지설비, 시각경보기, 자동화재속보설비, 가스누설경보기, 통합감시시설, 유도등, 비상조명등, 휴대용비상조명등, 비상콘센트설비 및 무선통신보조설비
> 2)기계분야 소방시설에 부설되는 전기시설 중 가목 2) 단서의 전기시설

✓ 전기분야 소방시설

- 단독경보형감지기
- 비상경보설비
- 비상방송설비
- 누전경보기
- 자동화재탐지설비
- 시각경보기
- 자동화재속보설비
- 가스누설경보기
- 통합감시시설
- 유도등
- 비상조명등
- 휴대용비상조명등
- 비상콘센트설비 및 무선통신보조설비

정답 ③

381 □□□

13 소방 공채(복원)

다음 중 방염처리업의 종류가 아닌 것은?

① 섬유류 방염업
② 합성수지류 방염업
③ 합판·목재류 방염업
④ 종이류 방염업

출제 키워드 | 방염처리업의 종류 (하)

④ X 종이류 방염업은 방염처리업이 아니다. → 현장에서 방염처리 가능한 방염대상물품에는 '종이류를 주원료로 한 물품'이 있다(두께 2mm 미만은 제외).

✓ 방염처리업의 종류(소방시설공사업법 시행령 별표 1)

항목 업종별	영업범위
섬유류 방염업	커튼·카펫 등 섬유류를 주된 원료로 하는 방염대상물품을 제조 또는 가공 공정에서 방염처리
합성수지류 방염업	합성수지류를 주된 원료로 하는 방염대상물품을 제조 또는 가공 공정에서 방염처리
합판·목재류 방염업	합판 또는 목재류를 제조·가공 공정 또는 설치 현장에서 방염처리

정답 ④

382 □□□

16 소방설비기사

「소방시설공사업법」상 소방시설업 등록신청 신청서 및 첨부서류에 기재되어야 할 내용이 명확하지 아니한 경우 서류의 보완 기간은 며칠 이내인가?

① 14
② 10
③ 7
④ 5

출제 키워드 | 소방시설업 등록신청 (하)

② O 협회는 제2조에 따라 받은 소방시설업의 등록신청 서류가 신청서(전자문서로 된 소방시설업 등록신청서를 포함한다) 및 첨부서류(전자문서를 포함한다)에 기재되어야 할 내용이 기재되어 있지 아니하거나 명확하지 아니한 경우에는 10일 이내의 기간을 정하여 이를 보완하게 할 수 있다.

> 「소방시설공사업법 시행규칙」 제2조의2(등록신청 서류의 보완) 협회는 제2조에 따라 받은 소방시설업의 등록신청 서류가 다음 각 호의 어느 하나에 해당되는 경우에는 10일 이내의 기간을 정하여 이를 보완하게 할 수 있다.
> 1. 첨부서류(전자문서를 포함한다)가 첨부되지 아니한 경우
> 2. 신청서(전자문서로 된 소방시설업 등록신청서를 포함한다) 및 첨부서류(전자문서를 포함한다)에 기재되어야 할 내용이 기재되어 있지 아니하거나 명확하지 아니한 경우

정답 ②

02 제5조 등록의 결격사유

대표기출

383 □□□ 22 소방 공채

「소방시설공사업법」상 소방시설업 등록의 결격사유에 해당하지 않는 사람은?

① 피성년후견인
② 등록하려는 소방시설업 등록이 취소된 날부터 3년이 지난 사람
③ 「소방기본법」에 따른 금고 이상의 형의 집행유예를 선고받고 그 유예기간 중에 있는 사람
④ 「위험물안전관리법」에 따른 금고 이상의 실형을 선고받고, 그 집행이 끝나거나(집행이 끝난 것으로 보는 경우를 포함한다) 면제된 날부터 1년이 지난 사람

출제 키워드 | 소방시설업 등록의 결격사유 

① O 피성년후견인은 소방시설업 등록의 결격사유에 해당한다.
② X 등록하려는 소방시설업 등록이 취소된 날부터 2년이 지난 사람이 소방시설업 등록의 결격사유에 해당한다. 따라서 3년이 지난 사람은 결격사유에 해당하지 않는다.
③ O 「소방기본법」에 따른 금고 이상의 형의 집행유예를 선고받고 그 유예기간 중에 있는 사람은 소방시설업 등록의 결격사유에 해당한다.
④ O 「위험물안전관리법」에 따른 금고 이상의 실형을 선고받고, 그 집행이 끝나거나(집행이 끝난 것으로 보는 경우를 포함한다) 면제된 날부터 1년이 지난 사람은 소방시설업 등록의 결격사유에 해당한다.

불꽃암기 소집실피(소집실패)

> 「소방시설공사업법」 제5조(등록의 결격사유) 다음 각 호의 어느 하나에 해당하는 자는 소방시설업을 등록할 수 없다.
> 1. 피성년후견인 → 피성년후견인: 질병, 장애, 노령, 그 밖의 사유로 인한 정신적 제약으로 사무를 처리할 능력이 지속적으로 결여되어 가정법원에 성년후견개시의 심판을 받은 사람
> 2. 삭제 〈2015. 7. 20.〉
> 3. 이 법, 「소방기본법」, 「화재의 예방 및 안전관리에 관한 법률」, 「소방시설 설치 및 관리에 관한 법률」 또는 「위험물안전관리법」에 따른 금고 이상의 실형을 선고받고 그 집행이 끝나거나(집행이 끝난 것으로 보는 경우를 포함한다) 면제된 날부터 2년이 지나지 아니한 사람
> 4. 이 법, 「소방기본법」, 「화재의 예방 및 안전관리에 관한 법률」, 「소방시설 설치 및 관리에 관한 법률」 또는 「위험물안전관리법」에 따른 금고 이상의 형의 집행유예를 선고받고 그 유예기간 중에 있는 사람
> 5. 등록하려는 소방시설업 등록이 취소(제1호에 해당하여 등록이 취소된 경우는 제외한다)된 날부터 2년이 지나지 아니한 자
> 6. 법인의 대표자가 제1호부터 제5호까지의 규정에 해당하는 경우 그 법인
> 7. 법인의 임원이 제3호부터 제5호까지의 규정에 해당하는 경우 그 법인

정답 ②

384 □□□ 22 소방설비기사

소방시설공사업법령상 소방시설업 등록의 결격사유에 해당되지 않는 법인은?

① 법인의 대표자가 피성년후견인인 경우
② 법인의 임원이 피성년후견인인 경우
③ 법인의 대표자가 「소방시설공사업법」에 따라 소방시설업 등록이 취소된 지 2년이 지나지 아니한 자인 경우
④ 법인의 임원이 「소방시설공사업법」에 따라 소방시설업 등록이 취소된 지 2년이 지나지 아니한 자인 경우

출제 키워드 | 소방시설업 등록의 결격사유 

② X 법인의 임원이 피성년후견인인 경우는 결격사유에 해당하지 않는다.

정답 ②

03 제6조 등록사항의 변경신고

대표기출

385 □□□ 14 소방 공채(복원)

소방시설업 등록사항의 변경신고 등에 대한 설명 중 옳은 것은?

① 상호(명칭) 또는 영업소 소재지가 변경된 경우 소방시설업 등록증 및 등록수첩을 첨부하여 협회에 제출한다.
② 대표자가 변경된 경우 등록사항 변경신고서에 소방시설업 등록증 및 등록수첩을 첨부하여 협회에 제출한다.
③ 등록사항이 변경된 경우에는 변경일부터 15일 이내에 서류를 첨부하여 협회에 제출한다.
④ 변경신고 서류를 제출받은 협회는 등록사항의 변경신고 내용을 확인하고 10일 이내에 제출된 소방시설업 등록증·등록수첩 및 기술인력 증빙서류에 그 변경된 사항을 기재하여 발급하여야 한다.

출제 키워드 | 소방시설업 등록사항 변경신고 상

② X 대표자가 변경된 경우 등록사항 변경신고서에 아래의 서류를 모두 첨부하여 협회에 제출한다.
- 소방시설업 등록증 및 등록수첩
- 변경된 대표자의 성명, 주민등록번호 및 주소지 등의 인적사항이 적힌 서류
- 외국인인 경우에는 제2조 제1항 제5호 각 목의 어느 하나에 해당하는 서류

③ X 등록사항이 변경된 경우에는 변경일부터 30일 이내에 서류를 첨부하여 협회에 제출한다.
④ X 변경신고 서류를 제출받은 협회는 등록사항의 변경신고 내용을 확인하고 5일 이내에 제출된 소방시설업 등록증·등록수첩 및 기술인력 증빙서류에 그 변경된 사항을 기재하여 발급하여야 한다.

「소방시설공사업법」 제6조(등록사항의 변경신고) 소방시설업자는 제4조에 따라 등록한 사항 중 행정안전부령으로 정하는 중요 사항을 변경할 때에는 행정안전부령으로 정하는 바에 따라 시·도지사에게 신고해야 한다.
→ 행정안전부령으로 정하는 중요 사항: 기술인력, 영업소 소재지 또는 상호(명칭), 대표자
→ 위반 시 200만 원 이하의 과태료

「소방시설공사업법 시행규칙」 제5조(등록사항의 변경신고사항) 법 제6조에서 "행정안전부령으로 정하는 중요 사항"이란 다음 각 호의 어느 하나에 해당하는 사항을 말한다.
1. 상호(명칭) 또는 영업소 소재지
2. 대표자
3. 기술인력

불꽃암기 중요사항 변경할 때 신고하지 않으면 '기소대상'이야

「소방시설공사업법 시행규칙」 제6조(등록사항의 변경신고 등) ① 법 제6조에 따라 소방시설업자는 제5조 각 호의 어느 하나에 해당하는 등록사항이 변경된 경우에는 변경일부터 30일 이내에 별지 제7호서식의 소방시설업 등록사항 변경신고서(전자문서로 된 소방시설업 등록사항 변경신고서를 포함한다)에 변경사항별로 다음 각 호의 구분에 따른 서류(전자문서를 포함한다)를 첨부하여 협회에 제출해야 한다. 다만, 「전자정부법」 제36조 제1항에 따른 행정정보의 공동이용을 통하여 첨부서류에 대한 정보를 확인할 수 있는 경우에는 그 확인으로 첨부서류를 갈음할 수 있다.
1. 상호(명칭) 또는 영업소 소재지가 변경된 경우: 소방시설업 등록증 및 등록수첩
2. 대표자가 변경된 경우: 다음 각 목의 서류
 가. 소방시설업 등록증 및 등록수첩
 나. 변경된 대표자의 성명, 주민등록번호 및 주소지 등의 인적사항이 적힌 서류
 다. 외국인인 경우에는 제2조 제1항 제5호 각 목의 어느 하나에 해당하는 서류
3. 기술인력이 변경된 경우: 다음 각 목의 서류
 가. 소방시설업 등록수첩
 나. 기술인력 증빙서류
 다. 삭제 〈2014. 9. 2.〉

② 제1항에 따른 신고서를 제출받은 협회는 「전자정부법」 제36조 제1항에 따라 행정정보의 공동이용을 통하여 다음 각 호의 서류를 확인해야 한다. 다만, 신청인이 제2호부터 제4호까지의 서류의 확인에 동의하지 아니하는 경우에는 해당 서류를 제출하도록 해야 한다.
1. 법인등기사항 전부증명서(법인인 경우만 해당한다)
2. 사업자등록증(개인인 경우만 해당한다)
3. 「출입국관리법」 제88조 제2항에 따른 외국인등록 사실증명(외국인인 경우만 해당한다)
4. 국민연금가입자 증명서 또는 건강보험자격취득 확인서(기술인력을 변경하는 경우에만 해당한다)

③ 제1항에 따라 변경신고 서류를 제출받은 협회는 등록사항의 변경신고 내용을 확인하고 5일 이내에 제1항에 따라 제출된 소방시설업 등록증·등록수첩 및 기술인력 증빙서류에 그 변경된 사항을 기재하여 발급해야 한다.
④ 제3항에도 불구하고 영업소 소재지가 등록된 특별시·광역시·특별자치시·도 및 특별자치도(이하 "시·도")에서 다른 시·도로 변경된 경우에는 제1항에 따라 제출받은 변경신고 서류를 접수일로부터 7일 이내에 해당 시·도지사에게 보내야 한다. 이 경우 해당 시·도지사는 소방시설업 등록증 및 등록수첩을 협회를 경유하여 신고인에게 새로 발급해야 한다.
⑤ 제1항에 따라 변경신고 서류를 제출받은 협회는 별지 제5호서식의 소방시설업 등록대장에 변경사항을 작성하여 관리(전자문서를 포함한다)해야 한다.
⑥ 협회는 등록사항의 변경신고 접수현황을 매월 말일을 기준으로 작성하여 다음 달 10일까지 별지 제7호의2서식에 따라 시·도지사에게 알려야 한다.
⑦ 변경신고 서류의 보완에 관하여는 제2조의2를 준용한다. 이 경우 "소방시설업의 등록신청 서류"는 "소방시설업의 등록사항 변경신고 서류"로 본다.

정답 ①

386 □□□ 17 상반기 소방 공채(복원)

「소방시설공사업법 시행규칙」상 소방시설업 등록사항의 변경신고사항에 해당하지 않는 것은?

① 상호(명칭) 또는 영업소 소재지
② 대표자
③ 기술인력
④ 자본금

출제 키워드 | 소방시설업 등록사항 변경신고 하

④ X 자본금은 등록사항의 변경신고사항이 아니다. 정답 ④

387 □□□ 13 소방 공채(복원)

소방시설업자는 등록한 사항 중 변경사항이 있으면 시·도지사에게 변경신고하여야 하는데, 다음 중 변경신고사항에 해당하지 않는 것은?

① 공사장비 교체
② 상호(명칭) 또는 영업소 소재지
③ 대표자
④ 기술인력

출제 키워드 | 소방시설업 등록사항 변경신고 하

① X 공사장비 교체는 변경신고사항이 아니다. 정답 ①

388 □□□ 16 소방설비기사

소방시설업 등록사항의 변경신고사항이 아닌 것은?

① 상호
② 대표자
③ 보유설비
④ 기술인력

출제 키워드 | 소방시설업 등록사항 변경신고 하

③ X 보유설비의 변경은 신고사항이 아니다. 정답 ③

389 □□□ 15 소방설비기사

소방시설공사업의 상호·영업소 소재지가 변경된 경우 제출하여야 하는 서류는?

① 소방기술인력의 자격증 및 자격수첩
② 소방시설업 등록증 및 등록수첩
③ 법인등기부등본 및 소방기술인력 연명부
④ 사업자등록증 및 소방기술인력의 자격증

출제 키워드 | 소방시설업 등록사항 변경신고 중

② O 상호(명칭) 또는 영업소 소재지가 변경된 경우 소방시설업 등록증 및 등록수첩을 제출하여야 한다. 정답 ②

390 □□□

17 소방시설관리사

소방시설공사업법령상 소방시설업자의 지위승계가 가능한 자에 해당하는 것을 모두 고른 것은?

> ㄱ. 소방시설업자가 사망한 경우 그 상속인
> ㄴ. 소방시설업자가 그 영업을 양도한 경우 그 양수인
> ㄷ. 법인인 소방시설업자가 다른 법인과 합병한 경우 합병 후 존속하는 법인이나 합병으로 설립되는 법인
> ㄹ. 폐업신고로 소방시설업 등록이 말소된 후 6개월 이내에 다시 소방시설업을 등록한 자

① ㄱ, ㄴ, ㄷ ② ㄱ, ㄷ, ㄹ
③ ㄴ, ㄷ, ㄹ ④ ㄱ, ㄴ, ㄷ, ㄹ

출제 키워드 | 소방시설업자의 지위승계 중

ㄱ. O 소방시설업자가 사망한 경우 그 상속인은 소방시설업자의 지위승계가 가능하다.

ㄴ. O 소방시설업자가 그 영업을 양도한 경우 그 양수인은 소방시설업자의 지위승계가 가능하다.

ㄷ. O 법인인 소방시설업자가 다른 법인과 합병한 경우 합병 후 존속하는 법인이나 합병으로 설립되는 법인은 소방시설업자의 지위승계가 가능하다.

ㄹ. X 해당 조항은 2020. 6. 9. 개정으로 삭제되었다.

> **「소방시설공사업법」 제7조(소방시설업자의 지위승계)** ① 다음 각 호의 어느 하나에 해당하는 자가 종전의 소방시설업자의 지위를 승계하려는 경우에는 그 상속일, 양수일 또는 합병일부터 30일 이내에 행정안전부령으로 정하는 바에 따라 그 사실을 시·도지사에게 신고해야 한다.
> 1. 소방시설업자가 사망한 경우 그 상속인
> 2. 소방시설업자가 그 영업을 양도한 경우 그 양수인
> 3. 법인인 소방시설업자가 다른 법인과 합병한 경우 합병 후 존속하는 법인이나 합병으로 설립되는 법인
> 4. 삭제 〈2020. 6. 9.〉

정답 ①

391 □□□

18 소방시설관리사

소방시설공사업법령상 합병의 경우 소방시설업자 지위승계를 신고하려는 자가 제출하여야 하는 서류가 아닌 것은?

① 소방시설업 합병신고서
② 합병계약서 사본
③ 합병 후 법인의 소방시설업 등록증 및 등록수첩
④ 합병공고문 사본

출제 키워드 | 소방시설업자의 지위승계 상

③ X 합병 전 법인의 소방시설업 등록증 및 등록수첩

> **「소방시설공사업법 시행규칙」 제7조(지위승계 신고 등)** ① 법 제7조 제1항 및 제2항에 따라 소방시설업자 지위승계를 신고하려는 자는 그 상속일, 양수일, 합병일 또는 인수일부터 30일 이내에 다음 각 호의 구분에 따른 서류(전자문서를 포함한다)를 협회에 제출해야 한다.
> 3. 합병의 경우: 다음 각 목의 서류
> 가. 별지 제9호서식에 따른 소방시설업 합병신고서
> 나. 합병 전 법인의 소방시설업 등록증 및 등록수첩
> 다. 합병계약서 사본(합병에 관한 사항을 의결한 총회 또는 창립총회 결의서 사본을 포함한다)
> 라. 제2조 제1항 각 호에 해당하는 서류. 이 경우 같은 항 제1호 및 제5호의 "신청인"은 "신고인"으로 본다.
> 마. 합병공고문 사본

정답 ③

04 제8조 소방시설업의 운영

대표기출

392 □□□ 19 소방 공채

「소방시설공사업법」상 소방시설업자가 소방시설공사등을 맡긴 특정소방대상물의 관계인에게 지체 없이 그 사실을 알려야 하는 사항으로 옳지 않은 것은?

① 소방시설업을 휴업한 경우
② 소방시설업자의 지위를 승계한 경우
③ 소방시설업에 대한 행정처분 중 등록취소처분을 받은 경우
④ 소방시설업에 대한 행정처분 중 영업정지 또는 경고처분을 받은 경우

출제 키워드 | 관계인에 대한 통보 의무사항 중

④ × 소방시설업에 대한 행정처분 중 등록취소처분 또는 영업정지처분을 받은 경우

> 「소방시설공사업법」 제8조(소방시설업의 운영) ① 소방시설업자는 다른 자에게 자기의 성명이나 상호를 사용하여 소방시설공사등을 수급 또는 시공하게 하거나 소방시설업의 등록증 또는 등록수첩을 빌려 주어서는 아니 된다. → 위반 시 300만 원 이하의 벌금
> ② 제9조 제1항에 따라 영업정지처분이나 등록취소처분을 받은 소방시설업자는 그 날부터 소방시설공사등을 하여서는 아니 된다. 다만, 소방시설의 착공신고가 수리되어 공사를 하고 있는 자로서 도급계약이 해지되지 아니한 소방시설공사업자 또는 소방공사감리업자가 그 공사를 하는 동안이나 제4조 제1항에 따라 방염처리업을 등록한 자(이하 "방염처리업자")가 도급을 받아 방염 중인 것으로서 도급계약이 해지되지 아니한 상태에서 그 방염을 하는 동안에는 그러하지 아니하다.
> ③ 소방시설업자는 다음 각 호의 어느 하나에 해당하는 경우에는 소방시설공사등을 맡긴 특정소방대상물의 관계인에게 지체 없이 그 사실을 알려야 한다. → 위반 시 200만 원 이하의 벌금
> 1. 제7조에 따라 소방시설업자의 지위를 승계한 경우
> 2. 제9조 제1항에 따라 소방시설업의 등록취소처분 또는 영업정지처분을 받은 경우
> 3. 휴업하거나 폐업한 경우
>
> 불꽃암기 등업휴지
>
> ④ 소방시설업자는 행정안전부령으로 정하는 관계 서류를 제15조 제1항에 따른 하자보수 보증기간 동안 보관해야 한다. → 위반 시 200만 원 이하의 과태료

정답 ④

393 □□□ 14 소방 공채(복원)

소방시설업자가 소방시설공사등을 맡긴 특정소방대상물의 관계인에게 지체 없이 그 사실을 알려야 하는 사항이 아닌 것은?

① 소방시설업자의 지위를 승계한 경우
② 소방시설업의 등록취소처분 또는 영업정지처분을 받은 경우
③ 휴업하거나 폐업한 경우
④ 기술인력을 교체한 경우

출제 키워드 | 관계인에 대한 통보 의무사항 하

④ × 기술인력 교체는 행정안전부령으로 정하는 중요 사항으로 변경할 때에는 행정안전부령으로 정하는 바에 따라 시·도지사에게 신고해야 한다. 그러나 관계인에게 지체 없이 그 사실을 알리는 사항은 아니다.

정답 ④

394 □□□

22 소방설비기사

소방시설공사업법령상 소방시설업자가 소방시설공사등을 맡긴 특정소방대상물의 관계인에게 지체 없이 그 사실을 알려야 하는 경우가 아닌 것은?

① 소방시설업자의 지위를 승계한 경우
② 소방시설업의 등록취소처분 또는 영업정지처분을 받은 경우
③ 휴업하거나 폐업한 경우
④ 소방시설업의 주소지가 변경된 경우

출제 키워드 | 관계인에 대한 통보 의무사항 중

④ × 소방시설업의 주소지가 변경된 경우는 소방시설업자가 소방시설공사등을 맡긴 특정소방대상물의 관계인에게 지체 없이 그 사실을 알려야 하는 경우가 아니다.

정답 ④

395 □□□

15 소방설비기사

소방시설업자가 특정소방대상물의 관계인에 대한 통보 의무사항이 아닌 것은?

① 지위를 승계한 때
② 등록취소 또는 영업정지처분을 받은 때
③ 휴업 또는 폐업한 때
④ 주소지가 변경된 때

출제 키워드 | 관계인에 대한 통보 의무사항 중

④ ○ 주소지가 변경된 때는 소방시설업자가 특정소방대상물의 관계인에 대한 통보 의무사항이 아니다.

정답 ④

05 제9조 등록취소와 영업정지 등

대표기출

396 □□□ 16 소방 공채(복원)

「소방시설공사업법」상 소방시설업의 등록을 반드시 취소하여야 하는 경우에 해당되는 것은?

① 다른 자에게 소방시설업의 등록증 또는 등록수첩을 빌려준 경우

② 등록을 한 후 정당한 사유 없이 1년이 지날 때까지 영업을 시작하지 아니한 경우

③ 영업정지기간 중에 소방시설공사를 한 경우

④ 동일인이 시공과 감리를 함께 한 경우

출제 키워드 | 소방시설업 등록취소 

① × 다른 자에게 소방시설업의 등록증 또는 등록수첩을 빌려준 경우는 영업정지 사유이다. → 소방시설업의 등록증 또는 등록수첩을 빌려준 경우는 「소방시설공사업법」에서 등록취소 사유가 아님에 주의!

② × 등록을 한 후 정당한 사유 없이 1년이 지날 때까지 영업을 시작하지 아니한 경우는 영업정지 사유이다.

③ ○ 영업정지기간 중에 소방시설공사등을 한 경우에는 등록을 취소하여야 한다(소방시설공사업법 제9조 제1항 제7호).

④ × 동일인이 시공과 감리를 함께 한 경우는 영업정지 사유이다.

「소방시설공사업법」 제9조(등록취소와 영업정지 등) ① 시·도지사는 소방시설업자가 다음 각 호의 어느 하나에 해당하면 행정안전부령으로 정하는 바에 따라 그 등록을 취소하거나 6개월 이내의 기간을 정하여 시정이나 그 영업의 정지를 명할 수 있다. 다만, 제1호·제3호 또는 제7호에 해당하는 경우에는 그 등록을 취소하여야 한다.

1. 거짓이나 그 밖의 부정한 방법으로 등록한 경우 → 등록취소
2. 제4조 제1항에 따른 등록기준에 미달하게 된 후 30일이 경과한 경우. 다만, 자본금기준에 미달한 경우 중 「채무자 회생 및 파산에 관한 법률」에 따라 법원이 회생절차의 개시의 결정을 하고 그 절차가 진행 중인 경우 등 대통령령으로 정하는 경우는 30일이 경과한 경우에도 예외로 한다.
3. 제5조 각 호의 등록 결격사유에 해당하게 된 경우 → 등록취소
4. 등록을 한 후 정당한 사유 없이 1년이 지날 때까지 영업을 시작하지 아니하거나 계속하여 1년 이상 휴업한 때
5. 삭제 〈2013. 5. 22.〉
6. 제8조 제1항을 위반하여 다른 자에게 자기의 성명이나 상호를 사용하여 소방시설공사등을 수급 또는 시공하게 하거나 소방시설업의 등록증 또는 등록수첩을 빌려준 경우
7. 제8조 제2항을 위반하여 영업정지기간 중에 소방시설공사등을 한 경우 → 등록취소
8. 제8조 제3항 또는 제4항을 위반하여 통지를 하지 아니하거나 관계 서류를 보관하지 아니한 경우
9. 제11조나 제12조 제1항을 위반하여 「소방시설 설치 및 관리에 관한 법률」 제2조 제1항 제6호에 따른 화재안전기준(이하 "화재안전기준") 등에 적합하게 설계·시공을 하지 아니하거나, 제16조 제1항에 따라 적합하게 감리를 하지 아니한 경우
10. 제11조, 제12조 제1항, 제16조 제1항 또는 제20조의2에 따른 소방시설공사등의 업무수행의무 등을 고의 또는 과실로 위반하여 다른 자에게 상해를 입히거나 재산피해를 입힌 경우
11. 제12조 제2항을 위반하여 소속 소방기술자를 공사 현장에 배치하지 아니하거나 거짓으로 한 경우
12. 제13조나 제14조를 위반하여 착공신고(변경신고를 포함한다)를 하지 아니하거나 거짓으로 한 때 또는 완공검사(부분완공검사를 포함한다)를 받지 아니한 경우
13. 제13조 제2항 후단을 위반하여 착공신고사항 중 중요한 사항에 해당하지 아니하는 변경사항을 같은 항 각 호의 어느 하나에 해당하는 서류에 포함하여 보고하지 아니한 경우
14. 제15조 제3항을 위반하여 하자보수 기간 내에 하자보수를 하지 아니하거나 하자보수계획을 통보하지 아니한 경우

14의2. 제16조 제3항에 따른 감리의 방법을 위반한 경우

15. 제17조 제3항을 위반하여 인수·인계를 거부·방해·기피한 경우
16. 제18조 제1항을 위반하여 소속 감리원을 공사 현장에 배치하지 아니하거나 거짓으로 한 경우
17. 제18조 제3항의 감리원 배치기준을 위반한 경우
18. 제19조 제1항에 따른 요구에 따르지 아니한 경우
19. 제19조 제3항을 위반하여 보고하지 아니한 경우
20. 제20조를 위반하여 감리 결과를 알리지 아니하거나 거짓으로 알린 경우 또는 공사감리 결과보고서를 제출하지 아니하거나 거짓으로 제출한 경우

20의2. 제20조의2를 위반하여 방염을 한 경우

20의3. 제20조의3 제2항에 따른 방염처리능력 평가에 관한 서류를 거짓으로 제출한 경우

20의4. 제21조의3 제4항을 위반하여 하도급 등에 관한 사항을 관계인과 발주자에게 알리지 아니하거나 거짓으로 알린 경우

21. 제22조 제1항 본문을 위반하여 도급받은 소방시설의 설계, 시공, 감리를 하도급한 경우

21의2. 제22조 제2항을 위반하여 하도급받은 소방시설공사를 다시 하도급한 경우

22. 제22호는 제20호의4로 이동 〈2020. 6. 9.〉
23. 제22조의2 제2항을 위반하여 정당한 사유 없이 하수급인 또는 하도급 계약내용의 변경요구에 따르지 아니한 경우

23의2. 제22조의3을 위반하여 하수급인에게 대금을 지급하지 아니한 경우

24. 제24조를 위반하여 시공과 감리를 함께 한 경우

24의2. 제26조 제2항에 따른 시공능력 평가에 관한 서류를 거짓으로 제출한 경우

24의3. 제26조의2 제1항 후단에 따른 사업수행능력 평가에 관한 서류를 위조하거나 변조하는 등 거짓이나 그 밖의 부정한 방법으로 입찰에 참여한 경우

25. 제31조에 따른 명령을 위반하여 보고 또는 자료 제출을 하지 아니하거나 거짓으로 보고 또는 자료 제출을 한 경우
26. 정당한 사유 없이 제31조에 따른 관계 공무원의 출입 또는 검사·조사를 거부·방해 또는 기피한 경우

정답 ③

397 □□□

20 소방시설관리사

소방시설공사업법령상 소방시설업 등록취소와 영업정지 등에 관한 설명으로 옳지 않은 것은?

① 거짓으로 등록한 경우에는 6개월 이내의 기간을 정하여 시정이나 그 영업의 정지를 명할 수 있다.
② 등록을 한 후 정당한 사유 없이 1년이 지날 때까지 영업을 시작하지 아니한 때는 등록을 취소할 수 있다.
③ 소방시설업자가 영업정지기간 중에 소방시설공사등을 한 경우에는 그 등록을 취소하여야 한다.
④ 다른 자에게 등록증을 빌려준 경우에는 6개월 이내의 기간을 정하여 그 영업의 정지를 명할 수 있다.

출제 키워드 | 소방시설업 등록취소와 영업정지 

① × 거짓으로 등록한 경우에는 그 등록을 취소하여야 한다.
② ○ 등록을 한 후 정당한 사유 없이 1년이 지날 때까지 영업을 시작하지 아니한 때는 등록을 취소할 수 있다.
③ ○ 소방시설업자가 영업정지기간 중에 소방시설공사등을 한 경우에는 그 등록을 취소하여야 한다.
④ ○ 다른 자에게 등록증을 빌려준 경우에는 6개월 이내의 기간을 정하여 그 영업의 정지를 명할 수 있다.

정답 ①

398 □□□

18 소방시설관리사

소방시설공사업법령상 영업정지가 그 이용자에게 불편을 주거나 그 밖에 공익을 해칠 우려가 있을 때에 시·도지사가 영업정지처분을 갈음하여 과징금을 부과할 수 있는 경우가 아닌 것은?

① 사업수행능력 평가에 관한 서류를 위조하거나 변조하는 등 거짓이나 그 밖의 부정한 방법으로 입찰에 참여한 경우
② 동일한 특정소방대상물의 소방시설에 대한 설계와 감리를 함께 할 수 없으나 이를 위반하여 설계와 감리를 함께 한 경우
③ 정당한 사유 없이 관계 공무원의 출입 또는 검사·조사를 거부·방해 또는 기피한 경우
④ 공사감리자를 변경하였을 때에는 새로 지정된 공사감리자와 종전의 공사감리자는 감리 업무 수행에 관한 사항과 관계 서류를 인수·인계하여야 하나, 인수·인계를 기피한 경우

출제 키워드 | 소방시설업 영업정지 

② × 동일한 특정소방대상물의 소방시설에 대한 시공과 감리는 함께 할 수 없으나 이를 위반하여 시공과 감리는 함께 한 경우 등록을 취소하거나 6개월 이내의 기간을 정하여 시정이나 영업의 정지를 명할 수 있다(소방시설공사업법 제9조 제1항).

→ 과징금 부과대상은 영업정지처분 대상과 동일

정답 ②

399 □□□

14 소방시설관리사

소방시설공사업법령상 소방시설업의 등록을 반드시 취소해야 하는 경우에 해당하지 않는 것은?

① 거짓이나 그 밖의 부정한 방법으로 등록한 경우
② 법인의 대표자가 「위험물안전관리법」에 따른 금고 이상의 형의 집행유예를 선고받고 그 유예기간 중에 있어서 등록의 결격사유에 해당하는 경우
③ 등록을 한 후 정당한 사유 없이 1년이 지날 때까지 영업을 시작하지 아니한 때의 경우
④ 영업정지처분을 받고 영업정지기간 중에 새로운 설계, 시공 또는 감리를 한 경우

출제 키워드 | 소방시설업 등록취소 중

③ X 위반 시 6개월 이내의 기간을 정하여 시정이나 그 영업의 정지를 명할 수 있다(소방시설공사업법 제9조 제1항). 정답 ③

400 □□□

17 소방설비기사

소방시설업의 등록을 반드시 취소해야 하는 경우에 해당하는 것은?

① 거짓이나 그 밖의 부정한 방법으로 등록한 경우
② 다른 자에게 등록증 또는 등록수첩을 빌려준 경우
③ 소속 소방기술자를 공사 현장에 배치하지 아니하거나 거짓으로 한 경우
④ 등록을 한 후 정당한 사유 없이 1년이 지날 때까지 영업을 시작하지 아니하거나 계속하여 1년 이상 휴업한 경우

출제 키워드 | 소방시설업의 등록취소 

① O 거짓이나 그 밖의 부정한 방법으로 등록한 경우 그 등록을 취소하여야 한다.

② X 다른 자에게 등록증 또는 등록수첩을 빌려준 경우 6개월 이내의 기간을 정하여 시정이나 그 영업의 정지를 명할 수 있다.

③ X 소속 소방기술자를 공사 현장에 배치하지 아니하거나 거짓으로 한 경우 6개월 이내의 기간을 정하여 시정이나 그 영업의 정지를 명할 수 있다.

④ X 등록을 한 후 정당한 사유 없이 1년이 지날 때까지 영업을 시작하지 아니하거나 계속하여 1년 이상 휴업한 경우 6개월 이내의 기간을 정하여 시정이나 그 영업의 정지를 명할 수 있다. 정답 ①

401 □□□

21 소방시설관리사

소방시설공사업법령상 소방기술자의 자격취소 또는 소방시설업의 등록취소에 관한 설명으로 옳지 않은 것은?

① 소방시설업자가 거짓이나 그 밖의 부정한 방법으로 등록한 경우 시·도지사는 그 등록을 취소해야 한다.
② 소방기술 인정 자격수첩을 발급받은 자가 그 자격수첩을 다른 사람에게 빌려준 경우 소방청장은 그 자격을 취소해야 한다.
③ 소방시설업자가 다른 자에게 등록수첩을 빌려준 경우 소방청장은 그 등록을 취소해야 한다.
④ 소방시설업자가 등록 결격사유에 해당하게 된 경우 시·도지사는 그 등록을 취소해야 한다.

출제 키워드 | 소방시설업의 등록취소 중

① ○ 소방시설업자가 거짓이나 그 밖의 부정한 방법으로 등록한 경우 시·도지사는 그 등록을 취소해야 한다.
② ○ 소방기술 인정 자격수첩을 발급받은 자가 그 자격수첩을 다른 사람에게 빌려준 경우 소방청장은 그 자격을 취소해야 한다.

> 「소방시설공사업법」 제28조(소방기술 경력 등의 인정 등) ④ 소방청장은 제2항에 따라 자격수첩 또는 경력수첩을 발급받은 사람이 다음 각 호의 어느 하나에 해당하는 경우에는 행정안전부령으로 정하는 바에 따라 그 자격을 취소하거나 6개월 이상 2년 이하의 기간을 정하여 그 자격을 정지시킬 수 있다. 다만, 제1호와 제2호에 해당하는 경우에는 그 자격을 취소해야 한다.
> 1. 거짓이나 그 밖의 부정한 방법으로 자격수첩 또는 경력수첩을 발급받은 경우
> 2. 제27조 제2항을 위반하여 자격수첩 또는 경력수첩을 다른 사람에게 빌려준 경우
> 3. 제27조 제3항을 위반하여 동시에 둘 이상의 업체에 취업한 경우
> 4. 이 법 또는 이 법에 따른 명령을 위반한 경우

③ × 다른 자에게 자기의 성명이나 상호를 사용하여 소방시설공사등을 수급 또는 시공하게 하거나 소방시설업의 등록증 또는 등록수첩을 빌려준 경우 시·도지사는 6개월 이내의 기간을 정하여 시정이나 그 영업의 정지를 명할 수 있다.
④ ○ 소방시설업자가 등록 결격사유에 해당하게 된 경우 시·도지사는 그 등록을 취소해야 한다.

정답 ③

대표기출

402 □□□

17 하반기 소방 공채(복원)

소방시설공사업법령상 소방시설업의 등록·운영·취소에 대한 설명으로 옳은 것은?

① 소방시설업의 영업정지처분을 받은 경우 소방시설업자는 즉시 감리업자에게 알려야 한다.
② 소방시설업의 영업정지기간 중에 소방시설공사등을 한 경우에는 영업정지기간을 연장한다.
③ 소방시설업의 등록의 취소권자는 소방본부장 또는 소방서장이다.
④ 영업정지 처분기간 중 영업정지에 해당하는 위반사항이 있는 경우에는 종전의 처분기간 만료일의 다음날부터 새로운 위반사항에 대한 영업정지의 행정처분을 한다.

출제 키워드 | 소방시설업의 등록취소 중

① × 소방시설업의 등록취소처분 또는 영업정지처분을 받은 경우 소방시설업자는 '소방시설공사등을 맡긴 특정소방대상물의 관계인'에게 지체 없이 그 사실을 알려야 한다(소방시설공사업법 제8조 제3항).
② × 소방시설업의 영업정지기간 중에 소방시설공사등을 한 경우에는 그 '등록을 취소'하여야 한다(동법 제9조 제1항).
③ × 소방시설업의 등록의 취소권자는 '시·도지사'이다(동법 제9조 제1항).
④ ○ 영업정지처분기간 중 영업정지에 해당하는 위반사항이 있는 경우에는 종전의 처분기간 만료일의 다음날부터 새로운 위반사항에 대한 영업정지의 행정처분을 한다(동법 시행규칙 별표 1).

> 「소방시설공사업법 시행규칙」 별표 1(소방시설업에 대한 행정처분기준)
> 1. 일반기준
> 가. 위반행위가 동시에 둘 이상 발생한 경우에는 그 중 중한 처분기준(중한 처분기준이 동일한 경우에는 그 중 하나의 처분기준을 말한다. 이하 같다)에 따르되, 둘 이상의 처분기준이 동일한 영업정지인 경우에는 중한 처분의 2분의 1까지 가중하여 처분할 수 있다.
> 나. 영업정지처분기간 중 영업정지에 해당하는 위반사항이 있는 경우에는 종전의 처분기간 만료일의 다음날부터 새로운 위반사항에 대한 영업정지의 행정처분을 한다.
> 다. 위반행위의 차수에 따른 행정처분기준은 최근 1년간 같은 위반행위로 행정처분을 받은 경우에 적용한다. 이 경우 기준 적용일은 위반사항에 대한 행정처분일과 그 처분 후 다시 적발한 날을 기준으로 한다.

정답 ④

403 □□□ 22 소방설비기사

소방시설공사업법령상 소방시설업에 대한 행정처분기준에서 1차 행정처분 사항으로 등록취소에 해당하는 것은?

① 거짓이나 그 밖의 부정한 방법으로 등록한 경우
② 소방시설업자의 지위를 승계한 사실을 소방시설공사등을 맡긴 특정소방대상물의 관계인에게 통지를 하지 아니한 경우
③ 화재안전기준 등에 적합하게 설계·시공을 하지 아니하거나, 법에 따라 적합하게 감리를 하지 아니한 경우
④ 등록을 한 후 정당한 사유 없이 1년이 지날 때까지 영업을 시작하지 아니하거나 계속하여 1년 이상 휴업한 때

출제 키워드 | 소방시설업의 등록취소 중

① O 거짓이나 그 밖의 부정한 방법으로 등록한 경우 1차 행정처분 사항은 등록취소이다.

② X 소방시설업자의 지위를 승계한 사실을 소방시설공사등을 맡긴 특정소방대상물의 관계인에게 통지를 하지 아니한 경우 1차 행정처분 사항은 경고(시정명령)이다.

③ X 화재안전기준 등에 적합하게 설계·시공을 하지 아니하거나, 법에 따라 적합하게 감리를 하지 아니한 경우 1차 행정처분 사항은 영업정지 1개월이다.

④ X 등록을 한 후 정당한 사유 없이 1년이 지날 때까지 영업을 시작하지 아니하거나 계속하여 1년 이상 휴업한 때 1차 행정처분 사항은 경고(시정명령)이다.

☑ 소방시설업에 대한 행정처분 개별기준(소방시설공사업법 시행규칙 별표 1)

위반사항	근거 법령	행정처분 기준		
		1차	2차	3차
가. 거짓이나 그 밖의 부정한 방법으로 등록한 경우	법 제9조	등록취소		
다. 법 제5조 각 호의 등록 결격사유에 해당하게 된 경우	법 제9조	등록취소		
바. 법 제8조 제2항을 위반하여 영업정지기간 중에 소방시설공사등을 한 경우	법 제9조	등록취소		
라. 등록을 한 후 정당한 사유 없이 1년이 지날 때까지 영업을 시작하지 아니하거나 계속하여 1년 이상 휴업한 때	법 제9조	경고 (시정명령)	등록취소	
마. 법 제8조 제1항을 위반하여 다른 자에게 자기의 성명이나 상호를 사용하여 소방시설공사등을 수급 또는 시공하게 하거나 소방시설업의 등록증 또는 등록수첩을 빌려준 경우	법 제9조	영업정지 6개월	등록취소	
자. 법 제11조, 제12조 제1항, 제16조 제1항 또는 제20조의2에 따른 소방시설공사등의 업무수행의무 등을 고의 또는 과실로 위반하여 다른 자에게 상해를 입히거나 재산피해를 입힌 경우	법 제9조	영업정지 6개월	등록취소	
터. 법 제22조의2 제2항을 위반하여 정당한 사유 없이 하수급인 또는 하도급 계약내용의 변경요구에 따르지 아니한 경우	법 제9조	경고 (시정명령)	영업정지 1개월	등록취소
허. 법 제24조를 위반하여 시공과 감리를 함께 한 경우	법 제9조	영업정지 3개월	등록취소	

정답 ①

404 □□□

17 소방설비기사

소방시설업에 대한 행정처분 기준 중 1차 처분이 영업정지 3개월이 아닌 경우는?

① 국가, 지방자치단체 또는 공공기관이 발주하는 소방시설의 설계·감리업자 선정에 따른 사업수행능력 평가에 관한 서류를 위조하거나 변조하는 등 거짓이나 그 밖의 부정한 방법으로 입찰에 참여한 경우
② 소방시설업의 감독을 위하여 필요한 보고나 자료 제출 명령을 위반하여 보고 또는 자료 제출을 하지 아니하고나 거짓으로 보고 또는 자료 제출을 한 경우
③ 정당한 사유 없이 출입·검사업무에 따른 관계 공무원의 출입 또는 검사·조사를 거부·방해 또는 기피한 경우
④ 감리업자의 감리 시 소방시설공사가 설계도서에 맞지 아니하여 공사업자에게 공사의 시정 또는 보완 등의 요구를 하였으나 따르지 아니한 경우

출제 키워드 | 소방시설업의 등록취소 (상)

① O 국가, 지방자치단체 또는 공공기관이 발주하는 소방시설의 설계·감리업자 선정에 따른 사업수행능력 평가에 관한 서류를 위조하거나 변조하는 등 거짓이나 그 밖의 부정한 방법으로 입찰에 참여한 경우 1차 처분은 영업정지 3개월이다.
② O 소방시설업의 감독을 위하여 필요한 보고나 자료 제출 명령을 위반하여 보고 또는 자료 제출을 하지 아니하고나 거짓으로 보고 또는 자료 제출을 한 경우 1차 처분은 영업정지 3개월이다.
③ O 정당한 사유 없이 출입·검사업무에 따른 관계 공무원의 출입 또는 검사·조사를 거부·방해 또는 기피한 경우 1차 처분은 영업정지 3개월이다.
④ X 감리업자의 감리 시 소방시설공사가 설계도서에 맞지 아니하여 공사업자에게 공사의 시정 또는 보완 등의 요구를 하였으나 따르지 아니한 경우 1차 처분은 영업정지 1개월(제19조 제1항에 따른 요구에 따르지 아니한 경우)이다.

☑ 소방시설업에 대한 행정처분 개별기준(소방시설공사업법 시행규칙 별표 1)

위반사항	근거 법령	행정처분 기준		
		1차	2차	3차
러. 법 제19조 제1항에 따른 요구에 따르지 아니한 경우	법 제9조	영업정지 1개월	영업정지 3개월	등록취소
퍼. 제22조의3을 위반하여 하수급인에게 대금을 지급하지 아니한 경우	법 제9조	영업정지 1개월	영업정지 3개월	등록취소
서. 법 제20조의2를 위반하여 방염을 한 경우	법 제9조	영업정지 3개월	영업정지 6개월	등록취소
어. 법 제20조의3 제2항에 따른 방염처리능력 평가에 관한 서류를 거짓으로 제출한 경우	법 제9조	영업정지 3개월	영업정지 6개월	등록취소
처. 법 제22조 제1항 본문을 위반하여 도급받은 소방시설의 설계, 시공, 감리를 하도급한 경우	법 제9조	영업정지 3개월	영업정지 6개월	등록취소
커. 법 제22조 제2항을 위반하여 하도급받은 소방시설공사를 다시 하도급한 경우	법 제9조	영업정지 3개월	영업정지 6개월	등록취소
고. 법 제26조 제2항에 따른 시공능력 평가에 관한 서류를 거짓으로 제출한 경우	법 제9조	영업정지 3개월	영업정지 6개월	등록취소
노. 법 제26조의2 제2항에 따른 사업수행능력 평가에 관한 서류를 위조하거나 변조하는 등 거짓이나 그 밖의 부정한 방법으로 입찰에 참여한 경우	법 제9조	영업정지 3개월	영업정지 6개월	등록취소
도. 법 제31조에 따른 명령을 위반하여 보고 또는 자료 제출을 하지 아니하거나 거짓으로 보고 또는 자료 제출을 한 경우	법 제9조	영업정지 3개월	영업정지 6개월	등록취소
로. 정당한 사유 없이 법 제31조에 따른 관계 공무원의 출입 또는 검사·조사를 거부·방해 또는 기피한 경우	법 제9조	영업정지 3개월	영업정지 6개월	등록취소

정답 ④

405 □□□

15 소방시설관리사

소방시설공사업법령상 소방시설업에 대한 행정처분기준 중 2차 위반 시 등록취소사항에 해당하는 것은? (단, 가중 또는 감경 사유는 고려하지 않음)

① 거짓이나 그 밖의 부정한 방법으로 등록한 경우
② 다른 자에게 등록증 또는 등록수첩을 빌려준 경우
③ 영업정지기간 중에 설계·시공 또는 감리를 한 경우
④ 정당한 사유 없이 하수급인의 변경요구를 따르지 아니한 경우

출제 키워드 | 소방시설업의 등록취소 (상)

① × 거짓이나 그 밖의 부정한 방법으로 등록한 경우 1차 위반 시 등록취소
② ○ 다른 자에게 등록증 또는 등록수첩을 빌려준 경우 2차 위반 시 등록취소
③ × 영업정지기간 중에 설계·시공 또는 감리를 한 경우 1차 위반 시 등록취소
④ × 정당한 사유 없이 하수급인의 변경요구를 따르지 아니한 경우 3차 위반 시 등록취소

정답 ②

06 제10조 과징금처분

406 □□□

19 소방 공채(변형)

「소방시설공사업법」상 ( ) 안에 들어갈 내용으로 옳은 것은?

> 시·도지사는 소방시설공사업자가 소방시설 공사 현장에 감리원 배치기준을 위반한 경우로서 영업정지가 그 이용자에게 불편을 주거나 그 밖에 공익을 해칠 우려가 있을 때에는 영업정지처분을 갈음하여 ( ) 이하의 과징금을 부과할 수 있다.

① 2,000만 원
② 3,000만 원
③ 2억 원
④ 2억 5,000만 원

출제 키워드 | 과징금 (하)

③ ○ 시·도지사는 제9조 제1항 각 호의 어느 하나에 해당하는 경우로서 영업정지가 그 이용자에게 불편을 주거나 그 밖에 공익을 해칠 우려가 있을 때에는 영업정지처분을 갈음하여 '2억 원' 이하의 과징금을 부과할 수 있다. → 「소방시설공사업법」이 개정(2020. 6. 9.)됨에 따라 과징금이 3천만 원 이하에서 '2억 원 이하'로 개정되었다.

> 「소방시설공사업법」 제10조(과징금처분) ① 시·도지사는 제9조 제1항 각 호의 어느 하나에 해당하는 경우로서 영업정지가 그 이용자에게 불편을 주거나 그 밖에 공익을 해칠 우려가 있을 때에는 영업정지처분을 갈음하여 2억 원 이하의 과징금을 부과할 수 있다.
> ② 제1항에 따른 과징금을 부과하는 위반행위의 종류와 위반 정도 등에 따른 과징금과 그 밖에 필요한 사항은 행정안전부령으로 정한다.
> ③ 시·도지사는 제1항에 따른 과징금을 내야 할 자가 납부기한까지 과징금을 내지 아니하면 「지방행정제재·부과금의 징수 등에 관한 법률」에 따라 징수한다.

정답 ③

407 □□□

17 소방설비기사(변형)

시·도지사가 소방시설업의 영업정지처분에 갈음하여 부과할 수 있는 최대 과징금의 범위로 옳은 것은?

① 3,000만 원 이하
② 5,000만 원 이하
③ 1억 원 이하
④ 2억 원 이하

출제 키워드 | 과징금 하

④ O 2억 원 이하

「소방시설공사업법」 제10조(과징금처분) ① 시·도지사는 제9조 제1항 각 호의 어느 하나에 해당하는 경우로서 영업정지가 그 이용자에게 불편을 주거나 그 밖에 공익을 해칠 우려가 있을 때에는 영업정지처분을 갈음하여 2억 원 이하의 과징금을 부과할 수 있다.
② 제1항에 따른 과징금을 부과하는 위반행위의 종류와 위반 정도 등에 따른 과징금과 그 밖에 필요한 사항은 행정안전부령으로 정한다.

정답 ④

CHAPTER

03 소방시설공사등

1 시공

1. 소방기술자 배치기준

불꽃암기

소방기술자 배치기준

- 2351111
- 416
- 물제지

배치기준	현장기준	
특급	연 20만m^2 이상	지하층 포함 층수가 40층 이상
고급	연 3만m^2 이상 20만m^2 미만(아파트 제외)	지하층 포함 층수가 16층 이상 40층 미만
중급	• 연 5천m^2 이상 3만m^2 미만(아파트 제외) • 연 1만m^2 이상 20만m^2 미만인 아파트	• 물분무등 소화설비(호스릴 방식 제외) • 제연설비 설치
초급	• 연 1천m^2 이상 5천m^2 미만(아파트 제외) • 연 1천m^2 이상 1만m^2 미만인 아파트	지하구
자격수첩	연면적 1천m^2 미만	

2. 소방기술자를 2개 현장 배치가 가능한 경우

(상주감리 대상 현장은 1개 현장만 가능)

① 연면적 5천m^2 미만(단, 연면적 합계 2만m^2 초과 ×)

② 연면적 5천m^2 이상 2개+5천m^2 미만(단, 5천m^2 공사 현장 연면적 합계 1만m^2 초과 ×)

3. 소방기술자 배치 예외사항

불꽃암기

소방기술자 배치 예외사항

민원, 계절, 예산, 요청

시공관리 등 지장 ×+발주자 승낙+공사 중단된 기간 동안 아래의 경우

① 민원, 계절적 요인

② 예산 부족 등 발주자 책임 있는 사유 또는 천재지변 등 불가항력

③ 발주자가 공사 중단 요청

2 착공신고

1. 착공신고(변경) 절차

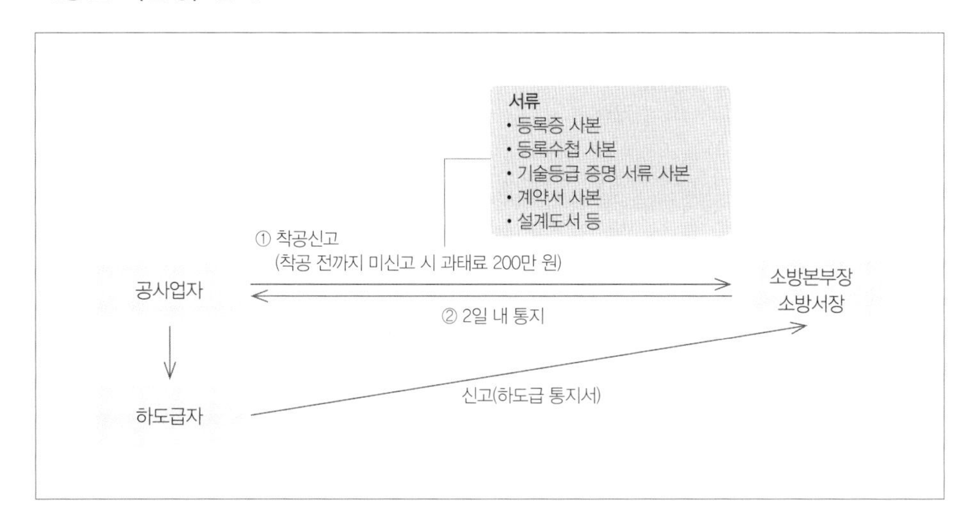

2. 대상(위험물 제조소 제외)

설비		착공신고	
		신설	증설
소화	옥내(호스릴 포함), 옥외소화전	○	○
	스프링클러 등	○	스프링클러, 간이스프링클러 방호구역
	물분무등	○	○(방호구역)
용수	소화용수	○	×
소화활동	연결송수관	○	○(송수구역)
	연결살수	○	○(살수구역)
	연소방지	○	○(살수구역)
	무선통신보조	○	×
	제연	○	○(제연구역)
	비상콘센트	○	○(전용회로)
경보	자동화재탐지	○	○(경보구역)
	비상방송	○	×
	비상경보	○	×

개설, 이전, 정비공사의 경우: 수신반, 소화펌프, 동력(감시)제어반

3. 변경신고 사항: 소방시설 종류, 시공자, 소방기술자

4. 소방기술자 배치기간: 착공일 ~ 완공검사증명서 발급일

불꽃암기
개설, 이전, 정비공사 시 착공신고 대상
수소동

불꽃암기
변경신고 사항
종시기

5. 기술자 배치 예외사항

시공관리 등 지장 × + 발주자 승낙 + 공사 중단된 기간 동안 아래의 경우

① 민원, 계절적 요인

② 예산부족 등 발주자 책임 있는 사유 또는 천재지변 등 불가항력

③ 발주자가 공사 중단 요청

3 완공검사

1. 완공검사 절차

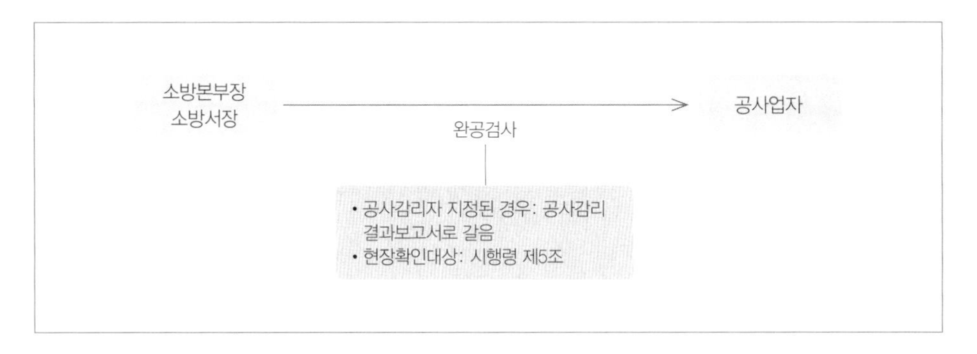

불꽃암기

완공신고 현장확인 대상

스물 노숙(인) 판수는 종(교시설) 창문 11층을 1만 1천(원 받고) 지운다

2. 완공검사 현장확인 대상

① 스프링클러설비 등 설치대상

② 물분무 등 소화설비(호스릴 방식 제외) 설치대상

③ 노유자시설, 숙박시설, 판매시설, 수련시설

④ 종교시설, 창고시설, 문화 및 집회시설, 11층 이상(아파트 제외)

⑤ 연면적 1만m^2 이상(아파트 제외)

⑥ 가연성가스 제조·저장, 취급시설 + 지상 노출된 가연성가스탱크의 저장용량 합계가 1천 톤 이상인 시설

⑦ 지하상가, 운동시설, 다중이용업소

4 공사의 하자

1. 하자보수 보증기간

구분	시설
2년	피난기구, 유도등, 유도표지, 비상경보설비, 비상조명등, 비상방송설비 및 무선통신보조설비
3년	• 자동화재탐지설비 • 자동소화장치, 옥내소화전설비, 스프링클러설비, 간이스프링클러설비, 물분무등 소화설비, 옥외소화전설비, 상수도소화용수설비 및 소화활동설비(무선통신보조설비 제외)

2. 하자보수 절차

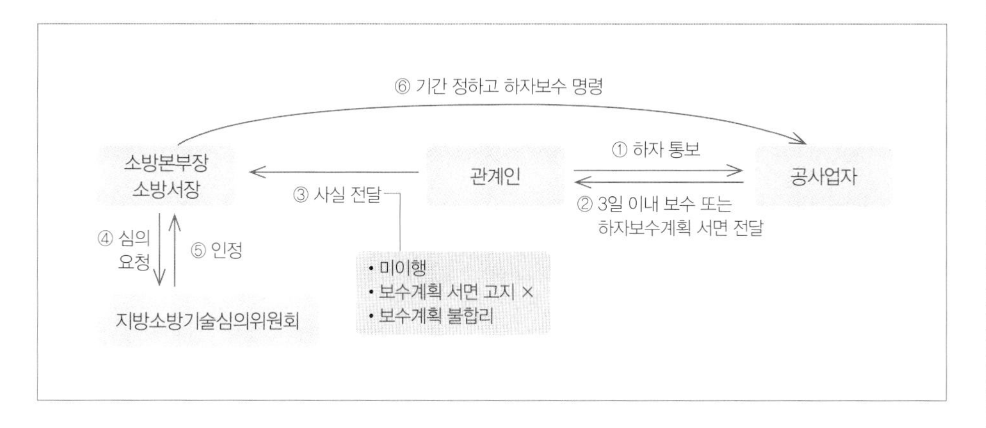

5 감리

1. 감리 업무

구분	세부내용
적합성	• 소방용품의 위치, 규격, 사용 자재의 적합성 검토 • 소방시설 등 설계도서의 적합성 검토 • 소방시설 등 설계 변경 사항의 적합성 검토 • 공사업자 작성한 시공 상세 도면의 적합성 검토
적법성	• 실내장식물의 불연화와 방염 물품의 적법성 검토 • 소방시설 등 설치계획표의 적법성 검토 • 피난시설 및 방화시설의 적법성 검토
지도·감독	공사업자가 한 소방시설 등의 시공이 설계도서와 화재안전기준에 맞는지에 대한 지도·감독
시험	완공된 소방시설 등의 성능시험

불꽃암기
감리 업무
용도변상, 불계피, 감시

2. 상주감리 대상

① 연 3만m^2 이상(아파트 제외)

② 지하층 포함 16층 이상 + 500세대 이상 아파트

3. 감리업자 아닌 자가 감리할 수 있는 장소

「원자력안전법」 관련시설(안전성과 보안성 요구)

4. 감리 지정대상

설비	감리지정		
	신·개설	증설	비고
옥내·옥외소화전	○	○	
스프링클러 등 (캐비닛형 간이스프링클러 제외)	○	○ (방호방수구역)	
물분무등 (호스릴 제외)	○	○ (방호방수구역)	
소화용수	○	×	
연결송수관	○	×	
연결살수	○	○ (송수구역)	
연소방지	○	○ (살수구역)	
무선통신보조	○	×	
제연	○	○ (제연구역)	
비상콘센트	○	○ (전용회로)	
자동화재탐지	○		
비상방송	○		
통합감시	○		
비상조명	○		

5. 감리원 배치기준

불꽃암기
감리원 배치기준
2335, 416, 물제지

책임	보조	소방시설공사 현장의 기준
특급 중 소방기술사	초급	• 연면적 20만m² 이상 • 지하층을 포함한 층수가 40층 이상
특급 이상	초급	• 연면적 3만m² 이상 20만m² 미만(아파트 제외) • 지하층 포함 층수 16층 이상 40층 미만
고급 이상	초급	• 물분무등 소화설비(호스릴 방식의 소화설비 제외) 또는 제연설비가 설치 • 연면적 3만m² 이상 20만m² 미만인 아파트
중급 이상		연면적 5천m² 이상 3만m² 미만
초급 이상		• 연면적 5천m² 미만 • 지하구

6 도급

1. 도급 절차

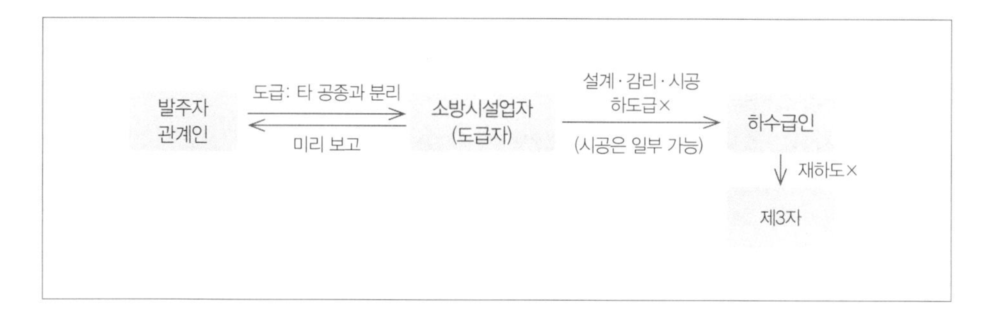

2. 분리 도급 가능한 경우(원칙: 분리 도급 ×)

① 재난 → 긴급 착공
② 국방 및 국가안보 등 기밀유지
③ 연 1천m^2 이하 + 비상경보설비 설치
④ 착공신고 대상 아닌 공사
⑤ 대안입찰 또는 일괄입찰, 기술제안입찰 공사
⑥ 문화재 수리 및 재개발, 재건축 + 분리 곤란 + 소방청장 인정

3. 하도급 제한

원칙	도급받은 자는 설계, 시공, 감리를 제3자에게 하도급 불가
예외	소방시설공사업 + 주택건설사업, 건설업, 전기공사업, 정보통신공사업과 함께 도급

119 암기카드

1분 1초를 9하는
소방 암기카드!
QR코드를 스캔하여
확인해보세요.
※ 에듀윌 도서몰에서도
다운로드 가능합니다.

01 제12조 시공

대표기출

408 □□□ 21 소방 공채

「소방시설공사업법」 및 같은 법 시행령상 소방공사업자는 소방기술자를 소방공사 현장에 배치하는 것이 원칙이지만, 발주자가 서면으로 승낙하는 경우에는 해당 공사가 중단된 기간 동안 소방기술자를 공사 현장에 배치하지 않을 수 있도록 되어 있는 예외사항이 있다. 다음 중 예외사항으로 옳지 않은 것은?

① 발주자가 공사 중단을 요청하는 경우
② 소방공사감리원이 공사 중단을 요청하는 경우
③ 민원 또는 계절적 요인 등으로 해당 공정의 공사가 일정 기간 중단된 경우
④ 예산 부족 등 발주자의 책임 있는 사유 또는 천재지변 등 불가항력으로 공사가 일정 기간 중단된 경우

출제 키워드 | 소방기술자 배치 상

② X '발주자'가 공사 중단을 요청하는 경우가 예외사항에 해당한다. 소방공사감리원(감리업자)은 공사 중단 요청할 수 없지만 공사업자가 보완요구를 이행하지 아니하고 그 공사를 계속할 때에는 행정안전부령으로 정하는 바에 따라 소방본부장이나 소방서장에게 그 사실을 보고해야 한다(소방시설공사업법 제19조 위반사항에 대한 조치).

> 「소방시설공사업법 시행령」 별표 2(소방기술자의 배치기간)
> 가. 공사업자는 제1호에 따른 소방기술자를 소방시설공사의 착공일부터 소방시설 완공검사증명서 발급일까지 배치한다.
> 나. 공사업자는 가목에도 불구하고 시공관리, 품질 및 안전에 지장이 없는 경우로서 다음의 어느 하나에 해당하여 발주자가 서면으로 승낙하는 경우에는 해당 공사가 중단된 기간 동안 소방기술자를 공사 현장에 배치하지 않을 수 있다.
> 1) 민원 또는 계절적 요인 등으로 해당 공정의 공사가 일정 기간 중단된 경우
> 2) 예산의 부족 등 발주자(하도급의 경우에는 수급인을 포함한다. 이하 이 목에서 같다)의 책임 있는 사유 또는 천재지변 등 불가항력으로 공사가 일정 기간 중단된 경우
> 3) 발주자가 공사의 중단을 요청하는 경우

정답 ②

409 □□□ 21 소방시설관리사

소방시설공사업법령상 소방기술자의 배치기준이다. ( ) 에 들어갈 내용으로 옳게 나열한 것은?

소방기술자의 배치기준	소방시설공사 현장의 기준
가. 행정안전부령으로 정하는 특급기술자인 소방기술자 (기계분야 및 전기분야)	1) 연면적 (ㄱ) 제곱미터 이상인 특정소방대상물의 공사 현장 2) 지하층을 (ㄴ)한 층수가 (ㄷ)층 이상인 특정소방대상물의 공사 현장

① ㄱ: 10만, ㄴ: 포함, ㄷ: 20
② ㄱ: 10만, ㄴ: 제외, ㄷ: 30
③ ㄱ: 20만, ㄴ: 포함, ㄷ: 40
④ ㄱ: 20만, ㄴ: 제외, ㄷ: 50

출제 키워드 | 소방기술자 배치 중

③ O ㄱ: 20만, ㄴ: 포함, ㄷ: 40

✓ 소방기술자의 배치기준(소방시설공사업법 시행령 별표 2)

소방기술자의 배치기준	소방시설공사 현장의 기준
가. 행정안전부령으로 정하는 특급기술자인 소방기술자(기계분야 및 전기분야)	1) 연면적 20만 제곱미터 이상인 특정소방대상물의 공사 현장 2) 지하층을 포함한 층수가 40층 이상인 특정소방대상물의 공사 현장

정답 ③

410 □□□

17 소방시설관리사

소방시설공사업법령상 중급기술자 이상의 소방기술자(기계 및 전기분야) 배치기준으로 옳지 않은 것은?

① 호스릴 방식의 포소화설비가 설치되는 특정소방대상물의 공사 현장
② 아파트가 아닌 특정소방대상물로서 연면적 2만m^2인 공사 현장
③ 연면적 2만m^2인 아파트 공사 현장
④ 제연설비가 설치되는 특정소방대상물의 공사 현장

출제 키워드 | 소방기술자 배치 중

① × 물분무등소화설비(호스릴 방식의 소화설비는 제외)가 설치되는 특정소방대상물의 공사 현장

정답 ①

02 제13조 착공신고

대표기출

411 □□□

22 소방 공채

「소방시설공사업법 시행령」상 소방시설공사의 착공신고 대상으로 옳지 않은 것은?

① 창고시설에 스프링클러설비의 방호구역을 증설하는 공사
② 공동주택에 자동화재탐지설비의 경계구역을 증설하는 공사
③ 위험물제조소에 할로겐화합물 및 불활성기체 소화설비를 신설하는 공사
④ 업무시설에 옥내소화전설비(호스릴옥내소화전설비를 포함한다)를 신설하는 공사

출제 키워드 | 착공신고 상

③ × 「위험물안전관리법」 제2조 제1항 제6호에 따른 제조소등은 제외된다.

> 「소방시설공사업법 시행령」 제4조(소방시설공사의 착공신고 대상) 법 제13조 제1항에서 "대통령령으로 정하는 소방시설공사"란 다음 각 호의 어느 하나에 해당하는 소방시설공사를 말한다.
> 1. 특정소방대상물(위험물안전관리법 제2조 제1항 제6호에 따른 제조소등은 제외한다. 이하 제2호 및 제3호에서 같다)에 다음 각 목의 어느 하나에 해당하는 설비를 신설하는 공사
> 가. 옥내소화전설비(호스릴옥내소화전설비를 포함한다), 옥외소화전설비, 스프링클러설비·간이스프링클러설비(캐비닛형 간이스프링클러설비를 포함한다) 및 화재조기진압용 스프링클러설비(이하 "스프링클러설비등"), 물분무소화설비·포소화설비·이산화탄소소화설비·할론소화설비·할로겐화합물 및 불활성기체 소화설비·미분무소화설비·강화액소화설비 및 분말소화설비(이하 "물분무등소화설비"), 연결송수관설비, 연결살수설비, 제연설비(소방용 외의 용도와 겸용되는 제연설비를 「건설산업기본법 시행령」 별표 1에 따른 기계가스설비공사업자가 공사하는 경우는 제외), 소화용수설비(소화용수설비를 「건설산업기본법 시행령」 별표 1에 따른 기계가스설비공사업자 또는 상·하수도설비공사업자가 공사하는 경우는 제외한다) 또는 연소방지설비

나. 자동화재탐지설비, 비상경보설비, 비상방송설비(소방용 외의 용도와 겸용되는 비상방송설비를 「정보통신공사업법」에 따른 정보통신공사업자가 공사하는 경우는 제외한다), 비상콘센트설비(비상콘센트설비를 「전기공사업법」에 따른 전기공사업자가 공사하는 경우는 제외한다) 또는 무선통신보조설비(소방용 외의 용도와 겸용되는 무선통신부조설비를 「정부통신공사업법」에 따른 정보통신공사업자가 공사하는 경우는 제외한다)

2. 특정소방대상물에 다음 각 목의 어느 하나에 해당하는 설비 또는 구역 등을 증설하는 공사
   가. 옥내·옥외소화전설비
   나. 스프링클러설비·간이스프링클러설비 또는 물분무등소화설비의 방호구역, 자동화재탐지설비의 경계구역, 제연설비의 제연구역(소방용 외의 용도와 겸용되는 제연설비를 「건설산업기본법 시행령」 별표 1에 따른 기계가스설비공사업자가 공사하는 경우는 제외한다), 연결살수설비의 살수구역, 연결송수관설비의 송수구역, 비상콘센트설비의 전용회로, 연소방지설비의 살수구역
3. 특정소방대상물에 설치된 소방시설등을 구성하는 다음 각 목의 어느 하나에 해당하는 것의 전부 또는 일부를 개설, 이전 또는 정비하는 공사. 다만, 고장 또는 파손 등으로 인하여 작동시킬 수 없는 소방시설을 긴급히 교체하거나 보수해야 하는 경우에는 신고하지 않을 수 있다.
   가. 수신반
   나. 소화펌프
   다. 동력(감시)제어반

☑ 소방시설공사의 착공신고 대상

→ 「소방시설공사업법」 중 가장 출제 빈도가 높은 부분!

소방설비		착공신고	
		신설	증설
소화	옥내(호스릴 포함), 옥외소화전	○	○
	스프링클러등	○	스프링클러, 간이스프링클러(방호구역)
	물분무등	○	○(방호구역)
용수	소화용수	○	×
소화 활동 설비	연결송수관	○	○(송수구역)
	연결살수	○	○(살수구역)
	연소방지	○	○(살수구역)
	무선통신보조	○	×
	제연	○	○(제연구역)
	비상콘센트	○	○(전용회로)
경보	자동화재탐지	○	○(경계구역)
	비상방송	○	×
	비상경보	○	×

- 「위험물안전관리법」 제2조 제1항 제6호에 따른 제조소등은 제외
- 개설, 이전, 정비공사의 경우: 수신반, 소화펌프, 동력(감시)제어반

불꽃암기 수소동

정답 ③

412 □□□

18 하반기 소방 공채

「소방시설공사업법 시행령」상 소방시설공사의 착공신고 대상으로 옳지 않은 것은?

① 비상경보설비를 신설하는 특정소방대상물 신축공사
② 자동화재속보설비를 신설하는 특정소방대상물 신축공사
③ 연결송수관설비의 송수구역을 증설하는 특정소방대상물 증축공사
④ 자동화재탐지설비의 경계구역을 증설하는 특정소방대상물 증축공사

출제 키워드 | 착공신고 

① ○ ③ ○ ④ ○ 소방시설공사의 착공신고 대상이다(소방시설공사업법 시행령 제4조).

② × 자동화재속보설비의 신설·신축공사는 소방시설공사의 착공신고 대상이 아니다.

정답 ②

413 □□□

17 하반기 소방 공채(복원)

「소방시설공사업법 시행령」상 반드시 착공신고를 해야 하는 것은?

① 단독경보형감지기를 설치하는 경우
② 소화용수설비를 「건설산업기본법 시행령」에 따른 기계설비공사업자 또는 상·하수도설비공사업자가 공사하는 경우
③ 신축하는 특정소방대상물에 옥내소화전설비를 신설하는 경우
④ 동력(감시)제어반을 고장 또는 파손 등으로 인하여 작동시킬 수 없어 긴급히 교체하거나 보수하여야 하는 경우

출제 키워드 | 착공신고 

① × 단독경보형감지기 설치는 착공신고 대상이 아니다.
② × 소화용수설비를 「건설산업기본법 시행령」 별표 1에 따른 기계설비공사업자 또는 상·하수도설비공사업자가 공사하는 경우는 착공신고 대상에서 제외한다.
③ ○ 신축하는 특정소방대상물에 옥내소화전설비를 신설하는 경우에는 반드시 착공신고를 해야 한다(소방시설공사업법 시행령 제4조).
④ × 수신반(受信盤), 소화펌프, 동력(감시)제어반의 고장 또는 파손 등으로 인하여 작동시킬 수 없는 소방시설을 긴급히 교체하거나 보수하여야 하는 경우에는 신고하지 않을 수 있다.

정답 ③

414 □□□

17 상반기 소방 공채(복원)

「소방시설공사업법 시행령」상 소방시설공사의 착공신고 대상으로 옳은 것은?

① 비상경보설비를 증설하는 공사
② 유도등을 신설하는 공사
③ 자동화재탐지설비의 경계구역을 증설하는 공사
④ 비상방송설비(소방용 외의 용도와 겸용되는 비상방송설비를 「정보통신공사업법」에 따른 정보통신공사업자가 공사하는 경우를 포함한다)를 신설하는 공사

출제 키워드 | 착공신고 

① × 비상경보설비를 '신설'하는 공사가 착공신고의 대상이다.
② × 유도등 신설 공사는 착공신고 대상에 포함되지 않는다.
③ ○ 자동화재탐지설비의 경계구역을 증설하는 공사는 착공신고의 대상이다(소방시설공사업법 시행령 제4조 제2호 나목).
④ × 비상방송설비(소방용 외의 용도와 겸용되는 비상방송설비를 정보통신공사업법에 따른 정보통신공사업자가 공사하는 경우는 '제외'한다)를 신설하는 공사가 착공신고의 대상이다.

정답 ③

415 □□□

15 소방 공채(복원)

「소방시설공사업법 시행령」상 소방시설공사의 착공신고 대상에서 제외되는 것은?

① 비상콘센트설비의 전용회로를 증설하는 공사
② 옥내·옥외소화전설비를 증설하는 공사
③ 자동화재탐지설비를 신설하는 공사
④ 정보통신공사업자가 행하는 소방용 외의 용도와 겸용되는 무선통신보조설비를 신설하는 공사

출제 키워드 | 착공신고 상

④ O 소방용 외의 용도와 겸용되는 무선통신보조설비를 「정보통신공사업법」에 따른 정보통신공사업자가 공사하는 경우는 착공신고의 대상에서 제외한다(소방시설공사업법 시행령 제4조 제1호 나목). 정답 ④

416 □□□

21 소방설비기사

소방시설공사업법령상 공사감리자 지정대상 특정소방대상물의 범위가 아닌 것은?

① 물분무등소화설비(호스릴 방식의 소화설비는 제외)를 신설·개설하거나 방호·방수구역을 증설할 때
② 제연설비를 신설·개설하거나 제연구역을 증설할 때
③ 연소방지설비를 신설·개설하거나 살수구역을 증설할 때
④ 캐비닛형 간이스프링클러설비를 신설·개설하거나 방호·방수구역을 증설할 때

출제 키워드 | 착공신고 

④ X 스프링클러설비등(캐비닛형 간이스프링클러설비는 제외)을 신설·개설하거나 방호·방수 구역을 증설할 때는 감리자 지정대상이다. 정답 ④

417 □□□

18 소방설비기사

소방시설공사업법령에 따른 소방시설공사 중 특정소방대상물에 설치된 소방시설등을 구성하는 것의 전부 또는 일부를 개설, 이전 또는 정비하는 공사의 착공신고 대상이 아닌 것은?

① 수신반
② 소화펌프
③ 동력(감시)제어반
④ 제연설비의 제연구역

출제 키워드 | 착공신고 하

④ X 제연설비의 제연구역의 증설은 소방시설등을 구성하는 것의 전부 또는 일부를 개설, 이전 또는 정비하는 공사의 착공신고 대상이 아니다.
정답 ④

대표기출

418 □□□

15 소방 공채(복원)

「소방시설공사업법」상 신축으로 자동화재탐지설비와 옥내소화전설비를 신설해야 하는 연면적 1,500m²인 특정소방대상물(업무시설)의 소방시설 설치에서 완공검사까지의 진행 순서가 가장 옳은 것은? (감리자 지정 및 감리원 배치 등 감리결과에 관한 절차는 생략함)

① 착공신고 → 시공 및 공사완료 → 완공검사 신청 → 감리결과보고서 갈음 → 완공검사증명서 발급
② 시공 → 착공신고 → 공사완료 → 완공검사 신청 → 감리결과보고서 갈음 → 완공검사증명서 발급
③ 착공신고 → 시공 및 공사완료 → 완공검사 신청 → 완공검사(현장확인) → 완공검사증명서 발급
④ 시공 → 착공신고 → 공사완료 → 완공검사 신청 → 완공검사(현장확인) → 완공검사증명서 발급

출제 키워드 | 착공신고 중

① O '착공신고 → 시공 및 공사완료 → 완공검사 신청 → 감리결과보고서 갈음 → 완공검사증명서 발급'의 순서로 진행되어야 한다(소방시설공사업법 제13조 및 제14조, 동법 시행규칙 제13조). → 대상물의 규모가 완공검사를 위한 현장확인 대상 특정소방대상물의 범위에 해당하지 않아서 완공검사는 감리결과보고서로 갈음한다. 대상물의 규모가 소규모일 경우 착공신고 및 감리지정대상 여부를 확인한다.

「소방시설공사업법」 제13조(착공신고) ① 공사업자는 대통령령으로 정하는 소방시설공사를 하려면 행정안전부령으로 정하는 바에 따라 그 공사의 내용, 시공 장소, 그 밖에 필요한 사항을 소방본부장이나 소방서장에게 신고해야 한다. → 위반 시 200만 원 이하의 과태료

「소방시설공사업법」 제14조(완공검사) ① 공사업자는 소방시설공사를 완공하면 소방본부장 또는 소방서장의 완공검사를 받아야 한다. 다만, 제17조 제1항에 따라 공사감리자가 지정되어 있는 경우에는 공사감리 결과보고서로 완공검사를 갈음하되, 대통령령으로 정하는 특정소방대상물의 경우에는 소방본부장이나 소방서장이 소방시설공사가 공사감리 결과보고서대로 완공되었는지를 현장에서 확인할 수 있다. → 위반 시 200만 원 이하의 과태료

「소방시설공사업법 시행규칙」 제13조(소방시설의 완공검사 신청 등) ① 공사업자는 소방시설공사의 완공검사 또는 부분완공검사를 받으려면 법 제14조 제4항에 따라 별지 제17호서식의 소방시설공사 완공검사신청서(전자문서로 된 소방시설공사 완공검사신청서를 포함한다) 또는 별지 제18호서식의 소방시설 부분완공검사신청서(전자문서로 된 소방시설 부분완공검사신청서를 포함한다)를 소방본부장 또는 소방서장에게 제출하여야 한다. 다만, 「전자정부법」 제36조 제1항에 따른 행정정보의 공동이용을 통하여 첨부서류에 대한 정보를 확인할 수 있는 경우에는 그 확인으로 첨부서류를 갈음할 수 있다.
② 제1항에 따라 소방시설 완공검사신청 또는 부분완공검사신청을 받은 소방본부장 또는 소방서장은 법 제14조 제1항 및 제2항에 따른 현장 확인 결과 또는 감리 결과보고서를 검토한 결과 해당 소방시설공사가 법령과 화재안전기준에 적합하다고 인정하면 별지 제19호서식의 소방시설 완공검사증명서 또는 별지 제20호서식의 소방시설 부분완공검사증명서를 공사업자에게 발급하여야 한다.

정답 ①

419 □□□

16 소방설비기사

소방시설공사업자가 소방시설공사를 하고자 하는 경우 소방시설공사 착공신고서를 누구에게 제출해야 하는가?

① 시 · 도지사
② 소방청장
③ 한국소방시설협회장
④ 소방본부장 또는 소방서장

출제 키워드 | 착공신고 

④ O 소방시설공사업자가 소방시설공사를 하고자 하는 경우 소방본부장이나 소방서장에게 신고해야 한다.

정답 ④

420 □□□

22 소방시설관리사

소방시설공사업법령상 착공신고를 한 공사업자가 변경신고를 하여야 하는 경우에 해당하지 않는 것은?

① 시공자가 변경된 경우
② 소방시설공사 기간이 변경된 경우
③ 설치되는 소방시설의 종류가 변경된 경우
④ 책임시공 및 기술관리 소방기술자가 변경된 경우

출제 키워드 | 착공신고 중

② X 소방시설공사 기간이 변경된 경우는 행정안전부령으로 정하는 중요한 변경 사항이 아니다.

> **「소방시설공사업법」 제13조(착공신고)** ② 공사업자가 제1항에 따라 신고한 사항 가운데 행정안전부령으로 정하는 중요한 사항을 변경하였을 때에는 행정안전부령으로 정하는 바에 따라 변경신고를 하여야 한다. → 위반 시 200만 원 이하의 과태료
> 이 경우 중요한 사항에 해당하지 아니하는 변경 사항은 다음 각 호의 어느 하나에 해당하는 서류에 포함하여 소방본부장이나 소방서장에게 보고하여야 한다.
> 1. 제14조 제1항 또는 제2항에 따른 완공검사 또는 부분완공검사를 신청하는 서류
> 2. 제20조에 따른 공사감리 결과보고서
>
> **「소방시설공사업법 시행규칙」 제12조(착공신고 등)** ② 법 제13조 제2항에서 "행정안전부령으로 정하는 중요한 사항"이란 다음 각 호의 어느 하나에 해당하는 사항을 말한다.
> 1. 시공자
> 2. 설치되는 소방시설의 종류
> 3. 책임시공 및 기술관리 소방기술자

정답 ②

421 □□□

16 소방설비기사

소방시설공사의 착공신고 시 첨부서류가 아닌 것은?

① 공사업자의 소방시설공사업 등록증 사본
② 공사업자의 소방시설공사업 등록수첩 사본
③ 해당 소방시설공사의 책임시공 및 기술관리를 하는 기술인력의 기술등급을 증명하는 서류 사본
④ 해당 소방시설을 설계한 기술인력자의 기술자격증 사본

출제 키워드 | 착공신고 중

④ × 설계한 기술인력자의 기술자격증 사본은 착공신고서류에 해당하지 않는다.

> **「소방시설공사업법 시행규칙」 제12조(착공신고 등)** ① 법 제4조 제1항에 따라 소방시설공사업을 등록한 자(이하 "공사업자")는 소방시설공사를 하려면 법 제13조 제1항에 따라 해당 소방시설공사의 착공 전까지 별지 제14호서식의 소방시설공사 착공(변경)신고서[전자문서로 된 소방시설공사 착공(변경)신고서를 포함한다]에 다음 각 호의 서류(전자문서를 포함한다)를 첨부하여 소방본부장 또는 소방서장에게 신고하여야 한다. 다만, 「전자정부법」 제36조 제1항에 따른 행정정보의 공동이용을 통하여 첨부서류에 대한 정보를 확인할 수 있는 경우에는 그 확인으로 첨부서류를 갈음할 수 있다.
> 1. 공사업자의 소방시설공사업 등록증 사본 1부 및 등록수첩 사본 1부
> 2. 해당 소방시설공사의 책임시공 및 기술관리를 하는 기술인력의 기술등급을 증명하는 서류 사본 1부
> 3. 법 제21조의3 제2항에 따라 체결한 소방시설공사 계약서 사본 1부
> 4. 설계도서(설계설명서를 포함한다) 1부. 다만, 영 제4조 제3호에 해당하는 소방시설공사인 경우 또는 「소방시설 설치 및 관리에 관한 법률 시행규칙」 제5조 제2항에 따라 건축허가등의 동의요구서에 첨부된 서류 중 설계도서가 변경되지 않은 경우에는 설계도서를 첨부하지 않을 수 있다.
> 5. 소방시설공사를 하도급하는 경우 다음 각 목의 서류
>   가. 제20조 제1항 및 별지 제31호서식에 따른 소방시설공사등의 하도급통지서 사본 1부
>   나. 하도급대금 지급에 관한 다음의 어느 하나에 해당하는 서류
>   1) 「하도급거래 공정화에 관한 법률」 제13조의2에 따라 공사대금 지급을 보증한 경우에는 하도급대금 지급보증서 사본 1부
>   2) 「하도급거래 공정화에 관한 법률」 제13조의2 제1항 각 호 외의 부분 단서 및 같은 법 시행령 제8조 제1항에 따라 보증이 필요하지 않거나 보증이 적합하지 않다고 인정되는 경우에는 이를 증빙하는 서류 사본 1부

정답 ④

03 제14조 완공검사

대표기출

422 □□□

17 하반기 소방 공채(복원)

「소방시설공사업법」상 완공검사에 대한 설명으로 옳지 않은 것은?

① 공사업자는 소방시설공사를 완공하면 소방본부장 또는 소방서장의 완공검사를 받아야 한다.
② 공사감리자가 지정되어 있는 경우에는 공사감리 결과보고서로 완공검사를 갈음하되, 대통령령으로 정하는 특정소방대상물의 경우에는 소방본부장이나 소방서장이 소방시설공사가 공사감리 결과보고서대로 완공되었는지를 현장에서 확인할 수 있다.
③ 공사업자가 소방대상물 일부분의 소방시설공사를 마친 경우 그 일부분에 대하여는 소방본부장이나 소방서장에게 완공검사를 신청할 수 없다.
④ 소방본부장이나 소방서장은 완공검사나 부분완공검사를 하였을 때에는 완공검사증명서나 부분완공검사증명서를 발급하여야 한다.

출제 키워드 | 완공검사 중

③ × 공사업자가 일부분의 공사를 마친 경우에는 그 일부분에 대하여 완공검사를 신청할 수 있다(소방시설공사업법 제14조 제2항).

> **「소방시설공사업법」 제14조(완공검사)** ② 공사업자가 소방대상물 일부분의 소방시설공사를 마친 경우로서 전체 시설이 준공되기 전에 부분적으로 사용할 필요가 있는 경우에는 그 일부분에 대하여 소방본부장이나 소방서장에게 완공검사(이하 "부분완공검사")를 신청할 수 있다. 이 경우 소방본부장이나 소방서장은 그 일부분의 공사가 완공되었는지를 확인하여야 한다.

정답 ③

423 □□□

21 소방 공채(변형)

「소방시설공사업법」에 규정한 내용으로 옳지 않은 것은?

① 특정소방대상물의 관계인 또는 발주자는 소방시설공사등을 도급할 때에는 해당 소방시설업자에게 도급하여야 한다.
② 소방본부장이나 소방서장은 완공검사나 부분완공검사를 하였을 때에는 완공검사증명서나 부분완공검사증명서를 발급하여야 한다.
③ 관계인은 하자보수기간에 소방시설의 하자가 발생하였을 때에는 공사업자에게 그 사실을 알려야 하며, 통보를 받은 공사업자는 7일 이내에 하자를 보수하거나 보수 일정을 기록한 하자보수계획을 관계인에게 서면으로 알려야 한다.
④ 소방시설업의 등록을 한 후 정당한 사유 없이 1년이 지날 때까지 영업을 시작하지 아니하거나 계속하여 1년 이상 휴업함으로써 그 이용자에게 불편을 줄 때에는 영업정지처분을 갈음하여 2억 원 이하의 과징금을 부과할 수 있다.

출제 키워드 | 완공검사 

① O 특정소방대상물의 관계인 또는 발주자는 소방시설공사등을 도급할 때에는 해당 소방시설업자에게 도급하여야 한다.

> 「소방시설공사업법」 제21조(소방시설공사등의 도급) ① 특정소방대상물의 관계인 또는 발주자는 소방시설공사등을 도급할 때에는 해당 소방시설업자에게 도급해야 한다. → 위반 시 1년 이하의 징역 또는 1천만 원 이하의 벌금

② O 소방본부장이나 소방서장은 완공검사나 부분완공검사를 하였을 때에는 완공검사증명서나 부분완공검사증명서를 발급하여야 한다.

> 「소방시설공사업법」 제14조(완공검사) ③ 소방본부장이나 소방서장은 제1항에 따른 완공검사나 제2항에 따른 부분완공검사를 하였을 때에는 완공검사증명서나 부분완공검사증명서를 발급해야 한다.

③ X 관계인은 하자보수기간에 소방시설의 하자가 발생하였을 때에는 공사업자에게 그 사실을 알려야 하며, 통보를 받은 공사업자는 3일 이내에 하자를 보수하거나 보수 일정을 기록한 하자보수계획을 관계인에게 서면으로 알려야 한다.

> 「소방시설공사업법」 제15조(공사의 하자보수 등) ③ 관계인은 제1항에 따른 기간에 소방시설의 하자가 발생하였을 때에는 공사업자에게 그 사실을 알려야 하며, 통보를 받은 공사업자는 3일 이내에 하자를 보수하거나 보수 일정을 기록한 하자보수계획을 관계인에게 서면으로 알려야 한다. → 위반 시 200만 원 이하의 과태료

④ O 소방시설업의 등록을 한 후 정당한 사유 없이 1년이 지날 때까지 영업을 시작하지 아니하거나 계속하여 1년 이상 휴업함으로써 그 이용자에게 불편을 줄 때에는 영업정지처분을 갈음하여 2억 원 이하의 과징금을 부과할 수 있다. → 「소방시설공사업법」이 개정됨에 따라 과징금이 3천만 원 이하에서 2억 원 이하로 변경되었다(개정 2020. 6. 9.).

정답 ③

대표기출

424 □□□

20 소방 공채

「소방시설공사업법 시행령」상 소방본부장 또는 소방서장의 소방시설공사 완공검사를 위한 현장확인 대상 특정소방대상물로 옳지 않은 것은?

① 창고시설
② 스프링클러설비등이 설치되는 특정소방대상물
③ 연면적 1만 제곱미터 이상이거나 11층 이상인 아파트
④ 가연성가스를 제조·저장 또는 취급하는 시설 중 지상에 노출된 가연성가스탱크의 저장용량 합계가 1천 톤 이상인 시설

출제 키워드 | 완공검사 중

③ × 11층 이상인 특정소방대상물에서 아파트는 제외 한다(소방시설공사업법 시행령 제5조 제3호).

「소방시설공사업법 시행령」 제5조(완공검사를 위한 현장확인 대상 특정소방대상물의 범위) 법 제14조 제1항 단서에서 "대통령령으로 정하는 특정소방대상물"이란 특정소방대상물 중 다음 각 호의 대상물을 말한다.

1. 문화 및 집회시설, 종교시설, 판매시설, 노유자시설, 수련시설, 운동시설, 숙박시설, 창고시설, 지하상가 및 「다중이용업소의 안전관리에 관한 특별법」에 따른 다중이용업소
2. 다음 각 목의 어느 하나에 해당하는 설비가 설치되는 특정소방대상물
   가. 스프링클러설비등
   나. 물분무등소화설비(호스릴 방식의 소화설비는 제외한다)
3. 연면적 1만m^2 이상이거나 11층 이상인 특정소방대상물(아파트는 제외)
4. 가연성가스를 제조·저장 또는 취급하는 시설 중 지상에 노출된 가연성가스탱크의 저장용량 합계가 1천 톤 이상인 시설

불꽃암기 스물 노숙(인) 판수는 종교시설 창문 11층(을) 만(원 받고) 지운다

정답 ③

425 □□□

17 상반기 소방 공채(복원)

「소방시설공사업법 시행령」상 완공검사를 위한 현장확인 대상 특정소방대상물의 범위로 옳지 않은 것은?

① 연면적이 1만 제곱미터 이상인 특정소방대상물
② 문화 및 집회시설, 다중이용업소
③ 물분무등소화설비(호스릴 방식의 소화설비 제외)가 설치되는 특정소방대상물
④ 11층 이상의 아파트

출제 키워드 | 완공검사 중

④ × 11층 이상의 특정소방대상물(아파트 제외한다)은 완공검사를 위한 현장확인 대상 특정소방대상물의 범위에 해당한다(소방시설공사업법 시행령 제5조 제3호).

정답 ④

426 □□□

16 소방 공채(복원)

「소방시설공사업법 시행령」상 완공검사를 위한 현장확인 대상 특정소방대상물의 범위로 옳지 않은 것은?

① 스프링클러설비등이 설치된 특정소방대상물
② 문화 및 집회시설, 종교시설, 판매시설, 노유자시설, 수련시설, 숙박시설, 의료시설, 운동시설, 창고시설, 지하상가 및 다중이용업소
③ 연면적 1만 제곱미터 이상이거나 11층 이상인 특정소방대상물(아파트는 제외한다)
④ 가연성가스를 제조·저장 또는 취급하는 시설 중 지상에 노출된 가연성가스탱크의 저장용량 합계가 1천 톤 이상인 시설

출제 키워드 | 완공검사 중

② × 의료시설은 완공검사를 위한 현장확인 대상 특정소방대상물의 범위에 해당하지 않는다(소방시설공사업법 시행령 제5조 제1호). 정답 ②

427 □□□

15 소방 공채(복원)

「소방시설공사업법 시행령」상 소방본부장 또는 소방서장이 소방시설공사가 공사감리 결과보고서대로 완공되었는지 현장에서 확인할 수 있는 대상으로 옳지 않은 것은?

① 다중이용업소
② 문화 및 집회시설
③ 연면적 5천 제곱미터 이상이거나 11층 이상인 특정소방대상물(아파트는 포함한다)
④ 가연성가스를 제조·저장 또는 취급하는 시설 중 지상에 노출된 가연성가스탱크의 저장용량 합계가 1천 톤 이상인 시설

출제 키워드 | 완공검사 중

③ × 연면적 '1만 제곱미터' 이상이거나 11층 이상인 특정소방대상물(아파트는 '제외'한다)이 현장확인 대상이다(소방시설공사업법 시행령 제5조 제3호). 정답 ③

428 □□□

21 소방설비기사

소방시설공사업법령에 따른 완공검사를 위한 현장확인 대상 특정소방대상물의 범위 기준으로 틀린 것은?

① 연면적 1만 제곱미터 이상이거나 11층 이상인 특정소방대상물(아파트는 제외)
② 가연성가스를 제조·저장 또는 취급하는 시설 중 지상에 노출된 가연성가스탱크의 저장용량 합계가 1,000t 이상인 시설
③ 호스릴 방식의 소화설비가 설치되는 특정소방대상물
④ 문화 및 집회시설, 종교시설, 판매시설, 노유자시설, 수련시설, 운동시설, 숙박시설, 창고시설, 지하상가

출제 키워드 | 완공검사 중

③ × 호스릴 방식의 소화설비가 설치되는 특정소방대상물은 해당하지 않는다.

정답 ③

429 □□□

17 소방설비기사

대통령령으로 정하는 특정소방대상물 소방시설공사의 완공검사를 위하여 소방본부장이나 소방서장의 현장확인 대상 범위가 아닌 것은?

① 문화 및 집회시설
② 수계 소화설비가 설치되는 것
③ 연면적 10,000m^2 이상이거나 11층 이상인 특정소방대상물(아파트는 제외)
④ 가연성가스를 제조·저장 또는 취급하는 시설 중 지상에 노출된 가연성가스탱크의 저장용량의 합계가 1,000톤 이상인 시설

출제 키워드 | 완공검사 중

② × 수계 소화설비 중 스프링클러설비등, 물분무등소화설비(호스릴 방식의 소화설비는 제외한다)가 현장확인 대상이다.

정답 ②

430 □□□

19 소방 공채

「소방시설공사업법 시행령」상 소방시설공사가 공사감리 결과보고서대로 완공되었는지를 현장에서 확인할 수 있는 대상으로 옳은 것은?

① 창고시설 또는 수련시설
② 호스릴 소화설비를 설치하는 소방시설공사
③ 연면적 1만 제곱미터 이상의 아파트에 설치하는 소방시설공사
④ 가연성가스를 제조·저장 또는 취급하는 시설 중 지하에 매립된 가연성가스탱크의 저장용량 합계가 1천 톤 이상인 시설

출제 키워드 | 완공검사 

① O 창고시설 또는 수련시설은 소방시설공사가 공사감리 결과보고서대로 완공되었는지를 현장에서 확인할 수 있는 대상이다(소방시설공사업법 시행령 제5조 제1호).
② X 호스릴 소화설비를 설치하는 소방시설공사는 그 대상에서 제외된다.
③ X 아파트에 설치하는 소방시설공사는 그 대상에서 제외된다.
④ X 제조·저장·취급하는 시설 중 '지상'에 노출된 가연성가스탱크의 저장용량 합계가 1천 톤 이상인 시설이 그 대상이다.

정답 ①

04 제15조 공사의 하자보수 등

대표기출

431 □□□

20 소방 공채

「소방시설공사업법 시행령」상 하자보수 대상 소방시설 중 하자보수 보증기간이 다른 것은?

① 비상조명등
② 비상방송설비
③ 비상콘센트설비
④ 무선통신보조설비

출제 키워드 | 하자보수 보증기간 하

① 비상조명등: 2년
② 비상방송설비: 2년
③ 비상콘센트설비: 3년
④ 무선통신보조설비: 2년

→ 소화활동설비는 무선통신보조설비만 2년, 그 외는 3년이며, 소방전기는 피난기구, 자동화재탐지설비, 비상콘센트설비 외에는 모두 2년

「소방시설공사업법 시행령」 제6조(하자보수 대상 소방시설과 하자보수 보증기간) 법 제15조 제1항에 따라 하자를 보수하여야 하는 소방시설과 소방시설별 하자보수 보증기간은 다음 각 호의 구분과 같다.
1. 피난기구, 유도등, 유도표지, 비상경보설비, 비상조명등, 비상방송설비 및 무선통신보조설비: 2년
2. 자동소화장치, 옥내소화전설비, 스프링클러설비, 간이스프링클러설비, 물분무등소화설비, 옥외소화전설비, 자동화재탐지설비, 상수도소화용수설비 및 소화활동설비(무선통신보조설비는 제외한다): 3년

정답 ③

432 □□□

19 소방 공채

「소방시설공사업법 시행령」상 소방시설공사 결과 하자보수 대상과 하자보수 보증기간의 연결이 옳은 것은?

	하자보수 대상 소방시설	하자보수 보증기간
①	비상경보설비, 자동소화장치	2년
②	무선통신보조설비, 비상조명등	2년
③	피난기구, 소화활동설비	3년
④	비상방송설비, 간이스프링클러설비	3년

출제 키워드 | 하자보수 보증기간 

① X 비상경보설비의 하자보수 보증기간은 2년이고, 자동소화장치의 하자보수 보증기간은 3년이다.

② O 무선통신보조설비, 비상조명등의 하자보수 보증기간은 2년이다.

③ X 피난기구의 하자보수 보증기간은 2년이고, 소화활동설비의 하자보수 보증기간은 3년이다.

④ X 비상방송설비의 하자보수 보증기간은 2년이고, 간이스프링클러설비의 하자보수 보증기간은 3년이다.

정답 ②

433 □□□

17 상반기 소방 공채(복원)

「소방시설공사업법 시행령」상 소방시설의 하자보수 보증기간이 같은 소방시설을 바르게 나열한 것은?

① 유도표지, 비상경보설비, 비상조명등, 피난기구
② 옥내소화전설비, 제연설비, 비상콘센트, 비상방송설비
③ 무선통신보조설비, 자동소화장치, 상수도소화용수설비, 물분무등소화설비
④ 자동화재탐지설비, 옥내소화전설비, 무선통신보조설비, 비상조명등

출제 키워드 | 하자보수 보증기간 

① O 하자보수 보증기간이 2년으로 동일하다

② X 비상방송설비는 2년이고, 나머지는 3년이다.

③ X 무선통신보조설비는 2년이고, 나머지는 3년이다.

④ X 무선통신보조설비와 비상조명등은 2년이고, 나머지는 3년이다.

정답 ①

434 □□□

14 소방 공채(복원)

다음 중 하자보수 대상 소방시설과 하자보수 보증기간의 연결이 올바른 것은?

① 포소화설비, 이산화탄소소화설비 – 2년
② 피난기구, 연결송수관설비 – 2년
③ 자동화재탐지설비, 간이스프링클러설비 – 3년
④ 비상조명등, 유도표지 – 3년

출제 키워드 | 하자보수 보증기간 하

① × 포소화설비, 이산화탄소소화설비: 3년
② × 피난기구: 2년, 연결송수관설비: 3년
③ O 자동화재탐지설비, 간이스프링클러설비: 3년
④ × 비상조명등, 유도표지: 2년

정답 ③

435 □□□

22 소방시설관리사

소방시설공사업법령상 소방시설별 하자보수 보증기간이 3년으로 규정되어 있는 소방시설을 모두 고른 것은?

ㄱ. 비상방송설비
ㄴ. 옥내소화전설비
ㄷ. 무선통신보조설비
ㄹ. 자동화재탐지설비

① ㄱ, ㄴ
② ㄱ, ㄷ
③ ㄴ, ㄹ
④ ㄷ, ㄹ

출제 키워드 | 하자보수 보증기간 하

ㄱ. × 비상방송설비: 2년
ㄴ. O 옥내소화전설비: 3년
ㄷ. × 무선통신보조설비: 2년
ㄹ. O 자동화재탐지설비: 3년

정답 ③

436 □□□

18 소방시설관리사

소방시설공사업법령상 하자보수 대상 소방시설과 하자보수 보증기간의 연결이 옳지 않은 것은?

① 피난기구 – 3년
② 자동화재탐지설비 – 3년
③ 자동소화장치 – 3년
④ 간이스프링클러설비 – 3년

437 □□□

20 소방설비기사(변형)

소방시설공사업법령상 소방시설공사의 하자보수 보증기간이 같은 것을 모두 고른 것은?

ㄱ. 자동소화장치	ㄴ. 무선통신보조설비
ㄷ. 비상콘센트설비	ㄹ. 간이스프링클러설비

① ㄱ, ㄴ, ㄷ
② ㄴ, ㄷ, ㄹ
③ ㄱ, ㄴ, ㄹ
④ ㄱ, ㄷ, ㄹ

출제 키워드 | 하자보수 보증기간 하

① X 피난기구: 2년
② O 자동화재탐지설비: 3년
③ O 자동소화장치: 3년
④ O 간이스프링클러설비: 3년

정답 ①

출제 키워드 | 하자보수 보증기간 하

ㄱ. O 자동소화장치: 3년
ㄴ. X 무선통신보조설비: 2년
ㄷ. O 비상콘센트설비: 3년
ㄹ. O 간이스프링클러설비: 3년

정답 ④

05 제16조 감리

대표기출

438 □□□ 21 소방 공채

「소방시설공사업법」 및 같은 법 시행령, 시행규칙상 공사감리에 관한 내용으로 옳은 것은?

① 감리업자가 감리원을 배치하였을 때에는 소방본부장 또는 소방서장의 동의를 받아야 한다.

② 소방본부장 또는 소방서장은 특정소방대상물에 대해서 감리업자를 공사감리자로 지정하여야 한다.

③ 지하층을 포함한 층수가 16층 이상으로서 300세대 이상인 아파트에 대한 소방시설 공사는 상주 공사감리 대상이다.

④ 상주 공사감리 대상인 경우 소방시설용 배관을 설치하거나 매립하는 때부터 완공검사증명서를 발급받을 때까지 소방공사감리현장에 감리원을 배치하여야 한다.

출제 키워드 | 감리 상

① X 감리업자가 감리원을 배치하였을 때에는 소방본부장 또는 소방서장에게 통보하여야 한다.

② X 관계인은 특정소방대상물에 대해서 감리업자를 공사감리자로 지정해야 한다.

③ X 지하층을 포함한 층수가 16층 이상으로서 500세대 이상인 아파트가 상주 공사감리 대상이다.

④ O 상주 공사감리 대상인 경우 소방시설용 배관을 설치하거나 매립하는 때부터 완공검사증명서를 발급받을 때까지 소방공사감리현장에 감리원을 배치하여야 한다.

「소방시설공사업법 시행규칙」 제16조(감리원의 세부 배치 기준 등) ① 법 제18조 제3항에 따른 감리원의 세부적인 배치 기준은 다음 각 호의 구분에 따른다.

1. 영 별표 3에 따른 상주 공사감리 대상인 경우
   가. 기계분야의 감리원 자격을 취득한 사람과 전기분야의 감리원 자격을 취득한 사람 각 1명 이상을 감리원으로 배치할 것. 다만, 기계분야 및 전기분야의 감리원 자격을 함께 취득한 사람이 있는 경우에는 그에 해당하는 사람 1명 이상을 배치할 수 있다.
   나. 소방시설용 배관(전선관을 포함한다)을 설치하거나 매립하는 때부터 소방시설 완공검사증명서를 발급받을 때까지 소방공사감리현장에 감리원을 배치할 것
2. 영 별표 3에 따른 일반 공사감리 대상인 경우
   가. 기계분야의 감리원 자격을 취득한 사람과 전기분야의 감리원 자격을 취득한 사람 각 1명 이상을 감리원으로 배치할 것. 다만, 기계분야 및 전기분야의 감리원 자격을 함께 취득한 사람이 있는 경우에는 그에 해당하는 사람 1명 이상을 배치할 수 있다.
   나. 별표 3에 따른 기간 동안 감리원을 배치할 것
   다. 감리원은 주 1회 이상 소방공사감리현장에 배치되어 감리할 것
   라. 1명의 감리원이 담당하는 소방공사감리현장은 5개 이하(자동화재탐지설비 또는 옥내소화전설비 중 어느 하나만 설치하는 2개의 소방공사감리현장이 최단 차량주행거리로 30km 이내에 있는 경우에는 1개의 소방공사감리현장으로 본다)로서 감리현장 연면적의 총합계가 10만m^2 이하일 것. 다만, 일반 공사감리 대상인 아파트의 경우에는 연면적의 합계에 관계없이 1명의 감리원이 5개 이내의 공사 현장을 감리할 수 있다.

② 영 별표 3 상주 공사감리의 방법란 각 호에서 "행정안전부령으로 정하는 기간"이란 소방시설용 배관을 설치하거나 매립하는 때부터 소방시설 완공검사증명서를 발급받을 때까지를 말한다.

③ 영 별표 3 일반공사감리의 방법란 제1호 및 제2호에서 "행정안전부령으로 정하는 기간"이란 별표 3에 따른 기간을 말한다.

정답 ④

439 □□□

21 소방 공채

「소방시설공사업법」상 소방공사감리업자의 업무범위로 옳지 않은 것은?

① 완공된 소방시설등의 성능시험
② 소방시설등의 설치계획표의 적법성 검토
③ 소방시설등 설계 변경 사항의 적합성 검토
④ 설계업자가 작성한 시공 상세 도면의 적합성 검토

출제 키워드 | 감리 상

④ × '공사업자'가 작성한 시공 상세 도면의 적합성 검토가 업무범위이다.

☑ 감리 업무

구분	세부내용
적합성	• 소방용품의 위치, 규격, 사용 자재의 적합성 검토 • 소방시설등 설계도서의 적합성 검토 • 소방시설등 설계 변경 사항의 적합성 검토 • 공사업자가 작성한 시공 상세 도면의 적합성 검토
적법성	• 실내장식물의 불연화와 방염 물품의 적법성 검토 • 소방시설등 설치계획표의 적법성 검토 • 피난시설 및 방화시설의 적법성 검토
지도, 감독	공사업자가 한 소방시설등의 시공이 설계도서와 화재안전기준에 맞는지에 대한 지도, 감독
시험	완공된 소방시설등의 성능시험

→ 적합성과 적법성을 잘 구별하자.

불꽃암기 용도변상, 불계피, 감시

정답 ④

440 □□□

17 하반기 소방 공채(복원)

「소방시설공사업법」상 감리업자의 업무내용으로 옳지 않은 것은?

① 소방시설등의 설치계획표의 적법성 검토
② 피난시설 및 방화시설의 유지·관리
③ 완공된 소방시설등의 성능시험
④ 공사업자가 작성한 시공 상세 도면의 적합성 검토

출제 키워드 | 감리 

② × '피난시설 및 방화시설의 유지·관리'가 아닌 '피난시설 및 방화시설의 적법성을 검토'하는 것이다(소방시설공사업법 제16조 제1항).

정답 ②

441 □□□

17 하반기 소방 공채(복원)

「소방시설공사업법 시행령」상 상주 공사감리의 대상으로 옳은 것은?

① 연면적 3만 제곱미터 이상의 특정소방대상물(아파트는 제외한다)
② 연면적 3만 제곱미터 이상의 특정소방대상물(아파트는 포함한다)
③ 지하층을 포함한 층수가 15층 이상으로서 500세대 이상인 특정소방대상물(아파트는 제외한다)
④ 지하층을 포함한 층수가 15층 이상으로서 500세대 이상인 특정소방대상물(아파트는 포함한다)

출제 키워드 | 감리 하

① O 상주 공사감리의 대상[소방시설공사업법 시행령 별표 3(제9조 관련)]은 연면적 3만 제곱미터 이상으로서 아파트를 제외한 특정소방대상물에 대한 소방시설의 공사이다.
② X 연면적 3만 제곱미터 이상의 특정소방대상물(아파트는 제외한다)
③ X 지하층을 포함한 층수가 16층 이상으로서 500세대 이상인 아파트
④ X 지하층을 포함한 층수가 16층 이상으로서 500세대 이상인 아파트

☑ 상주 공사감리 대상

- 연면적 3만m² 이상의 특정소방대상물(아파트 제외)에 대한 소방시설의 공사
- 지하층을 포함한 층수가 16층 이상으로서 500세대 이상인 아파트에 대한 소방시설의 공사

정답 ①

442 □□□

19 소방설비기사

소방시설공사업법령상 상주 공사감리 대상기준 중 다음 ㉠, ㉡, ㉢에 알맞은 것은?

- 연면적 (㉠)m^2 이상의 특정소방대상물(아파트는 제외)에 대한 소방시설의 공사
- 지하층을 포함한 층수가 (㉡)층 이상으로서 (㉢)세대 이상인 아파트에 대한 소방시설의 공사

① ㉠ 10,000, ㉡ 11, ㉢ 600
② ㉠ 10,000, ㉡ 16, ㉢ 500
③ ㉠ 30,000, ㉡ 11, ㉢ 600
④ ㉠ 30,000, ㉡ 16, ㉢ 500

출제 키워드 | 감리 하

④ O ㉠ 30,000, ㉡ 16, ㉢ 500

- 연면적 30,000m² 이상의 특정소방대상물(아파트는 제외)에 대한 소방시설의 공사
- 지하층을 포함한 층수가 16층 이상으로서 500세대 이상인 아파트에 대한 소방시설의 공사

정답 ④

443 □□□

22 소방설비기사

소방시설공사업법령상 소방공사감리업을 등록한 자가 수행하여야 할 업무가 아닌 것은?

① 완공된 소방시설등의 성능시험
② 소방시설등 설계 변경 사항의 적합성 검토
③ 소방시설등의 설치계획표의 적법성 검토
④ 소방용품 형식승인 및 제품검사의 기술기준에 대한 적합성 검토

출제 키워드 | 감리 중

④ ✕ 소방용품의 위치·규격 및 사용 자재의 적합성 검토가 감리 업무이다.

정답 ④

444 □□□

20 소방설비기사

소방시설공사업법령상 소방공사감리를 실시함에 있어 용도와 구조에서 특별히 안전성과 보안성이 요구되는 소방대상물로서 소방시설물에 대한 감리를 감리업자가 아닌 자가 감리할 수 있는 장소는?

① 정보기관의 청사
② 교도소 등 교정관련시설
③ 국방 관계시설 설치장소
④ 「원자력안전법」상 관계시설이 설치되는 장소

출제 키워드 | 감리 중

④ ○ 「원자력안전법」상 관계시설이 설치되는 장소

> 「소방시설공사업법 시행령」 제8조(감리업자가 아닌 자가 감리할 수 있는 보안성 등이 요구되는 소방대상물의 시공 장소) 법 제16조 제2항에서 "대통령령으로 정하는 장소"란 「원자력안전법」 제2조 제10호에 따른 관계시설이 설치되는 장소를 말한다.

정답 ④

06 제17조 공사감리자의 지정 등

대표기출

445 □□□ 17 상반기 소방 공채(복원)

「소방시설공사업법 시행령」상 공사감리자 지정대상 특정소방대상물로 옳지 않은 것은?

① 소화용수설비 · 통합감시시설을 신설 또는 개설할 때
② 옥내소화전설비를 신설 · 개설 또는 증설할 때
③ 캐비닛형 간이스프링클러설비를 신설 · 개설하거나 방호 · 방수구역을 증설할 때
④ 자동화재탐지설비를 신설 또는 개설할 때

출제 키워드 | 공사감리자의 지정 

① O 소화용수설비 · 통합감시시설을 신설 또는 개설할 때

② O 옥내소화전설비를 신설 · 개설 또는 증설할 때

③ X 공사감리자 지정대상에서 캐비닛형 간이스프링클러설비는 제외된다(소방시설공사업법 시행령 제10조 제2항 제2호).

④ O 자동화재탐지설비를 신설 또는 개설할 때

> **「소방시설공사업법 시행령」 제10조(공사감리자 지정대상 특정소방대상물의 범위)** ① 법 제17조 제1항에서 "대통령령으로 정하는 특정소방대상물"이란 「소방시설 설치 및 관리에 관한 법률」 제2조 제1항 제3호의 특정소방대상물을 말한다.
> ② 법 제17조 제1항에서 '자동화재탐지설비, 옥내소화전설비등 대통령령으로 정하는 소방시설을 시공할 때'란 다음 각 호의 어느 하나에 해당하는 소방시설을 시공할 때를 말한다.
> 1. 옥내소화전설비를 신설 · 개설 또는 증설할 때
> 2. 스프링클러설비등(캐비닛형 간이스프링클러설비는 제외한다)을 신설 · 개설하거나 방호 · 방수구역을 증설할 때
> 3. 물분무등소화설비(호스릴 방식의 소화설비는 제외한다)를 신설 · 개설하거나 방호 · 방수구역을 증설할 때
> 4. 옥외소화전설비를 신설 · 개설 또는 증설할 때
> 5. 자동화재탐지설비를 신설 또는 개설할 때
> 5의2. 비상방송설비를 신설 또는 개설할 때
> 6. 통합감시시설을 신설 또는 개설할 때
> 6의2. 비상조명등을 신설 또는 개설할 때
> 7. 소화용수설비를 신설 또는 개설할 때
> 8. 다음 각 목에 따른 소화활동설비에 대하여 각 목에 따른 시공을 할 때
> 가. 제연설비를 신설 · 개설하거나 제연구역을 증설할 때
> 나. 연결송수관설비를 신설 또는 개설할 때
> 다. 연결살수설비를 신설 · 개설하거나 송수구역을 증설할 때
> 라. 비상콘센트설비를 신설 · 개설하거나 전용회로를 증설할 때
> 마. 무선통신보조설비를 신설 또는 개설할 때
> 바. 연소방지설비를 신설 · 개설하거나 살수구역을 증설할 때
> 9. 삭제 〈2017. 12. 12.〉

✔ 공사감리자 지정대상

소방설비		감리지정	
		신(개)설	증설
소화	• 옥내(호스릴 포함) • 옥외소화전	○	○
	스프링클러 등 (캐비닛형 간이스프링클러 제외)	○	○(방호방수구역)
	물분무등 (호스릴 제외)	○	○(방호방수구역)
소화활동설비	연결살수	○	○(송수구역)
	연소방지	○	○(살수구역)
	제연	○	○(제연구역)
	비상콘센트	○	○(전용회로)
	연결송수관	○	×
	무선통신보조	○	×
용수	소화용수	○	×
경보	자동화재탐지	○	×
	비상방송	○	×
	통합감시	○	×
피난	비상조명	○	×

정답 ③

446 ☐☐☐

16 소방 공채(복원)

「소방시설공사업법 시행령」상 소방공사감리자 지정대상 특정소방대상물의 범위에 해당하지 않는 것은?

① 비상경보설비를 신설 또는 증설할 때
② 옥내소화전설비를 신설·개설 또는 증설할 때
③ 소화용수설비를 신설 또는 개설할 때
④ 무선통신보조설비를 신설 또는 개설할 때

출제 키워드 | 공사감리자의 지정 상

① X 비상경보설비를 신설 또는 증설할 때는 소방공사감리자 지정대상 특정소방대상물의 범위에 포함되지 않는다. 정답 ①

447 ☐☐☐

13 소방시설관리사

소방시설공사업법령상 소방시설 공사에 관한 설명으로 옳지 않은 것은?

① 하나의 건축물에 영화상영관이 10개 이상인 신축 특정소방대상물은 성능위주설계를 하여야 한다.
② 공사업자가 구조변경·용도변경되는 특정소방대상물에 연소방지설비의 살수구역을 증설하는 공사를 할 경우 소방서장에게 착공신고를 하여야 한다.
③ 하자보수 대상 소방시설 중 자동소화장치의 하자보수 보증기간은 3년이다.
④ 연면적이 1,000제곱미터 이상인 특정소방대상물에 비상경보설비를 설치하는 경우에는 공사감리자를 지정해야 한다.

출제 키워드 | 공사감리자의 지정 상

④ X 비상경보설비 설치는 공사감리자 지정 대상이 아니다. 정답 ④

07 제18조 감리원의 배치 등

대표기출

448 □□□ 22 소방 공채

「소방시설공사업법 시행령」 별표 4 소방공사 감리원의 배치기준 및 배치기간에 따라 복합건축물(지하 5층, 지상 35층 규모)인 특정소방대상물 소방시설 공사 현장의 소방공사 책임감리원으로 옳은 것은?

① 특급감리원 중 소방기술사
② 특급감리원 이상의 소방공사 감리원(기계분야 및 전기분야)
③ 고급감리원 이상의 소방공사 감리원(기계분야 및 전기분야)
④ 중급감리원 이상의 소방공사 감리원(기계분야 및 전기분야)

출제 키워드 | 감리원의 배치 상

① O 복합건축물(지하 5층, 지상 35층 규모)인 특정소방대상물은 지하층을 포함한 층수가 40층 이상이므로 '특급감리원 중 소방기술사'를 감리원으로 배치해야 한다.

✓ 소방공사 감리원의 배치기준(소방시설공사업법 시행령 별표 4)

감리원의 배치기준		소방시설공사 현장의 기준
책임감리원	보조감리원	
가. 행정안전부령으로 정하는 특급감리원 중 소방기술사	행정안전부령으로 정하는 초급감리원 이상의 소방공사 감리원(기계분야 및 전기분야)	1) 연면적 20만m² 이상인 특정소방대상물의 공사 현장 2) 지하층을 포함한 층수가 40층 이상인 특정소방대상물의 공사 현장
나. 행정안전부령으로 정하는 특급감리원 이상의 소방공사 감리원(기계분야 및 전기분야)	행정안전부령으로 정하는 초급감리원 이상의 소방공사 감리원(기계분야 및 전기분야)	1) 연면적 3만m² 이상 20만m² 미만인 특정소방대상물(아파트는 제외)의 공사 현장 2) 지하층을 포함한 층수가 16층 이상 40층 미만인 특정소방대상물의 공사 현장
다. 행정안전부령으로 정하는 고급감리원 이상의 소방공사 감리원(기계분야 및 전기분야)	행정안전부령으로 정하는 초급감리원 이상의 소방공사 감리원(기계분야 및 전기분야)	1) 물분무등소화설비(호스릴 방식의 소화설비는 제외) 또는 제연설비가 설치되는 특정소방대상물의 공사 현장 2) 연면적 3만m² 이상 20만m² 미만인 아파트의 공사 현장
라. 행정안전부령으로 정하는 중급감리원 이상의 소방공사 감리원(기계분야 및 전기분야)		연면적 5천m² 이상 3만m² 미만인 특정소방대상물의 공사 현장
마. 행정안전부령으로 정하는 초급감리원 이상의 소방공사 감리원(기계분야 및 전기분야)		1) 연면적 5천m² 미만인 특정소방대상물의 공사 현장 2) 지하구의 공사 현장

정답 ①

449 □□□

18 상반기 소방 공채(복원)

「소방시설공사업법 시행령」상 책임감리원으로 고급감리원을 배치하여야 하는 공사 현장으로 옳은 것은?

① 지하층을 포함한 층수가 40층 이상인 특정소방대상물의 공사 현장
② 연면적 20만 제곱미터 이상인 특정소방대상물의 공사 현장
③ 제연설비가 설치되는 특정소방대상물의 공사 현장
④ 지하층을 포함한 층수가 16층 이상 40층 미만인 특정소방대상물의 공사 현장

출제 키워드 | 감리원의 배치 중

① × 특급감리원 중 소방기술사를 배치한다.
② × 특급감리원 중 소방기술사를 배치한다.
④ × 특급감리원 이상의 소방공사 감리원을 배치한다.

정답 ③

450 □□□

17 소방설비기사

행정안전부령으로 정하는 고급감리원 이상의 소방공사 감리원의 소방시설공사 배치 현장기준으로 옳은 것은?

① 연면적 5,000m^2 이상 30,000m^2 미만인 특정소방대상물의 공사 현장
② 연면적 30,000m^2 이상 200,000m^2 미만인 아파트의 공사 현장
③ 연면적 30,000m^2 이상 200,000m^2 미만인 특정소방대상물(아파트는 제외)의 공사 현장
④ 연면적 200,000m^2 이상인 특정소방대상물의 공사 현장

출제 키워드 | 감리원의 배치 

① × 행정안전부령으로 정하는 중급감리원 이상의 소방공사 감리원을 배치한다.
③ × 행정안전부령으로 정하는 특급감리원 이상의 소방공사 감리원을 배치한다.
④ × 행정안전부령으로 정하는 특급감리원 중 소방기술사를 배치한다.

정답 ②

대표기출

451 □□□

16 소방 공채(복원)

「소방시설공사업법 시행규칙」상 일반 공사감리에 대한 설명으로 옳지 않은 것은?

① 감리원은 주 1회 이상 소방공사감리현장에 배치되어 감리하여야 한다.

② 기계분야의 감리원 자격을 취득한 사람과 전기분야의 감리원 자격을 취득한 사람 각 1명 이상을 감리원으로 배치하여야 한다.

③ 1명의 감리원이 담당하는 소방공사감리현장은 6개 이하로서 감리현장 연면적의 총합계가 10만 제곱미터 이하이어야 한다.

④ 감리업자는 감리원이 부득이한 사유로 14일 이내의 범위에서 업무를 수행할 수 없는 경우에는 업무대행자를 지정하여 그 업무를 수행하게 하여야 한다.

출제 키워드 | 감리원의 배치 중

③ × 1명의 감리원이 담당하는 소방공사감리현장은 5개 이하로서 감리현장 연면적의 총합계가 10만 제곱미터 이하이어야 한다.

> 「소방시설공사업법 시행규칙」 제16조(감리원의 세부 배치 기준 등) ① 법 제18조 제3항에 따른 감리원의 세부적인 배치 기준은 다음 각 호의 구분에 따른다.
>
> 2. 영 별표 3에 따른 일반 공사감리 대상인 경우
>   가. 기계분야의 감리원 자격을 취득한 사람과 전기분야의 감리원 자격을 취득한 사람 각 1명 이상을 감리원으로 배치할 것. 다만, 기계분야 및 전기분야의 감리원 자격을 함께 취득한 사람이 있는 경우에는 그에 해당하는 사람 1명 이상을 배치할 수 있다.
>   나. 별표 3에 따른 기간 동안 감리원을 배치할 것
>   다. 감리원은 주 1회 이상 소방공사감리현장에 배치되어 감리할 것
>   라. 1명의 감리원이 담당하는 소방공사감리현장은 5개 이하(자동화재탐지설비 또는 옥내소화전설비 중 어느 하나만 설치하는 2개의 소방공사감리현장이 최단 차량주행거리로 30km 이내에 있는 경우에는 1개의 소방공사감리현장으로 본다)로서 감리현장 연면적의 총합계가 10만m^2 이하일 것. 다만, 일반 공사감리 대상인 아파트의 경우에는 연면적의 합계에 관계없이 1명의 감리원이 5개 이내의 공사 현장을 감리할 수 있다.

정답 ③

452 □□□

13 소방 공채(복원)

감리원의 세부 배치 기준으로 옳지 않은 것은?

① 일반 공사감리 대상 중 아파트의 경우에는 연면적의 합계에 관계없이 1명의 감리원이 5개 이내의 공사 현장을 감리할 수 있다.

② 상주 공사감리는 연면적 30,000m^2 이상의 특정소방대상물(아파트는 제외한다)에 대한 소방시설의 공사를 감리한다.

③ 일반 공사감리의 감리원은 주2회 이상 소방공사감리현장에 배치되어 감리하여야 한다.

④ 상주 공사감리 대상인 경우 소방시설용 배관(전선관을 포함한다)을 설치하거나 매립하는 때부터 소방시설 완공검사증명서를 발급받을 때까지 소방공사감리현장에 감리원을 배치하여야 한다.

출제 키워드 | 감리원의 배치 중

③ × 일반 공사감리의 감리원은 주 1회 이상 소방공사감리현장에 배치되어 감리하여야 한다.

정답 ③

453 □□□

17 소방설비기사

자동화재탐지설비의 일반 공사감리기간으로 포함시켜 산정할 수 있는 항목은?

① 고정금속구를 설치하는 기간
② 전선관의 매립을 하는 공사기간
③ 공기유입구의 설치기간
④ 소화약제 저장용기 설치기간

출제 키워드 | 일반 공사감리기간 상

① X 고정금속구를 설치하는 기간은 피난기구의 경우에 해당한다.
③ X 공기유입구의 설치기간은 제연설비의 경우에 해당한다.
④ X 소화약제 저장용기 설치기간은 이산화탄소 소화설비·할로겐화합물 소화설비·청정소화약제 소화설비 및 분말 소화설비의 경우에 해당한다.

「소방시설공사업법 시행규칙」 별표 3(일반 공사감리기간)

1. 옥내소화전설비·스프링클러설비·포소화설비·물분무소화설비·연결살수설비 및 연소방지설비의 경우: 가압송수장치의 설치, 가지배관의 설치, 개폐밸브·유수검지장치·체크밸브·템퍼스위치의 설치, 앵글밸브·소화전함의 매립, 스프링클러헤드·포헤드·포방출구·포노즐·포호스릴·물분무헤드·연결살수헤드·방수구의 설치, 포소화약제 탱크 및 포혼합기의 설치, 포소화약제의 충전, 입상배관과 옥상탱크의 접속, 옥외 연결송수구의 설치, 제어반의 설치, 동력전원 및 각종 제어회로의 접속, 음향장치의 설치 및 수동조작함의 설치를 하는 기간
2. 이산화탄소소화설비·할로겐화합물소화설비·청정소화약제소화설비 및 분말소화설비의 경우: 소화약제 저장용기와 집합관의 접속, 기동용기 등 작동장치의 설치, 제어반·화재표시반의 설치, 동력전원 및 각종 제어회로의 접속, 가지배관의 설치, 선택밸브의 설치, 분사헤드의 설치, 수동기동장치의 설치 및 음향경보장치의 설치를 하는 기간
3. 자동화재탐지설비·시각경보기·비상경보설비·비상방송설비·통합감시시설·유도등·비상콘센트설비 및 무선통신보조설비의 경우: 전선관의 매립, 감지기·유도등·조명등 및 비상콘센트의 설치, 증폭기의 접속, 누설동축케이블 등의 부설, 무선기기의 접속단자·분배기·증폭기의 설치 및 동력전원의 접속공사를 하는 기간
4. 피난기구의 경우: 고정금속구를 설치하는 기간
5. 제연설비의 경우: 가동식 제연경계벽·배출구·공기유입구의 설치, 각종 댐퍼 및 유입구 폐쇄장치의 설치, 배출기 및 공기유입기의 설치 및 풍도와의 접속, 배출풍도 및 유입풍도의 설치·단열조치, 동력전원 및 제어회로의 접속, 제어반의 설치를 하는 기간
6. 비상전원이 설치되는 소방시설의 경우: 비상전원의 설치 및 소방시설과의 접속을 하는 기간

정답 ②

08 제19조 위반사항에 대한 조치

454 □□□

20 소방 공채

「소방시설공사업법」상 감리업자가 감리를 할 때 위반사항에 대하여 조치하여야 할 사항이다. ( ) 안에 들어갈 용어로 옳은 것은?

> 감리업자는 감리를 할 때 소방시설공사가 설계도서나 화재안전기준에 맞지 아니할 때에는 (가)에게 알리고, (나)에게 그 공사의 시정 또는 보완 등을 요구하여야 한다.

	(가)	(나)
①	관계인	공사업자
②	관계인	소방서장
③	소방본부장	공사업자
④	소방본부장	소방서장

출제 키워드 | 위반사항에 대한 조치 하

① O 감리업자는 감리를 할 때 소방시설공사가 설계도서나 화재안전기준에 맞지 아니할 때에는 '관계인'에게 알리고, '공사업자'에게 그 공사의 시정 또는 보완 등을 요구하여야 한다.

「소방시설공사업법」 제19조(위반사항에 대한 조치) ① 감리업자는 감리를 할 때 소방시설공사가 설계도서나 화재안전기준에 맞지 아니할 때에는 관계인에게 알리고, 공사업자에게 그 공사의 시정 또는 보완 등을 요구해야 한다.
② 공사업자가 제1항에 따른 요구를 받았을 때에는 그 요구에 따라야 한다. → 위반 시 300만 원 이하의 벌금
③ 감리업자는 공사업자가 제1항에 따른 요구를 이행하지 아니하고 그 공사를 계속할 때에는 행정안전부령으로 정하는 바에 따라 소방본부장이나 소방서장에게 그 사실을 보고해야 한다. → 거짓보고 시 1년 이하의 징역 또는 1천만 원 이하의 벌금

정답 ①

09 제20조 공사감리 결과의 통보 등

대표기출

455 □□□

18 하반기 소방 공채

「소방시설공사업법 시행규칙」상 감리업자가 소방공사의 감리를 마쳤을 때, 소방공사감리 결과보고(통보)서를 알려야 하는 대상으로 옳지 않은 것은?

① 소방시설공사의 도급인
② 특정소방대상물의 관계인
③ 소방시설설계업의 설계사
④ 특정소방대상물의 공사를 감리한 건축사

출제 키워드 | 공사감리 결과의 통보 (하)

① ○ 소방시설공사의 도급인 → 도급인: 시공자
② ○ 특정소방대상물의 관계인 → 관계인: 의뢰인
③ × 소방시설설계업의 설계사는 결과보고를 알려야 하는 대상이 아니다.
④ ○ 특정소방대상물의 공사를 감리한 건축사 → 공사를 감리한 건축사: 현장의 건축단장(감리단의 대표)

「소방시설공사업법」 제20조(공사감리 결과의 통보 등) 감리업자는 소방공사의 감리를 마쳤을 때에는 행정안전부령으로 정하는 바에 따라 그 감리 결과를 그 특정소방대상물의 관계인, 소방시설공사의 도급인, 그 특정소방대상물의 공사를 감리한 건축사에게 서면으로 알리고, 소방본부장이나 소방서장에게 공사감리 결과보고서를 제출해야 한다. → 거짓통보 또는 거짓제출 시 1년 이하의 징역 또는 1천만 원 이하의 벌금

불꽃암기 도소관건

정답 ③

456 □□□

15 소방시설관리사

소방시설공사업법령에 관한 설명으로 옳지 않은 것은?

① 감리업자가 소방공사의 감리를 마쳤을 때에는 소방공사 감리 결과보고(통보)서에 소방시설공사 완공검사신청서, 소방시설 성능시험조사표, 소방공사 감리일지를 첨부하여 소방본부장 또는 소방서장에게 알려야 한다.
② 특정소방대상물의 관계인은 공사감리자가 변경된 경우에는 변경일부터 30일 이내에 소방공사감리자 변경신고서를 소방본부장 또는 소방서장에게 제출하여야 한다.
③ 소방공사감리업자는 감리원을 소방공사감리현장에 배치하는 경우에는 소방공사감리원 배치통보서를 감리원 배치일부터 7일 이내에 소방본부장 또는 소방서장에게 알려야 한다.
④ 소방시설공사업자는 해당 소방시설공사의 착공 전까지 소방시설공사 착공(변경)신고서를 소방본부장 또는 소방서장에게 신고하여야 한다.

출제 키워드 | 공사감리 결과의 통보 (상)

① × 감리업자가 소방공사의 감리를 마쳤을 때에는 소방공사감리 결과보고(통보)서에 소방시설 성능시험조사표, 소방공사 감리일지를 첨부하여 소방본부장 또는 소방서장에게 알려야 한다.

정답 ①

10 제20조의3 방염처리능력 평가 및 공시

457 □□□ 20 소방시설관리사

소방시설공사업법령상 방염처리능력평가액 계산식으로 옳은 것은?

① 방염처리능력평가액 = 실적평가액 + 기술력평가액 + 연평균 방염처리실적액 ± 신인도평가액
② 방염처리능력평가액 = 실적평가액 + 자본금평가액 + 기술력평가액 ± 신인도평가액
③ 방염처리능력평가액 = 실적평가액 + 자본금평가액 + 기술력평가액 + 경력평가액 ± 신인도평가액
④ 방염처리능력평가액 = 실적평가액 + 자본금평가액 + 연평균 방염처리실적액 ± 신인도평가액

출제 키워드 | 방염처리능력 상

③ O 방염처리능력평가액 = 실적평가액 + 자본금평가액 + 기술력평가액 + 경력평가액 ± 신인도평가액

> 「소방시설공사업법 시행규칙」 별표 3의2(방염처리능력 평가의 방법)
> 1. 방염처리업자의 방염처리능력은 다음 계산식으로 산정하되, 10만 원 미만의 숫자는 버린다. 이 경우 산정기준일은 평가를 하는 해의 전년도 12월 31일로 한다.
>
> 방염처리능력평가액 = 실적평가액 + 자본금평가액 + 기술력평가액 + 경력평가액 ± 신인도평가액
>
> 가. 방염처리능력평가액은 영 별표 1 제4호에 따른 방염처리업의 업종별로 산정해야 한다.

정답 ③

11 제21조 소방시설공사등의 도급

대표기출

458 □□□ 20 소방 공채(변형)

「소방시설공사업법」상 공사의 도급에 관한 사항으로 옳지 않은 것은?

① 특정소방대상물의 관계인 또는 발주자는 소방시설공사등을 도급할 때에는 해당 소방시설업자에게 도급하여야 한다.
② 공사업자가 도급받은 소방시설공사의 도급금액 중 그 공사(하도급한 공사를 포함한다)의 근로자에게 지급하여야 할 노임(勞賃)에 해당하는 금액은 압류할 수 없다.
③ 도급을 받은 자는 소방시설공사의 전부를 다른 공사업자에게 하도급할 수 있다.
④ 도급을 받은 자가 해당 소방시설공사등을 하도급할 때에는 행정안전부령으로 정하는 바에 따라 미리 관계인과 발주자에게 알려야 한다.

출제 키워드 | 도급 상

① O 특정소방대상물의 관계인 또는 발주자는 소방시설공사등을 도급할 때에는 해당 소방시설업자에게 도급하여야 한다.

> 「소방시설공사업법」 제21조(소방시설공사등의 도급) ① 특정소방대상물의 관계인 또는 발주자는 소방시설공사등을 도급할 때에는 해당 소방시설업자에게 도급해야 한다.

② O 공사업자가 도급받은 소방시설공사의 도급금액 중 그 공사(하도급한 공사를 포함한다)의 근로자에게 지급하여야 할 노임(勞賃)에 해당하는 금액은 압류할 수 없다.

> 「소방시설공사업법」 제21조의2(임금에 대한 압류의 금지) ① 공사업자가 도급받은 소방시설공사의 도급금액 중 그 공사(하도급한 공사를 포함한다)의 근로자에게 지급해야 할 임금에 해당하는 금액은 압류할 수 없다.

③ ✕ 도급을 받은 자는 소방시설공사의 '일부'를 다른 공사업자에게 하도급할 수 있다(소방시설공사업법 제22조 제1항).

> 「소방시설공사업법」 제22조(하도급의 제한) ① 제21조에 따라 도급을 받은 자는 소방시설의 설계, 시공, 감리를 제3자에게 하도급할 수 없다. 다만, 시공의 경우에는 대통령령으로 정하는 바에 따라 도급받은 소방시설공사의 일부를 다른 공사업자에게 하도급할 수 있다.

④ O 도급을 받은 자가 해당 소방시설공사등을 하도급할 때에는 행정안전부령으로 정하는 바에 따라 미리 관계인과 발주자에게 알려야 한다.

> 「소방시설공사업법」 제21조의3(도급의 원칙 등) ④ 제21조에 따라 도급을 받은 자가 해당 소방시설공사등을 하도급할 때에는 행정안전부령으로 정하는 바에 따라 미리 관계인과 발주자에게 알려야 한다. 하수급인을 변경하거나 하도급 계약을 해지할 때에도 또한 같다. → 위반 시 200만 원 이하의 과태료

정답 ③

12 제21조의2 임금에 대한 압류의 금지

459 □□□ 22 소방시설관리사

소방시설공사업법령상 도급과 관련된 내용으로 옳은 것은?

① 공사업자가 도급받은 소방시실공사의 도급금액 중 그 공사(하도급한 공사를 포함한다)의 근로자에게 지급하여야 할 임금에 해당하는 금액은 그 반액(半額)까지 압류할수 있다.
② 하수급인은 하도급받은 소방시설공사를 제3자에세 다시 하도급할 수 없다. 다만, 시공의 경우에는 대통령령으로 정하는 바에 따라 하도급받은 소방시설공사의 일부를 다른 공사업자에게 하도급할 수 있다.
③ 공사금액이 10억 원 이상인 소방시설공사의 발주자는 하수급인의 시공 및 수행능력, 하도급계약의 적정성 등을 심사하기 위하여 하도급계약심사위원회를 두어야 한다.
④ 특정소방대상물의 관계인 또는 발주자는 해당 도급계약의 수급인이 정당한 사유 없이 30일 이상 소방시설공사를 계속하지 아니하는 경우 도급계약을 해지할 수 있다.

출제 키워드 | 압류의 금지 상

① ✕ 공사업자가 도급받은 소방시설공사의 도급금액 중 그 공사(하도급한 공사를 포함한다)의 근로자에게 지급해야 할 임금에 해당하는 금액은 압류할 수 없다.

> 「소방시설공사업법」 제21조의2(임금에 대한 압류의 금지) ① 공사업자가 도급받은 소방시설공사의 도급금액 중 그 공사(하도급한 공사를 포함한다)의 근로자에게 지급해야 할 임금에 해당하는 금액은 압류할 수 없다.

② ✕ 도급을 받은 자는 소방시설의 설계, 시공, 감리를 제3자에게 하도급할 수 없다. 다만, 시공의 경우에는 대통령령으로 정하는 바에 따라 도급받은 소방시설공사의 일부를 다른 공사업자에게 하도급할 수 있다.

> 「소방시설공사업법」 제22조(하도급의 제한) ① 제21조에 따라 도급을 받은 자는 소방시설의 설계, 시공, 감리를 제3자에게 하도급할 수 없다. 다만, 시공의 경우에는 대통령령으로 정하는 바에 따라 도급받은 소방시설공사의 일부를 다른 공사업자에게 하도급할 수 있다.

③ X 발주자는 하수급인의 시공 및 수행능력, 하도급계약 내용의 적정성 등을 심사하기 위하여 하도급계약심사위원회를 두어야 한다.

> 「소방시설공사업법」 제22조의2(하도급계약의 적정성 심사 등) ① 발주자는 하수급인이 계약내용을 수행하기에 현저하게 부적당하다고 인정되거나 하도급계약금액이 대통령령으로 정하는 비율에 따른 금액에 미달하는 경우에는 하수급인의 시공 및 수행능력, 하도급계약 내용의 적정성 등을 심사할 수 있다. 이 경우, 국가, 지방자치단체 또는 대통령령으로 정하는 공공기관이 발주자인 때에는 적정성 심사를 실시해야 한다.
> ④ 제1항 후단에 따른 발주자는 하수급인의 시공 및 수행능력, 하도급계약 내용의 적정성 등을 심사하기 위하여 하도급계약심사위원회를 두어야 한다.

④ O 특정소방대상물의 관계인 또는 발주자는 해당 도급계약의 수급인이 정당한 사유 없이 30일 이상 소방시설공사를 계속하지 아니하는 경우 도급계약을 해지할 수 있다.

> 「소방시설공사업법」 제23조(도급계약의 해지) 특정소방대상물의 관계인 또는 발주자는 해당 도급계약의 수급인이 다음 각 호의 어느 하나에 해당하는 경우에는 도급계약을 해지할 수 있다.
> 1. 소방시설업이 등록취소되거나 영업정지된 경우
> 2. 소방시설업을 휴업하거나 폐업한 경우
> 3. 정당한 사유 없이 30일 이상 소방시설공사를 계속하지 아니하는 경우
> 4. 제22조의2 제2항에 따른 요구에 정당한 사유 없이 따르지 아니하는 경우

정답 ④

13 제22조의2 하도급계약의 적정성 심사 등

460 □□□

18 소방시설관리사

소방시설공사업법령상 하도급계약심사위원회의 구성 및 운영에 관한 설명으로 옳은 것은?

① 하도급계약심사위원회는 위원장 1명과 부위원장 1명을 제외한 10명 이내의 위원으로 구성한다.
② 소방 분야 연구기관의 연구위원급 이상인 사람은 위원회의 부위원장으로 위촉될 수 있다.
③ 위원회의 회의는 재적위원 과반수의 출석으로 개의하고, 출석위원 3분의 2 이상 찬성으로 의결한다.
④ 위원의 임기는 2년으로 하되, 두 차례까지 연임할 수 있다.

출제 키워드 | 하도급계약심사위원회 상

① X 하도급계약심사위원회는 위원장 1명과 부위원장 1명을 포함하여 10명 이내의 위원으로 구성한다.

③ X 위원회의 회의는 재적위원 과반수의 출석으로 개의하고, 출석위원 과반수의 찬성으로 의결한다.

④ X 위원의 임기는 3년으로 하며, 한 차례만 연임할 수 있다.

> 「소방시설공사업법 시행령」 제12조의3(하도급계약심사위원회의 구성 및 운영) ① 법 제22조의2 제4항에 따른 하도급계약심사위원회(이하 "위원회")는 위원장 1명과 부위원장 1명을 포함하여 10명 이내의 위원으로 구성한다.
> ② 위원회의 위원장(이하 "위원장")은 발주기관의 장(발주기관이 특별시·광역시·특별자치시·도 및 특별자치도인 경우에는 해당 기관 소속 2급 또는 3급 공무원 중에서, 발주기관이 제11조의5 각 호의 공공기관인 경우에는 1급 이상 임직원 중에서 발주기관의 장이 지명하는 사람을 각각 말한다)이 되고, 부위원장과 위원은 다음 각 호의 어느 하나에 해당하는 사람 중에서 위원장이 임명하거나 성별을 고려하여 위촉한다.
> 1. 해당 발주기관의 과장급 이상 공무원(제11조의5 각 호의 공공기관의 경우에는 2급 이상의 임직원)
> 2. 소방 분야 연구기관의 연구위원급 이상인 사람
> 3. 소방 분야의 박사학위를 취득하고 그 분야에서 3년 이상 연구 또는 실무경험이 있는 사람
> 4. 대학(소방 분야로 한정한다)의 조교수 이상인 사람
> 5. 「국가기술자격법」에 따른 소방기술사 자격을 취득한 사람
>
> ③ 제2항 제2호부터 제5호까지의 규정에 해당하는 위원의 임기는 3년으로 하며, 한 차례만 연임할 수 있다.
> ④ 위원회의 회의는 재적위원 과반수의 출석으로 개의하고, 출석위원 과반수의 찬성으로 의결한다.
> ⑤ 제1항부터 제4항까지에서 규정한 사항 외에 위원회의 운영에 필요한 사항은 위원회의 의결을 거쳐 위원장이 정한다.

정답 ②

461 □□□

21 소방시설관리사

소방시설공사업법령상 하도급계약심사위원회의 구성으로 옳은 것은?

① 위원장 1명과 부위원장 1명을 포함하여 21명 이내의 위원으로 구성한다.
② 위원장 1명과 부위원장 2명을 포함하여 5~9명 이내의 위원으로 구성한다.
③ 위원장 1명과 부위원장 1명을 포함하여 9명 이내의 위원으로 구성한다.
④ 위원장 1명과 부위원장 1명을 포함하여 10명 이내의 위원으로 구성한다.

출제 키워드 | 하도급계약심사위원회 (중)

④ O 하도급계약심사위원회(이하 "위원회")는 위원장 1명과 부위원장 1명을 포함하여 10명 이내의 위원으로 구성한다.

정답 ④

14 제23조 도급계약의 해지

대표기출

462 □□□

17 상반기 소방 공채(복원)

정당한 사유 없이 며칠 이상 소방시설공사를 계속하지 않은 경우에 관계인 또는 발주자는 수급인에게 도급계약을 해지할 수 있다. 이때 며칠 이상이어야 하는가?

① 7일
② 14일
③ 30일
④ 60일

출제 키워드 | 도급계약의 해지 (중)

③ O 정당한 사유 없이 '30일' 이상 소방시설공사를 계속하지 아니하는 경우에는 도급계약을 해지할 수 있다(소방시설공사업법 제23조 제3호).

> 「소방시설공사업법」 제23조(도급계약의 해지) 특정소방대상물의 관계인 또는 발주자는 해당 도급계약의 수급인이 다음 각 호의 어느 하나에 해당하는 경우에는 도급계약을 해지할 수 있다.
> 1. 소방시설업이 등록취소되거나 영업정지된 경우
> 2. 소방시설업을 휴업하거나 폐업한 경우
> 3. 정당한 사유 없이 30일 이상 소방시설공사를 계속하지 아니하는 경우
> 4. 발주자는 심사한 결과 하수급인의 시공 및 수행능력 또는 하도급계약 내용이 적정하지 아니한 경우에는 그 사유를 분명하게 밝혀 수급인에게 하수급인 또는 하도급계약 내용의 변경을 요구하였을 경우 정당한 사유 없이 따르지 아니하는 경우

정답 ③

463 □□□

18 소방설비기사

소방시설공사업법상 특정소방대상물의 관계인 또는 발주자가 해당 도급계약의 수급인을 도급계약 해지할 수 있는 경우의 기준 중 틀린 것은?

① 하도급계약의 적정성 심사 결과 하수급인 또는 하도급계약 내용의 변경 요구에 정당한 사유 없이 따르지 아니하는 경우
② 정당한 사유 없이 15일 이상 소방시설공사를 계속하지 아니하는 경우
③ 소방시설업이 등록취소되거나 영업정지된 경우
④ 소방시설업을 휴업하거나 폐업한 경우

출제 키워드 | 도급계약의 해지 (중)

② ✕ 정당한 사유 없이 30일 이상 소방시설공사를 계속하지 아니하는 경우

정답 ②

464 □□□

13 소방 공채(복원)

「소방시설공사업법」에서 규정하고 있는 도급계약의 해지기준이 아닌 것은?

① 소방시설업용 용도변경 경우
② 소방시설업이 등록취소되거나 영업정지된 경우
③ 소방시설업을 휴업하거나 폐업한 경우
④ 정당한 사유 없이 30일 이상 소방시설공사를 계속하지 아니하는 경우

출제 키워드 | 도급계약의 해지 (중)

① ✕ 용도변경은 도급계약의 해지사유가 아니다. 관계인 또는 발주자가 도급계약의 수급인을 도급계약 해지할 수 있다.

정답 ①

15 제26조 시공능력 평가 및 공시

대표기출

465 □□□ 16 소방 공채(복원)

「소방시설공사업법」상 관계인 또는 발주자가 적절한 공사업자를 선정할 수 있도록 하기 위하여 시공능력을 평가하여 공시할 수 있는 자는?

① 시·도지사
② 소방서장
③ 소방시설업협회
④ 소방청장

출제 키워드 | 시공능력 평가 및 공시 하

④ O 소방청장은 관계인 또는 발주자가 적절한 공사업자를 선정할 수 있도록 하기 위하여 공사업자의 신청이 있으면 그 공사업자의 소방시설공사 실적, 자본금 등에 따라 시공능력을 평가하여 공시할 수 있다(소방시설공사업법 제26조 제1항).

> 「소방시설공사업법」 제26조(시공능력 평가 및 공시) ① 소방청장은 관계인 또는 발주자가 적절한 공사업자를 선정할 수 있도록 하기 위하여 공사업자의 신청이 있으면 그 공사업자의 소방시설공사 실적, 자본금 등에 따라 시공능력을 평가하여 공시할 수 있다.
> ② 제1항에 따른 평가를 받으려는 공사업자는 전년도 소방시설공사 실적, 자본금, 그 밖에 행정안전부령으로 정하는 사항을 소방청장에게 제출해야 한다. → 위반 시 200만 원 이하의 과태료
> ③ 제1항 및 제2항에 따른 시공능력 평가신청 절차, 평가방법 및 공시방법 등에 필요한 사항은 행정안전부령으로 정한다.

정답 ④

466 □□□ 16 소방설비기사

소방시설공사업자의 시공능력평가 방법에 대한 설명 중 틀린 것은?

① 시공능력평가액은 실적평가액+자본금평가액+기술력평가액+경력평가액±신인도평가액으로 산출한다.
② 신인도평가액 산정 시 최근 1년간 국가기관으로부터 우수시공업자로 선정된 경우에는 3% 가산한다.
③ 신인도평가액 산정 시 최근 1년간 부도가 발생된 사실이 있는 경우에는 2%를 감산한다.
④ 실적평가액은 최근 5년간의 연평균공사실적액을 의미한다.

출제 키워드 | 시공능력 평가 및 공시 

④ X 공사업을 한 기간이 산정일을 기준으로 3년 이상인 경우에는 최근 3년간의 공사실적을 합산하여 3으로 나눈 금액을 연평균공사실적액으로 한다.

> 「소방시설공사업법 시행규칙」 별표 4(시공능력 평가의 방법) 소방시설공사업자의 시공능력 평가는 다음 계산식으로 산정하되, 10만 원 미만의 숫자는 버린다. 이 경우 산정기준일은 평가를 하는 해의 전년도 말일로 한다.
>
> 시공능력평가액 = 실적평가액 + 자본금평가액 + 기술력평가액+경력평가액 ± 신인도평가액
>
> 1. 실적평가액은 다음 계산식으로 산정한다.
>
> 실적평가액 = 연평균공사실적액
>
> 가. 공사실적액(발주자가 공급하는 자재비를 제외한다)은 해당 업체의 수급금액 중 하수급금액은 포함하고 하도급금액은 제외한다.
> 나. 공사업을 한 기간이 산정일을 기준으로 3년 이상인 경우에는 최근 3년간의 공사실적을 합산하여 3으로 나눈 금액을 연평균공사실적액으로 한다.
> 다. 공사업을 한 기간이 산정일을 기준으로 1년 이상 3년 미만인 경우에는 그 기간의 공사실적을 합산한 금액을 그 기간의 개월수로 나눈 금액에 12를 곱한 금액을 연평균공사실적액으로 한다.
> 라. 공사업을 한 기간이 산정일을 기준으로 1년 미만인 경우에는 그 기간의 공사실적액을 연평균공사실적액으로 한다.

5. 신인도평가액은 다음 계산식으로 산정하되, 신인도평가액은 실적평가액 · 자본금평가액 · 기술력평가액 · 경력평가액을 합친 금액의 ±10%의 범위를 초과할 수 없으며, 가점요소와 감점요소가 있는 경우에는 이를 상계한다.

> 신인도평가액 = (실적평가액 + 자본금평가액 + 기술력평가액 + 경력평가액) × 신인도 반영비율 합계

가. 신인도 반영비율 가점요소는 다음과 같다.

1) 최근 1년간 국가기관 · 지방자치단체 · 공공기관으로부터 우수시공업자로 선정된 경우(+ 3%)
2) 최근 1년간 국가기관 · 지방자치단체 및 공공기관으로부터 공사업과 관련한 표창을 받은 경우
   - 대통령 표창(+ 3%)
   - 그 밖의 표창(+ 2%)
3) 공사업자의 공사 시공 상 환경관리 및 공사폐기물의 처리실태가 우수하여 환경부장관으로부터 시공능력의 증액 요청이 있는 경우(+ 2%)
4) 소방시설공사업에 관한 국제품질경영인증(ISO)을 받은 경우(+ 2%)

나. 신인도 반영비율 감점요소는 아래와 같다.

1) 최근 1년간 국가기관 · 지방자치단체 · 공공기관으로부터 부정당업자로 제재처분을 받은 사실이 있는 경우(– 3%)
2) 최근 1년간 부도가 발생한 사실이 있는 경우(– 2%)
3) 최근 1년간 법 제9조 또는 제10조에 따라 영업정지처분 및 과징금처분을 받은 사실이 있는 경우
   - 1개월 이상 3개월 이하(– 2%)
   - 3개월 초과(– 3%)
4) 최근 1년간 법 제40조에 따라 사유로 과태료 처분을 받은 사실이 있는 경우(– 2%)
5) 최근 1년간 환경관리법령에 따른 과태료 처분, 영업정지 처분 및 과징금 처분을 받은 사실이 있는 경우(– 2%)

정답 ④

CHAPTER 04

소방기술자

1 기술자격에 따른 기술등급

기술자격	특급	고급	중급	초급
소방기술사	○	○	○	○
소방시설관리사	5년	3년	○	○
건축사, 기술사(건축기계, 건설기계, 공조냉동, 화공, 가스, 건축전기)	5년	3년	○	○
소방설비기사	8년	5년	○	○
소방설비산업기사	11년	8년	3년	○
• 기사(건축, 건축설비, 건설기계, 일반기계, 공조냉동, 화공, 가스, 가스산업, 전기) • 기능장(가스, 위험물, 전기)	13년	11년	5년	2년
산업기사(건축, 건축설비, 건설기계, 일반기계, 공조냉동, 화공, 가스, 산업안전, 위험물, 전기	×	13년	8년	4년
위험물기능사	×	×	×	6년

2 학력 · 경력에 따른 기술등급

학력 · 경력	특급	고급	중급	초급
박사	3년	1년	○	○
석사	9년	6년	3년	○
학사	12년	9/12(경력)년	6/9년	○, 소방과/3년
전문학사	15년	12/15(경력)년	9/12(경력)년	2/5(경력)년
고등학교 소방학과		13년	13년	3년
고졸		15/18(경력)년	13/15(경력)년	3/7(경력)년
경력		22년	18년	9년

119 암기카드

1분 1초를 9하는
소방 암기카드!
QR코드를 스캔하여
확인해보세요.

※ 에듀윌 도서몰에서도
다운로드 가능합니다.

대표기출

467 □□□ 21 소방 공채

「소방시설공사업법 시행규칙」상 소방기술과 관련된 자격·학력 및 경력의 인정 범위에 관한 내용으로 옳은 것은?

① 소방공무원으로서 3년간 근무한 경력이 있는 사람은 중급감리원의 업무를 수행할 수 있다.

② 학사학위를 취득한 후 소방 관련 업무를 10년간 수행한 사람은 특급기술자 업무를 수행할 수 있다.

③ 소방시설관리사 자격을 취득한 후 소방 관련 업무를 3년간 수행한 사람은 특급기술자 업무를 수행할 있다.

④ 소방설비기사 기계분야 자격을 취득한 후 소방 관련 업무를 8년간 수행한 사람은 해당 분야 특급감리원의 업무를 수행할 수 있다.

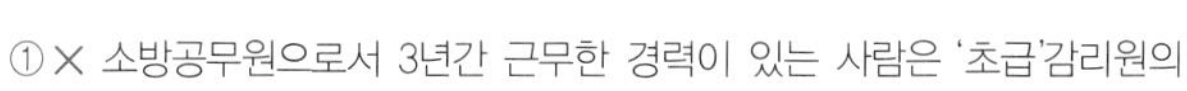

출제 키워드 | 소방기술자 상

① X 소방공무원으로서 3년간 근무한 경력이 있는 사람은 '초급'감리원의 업무를 수행할 수 있다.

② X 학사학위를 취득한 후 소방 관련 업무를 '12년간' 수행한 사람은 특급기술자 업무를 수행할 수 있다.

③ X 소방시설관리사 자격을 취득한 후 소방 관련 업무를 '5년간' 수행한 사람은 특급기술자 업무를 수행할 수 있다.

④ O 소방설비기사 기계분야 자격을 취득한 후 소방 관련 업무를 8년간 수행한 사람은 해당 분야 특급감리원의 업무를 수행할 수 있다(소방시설공사업법 시행규칙 별표 4의2).

✓ 특급기술자의 기술자격에 따른 기술등급(소방시설공사업법 시행규칙 별표 4의2)

기계분야	전기분야
• 소방기술사 • 소방시설관리사 자격을 취득한 후 5년 이상 소방 관련 업무를 수행한 사람	
• 건축사, 건축기계설비기술사, 건설기계기술사, 공조냉동기계기술사, 화공기술사, 가스기술사 자격을 취득한 후 5년 이상 소방 관련 업무를 수행한 사람 • 소방설비기사 기계분야의 자격을 취득한 후 8년 이상 소방 관련 업무를 수행한 사람 • 소방설비산업기사 기계분야의 자격을 취득한 후 11년 이상 소방 관련 업무를 수행한 사람 • 건축기사, 건축설비기사, 건설기계설비기사, 일반기계기사, 공조냉동기계기사, 화공기사, 가스기능장, 가스기사, 산업안전기사, 위험물기능장 자격을 취득한 후 13년 이상 소방 관련 업무를 수행한 사람	• 건축전기설비기술사 자격을 취득한 후 5년 이상 소방 관련 업무를 수행한 사람 • 소방설비기사 전기분야의 자격을 취득한 후 8년 이상 소방 관련 업무를 수행한 사람 • 소방설비산업기사 전기분야의 자격을 취득한 후 11년 이상 소방 관련 업무를 수행한 사람 • 전기기능장, 전기기사, 전기공사기사 자격을 취득한 후 13년 이상 소방 관련 업무를 수행한 사람

불꽃암기 술관 5, 술(축) 5, 기 8, 산 11, 타기 13

정답 ④

468 □□□

19 소방설비기사(변형)

다음 중 고급기술자에 해당하는 학력·경력 기준으로 옳은 것은?

① 박사학위를 취득한 후 6개월 이상 소방 관련 업무를 수행한 사람
② 석사학위를 취득한 후 6년 이상 소방 관련 업무를 수행한 사람
③ 학사학위를 취득한 후 8년 이상 소방 관련 업무를 수행한 사람
④ 고등학교를 취득한 후 10년 이상 소방 관련 업무를 수행한 사람

출제 키워드 | 소방기술자 (중)

① X 박사학위를 취득한 후 1년 이상 소방 관련 업무를 수행한 사람
② O 석사학위를 취득한 후 6년 이상 소방 관련 업무를 수행한 사람
③ X 학사학위를 취득한 후 9년 이상 소방 관련 업무를 수행한 사람
④ X 고등학교를 졸업한 후 15년 이상 소방 관련 업무를 수행한 사람

☑ 고급기술자의 학력·경력 등에 따른 기술등급(소방시설공사업법 시행규칙 별표 4의2)

학력·경력자	경력자
• 박사학위를 취득한 후 1년 이상 소방 관련 업무를 수행한 사람 • 석사학위를 취득한 후 6년 이상 소방 관련 업무를 수행한 사람 • 학사학위를 취득한 후 9년 이상 소방 관련 업무를 수행한 사람 • 전문학사학위를 취득한 후 12년 이상 소방 관련 업무를 수행한 사람 • 고등학교 소방학과를 졸업한 후 13년 이상 소방 관련 업무를 수행한 사람 • 고등학교를 졸업한 후 15년 이상 소방 관련 업무를 수행한 사람	• 학사 이상의 학위를 취득한 후 12년 이상 소방 관련 업무를 수행한 사람 • 전문학사학위를 취득한 후 15년 이상 소방 관련 업무를 수행한 사람 • 고등학교를 졸업한 후 18년 이상 소방 관련 업무를 수행한 사람 • 22년 이상 소방 관련 업무를 수행한 사람

정답 ②

CHAPTER

05 소방시설업자협회

1 협회의 업무

① 소방시설업의 기술발전과 소방기술의 진흥을 위한 조사·연구·분석 및 평가

② 소방산업의 발전 및 소방기술의 향상을 위한 지원

③ 소방시설업의 기술발전과 관련된 국제교류·활동 및 행사의 유치

④ 이 법에 따른 위탁 업무의 수행

119 암기카드

1분 1초를 9하는
소방 암기카드!
QR코드를 스캔하여
확인해보세요.

※ 에듀윌 도서몰에서도
다운로드 가능합니다.

대표기출

469 □□□

19 소방시설관리사

소방시설공사업법령상 소방시설업자협회의 업무에 해당하지 않는 것은?

① 소방산업의 발전 및 소방기술의 향상을 위한 지원
② 소방시설업의 기술발전과 관련된 국제교류·활동 및 행사의 유치
③ 소방시설업의 사익증진과 과태료 부과 업무에 관한 사항
④ 소방시설업의 기술발전과 소방기술의 진흥을 위한 조사·연구·분석 및 평가

출제 키워드 | 소방시설업자협회 중

③ × 소방시설업자협회의 업무가 아니다.

「소방시설공사업법」 제30조의3(협회의 업무) 협회의 업무는 다음 각 호와 같다.

1. 소방시설업의 기술발전과 소방기술의 진흥을 위한 조사·연구·분석 및 평가
2. 소방산업의 발전 및 소방기술의 향상을 위한 지원
3. 소방시설업의 기술발전과 관련된 국제교류·활동 및 행사의 유치
4. 이 법에 따른 위탁 업무의 수행

정답 ③

CHAPTER

06 보칙

1 청문

소방시설업 등록취소처분이나 영업정지처분 또는 소방기술 인정 자격취소처분을 하려면 청문을 하여야 한다.

2 권한의 위임·위탁 등

소방청장 또는 시·도지사는 다음 각 호의 업무를 대통령령으로 정하는 바에 따라 협회에 위탁할 수 있다.

① 소방시설업 등록신청의 접수 및 신청내용의 확인

② 소방시설업 등록사항 변경신고의 접수 및 신고내용의 확인

③ 소방시설업 휴업·폐업 등 신고의 접수 및 신고내용의 확인

④ 소방시설업자의 지위승계 신고의 접수 및 신고내용의 확인

⑤ 방염처리능력 평가 및 공시

119 암기카드

1분 1초를 9하는
소방 암기카드!
QR코드를 스캔하여
확인해보세요.

※ 에듀윌 도서몰에서도
다운로드 가능합니다.

01 제32조 청문

대표기출

470 □□□

19 소방 공채

「소방시설공사업법」상 행정처분 전에 청문을 하여야 하는 대상으로 옳지 않은 것은?

① 소방시설업의 등록취소처분
② 소방기술 인정 자격취소처분
③ 소방시설업의 영업정지처분
④ 소방기술 인정 자격정지처분

출제 키워드 | 청문 하

① O ② O ③ O 소방시설업의 등록취소처분, 소방기술 인정 자격취소처분, 소방시설업의 영업정지처분을 하려면 행정처분을 하기 전에 청문을 하여야 한다(소방시설공사업법 제32조).

④ X 소방기술 인정 자격정지처분은 청문 사항이 아니다.

> 「소방시설공사업법」 제32조(청문) 제9조 제1항에 따른 소방시설업 등록취소처분이나 영업정지처분 또는 제28조 제4항에 따른 소방기술 인정 자격취소처분을 하려면 청문을 해야 한다.

정답 ④

471 □□□

15 소방설비기사

시·도지사가 소방시설업의 등록취소처분이나 영업정지처분을 하고자 할 경우 실시하여야 하는 것은?

① 청문을 실시하여야 한다.
② 징계위원회의 개최를 요구하여야 한다.
③ 직권으로 취소처분을 결정하여야 한다.
④ 소방기술심의위원회의 개최를 요구하여야 한다.

출제 키워드 | 청문 하

② X 징계위원회의 개최를 요구하여야 한다.

③ X 직권으로 취소처분을 결정하여야 한다.

④ X 소방기술심의위원회의 개최를 요구하여야 한다.

정답 ①

02 제33조 권한의 위임·위탁 등

대표기출

472 □□□ 18 하반기 소방 공채

「소방시설공사업법 시행령」상 업무의 위탁에 대한 설명으로 옳지 않은 것은?

① 시·도지사는 소방시설업 등록신청의 접수 및 신청내용의 확인에 관한 업무를 소방시설업자협회에 위탁한다.
② 소방청장은 소방기술과 관련된 자격·학력·경력의 인정 업무를 소방시설업자협회, 소방기술과 관련된 법인 또는 단체에 위탁한다.
③ 소방청장은 소방시설공사업을 등록한 자의 시공능력평가 및 공시에 관한 업무를 소방시설업자협회에 위탁한다.
④ 소방청장은 소방기술자 실무교육에 관한 업무를 소방청장이 지정하는 실무교육기관 또는 대한소방공제회에 위탁한다.

출제 키워드 | 권한의 위임·위탁 중

① O 시·도지사는 소방시설업 등록신청의 접수 및 신청내용의 확인에 관한 업무를 소방시설업자협회에 위탁한다.

> 「소방시설공사업법 시행령」 제20조(업무의 위탁) ③ 시·도지사는 법 제33조 제3항에 따라 다음 각 호의 업무를 협회에 위탁한다.
> 1. 법 제4조 제1항에 따른 소방시설업 등록신청의 접수 및 신청내용의 확인
> 2. 법 제6조에 따른 소방시설업 등록사항 변경신고의 접수 및 신고내용의 확인
> 2의2. 법 제6조의2에 따른 소방시설업 휴업·폐업 또는 재개업 신고의 접수 및 신고내용의 확인
> 3. 법 제7조 제3항에 따른 소방시설업자의 지위승계 신고의 접수 및 신고내용의 확인

② O 소방청장은 소방기술과 관련된 자격·학력·경력의 인정 업무를 소방시설업자협회, 소방기술과 관련된 법인 또는 단체에 위탁한다.

> 「소방시설공사업법 시행령」 제20조(업무의 위탁) ④ 소방청장은 법 제33조 제4항에 따라 다음 각 호의 업무를 협회, 소방기술과 관련된 법인 또는 단체에 위탁한다. 이 경우 소방청장은 수탁기관을 지정하여 고시해야 한다.
> 1. 법 제28조에 따른 소방기술과 관련된 자격·학력 및 경력의 인정 업무
> 2. 법 제28조의2에 따른 소방기술자 양성·인정 교육훈련 업무

③ O 소방청장은 소방시설공사업을 등록한 자의 시공능력평가 및 공시에 관한 업무를 소방시설업자협회에 위탁한다.

> 「소방시설공사업법 시행령」 제20조(업무의 위탁) ② 소방청장은 법 제33조 제3항에 따라 다음 각 호의 업무를 협회에 위탁한다.
> 1. 법 제20조의3에 따른 방염처리능력 평가 및 공시에 관한 업무
> 2. 법 제26조에 따른 시공능력 평가 및 공시에 관한 업무
> 3. 법 제26조의3 제1항에 따른 소방시설업 종합정보시스템의 구축·운영

④ X 소방청장은 소방기술자 실무교육에 관한 업무를 '대통령령'으로 정하는 바에 따라 실무교육기관 또는 '한국소방안전원'에 위탁할 수 있다.

> 「소방시설공사업법」 제33조(권한의 위임·위탁 등) ② 소방청장은 제29조에 따른 실무교육에 관한 업무를 대통령령으로 정하는 바에 따라 실무교육기관 또는 한국소방안전원에 위탁할 수 있다.

정답 ④

03 제34조 수수료 등

473 □□□

18 소방시설관리사

소방시설공사업법령상 수수료 기준으로 옳지 않은 것은?

① 전문 소방시설설계업을 등록하려는 자 – 4만 원
② 소방시설업 등록증을 재발급 받으려는 자 – 2만 원
③ 소방시설업자의 지위승계 신고를 하려는 자 – 2만 원
④ 일반 소방시설공사업을 등록하려는 자 – 분야별 2만 원

출제 키워드 | 수수료 

① O 전문 소방시설설계업을 등록하려는 자: 4만 원
② X 소방시설업 등록증 또는 등록수첩을 재발급 받으려는 자: 소방시설업 등록증 또는 등록수첩별 각각 1만 원
③ O 소방시설업자의 지위승계 신고를 하려는 자: 2만 원
④ O 일반 소방시설공사업을 등록하려는 자: 분야별 2만 원

「소방시설공사업법 시행규칙」 별표 7(수수료 및 교육비)

1. 법 제4조 제1항에 따라 소방시설업을 등록하려는 자
   가. 전문 소방시설설계업: 4만 원
   나. 일반 소방시설설계업: 분야별 2만 원
   다. 전문 소방시설공사업: 4만 원
   라. 일반 소방시설공사업: 분야별 2만 원
   마. 전문 소방공사감리업: 4만 원
   바. 일반 소방공사감리업: 분야별 2만 원
   사. 방염처리업: 업종별 4만 원
2. 법 제4조 제3항에 따라 소방시설업 등록증 또는 등록수첩을 재발급 받으려는 자: 소방시설업 등록증 또는 등록수첩별 각각 1만 원
3. 법 제7조 제3항에 따라 소방시설업자의 지위승계 신고를 하려는 자: 2만 원
4. 법 제20조의3 제2항에 따라 방염처리능력 평가를 받으려는 자: 소방청장이 정하여 고시하는 금액
5. 법 제26조 제2항에 따라 시공능력 평가를 받으려는 자: 소방청장이 정하여 고시하는 금액
6. 법 제28조 제2항에 따라 자격수첩 또는 경력수첩을 발급받으려는 자: 소방청장이 정하여 고시하는 금액
7. 법 제28조의2 제1항에 따라 소방기술자 양성·인정 교육을 받으려는 사람: 소방청장이 정하여 고시하는 금액
8. 법 제29조 제1항에 따라 실무교육을 받으려는 사람: 소방청장이 정하여 고시하는 금액

정답 ②

CHAPTER

07 벌칙

벌칙	내용
징역 3년 이하 또는 벌금 3천만 원 이하	소방시설업 등록을 하지 아니하고 영업을 한 자
징역 1년 이하 또는 벌금 1천만 원 이하	• 영업정지처분을 받고 그 영업정지 기간에 영업을 한 자 • 관련법, 화재안전기준을 위반하여 설계나 시공을 한 자 • 감리업무 위반하여 감리를 하거나 거짓으로 감리한 자 • 공사감리자를 지정하지 아니한 자 • 공사업자 위반사항 보고를 거짓으로 한 자(감리업자) • 공사감리 결과의 통보 또는 공사감리 결과보고서의 제출을 거짓으로 한 자 • 소방시설업자가 아닌 자에게 소방시설공사등을 도급한 자 • 도급받은 소방시설의 설계, 시공, 감리를 하도급한 자 • 하도급 받은 소방시설공사를 다시 하도급한 자 • 「소방시설공사업법」, 「소방시설법」 또는 명령을 따르지 아니하고 업무를 수행한 자
벌금 300만 원 이하	소방시설공사 현장에 감리원을 배치하지 아니한 자(감리업자)
과태료 200만 원 이하	• 소방기술자를 공사 현장에 배치하지 아니한 자 • 소방시설공사업자가 완공검사를 받지 아니한 자

119 암기카드

1분 1초를 9하는
소방 암기카드!
QR코드를 스캔하여
확인해보세요.

※ 에듀윌 도서몰에서도
다운로드 가능합니다.

01 벌칙

대표기출

474 □□□ 20 소방 공채

「소방시설공사업법」상 벌칙 중 1년 이하의 징역 또는 1천만 원 이하의 벌금에 해당하는 자로 옳지 않은 것은?

① 소방시설업 등록을 하지 아니하고 영업을 한 자
② 영업정지처분을 받고 그 영업정지기간에 영업을 한 자
③ 소방시설업자가 아닌 자에게 소방시설공사등을 도급한 자
④ 공사감리 결과의 통보 또는 공사감리 결과보고서의 제출을 거짓으로 한 자

출제 키워드 | 벌칙 (중)

① X 소방시설업 등록을 하지 아니하고 영업을 한 자는 3년 이하의 징역 또는 3천만 원 이하의 벌금에 처한다.

> **「소방시설공사업법」 제35조(벌칙)** 제4조 제1항을 위반하여 소방시설업 등록을 하지 아니하고 영업을 한 자는 3년 이하의 징역 또는 3천만 원 이하의 벌금에 처한다.

② O 영업정지처분을 받고 그 영업정지기간에 영업을 한 자
③ O 소방시설업자가 아닌 자에게 소방시설공사등을 도급한 자
④ O 공사감리 결과의 통보 또는 공사감리 결과보고서의 제출을 거짓으로 한 자

> **「소방시설공사업법」 제36조(벌칙)** 다음 각 호의 어느 하나에 해당하는 자는 1년 이하의 징역 또는 1천만 원 이하의 벌금에 처한다.
> 1. 제9조 제1항을 위반하여 영업정지처분을 받고 그 영업정지 기간에 영업을 한 자
> 2. 제11조나 제12조 제1항을 위반하여 설계나 시공을 한 자 → 제11조: 이 법이나 이 법에 따른 명령과 화재안전기준에 맞게 소방시설을 설계, 시공
> 3. 제16조 제1항을 위반하여 감리를 하거나 거짓으로 감리한 자 → 제16조 제1항: 감리의 업무 9가지
> 4. 제17조 제1항을 위반하여 공사감리자를 지정하지 아니한 자
>
> 4의2. 제19조 제3항에 따른 보고를 거짓으로 한 자
>
> 4의3. 제20조에 따른 공사감리 결과의 통보 또는 공사감리 결과보고서의 제출을 거짓으로 한 자
>
> 5. 제21조 제1항을 위반하여 해당 소방시설업자가 아닌 자에게 소방시설공사등을 도급한 자
> 6. 제22조 제1항 본문을 위반하여 도급받은 소방시설의 설계, 시공, 감리를 하도급한 자
>
> 6의2. 제22조 제2항을 위반하여 하도급받은 소방시설공사를 다시 하도급한 자
>
> 7. 제27조 제1항을 위반하여 같은 항에 따른 법 또는 명령을 따르지 아니하고 업무를 수행한 자 → 제27조 제1항: 소방기술자는 이 법과 이 법에 따른 명령과 「소방시설 설치 및 관리에 관한 법률」 및 같은 법에 따른 명령에 따라 업무를 수행해야 한다.

정답 ①

475 □□□

14 소방 공채(복원)

「소방시설공사업법」의 벌칙에서 1년 이하의 징역 또는 1,000만 원 이하의 벌금에 해당하지 않는 것은?

① 영업정지처분을 받고 그 영업정지기간에 영업을 한 자
② 공사감리자를 지정하지 아니한 자
③ 하도급받은 소방시설공사를 다시 하도급한 자
④ 동시에 둘 이상의 업체에 취업한 사람

출제 키워드 | 벌칙 중

④ ✕ 동시에 둘 이상의 업체에 취업한 사람은 300만 원 이하의 벌금에 처한다.

> **「소방시설공사업법」 제37조(벌칙)** 다음 각 호의 어느 하나에 해당하는 자는 300만 원 이하의 벌금에 처한다.
> 1. 제8조 제1항을 위반하여 다른 자에게 자기의 성명이나 상호를 사용하여 소방시설공사등을 수급 또는 시공하게 하거나 소방시설업의 등록증이나 등록수첩을 빌려준 자
> 2. 제18조 제1항을 위반하여 소방시설공사 현장에 감리원을 배치하지 아니한 자
> 3. 제19조 제2항을 위반하여 감리업자의 보완 요구에 따르지 아니한 자
> 4. 제19조 제4항을 위반하여 공사감리 계약을 해지하거나 대가 지급을 거부하거나 지연시키거나 불이익을 준 자
>
> 4의2. 제21조 제2항 본문을 위반하여 소방시설공사를 다른 업종의 공사와 분리하여 도급하지 아니한 자
> 5. 제27조 제2항을 위반하여 자격수첩 또는 경력수첩을 빌려 준 사람
> 6. 제27조 제3항을 위반하여 동시에 둘 이상의 업체에 취업한 사람
> 7. 제31조 제4항을 위반하여 관계인의 정당한 업무를 방해하거나 업무상 알게 된 비밀을 누설한 사람

정답 ④

476 □□□

16 소방시설관리사(변형)

소방시설공사업법령상 1년 이하의 징역 또는 1천만 원 이하의 벌금에 처해질 수 없는 자는?

① 영업정지처분을 받고 그 영업정지기간에 영업을 한 자
② 해당 소방시설업자가 아닌 자에게 소방시설공사등을 도급한 특정소방대상물의 관계인
③ 공사감리 결과의 통보 또는 공사감리 결과보고서의 제출을 거짓으로 한 소방공사감리업을 등록한 자
④ 등록증이나 등록수첩을 다른 자에게 빌려준 소방시설업자

출제 키워드 | 벌칙 

④ ✕ 등록증이나 등록수첩을 다른 자에게 빌려준 소방시설업자는 300만 원 이하의 벌금에 처한다.

정답 ④

477 □□□

20 소방설비기사

「소방시설공사업법」상 도급을 받은 자가 제3자에게 소방시설공사의 시공을 하도급한 경우에 대한 벌칙 기준으로 옳은 것은? (단, 대통령령으로 정하는 경우는 제외한다.)

① 100만 원 이하의 벌금
② 300만 원 이하의 벌금
③ 1년 이하의 징역 또는 1,000만 원 이하의 벌금
④ 3년 이하의 징역 또는 1,500만 원 이하의 벌금

출제 키워드 | 벌칙 

③ O 도급받은 소방시설공사를 다시 하도급한 자는 1년 이하의 징역 또는 1천만 원 이하의 벌금에 처한다.

정답 ③

478 □□□

16 소방시설관리사

소방시설공사업법령상 감리업자가 감리원 배치규정을 위반하여 소속 감리원을 소방시설공사 현장에 배치하지 아니한 경우에 해당되는 벌칙 기준은?

① 100만 원 이하의 벌금
② 200만 원 이하의 과태료
③ 300만 원 이하의 벌금
④ 500만 원 이하의 벌금

출제 키워드 | 벌칙 중

③ O 소방시설공사 현장에 감리원을 배치하지 아니한 자는 300만 원 이하의 벌금에 처한다.

정답 ③

479 □□□

19 소방설비기사(변형)

다음 중 300만 원 이하의 벌금에 해당되지 않는 것은?

① 완공검사를 받지 아니한 자
② 소방시설공사를 다른 업종의 공사와 분리하여 도급하지 아니한 자
③ 소방기술자가 동시에 둘 이상의 업체에 취업한 사람
④ 소방시설공사 현장에 감리원을 배치하지 아니한 자

출제 키워드 | 과태료 중

① X 완공검사를 받지 아니한 자에게는 200만 원 이하의 과태료가 부과된다.

정답 ①

02 과태료

480 □□□

20 소방시설관리사

소방시설공사업법령상 200만 원 이하의 과태료 부과대상이 아닌 경우는?

① 소방기술자를 공사 현장에 배치하지 아니한 자
② 감리 관계 서류를 인수·인계하지 아니한 자
③ 방염성능기준 미만으로 방염으로 한 자
④ 감리업자의 보완 요구에 따르지 아니한 자

출제 키워드 | 과태료 중

④ X 감리업자의 보완 요구에 따르지 아니한 자는 300만 원 이하의 벌금에 처한다.

「소방시설공사업법」 제40조(과태료) ① 다음 각 호의 어느 하나에 해당하는 자에게는 200만 원 이하의 과태료를 부과한다.

1. 제6조, 제6조의2 제1항, 제7조 제3항, 제13조 제1항 및 제2항 전단, 제17조 제2항을 위반하여 신고를 하지 아니하거나 거짓으로 신고한 자
2. 제8조 제3항을 위반하여 관계인에게 지위승계, 행정처분 또는 휴업·폐업의 사실을 거짓으로 알린 자
3. 제8조 제4항을 위반하여 관계 서류를 보관하지 아니한 자
4. 제12조 제2항을 위반하여 소방기술자를 공사 현장에 배치하지 아니한 자
5. 제14조 제1항을 위반하여 완공검사를 받지 아니한 자
6. 제15조 제3항을 위반하여 3일 이내에 하자를 보수하지 아니하거나 하자보수계획을 관계인에게 거짓으로 알린 자
8. 제17조 제3항을 위반하여 감리 관계 서류를 인수·인계하지 아니한 자

8의2. 제18조 제2항에 따른 배치통보 및 변경통보를 하지 아니하거나 거짓으로 통보한 자

9. 제20조의2를 위반하여 방염성능기준 미만으로 방염을 한 자

10. 제20조의3 제2항에 따른 방염처리능력 평가에 관한 서류를 거짓으로 제출한 자
10의3. 제21조의3 제2항에 따른 도급계약 체결 시 의무를 이행하지 아니한 자(하도급 계약의 경우에는 하도급 받은 소방시설업자는 제외)
11. 제21조의3 제4항에 따른 하도급 등의 통지를 하지 아니한 자
11의2. 제21조의4 제1항에 따른 공사대금의 지급보증, 담보의 제공 또는 보험료등의 지급을 정당한 사유 없이 이행하지 아니한 자
13의2. 제26조 제2항에 따른 시공능력 평가에 관한 서류를 거짓으로 제출한 자
13의3. 제26조의2 제1항 후단에 따른 사업수행능력 평가에 관한 서류를 위조하거나 변조하는 등 거짓이나 그 밖의 부정한 방법으로 입찰에 참여한 자
14. 제31조 제1항에 따른 명령을 위반하여 보고 또는 자료 제출을 하지 아니하거나 거짓으로 보고 또는 자료 제출을 한 자

「소방시설공사업법」 제37조(벌칙) 다음 각 호의 어느 하나에 해당하는 자는 300만 원 이하의 벌금에 처한다.
1. 제8조 제1항을 위반하여 다른 자에게 자기의 성명이나 상호를 사용하여 소방시설공사등을 수급 또는 시공하게 하거나 소방시설업의 등록증이나 등록수첩을 빌려준 자
2. 제18조 제1항을 위반하여 소방시설공사 현장에 감리원을 배치하지 아니한 자
3. 제19조 제2항을 위반하여 감리업자의 보완 요구에 따르지 아니한 자
4. 제19조 제4항을 위반하여 공사감리 계약을 해지하거나 대가 지급을 거부하거나 지연시키거나 불이익을 준 자
4의2. 제21조 제2항 본문을 위반하여 소방시설공사를 다른 업종의 공사와 분리하여 도급하지 아니한 자
5. 제27조 제2항을 위반하여 자격수첩 또는 경력수첩을 빌려 준 사람
6. 제27조 제3항을 위반하여 동시에 둘 이상의 업체에 취업한 사람
7. 제31조 제4항을 위반하여 관계인의 정당한 업무를 방해하거나 업무상 알게 된 비밀을 누설한 사람

정답 ④

481 □□□

21 소방설비기사

소방시설공사업법령상 소방시설공사업자가 소속 소방기술자를 소방시설공사 현장에 배치하지 않았을 경우의 과태료 기준은?

① 100만 원 이하
② 200만 원 이하
③ 300만 원 이하
④ 400만 원 이하

출제 키워드 | 과태료 중

② O 소방기술자를 공사 현장에 배치하지 아니한 자에게 200만 원 이하의 과태료를 부과한다.

정답 ②

에듀윌이
너를
지지할게
ENERGY

아는 세계에서 모르는 세계로 넘어가지 않으면
우리는 아무것도 배울 수 없다.

– 클로드 베르나르 (Claude Bernard)

PART

05

위험물안전관리법

빈출도&키워드

※소방공무원 공채 5개년(2022~2018 하) 기출 분석

단원	빈출도	키워드
01 총칙	11문항	목적, 용어의 정의, 위험물의 정의, 위험물의 지정수량, 저장소의 구분, 지정수량 미만인 위험물, 위험물의 저장 및 취급의 제한, 제조소등에 설치하는 소방시설, 제조소등에 설치하는 경보설비, 피난설비의 기준, 제조소등에서의 위험물 취급 기준
02 위험물시설의 설치 및 변경	1문항	위험물시설의 설치 및 변경, 탱크 안전성능검사, 완공검사, 과징금
03 위험물시설의 안전관리	6문항	위험물시설의 유지·관리, 위험물안전관리자, 안전관리자 중복 선임, 탱크시험자 결격사유, 예방규정, 정기점검, 위험물 취급자격자, 자체소방대
04 위험물의 운반 등	1문항	위험물의 운반, 위험물의 운송
05 감독 및 조치명령	1문항	감독 및 조치명령
06 보칙	0문항	안전교육, 권한의 위임·위탁
07 벌칙	1문항	벌칙, 과태료
08 제조소등에서의 위험물 저장 및 취급의 시행규칙	4문항	제조소의 기준, 옥내저장소의 기준, 옥외탱크저장소의 기준, 방유제, 옥외저장탱크의 기준, 지하탱크저장소의 기준, 간이탱크저장소의 기준, 이동탱크저장소의 기준, 옥외저장소의 기준, 주유취급소의 기준, 판매취급소의 기준, 이송취급소의 기준, 일반취급소의 기준, 소화설비·경보설비 및 피난설비의 기준, 옥외소화전설비의 기준, 제조소등의 시설의 턱의 기준

CHAPTER

01 총칙

불꽃암기
위험물
인발대

1 용어의 정의

구분		내용
위험물		인화성 또는 발화성 등의 성질을 가지는 것으로서 대통령령이 정하는 물품
지정수량		• 위험물의 종류별로 위험성을 고려하여 대통령령이 정하는 수량 • 제조소 등의 설치허가 등에 있어서 최저의 기준이 되는 수량
제조소 등	제조소	• 위험물을 제조할 목적으로 지정수량 이상의 위험물을 취급 • 허가(허가 면제, 협의로 허가를 받은 것)받은 장소
	저장소	• 지정수량 이상의 위험물을 저장하기 위한 대통령령이 정하는 장소 • 허가받은 장소 • 종류 : 옥내 · 옥외, 옥내탱크, 옥외탱크, 지하탱크, 간이탱크, 이동탱크, 암반탱크
	취급소	• 지정수량 이상의 위험물을 제조 외의 목적으로 취급하기 위한 대통령령이 정하는 장소 • 허가받은 장소 • 종류 : 일반, 이송, 주유, 판매

불꽃암기
저장소의 종류
내외탱탱지간이암

불꽃암기
취급소의 종류
일이주판

2 위험물 및 지정수량

유별	품명			지정수량
제1류 산화성 고체	아염소산염류, 염소산염류, 과염소산염류, 무기과산화물			50kg
	브롬산염류(취소), 질산염류, 요오드산염류			300kg
	과망간산염류, 중크롬산염류			1,000kg
제2류 가연성 고체	황화린, 적린, 유황(순도 60wt% 이상),			100kg
	철분(50㎛의 표준체 통과 50wt% 미만은 제외), 금속분, 마그네슘			500kg
	인화성 고체(고형알코올)			1,000kg
제3류 금수성 물질, 자연발화성	칼륨, 나트륨, 알킬알루미늄, 알킬리튬			10kg
	황린			20kg
	알칼리금속 및 알칼리토금속, 유기금속화합물			50kg
	금속의 수소화물, 금속의 인화물, 칼슘 또는 알루미늄의 탄화물			300kg
제4류 인화성 액체	특수인화물 (CS_2, 에테르)	• 발화점 100℃ 이하 • 인화점 −20℃ 이하이고, 비열 40℃ 이하		50ℓ
	제1석유류 (아세톤, 휘발유 등)	21℃ 미만	비수용성	200ℓ
			수용성	400ℓ

	알코올류 (탄소원자의 수가 1~3개)			400 ℓ
	제2석유류 (등유, 경유 등)	21℃ 이상 70℃ 미만	비수용성	1,000 ℓ
			수용성	2,000 ℓ
	제3석유류 (중유, 클레오소트유 등)	70℃ 이상 200℃ 미만	비수용성	2,000 ℓ
			수용성	4,000 ℓ
	제4석유류 (기어유, 실린더유 등)	200℃ 이상 250℃ 미만		6,000 ℓ
	동식물유류	250℃ 미만		10,000 ℓ
제5류 자기반응성 물질	유기과산화물, 질산에스테르류			10kg
	니트로화합물, 니트로소화합물, 아조화합물, 디아조화합물, 히드라진유도체			200kg
	히드록실아민, 히드로실아민염류			100kg
제6류 산화성 액체	과염소산, 과산화수소(농도 36wt% 이상), 질산(비중 1.49 이상)			300kg

3 위험물 저장·취급

1. 적용 제외

항공기, 선박, 철도(기차), 궤도

2. 지정수량

지정수량 미만	시·도 조례
지정수량 이상	• 저장소(저장)와 제조소 등(취급) 참 징역 3년 이하, 벌금 3천만 원 이하 • 제조소 등 아닌 장소 취급 가능(시·도 조례) – 관할소방서장 승인 + 90일 이내 + 임시저장 – 군부대 + 군사목적 + 임시저장·취급

불꽃암기
위험물 저장·취급 적용 제외
항선철궤

119 암기카드

1분 1초를 9하는
소방 암기카드!
QR코드를 스캔하여
확인해보세요.
※ 에듀윌 도서몰에서도
다운로드 가능합니다.

01 제1조 목적

대표기출

482 □□□ 17 하반기 소방 공채(복원)

「위험물안전관리법」의 목적에 대한 설명 중 빈칸에 들어갈 단어를 올바르게 나열한 것은?

> 이 법은 위험물의 (가)·(나) 및 (다)와/과 이에 따른 안전관리에 관한 사항을 규정함으로써 위험물로 인한 위해를 방지하여 공공의 안전을 확보함을 목적으로 한다.

	(가)	(나)	(다)
①	저장	취급	운반
②	저장	취급	이송
③	제조	취급	운반
④	제조	저장	이송

출제 키워드 | 목적 하

① O (가) 저장, (나) 목적 취급, (다) 운반

> 「위험물안전관리법」 제1조(목적) 이 법은 위험물의 저장·취급 및 운반과 이에 따른 안전관리에 관한 사항을 규정함으로써 위험물로 인한 위해를 방지하여 공공의 안전을 확보함을 목적으로 한다.

정답 ①

02 제2조 정의

대표기출

483 □□□ 20 소방 공채

「위험물안전관리법」상 용어의 정의에 관한 내용으로 옳지 않은 것은?

① '취급소'라 함은 지정수량 이상의 위험물을 제조 외의 목적으로 취급하기 위한 대통령령이 정하는 장소로서 「위험물안전관리법」에 따른 허가를 받은 장소를 말한다.
② '지정수량'이라 함은 위험물의 종류별로 위험성을 고려하여 대통령령이 정하는 수량으로서 제조소등의 설치허가 등에 있어서 최대의 기준이 되는 수량을 말한다.
③ '제조소등'이라 함은 제조소·저장소 및 취급소를 말한다.
④ '저장소'라 함은 지정수량 이상의 위험물을 저장하기 위하여 대통령령이 정하는 장소로서 「위험물안전관리법」에 따른 허가를 받은 장소를 말한다.

출제 키워드 | 용어의 정의 

① O '취급소'라 함은 지정수량 이상의 위험물을 제조 외의 목적으로 취급하기 위한 대통령령이 정하는 장소로서 「위험물안전관리법」에 따른 허가를 받은 장소를 말한다.
② X '지정수량'이라 함은 위험물의 종류별로 위험성을 고려하여 대통령령이 정하는 수량으로서 제6호의 규정에 의한 제조소등의 설치허가 등에 있어서 '최저'의 기준이 되는 수량을 말한다(위험물안전관리법 제2조 제1항 제2호).
③ O '제조소등'이라 함은 제조소·저장소 및 취급소를 말한다.
④ O '저장소'라 함은 지정수량 이상의 위험물을 저장하기 위하여 대통령령이 정하는 장소로서 「위험물안전관리법」에 따른 허가를 받은 장소를 말한다.

「위험물안전관리법」 제2조(정의) ① 이 법에서 사용하는 용어의 정의는 다음과 같다.

1. "위험물"이라 함은 인화성 또는 발화성 등의 성질을 가지는 것으로서 대통령령이 정하는 물품을 말한다.

   불꽃암기 인발대

2. "지정수량"이라 함은 위험물의 종류별로 위험성을 고려하여 대통령령이 정하는 수량으로서 제6호의 규정에 의한 제조소등의 설치허가 등에 있어서 최저의 기준이 되는 수량을 말한다.
3. "제조소"라 함은 위험물을 제조할 목적으로 지정수량 이상의 위험물을 취급하기 위하여 제6조 제1항의 규정에 따른 허가(동조 제3항의 규정에 따라 허가가 면제된 경우 및 제7조 제2항의 규정에 따라 협의로써 허가를 받은 것으로 보는 경우를 포함한다. 이하 제4호 및 제5호에서 같다)를 받은 장소를 말한다.
4. "저장소"라 함은 지정수량 이상의 위험물을 저장하기 위한 대통령령이 정하는 장소로서 제6조 제1항의 규정에 따른 허가를 받은 장소를 말한다.
5. "취급소"라 함은 지정수량 이상의 위험물을 제조외의 목적으로 취급하기 위한 대통령령이 정하는 장소로서 제6조 제1항의 규정에 따른 허가를 받은 장소를 말한다.
6. "제조소등"이라 함은 제3호 내지 제5호의 제조소·저장소 및 취급소를 말한다.

정답 ②

484 □□□

20 소방 공채

「위험물안전관리법」상 위험물에 대한 정의이다. ( ) 안에 들어갈 용어로 옳은 것은?

'위험물'이라 함은 (가) 또는 (나) 등의 성질을 가지는 것으로서 (다)이 정하는 물품을 말한다.

	(가)	(나)	(다)
①	인화성	가연성	대통령령
②	인화성	발화성	대통령령
③	휘발성	가연성	행정안전부령
④	인화성	휘발성	행정안전부령

출제 키워드 | 용어의 정의 하

② O (가) 인화성, (나) 발화성, (다) 대통령령

「위험물안전관리법」 제2조(정의) ① 이 법에서 사용하는 용어의 정의는 다음과 같다.

1. "위험물"이라 함은 인화성 또는 발화성 등의 성질을 가지는 것으로서 대통령령이 정하는 물품을 말한다.

불꽃암기 인발대

정답 ②

485 □□□

14 소방시설관리사

「위험물안전관리법」에 관한 설명으로 옳은 것은?

① 위험물이라 함은 인화성 또는 발화성 등의 성질을 가지는 것으로서 행정안전부령으로정하는 물품을 말한다.
② 지정수량이라 함은 위험물의 종류별로 위험성을 고려하여 행정안전부령으로 정하는 수량을 말한다.
③ 지정수량 미만인 위험물의 저장 또는 취급에 관한 기술상의 기준은 행정안전부령으로 정한다.
④「위험물안전관리법」은 철도 및 궤도에 의한 위험물의 저장·취급 및 운반에 있어서는 이를 적용하지 아니한다.

출제 키워드 | 용어의 정의 

① × 위험물이라 함은 인화성 또는 발화성 등의 성질을 가지는 것으로서 대통령령으로 정하는 물품을 말한다.

② × 지정수량이라 함은 위험물의 종류별로 위험성을 고려하여 대통령령으로 정하는 수량을 말한다.

③ × 지정수량 미만인 위험물의 저장 또는 취급에 관한 기술상의 기준은 특별시·광역시·특별자치시·도 및 특별자치도의 조례로 정한다.

④ ○「위험물안전관리법」은 항공기·선박(선박법 제1조의2 제1항의 규정에 따른 선박)·철도 및 궤도에 의한 위험물의 저장·취급 및 운반에 있어서는 이를 적용하지 아니한다.

정답 ④

대표기출

486 □□□

22 소방 공채

「위험물안전관리법 시행령」 별표 1에서 규정한 내용으로 옳지 않은 것은?

① 유황: 순도가 60중량퍼센트 이상인 것을 말한다.
② 인화성고체: 고형알코올 그 밖에 1기압에서 인화점이 섭씨 40도 미만인 고체를 말한다.
③ 철분: 철의 분말로서 53마이크로미터의 표준체를 통과하는 것이 50중량퍼센트 미만인 것을 말한다.
④ 가연성고체: 고체로서 화염에 의한 발화의 위험성 또는 인화의 위험성을 판단하기 위하여 고시로 정하는 시험에서 고시로 정하는 성질과 상태를 나타내는 것을 말한다.

출제 키워드 | 위험물의 정의 

① ○ 유황: 순도가 60중량퍼센트 이상인 것을 말한다.

② ○ 인화성고체: 고형알코올 그 밖에 1기압에서 인화점이 섭씨 40도 미만인 고체를 말한다.

③ × 철분: 철의 분말로서 53마이크로미터의 표준체를 통과하는 것이 50중량퍼센트 미만인 것은 제외한다.

④ ○ 가연성고체: 고체로서 화염에 의한 발화의 위험성 또는 인화의 위험성을 판단하기 위하여 고시로 정하는 시험에서 고시로 정하는 성질과 상태를 나타내는 것을 말한다.

「위험물안전관리법 시행령」 별표 1(위험물 및 지정수량)

1. "산화성고체"라 함은 고체[액체(1기압 및 섭씨 20도에서 액상인 것 또는 섭씨 20도 초과 섭씨 40도 이하에서 액상인 것) 또는 기체(1기압 및 섭씨 20도에서 기상인 것) 외의 것]로서 산화력의 잠재적인 위험성 또는 충격에 대한 민감성을 판단하기 위하여 소방청장이 정하여 고시(이하 "고시")하는 시험에서 고시로 정하는 성질과 상태를 나타내는 것을 말한다. 이 경우 "액상"이라 함은 수직으로 된 시험관(안지름 30밀리미터, 높이 120밀리미터의 원통형유리관)에 시료를 55밀리미터까지 채운 다음 당해 시험관을 수평으로 하였을 때 시료액면의 선단(끝부분)이 30밀리미터를 이동하는 데 걸리는 시간이 90초 이내에 있는 것을 말한다.
2. "가연성고체"라 함은 고체로서 화염에 의한 발화의 위험성 또는 인화의 위험성을 판단하기 위하여 고시로 정하는 시험에서 고시로 정하는 성질과 상태를 나타내는 것을 말한다.
3. 유황은 순도가 60중량퍼센트 이상인 것을 말한다. 이 경우 순도측정에 있어서 불순물은 활석 등 불연성물질과 수분에 한한다.
4. "철분"이라 함은 철의 분말로서 53마이크로미터의 표준체를 통과하는 것이 50중량퍼센트 미만인 것은 제외한다.

5. "금속분"이라 함은 알칼리금속·알칼리토류금속·철 및 마그네슘 외의 금속의 분말을 말하고, 구리분·니켈분 및 150마이크로미터의 체를 통과하는 것이 50중량퍼센트 미만인 것은 제외한다.
6. 마그네슘 및 제2류 제8호의 물품 중 마그네슘을 함유한 것에 있어서는 다음 각 목의 1에 해당하는 것은 제외한다.
가. 2밀리미터의 체를 통과하지 아니하는 덩어리 상태의 것
나. 지름 2밀리미터 이상의 막대 모양의 것
8. "인화성고체"라 함은 고형알코올 그 밖에 1기압에서 인화점이 섭씨 40도 미만인 고체를 말한다.

정답 ③

487 □□□

18 하반기 소방 공채

「위험물안전관리법 시행령」상 용어에 대한 설명으로 옳지 않은 것은?

① 특수인화물: 이황화탄소, 디에틸에테르 그 밖에 1기압에서 발화점이 섭씨 100도 이하인 것 또는 인화점이 섭씨 영하 20도 이하이고 비점이 섭씨 40도 이하인 것
② 제1석유류: 아세톤, 휘발유 그 밖에 1기압에서 인화점이 섭씨 70도 미만인 것
③ 제3석유류: 중유, 클레오소트유 그 밖에 1기압에서 인화점이 섭씨 70도 이상 섭씨 200도 미만인 것
④ 동식물유류: 동물의 지육 등 또는 식물의 종자나 과육으로부터 추출한 것으로서 1기압에서 인화점이 섭씨 250도 미만인 것

출제 키워드 | 위험물의 정의 중

① O 특수인화물: 이황화탄소, 디에틸에테르 그 밖에 1기압에서 발화점이 섭씨 100도 이하인 것 또는 인화점이 섭씨 영하 20도 이하이고 비점이 섭씨 40도 이하인 것
② X 제1석유류: 아세톤, 휘발유 그 밖에 1기압에서 인화점이 섭씨 21도 미만인 것(위험물안전관리법 시행령 별표 1).
③ O 제3석유류: 중유, 클레오소트유 그 밖에 1기압에서 인화점이 섭씨 70도 이상 섭씨 200도 미만인 것
④ O 동식물유류: 동물의 지육 등 또는 식물의 종자나 과육으로부터 추출한 것으로서 1기압에서 인화점이 섭씨 250도 미만인 것 → 제4류 위험물은 인화점으로 분류되어 있다.

「위험물안전관리법 시행령」 별표 1(위험물 및 지정수량)

12. "특수인화물"이라 함은 이황화탄소, 디에틸에테르 그 밖에 1기압에서 발화점이 섭씨 100도 이하인 것 또는 인화점이 섭씨 영하 20도(-20도) 이하이고 비점이 섭씨 40도 이하인 것을 말한다.
불꽃암기 특 발 100 인 20은 비 40
13. "제1석유류"라 함은 아세톤, 휘발유 그 밖에 1기압에서 인화점이 섭씨 21도 미만인 것을 말한다.
14. "알코올류"라 함은 1분자를 구성하는 탄소원자의 수가 1개부터 3개까지인 포화1가 알코올(변성알코올을 포함한다)를 말한다. 다만, 다음 각목의 1에 해당하는 것은 제외한다.
가. 1분자를 구성하는 탄소원자의 수가 1개 내지 3개의 포화1가 알코올의 함유량이 60중량퍼센트 미만인 수용액
나. 가연성액체량이 60중량퍼센트 미만이고 인화점 및 연소점(태그개방식인화점측정기에 의한 연소점)이 에틸알코올 60중량퍼센트 수용액의 인화점 및 연소점을 초과하는 것
15. "제2석유류"라 함은 등유, 경유 그 밖에 1기압에서 인화점이 섭씨 21도 이상 70도 미만인 것을 말한다. 다만, 도료류 그 밖의 물품에 있어서 가연성 액체량이 40중량퍼센트 이하이면서 인화점이 섭씨 40도 이상인 동시에 연소점이 섭씨 60도 이상인 것은 제외한다.
16. "제3석유류"라 함은 중유, 클레오소트유 그 밖에 1기압에서 인화점이 섭씨 70도 이상 섭씨 200도 미만인 것을 말한다. 다만, 도료류 그 밖의 물품은 가연성 액체량이 40중량퍼센트 이하인 것은 제외한다.
17. "제4석유류"라 함은 기어유, 실린더유 그 밖에 1기압에서 인화점이 섭씨 200도 이상 섭씨 250도 미만의 것을 말한다. 다만 도료류 그 밖의 물품은 가연성 액체량이 40중량퍼센트 이하인 것은 제외한다.
18. "동식물유류"라 함은 동물의 지육(머리, 내장, 다리를 잘라 내고 아직 부위별로 나누지 않은 고기) 등 또는 식물의 종자나 과육으로부터 추출한 것으로서 1기압에서 인화점이 섭씨 250도 미만인 것을 말한다. 다만, 법 제20조 제1항의 규정에 의하여 행정안전부령으로 정하는 용기기준과 수납·저장기준에 따라 수납되어 저장·보관되고 용기의 외부에 물품의 통칭명, 수량 및 화기엄금(화기엄금과 동일한 의미를 갖는 표시를 포함한다)의 표시가 있는 경우를 제외한다.

불꽃암기 1 21 미만, 알, 2 70 미만, 3 200 미만, 4 250 미만, 동 250 미만

정답 ②

488 □□□

15 소방 공채(복원)

「위험물안전관리법 시행령」상 위험물에 속하지 않는 것은?

① 유황은 순도가 60중량퍼센트 이상인 것을 말한다.
② 마그네슘은 2밀리미터의 체를 통과하지 아니하는 덩어리 상태의 것을 말한다.
③ 철분이라 함은 철의 분말로서 53마이크로미터의 표준체를 통과하는 것이 50중량퍼센트 미만인 것은 제외한다.
④ 알코올류라 함은 1분자를 구성하는 탄소원자의 수가 1개부터 3개까지인 포화1가 알코올(변성알코올을 포함한다)을 말한다.

출제 키워드 | 위험물의 정의 

① O 유황은 순도가 60중량퍼센트 이상인 것을 말한다. – 제2류 가연성고체
② X 마그네슘은 2밀리미터의 체를 통과하지 아니하는 덩어리 상태의 것은 제외한다. – 제2류 가연성고체
③ O 철분이라 함은 철의 분말로서 53마이크로미터의 표준체를 통과하는 것이 50중량퍼센트 미만인 것은 제외한다. – 제2류 가연성고체
④ O 알코올류라 함은 1분자를 구성하는 탄소원자의 수가 1개부터 3개까지인 포화1가 알코올(변성알코올을 포함한다)을 말한다. – 제4류 인화성액체

정답 ②

489 □□□

13 소방 공채(복원)

다음 중 「위험물안전관리법」에 규정된 위험물에 대한 설명으로 옳지 않은 것은?

① "인화성고체"라 함은 고형알코올 그 밖에 1기압에서 인화점이 섭씨 70℃ 미만인 고체를 말한다.
② "금속분"이라 함은 알칼리금속 · 알칼리토류금속 · 철 및 마그네슘외의 금속의 분말을 말하고, 구리분 · 니켈분 및 150μm의 체를 통과하는 것이 50wt% 미만인 것은 제외한다.
③ "자연발화성물질 및 금수성물질"이라 함은 고체 또는 액체로서 공기 중에서 발화의 위험성이 있거나 물과 접촉하여 발화하거나 가연성가스를 발생하는 위험성이 있는 것을 말한다.
④ "동식물유류"라 함은 동물의 지육(머리, 내장, 다리를 잘라 내고 아직 부위별로 나누지 않은 고기) 등 또는 식물의 종자나 과육으로부터 추출한 것으로서 1기압에서 인화점이 섭씨 250℃ 미만인 것을 말한다.

출제 키워드 | 용어의 정의 

① X "인화성고체"라 함은 고형알코올 그 밖에 1기압에서 인화점이 섭씨 40℃ 미만인 고체를 말한다.
② O "금속분"이라 함은 알칼리금속 · 알칼리토류금속 · 철 및 마그네슘외의 금속의 분말을 말하고, 구리분 · 니켈분 및 150μm의 체를 통과하는 것이 50wt% 미만인 것은 제외한다.
③ O "자연발화성물질 및 금수성물질"이라 함은 고체 또는 액체로서 공기 중에서 발화의 위험성이 있거나 물과 접촉하여 발화하거나 가연성가스를 발생하는 위험성이 있는 것을 말한다.
④ O "동식물유류"라 함은 동물의 지육(머리, 내장, 다리를 잘라 내고 아직 부위별로 나누지 않은 고기) 등 또는 식물의 종자나 과육으로부터 추출한 것으로서 1기압에서 인화점이 섭씨 250℃ 미만인 것을 말한다.

정답 ①

490 □□□

22 소방시설관리사

위험물안전관리법령상 위험물의 성질과 품명이 바르게 연결된 것은?

① 산화성고체 – 과염소산염류
② 자연발화성물질 및 금수성물질 – 특수인화물
③ 인화성액체 – 아조화합물
④ 자기반응성물질 – 과산화수소

출제 키워드 | 용어의 정의 중

① O 산화성고체: 과염소산염류
② X 특수인화물: 제4류 인화성액체
③ X 아조화합물: 제5류 자기반응성물질
④ X 과산화수소: 제6류 산화성액체

정답 ①

491 □□□

22 소방시설관리사

제4류 위험물 중 제2석유류에 해당하는 것은?

① 중유
② 아세톤
③ 경유
④ 이황화탄소

출제 키워드 | 용어의 정의 하

① X 중유: 제3석유류
② X 아세톤: 제1석유류
③ O 경유: 제2석유류
④ X 이황화탄소: 특수인화물

정답 ③

492 □□□

21 소방 공채

「위험물안전관리법 시행령」 및 같은 법 시행규칙상 위험물의 성질과 품명이 옳지 않은 것은?

① 가연성고체: 적린, 금속분
② 산화성액체: 과염소산, 질산
③ 산화성고체: 요오드산염류, 과요오드산
④ 자연발화성 및 금수성물질: 황린, 아조화합물

출제 키워드 | 위험물의 지정수량 하

④ X 아조화합물은 제5류 자기반응성 물질에 해당한다.

정답 ④

493 □□□

14 소방 공채(복원)

「위험물안전관리법」에서 정하는 위험물의 성질이 아닌 것은?

① 산화성액체
② 인화성액체
③ 가연성액체
④ 자기반응성 물질

출제 키워드 | 용어의 정의 

③ X 가연성액체가 아닌 가연성고체가 제2류 위험물로 규정되어 있다.

정답 ③

대표기출

494 □□□

17 상반기 소방 공채(복원)

「위험물안전관리법 시행령」상 위험물과 지정수량의 연결이 바르지 않은 것은?

① 무기과산화물 – 50킬로그램
② 철분 – 500킬로그램
③ 특수인화물 – 100리터
④ 질산에스테르류 – 10킬로그램

출제 키워드 | 위험물의 지정수량 

① O 무기과산화물: 50킬로그램: 제1류 산화성고체

② O 철분: 500킬로그램: 제2류 가연성고체

③ X 특수인화물의 지정수량은 '50리터'이다(위험물안전관리법 시행령 별표 1): 제4류 인화성액체

④ O 질산에스테르류: 10킬로그램: 제5류 자기반응성물질

☑ 위험물 및 지정수량(위험물안전관리법 시행령 별표 1)

위험물			지정수량
유별	성질	품명	
제1류	산화성 고체	1. 아염소산염류	50kg
		2. 염소산염류	50kg
		3. 과염소산염류	50kg
		4. 무기과산화물	50kg
		5. 브롬산염류	300kg
		6. 질산염류	300kg
		7. 요오드산염류	300kg
		8. 과망간산염류	1,000kg
		9. 중크롬산염류	1,000kg
		10. 그 밖에 행정안전부령으로 정하는 것 11. 제1호 내지 제10호의 1에 해당하는 어느 하나 이상을 함유한 것	50kg, 300kg 또는 1,000kg
제2류	가연성 고체	1. 황화린	100kg
		2. 적린	100kg
		3. 유황	100kg
		4. 철분	500kg
		5. 금속분	500kg
		6. 마그네슘	500kg
		7. 그 밖에 행정안전부령으로 정하는 것 8. 제1호 내지 제7호의 1에 해당하는 어느 하나 이상을 함유한 것	100kg 또는 500kg
		9. 인화성고체	1,000kg
제3류	자연발화성 물질 및 금수성 물질	1. 칼륨	10kg
		2. 나트륨	10kg
		3. 알킬알루미늄	10kg
		4. 알킬리튬	10kg
		5. 황린	20kg
		6. 알칼리금속(칼륨 및 나트륨을 제외) 및 알칼리토금속	50kg
		7. 유기금속화합물(알킬알루미늄 및 알킬리튬을 제외)	50kg
		8. 금속의 수소화물	300kg
		9. 금속의 인화물	300kg
		10. 칼슘 또는 알루미늄의 탄화물	300kg
		11. 그 밖에 행정안전부령으로 정하는 것 12. 제1호 내지 제11호의 1에 해당하는 어느 하나 이상을 함유한 것	10kg, 20kg, 50kg 또는 300kg
제4류	인화성 액체	1. 특수인화물	50L
		2. 제1석유류 비수용성액체	200L
		2. 제1석유류 수용성액체	400L
		3. 알코올류	400L
		4. 제2석유류 비수용성액체	1,000L
		4. 제2석유류 수용성액체	2,000L
		5. 제3석유류 비수용성액체	2,000L
		5. 제3석유류 수용성액체	4,000L
		6. 제4석유류	6,000L
		7. 동식물유류	10,000L
제5류	자기반응성 물질	1. 유기과산화물	10kg
		2. 질산에스테르류	10kg
		3. 니트로화합물	200kg
		4. 니트로소화합물	200kg
		5. 아조화합물	200kg
		6. 디아조화합물	200kg
		7. 히드라진 유도체	200kg
		8. 히드록실아민	100kg
		9. 히드록실아민염류	100kg
		10. 그 밖에 행정안전부령으로 정하는 것 11. 제1호 내지 제10호의 1에 해당하는 어느 하나 이상을 함유한 것	10kg, 100kg 또는 200kg
제6류	산화성 액체	1. 과염소산	300kg
		2. 과산화수소	300kg
		3. 질산	300kg
		4. 그 밖에 행정안전부령으로 정하는 것	300kg
		5. 제1호 내지 제4호의 1에 해당하는 어느 하나 이상을 함유한 것	300kg

불꽃암기 아 5, 브 3, 과 천

정답 ③

495 □□□

19 소방 공채

「위험물안전관리법 시행령」상 위험물의 지정수량이 가장 큰 것은?

① 브롬산염류
② 아염소산염류
③ 과염소산염류
④ 중크롬산염류

출제 키워드 | 위험물의 지정수량 (하)

① X 브롬산염류: 300kg
② X 아염소산염류: 50kg
③ X 과염소산염류: 50kg
④ O 중크롬산염류: 1,000kg

정답 ④

496 □□□

14 소방 공채(복원+변형)

다음 제3류 위험물 중 지정수량이 다른 것은?

① 칼륨
② 나트륨
③ 알킬알루미늄
④ 알칼리금속

출제 키워드 | 위험물의 지정수량 (하)

① O 칼륨: 10kg
② O 나트륨: 10kg
③ O 알킬알루미늄: 10kg
④ X 알칼리금속: 50kg

정답 ④

497 □□□

18 소방시설관리사

위험물안전관리법령상 제1류 위험물의 지정수량으로 옳지 않은 것은?

① 과염소산염류 – 50킬로그램
② 브롬산염류 – 200킬로그램
③ 요오드산염류 – 300킬로그램
④ 중크롬산염류 – 1,000킬로그램

출제 키워드 | 위험물의 지정수량 (하)

① O 과염소산염류: 50킬로그램
② X 브롬산염류: 300킬로그램
③ O 요오드산염류: 300킬로그램
④ O 중크롬산염류: 1,000킬로그램

정답 ②

498 □□□

18 소방시설관리사

위험물안전관리법령상 옥외저장소에 저장할 수 없는 위험물을 모두 고른 것은? (단, 국제해상위험물규칙에 적합한 용기에 수납된 경우와 「관세법」상 보세구역 안에 저장하는 경우는 제외한다)

ㄱ. 유황	ㄴ. 인화알루미늄
ㄷ. 벤젠	ㄹ. 에틸알코올
ㅁ. 초산	ㅂ. 적린
ㅅ. 과염소산	

① ㄱ, ㄹ, ㅅ　② ㄴ, ㄷ, ㅂ
③ ㄴ, ㅁ, ㅂ　④ ㄷ, ㅁ, ㅅ

출제 키워드 | 저장소의 구분 (상)

ㄱ. × 제2류 위험물 중 유황은 옥외저장소에 저장할 수 있다.
ㄴ. ○ 인화알루미늄은 제3류 위험물로 옥외저장소에 저장할 수 없다.
ㄷ. ○ 벤젠은 제4류 위험물 중 제1석유류로 인화점이 −11℃이므로 옥외저장소에 저장할 수 없다.
ㄹ. × 에틸알코올은 제4류 위험물 중 알코올류에 속하므로 옥외저장소에 저장할 수 있다.
ㅁ. × 초산은 제4류 위험물 중 제2석유류로 인화점이 40℃이므로 옥외저장소에 저장할 수 있다.
ㅂ. ○ 적린은 제2류 위험물로 옥외저장소에 저장할 수 없다.
ㅅ. × 과염소산은 제6류 위험물로 옥외저장소에 저장할 수 있다.
→ 옥외저장소에 저장 가능한 위험물과 품명을 모두 알아야 풀 수 있다.

☑ 옥외저장소에 지정수량 이상의 위험물을 저장할 수 있는 경우(위험물안전관리법 시행령 별표 2)

- 제2류 위험물 중 유황 또는 인화성고체(인화점이 섭씨 0℃ 이상인 것)
- 제4류 위험물 중 제1석유류(인화점이 섭씨 0℃ 이상인 것)·알코올류·제2석유류·제3석유류·제4석유류 및 동식물유류
- 제6류 위험물
- 제2류 위험물 및 제4류 위험물 중 특별시·광역시 또는 도의 조례에서 정하는 위험물(관세법 제154조의 규정에 의한 보세구역 안에 저장하는 경우에 한한다)
- 「국제해사기구에 관한 협약」에 의하여 설치된 국제해사기구가 채택한 「국제해상위험물규칙」(IMDG Code)에 적합한 용기에 수납된 위험물

정답 ②

03 제4조 지정수량 미만의 위험물의 저장·취급

499 □□□

16 소방시설관리사(변형)

위험물안전관리법령상 지정수량 미만인 위험물의 저장 또는 취급에 관한 기술상의 기준을 정하는 것은?

① 대통령령
② 소방청장 고시
③ 행정자치부령
④ 시·도의 조례

출제 키워드 | 지정수량 미만인 위험물 (중)

④ ○ 시·도의 조례

> 「위험물안전관리법」 제4조(지정수량 미만인 위험물의 저장·취급)
> 지정수량 미만인 위험물의 저장 또는 취급에 관한 기술상의 기준은 특별시·광역시·특별자치시·도 및 특별자치도(이하 "시·도")의 조례로 정한다.

정답 ④

04 제5조 위험물의 저장 및 취급의 제한

대표기출

500 □□□ 14 소방 공채(복원)

지정수량 이상의 위험물을 90일 이내의 기간 동안 임시로 저장 또는 취급할 수 있는 절차에 대한 설명으로 옳은 것은?

① 관할소방서장과 협의를 하여야 한다.
② 관할소방서장의 승인을 받아야 한다.
③ 관할소방서장에게 신고를 하여야 한다.
④ 관할소방서장에게 등록을 하여야 한다.

출제 키워드 | 위험물의 저장 및 취급의 제한 하

② O 관할 소방서장의 승인을 받아야 한다.

「위험물안전관리법」 제5조(위험물의 저장 및 취급의 제한) ① 지정수량 이상의 위험물을 저장소가 아닌 장소에서 저장하거나 제조소등이 아닌 장소에서 취급하여서는 아니 된다. → 위반 시 3년 이하의 징역 또는 3천만 원 이하의 벌금

② 제1항의 규정에 불구하고 다음 각 호의 어느 하나에 해당하는 경우에는 제조소등이 아닌 장소에서 지정수량 이상의 위험물을 취급할 수 있다. 이 경우 임시로 저장 또는 취급하는 장소에서의 저장 또는 취급의 기준과 임시로 저장 또는 취급하는 장소의 위치·구조 및 설비의 기준은 시·도의 조례로 정한다. → 후단 위반 시 200만 원 이하의 과태료

1. 시·도의 조례가 정하는 바에 따라 관할소방서장의 승인을 받아 지정수량 이상의 위험물을 90일 이내의 기간 동안 임시로 저장 또는 취급하는 경우 → 위반 시 500만 원 이하의 과태료
2. 군부대가 지정수량 이상의 위험물을 군사목적으로 임시로 저장 또는 취급하는 경우

③ 제조소등에서의 위험물의 저장 또는 취급에 관하여는 다음 각 호의 중요기준 및 세부기준에 따라야 한다.

1. 중요기준: 화재 등 위해의 예방과 응급조치에 있어서 큰 영향을 미치거나 그 기준을 위반하는 경우 직접적으로 화재를 일으킬 가능성이 큰 기준으로서 행정안전부령이 정하는 기준 → 위반 시 1,500만 원 이하의 벌금
2. 세부기준: 화재 등 위해의 예방과 응급조치에 있어서 중요기준보다 상대적으로 적은 영향을 미치거나 그 기준을 위반하는 경우 간접적으로 화재를 일으킬 수 있는 기준 및 위험물의 안전관리에 필요한 표시와 서류·기구 등의 비치에 관한 기준으로서 행정안전부령이 정하는 기준 → 위반 시 500만 원 이하의 과태료

④ 제1항의 규정에 따른 제조소등의 위치·구조 및 설비의 기술기준은 행정안전부령으로 정한다.

⑤ 둘 이상의 위험물을 같은 장소에서 저장 또는 취급하는 경우에 있어서 당해 장소에서 저장 또는 취급하는 각 위험물의 수량을 그 위험물의 지정수량으로 각각 나누어 얻은 수의 합계가 1 이상인 경우 당해 위험물은 지정수량 이상의 위험물로 본다.

정답 ②

501 □□□

21 소방 공채

「위험물안전관리법 시행규칙」상 제조소등에 설치하는 소방시설 설치에 대한 내용으로 옳지 않은 것은?

① 제조소등에는 화재 발생 시 소화가 곤란한 정도에 따라 그 소화에 적응성이 있는 소화설비를 설치하여야 한다.
② 제조소등에는 화재 발생 시 소방공무원이 화재를 진압하거나 인명구조활동을 할 수 있도록 소화활동설비를 설치하여야 한다.
③ 주유취급소 중 건축물의 2층 이상의 부뷴을 점포·휴게음식점 또는 전시장의 용도로 사용하는 것과 옥내주유취급소에는 피난설비를 설치하여야 한다.
④ 지정수량의 10배 이상의 위험물을 저장 또는 취급하는 제조소등(이동탱크저장소 제외)에는 화재 발생 시 이를 알릴 수 있는 경보설비를 설치하여야 한다.

출제 키워드 | 제조소등에 설치하는 소방시설 중

② × 제조소등에 설치하는 소화설비 기준에 소화활동설비는 포함되지 않는다.

> 「위험물안전관리법 시행규칙」 제41조(소화설비의 기준) ① 제조소등에는 화재 발생시 소화가 곤란한 정도에 따라 그 소화에 적응성이 있는 소화설비를 설치해야 한다.
>
> 「위험물안전관리법 시행규칙」 제42조(경보설비의 기준) ① 지정수량의 10배 이상의 위험물을 저장 또는 취급하는 제조소등(이동탱크저장소를 제외한다)에는 화재 발생시 이를 알릴 수 있는 경보설비를 설치해야 한다.
> ② 경보설비는 자동화재탐지설비·자동화재속보설비·비상경보설비(비상벨장치 또는 경종을 포함한다)·확성장치(휴대용확성기를 포함한다) 및 비상방송설비로 구분하되, 제조소등별로 설치해야 하는 경보설비의 종류 및 설치기준은 별표 17과 같다.
> ③ 자동신호장치를 갖춘 스프링클러설비 또는 물분무등소화설비를 설치한 제조소등에 있어서는 제2항의 규정에 의한 자동화재탐지설비를 설치한 것으로 본다.
>
> 「위험물안전관리법 시행규칙」 제43조(피난설비의 기준) ① 주유취급소 중 건축물의 2층 이상의 부분을 점포·휴게음식점 또는 전시장의 용도로 사용하는 것과 옥내주유취급소에는 피난설비를 설치해야 한다.

정답 ②

502 □□□

20 소방 공채(변형)

「위험물안전관리법 시행규칙」상 위험물 제조소등(이동탱크저장소를 제외한다)에 설치하는 경보설비로 옳지 않은 것은?

① 확성장치
② 비상방송설비
③ 비상경보설비
④ 통합감시설비

출제 키워드 | 제조소등에 설치하는 경보설비 중

④ × 자동화재탐지설비·자동화재속보설비·비상방송설비·비상경보설비(비상벨장치 또는 경종을 포함한다)·확성장치(휴대용확성기를 포함한다)가 경보설비에 해당한다. → 당시 기출에는 ㉮ 자동화재속보설비로 출제되었으나, 2020. 10. 12. 「위험물안전관리법 시행규칙」의 개정으로 '자동화재속보설비'가 경보설비에 추가되었다.

> 「위험물안전관리법 시행규칙」 제42조(경보설비의 기준) ① 법 제5조 제4항의 규정에 의하여 영 별표 1의 규정에 의한 지정수량의 10배 이상의 위험물을 저장 또는 취급하는 제조소등(이동탱크저장소를 제외한다)에는 화재 발생시 이를 알릴 수 있는 경보설비를 설치해야 한다.
> ② 제1항에 따른 경보설비는 자동화재탐지설비·자동화재속보설비·비상경보설비(비상벨장치 또는 경종을 포함한다)·확성장치(휴대용확성기를 포함한다) 및 비상방송설비로 구분하되, 제조소등별로 설치해야 하는 경보설비의 종류 및 설치기준은 별표 17과 같다.
> ③ 자동신호장치를 갖춘 스프링클러설비 또는 물분무등소화설비를 설치한 제조소등에 있어서는 제2항의 규정에 의한 자동화재탐지설비를 설치한 것으로 본다.

정답 ④

503 □□□

20 소방시설관리사

다음은 위험물안전관리법령상 주유취급소 피난설비의 기준에 관한 내용이다. (   )에 들어갈 내용으로 옳은 것은?

> 법 제5조 제4항의 규정에 의하여 주유취급소 중 건축물의 (ㄱ)층 이상의 부분을 점포·(ㄴ)음식점 또는 전시장의 용도로 사용하는 것과 (ㄷ)주유취급소에는 피난설비를 설치해야 한다.

① ㄱ: 2, ㄴ: 일반, ㄷ: 철도
② ㄱ: 2, ㄴ: 휴게, ㄷ: 옥내
③ ㄱ: 3, ㄴ: 일반, ㄷ: 철도
④ ㄱ: 3, ㄴ: 휴게, ㄷ: 옥내

출제 키워드 | 피난설비의 기준 (중)

② O ㄱ: 2, ㄴ: 휴게, ㄷ: 옥내

> 「위험물안전관리법 시행규칙」 제43조(피난설비의 기준) ① 주유취급소 중 건축물의 2층 이상의 부분을 점포·휴게음식점 또는 전시장의 용도로 사용하는 것과 옥내주유취급소에는 피난설비를 설치해야 한다.

정답 ②

504 □□□

20 소방시설관리사

위험물안전관리법령상 유별을 달리하는 위험물 상호 간 1m 이상의 간격을 두더라도 동일한 옥내저장소에 저장할 수 없는 것은?

① 제1류 위험물과 제6류 위험물
② 제2류 위험물 중 인화성고체와 제4류 위험물
③ 제4류 위험물과 제5류 위험물(유기과산화물은 제외)
④ 제1류 위험물(알칼리금속의 과산화물은 제외)과 제5류 위험물

출제 키워드 | 제조소등에서의 위험물 취급 기준 (상)

③ X 제4류 위험물 중 유기과산화물과 제5류 위험물 중 유기과산화물

✓ 제조소등에서의 위험물의 저장 및 취급에 관한 기준(위험물안전관리법 시행규칙 별표 18)

> 유별을 달리하는 위험물은 상호 간 1m 이상의 간격을 두고 아래 유별로 저장할 수 있다.
> - 제1류 위험물(알칼리금속의 과산화물은 제외)과 제5류 위험물
> - 제1류 위험물과 제6류 위험물
> - 제1류 위험물과 제3류 위험물 중 자연발화성물질(황린 포함)
> - 제2류 위험물 중 인화성고체와 제4류 위험물
> - 제3류 위험물 중 알킬알루미늄등과 제4류 위험물(알킬알루미늄 또는 알킬리튬을 함유한 것)
> - 제4류 위험물 중 유기과산화물과 제5류 위험물 중 유기과산화물

정답 ③

CHAPTER

02 위험물시설의 설치 및 변경

1 제조소 설치 및 변경

1. 설치 및 변경 허가 절차

제조소 등 설치·변경자 → 허가 신청(허가 × 징역 5년 이하 또는 벌금 1억 원 이하) → 시·도지사

제조소 등 설치·변경자 → 변경신고(1일 전까지, 변경허가× 과태료 500만 원 이하) → 시·도지사

2. 설치 및 변경의 예외

불꽃암기
제조소 설치 및 변경의 예외
- 주난저취
- 농축수난건 20저

① 대상

대상	시설	지정수량 제한	제조소등	비고
주택	난방시설	–	저장소, 취급소	공동주택의 중앙 난방시설은 제외
농예, 축산, 수산	난방시설, 건조시설	20배 이하	저장소	

② 내용

- 허가를 받지 않고 제조소 등 설치, 위치·구조·설비 변경 가능
- 위험물 품명, 수량, 지정수량, 배수 변경 가능

2 탱크 안전성능검사

불꽃암기
탱크 안전성능검사
충암용기

요청자	탱크 + 제조소 설치 또는 변경자	
신청 시기	충수·수압: 액체위험물	배관, 부속설비 부착 전
	암반탱크: 액체위험물	본체 공사 개시 전
	용접부: 옥외탱크저장소(액체) 중 100만L 이상	본체 공사 개시 전
	기초, 지반: 옥외탱크저장소(액체) 중 100만L 이상	공사 개시 전
실시자	시·도지사	
대통령령	탱크안전성능검사 내용	
행정안전부령	검사에 필요한 사항	

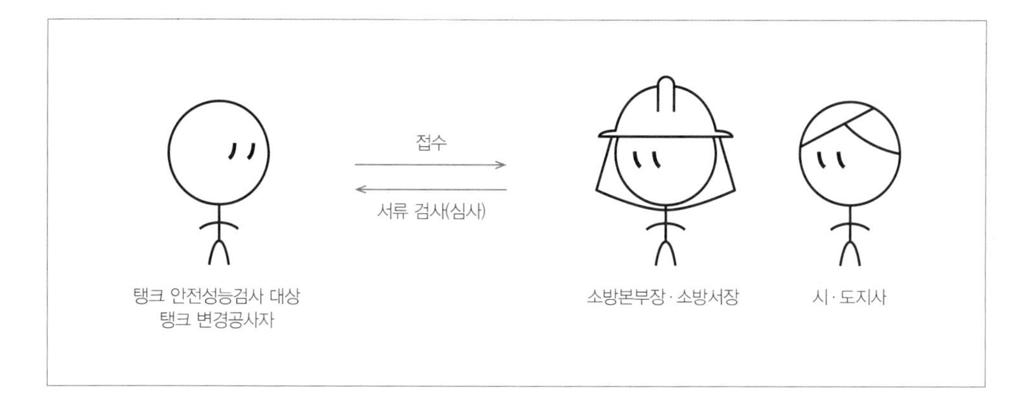

3 완공검사

1. 검사 절차

제조소 등 설치 허가를 받은 자 • 설치를 마친 때 • 변경을 마친 때	완공검사 신청 → 서류 첨부	시 · 도지사 소방서장

2. 신청시기

대상	시기
지하탱크 및 제조소 등	지하탱크 매설 전
이동탱크저장소	탱크 완공하고 상치장소 확보 후
이송취급소	• 이송배관 공사 전체 또는 일부 완료 후 • 다만, 지하, 하천 등에 매설하는 이송배관의 경우 이송배관 매설 전
전체공사 완료 후 검사 곤란	• 배관 완료 후 기밀 또는 내압시험 실시 시기 • 배관을 지하에 설치: 시 · 도지사, 소방서장, 기술원이 지정하는 부분 매몰 전 • 기술원 지정하는 부분 비파괴시험 실시시기
기타 제조소등	공사 완료 후

119 암기카드

1분 1초를 9하는
소방 암기카드!
QR코드를 스캔하여
확인해보세요.
※ 에듀윌 도서몰에서도
다운로드 가능합니다.

01 제6조 위험물시설의 설치 및 변경 등

대표기출

505 □□□ 19 소방 공채

「위험물안전관리법」상 신고를 하지 아니하고 위험물의 품명·수량 또는 지정수량의 배수를 변경할 수 있는 경우로 옳은 것은?

① 농예용으로 필요한 건조시설을 위한 지정수량 20배 이하의 취급소
② 축산용으로 필요한 난방시설을 위한 지정수량 20배 이하의 저장소
③ 수산용으로 필요한 건조시설을 위한 지정수량 30배 이하의 저장소
④ 공동주택의 중앙난방시설을 위한 지정수량 30배 이하의 취급소

출제 키워드 | 위험물시설의 설치 및 변경 하

① X 농예용으로 필요한 건조시설을 위한 지정수량 20배 이하의 저장소
② O 축산용으로 필요한 난방시설을 위한 지정수량 20배 이하의 저장소
③ X 수산용으로 필요한 건조시설을 위한 지정수량 20배 이하의 저장소
④ X 공동주택의 중앙난방시설을 제외한다. → 공동주택은 지정수량(허가) 이상이면 무조건 허가를 받아야 한다.

「위험물안전관리법」 제6조(위험물시설의 설치 및 변경 등) ① 제조소등을 설치하고자 하는 자는 대통령령이 정하는 바에 따라 그 설치장소를 관할하는 특별시장·광역시장·특별자치시장·도지사 또는 특별자치도지사(이하 "시·도지사")의 허가를 받아야 한다. 제조소등의 위치·구조 또는 설비 가운데 행정안전부령이 정하는 사항을 변경하고자 하는 때에도 또한 같다.
② 제조소등의 위치·구조 또는 설비의 변경 없이 당해 제조소등에서 저장하거나 취급하는 위험물의 품명·수량 또는 지정수량의 배수를 변경하고자 하는 자는 변경하고자 하는 날의 1일 전까지 행정안전부령이 정하는 바에 따라 시·도지사에게 신고하여야 한다.
③ 제1항 및 제2항의 규정에 불구하고 다음 각 호의 어느 하나에 해당하는 제조소등의 경우에는 허가를 받지 아니하고 당해 제조소등을 설치하거나 그 위치·구조 또는 설비를 변경할 수 있으며, 신고를 하지 아니하고 위험물의 품명·수량 또는 지정수량의 배수를 변경할 수 있다.
1. 주택의 난방시설(공동주택의 중앙난방시설을 제외한다)을 위한 저장소 또는 취급소
2. 농예용·축산용 또는 수산용으로 필요한 난방시설 또는 건조시설을 위한 지정수량 20배 이하의 저장소

정답 ②

506 □□□ 18 상반기 소방 공채(복원)

「위험물안전관리법」상 위험물시설의 설치 및 변경 등에 대한 설명으로 옳지 않은 것은?

① 제조소등을 설치하고자 하는 자는 그 설치 장소를 관할하는 시·도지사에게 허가를 받아야 한다.
② 제조소등의 위치·구조 또는 설비를 변경하고자 하는 때에는 시·도지사에게 신고하여야 한다.
③ 제조소등의 위치·구조 또는 설비의 변경 없이 당해 제조소등에서 저장하거나 취급하는 위험물의 품명·수량 또는 지정수량의 배수를 변경하고자 하는 자는 변경하고자 하는 날의 1일 전까지 시·도지사에게 신고하여야 한다.
④ 수산용으로 필요한 건조시설을 위한 지정수량 10배의 저장소는 신고를 하지 아니하고 위험물의 품명·수량 또는 지정수량의 배수를 변경할 수 있다.

출제 키워드 | 위험물시설의 설치 및 변경 

① O 제조소등을 설치하고자 하는 자는 그 설치 장소를 관할하는 시·도지사에게 허가를 받아야 한다.
② X 제조소등의 위치·구조 또는 설비를 변경하고자 하는 때에는 시·도지사에게 '허가'를 받아야 한다(위험물안전관리법 제6조).
③ O 제조소등의 위치·구조 또는 설비의 변경 없이 당해 제조소등에서 저장하거나 취급하는 위험물의 품명·수량 또는 지정수량의 배수를 변경하고자 하는 자는 변경하고자 하는 날의 1일 전까지 시·도지사에게 신고하여야 한다.
④ O 수산용으로 필요한 건조시설을 위한 지정수량 10배의 저장소는 신고를 하지 아니하고 위험물의 품명·수량 또는 지정수량의 배수를 변경할 수 있다. → 제조소등의 설치 및 위치·구조 또는 설비 변경(행정안전부령 변경사항)은 허가사항이고, 위험물의 품명·수량 또는 지정수량의 배수를 변경은 1일 전 신고사항임을 잘 구분하자!

정답 ②

507 □□□

16 소방 공채(복원)

「위험물안전관리법」상 다음 괄호 안에 들어갈 단어를 바르게 나열한 것은?

> 제조소등의 위치·구조 또는 설비의 변경 없이 당해 제조소등에서 저장하거나 취급하는 위험물의 품명·수량 또는 지정수량의 배수를 변경하고자 하는 자는 변경하고자 하는 날의 (㉠)까지 행정안전부령이 정하는 바에 따라 (㉡)에게 신고하여야 한다.

	㉠	㉡
①	1일 전	소방서장
②	1일 전	시·도지사
③	3일 전	소방서장
④	3일 전	시·도지사

출제 키워드 | 위험물시설의 설치 및 변경 (하)

② ○ ㉠ 1일 전, ㉡ 시·도지사

> 「위험물안전관리법」 제6조(위험물시설의 설치 및 변경 등) ② 제조소등의 위치·구조 또는 설비의 변경 없이 당해 제조소등에서 저장하거나 취급하는 위험물의 품명·수량 또는 지정수량의 배수를 변경하고자 하는 자는 변경하고자 하는 날의 1일 전까지 행정안전부령이 정하는 바에 따라 시·도지사에게 신고하여야 한다.

정답 ②

508 □□□

13 소방 공채(복원)

다음 위험물시설의 설치 및 변경 등에 대한 설명 중 옳지 않은 것은?

① 제조소등을 설치하고자 하는 자는 대통령령이 정하는 바에 따라 그 설치 장소를 관할하는 특별시장·광역시장·특별자치시장·도지사 또는 특별자치도지사의 허가를 받아야 한다.

② 주택의 난방시설(공동주택의 중앙난방시설을 제외한다)을 위한 저장소 또는 취급소는 허가를 받지 아니하고 당해 제조소등을 설치하거나 그 위치·구조 또는 설비를 변경할 수 있다.

③ 제조소등의 위치·구조 또는 설비의 변경 없이 당해 제조소등에서 저장하거나 취급하는 위험물의 품명·수량 또는 지정수량의 배수를 변경하고자 하는 자는 변경하고자 하는 날의 1일 전까지 행정안전부령이 정하는 바에 따라 시·도지사에게 신고해야 한다.

④ 농예용·축산용 또는 수산용으로 필요한 난방시설 또는 건조시설을 위한 지정수량 30배 이하의 저장소는 신고를 하지 아니하고 위험물의 품명·수량 또는 지정수량의 배수를 변경할 수 있다.

출제 키워드 | 위험물시설의 설치 및 변경 (중)

④ × 농예용·축산용 또는 수산용으로 필요한 난방시설 또는 건조시설을 위한 지정수량 20배 이하의 저장소는 신고를 하지 아니하고 위험물의 품명·수량 또는 지정수량의 배수를 변경할 수 있다.

정답 ④

509 □□□

19 소방시설관리사

위험물안전관리법령상 시·도지사의 허가를 받아야 설치할 수 있는 제조소등은?

① 주택의 난방시설을 위한 취급소
② 축산용으로 필요한 건조시설을 위한 지정수량 20배 이하의 저장소
③ 공동주택의 중앙난방시설을 위한 저장소
④ 농예용으로 필요한 난방시설을 위한 지정수량 20배 이하의 저장소

출제 키워드 | 위험물시설의 설치 및 변경 (하)

③ O 주택의 난방시설(공동주택의 중앙난방시설을 제외한다)을 위한 저장소 또는 취급소는 시·도지사의 허가를 받아야 설치할 수 있다. → 공동주택의 중앙난방시설은 지정수량 이상의 위험물을 저장, 취급할 경우를 말한다.

정답 ③

510 □□□

18 소방시설관리사

위험물안전관리법령상 위험물시설의 설치 및 변경 등에 관한 조문의 일부이다. (   )에 들어갈 말을 바르게 나열한 것은?

> 제조소등의 위치·구조 또는 설비의 변경 없이 당해 제조소등에서 저장하거나 취급하는 위험물의 품명·수량 또는 지정수량의 배수를 변경하고자 하는 자는 변경하고자 하는 날의 (ㄱ)일 전까지 (ㄴ)이 정하는 바에 따라 (ㄷ)에게 신고해야 한다.

① ㄱ: 1일, ㄴ: 대통령령, ㄷ: 소방서장
② ㄱ: 1일, ㄴ: 행정안전부령, ㄷ: 시·도지사
③ ㄱ: 3일, ㄴ: 대통령령, ㄷ: 소방서장
④ ㄱ: 3일, ㄴ: 행정안전부령, ㄷ: 시·도지사

출제 키워드 | 위험물시설의 설치 및 변경 (하)

② O ㄱ: 1일, ㄴ: 행정안전부령, ㄷ: 시·도지사

> 「위험물안전관리법」 제6조(위험물시설의 설치 및 변경 등) ② 제조소등의 위치·구조 또는 설비의 변경 없이 당해 제조소등에서 저장하거나 취급하는 위험물의 품명·수량 또는 지정수량의 배수를 변경하고자 하는 자는 변경하고자 하는 날의 1일 전까지 행정안전부령이 정하는 바에 따라 시·도지사에게 신고하여야 한다.

정답 ②

511 □□□

17 소방시설관리사

위험물안전관리법령상 허가를 받고 설치하여야 하는 제조소등을 모두 고른 것은?

ㄱ. 공동주택의 중앙난방시설을 위한 취급소
ㄴ. 농예용으로 필요한 건조시설을 위한 지정수량 20배 이하의 저장소
ㄷ. 축산용으로 필요한 난방시설을 위한 지정수량 20배 이하의 취급소

① ㄱ, ㄴ　　② ㄱ, ㄷ
③ ㄴ, ㄷ　　④ ㄱ, ㄴ

출제 키워드 | 위험물시설의 설치 및 변경 하

ㄱ. O 공동주택의 중앙난방시설을 위한 취급소
ㄴ. X 농예용으로 필요한 건조시설을 위한 지정수량 20배 이하의 저장소은 허가 대상이 아니다.
ㄷ. O 축산용으로 필요한 난방시설을 위한 지정수량 20배 이하의 취급소

정답 ②

512 □□□

17 소방시설관리사

위험물안전관리법령상 위험물시설의 설치 및 변경에 관한 설명으로 옳지 않은 것은? (단, 권한의 위임 등 기타 사항은 고려하지 않음)

① 제조소등을 설치하고자 하는 자는 그 설치 장소를 관할하는 시·도지사의 허가를 받아야 한다.
② 제조소등의 위치·구조 등의 변경 없이 당해 제조소등에서 저장하는 위험물의 품명·수량 등을 변경하고자 하는 자는 변경하고자 하는 날까지 시·도지사의 허가를 받아야 한다.
③ 군사목적으로 제조소등을 설치하고자 하는 군부대의 장이 제조소등의 소재지를 관할하는 시·도지사와 협의한 경우에는 허가를 받은 것으로 본다.
④ 군부대의 장은 국가기밀에 속하는 제조소등의 설비를 변경하고자 하는 경우에는 당해 제조소등의 변경공사를 착수하기 전에 그 공사의 설계도서와 서류 제출을 생략할 수 있다.

출제 키워드 | 위험물시설의 설치 및 변경 

① O 제조소등을 설치하고자 하는 자는 그 설치 장소를 관할하는 시·도지사의 허가를 받아야 한다.
② X 제조소등의 위치·구조 또는 설비의 변경 없이 당해 제조소등에서 저장하거나 취급하는 위험물의 품명·수량 또는 지정수량의 배수를 변경하고자 하는 자는 변경하고자 하는 날의 1일 전까지 행정안전부령이 정하는 바에 따라 시·도지사에게 신고해야 한다.
③ O 군사목적으로 제조소등을 설치하고자 하는 군부대의 장이 제조소등의 소재지를 관할하는 시·도지사와 협의한 경우에는 허가를 받은 것으로 본다.
④ O 군부대의 장은 국가기밀에 속하는 제조소등의 설비를 변경하고자 하는 경우에는 당해 제조소등의 변경공사를 착수하기 전에 그 공사의 설계도서와 서류 제출을 생략할 수 있다.

정답 ②

02 제8조 탱크 안전성능검사

대표기출

513 □□□ 21 소방시설관리사

위험물안전관리법령상 탱크 안전성능검사에 해당하지 않는 것은?

① 기초 · 지반검사
② 충수 · 수압검사
③ 밀폐 · 재질검사
④ 암반탱크검사

출제 키워드 | 탱크 안전성능검사 하

③ ✕ 밀폐 · 재질검사는 해당하지 않는다.

「위험물안전관리법 시행령」 제8조(탱크 안전성능검사의 대상이 되는 탱크 등) ① 법 제8조 제1항 전단에 따라 탱크 안전성능검사를 받아야 하는 위험물탱크는 제2항에 따른 탱크 안전성능검사별로 다음 각 호의 어느 하나에 해당하는 탱크로 한다.

1. 기초 · 지반검사: 옥외탱크저장소의 액체위험물탱크 중 그 용량이 100만ℓ 이상인 탱크
2. 충수 · 수압검사: 액체위험물을 저장 또는 취급하는 탱크. 다만, 다음 각 목의 어느 하나에 해당하는 탱크는 제외한다.
   가. 제조소 또는 일반취급소에 설치된 탱크로서 용량이 지정수량 미만인 것
   나. 「고압가스 안전관리법」 제17조 제1항에 따른 특정설비에 관한 검사에 합격한 탱크
   다. 「산업안전보건법」 제84조 제1항에 따른 안전인증을 받은 탱크
   라. 삭제 〈2006. 5. 25.〉
3. 용접부검사: 제1호에 따른 탱크. 다만, 탱크의 저부에 관계된 변경공사(탱크의 옆판과 관련되는 공사를 포함하는 것을 제외한다)시에 행하여진 법 제18조 제3항에 따른 정기검사에 의하여 용접부에 관한 사항이 행정안전부령으로 정하는 기준에 적합하다고 인정된 탱크를 제외한다.
4. 암반탱크검사: 액체위험물을 저장 또는 취급하는 암반내의 공간을 이용한 탱크

불꽃암기 충암용기

정답 ③

514 □□□ 19 소방시설관리사

위험물안전관리법령상 탱크 안전성능검사의 대상이 되는 탱크 등에 관한 내용이다. ( )에 들어갈 숫자로 옳은 것은?

> 기초 · 지반검사: 옥외탱크저장소의 액체위험물탱크 중 그 용량이 ( )만ℓ(리터) 이상인 탱크

① 20
② 50
③ 70
④ 100

출제 키워드 | 탱크 안전성능검사 하

④ ○ 100

「위험물안전관리법 시행령」 제8조(탱크 안전성능검사의 대상이 되는 탱크 등) ① 법 제8조 제1항 전단에 따라 탱크 안전성능검사를 받아야 하는 위험물탱크는 제2항에 따른 탱크 안전성능검사별로 다음 각 호의 어느 하나에 해당하는 탱크로 한다.

1. 기초 · 지반검사: 옥외탱크저장소의 액체위험물탱크 중 그 용량이 100만ℓ 이상인 탱크

정답 ④

515 □□□

16 소방시설관리사

위험물안전관리법령상 위험물 탱크 안전성능검사를 받아야 하는 경우 그 신청시기에 관한 설명으로 옳은 것은?

① 기초·지반검사는 위험물탱크의 기초 및 지반에 관한 공사의 개시 후에 한다.
② 용접부검사는 탱크 본체에 관한 공사의 개시 전에 한다.
③ 충수·수압검사는 탱크에 배관 그 밖의 부속설비를 부착한 후에 한다.
④ 암반탱크검사는 암반탱크의 본체에 관한 공사의 개시 후에 한다.

출제 키워드 | 탱크 안전성능검사 중

① X 기초·지반검사는 위험물탱크의 기초 및 지반에 관한 공사의 개시 전에 한다.
② O 용접부검사는 탱크 본체에 관한 공사의 개시 전에 한다.
③ X 충수·수압검사는 위험물을 저장 또는 취급하는 탱크에 배관 그 밖의 부속설비를 부착하기 전에 한다.
④ X 암반탱크검사는 암반탱크의 본체에 관한 공사의 개시 전에 한다.

「위험물안전관리법 시행규칙」 제18조(탱크 안전성능검사의 신청 등)
③ 영 제9조 제2항에 따라 충수·수압검사를 면제받으려는 자는 별지 제21호서식의 탱크시험합격확인증에 탱크시험성적서를 첨부하여 소방서장에게 제출해야 한다.
④ 제1항의 규정에 의한 탱크 안전성능검사의 신청시기는 다음 각 호의 구분에 의한다.
1. 기초·지반검사: 위험물탱크의 기초 및 지반에 관한 공사의 개시 전
2. 충수·수압검사: 위험물을 저장 또는 취급하는 탱크에 배관 그 밖의 부속설비를 부착하기 전
3. 용접부검사: 탱크본체에 관한 공사의 개시 전
4. 암반탱크검사: 암반탱크의 본체에 관한 공사의 개시 전

정답 ②

03 제9조 완공검사

516 □□□

18 상반기 소방 공채(복원)

「위험물안전관리법 시행규칙」상 완공검사 신청시기에 대한 설명으로 옳지 않은 것은?

① 지하탱크가 있는 제조소등의 경우: 당해 지하탱크를 매설하기 전
② 이동탱크저장소의 경우: 이동저장탱크를 완공하고 상시 설치 장소를 확보하기 전
③ 이송취급소의 경우: 이송배관 공사의 전체 또는 일부를 완료한 후
④ 전체 공사가 완료된 후에는 완공검사를 실시하기 곤란한 경우: 기술원이 지정하는 부분의 비파괴시험을 실시하는 시기

출제 키워드 | 완공검사 중

② X 이동탱크저장소의 경우: 이동저장탱크를 완공하고 상시 설치 장소(상치장소)를 '확보한 후'에 완공검사 신청(위험물안전관리법 시행규칙 제20조 제2호). → 이동할 수 있는 탱크라 상시 설치 장소(상치장소)가 확보되어야 완공검사가 가능하다.

「위험물안전관리법 시행규칙」 제20조(완공검사의 신청시기) 법 제9조 제1항에 따른 제조소등의 완공검사 신청시기는 다음 각 호의 구분에 따른다.
1. 지하탱크가 있는 제조소등의 경우: 당해 지하탱크를 매설하기 전
2. 이동탱크저장소의 경우: 이동저장탱크를 완공하고 상시 설치 장소(이하 "상치장소")를 확보한 후
3. 이송취급소의 경우: 이송배관 공사의 전체 또는 일부를 완료한 후. 다만, 지하·하천 등에 매설하는 이송배관의 공사의 경우에는 이송배관을 매설하기 전
4. 전체 공사가 완료된 후에는 완공검사를 실시하기 곤란한 경우: 다음 각 목에서 정하는 시기
가. 위험물설비 또는 배관의 설치가 완료되어 기밀시험 또는 내압시험을 실시하는 시기
나. 배관을 지하에 설치하는 경우에는 시·도지사, 소방서장 또는 기술원이 지정하는 부분을 매몰하기 직전
다. 기술원이 지정하는 부분의 비파괴시험을 실시하는 시기
5. 제1호 내지 제4호에 해당하지 아니하는 제조소등의 경우: 제조소등의 공사를 완료한 후

정답 ②

517 □□□

14 소방 공채(복원)

다음 중 위험물제조소등의 완공검사의 신청시기로 옳은 것은?

① 배관을 지하에 설치하는 경우: 소방청장이 지정하는 부분을 매몰하기 직전
② 이동탱크저장소의 경우: 이동저장탱크를 완공하고 상시 설치 장소(이하 "상치장소")를 확보하기 전
③ 지하탱크가 있는 제조소등의 경우: 당해 지하탱크를 매설하기 전
④ 이송취급소의 경우: 이송배관 공사의 전체 또는 일부를 착공한 후. 다만, 지하·하천 등에 매설하는 이송배관의 공사의 경우에는 이송배관을 매설하기 전

출제 키워드 | 완공검사 

① × 배관을 지하에 설치하는 경우: 시·도지사, 소방서장 또는 기술원이 지정하는 부분을 매몰하기 직전
② × 이동탱크저장소의 경우: 이동저장탱크를 완공하고 상시 설치 장소(이하 "상치장소")를 확보한 후
③ ○ 지하탱크가 있는 제조소등의 경우: 당해 지하탱크를 매설하기 전
④ × 이송취급소의 경우: 이송배관 공사의 전체 또는 일부를 완료한 후. 다만, 지하·하천 등에 매설하는 이송배관의 공사의 경우에는 이송배관을 매설하기 전

정답 ③

04 제13조 과징금처분

518 □□□

17 소방시설관리사

위험물안전관리법령상 과징금에 관한 설명으로 옳지 않은 것은?

① 시·도지사는 제조소등에 대한 사용의 취소가 공익을 해칠 우려가 있는 때에는 사용취소처분에 갈음하여 1억 원 이하의 과징금을 부과할 수 있다.
② 과징금의 징수절차에 관하여는 「국고금 관리법 시행규칙」을 준용한다.
③ 1일당 과징금의 금액은 당해 제조소등의 연간 매출액을 기준으로 하여 산정한다.
④ 시·도지사는 과징금을 납부하여야 하는 자가 납부기한까지 이를 납부하지 아니한 때에는 「지방세외수입금의 징수 등에 관한 법률」에 따라 징수한다.

출제 키워드 | 과징금 

① × 시·도지사는 제조소등에 대한 사용의 취소가 공익을 해칠 우려가 있는 때에는 사용취소처분에 갈음하여 2억 원 이하의 과징금을 부과할 수 있다.

「위험물안전관리법」 제13조(과징금처분) ① 시·도지사는 제12조 각 호의 어느 하나에 해당하는 경우로서 제조소등에 대한 사용의 정지가 그 이용자에게 심한 불편을 주거나 그 밖에 공익을 해칠 우려가 있는 때에는 사용정지처분에 갈음하여 2억 원 이하의 과징금을 부과할 수 있다.

② 제1항의 규정에 따른 과징금을 부과하는 위반행위의 종별·정도 등에 따른 과징금의 금액 그 밖의 필요한 사항은 행정안전부령으로 정한다.

③ 시·도지사는 제1항의 규정에 따른 과징금을 납부해야 하는 자가 납부기한까지 이를 납부하지 아니한 때에는 「지방행정제재·부과금의 징수 등에 관한 법률」에 따라 징수한다.

「위험물안전관리법 시행규칙」 제27조(과징금 징수절차) 법 제13조 제2항에 따른 과징금의 징수절차에 관하여는 「국고금 관리법 시행규칙」을 준용한다.

「위험물안전관리법 시행규칙」 별표 3(과징금의 금액)

1. 일반기준

가. 과징금을 부과하는 위반행위의 종별에 따른 과징금의 금액은 제25조 및 별표 2의 규정에 의한 사용정지의 기간에 나목 또는 다목에 의하여 산정한 1일당 과징금의 금액을 곱하여 얻은 금액으로 한다.

나. 1일당 과징금의 금액은 당해 제조소등의 연간 매출액을 기준으로 하여 제2호 가목의 기준에 의하여 산정한다.

정답 ①

CHAPTER

03 위험물시설의 안전관리

1 위험물안전관리자

1. 선임신고

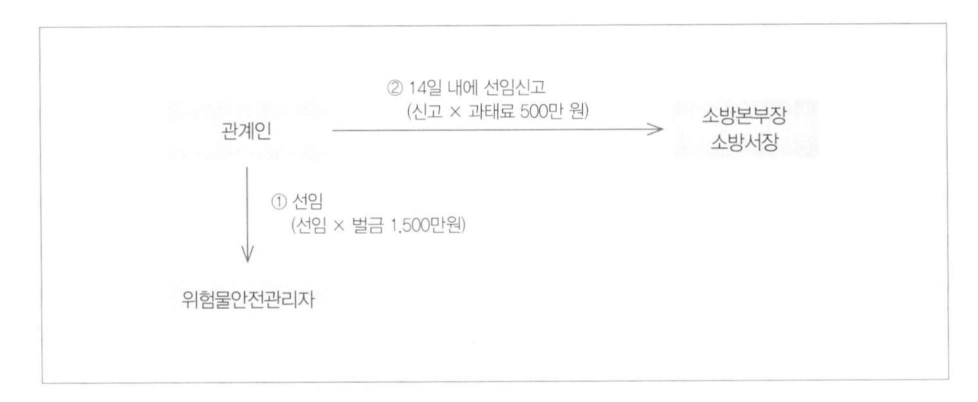

2. 재선임

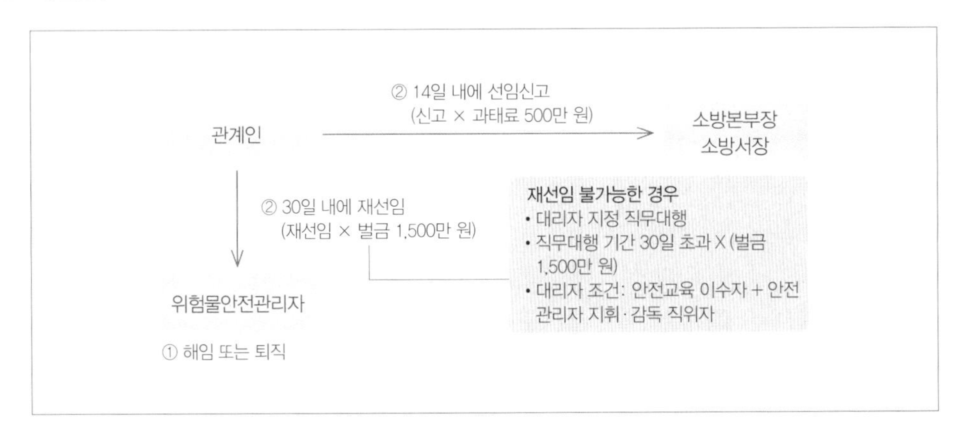

3. 1인 안전관리자 중복 선임

동일인이 설치한 경우	세부사항
• 보일러·버너로 위험물을 소비하는 장치로 이루어진 7개 이하의 일반취급소 • 일반취급소에 공급하기 위한 위험물을 저장하는 저장소	모두 동일구 내(같은 건물 안 또는 같은 울안)에 있는 경우
• 위험물을 차량에 고정된 탱크 또는 운반용기에 옮겨 담기 위한 5개 이하의 일반취급소 • 일반취급소에 공급하기 위한 위험물을 저장하는 저장소	일반취급소 간의 보행거리가 300m 이내인 경우

• 동일구 내에 있거나 또는 상호 100m 이내의 보행거리에 있는 저장소 • 저장소의 규모, 저장하는 위험물의 종류 등을 고려하여 행정안전부령이 정하는 저장소	• 지하탱크, 옥내탱크, 간이탱크저장소 • 10개 이하: 옥내·옥외저장소, 암반탱크 • 30개 이하: 옥외탱크저장소
• 기준에 모두 적합한 5개 이하의 제조소 등 – 각 제조소 등이 동일구 내에 위치하거나 상호 100m 이내의 보행거리 – 각 제조소 등에서 저장 또는 취급하는 위험물의 최대수량이 지정수량의 3천 배 미만(저장소 예외) – 제조소 등과 비슷한 것으로서 행정안전부령이 정하는 제조소	

불꽃암기
1인 안전관리자 중복 선임 저장소
지옥간 10내외암 외탱

2 예방규정·정기검사·정기점검

1. 예방규정

제출	관계인 → 시·도지사
시기	사용 시작 전, 변경 시
대상	• 이송취급소, 암반탱크저장소 • 지수 10배 이상 일반취급소, 제조소 • 지수 100배 이상 옥외 • 지수 150배 이상 옥내 • 지수 200배 이상 옥외탱크
대상의 예외	제4류(특수인화물 제외)만 지수 50배 이하로 취급하는 일반취급소(1석, 알코올 지수 10배 이하)로 다음에 해당하는 것 • 보일러·버너 등으로 위험물 소비하는 장치 • 위험물을 용기에 담거나 차량 고정 탱크에 주입

불꽃암기
예방규정 대상
• 이암
• 10일조
• 100외
• 150내
• 200외탱

2. 정기검사

대상	액체위험물 저장, 취급 50만L 이상의 옥외탱크저장소
횟수	기간 내 1회
정밀정기검사	• 최근 정밀정기검사 날부터 11년 • 특정·준특정탱크 완공검사합격확인증 발급날부터 12년
중간정기검사	• 특정·준특정탱크 완공검사합격확인증 발급날부터 4년 • 최근 정밀정기검사 또는 중간정기검사 날부터 4년
벌칙	징역 1년 이하, 벌금 1천만 원 이하

불꽃암기
정밀검사 대상
검사 11, 발급 12,
중간 44

3. 정기점검 대상

① 예방규정
② 이동탱크저장소
③ 지하탱크저장소
④ 지하에 매설된 탱크가 있는 제조소, 주유취급소, 일반취급소

3 자체소방대

1. 자체소방대 설치 대상

구분	시설
대상	제4류 위험물 • 지정수량 3천 배 이상 취급하는 제조소 또는 일반취급소 • 지정수량 50만 배 이상 저장하는 옥외탱크저장소
제외	• 보일러, 버너로 위험물을 소비하는 일반취급소 • 「광산안전법」의 적용을 받는 일반취급소 • 이동저장탱크에 위험물을 주입하는 일반취급소 • 유압장치, 윤활유순환장치로 위험물을 취급하는 일반취급소 • 용기에 위험물을 옮겨 담는 일반취급소

불꽃암기
자체소방대 설치 대상
3천제일, 50만외탱

불꽃암기
자체소방대 설치 제외
용광(로) 보이유

2. 자체소방대에 두는 화학소방자동차 및 대원 수

사업소	지정수량	화학소방자동차	대원 수
제조소 또는 일반취급소	3천 배 이상 12만 배 미만	1대	5인
	12만 배 이상 24만 배 미만	2대	10인
	24만 배 이상 48만 배 미만	3대	15인
	48만 배 이상	4대	20인
옥외탱크저장소	50만 배 이상	2대	10인

119 암기카드

1분 1초를 9하는
소방 암기카드!
QR코드를 스캔하여
확인해보세요.
※ 에듀윌 도서몰에서도
다운로드 가능합니다.

01 제14조 위험물시설의 유지·관리

519 □□□ 18 소방시설관리사

위험물안전관리법령상 허가를 받지 아니하고 지정수량 이상의 위험물을 저장 또는 취급한 자에 대한 조치명령에 관한 설명으로 옳은 것은?

① 소방서장은 수산용으로 필요한 난방시설을 위한 지정수량 20배의 저장소를 설치한 자에 대하여 제거 등 필요한 조치를 명할 수 있다.
② 소방본부장은 주택의 난방시설(공동주택의 중앙난방시설은 제외한다)을 위한 취급소를 설치한 자에 대하여 제거 등 필요한 조치를 명할 수 있다.
③ 시·도지사는 축산용으로 필요한 난방시설을 위한 지정수량 20배의 저장소를 설치한 자에 대하여 제거 등 필요한 조치를 명할 수 있다.
④ 소방서장은 농예용으로 필요한 난방시설을 위한 지정수량 30배의 저장소를 설치한 자에 대하여 제거 등 필요한 조치를 명할 수 있다.

출제 키워드 | 위험물시설의 유지·관리 (중)

① × ② × ③ × 모두 면제 대상이다.
④ ○ 소방서장은 농예용으로 필요한 난방시설을 위한 지정수량 30배의 저장소를 설치한 자에 대하여 제거 등 필요한 조치를 명할 수 있다.

> 「위험물안전관리법」 제6조(위험물시설의 설치 및 변경 등) ③ 제1항 및 제2항의 규정에 불구하고 다음 각 호의 어느 하나에 해당하는 제조소등의 경우에는 허가를 받지 아니하고 당해 제조소등을 설치하거나 그 위치·구조 또는 설비를 변경할 수 있으며, 신고를 하지 아니하고 위험물의 품명·수량 또는 지정수량의 배수를 변경할 수 있다.
> 1. 주택의 난방시설(공동주택의 중앙난방시설을 제외한다)을 위한 저장소 또는 취급소
> 2. 농예용·축산용 또는 수산용으로 필요한 난방시설 또는 건조시설을 위한 지정수량 20배 이하의 저장소
>
> 「위험물안전관리법」 제14조(위험물시설의 유지·관리) ① 제조소등의 관계인은 당해 제조소등의 위치·구조 및 설비가 제5조 제4항의 규정에 따른 기술기준에 적합하도록 유지·관리해야 한다.
> ② 시·도지사, 소방본부장 또는 소방서장은 제1항의 규정에 따른 유지·관리의 상황이 제5조 제4항의 규정에 따른 기술기준에 부적합하다고 인정하는 때에는 그 기술기준에 적합하도록 제조소등의 위치·구조 및 설비의 수리·개조 또는 이전을 명할 수 있다.

정답 ④

02 제15조 위험물안전관리자

대표기출

520 □□□ 17 상반기 소방 공채

「위험물안전관리법」상 위험물안전관리자에 대한 설명으로 옳지 않은 것은?

① 안전관리자를 선임한 제조소등의 관계인은 그 안전관리자를 해임하거나 안전관리자가 퇴직한 때에는 해임하거나 퇴직한 날부터 30일 이내에 다시 안전관리자를 선임하여야 한다.
② 안전관리자를 선임하지 못한 경우에만 대리자를 지정할 수 있다.
③ 위험물취급자격자가 아닌 자는 안전관리자 또는 대리자가 참여한 상태에서 위험물을 취급하여야 한다.
④ 다수의 제조소등을 동일인이 설치한 경우에는 제조소등마다 안전관리자를 두어야 하는 규정에도 불구하고 관계인은 대통령령이 정하는 바에 따라 1인의 안전관리자를 중복하여 선임할 수 있다.

출제 키워드 | 위험물안전관리자 (중)

② × 안전관리자를 선임하지 못한 경우에만 대리자를 지정하는 것은 아니다.

「위험물안전관리법」 제15조(위험물안전관리자) ⑤ 제1항의 규정에 따라 안전관리자를 선임한 제조소등의 관계인은 안전관리자가 여행·질병 그 밖의 사유로 인하여 일시적으로 직무를 수행할 수 없거나 안전관리자의 해임 또는 퇴직과 동시에 다른 안전관리자를 선임하지 못하는 경우에는 「국가기술자격법」에 따른 위험물의 취급에 관한 자격취득자 또는 위험물안전에 관한 기본지식과 경험이 있는 자로서 행정안전부령이 정하는 자를 대리자로 지정하여 그 직무를 대행하게 해야 한다. 이 경우 대리자가 안전관리자의 직무를 대행하는 기간은 30일을 초과할 수 없다. → 위반 시 1,500만 원 이하의 벌금

⑦ 제조소등에 있어서 위험물취급자격자가 아닌 자는 안전관리자 또는 제5항에 따른 대리자가 참여한 상태에서 위험물을 취급해야 한다. → 위반 시 1,000만 원 이하의 벌금

⑧ 다수의 제조소등을 동일인이 설치한 경우에는 제1항의 규정에 불구하고 관계인은 대통령령이 정하는 바에 따라 1인의 안전관리자를 중복하여 선임할 수 있다. 이 경우 대통령령이 정하는 제조소등의 관계인은 제5항에 따른 대리자의 자격이 있는 자를 각 제조소등별로 지정하여 안전관리자를 보조하게 해야 한다.

「위험물안전관리법 시행규칙」 제54조(안전관리자의 대리자) 법 제15조 제5항 전단에서 "행정안전부령이 정하는 자"란 다음 각 호의 어느 하나에 해당하는 사람을 말한다.

1. 법 제28조 제1항에 따른 안전교육을 받은 자
2. 삭제 〈2016. 8. 2.〉
3. 제조소등의 위험물 안전관리업무에 있어서 안전관리자를 지휘·감독하는 직위에 있는 자

정답 ②

521 □□□

20 소방 공채

「위험물안전관리법」상 위험물안전관리자의 선임 등에 관한 사항이다. (　　) 안에 들어갈 숫자로 옳은 것은?

- 위험물안전관리자를 선임한 제조소등의 관계인은 그 위험물안전관리자를 해임하거나 위험물안전관리자가 퇴직한 때에는 해임하거나 퇴직한 날부터 (가)일 이내에 다시 위험물안전관리자를 선임하여야 한다.
- 제조소등의 관계인은 위험물안전관리자를 선임한 경우에는 선임한 날부터 (나)일 이내에 행정안전부령으로 정하는 바에 따라 소방본부장 또는 소방서장에게 신고하여야 한다.

	(가)	(나)
①	15	14
②	15	30
③	30	14
④	30	30

출제 키워드 | 위험물안전관리자 하

③ O (가) 30, (나) 14

「위험물안전관리법」 제15조(위험물안전관리자) ② 제1항의 규정에 따라 안전관리자를 선임한 제조소등의 관계인은 그 안전관리자를 해임하거나 안전관리자가 퇴직한 때에는 해임하거나 퇴직한 날부터 30일 이내에 다시 안전관리자를 선임해야 한다.
→ 위반 시 1,500만 원 이하의 벌금

③ 제조소등의 관계인은 제1항 및 제2항에 따라 안전관리자를 선임한 경우에는 선임한 날부터 14일 이내에 행정안전부령으로 정하는 바에 따라 소방본부장 또는 소방서장에게 신고해야 한다. → 위반 시 500만 원 이하의 과태료

정답 ③

522 □□□

19 소방시설관리사

위험물안전관리법령상 제조소등의 위험물안전관리자(이하 "안전관리자"라 함)에 관한 설명으로 옳은 것은?

① 제조소등의 관계인이 안전관리자가 질병 등의 사유로 일시적으로 직무를 수행할 수 없어 대리자를 지정하는 경우, 대리자가 안전관리자의 직무를 대행하는 기간은 15일을 초과할 수 없다.

② 제조소등의 관계인이 안전관리자를 해임한 경우에 그 관계인 또는 안전관리자는 소방본부장이나 소방서장에게 그 사실을 알려 해임된 사실을 확인받을 수 있다.

③ 제조소등의 관계인이 안전관리자를 선임한 경우에는 선임한 날부터 30일 이내에 소방본부장 또는 소방서장에게 신고하여야 한다.

④ 안전관리자를 선임한 제조소등의 관계인은 안전관리자가 퇴직한 때에는 퇴직한 날부터 60일 이내에 다시 안전관리자를 선임하여야 한다.

출제 키워드 | 위험물안전관리자 중

① X 제조소등의 관계인이 안전관리자가 질병 등의 사유로 일시적으로 직무를 수행할 수 없어 대리자를 지정하는 경우, 대리자가 안전관리자의 직무를 대행하는 기간은 30일을 초과할 수 없다.

> 「위험물안전관리법」 제15조(위험물안전관리자) ⑤ 제1항의 규정에 따라 안전관리자를 선임한 제조소등의 관계인은 안전관리자가 여행·질병 그 밖의 사유로 인하여 일시적으로 직무를 수행할 수 없거나 안전관리자의 해임 또는 퇴직과 동시에 다른 안전관리자를 선임하지 못하는 경우에는 「국가기술자격법」에 따른 위험물의 취급에 관한 자격취득자 또는 위험물안전에 관한 기본지식과 경험이 있는 자로서 행정안전부령이 정하는 자를 대리자로 지정하여 그 직무를 대행하게 해야 한다. 이 경우 대리자가 안전관리자의 직무를 대행하는 기간은 30일을 초과할 수 없다.
> → 위반 시 1,500만 원 이하의 벌금

② O 제조소등의 관계인이 안전관리자를 해임한 경우에 그 관계인 또는 안전관리자는 소방본부장이나 소방서장에게 그 사실을 알려 해임된 사실을 확인받을 수 있다(위험물안전관리법 제15조 제4항).

③ X 제조소등의 관계인이 안전관리자를 선임한 경우에는 선임한 날부터 14일 이내에 소방본부장 또는 소방서장에게 신고하여야 한다(위험물안전관리법 제15조 제3항).

④ X 안전관리자를 선임한 제조소등의 관계인은 안전관리자가 퇴직한 때에는 퇴직한 날부터 30일 이내에 다시 안전관리자를 선임하여야 한다(위험물안전관리법 제15조 제2항).

정답 ②

대표기출

523 □□□

18 상반기 소방 공채(복원)

「위험물안전관리법 시행령」상 1인의 안전관리자를 중복하여 선임할 수 있는 저장소 등을 모두 고른 것은?

> ㉠ 보일러·버너 위험물을 소비하는 장치로 이루어진 7개 이하의 일반취급소와 그 일반취급소에 공급하기 위한 위험물을 저장하는 저장소
> ㉡ 동일구 내에 있는 11개의 옥내저장소
> ㉢ 동일구 내에 있는 11개의 암반탱크저장소
> ㉣ 동일구 내에 있는 31개의 옥외탱크저장소

① ㉠　　② ㉠, ㉡
③ ㉡, ㉢　　④ ㉠, ㉢, ㉣

출제 키워드 | 안전관리자 중복 선임 

㉠ O 보일러·버너 위험물을 소비하는 장치로 이루어진 7개 이하의 일반취급소와 그 일반취급소에 공급하기 위한 위험물을 저장하는 저장소

㉡ X 동일구 내에 있는 10개 이하의 옥내저장소

㉢ X 동일구 내에 있는 10개 이하의 암반탱크저장소

㉣ X 동일구 내에 있는 30개 이하의 옥외탱크저장소

> 「위험물안전관리법 시행령」 제12조(1인의 안전관리자를 중복하여 선임할 수 있는 경우 등) ① 법 제15조 제8항 전단에 따라 다수의 제조소등을 설치한 자가 1인의 안전관리자를 중복하여 선임할 수 있는 경우는 다음 각 호의 어느 하나와 같다.
> 1. 보일러·버너 또는 이와 비슷한 것으로서 위험물을 소비하는 장치로 이루어진 7개 이하의 일반취급소와 그 일반취급소에 공급하기 위한 위험물을 저장하는 저장소[일반취급소 및 저장소가 모두 동일구 내(같은 건물 안 또는 같은 울 안을 말한다. 이하 같다)에 있는 경우에 한한다. 이하 제2호에서 같다]를 동일인이 설치한 경우
> 2. 위험물을 차량에 고정된 탱크 또는 운반용기에 옮겨 담기 위한 5개 이하의 일반취급소[일반취급소 간의 거리(보행거리를 말한다. 제3호 및 제4호에서 같다)가 300미터 이내인 경우에 한한다]와 그 일반취급소에 공급하기 위한 위험물을 저장하는 저장소를 동일인이 설치한 경우
> 3. 동일구 내에 있거나 상호 100미터 이내의 거리에 있는 저장소로서 저장소의 규모, 저장하는 위험물의 종류 등을 고려하여 행정안전부령이 정하는 저장소를 동일인이 설치한 경우

4. 다음 각 목의 기준에 모두 적합한 5개 이하의 제조소등을 동일인이 설치한 경우
   가. 각 제조소등이 동일구 내에 위치하거나 상호 100미터 이내의 거리에 있을 것
   나. 각 제조소등에서 저장 또는 취급하는 위험물의 최대수량이 지정수량의 3천 배 미만일 것. 다만, 저장소의 경우에는 그러하지 아니하다.
5. 그 밖에 제1호 또는 제2호의 규정에 의한 제조소등과 비슷한 것으로서 행정안전부령이 정하는 제조소등을 동일인이 설치한 경우

「위험물안전관리법 시행규칙」 제56조(1인의 안전관리사를 중복하여 선임할 수 있는 저장소 등) ① 영 제12조 제1항 제3호에서 "행정안전부령이 정하는 저장소"라 함은 다음 각 호의 1에 해당하는 저장소를 말한다.
1. 10개 이하의 옥내저장소
2. 30개 이하의 옥외탱크저장소
3. 옥내탱크저장소
4. 지하탱크저장소
5. 간이탱크저장소
6. 10개 이하의 옥외저장소
7. 10개 이하의 암반탱크저장소

② 영 제12조 제1항 제5호에서 "행정안전부령이 정하는 제조소등"이라 함은 선박주유취급소의 고정주유설비에 공급하기 위한 위험물을 저장하는 저장소와 당해 선박주유취급소를 말한다.

정답 ①

524 □□□

22 소방시설관리사

위험물안전관리법령상 동일구 내에 있거나 상호 100미터 이내의 거리에 있는 다수의 저장소로서 동일인이 설치한 경우 1인의 안전관리자를 중복하여 선임할 수 없는 것은?

① 10개의 옥내저장소
② 30개의 옥외저장소
③ 10개의 암반탱크저장소
④ 30개의 옥외탱크저장소

출제 키워드 | 안전관리자 중복 선임 상

① O 10개 이하의 옥내저장소
② X 10개 이하의 옥외저장소
③ O 10개 이하의 암반탱크저장소
④ O 30개 이하의 옥외탱크저장소

정답 ②

03 제16조 탱크시험자의 등록 등

525 □□□

17 소방시설관리사(변형)

위험물안전관리법령상 탱크시험자로 등록하거나 탱크시험자의 업무에 종사할 수 있는 경우는?

① 피성년후견인
② 「소방기본법」에 따른 금고 이상의 형의 집행유예 선고를 받고 그 유예기간 중에 있는 자
③ 「소방시설공사업법」에 따른 금고 이상의 실형의 선고를 받고 그 집행이 종료되거나 집행이 면제된 날부터 1년이 된 자
④ 탱크시험자의 등록이 취소된 날부터 3년이 된 자

출제 키워드 | 탱크시험자 결격사유 하

① X 피성년후견인은 탱크시험자 업무에 종사할 수 없다.
② X 「소방기본법」에 따른 금고 이상의 형의 집행유예 선고를 받고 그 유예기간 중에 있는 자는 탱크시험자 업무에 종사할 수 없다.
③ X 「소방시설공사업법」에 따른 금고 이상의 실형의 선고를 받고 그 집행이 종료되거나 집행이 면제된 날부터 2년이 된 자는 탱크시험자 업무에 종사할 수 있다.
④ O 탱크시험자의 등록이 취소된 날부터 3년이 된 자는 탱크시험자 업무에 종사할 수 있다.

「위험물안전관리법」 제16조(탱크시험자의 등록 등) ④ 다음 각 호의 어느 하나에 해당하는 자는 탱크시험자로 등록하거나 탱크시험자의 업무에 종사할 수 없다.
1. 피성년후견인
2. 삭제 〈2006. 9. 22.〉
3. 이 법, 「소방기본법」, 「화재의 예방 및 안전관리에 관한 법률」, 「소방시설 설치 및 관리에 관한 법률」 또는 「소방시설공사업법」에 따른 금고 이상의 실형의 선고를 받고 그 집행이 종료(집행이 종료된 것으로 보는 경우를 포함한다)되거나 집행이 면제된 날부터 2년이 지나지 아니한 자
4. 이 법, 「소방기본법」, 「화재의 예방 및 안전관리에 관한 법률」, 「소방시설 설치 및 관리에 관한 법률」 또는 「소방시설공사업법」에 따른 금고 이상의 형의 집행유예 선고를 받고 그 유예기간 중에 있는 자
5. 제5항의 규정에 따라 탱크시험자의 등록이 취소(제1호에 해당하여 자격이 취소된 경우는 제외한다)된 날부터 2년이 지나지 아니한 자
6. 법인으로서 그 대표자가 제1호 내지 제5호의 1에 해당하는 경우

정답 ④

04 제17조 예방규정 등

대표기출

526 □□□ 22 소방 공채

「위험물안전관리법 시행규칙」상 관계인이 예방규정을 정하여야 하는 제조소등에 대한 기준이다. ( ) 안에 들어갈 내용으로 옳은 것은?

- 지정수량의 (ㄱ)배 이상의 위험물을 취급하는 제조소
- 지정수량의 (ㄴ)배 이상의 위험물을 저장하는 옥내저장소
- 지정수량의 (ㄷ)배 이상의 위험물을 저장하는 옥외저장소
- 지정수량의 (ㄹ)배 이상의 위험물을 저장하는 옥외탱크저장소

	ㄱ	ㄴ	ㄷ	ㄹ
①	10	150	100	200
②	50	150	100	200
③	10	100	150	200
④	50	100	150	250

출제 키워드 | 예방규정 중

① O ㄱ: 10, ㄴ: 150, ㄷ: 100, ㄹ: 200

「위험물안전관리법」 제17조(예방규정) ① 대통령령이 정하는 제조소등의 관계인은 당해 제조소등의 화재예방과 화재 등 재해발생 시의 비상조치를 위하여 행정안전부령이 정하는 바에 따라 예방규정을 정하여 당해 제조소등의 사용을 시작하기 전에 시·도지사에게 제출하여야 한다. 예방규정을 변경한 때에도 또한 같다. → 전단 위반 시 1,500만 원 이하의 벌금 / 후단 위반 시 1천만 원 이하의 벌금

「위험물안전관리법 시행령」 제15조(관계인이 예방규정을 정해야 하는 제조소등) 법 제17조 제1항에서 "대통령령이 정하는 제조소등"이라 함은 다음 각 호의 1에 해당하는 제조소등을 말한다.

1. 지정수량의 10배 이상의 위험물을 취급하는 제조소
2. 지정수량의 100배 이상의 위험물을 저장하는 옥외저장소
3. 지정수량의 150배 이상의 위험물을 저장하는 옥내저장소
4. 지정수량의 200배 이상의 위험물을 저장하는 옥외탱크저장소
5. 암반탱크저장소
6. 이송취급소
7. 지정수량의 10배 이상의 위험물을 취급하는 일반취급소. 다만, 제4류 위험물(특수인화물을 제외한다)만을 지정수량의 50배 이하로 취급하는 일반취급소(제1석유류·알코올류의 취급량이 지정수량의 10배 이하인 경우에 한한다)로서 다음 각 목의 어느 하나에 해당하는 것을 제외한다.
   가. 보일러·버너 또는 이와 비슷한 것으로서 위험물을 소비하는 장치로 이루어진 일반취급소
   나. 위험물을 용기에 옮겨 담거나 차량에 고정된 탱크에 주입하는 일반취급소

✓ 예방규정

제출	관계인 → 시·도지사
시기	사용 시작 전, 변경 시
대상	• 이송취급소, 암반탱크저장소 • 지수 10배 이상 일반취급소, 제조소 • 지수 100배 이상 옥외저장소 • 지수 150배 이상 옥내저장소 • 지수 200배 이상 옥외탱크저장소
대상의 예외	제4류(특수인화물 제외)만 지수 50배 이하로 취급하는 일반취급소(1. 알코올 지수 10배 이하)로 다음에 해당하는 것 • 보일러·버너 등으로 위험물 소비하는 장치 • 위험물을 용기에 담거나 차량 고정 탱크에 주입

불꽃암기 이암, 10일조, 100외, 150내, 200외탱

정답 ①

527 □□□

18 하반기 소방 공채

「위험물안전관리법 시행령」상 관계인이 예방규정을 정하여야 하는 제조소등으로 옳지 않은 것은?

① 지정수량의 10배 이상의 위험물을 취급하는 제조소
② 지정수량의 50배 이상의 위험물을 저장하는 옥외저장소
③ 지정수량의 150배 이상의 위험물을 저장하는 옥내저장소
④ 암반탱크저장소

출제 키워드 | 예방규정 중

② × 지정수량의 50배가 아닌 100배 이상의 위험물을 저장하는 옥외저장소가 제조소등에 해당한다(위험물안전관리법 시행령 제15조 제2호).

정답 ②

528 □□□

17 상반기 소방 공채(복원)

「위험물안전관리법 시행령」상 관계인이 예방규정을 정하여야 하는 제조소등의 기준으로 옳은 것은?

① 지정수량 10배 이상의 위험물을 취급하는 제조소
② 지정수량 100배 이상의 위험물을 저장하는 옥내저장소
③ 지정수량 150배 이상의 위험물을 저장하는 옥외탱크저장소
④ 지정수량 100배 이상의 위험물을 저장하는 암반탱크저장소

출제 키워드 | 예방규정

② × 지정수량 150배 이상의 위험물을 저장하는 옥내저장소
③ × 지정수량 200배 이상의 위험물을 저장하는 옥외탱크저장소
④ × 암반탱크저장소는 지정수량의 배수와 무관하게 예방규정을 정하여야 하는 제조소등이다.

정답 ①

529 □□□

16 소방 공채(복원)

「위험물안전관리법 시행령」상 관계인이 예방규정을 정하여야 하는 제조소등의 기준으로 옳지 않은 것은?

① 지정수량 150배 이상의 위험물을 저장하는 옥내저장소
② 지정수량 100배 이상의 위험물을 저장하는 옥외저장소
③ 지정수량 200배 이상의 위험물을 저장하는 옥외탱크저장소
④ 지정수량 200배 이상의 위험물을 저장하는 암반탱크저장소

출제 키워드 | 예방규정

④ × 암반탱크저장소는 지정수량의 배수와 무관하게 예방규정을 정하여야 하는 제조소등이다.

정답 ④

530 □□□

15 소방 공채(복원)

「위험물안전관리법 시행령」상 관계인이 예방규정을 정하여야 하는 제조소등의 기준으로 옳지 않은 것은?

① 지정수량의 10배 이상의 위험물을 취급하는 제조소
② 지정수량의 100배 이상의 위험물을 저장하는 옥내저장소
③ 지정수량의 200배 이상의 위험물을 저장하는 옥외탱크저장소
④ 지정수량의 100배 이상의 위험물을 저장하는 옥외저장소

출제 키워드 | 예방규정

② × 지정수량의 150배 이상의 위험물을 저장하는 옥내저장소이다.

정답 ②

05 제18조 정기점검 및 정기검사

대표기출

531 □□□ 21 소방 공채

「위험물안전관리법 시행령」상 정기점검대상인 저장소로 옳지 않은 것은?

① 옥내탱크저장소
② 지하탱크저장소
③ 이동탱크저장소
④ 암반탱크저장소

출제 키워드 | 정기점검

① O 옥내탱크저장소는 정기점검대상이 아니다.

> 「위험물안전관리법」 제18조(정기점검 및 정기검사) ③ 제1항에 따른 정기점검의 대상이 되는 제조소등의 관계인 가운데 대통령령으로 정하는 제조소등의 관계인은 행정안전부령으로 정하는 바에 따라 소방본부장 또는 소방서장으로부터 해당 제조소등이 제5조 제4항에 따른 기술기준에 적합하게 유지되고 있는지의 여부에 대하여 정기적으로 검사를 받아야 한다. → 위반 시 1년 이하의 징역 또는 1천만 원 이하의 벌금, 500만 원 이하의 과태료
>
> 「위험물안전관리법 시행령」 제16조(정기점검의 대상인 제조소등) 법 제18조 제1항에서 "대통령령이 정하는 제조소등"이라 함은 다음 각 호의 1에 해당하는 제조소등을 말한다.
> 1. 제15조 각 호의 1에 해당하는 제조소등
> 2. 지하탱크저장소
> 3. 이동탱크저장소
> 4. 위험물을 취급하는 탱크로서 지하에 매설된 탱크가 있는 제조소·주유취급소 또는 일반취급소
>
> 「위험물안전관리법 시행령」 제15조(관계인이 예방규정을 정하여야 하는 제조소등) 법 제17조 제1항에서 "대통령령이 정하는 제조소등"이라 함은 다음 각 호의 1에 해당하는 제조소등을 말한다.
> 1. 지정수량의 10배 이상의 위험물을 취급하는 제조소
> 2. 지정수량의 100배 이상의 위험물을 저장하는 옥외저장소
> 3. 지정수량의 150배 이상의 위험물을 저장하는 옥내저장소
> 4. 지정수량의 200배 이상의 위험물을 저장하는 옥외탱크저장소
> 5. 암반탱크저장소
> 6. 이송취급소
> 7. 지정수량의 10배 이상의 위험물을 취급하는 일반취급소. 다만, 제4류 위험물(특수인화물을 제외한다)만을 지정수량의 50배 이하로 취급하는 일반취급소(제1석유류·알코올류의 취급량이 지정수량의 10배 이하인 경우에 한한다)로서 다음 각 목의 어느 하나에 해당하는 것을 제외한다.
>   가. 보일러·버너 또는 이와 비슷한 것으로서 위험물을 소비하는 장치로 이루어진 일반취급소
>   나. 위험물을 용기에 옮겨 담거나 차량에 고정된 탱크에 주입하는 일반취급소

정답 ①

532 □□□ 17 하반기 소방 공채(복원)

「위험물안전관리법 시행령」상 정기점검의 대상으로 옳지 않은 것은?

① 지정수량의 80배 이상의 위험물을 저장하는 옥외저장소
② 암반탱크저장소
③ 이동탱크저장소
④ 지정수량의 10배 이상의 위험물을 취급하는 일반취급소

출제 키워드 | 정기점검 

① X 지정수량의 '100배 이상'의 위험물을 저장하는 옥외저장소가 정기점검의 대상이다(위험물안전관리법 시행령 제15조 및 제16조). 정답 ①

533 □□□ 16 소방시설관리사

위험물안전관리법령상 위험물시설의 안전관리에 관한 설명으로 옳지 않은 것은?

① 위험물안전관리자를 선임하여야 하는 제조소등의 경우, 안전관리자를 선임한 제조소등의 관계인은 그 안전관리자를 해임하거나 안전관리자가 퇴직한 때에는 해임하거나 퇴직한 날부터 30일 이내에 다시 안전관리자를 선임하여야 한다.

② 암반탱크저장소는 관계인이 예방규정을 정하여야 하는 제조소등에 포함된다.

③ 정기검사의 대상인 제조소등이라 함은 액체위험물을 저장 또는 취급하는 50만 리터 이상의 옥외탱크저장소를 말한다.

④ 탱크안전성능시험자가 되고자 하는 자는 대통령령이 정하는 기술능력·시설 및 장비를 갖추어 소방청장에게 등록하여야 한다.

출제 키워드 | 정기점검 (상)

① O 위험물안전관리자를 선임하여야 하는 제조소등의 경우, 안전관리자를 선임한 제조소등의 관계인은 그 안전관리자를 해임하거나 안전관리자가 퇴직한 때에는 해임하거나 퇴직한 날부터 30일 이내에 다시 안전관리자를 선임하여야 한다.

> 「위험물안전관리법」 제15조(위험물안전관리자) ② 제1항의 규정에 따라 안전관리자를 선임한 제조소등의 관계인은 그 안전관리자를 해임하거나 안전관리자가 퇴직한 때에는 해임하거나 퇴직한 날부터 30일 이내에 다시 안전관리자를 선임해야 한다. → 위반 시 1,500만 원 이하의 벌금

② O 암반탱크저장소는 관계인이 예방규정을 정하여야 하는 제조소등에 포함된다.

> 「위험물안전관리법」 제17조(예방규정) ① 대통령령이 정하는 제조소등의 관계인은 당해 제조소등의 화재예방과 화재 등 재해발생 시의 비상조치를 위하여 행정안전부령이 정하는 바에 따라 예방규정을 정하여 당해 제조소등의 사용을 시작하기 전에 시·도지사에게 제출하여야 한다. 예방규정을 변경한 때에도 또한 같다. → 전단 위반 시 벌금 1,500만 원, 후단 위반 시 벌금 1천만 원
>
> 「위험물안전관리법 시행령」 제15조(관계인이 예방규정을 정하여야 하는 제조소등) 법 제17조 제1항에서 "대통령령이 정하는 제조소등"이라 함은 다음 각 호의 1에 해당하는 제조소등을 말한다.
> 1. 지정수량의 10배 이상의 위험물을 취급하는 제조소
> 2. 지정수량의 100배 이상의 위험물을 저장하는 옥외저장소
> 3. 지정수량의 150배 이상의 위험물을 저장하는 옥내저장소
> 4. 지정수량의 200배 이상의 위험물을 저장하는 옥외탱크저장소
> 5. 암반탱크저장소
> 6. 이송취급소
> 7. 지정수량의 10배 이상의 위험물을 취급하는 일반취급소. 다만, 제4류 위험물(특수인화물을 제외한다)만을 지정수량의 50배 이하로 취급하는 일반취급소(제1석유류·알코올류의 취급량이 지정수량의 10배 이하인 경우에 한한다)로서 다음 각 목의 어느 하나에 해당하는 것을 제외한다.
>   가. 보일러·버너 또는 이와 비슷한 것으로서 위험물을 소비하는 장치로 이루어진 일반취급소
>   나. 위험물을 용기에 옮겨 담거나 차량에 고정된 탱크에 주입하는 일반취급소

③ O 정기검사의 대상인 제조소등이라 함은 액체위험물을 저장 또는 취급하는 50만 리터 이상의 옥외탱크저장소를 말한다.

> 「위험물안전관리법」 제18조(정기점검 및 정기검사) ③ 제1항에 따른 정기점검의 대상이 되는 제조소등의 관계인 가운데 대통령령으로 정하는 제조소등의 관계인은 행정안전부령으로 정하는 바에 따라 소방본부장 또는 소방서장으로부터 해당 제조소등이 제5조 제4항에 따른 기술기준에 적합하게 유지되고 있는지의 여부에 대하여 정기적으로 검사를 받아야 한다. → 위반 시 1년 이하의 징역 또는 1천만 원 이하의 벌금, 500만 원 이하의 과태료
>
> 「위험물안전관리법 시행령」 제17조(정기검사의 대상인 제조소등) 법 제18조 제3항에서 "대통령령으로 정하는 제조소등"이란 액체위험물을 저장 또는 취급하는 50만 리터 이상의 옥외탱크저장소를 말한다.

④ X 탱크안전성능시험자가 되고자 하는 자는 대통령령이 정하는 기술능력·시설 및 장비를 갖추어 시·도지사에게 등록하여야 한다.

> 「위험물안전관리법」 제16조(탱크시험자의 등록 등) ① 시·도지사 또는 제조소등의 관계인은 안전관리업무를 전문적이고 효율적으로 수행하기 위하여 탱크안전성능시험자(이하 "탱크시험자")로 하여금 이 법에 의한 검사 또는 점검의 일부를 실시하게 할 수 있다.
> ② 탱크시험자가 되고자 하는 자는 대통령령이 정하는 기술능력·시설 및 장비를 갖추어 시·도지사에게 등록해야 한다.

정답 ④

534 □□□ 21 소방시설관리사

위험물안전관리법령상 제조소등에 대한 정기점검 및 정기검사에 관한 설명으로 옳지 않은 것은?

① 이동탱크저장소는 정기점검의 대상이다.
② 액체위험물을 저장 또는 취급하는 50만 리터 이상의 옥외탱크저장소는 정기검사의 대상이다.
③ 소방본부장 또는 소방서장은 당해 제조소등에 대하여 연 1회 이상 정기점검을 실시하여야 한다.
④ 정기점검의 내용·방법 등에 관한 기술상의 기준과 그 밖의 점검에 관하여 필요한 사항은 소방청장이 정하여 고시한다.

출제 키워드 | 정기점검 중

③ × 제조소등의 관계인은 당해 제조소등에 대하여 연 1회 이상 정기점검을 실시해야 한다.

> 「위험물안전관리법」 제18조(정기점검 및 정기검사) ③ 제1항에 따른 정기점검의 대상이 되는 제조소등의 관계인 가운데 대통령령으로 정하는 제조소등의 관계인은 행정안전부령으로 정하는 바에 따라 소방본부장 또는 소방서장으로부터 해당 제조소등이 제5조 제4항에 따른 기술기준에 적합하게 유지되고 있는지의 여부에 대하여 정기적으로 검사를 받아야 한다. → 위반 시 1년 이하의 징역 또는 1천만 원 이하의 벌금, 500만 원 이하의 과태료
>
> 「위험물안전관리법 시행규칙」 제64조(정기점검의 횟수) 법 제18조 제1항의 규정에 의하여 제조소등의 관계인은 당해 제조소등에 대하여 연 1회 이상 정기점검을 실시해야 한다.
>
> 「위험물안전관리법 시행령」 제17조(정기검사의 대상인 제조소등) 법 제18조 제3항에서 "대통령령으로 정하는 제조소등"이란 액체위험물을 저장 또는 취급하는 50만 리터 이상의 옥외탱크저장소를 말한다.

정답 ③

대표기출

535 □□□ 17 하반기 소방 공채(복원)

소방공무원으로 근무한 경력이 5년인 사람이 위험물취급자격자로서 취급할 수 있는 위험물은?

① 제1류 위험물
② 제2류 위험물
③ 제3류 위험물
④ 제4류 위험물

출제 키워드 | 위험물취급자격자 중

④ ○ 소방공무원으로 근무한 경력이 3년 이상인 자는 제4류 위험물을 취급할 수 있다(위험물안전관리법 시행령 별표 5).

✓ 위험물취급자격자의 자격(위험물안전관리법 시행령 별표 5)

위험물취급자격자의 구분	취급할 수 있는 위험물
「국가기술자격법」에 따라 위험물기능장, 위험물산업기사, 위험물기능사의 자격을 취득한 사람	별표 1의 모든 위험물
안전관리자교육이수자(법 28조 제1항에 따라 소방청장이 실시하는 안전관리자교육을 이수한 자. 이하 별표 6에서 같다)	별표 1의 위험물 중 제4류 위험물
소방공무원 경력자(소방공무원으로 근무한 경력이 3년 이상인 자. 이하 별표 6에서 같다)	별표 1의 위험물 중 제4류 위험물

정답 ④

06 제19조 자체소방대

대표기출

536 □□□ 22 소방 공채

「위험물안전관리법 시행령」상 다량의 위험물을 저장·취급하는 제조소등에서 자체소방대를 설치하여야 하는 사업소로 옳지 않은 것은?

① 최대수량의 합이 지정수량의 3천 배 이상인 제4류 위험물을 취급하는 제조소
② 최대수량의 합이 지정수량의 3천 배 이상인 제4류 위험물을 취급하는 일반취급소
③ 최대수량이 지정수량의 50만 배 이상인 제4류 위험물을 저장하는 옥내탱크저장소
④ 최대수량이 지정수량의 50만 배 이상인 제4류 위험물을 저장하는 옥외탱크저장소

출제 키워드 | 자체소방대 중

③ O 최대수량이 지정수량의 50만 배 이상인 제4류 위험물을 저장하는 옥외탱크저장소

「위험물안전관리법 시행령」 제18조(자체소방대를 설치해야 하는 사업소) ① 법 제19조에서 "대통령령이 정하는 제조소등"이란 다음 각 호의 어느 하나에 해당하는 제조소등을 말한다.
1. 제4류 위험물을 취급하는 제조소 또는 일반취급소. 다만, 보일러로 위험물을 소비하는 일반취급소 등 행정안전부령으로 정하는 일반취급소는 제외한다.
2. 제4류 위험물을 저장하는 옥외탱크저장소
② 법 제19조에서 "대통령령이 정하는 수량 이상"이란 다음 각 호의 구분에 따른 수량을 말한다.
1. 제1항 제1호에 해당하는 경우: 제조소 또는 일반취급소에서 취급하는 제4류 위험물의 최대수량의 합이 지정수량의 3천 배 이상
2. 제1항 제2호에 해당하는 경우: 옥외탱크저장소에 저장하는 제4류 위험물의 최대수량이 지정수량의 50만 배 이상

✓ 자체소방대 설치 대상

구분	시설
대상	• 제4류 위험물 – 지정수량 3천 배 이상 취급하는 제조소 또는 일반취급소 – 지정수량 50만 배 이상 저장하는 옥외탱크저장소 불꽃암기 3천제일, 50만외탱
제외	• 보일러, 버너로 위험물을 소비하는 일반취급소 • 광산안전법의 적용을 받는 일반취급소 • 이동저장탱크에 위험물을 주입하는 일반취급소 • 유압장치, 윤활유순환장치로 위험물을 취급하는 일반취급소 • 용기에 위험물을 옮겨 담는 일반취급소 불꽃암기 용광(로)보이유

정답 ③

537 □□□

18 하반기 소방 공채

다음은 자체소방대에 두는 화학소방자동차와 자체소방대원의 수에 관한 규정이다. 빈칸에 들어갈 숫자가 바르게 짝지어진 것은?

> 제조소 또는 일반취급소에서 취급하는 제4류 위험물의 최대수량의 합이 지정수량의 24만 배 이상 48만 배 미만인 사업소에는 화학소방자동차 (㉠)대와 자체소방대원(㉡)인을 두어야 한다.

	㉠	㉡
①	2	10
②	2	15
③	3	10
④	3	15

출제 키워드 | 자체소방대 (중)

④ O ㉠ 3, ㉡ 15

> 제조소 또는 일반취급소에서 취급하는 제4류 위험물의 최대수량의 합이 지정수량의 24만 배 이상 48만 배 미만인 사업소에는 화학소방자동차 3대와 자체소방대원 15인을 두어야 한다.

✓ 자체소방대에 두는 화학소방자동차 및 대원 수(위험물안전관리법 시행령 별표 8)

사업소의 구분	화학소방자동차	자체소방대원의 수
1. 제조소 또는 일반취급소에서 취급하는 제4류 위험물의 최대수량의 합이 지정수량의 3천 배 이상 12만 배 미만인 사업소	1대	5인
2. 제조소 또는 일반취급소에서 취급하는 제4류 위험물의 최대수량의 합이 지정수량의 12만 배 이상 24만 배 미만인 사업소	2대	10인
3. 제조소 또는 일반취급소에서 취급하는 제4류 위험물의 최대수량의 합이 지정수량의 24만 배 이상 48만 배 미만인 사업소	3대	15인
4. 제조소 또는 일반취급소에서 취급하는 제4류 위험물의 최대수량의 합이 지정수량의 48만 배 이상인 사업소	4대	20인
5. 옥외탱크저장소에 저장하는 제4류 위험물의 최대수량이 지정수량의 50만 배 이상인 사업소	2대	10인

정답 ④

538 □□□

14 소방시설관리사

위험물안전관리법령상 제조소에서 취급하는 제4류 위험물의 최대수량의 합이 지정수량의 12만 배 이상 24만 배 미만인 사업소의 경우 자체소방대에 두는 화학소방자동차 대수와 자체소방대원 수로 옳은 것은? (단, 다른 사업소 등과 상호응원협정은 없음)

① 1대 – 5인
② 2대 – 10인
③ 3대 – 15인
④ 4대 – 20인

출제 키워드 | 자체소방대 

② O 위험물안전관리법령상 제조소에서 취급하는 제4류 위험물의 최대수량의 합이 지정수량의 12만 배 이상 24만 배 미만인 사업소의 경우 자체소방대에 두는 화학소방자동차 대수는 2대, 자체소방대원 수는 10인이다.

정답 ②

539 □□□

20 소방시설관리사

위험물안전관리법령상 자체소방대의 설치 의무가 있는 제4류 위험물을 취급하는 일반취급소는? (단, 지정수량은 3천 배 이상임)

① 용기에 위험물을 옮겨 담는 일반취급소
② 보일러 그 밖에 이와 유사한 장치로 위험물을 소비하는 일반취급소
③ 이동저장탱크 그 밖에 이와 유사한 것에 위험물을 주입하는 일반취급소
④ 세정을 위하여 위험물을 취급하는 일반취급소

출제 키워드 | 자체소방대 

① X 용기에 위험물을 옮겨 담는 일반취급소
② X 보일러 그 밖에 이와 유사한 장치로 위험물을 소비하는 일반취급소
③ X 이동저장탱크 그 밖에 이와 유사한 것에 위험물을 주입하는 일반취급소

정답 ④

CHAPTER 04

위험물의 운반 등

불꽃암기
위험물에 따른 수납률
고5, 액8, 킬90

❶
위험물의 혼재기준

1류 — 6류	산화성
2류, 3류, 4류, 5류	가연성

1 위험물의 운반

1. 운반용기 외부표시: 위험물의 품명, 위험등급, 화학명 및 수용성, 수량, 수납하는 위험물에 따른 주의사항

2. 위험물에 따른 수납률

위험물	수납률
고체위험물	95% 이하
액체위험물	98% 이하(55℃에서 누설되지 아니할 것)
알킬알루미늄 등	90% 이하(50℃에서 5% 이상 공간용적유지)

2 유별을 달리하는 위험물의 혼재기준❶

위험물의 구분	제1류	제2류	제3류	제4류	제5류	제6류
제1류		×	×	×	×	○
제2류	×		×	○	○	×
제3류	×	×		○	×	×
제4류	×	○	○		○	×
제5류	×	○	×	○		×
제6류	○	×	×	×	×	

비고
1. "×"표시는 혼재할 수 없음을 표시한다.
2. "○"표시는 혼재할 수 있음을 표시한다.
3. 이 표는 지정수량의 $\frac{1}{10}$ 이하의 위험물에 대하여는 적용하지 아니한다.

3 저장·취급·운반시 외부 표시사항

위험물		운반 시 주의사항	저장, 취급 시 주의사항
1류	알칼리금속의 과산화물	화기·충격주의, 물기엄금, 가연물접촉주의	물기엄금
	그 밖의 것	화기·충격주의, 가연물접촉주의	
2류	철분·금속분·마그네슘	화기주의, 물기엄금	화기주의
	인화성 고체	화기엄금	화기엄금
	그 밖의 것	화기주의	
3류	자연발화성 물질	화기엄금, 공기접촉엄금	화기엄금
	금수성 물질	물기엄금	물기엄금
4류		화기엄금	화기엄금
5류		화기엄금, 충격주의	화기엄금
6류		가연물접촉주의	

119 암기카드

1분 1초를 9하는
소방 암기카드!
QR코드를 스캔하여
확인해보세요.

※ 에듀윌 도서몰에서도
다운로드 가능합니다.

01 제20조 위험물의 운반

대표기출

540 □□□

15 소방 공채(복원)

「위험물안전관리법 시행규칙」상 위험물 운반용기의 외부에 표시하는 주의사항으로 옳지 않은 것은?

① 제4류 위험물: 화기주의
② 제3류 위험물 중 금수성물질: 물기엄금
③ 제2류 위험물 중 인화성고체: 화기엄금
④ 제6류 위험물: 가연물접촉주의

출제 키워드 | 위험물의 운반 중

① X 제4류 위험물: 화기엄금

> 「위험물안전관리법 시행규칙」 별표 19(위험물의 운반에 관한 기준)
> Ⅱ. 적재방법
> 8. 위험물은 그 운반용기의 외부에 다음에 정하는 바에 따라 위험물의 품명, 수량 등을 표시하여 적재하여야 한다. 다만, UN의 위험물 운송에 관한 권고(RTDG, Recommendations on the Transport of Dangerous Goods)에서 정한 기준 또는 소방청장이 정하여 고시하는 기준에 적합한 표시를 한 경우에는 그러하지 아니하다.
> 가. 위험물의 품명·위험등급·화학명 및 수용성("수용성" 표시는 제4류 위험물로서 수용성인 것에 한한다)
> 나. 위험물의 수량
> 다. 수납하는 위험물에 따라 다음의 규정에 의한 주의사항
> 1) 제1류 위험물 중 알칼리금속의 과산화물 또는 이를 함유한 것에 있어서는 "화기·충격주의", "물기엄금" 및 "가연물접촉주의", 그 밖의 것에 있어서는 "화기·충격주의" 및 "가연물접촉주의"
> 2) 제2류 위험물 중 철분·금속분·마그네슘 또는 이들 중 어느 하나 이상을 함유한 것에 있어서는 "화기주의" 및 "물기엄금", 인화성고체에 있어서는 "화기엄금", 그 밖의 것에 있어서는 "화기주의"
> 3) 제3류 위험물 중 자연발화성물질에 있어서는 "화기엄금" 및 "공기접촉엄금", 금수성물질에 있어서는 "물기엄금"
> 4) 제4류 위험물에 있어서는 "화기엄금"
> 5) 제5류 위험물에 있어서는 "화기엄금" 및 "충격주의"
> 6) 제6류 위험물에 있어서는 "가연물접촉주의"

정답 ①

541 □□□

14 소방시설관리사

위험물안전관리법령상 위험물의 운송 및 운반에 관한 설명으로 옳지 않은 것은?

① 지정수량 이상을 운송하는 차량은 운행 전 관할소방서에 신고하여야 한다.
② 알킬리튬은 운송책임자의 감독 또는 지원을 받아 운송으로 하여야 한다.
③ 제3류 위험물 중 금수성물질은 적재 시 방수성이 있는 피복으로 덮어야 한다.
④ 위험물은 운반용기의 외부에 위험물의 품명, 수량, 주의사항 등을 표시하여 적재하여야 한다.

출제 키워드 | 위험물의 운반 중

① X 지정수량 이상을 운송하는 차량에 대한 기준은 없다.

> 「위험물안전관리법 시행령」 제19조(운송책임자의 감독·지원을 받아 운송하여야 하는 위험물) 법 제21조 제2항에서 "대통령령이 정하는 위험물"이라 함은 다음 각 호의 1에 해당하는 위험물을 말한다.
> 1. 알킬알루미늄
> 2. 알킬리튬
> 3. 제1호 또는 제2호의 물질을 함유하는 위험물

「위험물안전관리법 시행규칙」 별표 19(위험물의 운반에 관한 기준)

Ⅱ. 적재방법

5. 적재하는 위험물의 성질에 따라 일광의 직사 또는 빗물의 침투를 방지하기 위하여 유효하게 피복하는 등 다음 각 목에 정하는 기준에 따른 조치를 해야 한다(중요기준).
   가. 제1류 위험물, 제3류 위험물 중 자연발화성물질, 제4류 위험물 중 특수인화물, 제5류 위험물 또는 제6류 위험물은 차광성이 있는 피복으로 가릴 것
   나. 제1류 위험물 중 알칼리금속의 과산화물 또는 이를 함유한 것, 제2류 위험물 중 철분·금속분·마그네슘 또는 이들 중 어느 하나 이상을 함유한 것 또는 제3류 위험물 중 금수성물질은 방수성이 있는 피복으로 덮을 것
   다. 제5류 위험물 중 55℃ 이하의 온도에서 분해될 우려가 있는 것은 보냉 컨테이너에 수납하는 등 적정한 온도관리를 할 것
   라. 액체위험물 또는 위험등급Ⅱ의 고체위험물을 기계에 의하여 하역하는 구조로 된 운반용기에 수납하여 적재하는 경우에는 당해 용기에 대한 충격등을 방지하기 위한 조치를 강구할 것. 다만, 위험등급Ⅱ의 고체위험물을 플렉서블(flexible)의 운반용기, 파이버판제의 운반용기 및 목제의 운반용기 외의 운반용기에 수납하여 적재하는 경우에는 그러하지 아니하다.
8. 위험물은 그 운반용기의 외부에 다음 각 목에 정하는 바에 따라 위험물의 품명, 수량 등을 표시하여 적재해야 한다. 다만, UN의 위험물 운송에 관한 권고(RTDG, Recommendations on the Transport of Dangerous Goods)에서 정한 기준 또는 소방청장이 정하여 고시하는 기준에 적합한 표시를 한 경우에는 그러하지 아니하다.
   가. 위험물의 품명·위험등급·화학명 및 수용성("수용성" 표시는 제4류 위험물로서 수용성인 것에 한한다)
   나. 위험물의 수량

정답 ①

542 □□□ 21 소방시설관리사

위험물안전관리법령상 위험물을 운반용기에 수납하는 기준이다. ( )에 들어갈 내용으로 옳은 것은?

> 자연발화성물질 중 알킬알루미늄등은 운반용기의 내용적의 (ㄱ)% 이하의 수납율로 수납하되, 50℃의 온도에서 (ㄴ)% 이상의 공간용적을 유지하도록 할 것

① ㄱ: 80, ㄴ: 10
② ㄱ: 85, ㄴ: 10
③ ㄱ: 90, ㄴ: 5
④ ㄱ: 95, ㄴ: 5

출제 키워드 | 위험물의 운반 (중)

③ O ㄱ: 90, ㄴ: 5

> 자연발화성물질 중 알킬알루미늄등은 운반용기의 내용적의 90% 이하의 수납률로 수납하되, 50℃의 온도에서 5% 이상의 공간용적을 유지하도록 할 것

✓ 위험물 운반용기 수납(위험물안전관리법 시행규칙 별표 19)

- 고체위험물은 운반용기 내용적의 95% 이하의 수납률로 수납한다.
- 액체위험물은 운반용기 내용적의 98% 이하의 수납률로 수납하되, 55℃의 온도에서 누설되지 않도록 충분한 공간용적을 유지하도록 한다.
- 자연발화성물질 중 알킬알루미늄 등은 운반용기의 내용적의 90% 이하의 수납률로 수납하되, 50℃의 온도에서 5% 이상의 공간용적을 유지하도록 한다.

정답 ③

02 제21조 위험물의 운송

543 □□□

18 하반기 소방 공채

「위험물안전관리법 시행령」상 운송책임자의 감독 또는 지원을 받아 운송하여야 하는 위험물로 옳은 것은?

① 알킬알루미늄, 알킬리튬
② 마그네슘, 염소류
③ 적린, 금속분
④ 유황, 황산

출제 키워드 | 위험물의 운송 하

① O 운송책임자의 감독·지원을 받아 운송하여야 하는 위험물은 알킬알루미늄과 알킬리튬이다. → 제3류 위험물인 알킬알루미늄, 알킬리튬 등이 운송에서 특히 위험하므로 운송책임자의 감독 또는 지원을 받아 운송한다.

> 「위험물안전관리법」 제21조(위험물의 운송) ① 이동탱크저장소에 의하여 위험물을 운송하는 자(운송책임자 및 이동탱크저장소운전자를 말하며, 이하 "위험물운송자"라 한다)는 제20조 제2항 각 호의 어느 하나에 해당하는 요건을 갖추어야 한다. → 위반 시 1,000만 원 이하의 벌금
> ② 대통령령이 정하는 위험물의 운송에 있어서는 운송책임자(위험물 운송의 감독 또는 지원을 하는 자)의 감독 또는 지원을 받아 이를 운송해야 한다. 운송책임자의 범위, 감독 또는 지원의 방법 등에 관한 구체적인 기준은 행정안전부령으로 정한다.
>
> 「위험물안전관리법 시행령」 제19조(운송책임자의 감독·지원을 받아 운송하여야 하는 위험물) 법 제21조 제2항에서 "대통령령이 정하는 위험물"이라 함은 다음 각 호의 1에 해당하는 위험물을 말한다.
> 1. 알킬알루미늄
> 2. 알킬리튬
> 3. 제1호 또는 제2호의 물질을 함유하는 위험물

정답 ①

544 □□□

15 소방 공채(복원)

「위험물안전관리법 시행령」상 이동탱크저장소에 의하여 위험물을 운송하는 경우 운송책임자의 감독·지원을 받아야 하는 위험물은?

① 알킬알루미늄
② 아세트알데히드
③ 산화프로필렌
④ 질산메틸

출제 키워드 | 위험물의 운송 하

① O 이동탱크저장소에 의하여 위험물을 운송하는 경우 운송책임자의 감독·지원을 받아야 하는 위험물은 알킬알루미늄, 알킬리튬 그리고 알킬알루미늄 또는 알킬리튬의 물질을 함유하는 위험물이다(위험물안전관리법 시행령 제19조).

정답 ①

CHAPTER

05 감독 및 조치명령

1 위험물 누출 등의 사고 조사

① 소방청장, 소방본부장 또는 소방서장은 위험물의 누출·화재·폭발 등의 사고가 발생한 경우 사고의 원인 및 피해 등을 조사하여야 한다.

② 제1항에 따른 조사에 관하여는 제22조 제1항·제3항·제4항 및 제6항을 준용한다.

참 징역 1년 이하 또는 벌금 1천만 원 이하 / 제4항 준용 벌금 1천만 원 이하

③ 소방청장, 소방본부장 또는 소방서장은 제1항에 따른 사고 조사에 필요한 경우 자문을 하기 위하여 관련 분야에 전문지식이 있는 사람으로 구성된 사고조사위원회를 둘 수 있다.

④ 제3항에 따른 사고조사위원회의 구성과 운영 등에 필요한 사항은 대통령령으로 정한다.

119 암기카드

1분 1초를 9하는 소방 암기카드! QR코드를 스캔하여 확인해보세요.

※ 에듀윌 도서몰에서도 다운로드 가능합니다.

대표기출

545 □□□ 18 하반기 소방 공채

위험물의 누출·화재·폭발 등의 사고가 발생한 경우 사고의 원인 및 피해 등을 조사하여야 하는 자로 옳지 않은 것은?

① 시·도지사
② 소방청장
③ 소방본부장
④ 소방서장

출제 키워드 | 감독 및 조치명령 하

① × 위험물 누출 등의 사고조사권자는 소방공무원인 소방청장, 소방본부장, 소방서장이다. 위험물의 누출·화재·폭발 등의 사고가 발생한 경우에는 사고의 원인 및 피해를 조사할 수 있는 사람은 소방 전문가인 소방공무원만 가능하다. 시·도지사는 조사자가 아니다.

> 「위험물안전관리법」 제22조의2(위험물 누출 등의 사고 조사) ① 소방청장, 소방본부장 또는 소방서장은 위험물의 누출·화재·폭발 등의 사고가 발생한 경우 사고의 원인 및 피해 등을 조사하여야 한다.
> ② 제1항에 따른 조사에 관하여는 제22조 제1항·제3항·제4항 및 제6항을 준용한다. → 징역 1년 이하 또는 벌금 1천만 원 이하 / 제4항 준용 벌금 1천만 원 이하
> ③ 소방청장, 소방본부장 또는 소방서장은 제1항에 따른 사고 조사에 필요한 경우 자문을 하기 위하여 관련 분야에 전문지식이 있는 사람으로 구성된 사고조사위원회를 둘 수 있다.
> ④ 제3항에 따른 사고조사위원회의 구성과 운영 등에 필요한 사항은 대통령령으로 정한다.

정답 ①

CHAPTER

06 보칙

1 안전교육 대상자

① 안전관리자로 선임된 자

② 탱크시험자의 기술인력으로 종사하는 자

③ 법 제20조 제2항에 따른 위험물운반자로 종사하는 자

④ 법 제21조 제1항에 따른 위험물운송자로 종사하는 자

2 청문

시·도지사, 소방본부장 또는 소방서장은 다음 각 호의 어느 하나에 해당하는 처분을 하고자 하는 경우에는 청문을 실시하여야 한다.

① 제12조의 규정에 따른 제조소등 설치허가의 취소

② 제16조 제5항의 규정에 따른 탱크시험자의 등록취소

119 암기카드

1분 1초를 9하는
소방 암기카드!
QR코드를 스캔하여
확인해보세요.

※ 에듀윌 도서몰에서도
다운로드 가능합니다.

01 제28조 안전교육

546 □□□ 18 소방시설관리사(변형)

위험물안전관리법령상 위험물의 안전관리와 관련된 업무를 수행하는 자가 받아야 하는 안전교육에 관한 설명으로 옳은 것은?

① 안전교육대상자는 시·도지사가 실시하는 교육을 받아야 한다.

② 모든 제조소등의 관계인은 안전교육대상자이다.

③ 시·도지사는 안전교육을 강습교육과 실무교육으로 구분하여 실시한다.

④ 시·도지사, 소방본부장 또는 소방서장은 안전교육대상자가 교육을 받지 아니한 때에는 그 교육대상자가 교육을 받을 때까지 「위험물안전관리법」의 규정에 따라 그 자격으로 행하는 행위를 제한할 수 있다.

출제 키워드 | 안전교육 ㊥

① ✕ 안전교육대상자는 소방청장이 실시하는 교육을 받아야 한다. → 교육과 시험은 소방청장이 실시한다.

② ✕ 모든 제조소등의 관계인이 아닌 안전관리자로 선임된 자, 탱크시험자의 기술인력으로 종사하는 자, 법 제20조 제2항에 따른 위험물운반자로 종사하는 자, 법 제21조 제1항에 따른 위험물운송자로 종사하는 자가 안전교육대상자이다. → 2020. 6. 9. 개정으로 교육대상에 위험물운반자가 추가되었다.

③ ✕ 소방청장은 안전교육을 강습교육과 실무교육으로 구분하여 실시한다.

④ O 시·도지사, 소방본부장 또는 소방서장은 안전교육대상자가 교육을 받지 아니한 때에는 그 교육대상자가 교육을 받을 때까지 「위험물안전관리법」의 규정에 따라 그 자격으로 행하는 행위를 제한할 수 있다.

「위험물안전관리법」 제28조(안전교육) ① 안전관리자·탱크시험자·위험물운반자·위험물운송자 등 위험물의 안전관리와 관련된 업무를 수행하는 자로서 대통령령이 정하는 자는 해당 업무에 관한 능력의 습득 또는 향상을 위하여 소방청장이 실시하는 교육을 받아야 한다.

② 제조소등의 관계인은 제1항의 규정에 따른 교육대상자에 대하여 필요한 안전교육을 받게 해야 한다.

③ 제1항의 규정에 따른 교육의 과정 및 기간과 그 밖에 교육의 실시에 관하여 필요한 사항은 행정안전부령으로 정한다.

「위험물안전관리법 시행령」 제20조(안전교육대상자) 법 제28조 제1항에서 "대통령령이 정하는 자"란 다음 각 호의 자를 말한다.

1. 안전관리자로 선임된 자
2. 탱크시험자의 기술인력으로 종사하는 자
3. 법 제20조 제2항에 따른 위험물운반자로 종사하는 자
4. 법 제21조 제1항에 따른 위험물운송자로 종사하는 자

「위험물안전관리법 시행규칙」 제78조(안전교육) ① 법 제28조 제3항의 규정에 의하여 소방청장은 안전교육을 강습교육과 실무교육으로 구분하여 실시한다.

정답 ④

547 □□□

18 소방시설관리사(변형)

위험물안전관리법령상 안전교육의 교육대상자와 교육시기의 연결이 옳지 않은 것은?

① 안전관리자 – 신규 종사 후 선임된 날부터 6개월 이내 교육 받은 후 3년마다 1회
② 위험물운송자 – 신규 종사 후 선임된 날부터 6개월 이내 교육받은 후 3년마다 1회
③ 탱크시험자의 기술인력 – 신규 종사 후 선임된 날부터 6개월 이내 교육받은 후 2년마다 1회
④ 위험물운송자가 되고자 하는 자 – 신규 종사 전

출제 키워드 | 안전교육 상

① × 안전관리자 – 신규 종사 후 선임된 날부터 6개월 이내 교육받은 후 2년마다 1회

✓ 안전교육의 과정·기간과 그 밖의 교육의 실시에 관한 사항 등(위험물안전관리법 시행규칙 별표 24)

교육과정	교육대상자	교육시간	교육시기	교육기관
강습교육	안전관리자가 되려는 사람	24시간	최초 선임되기 전	안전원
	위험물운반자가 되려는 사람	8시간	최초 종사하기 전	안전원
	위험물운송자가 되려는 사람	16시간	최초 종사하기 전	안전원
실무교육	안전관리자	8시간 이내	가. 제조소등의 안전관리자로 선임된 날부터 6개월 이내 나. 가목에 따른 교육을 받은 후 2년마다 1회	안전원
	위험물운반자	4시간	가. 위험물운반자로 종사한 날부터 6개월 이내 나. 가목에 따른 교육을 받은 후 3년마다 1회	안전원
	위험물운송자	8시간 이내	가. 이동탱크저장소의 위험물운송자로 종사한 날부터 6개월 이내 나. 가목에 따른 교육을 받은 후 3년마다 1회	안전원
	탱크시험자의 기술인력	8시간 이내	가. 탱크시험자의 기술인력으로 등록한 날부터 6개월 이내 나. 가목에 따른 교육을 받은 후 2년마다 1회	기술원

정답 ①

02 제30조 권한의 위임·위탁

548 □□□

20 소방시설관리사

위험물안전관리법령상 시·도지사가 한국소방산업기술원에 위탁하는 업무에 해당하지 않는 것은?

① 암반탱크 안전성능검사
② 암반탱크저장소의 변경에 따른 완공검사
③ 암반탱크저장소의 설치에 따른 완공검사
④ 용량이 50만 리터 이상인 액체위험물을 저장하는 탱크 안전성능검사

출제 키워드 | 권한의 위임·위탁 중

④ × 용량이 100만 리터 이상인 액체위험물을 저장하는 탱크 안전성능검사

「위험물안전관리법 시행령」 제22조(업무의 위탁) ① 소방청장은 법 제30조 제2항에 따라 법 제28조 제1항에 따른 안전교육을 다음 각 호의 구분에 따라 안전원 또는 기술원에 위탁한다.
1. 제20조 제1호, 제3호 및 제4호에 해당하는 자에 대한 안전교육: 안전원
2. 제20조 제2호에 해당하는 자에 대한 안전교육: 기술원

② 시·도지사는 법 제30조 제2항에 따라 다음 각 호의 업무를 기술원에 위탁한다.
1. 법 제8조 제1항에 따른 탱크 안전성능검사 중 다음 각 목의 탱크에 대한 탱크 안전성능검사
   가. 용량이 100만 ℓ 이상인 액체위험물을 저장하는 탱크
   나. 암반탱크
   다. 지하탱크저장소의 위험물탱크 중 행정안전부령으로 정하는 액체위험물탱크
2. 법 제9조 제1항에 따른 완공검사 중 다음 각 목의 완공검사
   가. 지정수량의 3천 배 이상의 위험물을 취급하는 제조소 또는 일반취급소의 설치 또는 변경(사용 중인 제조소 또는 일반취급소의 보수 또는 부분적인 증설은 제외한다)에 따른 완공검사
   나. 옥외탱크저장소(저장용량이 50만 ℓ 이상인 것) 또는 암반탱크저장소의 설치 또는 변경에 따른 완공검사
3. 법 제20조 제3항에 따른 운반용기 검사

✓ 기술원에 위탁하는 업무

- 소방청장이 기술원에 위탁하는 업무: 안전교육(탱크시험자의 기술인력으로 종사하는 자)
- 시·도지사가 기술원에 위탁하는 업무: 탱크 안전성능검사, 완공검사

정답 ④

CHAPTER

07 벌칙

벌칙	내용
무기 또는 징역 5년 이상	제조소 등에서 위험물을 유출·방출 또는 확산시켜 사람을 사망에 이르게 한 때
무기 또는 징역 3년 이상	제조소 등에서 위험물을 유출·방출 또는 확산시켜 사람을 상해에 이르게 한 때
징역 1년 이상 또는 10년 이하	제조소 등에서 위험물을 유출·방출 또는 확산시켜 사람의 생명·신체 또는 재산에 대하여 위험을 발생시킨 자
징역 또는 금고 10년 이하나 벌금 1억 원 이하	업무상 과실로 제조소 등에서 위험물을 유출·방출 또는 확산시켜 사람을 사상에 이르게 한 자
금고 7년 이하 또는 벌금 7천만 원 이하	업무상 과실로 제조소 등에서 위험물을 유출·방출 또는 확산시켜 사람의 생명·신체 또는 재산에 대하여 위험을 발생시킨 자
징역 5년 이하 또는 벌금 1억 원 이하	제조소 등의 설치허가를 받지 아니하고 제조소 등을 설치한 자
징역 3년 이하 또는 벌금 3천만 원 이하	저장소 또는 제조소 등이 아닌 장소에서 지정수량 이상의 위험물을 저장 또는 취급한 자
벌금 1,500만 원 이하	• 위험물의 저장 또는 취급에 관한 중요기준 위반 • 변경허가를 받지 아니하고 제조소 등을 변경한 자 • 제조소 등의 완공검사를 받지 아니하고 위험물을 저장·취급한 자 • 제조소 등의 사용정지명령을 위반한 자 • 안전관리자를 미선임, 대리자를 미지정 관계인 • 탱크안전성능시험 또는 점검에 관한 업무를 허위로 하거나 결과를 증명하는 서류를 허위로 교부한 자 • 예방규정을 제출하지 아니하거나 규정에 따른 변경명령을 위반한 관계인 • 명령을 위반하여 보고 또는 자료제출을 하지 아니하거나 허위의 보고 또는 자료제출을 한 자 및 관계공무원의 출입 또는 조사·검사를 거부·방해 또는 기피한 자
벌금 1천만 원 이하	• 안전관리자 또는 그 대리자가 참여하지 아니한 상태에서 위험물을 취급한 자 • 변경한 예방규정을 제출하지 아니한 관계인 • 위험물 운반에 관한 중요기준에 따르지 아니한 자 • 관계인의 정당한 업무를 방해하거나 출입·검사 등을 수행하면서 알게 된 비밀을 누설한 자

01 벌칙

대표기출

549 □□□ 20 소방 공채

「위험물안전관리법」상 벌칙 기준이 다른 것은?

① 제조소등의 사용정지 명령을 위반한 자
② 변경허가를 받지 아니하고 제조소등을 변경한 자
③ 위험물의 저장 또는 취급에 관한 중요기준에 따르지 아니한 자
④ 위험물안전관리자 또는 그 대리자가 참여하지 아니한 상태에서 위험물을 취급한 자

출제 키워드 | 벌칙 

④ X 위험물안전관리자 또는 그 대리자가 참여하지 아니한 상태에서 위험물을 취급한 자는 1천만 원 이하의 벌금에 처한다.

「위험물안전관리법」 제36조(벌칙) 다음 각 호의 어느 하나에 해당하는 자는 1천 500만 원 이하의 벌금에 처한다.

1. 제5조 제3항 제1호의 규정에 따른 위험물의 저장 또는 취급에 관한 중요기준에 따르지 아니한 자
2. 제6조 제1항 후단의 규정을 위반하여 변경허가를 받지 아니하고 제조소등을 변경한 자
3. 제9조 제1항의 규정을 위반하여 제조소등의 완공검사를 받지 아니하고 위험물을 저장·취급한 자

3의2. 제11조의2 제3항에 따른 안전조치 이행명령을 따르지 아니한 자

4. 제12조의 규정에 따른 제조소등의 사용정지명령을 위반한 자
5. 제14조 제2항의 규정에 따른 수리·개조 또는 이전의 명령에 따르지 아니한 자
6. 제15조 제1항 또는 제2항의 규정을 위반하여 안전관리자를 선임하지 아니한 관계인으로서 제6조 제1항의 규정에 따른 허가를 받은 자
7. 제15조 제5항을 위반하여 대리자를 지정하지 아니한 관계인으로서 제6조 제1항의 규정에 따른 허가를 받은 자
8. 제16조 제5항의 규정에 따른 업무정지명령을 위반한 자
9. 제16조 제6항의 규정을 위반하여 탱크안전성능시험 또는 점검에 관한 업무를 허위로 하거나 그 결과를 증명하는 서류를 허위로 교부한 자
10. 제17조 제1항 전단의 규정을 위반하여 예방규정을 제출하지 아니하거나 동조 제2항의 규정에 따른 변경명령을 위반한 관계인으로서 제6조 제1항의 규정에 따른 허가를 받은 자
11. 제22조 제2항에 따른 정지지시를 거부하거나 국가기술자격증, 교육수료증·신원확인을 위한 증명서의 제시 요구 또는 신원확인을 위한 질문에 응하지 아니한 사람
12. 제22조 제5항의 규정에 따른 명령을 위반하여 보고 또는 자료제출을 하지 아니하거나 허위의 보고 또는 자료제출을 한 자 및 관계공무원의 출입 또는 조사·검사를 거부·방해 또는 기피한 자
13. 제23조의 규정에 따른 탱크시험자에 대한 감독상 명령에 따르지 아니한 자
14. 제24조의 규정에 따른 무허가장소의 위험물에 대한 조치명령에 따르지 아니한 자
15. 제26조 제1항·제2항 또는 제27조의 규정에 따른 저장·취급기준 준수명령 또는 응급조치명령을 위반한 자

「위험물안전관리법」 제37조(벌칙) 다음 각 호의 어느 하나에 해당하는 자는 1천만 원 이하의 벌금에 처한다.

1. 제15조 제6항을 위반하여 위험물의 취급에 관한 안전관리와 감독을 하지 아니한 자
2. 제15조 제7항을 위반하여 안전관리자 또는 그 대리자가 참여하지 아니한 상태에서 위험물을 취급한 자
3. 제17조 제1항 후단의 규정을 위반하여 변경한 예방규정을 제출하지 아니한 관계인으로서 제6조 제1항의 규정에 따른 허가를 받은 자
4. 제20조 제1항 제1호의 규정을 위반하여 위험물의 운반에 관한 중요기준에 따르지 아니한 자

4의2. 제20조 제2항을 위반하여 요건을 갖추지 아니한 위험물운반자

5. 제21조 제1항 또는 제2항의 규정을 위반한 위험물운송자
6. 제22조 제4항(제22조의2 제2항에서 준용하는 경우를 포함한다)의 규정을 위반하여 관계인의 정당한 업무를 방해하거나 출입·검사 등을 수행하면서 알게 된 비밀을 누설한 자

정답 ④

550 □□□

22 소방시설관리사

위험물안전관리법령상 제조소등에서 위험물을 유출·방출 또는 확산시켜 사람의 생명·신체 또는 재산에 대하여 위험을 발생시킨 자에게 적용되는 벌칙은?

① 1년 이상 10년 이하의 징역
② 7년 이하의 금고 또는 7천만 원 이하의 벌금
③ 5년 이하의 금고 또는 1억 원 이하의 벌금
④ 10년 이하의 금고 또는 1억 원 이하의 벌금

출제 키워드 | 벌칙 중

① O 1년 이상 10년 이하의 징역

> 「위험물안전관리법」 제33조(벌칙) ① 제조소등에서 위험물을 유출·방출 또는 확산시켜 사람의 생명·신체 또는 재산에 대하여 위험을 발생시킨 자는 1년 이상 10년 이하의 징역에 처한다.
> ② 제1항의 규정에 따른 죄를 범하여 사람을 상해에 이르게 한 때에는 무기 또는 3년 이상의 징역에 처하며, 사망에 이르게 한 때에는 무기 또는 5년 이상의 징역에 처한다.

정답 ①

02 과태료

551 □□□

19 소방시설관리사

위험물안전관리법령상 과태료 처분에 해당하는 경우는?

① 정기점검 결과를 기록·보존하지 아니한 자
② 제조소등의 설치허가를 받지 아니하고 제조소등을 설치한 자
③ 안전관리자 또는 그 대리자가 참여하지 아니한 상태에서 위험물을 취급한 자
④ 위험물의 운반에 관한 중요기준에 따르지 아니한 자

출제 키워드 | 과태료 

① O 정기점검 결과를 기록·보존하지 아니한 자: 500만 원 이하의 과태료
② X 제조소등의 설치허가를 받지 아니하고 제조소등을 설치한 자: 5년 이하의 징역 또는 1억 원 이하의 벌금
③ X 안전관리자 또는 그 대리자가 참여하지 아니한 상태에서 위험물을 취급한 자: 1천만 원 이하의 벌금
④ X 위험물의 운반에 관한 중요기준에 따르지 아니한 자: 1천만 원 이하의 벌금

> 「위험물안전관리법」 제39조(과태료) ① 다음 각 호의 어느 하나에 해당하는 자에게는 500만 원 이하의 과태료를 부과한다.
> 1. 제5조 제2항 제1호의 규정에 따른 승인을 받지 아니한 자
> 2. 제5조 제3항 제2호의 규정에 따른 위험물의 저장 또는 취급에 관한 세부기준을 위반한 자
> 3. 제6조 제2항의 규정에 따른 품명 등의 변경신고를 기간 이내에 하지 아니하거나 허위로 한 자
> 4. 제10조 제3항의 규정에 따른 지위승계신고를 기간 이내에 하지 아니하거나 허위로 한 자
> 5. 제11조의 규정에 따른 제조소등의 폐지신고 또는 제15조 제3항의 규정에 따른 안전관리자의 선임신고를 기간 이내에 하지 아니하거나 허위로 한 자
> 5의2. 제11조의2 제2항을 위반하여 사용 중지신고 또는 재개신고를 기간 이내에 하지 아니하거나 거짓으로 한 자
> 6. 제16조 제3항의 규정을 위반하여 등록사항의 변경신고를 기간 이내에 하지 아니하거나 허위로 한 자
> 7. 제18조 제1항의 규정을 위반하여 점검결과를 기록·보존하지 아니한 자
> 7의2. 제18조 제2항을 위반하여 기간 이내에 점검결과를 제출하지 아니한 자
> 8. 제20조 제1항 제2호의 규정에 따른 위험물의 운반에 관한 세부기준을 위반한 자
> 9. 제21조 제3항의 규정을 위반하여 위험물의 운송에 관한 기준을 따르지 아니한 자
>
> ② 제1항의 규정에 따른 과태료는 대통령령이 정하는 바에 따라 시·도지사, 소방본부장 또는 소방서장(이하 "부과권자")이 부과·징수한다.

정답 ①

CHAPTER

08 제조소등에서의 위험물 저장 및 취급의 시행규칙

1 제조소 등

1. 안전거리

해당 대상물	안전거리
7,000~35,000V 특고압 가공전선	3m 이상
35,000V 초과 특고압 가공전선	5m 이상
주거용	10m 이상
• 고압가스 제조, 사용, 저장시설 • 액화산소 소비, 액화석유가스 제조, 저장시설 • 도시가스 공급	20m 이상
• 학교 • 병원: 종합병원, 병원 등 • 공연장: 공연장, 영화상영관, 그 밖(수용 300명 이상) • 시설: 아동복지, 노인복지, 어린이집, 정신보건시설 등(수용 20명 이상)	30m 이상
문화재: 유형, 지정	50m 이상

2. 보유공지

① 지정수량 10배 이하: 3m 이상

② 지정수량 10배 초과: 5m 이상

3. 건축물의 구조

① 지하층: 없도록 해야 함

② 불연재료: 벽, 기둥, 바닥, 보, 서까래, 계단

③ 연소 우려가 있는 외벽: 출입구 외 개구부가 없는 내화구조의 벽으로 해야 함

④ 지붕: 폭발력이 위로 방출 위한 가벼운 불연재로 해야 함

⑤ 지붕을 내화구조로 할 수 있는 경우

- 제2류 위험물(분말의 것과 인화성고체는 제외)
- 제4류 위험물 중 제4석유류, 동·식물유류
- 제6류 위험물

4. 기타 설비

설비	설치기준
정전기 제거	접지, 상대습도 70% 이상, 공기를 이온화
피뢰설비	지정수량의 10배 이상의 위험물을 제조소(제6류 위험물은 제외)에 설치
채광설비	불연재료 및 연소의 우려가 없는 장소에 설치, 채광면적을 최소로 할 것
조명설비	가연성가스 시 방폭등, 내화, 내열전선 사용, 점멸스위치는 출입구 바깥쪽

2 표지 및 게시판

1. 표지 및 게시판

대상	바탕	문자
주유취급소 "주유 중 엔진정지"	황색	흑색
물기엄금	청색	백색
화기엄금, 주의	적색	백색
옥외저장탱크 주입구	백색	적색

2. 표시 및 주의사항

위험물 구분	주의사항	바탕/문자
제1류 알칼리금속 과산화물	물기엄금	청/백
제3류 금수성물질		
제2류 (인화성고체 제외)	화기주의	적/백
제2류 인화성고체	화기엄금	적/백
제3류 자연발화성물질		
제4류 위험물		
제5류 위험물		
제1류 알칼리금속 과산화물 외, 제6류 위험물	별도 표시 없음	

3 옥외탱크저장소의 보유공지

옥외저장탱크(위험물을 이송하기 위한 배관 그 밖에 이에 준하는 공작물을 제외)의 주위에는 그 저장 또는 취급하는 위험물의 최대수량에 따라 옥외저장탱크의 측면으로부터 다음 표에 의한 너비의 공지를 보유하여야 한다.

저장 또는 취급하는 위험물의 최대수량	공지의 너비(보유공지)
지정수량의 500배 이하	3m 이상
지정수량의 500배 초과 1,000배 이하	5m 이상
지정수량의 1,000배 초과 2,000배 이하	9m 이상
지정수량의 2,000배 초과 3,000배 이하	12m 이상
지정수량의 3,000배 초과 4,000배 이하	15m 이상
지정수량의 4,000배 초과	당해 탱크의 수평단면의 최대지름(가로형인 경우에는 긴 변)과 높이 중 큰 것과 같은 거리 이상. 다만, 30m 초과의 경우에는 30m 이상으로 할 수 있고, 15m 미만의 경우에는 15m 이상으로 하여야 한다.

4 방유제 용량 및 밸브 없는 통기관

1. 방유제 용량

구분	제조소의 옥외 탱크(CS_2 제외)		옥외탱크저장소(CS_2 제외)	
탱크 수	1기	2기 이상	1기	2기 이상
용량	50% 이상	최대 50% 이상 + 나머지 합계 10% 이상	110% 이상	최대 110% 이상

2. 밸브 없는 통기관

구분	옥내·옥외저장탱크	간이저장탱크
설치	제4류 위험물의 옥외저장탱크 중 압력탱크 외의 탱크	옥외
직경	30mm 이상	25mm 이상
구조	• 인화점 38℃ 미만 저장, 취급하는 탱크: 화염방지장치 • 그 외: 40mesh 이상 구리망 또는 인화방지장치	인화방지장치(가는눈의 구리망 등)
	• 인화방지장치 제외: 인화점 70℃ 이상 위험물만을 인화점 미만의 온도로 저장 또는 취급 • 빗물 침투 방지: 끝부분을 수평보다 45도 구부림	

5 주유취급소

1. 주유공지

너비 15m 이상, 길이 6m 이상

2. 탱크 용량

불꽃암기
주유취급소 뎅크 용량
폐2, 1일, 5차, 고속 6, 3간이

용량(L)	대상
2,000 이하	폐유탱크 등
10,000 이하	보일러 등에 직접 접속하는 전용탱크
50,000 이하	• 자동차 등에 주유하기 위한 고정주유설비에 직접 접속하는 전용탱크 • 고정급유설비에 직접 접속하는 전용탱크
60,000 이하	고속도로변
3기 이하	고정 주유, 급유설비에서 직접 접속하는 간이탱크

5 소화설비 설치기준

1. 전기설비의 소화설비

면적 100m²마다 소형수동식소화기를 1개 이상 설치

2. 소요단위 및 능력단위

면적당 1소요단위		외벽(m²)	
		내화	기타
규모	제조소, 취급소	100	50
	저장소	150	75
양	지정수량 10배		

3. 소화설비 능력단위

소화설비	용량	능력 단위
마른 모래(삽 1개 포함)	50 ℓ	0.5
팽창질석 또는 팽창진주암(삽 1개 포함)	160 ℓ	1.0

119 암기카드

1분 1초를 9하는
소방 암기카드!
QR코드를 스캔하여
확인해보세요.
※ 에듀윌 도서몰에서도
다운로드 가능합니다.

01 별표 4 제조소의 위치·구조 및 설비의 기준

대표기출

552 □□□ 22 소방 공채

「위험물안전관리법 시행규칙」상 위험물 제조소의 표지 및 게시판에 대한 내용으로 옳지 않은 것은?

① 게시판은 한 변의 길이가 0.3m 이상, 다른 한 변의 길이가 0.6m 이상인 직사각형으로 한다.
② 제4류 위험물에 있어서는 적색바탕에 백색문자로, "화기엄금"을 표시한다.
③ 알칼리금속의 과산화물은 청색바탕에 백색문자로, "물기엄금"을 표시한다.
④ 인화성고체에 있어서는 적색바탕에 백색문자로, "화기주의"를 표시한다.

출제 키워드 | 제조소의 기준 중

④ × 인화성고체에 있어서는 적색바탕에 백색문자로, "화기엄금"을 표시한다. → 제조소의 표지 및 게시판은 필수로 암기한다.

「위험물안전관리법 시행규칙」 별표 4(제조소의 위치·구조 및 설비의 기준)

Ⅲ. 표지 및 게시판

1. 제조소에는 보기 쉬운 곳에 다음 각 목의 기준에 따라 "위험물 제조소"라는 표시를 한 표지를 설치하여야 한다.
   가. 표지는 한 변의 길이가 0.3m 이상, 다른 한 변의 길이가 0.6m 이상인 직사각형으로 할 것
   나. 표지의 바탕은 백색으로, 문자는 흑색으로 할 것
2. 제조소에는 보기 쉬운 곳에 다음 각 목의 기준에 따라 방화에 관하여 필요한 사항을 게시한 게시판을 설치하여야 한다.
   가. 게시판은 한 변의 길이가 0.3m 이상, 다른 한 변의 길이가 0.6m 이상인 직사각형으로 할 것
   나. 게시판에는 저장 또는 취급하는 위험물의 유별·품명 및 저장최대수량 또는 취급최대수량, 지정수량의 배수 및 안전관리자의 성명 또는 직명을 기재할 것
   다. 나목의 게시판의 바탕은 백색으로, 문자는 흑색으로 할 것
   라. 나목의 게시판 외에 저장 또는 취급하는 위험물에 따라 다음의 규정에 의한 주의사항을 표시한 게시판을 설치할 것
      1) 제1류 위험물 중 알칼리금속의 과산화물과 이를 함유한 것 또는 제3류 위험물 중 금수성물질에 있어서는 "물기엄금"
      2) 제2류 위험물(인화성고체를 제외한다)에 있어서는 "화기주의"
      3) 제2류 위험물 중 인화성고체, 제3류 위험물 중 자연발화성물질, 제4류 위험물 또는 제5류 위험물에 있어서는 "화기엄금"
   마. 라목의 게시판의 색은 "물기엄금"을 표시하는 것에 있어서는 청색바탕에 백색문자로, "화기주의" 또는 "화기엄금"을 표시하는 것에 있어서는 적색바탕에 백색문자로 할 것

정답 ④

553 □□□

19 소방 공채

「위험물안전관리법 시행규칙」상 제조소의 위치·구조 및 설비의 기준에 대한 설명으로 옳지 않은 것은?

① 환기설비는 자연배기방식으로 하여야 한다.
② 제6류 위험물을 취급하는 제조소는 안전거리 적용 제외 대상이다.
③ '위험물 제조소'라는 표시를 한 표지의 바탕은 흑색으로, 문자는 백색으로 하여야 한다.
④ 제5류 위험물을 저장 또는 취급하는 제조소에는 '화기엄금'을 표시한 게시판을 설치하여야 한다.

출제 키워드 | 제조소의 기준 상

① O 환기설비는 자연배기방식으로 하여야 한다.

② O 제6류 위험물을 취급하는 제조소는 안전거리 적용 제외대상이다.

> 「위험물안전관리법 시행규칙」 별표 4(제조소의 위치·구조 및 설비의 기준)
> Ⅰ. 안전거리
> 1. 제조소(제6류 위험물을 취급하는 제조소를 제외한다)는 다음 각 목의 규정에 의한 건축물의 외벽 또는 이에 상당하는 공작물의 외측으로부터 당해 제조소의 외벽 또는 이에 상당하는 공작물의 외측까지의 사이에 다음 각 목의 규정에 의한 수평거리(이하 "안전거리")를 두어야 한다.

③ X 표지의 바탕은 '백색'으로, 문자는 '흑색'으로 하여야 한다.

④ O 제5류 위험물을 저장 또는 취급하는 제조소에는 '화기엄금'을 표시한 게시판을 설치하여야 한다.

정답 ③

554 □□□

21 소방 공채

「위험물안전관리법 시행규칙」상 제조소의 환기설비의 기준에 대한 설명으로 옳지 않은 것은?

① 환기는 기계배기방식으로 할 것
② 환기구는 지상 2m 이상의 높이에 루프팬 방식으로 설치할 것
③ 바닥면적이 $90m^2$일 경우 급기구의 면적은 $450cm^2$ 이상으로 할 것
④ 급기구는 낮은 곳에 설치하고 가는 눈의 구리망 등으로 인화방지망을 설치할 것

출제 키워드 | 제조소의 기준 중

① X 환기는 자연배기방식으로 할 것

> 「위험물안전관리법 시행규칙」 별표 4(제조소의 위치·구조 및 설비의 기준)
> Ⅴ. 채광·조명 및 환기설비
> 1. 위험물을 취급하는 건축물에는 다음 각 목의 기준에 의하여 위험물을 취급하는 데 필요한 채광·조명 및 환기의 설비를 설치하여야 한다.
> 가. 채광설비는 불연재료로 하고, 연소의 우려가 없는 장소에 설치하되 채광면적을 최소로 할 것
> 나. 조명설비는 다음의 기준에 적합하게 설치할 것
> 1) 가연성가스 등이 체류할 우려가 있는 장소의 조명등은 방폭 등으로 할 것
> 2) 전선은 내화·내열전선으로 할 것
> 3) 점멸스위치는 출입구 바깥 부분에 설치할 것. 다만, 스위치의 스파크로 인한 화재·폭발의 우려가 없을 경우에는 그러하지 아니하다.
> 다. 환기설비는 다음의 기준에 의할 것
> 1) 환기는 자연배기방식으로 할 것

2) 급기구는 당해 급기구가 설치된 실의 바닥면적 $150m^2$마다 1개 이상으로 하되, 급기구의 크기는 $800cm^2$ 이상으로 할 것. 다만, 바닥면적이 $150m^2$ 미만인 경우에는 다음의 크기로 하여야 한다.

바닥면적	급기구의 면적
60m2 미만	150cm2 이상
60m2 이상 90m2 미만	300cm2 이상
$90m^2$ 이상 $120m^2$ 미만	$450cm^2$ 이상
120m2 이상 150m2 미만	600cm2 이상

3) 급기구는 낮은 곳에 설치하고 가는 눈의 구리망 등으로 인화방지망을 설치할 것
4) 환기구는 지붕 위 또는 지상 2m 이상의 높이에 회전식 고정벤티레이터 또는 루프팬 방식(roof fan: 지붕에 설치하는 배기장치)으로 설치할 것

2. 배출설비가 설치되어 유효하게 환기가 되는 건축물에는 환기설비를 하지 아니 할 수 있고, 조명설비가 설치되어 유효하게 조도(밝기)가 확보되는 건축물에는 채광설비를 하지 아니할 수 있다.

정답 ①

555 □□□

18 상반기 소방 공채(복원)

「위험물안전관리법 시행규칙」상 제조소의 설치기준에 대한 설명으로 옳지 않은 것은?

① 채광설비는 불연재료로 하고 연소의 우려가 없는 장소에 설치하되, 채광면적을 최소로 한다.
② 조명설비의 전선은 내화·내열전선으로 한다.
③ 환기설비 급기구의 크기는 $800cm^2$ 이상으로 한다(바닥면적이 $150m^2$ 이상인 경우에 한함).
④ 환기설비 급기구는 높은 곳에 설치한다.

출제 키워드 | 제조소의 기준 

① O 채광설비는 불연재료로 하고 연소의 우려가 없는 장소에 설치하되, 채광면적을 최소로 한다.
② O 조명설비의 전선은 내화·내열전선으로 한다.
③ O 환기설비 급기구의 크기는 $800cm^2$ 이상으로 한다.
④ X 환기설비 급기구는 낮은 곳에 설치한다.

정답 ④

556 □□□

15 소방 공채(복원)

「위험물안전관리법 시행규칙」상 위험물 제조소의 취급설비에 대한 설명으로 옳지 않은 것은?

① 채광설비는 불연재료로 하고 연소의 우려가 없는 장소에 설치하되 채광면적을 최대로 할 것
② 환기는 자연배기방식으로 하고 급기구는 낮은 곳에 설치할 것
③ 조명설비의 점멸스위치는 출입구 바깥 부분에 설치할 것(다만, 스위치의 스파크로 인한 화재·폭발 우려가 있는 경우에 한함)
④ 조명설비의 전선은 내화·내열전선으로 할 것

출제 키워드 | 제조소의 기준 중

① X 채광설비는 불연재료로 하고 연소의 우려가 없는 장소에 설치하되 채광면적을 최소로 한다(위험물안전관리법 시행규칙 별표 4 V 제1호 가목).

정답 ①

557 □□□

21 소방시설관리사

위험물안전관리법령상 제조소의 환기설비 시설기준에 관한 설명으로 옳지 않은 것은?

① 바닥면적이 $120m^2$인 경우, 급기구의 면적은 $300cm^2$ 이상으로 하여야 한다.
② 환기구는 지붕위 또는 지상 2m 이상의 높이에 회전식 고정벤티레이터 또는 루프팬 방식(roof fan: 지붕에 설치하는 배기장치)으로 설치할 것
③ 급기구는 당해 급기구가 설치된 실의 바닥면적 $150m^2$마다 1개 이상으로 하여야 한다.
④ 급기구는 낮은 곳에 설치하고 가는 눈의 구리망 등으로 인화방지망을 설치하여야 한다.

출제 키워드 | 제조소의 기준 

① X 바닥면적이 $120m^2$인 경우, 급기구의 면적은 $600cm^2$ 이상으로 하여야 한다.

정답 ①

558 □□□

15 소방시설관리사

위험물안전관리법령상 위험물제조소의 채광 및 조명설비에 관한 기준으로 옳지 않은 것은?

① 전선은 내화·내열전선으로 할 것
② 점멸스위치는 출입구 바깥부분에 설치할 것(다만, 스위치의 스파크로 인한 화재·폭발의 우려가 없을 경우에는 그러하지 아니한다)
③ 가연성가스 등이 체류할 우려가 있는 장소의 조명등은 방폭등으로 할 것
④ 채광설비는 불연재료로 하고 연소의 우려가 없는 장소에 설치하되 채광 면적을 최대로 할 것

출제 키워드 | 제조소의 기준 

④ X 채광설비는 불연재료로 하고 연소의 우려가 없는 장소에 설치하되 채광 면적을 최소로 한다(위험물안전관리법 시행규칙 별표 4).

정답 ④

559 □□□

19 소방 공채

「위험물안전관리법 시행규칙」상 고인화점 위험물을 상온에서 취급하는 경우 제조소의 시설기준 중 일부 완화된 시설기준을 적용할 수 있는데, 고인화점 위험물의 정의로 옳은 것은?

① 인화점이 250℃ 이상인 인화성액체
② 인화점이 100℃ 이상인 제4류 위험물
③ 인화점이 70℃ 이상 200℃ 미만인 제4류 위험물
④ 인화점이 70℃ 이상이고 가연성 액체량이 40중량퍼센트 이상인 제4류 위험물

출제 키워드 | 제조소의 기준 하

② O 고인화점 위험물이란 인화점이 100℃ 이상인 제4류 위험물을 말한다. → 인화점은 높을수록 안전하므로 더 완화된 시설기준을 적용할 수 있다.

「위험물안전관리법 시행규칙」 별표 4(제조소의 위치·구조 및 설비의 기준)

XI. 고인화점 위험물의 제조소의 특례

인화점이 100℃ 이상인 제4류 위험물(이하 "고인화점위험물")만을 100℃ 미만의 온도에서 취급하는 제조소로서 그 위치 및 구조가 다음 각 호의 기준에 모두 적합한 제조소에 대하여는 Ⅰ, Ⅱ, Ⅳ 제1호, Ⅳ 제3호 내지 제5호, Ⅷ 제6호·제7호 및 Ⅸ 제1호 나목 2)에 의하여 준용되는 별표 6 Ⅸ 제1호 나목의 규정을 적용하지 아니한다.

1. 다음 각 목의 규정에 의한 건축물의 외벽 또는 이에 상당하는 공작물의 외측으로부터 당해 제조소의 외벽 또는 이에 상당하는 공작물의 외측까지의 사이에 다음 각 목의 규정에 의한 안전거리를 두어야 한다. 다만, 가목 내지 다목의 규정에 의한 건축물 등에 부표의 기준에 의하여 불연재료로 된 방화상 유효한 담 또는 벽을 설치하여 소방본부장 또는 소방서장이 안전하다고 인정하는 거리로 할 수 있다.
   가. 나목 내지 라목 외의 건축물 그 밖의 공작물로서 주거용으로 제공하는 것(제조소가 있는 부지와 동일한 부지 내에 있는 것을 제외한다)에 있어서는 10m 이상
   나. Ⅰ 제1호 나목 1) 내지 4)의 규정에 의한 시설에 있어서는 30m 이상
   다. 「문화재보호법」의 규정에 의한 유형문화재와 기념물 중 지정문화재에 있어서는 50m 이상
   라. Ⅰ 제1호 라목 1) 내지 5)의 규정에 의한 시설(불활성가스만을 저장 또는 취급하는 것을 제외한다)에 있어서는 20m 이상
2. 위험물을 취급하는 건축물 그 밖의 공작물(위험물을 이송하기 위한 배관 그 밖에 이에 준하는 공작물 제외한다)의 주위에 3m 이상의 너비의 공지를 보유해야 한다. 다만, Ⅱ 제2호 각 목의 규정에 의하여 방화상 유효한 격벽을 설치하는 경우에는 그러하지 아니하다.
3. 위험물을 취급하는 건축물은 그 지붕을 불연재료로 해야 한다.
4. 위험물을 취급하는 건축물의 창 및 출입구에는 을종방화문·갑종방화문 또는 불연재료나 유리로 만든 문을 달고, 연소의 우려가 있는 외벽에 두는 출입구에는 수시로 열 수 있는 자동폐쇄식의 갑종방화문을 설치해야 한다.
5. 위험물을 취급하는 건축물의 연소의 우려가 있는 외벽에 두는 출입구에 유리를 이용하는 경우에는 망입유리로 해야 한다.

정답 ②

560 □□□

21 소방시설관리사

위험물안전관리법령상 제조소에 설치하는 배출설비에 관한 설명으로 옳지 않은 것은?

① 배출능력은 1시간당 배출장소 용적의 10배 이상인 것으로 해야 한다. 다만, 전역방식의 경우에는 바닥면적 $1m^2$당 $18m^3$ 이상으로 할 수 있다.
② 위험물취급설비가 배관이음 등으로만 된 경우에는 전역방식으로 할 수 있다.
③ 배출구는 지상 2m 이상으로서 연소의 우려가 없는 장소에 설치하여야 한다.
④ 배풍기·배출 덕트·후드 등을 이용하여 강제적으로 배출하는 것으로 해야 한다.

출제 키워드 | 제조소의 기준 중

① × 배출능력은 1시간당 배출장소 용적의 20배 이상인 것으로 해야 한다. 다만, 전역방식의 경우에는 바닥면적 $1m^2$당 $18m^3$ 이상으로 할 수 있다.

> 「위험물안전관리법 시행규칙」 별표 4(제조소의 위치·구조 및 설비의 기준)
> Ⅵ. 배출설비
> 가연성의 증기 또는 미분이 체류할 우려가 있는 건축물에는 그 증기 또는 미분을 옥외의 높은 곳으로 배출할 수 있도록 다음 각 호의 기준에 의하여 배출설비를 설치해야 한다.
> 1. 배출설비는 국소방식으로 해야 한다. 다만, 다음 각 목의 1에 해당하는 경우에는 전역방식으로 할 수 있다.
>   가. 위험물취급설비가 배관이음 등으로만 된 경우
>   나. 건축물의 구조·작업장소의 분포 등의 조건에 의하여 전역방식이 유효한 경우
> 2. 배출설비는 배풍기(오염된 공기를 뽑아내는 통풍기)·배출덕트(공기 배출통로)·후드 등을 이용하여 강제적으로 배출하는 것으로 해야 한다.
> 3. 배출능력은 1시간당 배출장소 용적의 20배 이상인 것으로 해야 한다. 다만, 전역방식의 경우에는 바닥면적 $1m^2$당 $18m^3$ 이상으로 할 수 있다.
> 4. 배출설비의 급기구 및 배출구는 다음 각 목의 기준에 의해야 한다.
>   가. 급기구는 높은 곳에 설치하고, 가는 눈의 구리망 등으로 인화방지망을 설치할 것
>   나. 배출구는 지상 2m 이상으로서 연소의 우려가 없는 장소에 설치하고, 배출 덕트가 관통하는 벽부분의 바로 가까이에 화재 시 자동으로 폐쇄되는 방화댐퍼(화재 시 연기 등을 차단하는 장치)를 설치할 것
> 5. 배풍기는 강제배기방식으로 하고, 옥내 덕트의 내압이 대기압 이상이 되지 아니하는 위치에 설치해야 한다.

정답 ①

561 □□□

22 소방시설관리사

위험물안전관리법령상 제조소에 설치하는 배출설비의 배출능력 기준은? (단, 배출설비는 국소방식이다.)

① 1시간당 배출장소 용적의 10배 이상
② 1시간당 배출장소 용적의 15배 이상
③ 1시간당 배출장소 용적의 20배 이상
④ 1시간당 배출장소 용적의 25배 이상

출제 키워드 | 제조소의 기준 

③ ○ 배출능력은 1시간당 배출장소 용적의 20배 이상인 것으로 해야 한다. 다만, 전역방식의 경우에는 바닥면적 $1m^2$당 $18m^3$ 이상으로 할 수 있다(위험물안전관리법 시행규칙 별표 4 Ⅵ 제3호).

정답 ③

562 □□□

16 소방시설관리사

위험물안전관리법령상 제조소에 설치하는 배출설비에 관한 설명으로 옳지 않은 것은?

① 위험물취급설비가 배관이음 등으로만 된 경우에는 전역방식으로 할 수 있다.
② 전역방식 배출설비의 배출능력은 1시간당 바닥면적 $1m^2$당 $15m^3$ 이상으로 하여야한다.
③ 배출구는 지상 2m 이상으로서 연소의 우려가 없는 장소에 설치하여야 한다.
④ 배풍기·배출덕트·후드 등을 이용하여 강제적으로 배출하는 것으로 하여야 한다.

출제 키워드 | 제조소의 기준 중

② × 전역방식 배출설비의 배출능력은 1시간당 바닥면적 $1m^2$당 $18m^3$ 이상으로 하여야 한다(위험물안전관리법 시행규칙 별표 4 Ⅵ 제3호).

✓ **제조소에 설치하는 배출설비의 배출능력**

> • 국소배출방식: 1시간당 배출장소 용적의 20배 이상
> • 전역방식: 바닥면적 $1m^2$당 $18m^3$ 이상

정답 ②

563 □□□

14 소방 공채(복원)

위험물제조소의 안전거리 및 보유공지의 기준에 대한 설명으로 옳은 것은?

① 유형문화재와 기념물 중 지정문화재에 있어서는 30m 이상의 안전거리를 확보하여야 한다.
② 지정수량의 10배를 초과하는 경우 공지의 너비는 3m 이상을 확보하여야 한다.
③ 학교에 있어서는 10m 이상의 안전거리를 확보하여야 한다.
④ 건축물의 외벽 또는 이에 상당하는 공작물의 외측으로부터 당해 제조소의 외벽 또는 이에 상당하는 공작물의 외측까지의 수평거리를 안전거리라 한다.

출제 키워드 | 제조소의 기준 중

① × 유형문화재와 기념물 중 지정문화재에 있어서는 50m 이상의 안전거리를 확보하여야 한다.
② × 지정수량의 10배를 초과하는 경우 공지의 너비는 5m 이상을 확보하여야 한다.
③ × 학교에 있어서는 30m 이상의 안전거리를 확보하여야 한다.
④ O 건축물의 외벽 또는 이에 상당하는 공작물의 외측으로부터 당해 제조소의 외벽 또는 이에 상당하는 공작물의 외측까지의 수평거리를 안전거리라 한다.

「위험물안전관리법 시행규칙」 별표 4(제조소의 위치·구조 및 설비의 기준)

Ⅰ. 안전거리

1. 제조소(제6류 위험물을 취급하는 제조소를 제외한다)는 다음 각 목의 규정에 의한 건축물의 외벽 또는 이에 상당하는 공작물의 외측으로부터 당해 제조소의 외벽 또는 이에 상당하는 공작물의 외측까지의 사이에 다음 각 목의 규정에 의한 수평거리(이하 "안전거리")를 두어야 한다.
   가. 나목 내지 라목의 규정에 의한 것 외의 건축물 그 밖의 공작물로서 주거용으로 사용되는 것(제조소가 설치된 부지 내에 있는 것을 제외한다)에 있어서는 10m 이상
   나. 학교·병원·극장 그 밖에 다수인을 수용하는 시설로서 다음의 1에 해당하는 것에 있어서는 30m 이상
      1) 「초·중등교육법」 제2조 및 「고등교육법」제2조에 정하는 학교
      2) 「의료법」 제3조 제2항 제3호에 따른 병원급 의료기관
      3) 「공연법」 제2조 제4호에 따른 공연장, 「영화 및 비디오물의 진흥에 관한 법률」 제2조 제10호에 따른 영화상영관 및 그 밖에 이와 유사한 시설로서 3백 명 이상의 인원을 수용할 수 있는 것
      4) 「아동복지법」 제3조제10호에 따른 아동복지시설, 「노인복지법」 제31조 제1호부터 제3호까지에 해당하는 노인복지시설, 「장애인복지법」 제58조 제1항에 따른 장애인복지시설, 「한부모가족지원법」 제19조 제1항에 따른 한부모가족복지시설, 「영유아보육법」 제2조 제3호에 따른 어린이집, 「성매매 방지 및 피해자보호 등에 관한 법률」 제9조 제1항에 따른 성매매피해자등을 위한 지원시설, 「정신건강증진 및 정신질환자 복지서비스 지원에 관한 법률」 제3조 제4호에 따른 정신건강증진시설, 「가정폭력방지 및 피해자보호 등에 관한 법률」 제7조의2 제1항에 따른 보호시설 및 그 밖에 이와 유사한 시설로서 20명 이상의 인원을 수용할 수 있는 것
   다. 「문화재보호법」의 규정에 의한 유형문화재와 기념물 중 지정문화재에 있어서는 50m 이상
   라. 고압가스, 액화석유가스 또는 도시가스를 저장 또는 취급하는 시설로서 다음의 1에 해당하는 것에 있어서는 20m 이상. 다만, 당해 시설의 배관 중 제조소가 설치된 부지 내에 있는 것은 제외한다.
      1) 「고압가스 안전관리법」의 규정에 의하여 허가를 받거나 신고를 해야 하는 고압가스제조시설(용기에 충전하는 것을 포함한다) 또는 고압가스 사용시설로서 1일 30m^3 이상의 용적을 취급하는 시설이 있는 것
      2) 「고압가스 안전관리법」의 규정에 의하여 허가를 받거나 신고를 해야 하는 고압가스저장시설
      3) 「고압가스 안전관리법」의 규정에 의하여 허가를 받거나 신고를 해야 하는 액화산소를 소비하는 시설
      4) 「액화석유가스의 안전관리 및 사업법」의 규정에 의하여 허가를 받아야 하는 액화석유가스제조시설 및 액화석유가스저장시설
      5) 「도시가스사업법」 제2조 제5호의 규정에 의한 가스공급시설
   마. 사용전압이 7,000V 초과 35,000V 이하의 특고압가공전선에 있어서는 3m 이상
   바. 사용전압이 35,000V를 초과하는 특고압가공전선에 있어서는 5m 이상

정답 ④

564 □□□

16 소방시설관리사

위험물안전관리법령상 제조소의 특례기준에서 은·수은·동·마그네슘 또는 이들의 합금으로 된 취급설비를 사용해서는 안 되는 위험물은?

① 아세트알데히드　　② 휘발유
③ 톨루엔　　④ 아세톤

출제 키워드 | 제조소의 기준 중

① X 아세트알데히드 등(아세트알데히드, 산화프로필렌)을 취급 시 사용 금지 성분은 은·수은·동·마그네슘 또는 이들의 합금으로 된 취급설비와 반응하면 폭발성인 아세틸라이드를 생성한다.

「위험물안전관리법 시행규칙」 별표 4(제조소의 위치·구조 및 설비의 기준)

XII. 위험물의 성질에 따른 제조소의 특례

3. 아세트알데히드등을 취급하는 제조소의 특례는 다음 각 목과 같다.
   가. 아세트알데히드등을 취급하는 설비는 은·수은·동·마그네슘 또는 이들을 성분으로 하는 합금으로 만들지 아니할 것
   나. 아세트알데히드등을 취급하는 설비에는 연소성 혼합기체의 생성에 의한 폭발을 방지하기 위한 불활성기체 또는 수증기를 봉입하는 장치를 갖출 것
   다. 아세트알데히드등을 취급하는 탱크(옥외에 있는 탱크 또는 옥내에 있는 탱크로서 그 용량이 지정수량의 5분의 1 미만의 것을 제외한다)에는 냉각장치 또는 저온을 유지하기 위한 장치(이하 "보냉장치") 및 연소성 혼합기체의 생성에 의한 폭발을 방지하기 위한 불활성기체를 봉입하는 장치를 갖출 것. 다만, 지하에 있는 탱크가 아세트알데히드등의 온도를 저온으로 유지할 수 있는 구조인 경우에는 냉각장치 및 보냉장치를 갖추지 아니할 수 있다.
   라. 다목의 규정에 의한 냉각장치 또는 보냉장치는 2 이상 설치하여 하나의 냉각장치 또는 보냉장치가 고장난 때에도 일정 온도를 유지할 수 있도록 하고, 다음의 기준에 적합한 비상전원을 갖출 것
      1) 상용전력원이 고장인 경우에 자동으로 비상전원으로 전환되어 가동되도록 할 것
      2) 비상전원의 용량은 냉각장치 또는 보냉장치를 유효하게 작동할 수 있는 정도일 것
   마. 아세트알데히드등을 취급하는 탱크를 지하에 매설하는 경우에는 IX 제3호의 규정에 의하여 적용되는 별표 8 I 제1호 단서의 규정에 불구하고 당해 탱크를 탱크전용실에 설치할 것

정답 ①

565 □□□

19 소방시설관리사

위험물안전관리법령상 제조소의 위치·구조 및 설비의 기준에서 위험물을 취급하는 건축물의 지붕(작업공정상 제조기계시설 등이 2층 이상에 연결되어 설치된 경우에는 최상층의 지붕을 말한다)을 내화구조로 할 수 없는 것은?

① 제1류 위험물
② 제2류 위험물(분상의 것과 인화성고체 제외)
③ 제4류 위험물 중 제4석유류·동식물유류
④ 제6류 위험물을 취급하는 건축물

출제 키워드 | 제조소의 기준 중

① X 제1류 위험물은 지붕을 내화구조로 할 수 없다.

「위험물안전관리법 시행규칙」 별표 4(제조소의 위치·구조 및 설비의 기준)

IV. 건축물의 구조

3. 지붕(작업공정상 제조기계시설 등이 2층 이상에 연결되어 설치된 경우에는 최상층의 지붕)은 폭발력이 위로 방출될 정도의 가벼운 불연재료로 덮어야 한다. 다만, 위험물을 취급하는 건축물이 다음 각 목의 1에 해당하는 경우에는 그 지붕을 내화구조로 할 수 있다.
   가. 제2류 위험물(분말상태의 것과 인화성고체를 제외한다), 제4류 위험물 중 제4석유류·동식물유류 또는 제6류 위험물을 취급하는 건축물인 경우
   나. 다음의 기준에 적합한 밀폐형 구조의 건축물인 경우
      1) 발생할 수 있는 내부의 과압 또는 부압에 견딜 수 있는 철근콘크리트조일 것
      2) 외부화재에 90분 이상 견딜 수 있는 구조일 것

정답 ①

566 □□□

21 소방시설관리사

위험물안전관리법령상 위험물제조소에서 위험물을 가압하는 설비 또는 그 취급하는 위험물의 압력이 상승할 우려가 있는 설비에 설치하는 안전장치가 아닌 것은?

① 대기밸브부착 통기관
② 자동적으로 압력의 상승을 정지시키는 장치
③ 안전밸브를 겸하는 경보장치
④ 감압측에 안전밸브를 부착한 감압밸브

출제 키워드 | 제조소의 기준 중

① × 대기밸브부착 통기관에 대한 기준은 법령에 없다.

「위험물안전관리법 시행규칙」 별표 4(제조소의 위치·구조 및 설비의 기준)

Ⅷ. 기타설비

4. 압력계 및 안전장치

위험물을 가압하는 설비 또는 그 취급하는 위험물의 압력이 상승할 우려가 있는 설비에는 압력계 및 다음 각 목의 1에 해당하는 안전장치를 설치하여야 한다. 다만, 라목의 파괴판은 위험물의 성질에 따라 안전밸브의 작동이 곤란한 가압설비에 한한다.

가. 자동적으로 압력의 상승을 정지시키는 장치
나. 감압측에 안전밸브를 부착한 감압밸브
다. 안전밸브를 겸하는 경보장치
라. 파괴판

정답 ①

567 □□□

18 소방시설관리사

위험물안전관리법령상 위험물제조소와 인근 건축물 등과의 안전거리가 다음 중 가장 긴 것은? (단, 제6류 위험물을 취급하는 제조소를 제외한다.)

① 「초·중등교육법」에 정하는 학교
② 사용전압이 35,000V를 초과하는 특고압가공전선
③ 「도시가스사업법」의 규정에 의한 가스공급시설
④ 「문화재보호법」의 규정에 의한 기념물 중 지정문화재

출제 키워드 | 제조소의 기준 중

① × 「초·중등교육법」에 정하는 학교: 30m 이상
② × 사용전압이 35,000V를 초과하는 특고압가공전선: 5m 이상
③ × 「도시가스사업법」의 규정에 의한 가스공급시설: 20m 이상
④ ○ 「문화재보호법」의 규정에 의한 기념물 중 지정문화재: 50m 이상

✓ 위험물제조소와 인근 건축물 등과의 안전거리

해당 대상물	안전거리
7,000V~35,000V 특고압 가공전선	3m 이상
35,000V 초과 특고압 가공전선	5m 이상
주거용	10m 이상
• 고압가스 제조, 사용, 저장시설 • 액화산소소비, 액화석유가스 제조·저장시설 • 도시가스공급	20m 이상
• 학교 • 병원: 종합병원, 병원 등 • 공연장: 공연장, 영화상영관, 그 밖(수용 300명 이상) • 시설: 아동복지, 노인복지, 어린이집, 정신보건시설등(수용 20명 이상)	30m 이상
문화재: 유형, 지정	50m 이상
히드록실아민 등을 취급하는 제조소 $D=51.1\sqrt[3]{N}$ 여기서, D: 거리(m) N: 취급하는 히드록실아민(100kg)등의 지정수량의 배수	Dm 이상

정답 ④

02 별표 5 옥내저장소의 위치·구조 및 설비의 기준

대표기출

568 □□□ 17 하반기 소방 공채

「위험물안전관리법 시행규칙」상 복합용도 건축물의 옥내저장소의 기준에 대한 설명으로 옳지 않은 것은?

① 옥내지장소의 용도에 사용되는 부분의 바닥면적은 $75m^2$ 이하로 하여야 한다.
② 옥내저장소의 용도에 사용되는 부분의 바닥은 지면보다 높게 설치하고 그 층고를 6m 미만으로 하여야 한다.
③ 옥내저장소의 용도에 사용되는 부분의 출입구에는 수시로 열 수 있는 자동폐쇄방식의 갑종방화문 또는 을종방화문을 설치하여야 한다.
④ 옥내저장소의 용도에 사용되는 부분의 환기설비 및 배출설비에는 방화상 유효한 댐퍼 등을 설치하여야 한다.

출제 키워드 | 옥내저장소의 기준 상

③ × 옥내저장소의 용도에 사용되는 부분의 출입구에는 수시로 열 수 있는 자동폐쇄방식의 갑종방화문을 설치하여야 한다.

「위험물안전관리법 시행규칙」 별표 5(옥내저장소의 위치·구조 및 설비의 기준)

Ⅲ. 복합용도 건축물의 옥내저장소의 기준

옥내저장소 중 지정수량의 20배 이하의 것(옥내저장소외의 용도로 사용하는 부분이 있는 건축물에 설치하는 것)의 위치·구조 및 설비의 기술기준은 Ⅰ 제3호, 제11호 내지 제17호의 규정에 의하는 외에 다음 각 호의 기준에 의해야 한다.

1. 옥내저장소는 벽·기둥·바닥 및 보가 내화구조인 건축물의 1층 또는 2층의 어느 하나의 층에 설치해야 한다.
2. 옥내저장소의 용도에 사용되는 부분의 바닥은 지면보다 높게 설치하고 그 층고를 6m 미만으로 해야 한다.
3. 옥내저장소의 용도에 사용되는 부분의 바닥면적은 $75m^2$ 이하로 해야 한다.
4. 옥내저장소의 용도에 사용되는 부분은 벽·기둥·바닥·보 및 지붕(상층이 있는 경우에는 상층의 바닥)을 내화구조로 하고, 출입구외의 개구부가 없는 두께 70mm 이상의 철근콘크리트조 또는 이와 동등 이상의 강도가 있는 구조의 바닥 또는 벽으로 당해 건축물의 다른 부분과 구획되도록 해야 한다.
5. 옥내저장소의 용도에 사용되는 부분의 출입구에는 수시로 열 수 있는 자동폐쇄방식의 갑종방화문을 설치해야 한다.
6. 옥내저장소의 용도에 사용되는 부분에는 창을 설치하지 아니해야 한다.
7. 옥내저장소의 용도에 사용되는 부분의 환기설비 및 배출설비에는 방화상 유효한 댐퍼 등을 설치해야 한다.

정답 ③

569 □□□ 16 소방시설관리사

위험물안전관리법령상 옥내저장소의 표지 및 게시판의 기준으로 옳지 않은 것은?

① 표지의 바탕은 백색으로, 문자는 흑색으로 할 것
② 표지는 한 변의 길이가 0.3m 이상, 다른 한 변의 길이가 0.6m 이상인 직사각형으로 할 것
③ 인화성고체를 제외한 제2류 위험물에 있어서는 "화기엄금"의 게시판을 설치할 것
④ "물기엄금"을 표시하는 게시판에 있어서는 청색바탕에 백색문자로 할 것

출제 키워드 | 옥내저장소의 기준 

③ × 인화성고체를 제외한 제2류 위험물에 있어서는 "화기주의"의 게시판을 설치할 것

✓ 옥내저장소의 표지 및 게시판

위험물의 종류		주의사항
제2류 위험물(가연성고체)	인화성고체	화기엄금
	인화성고체 제외	화기주의

정답 ③

03 별표 6 옥외탱크저장소의 위치·구조 및 설비의 기준

대표기출

570 □□□ 22 소방 공채

「위험물안전관리법 시행규칙」상 옥외탱크저장소의 위치·구조 및 설비 기준에 대한 설명으로 옳지 않은 것은?

① 저장 또는 취급하는 위험물의 최대수량이 지정수량의 500배 이하인 경우 보유 공지너비는 5m 이상으로 해야 한다.
② 옥외탱크저장소 중 그 저장 또는 취급하는 액체위험물의 최대수량이 100만ℓ 이상의 것을 특정옥외탱크저장소라 한다.
③ 밸브 없는 통기관의 지름은 30mm 이상으로 하고 끝부분은 수평면보다 45도 이상 구부려 빗물 등의 침투를 막는 구조로 한다.
④ 압력탱크(최대상용압력이 대기압을 초과하는 탱크를 말한다) 외의 탱크는 충수시험, 압력탱크는 최대상용압력의 1.5배의 압력으로 10분간 실시하는 수압시험에서 각각 새거나 변형되지 아니하여야 한다.

출제 키워드 | 옥외탱크저장소의 기준 상

① ✕ 저장 또는 취급하는 위험물의 최대수량이 지정수량의 500배 이하인 경우 보유 공지너비는 3m 이상으로 해야 한다.

☑ 옥외탱크저장소의 위치·구조 및 설비의 기준(위험물안전관리법 시행규칙 별표 6)

저장 또는 취급하는 위험물의 최대수량	공지의 너비
지정수량의 500배 이하	3m 이상
지정수량의 500배 초과 1,000배 이하	5m 이상
지정수량의 1,000배 초과 2,000배 이하	9m 이상
지정수량의 2,000배 초과 3,000배 이하	12m 이상
지정수량의 3,000배 초과 4,000배 이하	15m 이상
지정수량의 4,000배 초과	당해 탱크의 수평단면의 최대지름(가로형인 경우에는 긴 변)과 높이 중 큰 것과 같은 거리 이상. 다만, 30m 초과의 경우에는 30m 이상으로 할 수 있고, 15m 미만의 경우에는 15m 이상으로 하여야 한다.

정답 ①

571 □□□ 21 소방 공채

「위험물안전관리법 시행규칙」상 옥외탱크저장소의 위치·구조 및 설비의 기준에 관한 내용이다. 빈칸에 들어갈 숫자로 옳은 것은?

> 가. 지정수량의 650배를 저장하는 옥외탱크저장소의 보유공지는 (ㄱ)m 이상이다.
> 나. 펌프설비의 주위에는 너비 (ㄴ)m 이상의 공지를 보유해야 한다. 다만, 방화상 유효한 격벽을 설치하는 경우와 제6류 위험물 또는 지정수량의 (ㄷ)배 이하 위험물의 옥외저장탱크의 펌프설비에 있어서는 그러하지 아니하다.

	ㄱ	ㄴ	ㄷ
①	3	3	20
②	3	5	10
③	5	3	10
④	5	5	20

출제 키워드 | 옥외탱크저장소의 기준 상

③ ○ ㄱ: 5, ㄴ: 3, ㄷ: 10

> 가. 지정수량의 650배를 저장하는 옥외탱크저장소의 보유공지는 5m 이상이다.
> 나. 펌프설비의 주위에는 너비 3m 이상의 공지를 보유해야 한다. 다만, 방화상 유효한 격벽을 설치하는 경우와 제6류 위험물 또는 지정수량의 10배 이하 위험물의 옥외저장탱크의 펌프설비에 있어서는 그러하지 아니하다.

> 「위험물안전관리법 시행규칙」 별표 6(옥외탱크저장소의 위치·구조 및 설비의 기준)
> Ⅵ. 옥외저장탱크의 외부구조 및 설비
> 10. 옥외저장탱크의 펌프설비(펌프 및 이에 부속하는 전동기를 말하며, 당해 펌프 및 전동기를 위한 건축물 그 밖의 공작물을 설치하는 경우에는 당해 공작물을 포함한다. 이하 같다)는 다음 각 목에 의하여야 한다.
> 가. 펌프설비의 주위에는 너비 3m 이상의 공지를 보유할 것. 다만, 방화상 유효한 격벽을 설치하는 경우와 제6류 위험물 또는 지정수량의 10배 이하 위험물의 옥외저장탱크의 펌프설비에 있어서는 그러하지 아니하다.

정답 ③

대표기출

572 □□□ 16 소방 공채(복원)

「위험물안전관리법 시행규칙」상 방유제에 대한 설명으로 옳지 않은 것은?

① 방유제 내의 면적은 8만m^2 이하로 하여야 한다.
② 방유제에는 그 내부에 고인 물을 외부로 배출하기 위한 배수구를 설치하고 이를 개폐하는 밸브 등을 방유제의 외부에 설치하여야 한다.
③ 높이가 1m를 넘는 방유제 및 간막이 둑의 안팎에는 방유제 내에 출입하기 위한 계단 또는 경사로를 약 70m마다 설치하여야 한다.
④ 방유제 내에는 당해 방유제 내에 설치하는 옥외저장탱크를 위한 배관, 조명설비 및 계기시스템과 이들에 부속하는 설비 그 밖의 안전확보에 지장이 없는 부속설비 외에는 다른 설비를 설치하지 아니하여야 한다.

출제 키워드 | 방유제 상

③ ✕ 높이가 1m를 넘는 방유제 및 간막이 둑의 안팎에는 방유제 내에 출입하기 위한 계단 또는 경사로를 '50m'마다 설치하여야 한다.

「위험물안전관리법 시행규칙」 별표 6(옥외탱크저장소의 위치·구조 및 설비의 기준)

Ⅸ. 방유제

1. 인화성액체위험물(이황화탄소를 제외한다)의 옥외탱크저장소의 탱크 주위에는 다음 각 목의 기준에 의하여 방유제를 설치해야 한다.

가. 방유제의 용량은 방유제안에 설치된 탱크가 하나인 때에는 그 탱크 용량의 110% 이상, 2기 이상인 때에는 그 탱크 중 용량이 최대인 것의 용량의 110% 이상으로 할 것. 이 경우 방유제의 용량은 당해 방유제의 내용적에서 용량이 최대인 탱크 외의 탱크의 방유제 높이 이하 부분의 용적, 당해 방유제 내에 있는 모든 탱크의 지반면 이상 부분의 기초의 체적, 간막이 둑의 체적 및 당해 방유제 내에 있는 배관 등의 체적을 뺀 것으로 한다.

나. 방유제는 높이 0.5m 이상 3m 이하, 두께 0.2m 이상, 지하매설깊이 1m 이상으로 할 것. 다만, 방유제와 옥외저장탱크 사이의 지반면 아래에 불침윤성(수분 흡수를 막는 성질) 구조물을 설치하는 경우에는 지하매설깊이를 해당 불침윤성 구조물까지로 할 수 있다.

다. 방유제 내의 면적은 8만m^2 이하로 할 것

라. 방유제 내의 설치하는 옥외저장탱크의 수는 10(방유제 내에 설치하는 모든 옥외저장탱크의 용량이 20만ℓ 이하이고, 당해 옥외저장탱크에 저장 또는 취급하는 위험물의 인화점이 70℃ 이상 200℃ 미만인 경우에는 20) 이하로 할 것. 다만, 인화점이 200℃ 이상인 위험물을 저장 또는 취급하는 옥외저장탱크에 있어서는 그러하지 아니하다.

마. 방유제 외면의 2분의 1 이상은 자동차 등이 통행할 수 있는 3m 이상의 노면폭을 확보한 구내도로(옥외저장탱크가 있는 부지 내의 도로를 말한다. 이하 같다)에 직접 접하도록 할 것. 다만, 방유제 내에 설치하는 옥외저장탱크의 용량합계가 20만ℓ 이하인 경우에는 소화활동에 지장이 없다고 인정되는 3m 이상의 노면폭을 확보한 도로 또는 공지에 접하는 것으로 할 수 있다.

바. 방유제는 옥외저장탱크의 지름에 따라 그 탱크의 옆판으로부터 다음에 정하는 거리를 유지할 것. 다만, 인화점이 200℃ 이상인 위험물을 저장 또는 취급하는 것에 있어서는 그러하지 아니하다.
1) 지름이 15m 미만인 경우에는 탱크 높이의 3분의 1 이상
2) 지름이 15m 이상인 경우에는 탱크 높이의 2분의 1 이상

사. 방유제는 철근콘크리트로 하고, 방유제와 옥외저장탱크 사이의 지표면은 불연성과 불침윤성이 있는 구조(철근콘크리트 등)로 할 것. 다만, 누출된 위험물을 수용할 수 있는 전용유조 및 펌프 등의 설비를 갖춘 경우에는 방유제와 옥외저장탱크 사이의 지표면을 흙으로 할 수 있다.

아. 용량이 1,000만ℓ 이상인 옥외저장탱크의 주위에 설치하는 방유제에는 다음의 규정에 따라 당해 탱크마다 간막이 둑을 설치할 것
1) 간막이 둑의 높이는 0.3m(방유제 내에 설치되는 옥외저장탱크의 용량의 합계가 2억ℓ를 넘는 방유제에 있어서는 1m) 이상으로 하되, 방유제의 높이보다 0.2m 이상 낮게 할 것
2) 간막이 둑은 흙 또는 철근콘크리트로 할 것
3) 간막이 둑의 용량은 간막이 둑안에 설치된 탱크 용량의 10% 이상일 것

자. 방유제 내에는 당해 방유제 내에 설치하는 옥외저장탱크를 위한 배관(당해 옥외저장탱크의 소화설비를 위한 배관을 포함한다), 조명설비 및 계기시스템과 이들에 부속하는 설비 그 밖의 안전확보에 지장이 없는 부속설비 외에는 다른 설비를 설치하지 아니할 것

차. 방유제 또는 간막이 둑에는 해당 방유제를 관통하는 배관을 설치하지 아니할 것. 다만, 위험물을 이송하는 배관의 경우에는 배관이 관통하는 지점의 좌우방향으로 각 1m 이상까지의 방유제 또는 간막이 둑의 외면에 두께 0.1m 이상, 지하매설깊이 0.1m 이상의 구조물을 설치하여 방유제 또는 간막이 둑을 이중구조로 하고, 그 사이에 토사를 채운 후, 관통하는 부분을 완충재 등으로 마감하는 방식으로 설치할 수 있다.

카. 방유제에는 그 내부에 고인 물을 외부로 배출하기 위한 배수구를 설치하고 이를 개폐하는 밸브 등을 방유제의 외부에 설치할 것
타. 용량이 100만ℓ 이상인 위험물을 저장하는 옥외저장탱크에 있어서는 카목의 밸브 등에 그 개폐상황을 쉽게 확인할 수 있는 장치를 설치할 것
파. 높이가 1m를 넘는 방유제 및 간막이 둑의 안팎에는 방유제 내에 출입하기 위한 계단 또는 경사로를 약 50m마다 설치할 것
하. 용량이 50만ℓ 이상인 옥외탱크저장소가 해안 또는 강변에 설치되어 방유제 외부로 누출된 위험물이 바다 또는 강으로 유입될 우려가 있는 경우에는 해당 옥외탱크저장소가 설치된 부지 내에 전용유조 등 누출위험물 수용설비를 설치할 것

정답 ③

573 □□□

22 소방시설관리사

위험물안전관리법령상 인화성액체위험물(이황화탄소를 제외한다)의 옥외탱크저장소의 탱크 주위에 설치하여야 하는 방유제에 관한 내용이다. 아래 조건에서 방유제 내에 설치할 수 있는 옥외저장탱크의 최대 수는?

> 방유제 내에 설치하는 모든 옥외저장탱크의 용량이 20만ℓ 이하이고, 당해 옥외저장탱크에 저장 또는 취급하는 위험물의 인화점이 70℃ 이상 200℃ 미만인 경우

① 10
② 15
③ 20
④ 25

출제 키워드 | 방유제 (중)

③ O 방유제 내의 설치하는 옥외저장탱크의 수는 10(방유제 내에 설치하는 모든 옥외저장탱크의 용량이 20만ℓ 이하이고, 당해 옥외저장탱크에 저장 또는 취급하는 위험물의 인화점이 70℃ 이상 200℃ 미만인 경우에는 20) 이하로 할 것. 다만, 인화점이 200℃ 이상인 위험물을 저장 또는 취급하는 옥외저장탱크에 있어서는 그러하지 아니하다.

정답 ③

574 □□□

20 소방시설관리사

위험물안전관리법령상 제조소의 옥외 위험물 취급탱크가 메틸알코올 1m³와 아세톤 0.5m³가 있다. 이를 하나의 방유제 내에 설치하고자 할 때 방유제 기준에 관한 검토사항으로 옳은 것은?

① 방유제 용량은 0.55m³ 이상이 되도록 설치하여야 한다.
② 방유제 용량은 1.1m³ 이상이 되도록 설치하여야 한다.
③ 취급하는 위험물의 성상이 액체이므로 방유제를 설치하지 않아도 된다.
④ 위험물 저장탱크의 용량이 지정수량 기준에 미달하여 방유제를 설치하지 않아도 된다.

출제 키워드 | 방유제 (상)

① O 용량 $= 1[m^3] \times 0.5 + 0.5[m^3] \times 0.1 = 0.55[m^3]$
② X 방유제 용량은 1.1m³ 이상이 되도록 설치하여야 한다.
③ X 취급하는 위험물의 성상이 액체이므로 방유제를 설치하지 않아도 된다.
④ X 위험물 저장탱크의 용량이 지정수량 기준에 미달하여 방유제를 설치하지 않아도 된다.

→ 문제에서 제조소의 옥외에 있는 탱크를 묻는지, 옥외탱크저장소를 묻는지 잘 구별해야 한다.

✓ 제조소의 옥외위험물 취급탱크 방유제

구분	제조소			
	옥외에 있는 탱크(CS_2 제외)		옥내(1/5 미만 제외) 방유턱	
탱크 수	1기	2기 이상	1기	2기 이상
용량	50% 이상	최대 50% 이상 + 나머지 합계 10% 이상	100% 이상	최대 탱크의 100% 이상

정답 ①

575 □□□

17 소방시설관리사

위험물 제조소의 옥외에 있는 위험물 취급탱크 2기가 방유제 내에 있다. 방유제의 최소 내용적(m^3)은 얼마인가?

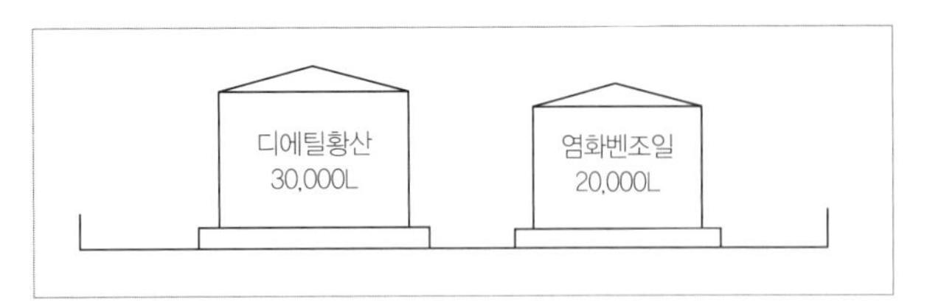

① 15
② 17
③ 32
④ 33

출제 키워드 | 방유제 상

② O 옥외탱크저장소의 방유제 용량
= 30,000×0.5+20,000×0.1=17,000L=17[m^3]

✓ 옥외탱크저장소의 방유제 용량

구분	제조소의 옥외탱크 [이황화탄소(CS_2) 제외]		옥외탱크저장소 [이황화탄소(CS_2) 제외]	
탱크 수	1기	2기 이상	1기	2기 이상
용량	50% 이상	최대 50% 이상 + 나머지 탱크용량 합계 10% 이상	110% 이상	최대 110% 이상

정답 ②

576 □□□

19 소방 공채

「위험물안전관리법 시행규칙」상 옥외저장탱크의 위치·구조 및 설비 기준에 대한 설명으로 옳지 않은 것은?

① 옥외저장탱크는 위험물의 폭발 등에 의하여 탱크 내의 압력이 비정상적으로 상승하는 경우에 내부의 가스 또는 증기를 상부로 방출할 수 있는 구조로 하여야 한다.
② 이황화탄소의 옥외저장탱크는 벽 및 바닥의 두께가 0.2m 이상이고 누수가 되지 아니하는 철근콘크리트의 수조에 넣어 보관하여야 한다.
③ 옥외저장탱크의 배수관은 탱크의 밑판에 설치하여야 한다. 다만, 탱크와 배수관과의 결합 부분이 지진 등에 의하여 손상을 받을 우려가 없는 방법으로 배수관을 설치하는 경우에는 탱크의 옆판에 설치할 수 있다.
④ 제3류 위험물 중 금수성물질(고체에 한한다)의 옥외저장탱크에는 방수성의 불연재료로 만든 피복설비를 설치하여야 한다.

출제 키워드 | 옥외저장탱크의 기준 

③ X 옥외저장탱크의 배수관은 탱크의 '옆판'에 설치하여야 한다. 다만, 탱크와 배수관과의 결합 부분이 지진 등에 의하여 손상을 받을 우려가 없는 방법으로 배수관을 설치하는 경우에는 탱크의 '밑판'에 설치할 수 있다(위험물안전관리법 시행규칙 별표 6 Ⅵ 제12호).

정답 ③

577 □□□

13 소방 공채(변형)

옥외저장탱크 중 압력탱크(최대상용압력이 부압 또는 정압 5kPa을 초과하는 탱크) 외의 탱크(제4류 위험물의 옥외저장탱크에 한한다)에 설치하는 통기관에 대한 설명 중 옳지 않은 것은?

① 밸브 없는 통기관의 지름은 25mm 이상일 것
② 끝부분은 수평면보다 45° 이상 구부려 빗물 등의 침투를 막는 구조로 할 것
③ 대기밸브부착 통기관은 5kPa 이하의 압력차이로 작동할 수 있을 것
④ 인화점이 38℃ 미만인 위험물만을 저장 또는 취급하는 탱크에 설치하는 통기관에는 화염방지장치를 설치할 것

출제 키워드 | 옥외저장탱크의 기준 중

① ✕ 밸브 없는 통기관의 지름은 30mm 이상일 것

「위험물안전관리법 시행규칙」 별표 6(옥외탱크저장소의 위치·구조 및 설비의 기준)

Ⅵ. 옥외저장탱크의 외부구조 및 설비

7. 옥외저장탱크 중 압력탱크[최대상용압력이 부압 또는 정압 5kPa(킬로파스칼)을 초과하는 탱크] 외의 탱크(제4류 위험물의 옥외저장탱크)에 있어서는 밸브 없는 통기관 또는 대기밸브부착 통기관을 다음 각 목에 정하는 바에 의하여 설치해야 하고, 압력탱크에 있어서는 별표 4 Ⅷ 제4호의 규정에 의한 안전장치를 설치해야 한다.

가. 밸브 없는 통기관
1) 지름은 30mm 이상일 것
2) 끝부분은 수평면보다 45° 이상 구부려 빗물 등의 침투를 막는 구조로 할 것
3) 인화점이 38℃ 미만인 위험물만을 저장 또는 취급하는 탱크에 설치하는 통기관에는 화염방지장치를 설치하고, 그 외의 탱크에 설치하는 통기관에는 40메쉬(mesh) 이상의 구리망 또는 동등 이상의 성능을 가진 인화방지장치를 설치할 것. 다만, 인화점이 70℃ 이상인 위험물만을 해당 위험물의 인화점 미만의 온도로 저장 또는 취급하는 탱크에 설치하는 통기관에는 인화방지장치를 설치하지 않을 수 있다.
4) 가연성의 증기를 회수하기 위한 밸브를 통기관에 설치하는 경우에 있어서는 당해 통기관의 밸브는 저장탱크에 위험물을 주입하는 경우를 제외하고는 항상 개방되어 있는 구조로 하는 한편, 폐쇄하였을 경우에 있어서는 10kPa 이하의 압력에서 개방되는 구조로 할 것. 이 경우 개방된 부분의 유효단면적은 777.15mm² 이상이어야 한다.

나. 대기밸브부착 통기관
1) 5kPa 이하의 압력차이로 작동할 수 있을 것
2) 가목 3)의 기준에 적합할 것

정답 ①

04 별표 8 지하탱크저장소의 위치·구조 및 설비의 기준

대표기출

578 □□□

18 상반기 소방 공채

「위험물안전관리법 시행규칙」상 지하저장탱크의 주위에는 당해 탱크로부터의 액체위험물의 누설을 검사하기 위한 관을 설치하여야 하는데, 그 관의 설치기준에 대한 설명으로 옳지 않은 것은?

① 이중관으로 해야 한다. 다만, 소공이 없는 상부는 단관으로 할 수 있다.
② 재료는 금속관 또는 경질합성수지관으로 해야 한다.
③ 관은 탱크전용실의 바닥 또는 탱크의 기초까지 닿게 해야 한다.
④ 상부는 물이 침투하지 아니하는 구조로 하고, 뚜껑은 검사 시에 쉽게 열 수 없도록 해야 한다.

출제 키워드 | 지하탱크저장소의 기준 중

① O 이중관으로 해야 한다. 다만, 소공이 없는 상부는 단관으로 할 수 있다.
② O 재료는 금속관 또는 경질합성수지관으로 해야 한다.
③ O 관은 탱크전용실의 바닥 또는 탱크의 기초까지 닿게 해야 한다.
④ ✕ 상부는 물이 침투하지 아니하는 구조로 하고, 뚜껑은 검사 시에 쉽게 열 수 있도록 해야 한다.

「위험물안전관리법 시행규칙」 별표 8(지하탱크저장소의 위치·구조 및 설비의 기준)

Ⅰ. 지하탱크저장소의 기준(Ⅱ 및 Ⅲ에 정하는 것을 제외한다)

15. 지하저장탱크의 주위에는 당해 탱크로부터의 액체위험물의 누설을 검사하기 위한 관을 다음의 각 목의 기준에 따라 4개소 이상 적당한 위치에 설치하여야 한다.

가. 이중관으로 할 것. 다만, 소공이 없는 상부는 단관으로 할 수 있다.
나. 재료는 금속관 또는 경질합성수지관으로 할 것
다. 관은 탱크전용실의 바닥 또는 탱크의 기초까지 닿게 할 것
라. 관의 밑부분으로부터 탱크의 중심 높이까지의 부분에는 소공이 뚫려 있을 것. 다만, 지하수위가 높은 장소에 있어서는 지하수위 높이까지의 부분에 소공이 뚫려 있어야 한다.
마. 상부는 물이 침투하지 아니하는 구조로 하고, 뚜껑은 검사 시에 쉽게 열 수 있도록 할 것

정답 ④

579 □□□

13 소방 공채(복원+변형)

다음 중 지하탱크저장소의 위치·구조 및 설비의 기준에 대한 설명이 옳지 않은 것은?

① 탱크전용실은 지하의 가장 가까운 벽·피트·가스관 등의 시설물 및 대지경계선으로부터 0.1m 이상 떨어진 곳에 설치하여야 한다.

② 지하저장탱크와 탱크전용실의 안쪽과의 사이는 0.1m 이상의 간격을 유지하도록 하여야 한다.

③ 탱크의 주위에 마른 모래 또는 습기 등에 의하여 응고되지 아니하는 입자지름 5mm 이하의 마른 자갈분을 채워야 한다.

④ 지하저장탱크의 윗부분은 지면으로부터 0.5m 이상 아래에 있어야 한다.

출제 키워드 | 지하탱크저장소의 기준 

④ × 지하저장탱크의 윗부분은 지면으로부터 0.6m 이상 아래에 있어야 한다.

> 「위험물안전관리법 시행규칙」 별표 8(지하탱크저장소의 위치·구조 및 설비의 기준)
>
> Ⅰ. 지하탱크저장소의 기준(Ⅱ 및 Ⅲ에 정하는 것을 제외한다)
>
> 1. 위험물을 저장 또는 취급하는 지하탱크(이하 Ⅰ, 별표 13 Ⅲ 및 별표 18 Ⅲ에서 "지하저장탱크"는 지면하에 설치된 탱크전용실에 설치해야 한다. 다만, 제4류 위험물의 지하저장탱크가 다음 가목 내지 마목의 기준에 적합한 때에는 그러하지 아니하다.
>   가. 당해 탱크를 지하철·지하가 또는 지하터널로부터 수평거리 10m 이내의 장소 또는 지하건축물 내의 장소에 설치하지 아니할 것
>   나. 당해 탱크를 그 수평투영의 세로 및 가로보다 각각 0.6m 이상 크고 두께가 0.3m 이상인 철근콘크리트조의 뚜껑으로 덮을 것
>   다. 뚜껑에 걸리는 중량이 직접 당해 탱크에 걸리지 아니하는 구조일 것
>   라. 당해 탱크를 견고한 기초 위에 고정할 것
>   마. 당해 탱크를 지하의 가장 가까운 벽·피트(pit: 인공지하구조물)·가스관 등의 시설물 및 대지경계선으로부터 0.6m 이상 떨어진 곳에 매설할 것
> 2. 탱크전용실은 지하의 가장 가까운 벽·피트·가스관 등의 시설물 및 대지경계선으로부터 0.1m 이상 떨어진 곳에 설치하고, 지하저장탱크와 탱크전용실의 안쪽과의 사이는 0.1m 이상의 간격을 유지하도록 하며, 당해 탱크의 주위에 마른 모래 또는 습기 등에 의하여 응고되지 아니하는 입자지름 5mm 이하의 마른 자갈분을 채워야 한다.
> 3. <u>지하저장탱크의 윗부분은 지면으로부터 0.6m 이상 아래에 있어야 한다.</u>
> 4. 지하저장탱크를 2 이상 인접해 설치하는 경우에는 그 상호 간에 1m(당해 2 이상의 지하저장탱크의 용량의 합계가 지정수량의 100배 이하인 때에는 0.5m) 이상의 간격을 유지해야 한다. 다만, 그 사이에 탱크전용실의 벽이나 두께 20cm 이상의 콘크리트 구조물이 있는 경우에는 그러하지 아니하다.

정답 ④

580 □□□

18 소방시설관리사

위험물안전관리법령상 지하탱크저장소의 기준에 관한 설명으로 옳은 것은? (단, 이중벽탱크와 특수누설방지구조는 제외한다.)

① 지하저장탱크의 윗부분은 지면으로부터 0.5m 이상 아래에 있어야 한다.
② 지하저장탱크와 탱크전용실의 안쪽과의 사이는 5cm 이상의 간격을 유지하도록 한다.
③ 지하저장탱크는 용량이 1,500L 이하일 때 탱크의 최대 직경은 1,067mm, 강철판의 최소두께는 4.24mm로 한다.
④ 철근콘크리트 구조인 탱크전용실의 벽·바닥 및 뚜껑은 두께 0.3m 이상으로 하고 그 내부에는 직경 9mm부터 13mm까지의 철근을 가로 및 세로로 5cm부터 20cm까지의 간격으로 배치한다.

출제 키워드 | 지하탱크저장소의 기준 상

① × 지하저장탱크의 윗부분은 지면으로부터 0.6m 이상 아래에 있어야 한다.
② × 지하저장탱크와 탱크전용실의 안쪽과의 사이는 0.1m 이상의 간격을 유지하도록 한다.
③ × 지하저장탱크는 용량이 1,500L 이하일 때 탱크의 최대 직경은 1,219mm, 강철판의 최소두께는 3.20mm로 한다.

✓ 지하저장탱크 용량에 따른 탱크의 최대지름 및 강철판의 최소두께(위험물안전관리법 시행규칙 별표 8)

탱크용량(단위 ℓ)	탱크의 최대직경 (단위 mm)	강철판의 최소두께 (단위 mm)
1,000 이하	1,067	3.20
1,000 초과 2,000 이하	1,219	3.20
2,000 초과 4,000 이하	1,625	3.20
4,000 초과 15,000 이하	2,450	4.24
15,000 초과 45,000 이하	3,200	6.10
45,000 초과 75,000 이하	3,657	7.67
75,000 초과 189,000 이하	3,657	9.27
189,000 초과	–	10.00

정답 ④

05 별표 9 간이탱크저장소의 위치·구조 및 설비의 기준

581 □□□

22 소방시설관리사

위험물안전관리법령상 간이탱크저장소의 간이저장탱크에 설치하여야 하는 '밸브 없는 통기관'의 설비기준으로 옳지 않은 것은?

① 통기관의 지름은 25mm 이상으로 할 것
② 통기관은 옥외에 설치하되, 그 끝부분의 높이는 지상 1.5m 이상으로 할 것
③ 인화점 80℃ 이상의 위험물만을 해당 위험물의 인화점 미만의 온도로 저장 또는 취급하는 탱크에 설치하는 통기관에는 인화방지장치를 할 것
④ 통기관의 끝부분은 수평면에 대하여 아래로 45° 이상 구부려 빗물 등이 침투하지 아니하도록 할 것

출제 키워드 | 간이탱크저장소의 기준 중

③ × 인화점 70℃ 이상의 위험물만을 해당 위험물의 인화점 미만의 온도로 저장 또는 취급하는 탱크에 설치하는 통기관에는 인화방지장치를 할 것

「위험물안전관리법 시행규칙」 별표 9(간이탱크저장소의 위치·구조 및 설비의 기준)
8. 간이저장탱크에는 다음 각 목의 구분에 따른 기준에 적합한 밸브 없는 통기관 또는 대기밸브부착 통기관을 설치해야 한다.
가. 밸브 없는 통기관
1) 통기관의 지름은 25mm 이상으로 할 것
2) 통기관은 옥외에 설치하되, 그 끝부분의 높이는 지상 1.5m 이상으로 할 것
3) 통기관의 끝부분은 수평면에 대하여 아래로 45° 이상 구부려 빗물 등이 침투하지 아니하도록 할 것
4) 가는 눈의 구리망 등으로 인화방지장치를 할 것. 다만, 인화점 70℃ 이상의 위험물만을 해당 위험물의 인화점 미만의 온도로 저장 또는 취급하는 탱크에 설치하는 통기관에 있어서는 그러하지 아니하다.

정답 ③

582 □□□

15 소방시설관리사

위험물안전관리법령상 간이탱크저장소 설치 기준에 관한 내용으로 옳은 것은?

① 간이저장탱크의 용량은 1,000ℓ 이하이어야 한다.
② 하나의 간이탱크저장소에 설치하는 간이저장탱크 수는 5 이하로 한다.
③ 간이저장탱크는 70kPa의 압력으로 10분간의 수압시험을 실시하여 새거나 변형되지 아니하여야 한다.
④ 간이저장탱크를 옥외에 설치하는 경우 그 탱크 주위에 너비 0.5m 이상의 공지를 둔다.

출제 키워드 | 간이탱크저장소의 기준 중

① ✕ 간이저장탱크의 용량은 600ℓ 이하이어야 한다.
② ✕ 하나의 간이탱크저장소에 설치하는 간이저장탱크 수는 3 이하로 한다.
④ ✕ 간이저장탱크를 옥외에 설치하는 경우 그 탱크 주위에 너비 1m 이상의 공지를 둔다.

정답 ③

06 별표 10 이동탱크저장소의 위치·구조 및 설비의 기준

583 □□□

22 소방시설관리사

위험물안전관리법령상 이동탱크저장소의 이동저장탱크에 설치하는 안전장치 및 방파판의 기준으로 옳지 않은 것은?

① 하나의 구획부분에 2개 이상의 방파판을 이동탱크저장소의 진행방향과 수직으로 설치하되, 각 방파판은 그 높이 및 칸막이로부터의 거리를 같게 할 것
② 방파판은 두께 1.6mm 이상의 강철판 또는 이와 동등 이상의 강도·내열성 및 내식성이 있는 금속성의 것으로 할 것
③ 상용압력이 20kPa 이하인 탱크에 있어서는 20kPa 이상 24kPa 이하의 압력에서 안전장치가 작동하는 것으로 할 것
④ 상용압력이 20kPa를 초과하는 탱크에 있어서는 상용압력의 1.1배 이하의 압력에서 안전장치가 작동하는 것으로 할 것

출제 키워드 | 이동탱크저장소의 기준 

① ✕ 하나의 구획부분에 2개 이상의 방파판을 이동탱크저장소의 진행방향과 평행으로 설치하되, 각 방파판은 그 높이 및 칸막이로부터의 거리를 같게 할 것

> 「위험물안전관리법 시행규칙」 별표 10(이동탱크저장소의 위치·구조 및 설비의 기준)
> Ⅱ. 이동저장탱크의 구조
> 3. 제2호의 규정에 의한 칸막이로 구획된 각 부분마다 맨홀과 다음 각 목의 기준에 의한 안전장치 및 방파판을 설치해야 한다. 다만, 칸막이로 구획된 부분의 용량이 2,000ℓ 미만인 부분에는 방파판을 설치하지 아니할 수 있다.
> 가. 안전장치
> 상용압력이 20kPa 이하인 탱크에 있어서는 20kPa 이상 24kPa 이하의 압력에서, 상용압력이 20kPa를 초과하는 탱크에 있어서는 상용압력의 1.1배 이하의 압력에서 작동하는 것으로 할 것
> 나. 방파판
> 1) 두께 1.6mm 이상의 강철판 또는 이와 동등 이상의 강도·내열성 및 내식성이 있는 금속성의 것으로 할 것
> 2) 하나의 구획부분에 2개 이상의 방파판을 이동탱크저장소의 진행방향과 평행으로 설치하되, 각 방파판은 그 높이 및 칸막이로부터의 거리를 다르게 할 것
> 3) 하나의 구획부분에 설치하는 각 방파판의 면적의 합계는 당해 구획부분의 최대 수직단면적의 50% 이상으로 할 것. 다만, 수직단면이 원형이거나 짧은 지름이 1m 이하의 타원형일 경우에는 40% 이상으로 할 수 있다.

정답 ①

07 별표 11 옥외저장소의 위치·구조 및 설비의 기준

대표기출

584 □□□ 13 소방 공채(복원)

다음 중 옥외저장소의 위치·구조 및 설비의 기준이 옳지 않은 것은?

① 위험물이 지정수량이 10배 이하일 때 공지의 너비는 3m 이상 보유할 것
② 위험물이 지정수량의 20배 초과 50배 이하일 경우 공지의 너비는 5m 이상 보유할 것
③ 덩어리 상태의 유황만을 저장하는 옥외저장소 하나의 경계표시의 내부의 면적은 $100m^2$ 이하일 것
④ 옥외저장소에 선반을 설치하는 경우 선반의 높이는 6m를 초과하지 아니할 것

출제 키워드 | 옥외저장소의 기준 

① O 위험물이 지정수량이 10배 이하일 때 공지의 너비는 3m 이상 보유할 것
② X 위험물이 지정수량의 20배 초과 50배 이하일 경우 공지의 너비는 9m 이상 보유할 것
③ O 덩어리 상태의 유황만을 저장하는 옥외저장소 하나의 경계표시의 내부의 면적은 $100m^2$ 이하일 것
④ O 옥외저장소에 선반을 설치하는 경우 선반의 높이는 6m를 초과하지 아니할 것

「위험물안전관리법 시행규칙」 별표 11(옥외저장소의 위치·구조 및 설비의 기준)

Ⅰ. 옥외저장소의 기준

1. 옥외저장소 중 위험물을 용기에 수납하여 저장 또는 취급하는 것의 위치·구조 및 설비의 기술기준은 다음 각 목과 같다.

라. 다목의 경계표시의 주위에는 그 저장 또는 취급하는 위험물의 최대수량에 따라 다음 표에 의한 너비의 공지를 보유할 것. 다만, 제4류 위험물 중 제4석유류와 제6류 위험물을 저장 또는 취급하는 옥외저장소의 보유공지는 다음 표에 의한 공지의 너비의 3분의 1 이상의 너비로 할 수 있다.

저장 또는 취급하는 위험물의 최대수량	공지의 너비
지정수량의 10배 이하	3m 이상
지정수량의 10배 초과 20배 이하	5m 이상
지정수량의 20배 초과 50배 이하	9m 이상
지정수량의 50배 초과 200배 이하	12m 이상
지정수량의 200배 초과	15m 이상

바. 옥외저장소에 선반을 설치하는 경우에는 다음의 기준에 의할 것
1) 선반은 불연재료로 만들고 견고한 지반면에 고정할 것
2) 선반은 당해 선반 및 그 부속설비의 자중·저장하는 위험물의 중량·풍하중·지진의 영향 등에 의하여 생기는 응력에 대하여 안전할 것
3) 선반의 높이는 6m를 초과하지 아니할 것
4) 선반에는 위험물을 수납한 용기가 쉽게 낙하하지 아니하는 조치를 강구할 것

사. 과산화수소 또는 과염소산을 저장하는 옥외저장소에는 불연성 또는 난연성의 천막 등을 설치하여 햇빛을 가릴 것

아. 눈·비 등을 피하거나 차광 등을 위하여 옥외저장소에 캐노피 또는 지붕을 설치하는 경우에는 환기 및 소화활동에 지장을 주지 아니하는 구조로 할 것. 이 경우 기둥은 내화구조로 하고, 캐노피 또는 지붕을 불연재료로 하며, 벽을 설치하지 아니해야 한다.

2. 옥외저장소 중 덩어리 상태의 유황만을 지반면에 설치한 경계표시의 안쪽에서 저장 또는 취급하는 것(제1호에 정하는 것을 제외한다)의 위치·구조 및 설비의 기술기준은 제1호 각 목의 기준 및 다음 각 목과 같다.

가. 하나의 경계표시의 내부의 면적은 $100m^2$ 이하일 것
나. 2 이상의 경계표시를 설치하는 경우에 있어서는 각각의 경계표시 내부의 면적을 합산한 면적은 $1,000m^2$ 이하로 하고, 인접하는 경계표시와 경계표시와의 간격을 제1호 라목의 규정에 의한 공지의 너비의 2분의 1 이상으로 할 것. 다만, 저장 또는 취급하는 위험물의 최대수량이 지정수량의 200배 이상인 경우에는 10m 이상으로 해야 한다.
다. 경계표시는 불연재료로 만드는 동시에 유황이 새지 아니하는 구조로 할 것
라. 경계표시의 높이는 1.5m 이하로 할 것
마. 경계표시에는 유황이 넘치거나 비산하는 것을 방지하기 위한 천막 등을 고정하는 장치를 설치하되, 천막 등을 고정하는 장치는 경계표시의 길이 2m마다 한 개 이상 설치할 것
바. 유황을 저장 또는 취급하는 장소의 주위에는 배수구와 분리장치를 설치할 것

정답 ②

08 별표 13 주유취급소의 위치·구조 및 설비의 기준

대표기출

585 □□□ 16 소방 공채(복원)

「위험물안전관리법 시행규칙」상 주유취급소의 기준에 관한 설명으로 옳지 않은 것은?

① 황색바탕에 흑색문자로 '주유 중 엔진정지'라는 표시를 한 게시판을 설치하여야 한다.
② 주유취급소의 고정주유설비의 주위에는 주유를 받으려는 자동차 등이 출입할 수 있도록 너비 15m 이상, 길이 6m 이상의 콘크리트 등으로 포장한 공지를 보유하여야 한다.
③ 공지의 바닥은 주위 지면보다 낮게 하고, 그 표면을 적당하게 경사지게 하여 새어나온 기름 그 밖의 액체가 공지의 외부로 유출되지 아니하도록 배수구·집유설비 및 유분리장치를 하여야 한다.
④ 주유취급소의 주위에는 자동차 등이 출입하는 쪽 외의 부분에 높이 2m 이상의 내화구조 또는 불연재료의 담 또는 벽을 설치하여야 한다.

출제 키워드 | 주유취급소의 기준 중

③ ✕ 공지의 바닥은 주위 지면보다 높게 하고, 그 표면을 적당하게 경사지게 하여 새어나온 기름 그 밖의 액체가 공지의 외부로 유출되지 아니하도록 배수구·집유설비 및 유분리장치를 하여야 한다.

「위험물안전관리법 시행규칙」 별표 13(주유취급소의 위치·구조 및 설비의 기준)

Ⅰ. 주유공지 및 급유공지
1. 주유취급소의 고정주유설비[펌프기기 및 호스기기로 되어 위험물을 자동차 등에 직접 주유하기 위한 설비로서 현수식(매닯식)의 것]의 주위에는 주유를 받으려는 자동차 등이 출입할 수 있도록 너비 15m 이상, 길이 6m 이상의 콘크리트 등으로 포장한 공지(이하 "주유공지")를 보유해야 하고, 고정급유설비(펌프기기 및 호스기기로 되어 위험물을 용기에 옮겨 담거나 이동저장탱크에 주입하기 위한 설비로서 현수식의 것을 포함한다)를 설치하는 경우에는 고정급유설비의 호스기기의 주위에 필요한 공지(이하 "급유공지")를 보유해야 한다.
2. 제1호의 규정에 의한 공지의 바닥은 주위 지면보다 높게 하고, 그 표면을 적당하게 경사지게 하여 새어나온 기름 그 밖의 액체가 공지의 외부로 유출되지 아니하도록 배수구·집유설비 및 유분리장치를 해야 한다.

Ⅱ. 표지 및 게시판
주유취급소에는 별표 4 Ⅲ 제1호의 기준에 준하여 보기 쉬운 곳에 "위험물 주유취급소"라는 표시를 한 표지, 동표 Ⅲ 제2호의 기준에 준하여 방화에 관하여 필요한 사항을 게시한 게시판 및 황색바탕에 흑색문자로 "주유 중 엔진정지"라는 표시를 한 게시판을 설치해야 한다.

Ⅶ. 담 또는 벽
1. 주유취급소의 주위에는 자동차 등이 출입하는 쪽 외의 부분에 높이 2m 이상의 내화구조 또는 불연재료의 담 또는 벽을 설치하되, 주유취급소의 인근에 연소의 우려가 있는 건축물이 있는 경우에는 소방청장이 정하여 고시하는 바에 따라 방화상 유효한 높이로 해야 한다.

정답 ③

586 □□□

17 상반기 소방 공채(복원)

「위험물안전관리법 시행규칙」상 주유취급소에 대한 설명으로 옳은 것은?

① 주유취급소의 고정주유설비의 주위에는 주유를 받으려는 자동차 등이 출입할 수 있도록 너비 10m 이상, 길이 5m 이상의 콘크리트 등으로 포장한 공지를 보유하여야 한다.
② 주유취급소에는 흑색바탕에 황색문자로 '주유 중 엔진정지'라는 표시를 한 게시판을 설치하여야 한다.
③ 고정주유설비 또는 고정급유설비의 주유관의 길이는 5m 이내로 한다.
④ 주유취급소의 주위에는 자동차 등이 출입하는 쪽 외의 부분에 높이 3m 이상의 내화구조 또는 불연재료의 담 또는 벽을 설치하여야 한다.

출제 키워드 | 주유취급소의 기준 (상)

① ✕ 주유취급소의 고정주유설비의 주위에는 주유를 받으려는 자동차 등이 출입할 수 있도록 너비 '15m' 이상, 길이 '6m' 이상의 콘크리트 등으로 포장한 공지를 보유하여야 한다.

② ✕ 주유취급소에는 '황색바탕'에 '흑색문자'로 '주유 중 엔진정지'라는 표시를 한 게시판을 설치하여야 한다.

④ ✕ 주유취급소의 주위에는 자동차 등이 출입하는 쪽 외의 부분에 높이 '2m' 이상의 내화구조 또는 불연재료의 담 또는 벽을 설치하여야 한다.

정답 ③

587 □□□

17 소방시설관리사

위험물안전관리법령상 주유취급소의 위치·구조 및 설비의 기준에 관한 내용이다. (　　)에 알맞은 숫자를 순서대로 나열한 것은?

> 주유취급소의 고정주유설비의 주위에는 주유를 받으려는 자동차등이 출입할 수 있도록 너비 (　　)m 이상, 길이 (　　)m 이상의 콘크리트 등으로 포장한 공지를 보유하여야 한다.

① 6, 10　　② 6, 15
③ 10, 6　　④ 15, 6

출제 키워드 | 주유취급소의 기준 (하)

④ ○ 15, 6

> 「위험물안전관리법 시행규칙」 별표 13(주유취급소의 위치·구조 및 설비의 기준)
> Ⅰ. 주유공지 및 급유공지
> 1. 주유취급소의 고정주유설비[펌프기기 및 호스기기로 되어 위험물을 자동차 등에 직접 주유하기 위한 설비로서 현수식(매달식)의 것]의 주위에는 주유를 받으려는 자동차 등이 출입할 수 있도록 너비 15m 이상, 길이 6m 이상의 콘크리트 등으로 포장한 공지(이하 "주유공지")를 보유해야 하고, 고정급유설비(펌프기기 및 호스기기로 되어 위험물을 용기에 옮겨 담거나 이동저장탱크에 주입하기 위한 설비로서 현수식의 것을 포함한다)를 설치하는 경우에는 고정급유설비의 호스기기의 주위에 필요한 공지(이하 "급유공지")를 보유해야 한다.

정답 ④

588 □□□

20 소방시설관리사

위험물안전관리법령상 주유취급소 내 건축물 등의 위치·구조 및 설비의 기준으로 옳지 않은 것은? (단, 단서조항은 적용하지 않는다.)

① 건축물의 벽·기둥·바닥·보 및 지붕을 내화구조 또는 불연재료로 할 수 있다.
② 주거시설 용도에 사용하는 부분은 개구부가 없는 내화구조의 바닥 또는 벽으로 당해 건축물의 다른 부분과 구획하고 주유를 위한 작업장 등 위험물취급장소에 면한 쪽의 벽에는 출입구를 설치하지 아니할 것
③ 사무실 등의 창 및 출입구에 유리를 사용하는 경우에는 망입유리 또는 강화유리로 하여야 한다.
④ 자동차 등의 점검·정비를 행하는 설비는 고정주유설비로부터 2m 이상, 도로경계선으로부터 4m 이상 떨어진 장소에 설치하여야 한다.

출제 키워드 | 주유취급소의 기준 상

④ ✕ 자동차 등의 점검·정비를 행하는 설비는 고정주유설비로부터 4m 이상, 도로경계선으로부터 2m 이상 떨어진 장소에 설치하여야 한다.

> 「위험물안전관리법 시행규칙」 별표 13(주유취급소의 위치·구조 및 설비의 기준)
> Ⅵ. 건축물 등의 구조
> 1. 주유취급소에 설치하는 건축물 등은 다음 각 목의 규정에 의한 위치 및 구조의 기준에 적합해야 한다.
> 가. 건축물, 창 및 출입구의 구조는 다음의 기준에 적합하게 할 것
> 1) 건축물의 벽·기둥·바닥·보 및 지붕을 내화구조 또는 불연재료로 할 것. 다만, Ⅴ 제2호에 따른 면적의 합이 500㎡를 초과하는 경우에는 건축물의 벽을 내화구조로 해야 한다.
> 나. Ⅴ 제1호 바목의 용도(사무실 등)에 사용하는 부분은 개구부가 없는 내화구조의 바닥 또는 벽으로 당해 건축물의 다른 부분과 구획하고 주유를 위한 작업장 등 위험물취급장소에 면한 쪽의 벽에는 출입구를 설치하지 아니할 것
> 다. 사무실 등의 창 및 출입구에 유리를 사용하는 경우에는 망입유리 또는 강화유리로 할 것. 이 경우 강화유리의 두께는 창에는 8mm 이상, 출입구에는 12mm 이상으로 해야 한다.
> 마. 자동차 등의 점검·정비를 행하는 설비는 다음의 기준에 적합하게 할 것
> 1) 고정주유설비로부터 4m 이상, 도로경계선으로부터 2m 이상 떨어지게 할 것. 다만, Ⅴ 제1호 다목의 규정에 의한 작업장 중 바닥 및 벽으로 구획된 옥내의 작업장에 설치하는 경우에는 그러하지 아니하다.
> 2) 위험물을 취급하는 설비는 위험물의 누설·넘침 또는 비산을 방지할 수 있는 구조로 할 것

정답 ④

589 □□□

16 소방시설관리사

위험물안전관리법령상 주유취급소의 위치·구조 및 설비의 기준에 관한 조문의 일부이다. (　　)에 들어갈 숫자가 바르게 나열된 것은?

> 사무실 등의 창 및 출입구에 유리를 사용하는 경우에는 망입유리 또는 강화유리로 할 것. 이 경우 강화유리의 두께는 창에는 (ㄱ)mm 이상, 출입구에는(ㄴ)mm 이상으로 하여야 한다.

① ㄱ: 5, ㄴ: 10
② ㄱ: 5, ㄴ: 12
③ ㄱ: 8, ㄴ: 10
④ ㄱ: 8, ㄴ: 12

출제 키워드 | 주유취급소의 기준 하

④ ○ ㄱ: 8, ㄴ: 12

> 「위험물안전관리법 시행규칙」 별표 13(주유취급소의 위치·구조 및 설비의 기준)
> Ⅵ. 건축물 등의 구조
> 다. 사무실 등의 창 및 출입구에 유리를 사용하는 경우에는 망입유리 또는 강화유리로 할 것. 이 경우 강화유리의 두께는 창에는 8mm 이상, 출입구에는 12mm 이상으로 해야 한다.

정답 ④

590 □□□

18 소방시설관리사

위험물안전관리법령상 주유취급소의 담 또는 벽의 일부분에 방화상 유효한 구조의 유리를 부착할 때 설치기준으로 옳지 않은 것은?

① 하나의 유리판의 가로의 길이는 2m 이내일 것
② 주유취급소 내의 지반면으로부터 70cm 초과하는 부분에 한하여 유리를 부착할 것
③ 유리를 부착하는 범위는 전체의 담 또는 벽의 길이의 10분의 3을 초과하지 아니할 것
④ 유리를 부착하는 위치는 주입구, 고정주유설비 및 고정급유설비로부터 4m 이상 이격될 것

출제 키워드 | 주유취급소의 기준 (중)

③ X 유리를 부착하는 범위는 전체의 담 또는 벽의 길이의 10분의 2를 초과하지 아니할 것

> 「위험물안전관리법 시행규칙」 별표 13(주유취급소의 위치·구조 및 설비의 기준)
> Ⅶ. 담 또는 벽
> 1. 주유취급소의 주위에는 자동차 등이 출입하는 쪽 외의 부분에 높이 2m 이상의 내화구조 또는 불연재료의 담 또는 벽을 설치하되, 주유취급소의 인근에 연소의 우려가 있는 건축물이 있는 경우에는 소방청장이 정하여 고시하는 바에 따라 방화상 유효한 높이로 해야 한다.
> 2. 제1호에도 불구하고 다음 각 목의 기준에 모두 적합한 경우에는 담 또는 벽의 일부분에 방화상 유효한 구조의 유리를 부착할 수 있다.
> 가. 유리를 부착하는 위치는 주입구, 고정주유설비 및 고정급유설비로부터 4m 이상 거리를 둘 것
> 나. 유리를 부착하는 방법은 다음의 기준에 모두 적합할 것
> 1) 주유취급소 내의 지반면으로부터 70cm를 초과하는 부분에 한하여 유리를 부착할 것
> 2) 하나의 유리판의 가로의 길이는 2m 이내일 것
> 3) 유리판의 테두리를 금속제의 구조물에 견고하게 고정하고 해당 구조물을 담 또는 벽에 견고하게 부착할 것
> 4) 유리의 구조는 접합유리(두 장의 유리를 두께 0.76mm 이상의 폴리비닐부티랄 필름으로 접합한 구조)로 하되, 「유리구획 부분의 내화시험방법(KS F 2845)」에 따라 시험하여 비차열 30분 이상의 방화성능이 인정될 것
> 다. 유리를 부착하는 범위는 전체의 담 또는 벽의 길이의 10분의 2를 초과하지 아니할 것

정답 ③

591 □□□

17 하반기 소방 공채(복원)

「위험물안전관리법 시행규칙」상 고객이 직접 주유하는 주유취급소에 대한 설명으로 옳지 않은 것은?

① 주유노즐은 자동차 등의 연료탱크가 가득 찬 경우에는 수동으로 정지시키는 구조이어야 한다.
② 주유호스는 200kg중 이하의 하중에 의하여 깨져 분리되거나 이탈되어야 하고, 깨져 분리되거나 이탈된 부분으로부터의 위험물 누출을 방지할 수 있는 구조이어야 한다.
③ 휘발유와 경유 상호 간의 오인에 의한 주유를 방지할 수 있는 구조이어야 한다.
④ 1회의 연속주유량 및 주유시간의 상한을 미리 설정할 수 있는 구조이어야 한다. 이 경우 주유량의 상한은 휘발유는 100리터 이하, 경유는 200리터 이하로 하며, 주유시간의 상한은 4분 이하로 한다.

출제 키워드 | 주유취급소의 기준 (상)

① X 주유노즐은 자동차 등의 연료탱크가 가득 찬 경우에는 자동으로 정지시키는 구조이어야 한다.

> 「위험물안전관리법 시행규칙」 별표 13(주유취급소의 위치·구조 및 설비의 기준)
> ⅩⅤ. 고객이 직접 주유하는 주유취급소의 특례
> 2. 셀프용고정주유설비의 기준은 다음의 각 목과 같다.
> 가. 주유호스의 끝부분에 수동개폐장치를 부착한 주유노즐을 설치할 것. 다만, 수동개폐장치를 개방한 상태로 고정시키는 장치가 부착된 경우에는 다음의 기준에 적합해야 한다.
> 1) 주유작업을 개시함에 있어서 주유노즐의 수동개폐장치가 개방상태에 있는 때에는 당해 수동개폐장치를 일단 폐쇄시켜야만 다시 주유를 개시할 수 있는 구조로 할 것
> 2) 주유노즐이 자동차 등의 주유구로부터 이탈된 경우 주유를 자동적으로 정지시키는 구조일 것
> 나. 주유노즐은 자동차 등의 연료탱크가 가득 찬 경우 자동적으로 정지시키는 구조일 것
> 다. 주유호스는 200kg중 이하의 하중에 의하여 깨져 분리되거나 이탈되어야 하고, 깨져 분리되거나 이탈된 부분으로부터의 위험물 누출을 방지할 수 있는 구조일 것
> 라. 휘발유와 경유 상호 간의 오인에 의한 주유를 방지할 수 있는 구조일 것
> 마. 1회의 연속주유량 및 주유시간의 상한을 미리 설정할 수 있는 구조일 것. 이 경우 주유량의 상한은 휘발유는 100ℓ 이하, 경유는 200ℓ 이하로 하며, 주유시간의 상한은 4분 이하로 한다.

정답 ①

09 별표 14 판매취급소의 위치·구조 및 설비의 기준

대표기출

592 □□□

17 상반기 소방 공채(복원)

「위험물안전관리법 시행규칙」상 판매취급소에 대한 설명으로 옳은 것은?

① 제1종 판매취급소에는 제2종 판매취급소보다 더 강화된 기준을 적용한다.
② 제1종 판매취급소는 건축물의 1층에 설치하여야 한다.
③ 제1종 판매취급소의 출입구 문턱의 높이는 바닥면으로부터 0.15m 이상으로 한다.
④ 제1종 판매취급소에는 '위험물 판매취급소(제1종)'라는 표시를 한 표지와 방화에 관하여 필요한 사항을 게시한 게시판을 설치할 필요는 없다.

출제 키워드 | 판매취급소의 기준 

①✕ 제2종 판매취급소에는 제1종 판매취급소보다 더 강화된 기준을 적용한다.
③✕ 제1종 판매취급소의 출입구 문턱의 높이는 바닥면으로부터 '0.1m' 이상으로 한다.
④✕ 제1종 판매취급소에는 보기 쉬운 곳에 '위험물 판매취급소(제1종)'라는 표시를 한 표지와 방화에 관하여 필요한 사항을 게시한 게시판을 설치하여야 한다.

「위험물안전관리법 시행규칙」 별표 14(판매취급소의 위치·구조 및 설비의 기준)
Ⅰ. 판매취급소의 기준
1. 저장 또는 취급하는 위험물의 수량이 지정수량의 20배 이하인 판매취급소(이하 "제1종 판매취급소")의 위치·구조 및 설비의 기준은 다음 각 목과 같다.
가. 제1종 판매취급소는 건축물의 1층에 설치할 것
나. 제1종 판매취급소에는 별표 4 Ⅲ 제1호의 기준에 따라 보기 쉬운 곳에 "위험물 판매취급소(제1종)"라는 표시를 한 표지와 동표 Ⅲ 제2호의 기준에 따라 방화에 관하여 필요한 사항을 게시한 게시판을 설치해야 한다.
다. 제1종 판매취급소의 용도로 사용되는 건축물의 부분은 내화구조 또는 불연재료로 하고, 판매취급소로 사용되는 부분과 다른 부분과의 격벽은 내화구조로 할 것
라. 제1종 판매취급소의 용도로 사용하는 건축물의 부분은 보를 불연재료로 하고, 천장을 설치하는 경우에는 천장을 불연재료로 할 것
마. 제1종 판매취급소의 용도로 사용하는 부분에 상층이 있는 경우에 있어서는 그 상층의 바닥을 내화구조로 하고, 상층이 없는 경우에 있어서는 지붕을 내화구조 또는 불연재료로 할 것
바. 제1종 판매취급소의 용도로 사용하는 부분의 창 및 출입구에는 갑종방화문 또는 을종방화문을 설치할 것
사. 제1종 판매취급소의 용도로 사용하는 부분의 창 또는 출입구에 유리를 이용하는 경우에는 망입유리로 할 것
아. 제1종 판매취급소의 용도로 사용하는 건축물에 설치하는 전기설비는 전소방설비기사업법에 의한 진기실비기술기준에 의할 것
자. 위험물을 배합하는 실은 다음에 의할 것
1) 바닥면적은 $6m^2$ 이상 $15m^2$ 이하로 할 것
2) 내화구조 또는 불연재료로 된 벽으로 구획할 것
3) 바닥은 위험물이 침투하지 아니하는 구조로 하여 적당한 경사를 두고 집유설비를 할 것
4) 출입구에는 수시로 열 수 있는 자동폐쇄식의 갑종방화문을 설치할 것
5) 출입구 문턱의 높이는 바닥면으로부터 0.1m 이상으로 할 것
6) 내부에 체류한 가연성의 증기 또는 가연성의 미분을 지붕 위로 방출하는 설비를 할 것

정답 ②

593 □□□

21 소방시설관리사

위험물안전관리법령상 제1종 판매취급소의 위치·구조 및 설비의 기준으로 옳지 않은 것은?

① 판매취급소는 건축물의 1층에 설치할 것
② 판매취급소의 용도로 사용하는 부분의 창 및 출입구에는 갑종방화문 또는 을종방화문을 설치할 것
③ 판매취급소로 사용되는 부분과 다른 부분과의 격벽은 내화구조로 할 것
④ 판매취급소의 용도로 사용하는 건축물의 부분은 보를 불연재료로 하고, 천장을 설치하는 경우에는 천장을 난연재료로 할 것

출제 키워드 | 판매취급소의 기준 

④✕ 제1종 판매취급소의 용도로 사용하는 건축물의 부분은 보를 불연재료로 하고, 천장을 설치하는 경우에는 천장을 불연재료로 해야 한다(위험물안전관리법 시행규칙 별표 14 Ⅰ 제1호 라목).

정답 ④

10 별표 10 이송취급소의 위치·구조 및 설비의 기준

594 □□□

17 소방시설관리사

위험물안전관리법령상 이송취급소를 설치할 수 없는 장소는? (단, 지형상황 등 부득이한 경우 또는 횡단의 경우는 제외한다)

① 시가지 도로의 노면 아래
② 산림 또는 평야
③ 고속국도의 갓길
④ 지하 또는 해저

출제 키워드 | 이송취급소의 기준 하

③ X 고속국도의 갓길에는 이송취급소를 설치할 수 없다.

「위험물안전관리법 시행규칙」 별표 15(이송취급소의 위치·구조 및 설비의 기준)
Ⅰ. 1. 가. 1) 1)
Ⅰ. 1. 가. 1) 1)
Ⅰ. 설치장소
1. 이송취급소는 다음 각 목의 장소 외의 장소에 설치해야 한다.
가. 철도 및 도로의 터널 안
나. 고속국도 및 자동차전용도로(도로법 제48조 제1항에 따라 지정된 도로)의 차도·갓길 및 중앙분리대
다. 호수·저수지 등으로서 수리의 수원이 되는 곳
라. 급경사지역으로서 붕괴의 위험이 있는 지역
2. 제1호의 규정에 불구하고 다음 각 목의 1에 해당하는 경우에는 제1호 각 목의 장소에 이송취급소를 설치할 수 있다.
가. 지형상황 등 부득이한 사유가 있고 안전에 필요한 조치를 하는 경우
나. 제1호 나목 또는 다목의 장소에 횡단하여 설치하는 경우

정답 ③

11 별표 16 일반취급소의 위치·구조 및 설비의 기준

595 □□□

20 소방시설관리사

위험물안전관리법령상 일반취급소 하나의 층에 옥내소화전 3개가 설치되어 있다. 확보해야 할 수원의 최소 양(m^3)은?

① 7.8
② 11.7
③ 15.6
④ 23.4

출제 키워드 | 일반취급소의 기준 상

④ O 옥내소화전 수원=소화전의 수(최대 5개)×7.8m^3=3×7.8=23.4m^3

✓ 수원의 양

종류	방수량[ℓ]	기준 수원량[m^3]	보유 수원량[m^3] (기준수원×기준개수)
옥내소화전설비	260	260×30=7.8	7.8×N(최대 5개)
옥외소화전설비	450	450×30=13.5	13.5×N(최대 4개)
스프링클러설비	80	80×30=2.4	2.4×N(헤드수)

정답 ④

12 별표 17 소화설비, 경보설비 및 피난설비의 기준

596 □□□

18 소방시설관리사

위험물안전관리법령상 위험물저장소의 건축물 외벽이 내화구조이고 연면적이 900m²인 경우, 소화설비의 설치기준에 의한 소화설비 소요단위의 계산값은?

① 6
② 9
③ 12
④ 18

출제 키워드 | 소화설비, 경보설비 및 피난설비의 기준 (상)

① O 소요단위 $=\frac{연면적}{150}=\frac{900}{150}=6$

> 「위험물안전관리법 시행규칙」 별표 17(소화설비, 경보설비 및 피난설비의 기준)
> 5. 소화설비의 설치기준
> 다. 소요단위의 계산방법
> 건축물 그 밖의 공작물 또는 위험물의 소요단위의 계산방법은 다음의 기준에 의할 것
> 1) 제조소 또는 취급소의 건축물은 외벽이 내화구조인 것은 연면적(제조소등의 용도로 사용되는 부분 외의 부분이 있는 건축물에 설치된 제조소등에 있어서는 당해 건축물 중 제조소등에 사용되는 부분의 바닥면적의 합계) 100m²를 1소요단위로 하며, 외벽이 내화구조가 아닌 것은 연면적 50m²를 1소요단위로 할 것
> 2) 저장소의 건축물은 외벽이 내화구조인 것은 연면적 150m²를 1소요단위로 하고, 외벽이 내화구조가 아닌 것은 연면적 75m²를 1소요단위로 할 것
> 3) 제조소등의 옥외에 설치된 공작물은 외벽이 내화구조인 것으로 간주하고 공작물의 최대수평투영면적을 연면적으로 간주하여 1) 및 2)의 규정에 의하여 소요단위를 산정할 것
> 4) 위험물은 지정수량의 10배를 1소요단위로 할 것

✓ 위험물저장소 소화설비

면적당 1소요단위		외벽[m²]	
		내화구조	기타
규모	제조소, 취급소	100	50
	저장소	150	75
양	지정수량 10배		

정답 ①

597 □□□

21 소방시설관리사

위험물안전관리법령상 소화설비, 경보설비 및 피난설비의 기준에서 제조소등에 전기설비가 설치된 경우 당해 장소의 면적이 400m²일 때, 소형수동식소화기를 최소 몇 개 이상 설치해야 하는가? (단, 전기배선, 조명기구 등은 제외한다.)

① 1
② 2
③ 3
④ 4

출제 키워드 | 소화설비, 경보설비 및 피난설비의 기준 (중)

④ O 제조소등에 전기설비가 설치된 경우 바닥면적 100m²마다 소형수동식 소화기를 1개 이상 설치해야 하므로

$\frac{400}{100}=4$ ∴ 최소 4개 이상 설치해야 한다.

> 「위험물안전관리법 시행규칙」 별표 17(소화설비, 경보설비 및 피난설비의 기준)
> 5. 소화설비의 설치기준
> 가. 전기설비의 소화설비
> 제조소등에 전기설비(전기배선, 조명기구 등은 제외한다)가 설치된 경우에는 당해 장소의 면적 100m²마다 소형수동식소화기를 1개 이상 설치할 것

정답 ④

598 □□□

18 소방시설관리사

위험물안전관리법령상 위험물제조소에 옥외소화전이 5개 있을 경우 확보하여야 할 수원의 최소수량(m^3)은?

① 14
② 31.2
③ 54
④ 67.5

출제 키워드 | 소화설비, 경보설비 및 피난설비의 기준 상

③ O 위험물제조소 옥외소화전 수원[m^3]
=옥외소화전개수(4개 이상은 4개)×450[LPM]×30[min]
= 4×450×30=54,000[L]=54[m^3]

> 「위험물안전관리법 시행규칙」 별표 17(소화설비, 경보설비 및 피난설비의 기준)
> 5. 소화설비의 설치기준
> 바. 옥외소화전설비의 설치기준은 다음의 기준에 의할 것
> 1) 옥외소화전은 방호대상물(당해 소화설비에 의하여 소화하여야 할 제조소등의 건축물, 그 밖의 공작물 및 위험물)의 각 부분(건축물의 경우에는 당해 건축물의 1층 및 2층의 부분에 한한다)에서 하나의 호스접속구까지의 수평거리가 40m 이하가 되도록 설치할 것. 이 경우 그 설치개수가 1개일 때는 2개로 하여야 한다.
> 2) 수원의 수량은 옥외소화전의 설치개수(설치개수가 4개 이상인 경우는 4개의 옥외소화전)에 13.5m^3를 곱한 양 이상이 되도록 설치할 것
> 3) 옥외소화전설비는 모든 옥외소화전(설치개수가 4개 이상인 경우는 4개의 옥외소화전)을 동시에 사용할 경우에 각 노즐끝부분의 방수압력이 350kPa 이상이고, 방수량이 1분당 450ℓ 이상의 성능이 되도록 할 것
> 4) 옥외소화전설비에는 비상전원을 설치할 것

정답 ③

599 □□□

15 소방시설관리사

위험물안전관리법령상 제조소등에 설치하는 옥외소화전설비 수원기준에 관한 것이다. (　　)에 들어갈 숫자는?

> 수원의 수량은 옥외소화전의 설치개수(설치개수가 4개 이상인 경우는 4개의 옥외소화전)에 (　　)m^3를 곱한 양 이상이 되도록 설치할 것

① 2.6　　② 7
③ 7.8　　④ 13.5

출제 키워드 | 옥외소화전설비의 기준 상

④ O 옥외소화전설비 수원
=N(4개 이상 4개)×450ℓ/min×30min 이상
=(4개 이상 4개)×13.5m^3 이상
=4개×13.5m^3=54m^3 이상

정답 ④

600 □□□

14 소방시설관리사

위험물안전관리법령상 제조소등의 시설 중 각종 턱에 관한 기준으로 옳지 않은 것은?

① 액체위험물을 취급하는 제조소의 옥외설비는 바닥의 둘레에 높이 0.15m 이상의 턱을 설치하여야 한다.
② 판매취급소에서 위험물을 배합하는 실의 출입구 문턱 높이는 바닥 면으로부터 0.05m 이상이어야 한다.
③ 옥외탱크저장소에서 옥외저장탱크 펌프실의 바닥 주위에는 높이 0.2m 이상의 턱을 만들어야 한다.
④ 주유취급소의 펌프실 출입구에는 바닥으로부터 0.1m 이상의 턱을 설치하여야 한다.

출제 키워드 | 제조소등의 시설의 턱의 기준 

② X 판매취급소에서 위험물을 배합하는 실의 출입구 문턱 높이는 바닥 면으로부터 0.1m 이상이어야 한다.

정답 ②

편저자 이중희

약력

現) 독한 에듀윌 소방학개론 · 소방관계법규 대표 교수
現) 에듀파이어 기술학원 소방기술사, 소방설비기사 강의
前) 윌비스 소방학개론 · 소방관계법규 강의
前) 부산과학기술대학 겸임교수(소방학과)
부산시 사전재난영향성검토위원
ISO/TC21(소방 및 소화기구 분야) 전문위원회 위원
소방청 중앙소방기술심의위원
소방청 성능위주설계 심의위원(부산, 대구, 울산)
한국소방안전원 외래강사 및 시험출제위원
공간안전인증 평가위원(한국안전인증원)
(주) 한국산업안전연구원 방재분야 외래강사

감수자 강단아

약력

에듀윌 소방학개론 · 소방관계법규 전임
소방설비공학 전공
용산소방서 화재안전특별조사 근무
소방설비기사(기계 · 전기) 자격증 보유
위험물 기능사 · 산업기사 자격증 보유

삶의 순간순간이
아름다운 마무리이며
새로운 시작이어야 한다.

– 법정 스님

여러분의 작은 소리
에듀윌은 크게 듣겠습니다.

본 교재에 대한 여러분의 목소리를 들려주세요.
공부하시면서 어려웠던 점, 궁금한 점,
칭찬하고 싶은 점, 개선할 점, 어떤 것이라도 좋습니다.

에듀윌은 여러분께서 나누어 주신 의견을
통해 끊임없이 발전하고 있습니다.

에듀윌 도서몰 book.eduwill.net
- 부가학습자료 및 정오표: 에듀윌 도서몰 → 도서자료실
- 교재 문의: 에듀윌 도서몰 → 문의하기 → 교재(내용, 출간) / 주문 및 배송

2023 소방공무원 단원별 기출문제집 소방관계법규 600제

발 행 일	2022년 10월 27일 초판
편 저 자	이중희
펴 낸 이	권대호, 김재환
펴 낸 곳	(주)에듀윌
등록번호	제25100-2002-000052호
주 소	08378 서울특별시 구로구 디지털로34길 55 코오롱싸이언스밸리 2차 3층

www.eduwill.net
대표전화 1600-6700

47개월* 베스트셀러 1위
에듀윌 공무원 교재

7·9급공무원 교재

기본서
(국어/영어/한국사)

기본서
(행정학/행정법총론/운전직 사회)

단원별 기출&예상 문제집
(국어/영어/한국사)

단원별 기출&예상 문제집
(행정학/행정법총론/운전직 사회)

기출문제집
(국어/영어/한국사)

기출문제집
(행정학/행정법총론/운전직 사회)

9급공무원 교재

기출문제집
(사회복지학개론)

기출PACK
공통과목(국어+영어+한국사)
/전문과목(행정법총론+행정학)

실전동형 모의고사
(국어/영어/한국사)

실전동형 모의고사
(행정학/행정법총론)

봉투모의고사
(일반행정직 대비 필수과목
/국가직·지방직 대비 공통과목 1, 2)

지방직 합격면접

7급공무원 교재

PSAT 기본서
(언어논리/상황판단/자료해석)

PSAT 기출문제집

민경채 PSAT 기출문제집

기출문제집
(행정학/행정법/헌법)

군무원 교재

기출문제집
(국어/행정법/행정학)

봉투모의고사
(국어+행정법+행정학)

경찰공무원 교재

기본서(경찰학)

기본서(형사법)

기본서(헌법)

기출문제집
(경찰학/형사법/헌법)

실전동형 모의고사
2차 시험 대비
(경찰학/형사법/헌법)

합격 경찰면접

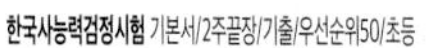

한국사능력검정시험 기본서/2주끝장/기출/우선순위50/초등 | 조리기능사 필기/실기 | 제과제빵기능사 필기/실기 | SMAT 모듈A/B/C | ERP정보관리사 회계/인사/물류/생산(1, 2급) | 전산세무회계 기초서/기본서/기출문제집

무역영어 1급 | 국제무역사 1급 | KBS한국어능력시험 | ToKL | 한국실용글쓰기 | 매경TEST 기본서/문제집/2주끝장 | TESAT 기본서/문제집/기출문제집 | 운전면허 1종·2종

스포츠지도사 필기/실기구술 한권끝장 | 산업안전기사 | 산업안전산업기사 | 위험물산업기사 | 위험물기능사 | 토익 입문서 | 실전서 | 종합서 | 컴퓨터활용능력 | 워드프로세서 | 정보처리기사

월간시사상식 | 일반상식 | 월간NCS | 매1N | NCS 통합 | 모듈형 | 피듈형 | PSAT형 NCS 수문끝 | PSAT 기출완성 | 6대 출제사 | 10개 영역 찐기출 | 한국철도공사 | 서울교통공사 | 부산교통공사

국민건강보험공단 | 한국전력공사 | 한수원 | 수자원 | 토지주택공사 | 행과연형 | 휴노형 | 기업은행 | 인국공 | 대기업 인적성 통합 | GSAT | LG | SKCT | CJ | L-TAB | ROTC·학사장교 | 부사관

※ YES24 수험서 자격증 주택관리사 베스트셀러 1위 (2010년 12월, 2011년 3월, 9월, 12월, 2012년 1월, 3월~12월, 2013년 1월~5월, 8월~11월, 2014년 2월~8월, 10월~12월, 2015년 1월~5월, 7월~12월, 2016년 1월~12월, 2017년 1월~12월, 2018년 1월~12월, 2019년 1월~12월, 2020년 1월~7월, 9월~12월, 2021년 1월~12월, 2022년 1월~10월 월별 베스트, 매월 1위 교재는 다름)
※ YES24, 알라딘 국내도서 해당분야 월별, 주별 베스트 기준